AUG 3 - 2009

Pennsylvania German Church Records

FOR REFERENCE

Do Not Take From This Room

OLATHE PUBLIC LIBRARY
201 EAST PARK
OLATHE, KS 66061

Pennsylvania German Church Records

of Births, Baptisms, Marriages, Burials, Etc.

From The Pennsylvania German Society
Proceedings and Addresses

IN THREE VOLUMES

With an Introduction by
DON YODER

Volume I
Part A

CLEARFIELD

Reprinted for
Clearfield Company, Inc. by
Genealogical Publishing Co., Inc.
Baltimore, Maryland
2001

Excerpted from *The Pennsylvania German Society Proceedings and Addresses* and reprinted, with an added Index, by Genealogical Publishing Co., Inc. Baltimore, 1983. Copyright © 1983 by Genealogical Publishing Co., Inc. Baltimore, Maryland.
All Rights Reserved.
Library of Congress Catalogue Card Number 82-84493
International Standard Book Number, Volume I, Part A:
0-8063-5424-0, Set Number 0-8063-1017-0
Made in the United States of America

NOTICE
This work was reproduced from the original edition. A characteristic of this copy, from which the printer worked, was that the image was uneven. Every effort has been made by the printer to produce as fine a reprint of the original edition as possible.

Introduction

 E OWE the translations of German church registers in these three volumes to the far-reaching historical and genealogical research program of the Pennsylvania German Society. The society was founded in 1891 by a group of Pennsylvanians interested in perpetuating the memory of emigrant forefathers and in studying the unique early American culture which has come to be known as "Pennsylvania German" or "Pennsylvania Dutch."

The Pennsylvania Germans themselves are the descendants of emigrants from Europe in the seventeenth, eighteenth, and early nineteenth centuries. From 1683, when the first German settlement in the New World was planted at Germantown, through the late 1700s a varied procession of emigrants arrived from what is now West Germany, East Germany, Switzerland, and France (Alsace-Lorraine), with contingents of emigrants from Silesia (now in Poland) and Moravia (now in Czechoslovakia) and indirectly from Austria and other areas of Central Europe.

The Pennsylvania Germans were divided in religious adherence between the so-called "church people" (*Kirchenleute*) and the "sectarians" (*Sektenleute*). The former were comprised of the two major Protestant denominations from the continent of Europe, the Lutherans and the Reformed. The latter were made up of the Mennonites, the Amish, and the Brethren. A third category of religious adherence was the communitarian groups, represented by the Ephrata Society, the Moravian Brethren, and the Harmonites.

The records included in these volumes are those of selected Lutheran and Reformed congregations in colonial Pennsylvania, plus one Moravian record. All three of these groups kept excellent, careful registers of their membership. Of the records included here the most detailed in point of personalia are those of the Lutheran congregations in Philadelphia and the Trappe in Montgomery County, and the records of those buried in the old Moravian "God's Acre" at Bethlehem.

1.

Let us look at one of these churches, to see what types of help its records can offer to the genealogist.

While not the oldest organized Lutheran congregation in what is now the United States—the Swedish and Dutch Lutherans of the Delaware and Hudson Valleys preceded it—St. Michael's and Zion's Lutheran congregation in the city of Philadelphia was the leading German Lutheran congregation in the Colonies, and its twin churches formed a kind of joint Lutheran cathedral. Its clergy were among the great spiritual and intellectual leaders of eighteenth-century America.

Among the first fruits of the genealogical program of the Pennsylvania German Society was the translation of the early records of St. Michael's and Zion's congregation. The work was done by Julius Friedrich Sachse (1842-1919), one of the pioneer historians of the Pennsylvania Germans, whose family was connected with the church. The work is a translation of Volume I, which includes baptisms, marriages, and burials beginning in 1745 and ending in 1762.

What is particularly valuable about these records is the great care with which they were kept by the early ministers. Sponsors at each baptism were carefully noted and illegitimate births were as fully reported as possible (important for genealogists!). In the marriage records, locations of the residence of bride and groom, if not from Philadelphia, were sometimes noted; the religion of the marriage partners, if not Lutheran, was mentioned; and the place where the wedding took place is noted, whether in the church in the presence of wedding guests, in the parsonage, or in private homes.

In addition to parishioners who lived in Philadelphia, the records include some persons from up in the country, or over the Delaware in New Jersey, particularly in the marriage record, since it was probably fashionable for country folk to come to Philadelphia to get married and to honeymoon.

Among the illegitimate children listed were the offspring of temporary unions of German women with Irishmen, Englishmen, indentured servants, soldiers, and other putative fathers. If the parents married shortly before or soon after the birth of the child, the pastors charitably considered the births legitimate. And here at least the pastors did not, as was the case in some German records I have studied in Europe, pretentiously reverse the book and inscribe illegitimate births upside down.

Occupations are given too, in some cases. We read, for example, of Anthony Dashler the saddler, Jacob Roht the potter, Johan Christian Luprian the tailor, Johan Georg Ott the bookbinder, Johan Peter Büchner the locksmith, Tobias Bube the carpenter, and others.

In an age when confessional lines were more precisely drawn, the pastors were careful to note non-Lutherans. For example, among the surprising number of Roman Catholics mentioned were Baltzer Smith, Diedrich Holtzhausin, Philip Eyler, Stephen Swermer, Anthony Ottman, Charles Alexander duBou (duBois?), Cathrina Spergler, Casper Kastner, Johann Paul Essling, Jürg Hirt, Niclas Holtzlander, and Peter Walter. There are even a few Mennonites mentioned in the records, some free Negroes, and many "servants," i.e., white indentured servants, whose masters' permission was required when they married.

Occasionally the pastors noted down the European origins of their parishioners. This is rare in the case of baptisms, more plentiful in the case of marriages, and even more so in the burial record. For example, in the family record of Wolfgang Unger and his wife, Anna Maria née Zimmermann, which precedes the actual baptismal record and was left untranslated by Sachse, the husband was from "Flinspach in der Chur-Pfaltz über Heidelberg"—from Flinspach in the Electoral Palatinate, beyond Heidelberg; the wife was from Nussloch near Heidelberg. On occasion a sponsor was listed from abroad, as in the case of the birth in 1747 of a son of Johann Heinrich Keppele. The godfather was a man from Heilbronn in Württemberg, whose place at the baptism was taken by a proxy. The Keppeles were among Philadelphia's German merchant aristocracy, and Henrich Keppele was later to become the first president of the German Society of Pennsylvania, founded in 1764.

Among these notations of the European origins of the early members, there is a high proportion from Lutheran provinces of Germany such as Württemberg. The Philadelphia congregation appears also to have had a higher proportion of members from

North Germany than some of the country churches. Examples from the baptismal record include Johan Just Bothmann and Georg Wilhelm Rehburg from Hannover, Johan Thomas Köens from Hamburg, and Johan Peter Bügner (Büchner) from Braunschweig.

Of especial interest are the notations about the emigration of the parishioners. Several children were baptized with the note that they were born on the ocean. Sometimes parents of baptized children were described as "newcomers," i.e., recently arrived immigrants. For example, in 1754, Magdalena Rohn was baptized, daughter of Henrich Rohn. The godfather was Hans Ernst Mumbauer from Egypt (Northampton County). Both father and godfather arrived at Philadelphia on the *Halifax*, September 28, 1753.

Of the Reformed Church records in this work, those of the First Reformed Church in Lancaster begin in 1736. Like most of the Reformed congregations in colonial Pennsylvania, and to a certain extent all Pennsylvania German churches, the membership formed very much a potpourri of German regional backgrounds. There were, for example, Reformed families from the Palatinate and other Reformed provinces of Germany, including the pastors Hendel, Böhme, Faber, and Helfenstein, and such families as the Weidmanns, Trauts, Gensemers, Schreibers, and many others. There was also a large Swiss contingent, since the German-Swiss cantons of Bern, Zurich, and Basel were also Reformed. These Swiss families came to Pennsylvania either directly from Switzerland, or, more commonly, indirectly via the Pfalz or other areas in Germany; examples include the Dieffenderffer, Brunner, Bühler, Altdorfer, Schaffner, Rudisill, Stauffer, Dunkel, and Brenneman families. In addition, there were French-Swiss families like the Gallatins, and many Huguenot families from the Rhineland, including the Williars and Fortines (Fortineux) of Otterberg and adjoining parishes in the Palatinate; the Bushongs (Beauchamps), LeFebres, and others. From Hessen, Rheinhessen, etc., came the Bausmans, the Strenges (Christian Strenge, the Lancaster County fraktur artist), the Hunds, and others. We could go on and on, but this should illustrate the enormous diversity.

Pennsylvania's Moravian tradition is represented in this work by Augustus Schultze's "Guide to the Old Moravian Cemetery of Bethlehem, Pa. 1742-1910." The Moravian Church, which was planted in America by Count Zinzendorf and his associates, was one of the most active of the spiritual forces in colonial Pennsylvania. The core of its membership had come from Czechoslovakia and Eastern Germany, but in Pennsylvania its converts included Englishmen, Danes, Norwegians, Swedes, and other Europeans, as well as converts from Pennsylvania's Lutheran and Reformed churches, plus Negroes from Africa and the West Indies, and even American Indians. It was a cosmopolitan crowd indeed. Furthermore, the Moravians, because of their missionary drive, sailed back and forth from Europe to America, to the West Indies, Greenland, Guiana, and other mission stations, bringing new ideas and talents to the colonial scene.

The persons buried in the old "God's Acre" at Bethlehem, on the quiet hill behind the church, represent this rich blend that was colonial Moravianism. An additional plus for genealogists is the fact that the Moravians, engaged as they were in heroic far-flung mission endeavors, made much of written biography; hence many colonial Moravians wrote spiritual autobiographies, giving the outward facts of their passage through life plus a careful recording of their inward progress in religion. It is these autobiographies, preserved by the thousands in the Moravian Archives in Bethlehem, that Dr. Schultze used in preparing the brief biographical sketches of those buried at Bethlehem. Particularly exciting for genealogists are the precise notations of the birthplaces of the European emigrants. And even in these short sketches one senses something of the excitement of belonging to the Moravian world in the heroic period of its missionary expansion.

2.

In addition to the indispensable names and dates on which the genealogist builds his work, these records enlighten us on the relation of our ancestors to church and community. Each individual moved through life accompanied by the sacramental system of the church, which sanctified each stage of life from birth to death.

Through baptism, for example, the child was brought into a special relationship with his own family, through the bestowal of a baptismal name; with his church, since baptism was the first grade of church membership; and with his community, through the appointment of baptismal sponsors or godparents.

When the Lutheran or Reformed child reached his early teens, he went through a second step which brought him into fuller relationship with his congregation. This was confirmation, which involved catechetical training, and made the teenager a full participating member of the church, hence his first taking of Holy Communion was often recorded on the day of confirmation or on a Sunday soon thereafter.

Marriage was the next sacramental step, when a young couple from the community, being joined in marriage, took their place in the adult world and established a household and eventually a family of their own. Among the Pennsylvania Germans weddings were sometimes lavish affairs, with serenades, wedding dinners, parties, and dances.

At the end of life came the funeral and burial service. These ceremonies were usually quite elaborate, often with wakes over the dead body, services in the home, in the church, and at the graveside. After the funeral there was the lavish funeral meal, which brought the living back to a sense of the continuation of life, although some of the ministers complained against these expensive funeral "feasts."

In addition to the light they shed on individual parishioners, these three volumes furnish us also with a clear picture of the early Pennsylvania German clergy. We learn of their university training in Europe, we sense their linguistic talents (some of them used Latin, Greek, and Hebrew in the records as well as German and English). But above all we see them riding the circuit, for most of them had many congregations to serve in one parish. Among the Lutherans there was Pastor Johann Casper Stoever (1707-1779), whose parish extended from Philadelphia to Winchester in Virginia, who in fact began the Lutheran records in Philadelphia and many upstate congregations, and whose private ministerial record has recently been reissued.

On the Reformed side Johann Henricus Goetschius (Goetschy) had an immense parish to serve also. On the title-page of the New Goshenhoppen record he wrote (in German) that the book cost five shillings, and (in Latin) that he was "a Swiss, from Zurich," now "pronouncing the truth" in Skippack, Old Goshenhoppen, New Goshenhoppen, Swamp, Saucon, Egypt, Macedonia, Mosellem, Oley, Bern, and Tulpehocken—a huge parish indeed. The book, he says, will include the names of those baptized, and adds, "May God with the blood of Jesus blot out their names from the Book of Sins and inscribe them in the Book of Life."

These records, then, show us something of the life style of the Pennsylvania German church people in the historic decades of the eighteenth century, when they were founding their culture here in the New World. These pages give us more than bare lists of names and dates. As one of the translators, Julius F. Sachse, put it,

> *To the genealogist, the historian, the antiquary and the student of the development of the various localities and of the State at large, records of this kind prove of inestimable value, and like the noted Rosetta stone serve to decipher enigmas that otherwise would remain more unintelligible than the Runic inscriptions of old.*

3.

Speaking of Runic inscriptions, Pennsylvania's German church registers are indeed often difficult to decipher. Depending upon the care with which the pastor made his entries, and the translator's knowledge of date systems, abbreviations, as well as the various styles of German-language handwriting and orthography, translation, or transcription, is a difficult and time-consuming task. There are some obvious errors in these records, some to be blamed on the translator, others on the typesetter. In the case of the two Lancaster records, Trinity Lutheran and First Reformed, the translator purposely omitted the godparents' names in the baptismal entries. But at least these printed versions of the records of Lancaster's earliest congregations give the genealogist an indication of just what families were parishioners. And with any translated church record it is good policy for the genealogist to check the originals as a matter of course before publication of his work.

All of our translators deserve credit for pioneering in this difficult and rewarding work. In conclusion, we wish to pay a brief tribute to William J. Hinke (1871-1947), whose name is known to every genealogist working in the Pennsylvania German field. Those who use *Pennsylvania German Pioneers,* or who have been aided in their researches by using the Hinke Collection of Reformed Church Registers at Lancaster Theological Seminary, may not know that his major career was that of Professor of Old Testament at the Auburn Theological Seminary in New York State, and that all his indispensable transcription and translation work was done "on the side." It proved to be a very large "side" and we suspect that this work was Dr. Hinke's major interest as he grew older. His work is marked with the care of the trained linguist and the very good sense of an excellent historian as well.

Perhaps it will be fitting to close with a statement from Professor Hinke's earlier counterpart in the Lutheran world, Julius F. Sachse. Almost a century ago, in his foreword to the Trappe Records, he wrote these words:

> *No public records will be of greater value to the historian a century hence than these same old sere and yellow, ofttimes musty, church registers. To future generations our transcripts will become the basis of their investigations, and their fervent thanks will without doubt be showered upon the memory of such as were instrumental in preserving the records while it was yet a possibility.*

Zwetter Grischdaag 1982　　　　　　　　　　**DON YODER**
　　　　　　　　　　　　　　　　　　University of Pennsylvania

Contents

Birth and Baptismal Register of Trinity Lutheran Church, Lancaster, Pa. [1747-1799], from Vol. III (1893), 191-292; Vol. IV (1894), 189-248; Vol. V (1895), 173-200; Vol. VI (1896), 251-283   1

Birth and Baptismal Register of the First Reformed Church, Lancaster, Pa. [1736-1800], from Vol. IV (1894), 249-292; Vol. V (1895), 203-266   227

Kirchen-Matricul: Der Evangelisch Lutherischen Gemeinde in Neu Providenz, Pennsylvania [Augustus Evangelical Lutheran Church at Trappe, New Providence Township, Montgomery County], by Julius Friedrich Sachse, from Vol. VI (1896), 159-248; Vol. VII (1897), 476-533   337

Births and Baptisms, 1729-1777	355
Marriages, 1730-1774	429
Confirmations, 1745-1778	461
Burials, 1745-1777	476

Pennsylvania German
Church Records

Trinity Lutheran Church, Lancaster, Pa. Built, 1766.

BIRTH AND BAPTISMAL REGISTER

—OF—

TRINITY LUTHERAN CHURCH,

LANCASTER, PA.

PREFATORY NOTE.

At the annual meeting of the Pennsylvania-German Society, held in Lebanon last year, the retiring President, Dr. W. H. Egle, in his annual address directed attention to the great value of the early church records to be found throughout Eastern Pennsylvania, as bearing on the genealogy and history of the early German immigrants and their descendants, and the importance of preserving them from destruction. In accordance with his suggestion, committees were named to look after and examine these records, and to secure and prepare them for publication. The members of the Lancaster committee are Rev. J. Max Hark, D. D., S. M. Sener, Esq., and Rev. J. S. Stahr, D. D. They began their work with the records of the births and baptisms in Trinity Lutheran church from the year 1747 and continued their labors down to 1800. These were carefully translated from the original German, and the first installment, including the record from that time down to 1774 is here given.

The congregation of Trinity Lutheran church, Lancaster, Pa., was organized as early as 1733. The first church edifice was consecrated on October 28, 1738. It had a steeple and bells, and was furnished with an organ in 1744. The corner stone of the edifice represented in the cut on the opposite page, and in which the congregation still worships, was laid on May 18, 1761, and the building was dedicated on May 4, 1766. The steeple was not erected with the main church edifice; its foundations were laid in the autumn of 1785 and, after various interruptions, completed December 8, 1794. The height is 195 feet. Among its pastors have been Rev. John Casper Stoever, Dr. Helmuth, Dr. Henry Ernest Muhlenberg, the eminent botanist; Dr. Krotel and Dr. E. Greenwald. The present pastor is the Rev. Chas. L. Fry.

1747.

Catharina Barbara Debus, d. Johann Daniel and Barbara; b. Aug. 8; bap. Aug. 16.

Elisabetha Sohn, d. Johann Michael and Catharina; bap. Aug. 16; 5 weeks old.

Eva Elisabetha Quickel, d. Johann Georg and Anna Ursula; b. June 19; bap. Sept. 7.

Johann Conrad Eppelman, s. Georg and Magdalena; b. Sept. 5; bap. Sept. 13.

Maria Sabina Spunsiler, d. Jacob and Elisabetha; b. Sept. 12; bap. Sept. 18.

Michael Krebs, s. Georg and Catharina; b. Sept. 6; bap. Sept. 13.

Anna Barbara Huber, d. Felix and Maria; bap. Oct. 4; 3 weeks old.

Births and Baptisms.

Michael Reis, s. Johann and Elisabetha; b. Oct. 1; bap. Oct. 9.
Johann Jacob Bond, s. Johann and Catharina; bap. Oct. 11; 10 weeks old.
Philipp Adam Freher, s. David; b. Oct. 15; bap. Oct. 18.
Johann Michael Rudesille, s. Georg Philipp; b. Oct. 8; bap. Oct. 15.
Elisabeth Schreiber, d. Johann and Catharina; b. Nov. 2; bap. Nov. 22.
Elisabetha Barbara Schreiner, d. Johann Michel and Anna Barbara; b. Nov. 10; bap. Nov. 22.
Jacob Hambrecht, s. Adam and Elisabeth Barbara; b. Nov. 13; bap. Nov. 22.
Johann Ludwig Frantz, s. Ludwig and Elizabeth; bap. Nov. 29; 3 weeks old.
Barbara Haberstick, d. Michel and Salome, both Ref.; bap. Nov. 29; 5 weeks old.
Johann Jacob Windnagel, s. Mathaeus and Maria Catharina; b. Dec. 19; bap. Dec. 20.
Catharina Oehler, d. Johann Georg and Rosina; bap. Dec. 20; 3 weeks old.

1748.

Daniel Barth, s. Johann Martin and Eva Julia; bap. Feb. 7; 14 days old.
Johann Kuntz, s. Nicolaus and Magdalena; b. Jan. 29; bap. Feb. 7.
Anna Maria Sauer, d. Wilhelm and Sophia Margaretha; b. Jan. 16; bap. Feb. 7.
Johann Michel Meier, s. Georg Carl and Anna Barbara; b. Feb. 1; bap. Feb. 7.
Anna Maria Betz, d. Johann Georg and Anna; bap. Feb. 7; 3 weeks old.
Johann Henrich Ruehl, s. Simon and Esther; bap. Feb. 7; 10 weeks old.
Anna Margaretha Schreiner, d. Martin and Anna Margaretha; b. Jan. 19; bap. Feb. 19.
Johann Dunckel, s. Michel and Maria Barbara, Ref.; b. Dec. 1, 1747; bap. Feb. 19.
Johann Deis, s. Johann and Anna Maria; b. Dec. 18, 1747; bap. Feb. 19.
Anna Margaretha Schaeffer, d. Isaac and Anna Margaretha; bap. Feb. 19; 6 weeks old.
Catharina Schaefer, d. Balthasar and Anna Margaretha, Ref.; bap. March 6; 10 days old.
Anna Catharina Loechner, d. Johann Georg and Maria Salome; b. Feb. 15; bap. March 6.

The Pennsylvania-German Society.

Sophia Kuntz, d. Michel and Anna; bap. March 6; 14 days old.
Maria Magdalena Dambach, d. Friedrich and Elisabetha; b. April 15; bap. April 24.
Johann Georg Geiger, s. Jacob and Catharina; b. April 10; bap. April 24.
Bernhard Uhlemann, s. Friedrich and Elisabetha; b. March 12; bap. April 24.
Anna Maria Behner, d. Burckhardt and Christina; b. January, 1747; bap. April 24.
Johann Peter Bauer, s. Peter, Ref., and Catharina, Luth.; b. March; bap. April 24.
Philipp Sitzler, s. Wilhelm and Regina; b. March 17; bap. April 24.
Matthias Hoch, s. Andreas and Dorothea, both Ref.; b. February 11; bap. April 24.
Maria Juliana Leitner, d. Johann and Esther; b. February 22; bap. April 24.
Andreas Straub, s. Andreas and Catharina; b. February; bap. April 24.
Maria Margaret Luttmann, d. Johann Jacob and Margaret; b. Dec. 30, 1746; bap. *posthac*.
Johann Georg Luttmann, parents as above; b. July 28; bap. *postea*.
Anna Maria Luttmann, d. Jacob and Elnor; b. Jan. 3, 1751; bap. *postea*.
Dorothea Seechrist, d. Hans and Anna, Ref.; b. Aug. 9, 1747; bap. May 15.
Gerhard Rub, d. Christian and Maria Elizabeth; b. May 21; bap. May 29.
Regina Schreiack, d. Michael and Catharina; b. May 22; bap. May 30.
Johann Jacob Knecht, s. Philipp and Regina; b. May 4; bap. June 19.
Anna Maria Theobald, d. Johann Jacob and Anna Margaretha; both Ref.; b. June 29; bap. July 10.
Johann Georg Geiger, s. Christian and Anna Maria; b. June 2; bap. July 10.
Catharina Lingenfelder, d. Johann and Magdalena; b. June 10; bap. July 10.
Simon Gross, s. Simon and Veronica, Ref.; b. June 24; bap. July 17.
Johann Friedrich Stephanman, s. Georg and Maria Catharina; b. July 9; bap. July 17.
Maria Barbara Waginer, d. Henrich and Maria Elisabetha; b. July 16; bap. July 17.
Johann Georg Rubli, s. Jacob and Barbara; b. June 9; bap. July 17.
Johann Georg Ludmann, s. Jacob and Margaretha; b. July 28; bap. July 29.

Births and Baptisms.

Margaretha Barbara Triesler, d. Joseph David and Maria Susanna; b. Aug. 11; bap. Aug. 21.

Sophia Magdalena Frank, d. Andreas and Elisabetha; b. Aug. 3; bap. Sept. 4.

Maria Catharina Tochterman, d. Jacob Friedrich and Anna Susanna; b. Aug. 26; bap. Sept. 4.

Catharina Imler, d. Georg and Christina; b. Aug. 23; bap. Sept. 4.

Johann Friedrich Kuhn, s. Dr. Adam Simon and Maria Sabina; b. Aug. 24; bap. Sept. 4.

Johann Georg Hess, s. Johann Georg and Anna Maria; b. Sept. 15; bap. Sept. 18.

Johann Daniel Schweichhardt, s. Johann Peter and Anna Christina; b. Sept. 24; bap. Oct. 2.

Johann Michael Hubele, s. Bernhard and Eva Magdalena; b. Sept. 26; bap. Oct. 16.

Johann Michael Baierle, s. Friedrich Ludwig and Eva Maria; b. Oct. 2; bap. Oct. 16.

Maria Werner, d. Jacob and Barbara, both Ref.; b. Sept. 23; bap. Oct. 16.

Christina Eichholtz, d. Friedrich and Maria Magdalena; b. Oct. 15; bap. Oct. 21.

Anna Elisabetha Eichelberger, d. Friedrich and Maria Magdalena; b. Aug. 29; bap. Oct. 30.

Anna Maria Maurer, d. Georg and Anna Maria; b. Oct. 25; bap. Oct. 30.

Anna Maria Fritz, d. Peter and Sabina; b. Oct. 9; bap. Oct. 30.

Anna Margaretha Kistler, d. Johann Nicolaus and Anna Magdalena; b. Oct. 18; bap. Oct. 30.

Anna Friederica Immel, d. Johann Michael and Maria Barbara; b. Oct. 16; bap. Nov. 6.

Gottlieb Stumph, s. Michael and Anna Margaretha; b. Nov. 6; bap. Nov. 13.

Anna Maria Erkebrecht, d. Jacob and Susanna; b. Oct. 27; bap. Nov. 13.

Johann Jacob Süssman, s. Maria Catharina, a widow, Ref.; b. Nov. 9; bap. Nov. 15.

Henrich Lohrmann, s. Georg and Dorothea; b. Oct. 11; bap. Nov. 27.

Eva Elisabetha Quickel, d. Johann Georg and Anna Ursula; b. Oct. 26; bap. Nov. 27.

Christian Geiger, s. William and Eva Barbara; b. Nov. 26; bap. Dec. 4.

Johannes Oster, s. Wilhelm, Ref., and Philippine, Luth.; b. Nov. 22; bap. Dec. 4.

Eva Juliana Frantz, d. Henrich and Anna Margaretha; b. Nov. 20; bap. Dec. 18.
Michael Baierle, s. Andreas and Beatrix; b. Dec. 7; bap. Dec. 18.
Johann Wilhelm Bischhof, s. Wilhelm and Anna; b. Dec. 12, 1746; bap. May 14, 1749.
Michael Bischhof, s. William and Anna; b. Dec. 2; bap. May 14, 1749.
Maria Dorothea Arndsberger, d. Georg Heinrich and Maria Magdalena; b. Dec. 1; bap. Dec. 25.
Johannes Krug, s. Valentin and Eva; b. Dec. 22; bap. Dec. 26.
Johann Georg Flor, s. Valentin and Elisabetha; b. Dec. 13; bap. Dec. 25.

1749.

Johannes Kamb, s. Johann Adam and Maria Ottilia, both Ref.; b. Dec. 6, 1748; bap. Jan. 1.
Jacob Gruener, s. Johann Kohlmann and Ursula, Cath.; b. Dec. 24, 1748; bap. Jan. 1.
Johann Jacob Fahrner, s. Johann Adam and Maria Sara, both Ref.; b. Dec. 24, 1748; bap. Jan. 1.
Johann Georg Lekron, s. Daniel and Margaretha; b. Jan. 2; bap. Jan. 4.
Anna Catharina Trenkel, d. Stephan and Eva Catharina; b. Jan. 2; bap. Jan. 6.
Jacob Fortineux, s. Jacob and Juliana, both Ref.; b. Dec. 29, 1748; bap. Jan. 8.
Wilhelm Zink, s. Jacob and Maria; b. Sept. 9, 1744; bap. Jan. 15.
Elisabeth Zink, d. Jacob and Maria; b. March 10, 1748; bap. Jan. 15.
Margaretha Linden-Schmidt, d. Johann Daniel, Ref., and Catharina, Luth.; b. Dec. 23, 1748; bap. Jan. 15.
Maria Barbara Dunkoll, d. Melchior, Ref., and Maria Barbara, Luth.; b. Nov. 29, 1748; bap. Jan. 22
Anna Christina Walter, d. Johann Christian and Else Catharina; b. Jan. 14; bap. Jan. 22.
Benjamin Dannbach, s. Adam and Eva Regina; b. Jan. 21; bap. Jan. 25.
Johannes Schneider, s. Johannes and Anna Magdalena, Ref.; b. Jan. 21; bap. Jan. 29.
Johannes Benjamin Blantz, s. Matthaeus and Elisabetha; b. Oct. 21, 1748; bap. Jan. 29.
Maria Elisabetha Vernon, d. Francis and Mary Davids; b. Jan. 2; bap. Jan. 29.
Daniel Schreier, s. Nicolaus and Magdalena, both Cath.; b. Jan. 27; bap. Feb. 2.
Johann Georg Hambrecht, s. Johann Adam and Elisabetha Barbara; b. Feb. 1; bap. Feb. 5.

Births and Baptisms.

Maria Magdalena Mesekopf, d. Johannes and Anna Elisabeth, both Ref.; b. Feb. 1; bap. Feb. 5.
Michael Hekins, s. Michael and Margaretha; b. Jan. 5; bap. Feb. 5.
Johann Mattheus Windnagel, s. Mattheus and Maria Catharina; b. Feb. 11; bap. Feb. 12.
Anna Maria Fehder, d. Bernhard and Gertrude, both Ref.; b. Dec. 11, 1748; bap. Feb. 12.
Johannes Stuertzenaker, s. Heinrich and Elisabeth, both Ref.; b. Feb. 13; bap. Feb. 15.
Jacob Niedt, s. Rudolph and Barbara; b. Feb. 2; bap. Feb. 19.
Adam Wentzel, s. Johann Adam and Anna Elisabetha; b. Dec. 7, 1748; bap. Feb. 26.
Maria Sabina Schwab, d. Johannes and Catharina Elisabeth; b. Dec. 26, 1748; bap. Feb. 26.
Magnus Ludewig Goslar, s. Philipp Reinhardt and Anna Sophia; b. Feb. 28; bap. March 5.
Johann Georg Heide, s. Georg and Maria Sara, Ref.; b. March 3; bap. March 5.
Johann Leonhardt Billmeier, s. Leonhardt and Anna; b. March 7; bap. March 9.
Johann Jacob Baier, s. Johann Jacob and Maria Engel; b. Jan. 8; bap. March 19.
Philipp Hill, s. Gottlieb and Anna Maria; b. March 2; bap. March 12.
Michael Rhody, s. Daniel and Susanna; b. March 8; bap. March 19.
Anna Barbara Christian, d. Philipp Jacob and Anna Catharina; b. March 16; bap. March 19.
Anna Maria Boehm, d. Peter and Anna Margaretha; b. March 19; bap. March 25.
Ursula Mantz, d. Christoph and Margaretha; b. March 24.
Michael Ziegler, s. Thomas and Margaretha; b. Feb. 27; bap. March 26.
Susanna Ketsch, d. Jacob and Anna Maria, both Ref.; b. Jan. 20; bap. March 26.
Barbara Ott, d. Michael and Anna Margaretha; b. March 25; bap. March 27.
Johann Adam Streher, s. Johann Adam and Maria Catharina; b. Aug. 12, 1748; bap. March 27.
Maria Magdalena Leitner, d. Ignatius and Margaretha; b. Dec. 19, 1748; bap. April 9.
Maria Catharina Trukenmüller, d. Ludewig and Catharina; b. Jan. 25; bap. April 6.
Friedrich Engel, s. Melchior and Magdalena; b. April 3; bap. April 8.

Maria Magdalena Groener, d. Dietrich and Rosina; b. March 28; bap. April 9.
Jacob Seemann, s. Heinrich and Maria Margaretha; b. Feb. 14; bap. April 9.
Anna Catharina Gross, d. Johann Georg and Anna Catharina; b. April 24; bap. April 30.
Johannes Nickol, s. Johannes and Margaretha; b. Dec. 26, 1748; bap. April 30.
Carl Gross, s. Andreas and Barbara; b. March 25; bap. May 3.
Elisabetha Günther, d. Casper and Anna Catharina; b. April 23; bap. May 7.
John Hossilius Pries, s. Samuel and Elisabetha; b. July 28, 1748; bap. May 5.
Hans Martin Fuchs, s. Johannes and Maria Engel, Ref.; b. April 25; bap. May 14.
Jacob Schreier, s. Johann Adam and Catharina; b. May 1; bap. May 14.
Catharina Behmüller, d. Hans Michael and Anna Maria; b. April 10; bap. May 14.
Maria Barbara Meier, d. Lorentz and Maria Margaretha; b. March 8; bap. May 14.
Johann Georg, illegitimate child of Anna Catharina Morin; b. May 26; bap. June 4.
Thomas Andreas, s. Christian and Margaretha; b. May 7; bap. June 5.
Carl Seng, s. Philipp Henrich and Maria Magdalena; b. June 3; bap. June 11.
Johannes Buch, s. Johann Peter and Anna Maria; b. June 11; bap. June 18.
Mary Browne, d. John and Susanna; b. June 21; bap. June 21.
Elizabeth May, d. Abel and Helena; b. Oct. 30, 1748; bap. June 22.
William Howerd, s. William and Anna; b. June 22; bap. June 25.
Jahnet Fritzel, d. William and Mary, Presb.; b. Aug. 13, 1748; bap. June 28.
Daniel Laumann, s. Ludwig and Elisabeth; b. June 26; bap. June 29.
William Robbin Berwit, s. Mary, a widow, Rom. Cath.; b. June 30, 1747; bap. June 29.
Maria Sara Sohn, d. Johannes Michael and Anna Catharina, Ref.; b. April 30; bap. July 2.
John Waters, s. Anna, a widow, Church of England; b. May 21; bap. July 1.
Anna Maria Goebel, d. William, Ref., and Eva Elisabetha, Luth.; b. July 6; bap. July 9.

Births and Baptisms.

Johann Caspar Klein, s. Henrich and Susanna, both Ref.; b. July 3; bap. July 8.
Conrad Küntzer, s. Jacob and Margaretha; b. May 26; bap. July 9.
Maria Margaretha Utzmann, d. Johannes, Cath., and Albertina, Luth.; b. July 1; bap. July 10.
Andreas Betz, s. Johann Georg and Anna; b. July 12; bap. July 19.
Elisabetha Küehler, d. Henrich and Anna Maria, Ref.; b. July 18; bap. July 23.
Maria Margaretha Gassert, d. Matthaeus and Maria Catharina; b. Nov. 13, 1748; bap. July 26, in the church on the Beber creek.
Andreas Seib, s. Carl and Judith; b. May 15; bap. July 26, in the church on the Beber creek.
Andreas Cober, s. Bernhard and Elisabetha; bap. July 26; five months old.
Anna Maria, illegitimate child of Anna Catharina Reinhartin; b. July 21; bap. July 30.
Johannes Freyling, s. Johannes and Rosina; b. Nov. 11, 1747; bap. Aug. 6.
Elisabetha Harting, d. Conrad and Anna Catharina; b. July 10; bap. Aug. 17.
Georg Adam Küntzel, s. David and Charlotte; b. May 9; bap. Aug. 20.
Maria Catharina Hofmann, d. Martin and Maria Margaretha; b. Aug. 2; bap. Aug. 21.
Juliana Rubbi, d. Caspar and Maria Magdalena; b. Aug. 19; bap. Aug. 28.
Mary and William Nail (twins), d. and s. Margaretha, a widow; b. Aug. 10; bap. Aug. 29.
Michael Reiss, s. Johannes, Ref., and Elisabeth Margaretha; b. Aug. 25; bap. Sept. 3.
Johann Jacob Räncker, s. Jacob and Anna Catharina, both Ref.; b. May 28; bap. Sept. 3.
Margaretha Kyburtz, d. Jacob and Elisabetha, both Ref.; b. Aug. 14; bap. Sept. 3.
Susanna Margaretha Buch, d. Georg Nicolaus and Maria Elisabeth, Ref.; b. July 23; bap. Sept. 3.
Mary and Jeane Hall (twins), d. Sara, a widow; b. Sept. 3; bap. Sept. 3.
Anna Catharina Goetz, d. Joh. Peter, Ref., and Anna Christina; b. July 24; bap. Sept. 10.
Ursula Huber, d. Philipp Dietrich and Regina; b. July 22; bap. Sept. 10.
Samuel Menn, s. Jacobson and Anna, Ch. of Engl.; b. Nov. 26, 1748; bap. Sept. 15.

The Pennsylvania-German Society.

Ursula Elisabeth Brenner, d. Johann Gerhard and Louise; b. Sept. 19; bap. Sept. 25.
Johann Friedrich Fesler, s. Leonhardt and Margaretha; b. March 8; bap. Sept. 30.
Matthaeus Eichholtz, s. Friedrich and Magdalena; b. Sept. 29; bap. Oct. 1.
Margaretha Sanderson, d. Georg and Margaretha; b. Sept. 29; bap. Oct. 5.
Susanna Bucher, d. Heinrich and Anna, both Ref.; b. Sept. 23; bap. Oct. 8.
Johannes Höfflich, s. Conrad and Anna Ottilia; b. Oct. 1; bap. Oct. 8.
Anna Maria Höfflich, twin of above; b. Oct. 1; bap. Oct. 5.
Susanna Magdalena Bruker, d. Jacob and Anna, both Ref.; b. Sept. 19; bap. Oct. 15.
Anna Catharina Schmuck, d. Jacob and Anna Catharina, both Ref.; b. Sept. 29; bap. Oct. 15.
Benjamin and Joseph Flemming (twins), s. David and Elisabetha, Presb.; b. Oct. 15.
Johann Valentine Fortinnena, s. Melchior and Barbara, both Ref.; b. Oct. 18; bap. Oct. 24.
Elisabetha Senky, d. William and Elizabeth, Presb.; b. Aug. 11, 1748; bap. Oct. 26.
Gottfried Höfflich, s. Antoni and Maria Veronica; b. Sept. 11; bap. Oct. 27.
Johannes Guntaker, s. Johann Michael and Anna Margaretha; b. Oct. 31; bap. Nov. 4.
Maria Huber, d. Felix and Maria, both Ref.; b. Oct. 27; bap. Nov. 8.
Maria Barbara Schreiner, d. Martin and Anna Margaretha; b. Oct. 17; bap. Nov. 12.
Henrich Demuth, s. Henrich and Anna, both Ref.; b. Sept. 12; bap. Nov. 19.
Mary Buttler, d. Thomas and Eleanora, Ch. of Eng.; b. Nov. 5; bap. Nov. 26.
Catharina Müller, d. Burckhardt and Sophia, both Ref.; b. Sept. 25; bap. Nov. 27.
Jane Gibson, d. Georg and Martha, Church of England; b. May 27; bap. Dec. 7.
Rebecca Mayls, d. John and Catharine, Church of England; b. Nov. 3; bap. Dec. 9.
Nicolaus Pausmann, s. Johann Michael and Maria Margaretha; b. Dec. 8; bap. Dec. 14.
Johannes Schneider, s. Caspar, Ref., and Susanna, Luth.; b. Nov. 16; bap. Dec. 17.

Births and Baptisms.

Johann Jacob Mely, s. Georg Andreas and Maria Margaretha; b. Dec. 13; bap. Dec. 15.
Johann Friedrich Schaeffer, s. Balthasar and Anna Margaretha, both Ref.; b. Dec. 3; bap. Dec. 17.
Anna Maria Quickel, d. Philipp and Anna Sabina; b. Dec. 5.
Jonas Glover, s. Richard and Anna; b. Dec. 10; bap. Dec. 18.
Theobald Erfurt, s. Antoni and Anna Maria; b. Nov. 25; bap. Dec. 25.
Maria Barbara Kuntz, d. Jacob and Margaretha, both Ref.; b. Dec. 25; bap. Dec. 31.

1750.

Johann Jacob Stautzenberger, s. Andreas and Johanna; b. Sept. 14; bap. Jan. 1.
Anna Maria May, d. Leonhardt and Christina, both Ref.; b. Jan. 9.; bap. Jan. 21.
Johannes Tschudy, s. Johannes and Verena, both Ref.; b. Jan. 9; bap. Jan. 21.
Anna Margaretha Koeller, d. Hans Jacob and Elisabeth Pfundin; both Ref.; b. Jan. 19; bap. Jan. 21.
Philipp Adam Brenner, s. Philipp and Maria Catharina; b. Jan. 8; bap. Jan. 21.
Georg Michael Huber, s. Friedrich and Maria Barbara; b. Jan. 25; bap. Jan. 27.
Maria Sophia Schreyak, d. Michael and Catharina, Ref.; b. Jan. 14; bap. Jan. 28.
Johann Martin Oehler, s. Georg and Rosina; b. Jan. 20; bap. Jan. 28.
Maria Barbara Reisinger, d. Johann Martin and Anna Magdalena; b. Feb. 2; bap. Feb. 3.
John Guttry, s. Robert and Brigitta; b. Jan. 12; bap. Feb. 5.
James Clamson, s. James and Mary, Quaker; b. Aug. 10, 1729; bap. Feb. 8.
Jacob Krug, s. Valentin and Eva; b. Feb. 4; bap. Feb. 8.
Johannes Pflüger, s. Tobias and Anna Christina; b. Feb. 11; bap. Feb. 18.
Maria Margaretha Sauer, d. William and Sophia Margaretha; b. Feb. 4; bap. Feb. 18.
Margaretha Spence, d. William and Anna, both Presby.; b. March, 1749; bap. Feb. 25.
Anna Catharina Hoeck, d. Johann Jacob and Susanna Dorothea; b. Feb. 18; bap. March 4.
Jacob Friedrich and Ludwig Truckmüller (twins), s. Johann Michael and Maria Magdalena; b. Dec. 10, 1749; bap. March 4.
Catharina Barbara Debus, d. Daniel and Barbara; b. March 21; bap. March 25.

Johann Peter Schneider, s. Peter and Maria Catharina; b. Feb. 7; bap. April 1.
Maria Dorothea Schneider, d. Carl and Anna Margaretha; b. March 16; bap. April 1.
Dorothea Rubble, d. Jacob and Barbara; bap. April 1; 3 months old.
Catharina Metzger, d. Georg and Catharina, Ref.; b. April 5; bap. April 8.
Peter Lorentz, s. Peter and Sybilla Catharina.
Maria Barbara Leitner, d. Adam and Maria Barbara; b. Nov. 16, 1749; bap. April 8.
Reinhardt Maidinger, s. Daniel and Christina Catharina; b. April 12; bap. April 16.
Maria Elisabetha Veit, d. Johann Georg and Maria Christina; b. April 15; bap. April 16.
Elisabeth Bruah, d. Jacob and Johanna; b. Sept. 22, 1749; bap. April 16.
Johann Georg Wideler, s. Augustinus; b. Sept. 23, 1749; bap. April 16.
Valentin Straube, s. Andreas, Cath., and Anna Catharina, Luth.; b. Oct. 18, 1749; bap. April 16.
Johannes Lengenfelder, s. Johannes and Magdalena, Ref.; b. Oct. 14, 1749; bap. April 16.
Johann Mathaeus Franciscus, s. Christoph and Maria Margaretha; bap. April 19.
Ludwig and Anna Catharina Barth (twins), s. and d. Martin and Eava Juliana; b. April 18; bap. April 22.
Georg Engel, s. Melchior and Magdalena; b. April 19; bap. April 22.
Anna Maria Günther, d. Peter and Maria Magdalena; b. Oct. 22, 1749; April 29.
Benjamin Tillbarth, s. George and Jeane; b. Feb.; bap. May 6.
Susanna Barbara Hubele, d. Bernhart and Eva Magdalena; b. May 3; bap. May 13.
Daniel Schmidt, s. Georg and Margaretha, Ref.; b. April 4; bap. May 13.
Anna Magdalena Weidebrecht, d. Jacob and Anna Maria; b. April; bap. May 13.
Johann Georg Leitner, s. Johannes and Esther; b. Dec. 9, 1749; bap. May 20.
Elisabeth and Sarah Bownd (twins), d. John and Susanna; b. May 20; bap. May 22.
Johann Michael Pfautz, s. Joh. Jac. and Eva Elisabeth, Ref.; b. April 15; bap. May 27.
Maria Barbara Ziegler, d. Conrad and Anna Maria; b. March 17; bap. June 3.

Births and Baptisms.

Susanna Friderica Schwab, d. Johannes and Catharina Elisabeth; b. May 22; bap. June 5.
Louise Tisseran, d. Daniel and Anna Margaretha; b. June 15; bap. June 24.
Lorentz Hoff, s. Lorentz and Anna Margaretha, Ref.; b. June 4; bap. June 24.
Maria Agnesa Cronbach, d. Peter and Elisabeth Hagebuchin, Ref.; b. May 26; bap. July 1.
Georg Friedrich Bleymeier, s. Martin and Catharina; b. July 15; bap. July 15.
Elisabeth Bentz, d. Andreas and Ottilia, Cath.; b. March 21; bap. July 15.
Maria Magdalena Muntzen, d. Eva Margaretha, Georg Muntzen's widow; b. April 30, 1746; bap. July 22.
Anna Margaretha Gosslar, d. Philipp Reinhart and Anna Sophia; b. July 20; bap. July 22.
Ludewig Wilhelm Abmeier, s. Lorentz and Anna Catharina; b. July 19; bap. July 22.
Rachel Leitner, d. Ignatius and Margaretha; b. March 10; bap. July 22.
William Willson, s. Michael and Mary, Ch. of Eng.; b. March 12; bap. July 24.
Georg Henrich Gilbert, s. Matthaeus and Christina Dorothea; b. Dec. 1, 1748; bap. July 29.
Jeane Carrigin, d. Patrick and Margaretha; b. June 30; bap. Aug. 3.
Barbara Boehm, d. Peter and Maria Margaretha, Cath.; b. Aug. 2; bap. Aug. 5.
Elisabetha Oberkirsch, d. Jacob and Susanna; b. July 30; bap. Aug. 5.
Elisabetha Mans, d. Christopher and Margaretha; b. July 15; bap. Aug. 12.
Anna Maria Wollmar, d. Johann Adam and Anna Catharina; b. Aug. 17; bap. Aug. 26.
Catharina Elisabeth Gottschall, d. Peter and Anna Catharina; b. Aug. 11; bap. Aug. 26.
Antoni Bickel, s. Friedrich and Dorothea; b. Aug. 25; bap. Aug. 26.
Elisabethe Kuntz, d. Michael and Anna; b. Aug. 31; bap. Sept. 2.
Adam Grasser, s. Johann Adam and Anna Magdalena; b. Sept. 2; bap. Sept. 9.
Johann Jacob Rathvon, s. Friedrich and Elisabeth, Zinzendörfian; b. July 26; bap. Sept. 9.
Catharina Kuntz, d. Nicolaus and Maria Magdalena, Cath.; b. Sept. 13; bap. Sept. 16.
Maria Elisabetha Loeser, d. Johann Jacob and Maria Margaretha, b. Sept. 13; bap. Sept. 16.

The Pennsylvania-German Society.

Hans Adam Steinbrecher, s. Johann Valentin and Anna Catharina, b. Sept. 10; bap. Sept. 25.
Sophia Rodgers, d. Benjamin, Quaker, and Sophia, a Tuncker; b. Sept. 12; bap. Sept. 18.
Charles Corner, s. Rodger, Cath., and Elisabethe; b. in July, 1749; bap. Sept. 20.
Andreas Francke, s. Johann Andreas and Anna Elisabeth, Ref.; b. Sept. 15; bap. Sept. 23.
Daniel Jely, s. Ulrich and Maria Agnese; b. Sept. 20; bap. Sept. 23.
Johann Georg Laumann, s. Johann Martin and Catharina; b. Sept. 15; bap. Sept. 23.
Joseph Hubele, s. Michael and Rosina; b. Sept. 9; bap. Sept. 23.
Philipp Heuss, s. Johann Reinhardt and Johanna Maria; b. Oct. 1; bap. Oct. 1.
William Stephans, s. Samuel and Mary.
Anna Maria Heide, d. Johann Georg and Maria Sara, Ref.; b. Sept. 30; bap. Oct. 7.
Hans Georg Herrmann, s. Hans Adam and Elisabetha; b. Aug. 1; bap. Oct. 14.
William Gwin, s. William and Elisabeth; b. Oct. 12; bap. Oct. 16.
Johann Adam Quickel, s. Johann Georg; b. Sept. 27; bap. Oct. 24.
Peter Lindemuth, s. Ludwig and Margaretha; b. Nov. 2; bap. Nov. 4.
Johann Adam Geiger, s. William and Eva Barbara; b. Nov. 1; bap. Nov. 11.
Catharine Elisabeth Baierle, d. Andreas and Beatrix; b. Nov. 9; bap. Nov. 9.
Daniel Kuhn, s. Dr. Adam Simon and Maria Sabina; b. Nov. 14; bap. Nov. 18.
Sophia Elisabeth Fischer, d. Johannes and Elizabeth, Ref.; b. Sept. 30; bap. Nov. 25.
Benjamin Schwein, s. Reinhardt and Elisabeth Magdalena; b. Nov. 25; bap. Nov. 26.
Johann Jacob Utzmann, s. Johannes, Cath., and Albertina; b. Nov. 17; bap. Nov. 26.
Louise Huber, d. Ludwig and Margaretha; b. Dec. 2; bap. Dec. 16.
Daniel Christian, s. Philipp and Catharina; b. Dec. 2; bap. Dec. 16.
Johann Georg Messerschmidt, s. Nicolaus and Maria Dorothea; b. Dec. 13; bap. Dec. 15.
Hans Nicolaus Hess, s. Johann Georg and Anna; b. Dec. 16; bap. Dec. 18.
Catharina Barbara Driesler, d. Joseph David and Maria Susanna; b. Dec. 16; bap. Dec. 21.
Anna Catharina Spiecker, d. Johannes Peter, Ref., and Maria Magdalena, Luth.; b. Dec. 20; bap. Dec. 26.

Births and Baptisms.

Eva Catharina Windnagel, d. Matthaeus and Maria Catharina; b. Dec. 24; bap. Dec. 26.
Thomas Gibson, s. George and Martha; b. Oct. 14; bap. Dec. 31.

1751.

Johanna Maria Ludtman, d. Jacob and Margaretha; b. Jan. 3; bap. Jan. 6.
Magdalena Jaiser, d. Friedrich and Catharina; b. Jan. 5; bap. Jan. 7.
Magdalena Bayerle, d. Friedrich Ludwig and Eva Maria; b. Jan. 11; bap. Jan. 13.
Justina Magdalena Guntacker, d. Johann Michael and Anna Margaretha; b. Jan. 15; bap. Jan. 16.
Johann Philipp' Adam Dannbach, s. Johann Philipp Adam and Eva Regina; b. Jan. 9; bap. Jan. 20.
Johann Frantz Fortineux, s. Melchior and Barbara; b. Jan. 16; bap. Jan. 20.
Anna Margaretha Erkebrecht, d. Jacob and Susanna, Ref.; b. Jan. 7; bap. Jan. 20.
Johann Friedrich Tannbach, s. Friedrich and Anna Elisabeth; b. Jan. 20; bap. Jan. 27.
Anna Elisabeth Kitsch, d. Jacob and Anna Maria, both Ref.; b. Sept. 7, 1750; bap. Feb. 2.
Catharina Barbara Ott, d. Michael and Margaretha; b. Jan. 23; bap. Jan. 27.
Catharina Elisabeth Jonas, d. Johann Engel, Ref., and Maria Elisabeth, Luth.; b. Jan. 22; bap. Feb. 3.
Johann Jacob Schindel, s. Georg Friedrich and Maria Barbara; b. Jan. 12; bap. Feb. 3.
Anna Maria Küchler, d. Henrich and Anna Maria, Ref.; b. Jan. 24; bap. Feb. 3.
James Forgissen, s. James; b. Feb. 7; bap. Feb. 8.
Anna Maria Tochtermann, d. Jacob Friedrich and Anna Susanna; b. Feb. 3; bap. Feb. 10.
Anna Maria Agnesa Frinckel, d. Stephan and Eva Catharina; b. Feb. 12; bap. Feb. 17.
Maria Magdalena Thürzbach, d. Georg Adam and Maria Magdalena; b. Feb. 17; bap. Feb. 24.
Robert Corner, s. Rodger and Elisabeth; b. Feb. 15; bap. Feb. 20.
Johann Christoph Franciscus; bap. Feb. 21; 28 years old.
Anna Margaretha Franciscus, d. Johann Christoph and Maria Margaretha; b. Sept. 28, 1750; bap. Feb. 24.
Eva Magdalena Uhlemann, d. Friedrich and Else Maria; b. Jan. 31; bap. Feb. 24.

The Pennsylvania-German Society.

Georg Michael Gilbert, s. Mathias and Christina Dorothea; b. Feb. 17; bap. Feb. 24.
Sabina Zinck, d. Jacob, Ref., and Anna Maria, Menn.; b. Feb. 10; bap. Feb. 24.
Eva Schneider, d. Caspar, Ref., and Susanna, Luth.; b. Jan. 17; bap. March 3.
John Hastings, s. Robert and Margaretha; b. Feb. 20; bap. March 1.
Anna Catharina Reiss, d. Johannes, Ref., and Elisabeth Margaretha, Luth.; b. Feb. 16; bap. March 1.
Michael Loebely, s. Georg Adam and Magdalena, both Luth.; b. Jan. 19; bap. March 3.
Anna Barbara Barth, d. Hans Georg and Anna Barbara; b. Feb. 28; bap. March 3.
John Dougherdy, s. Jouil and Anna; b. October 21, 1750; bap. March 11.
Maria Magdalena Pfetzer, s. Philipp and Anna Ottilia; b. March 6; bap. March 17.
Johann Reinhart Sing, s. Philipp Heinrich and Maria Magdalena, Ref.; b. March 10; bap. March 17.
Hans Adam Lohrmann, s. Georg and Dorothea; b. Feb. 19; bap. March 17.
Ludwig Laumann, s. Ludwig and Anna Elisabeth; b. March 8; bap. March 17.
Joseph Attchison, s. Georg and Mary; b. Dec. 20, 1750; bap. March 17.
Mary Ketty, d. Charles and Rose; b. Feb. 15; bap. March 20.
Mary Down, d. Thomas; bap. March 31; 10 weeks old.
Jeany Spence, d. William and Anna; b. March 17; bap. April 3.
Eva Maria Streker, d. Adam and Maria Catharina; b. Dec. 15, 1750; bap. April 5.
Anna Margaretha Weller, d. Johannes, Ref., and Barbara, Luth.; b. March 15; bap. April 7.
Johann Jacob le Roux, s. Peter and Elisabeth, both Ref.; b. April 7; 3 months old.
Johann Michael Betz, s. Johann Georg and Nany; b. March 26; bap. April 8.
Eva Elisabeth Hubele, d. Adam and Anna Maria, Ref.; b. Feb. 18; bap. April 8.
Johann Georg Neumann, s. Michael, Ref., and Anna Elisabeth, Luth.; b. Sept. 1; bap. 1751.
Jonas Fortineux, s. Jonas and Elisabeth; b. March 8; bap. April 16.
Michael Greuner, s. Kuhlemann and Ursula, Cath.; b. April 12; bap. April 20.

Births and Baptisms.

Anna Maria Vogt, d. Christian and Anna Elisabeth, both Ref.; b. April 16; bap. April 21.

Anna Maria Salome Hartmann, d. Christian, Ref., and Catharina, Cath.; b. Jan. 31; bap. April 21.

Margaretha Ziegler, d. Thomas and Margaretha; b. March 25; bap. April 21.

Anna Margaretha Wagener, d. Henrich and Maria Elisabeth; b. April 21; bap. April 28.

Georg Ernstberger, s. Henrich and Maria Magdalena; b. Feb. 14; bap. May 5.

Ursula Elisabeth Schreier, d. Adam and Catharina; b. April 3; bap. May 5.

Sophia Esther Chephert, d. Eduard and Mary; b. July 25, 1750; bap. May 5.

James Conridge, s. Conrad and Susanna, b. Feb. 11; bap. May 5.

Engelhardt Hefelbauer, s. Philip and Anna Barbara; b. May 9; bap. June 6.

Johann Jacob Brenner, s. Gerhard and Louisa; b. May 13; bap. July 10.

Anna Catharina Luttmann, d. Michael and Elisabetha; b. June 7; bap. June 30.

Johann Jacob Lochmann, s. Jacob and wife; b. Aug. 21; bap. Sept. 2.

Johann Gottlieb Sehner, s. Gottlieb and Maria Barbara; b. Aug. 13; bap. Sept. 2.

Anna Maria Frantz, d. Ludwig and Mar. Elisabeth; b. Aug. 7; bap. Sept. 22.

Henrich Wilhelm Triesch, s. Fried. and Anna Elisabeth; b. Sept. 7; bap. Sept. 22.

Joh. Heinrich Mayer, s. Christoph and Rosina; b. July 26; bap. Oct. 20.

Catharina Christina Schmiedeknecht, d. Johann and Anna Catharina; b. Oct. 3; bap. Oct. 20.

Johann Friedrich Eichholtz, s. Friedrich and Maria Magdalena; b. Sept. 26; bap. Oct. 20.

Margaretha Bonnet, d. Peter and Elisabetha; b. Oct. 8; bap. Oct. 20.

Eva Susanna Hess, d. Balthasar and Eva Susanna; b. Oct. 19; bap. Oct. 19.

Anna Margaretha Weber, d. Valentin and Philippina; b. Oct. 2; bap. Oct. 20.

Eva Juliana Schneider, d. Caspar and Susanna; b. Dec. 20, 1750; bap. Oct. 20.

Johann Michael Billmeyer, s. Johann Leonhart and Anna; b. Oct. 20; bap. 20.

The Pennsylvania-German Society.

Elisabetha Bucher, d. Henrich and Anna, both Ref.; b. Aug. 24; bap. Nov. 17.
Johann Friederich Huble, s. Bernhardt and Eva Magdalena; b. Nov. 16; bap. Nov. 17.
Catharina Margaretha Beisch, d. Georg Friedrich and Elisabetha; b. Nov. 28; bap. Dec. 15.
Abraham Rupp, s. Christian and Maria Elisabetha; b. Nov. 4; bap. Dec. 15.
Jacob Geiger, s. Jacob and Catharina; b. Nov. 27; bap. Dec. 15.
Eva Elisabetha Mely, d. Georg Andreas and Elisabetha; b. Dec. 11; bap. Dec. 15.
Anna Margaretha Grund, d. Heinrich and Margaretha Catharina; b. Dec. 13; bap. Dec. 15.
Elisabetha, d. Christina Fritz and Daniel Springmann; b. Nov. 14; bap. Dec. 29.
Johann Michael Walther, s. Johann Christian and Elisa Catharina; b. Dec. 9; bap. Dec. 29.

1752.

Matthias Herman, s. Johann Georg and Anna Maria; b. Jan. 3; bap. Jan. 12.
Johannes Ernst Ammon, s. Ernst and Catharina; b. Jan. 23; bap. Feb. 9.
Anna Weihbrecht, d. Jacob and Maria; b. Jan. 2; bap. Feb. 9.
Anna Catharina Pettermann, d. Jacob and Anna; b. Jan. 20; bap. Feb. 9.
Anna Elisabetha Kuhborts, d. Jacob and Maria Elisabetha; b. Nov. 17, 1751; bap. Feb. 9.
Elisabetha Schrenck, d. Hans Martin and Maria; b. Dec. 26, 1751; bap. March 8.
Elisabetha Magdalena Jonas, d. Engel and Maria Elisabeth; b. Feb. 7; bap. March 8.
Anna Maria Street, d. Thomas and Maria Margaretha; b. July 10, 1751; bap. March 8.
Elisabetha Barbara App, d. Christian and Catharina; b. April 9; bap. April 11.
Maria Helena Gosslar, d. Philipp Reinhart and Anna Sophia; b. April 10; bap. April 12.
Daniel Keuler, s. Daniel and Susanna, *née* Guth.; b. Jan. 24; bap. April 12.
Sophia Reis, d. Johannes and Elisabetha Margaretha; b. April 24; bap. April 26.
Elisabetha Barbara Barth, d. Hans Georg and Barbara, *née* Heil; b. April 16; bap. April 26.

Births and Baptisms.

Johann Gottfried Kreidler, s. Johannes and Elisabeth, née Beller; b. Jan. 26; bap. April 26.
Maria Elisabetha Beirle, d. Andreas and Beatrise, née Kuhl; b. April 7; bap. April 26.
Abraham Haukendubler, s. Nicolaus and Maria, née Mater; b. March 9; bap. May 10.
Maria Magdalena Meidinger, d. Daniel and Christina, Cath., née Beiger; b. May 22; bap. May 24.
Johann Martin Barth, s. Hans Martin and Eva Juliana, née Frantz; b. May 22; bap. May 24.
Magdalene Ruppele, d. Jacob and Anna Barbara, née Lochmann; b. Dec. 7, 1751; bap. May. 24.
Philipp Jacob Christian, s. Philipp Jacob and Catharina, née Becker; b. June 11; bap. June 21.
Anna Maria Mann, d. Georg Stephan and Maria Catharina, née Langenbach; b. May 31; bap. June 21.
Anna Maria Eichholz, d. Martin and Margaretha, née Christman; b. June 24; bap. June 21.
Johann Peter Bugel, s. Jacob and Margaretha, née Volk; b. June 29; bap. July 5.
Johann Georg Lindemuth, s. Ludwig and Margaretha, née Riegers; b. June 10; bap. July 5.
Maria Margaretha Krug, d. Valentin and Maria Eva, née Stengler; b. June 29; bap. July 25.
Johann Jacob Hofmann, s. Valentin and Anna Maria; b. July 2; bap. July 5.
Johannes Schreyark, s. Michael; b. July 2; bap. July 20.
Friederich Gilbert, s. Mathaeus and Christina Dorothea, née Huber; b. July 24; bap. August 2.
Catharina Schwab, d. Georg Michael and Catharina, née Gunther; b. July 24; bap. Aug. 2.
Johann Jacob Trum, s. Georg Wilhelm and Anna Maria, née Gross; b. June 26; bap. Aug. 2.
Johann Martin Laumann, s. Joh. Martin and Catharina, née Betz; b. July 22; bap. Aug. 2.
Maria Magdalena Laumann, d. Ludwig and Maria Elisabeth, née Gross; b. July 2; bap. Aug. 2.
Johann Christoph Meisenhalter, s. Georg David and Margaretha, née Fischer; b. Aug. 14; bap. Aug. 16.
Johann Peter Bikel, s. Leonhardt and Anna Elisabeth, née Otter; b. Aug. 7; bap. Aug. 30.
Johann Valentin Loeser, s. Johann Jacob and Maria Magdalena, née Eppel; b. Sept. 2; bap. Sept. 14.

The Pennsylvania-German Society.

Jacob Abmeier, s. Lorentz and Christina, née Hartsch; b. Sept. 30; bap. Oct. 8.
Johannes and Johan Martin Stockbarger (twins), s. Georg and Cunigunda, née Schmidt; b. Sept. 21; bap. Oct. 8.
Daniel and Elisabeth Lei (twins), s. and d. Jacob and Maria, née Foerr; b. June 10; bap. Oct. 8.
Johann Michael Hofman, s. Michael and Maria Magdalena, née Guntaker; b. Aug. 15; bap. Oct. 8.
Johann Michael Häussele, s. Johan Conrad and Sophia Bernhartina, née Wirth; b. Oct. 10; bap. Nov. 5.
Elisabeth Margaretha Tietz, d. Gottfried and Maria Margaretha; b. Aug. 22; bap. Nov. 5.
Magdalena Pflüger, d. Tobias and Anna Christina, née Cronin; b. Nov. 5; bap. Dec. 3.
Susanna Wender, d. Johann Georg and Agatha, née Pausch; b. Dec. 1; bap. Dec. 3.
Johann Georg Windnagel, s. Matthias and Maria Catharina, née Ritter; b. Nov. 27; bap. Dec. 3.
Johannes Tanner, s. Jacob and Ursula, née Worner; b. Dec. 4; bap. Dec. 10.
Johann Philipp Brenner, s. Philipp and Anna Catharina; née Klein; b. Dec. 2; bap. Dec. 10.
Johann Philipp Brenner, s. Philipp Adam and Anna Maria, née Rudesill; b. Dec. 1; bap. Dec. 10.
Anna Margaretha Wecker, d. Georg Balthasar and Maria Margaretna; b. Aug. 26; bap. Oct. 8.
Maria Elisabeth Hoffmann, d. Johann Martin and Maria Margaretha; b. Oct. 28; bap. Nov. 9.
Johann Georg Brenner, s. Gerhart and Louisa; bap. Dec. 2.
Anna Maria Schmidt, d. Hans Michael and Apolonia, née Richter; b. Dec. 5; bap. Dec. 26.
Jacob Wilhelm Schwein, s. Johann Reinhart and Elisabeth Magdalena; b. Dec. 24; bap. Dec. 31.
Catharina Rosina Oehler, d. Jurgen and Rosina; bap. Dec. 17.

1753.

Maria Louise Walter, d. Valentine and Anna Catharina; bap. Jan. 7.
Maria Magdalena Schneider, d. Peter and Maria Catharina; bap. Jan. 7.
Johann Kilian Schmidt, s. Balthasar and Anna Maria; b. Jan. 1; bap. Jan. 19.
Johan Friedrich Beisch, s. Georg Friedrich and Elisabetha; b. Jan. 26; bap. Jan. 28.

Births and Baptisms.

Johann Georg Schindel, s. George Friedrich and Maria Barbara; b. Jan. 28; bap. Feb. 4.
Rosina Susanna Tochtermann, d. Friedrich and Susanna; b. Feb. 4; bap. Feb. 4.
Maria Magdalena Schertel, d. Johann and Maria Christina; b. Feb. 8; bap. Feb. 11.
Johann Jacob Franciscus, s. Christopher and Anna Margaretha; b. Jan. 23; bap. Feb. 11.
Margaretha Frederica Schmideknecht, s. Johann Michael and Anna Catharina; b. Feb. 4; bap. Feb. 11.
Maria Magdalena Imler, d. Ludwig and Magdalena; b. Feb. 7; bap. Feb. 13.
Simon Klepfer, s. Joseph and Anna Christina; b. Jan. 12; bap. Feb. 18.
Johann Reinhard Brem, s. Jurgen Christopher and Maria Helena; b. Feb. 9; bap. Feb. 18.
Hans Jurgen Reinhard, s. Albrecht and Eva Rosina; b. Jan. 29; bap. Feb. 18.
Maria Margaretha Leitener, d. Johannes and Esther; b. July 15, 1752; bap. Feb. 18.
Tobias Karch, s. Joseph and Eva; b. Feb. 19; bap. Feb. 25.
Ludwig Gottschalck, s. Peter and Catharina; b. Feb. 14; bap. Feb. 25.
Christina Catharina Hefelbauer, d. Philipp Jacob and Maria Barbara; b. Feb. 13; bap. Feb. 25.
Elisabetha Fischer, d. Thomas and Catharina; b. Jan. 23; bap. Jan. 28.
Johannes Ziegler, s. Jurgen and Elisabetha, Ref.; b. Feb. 17; bap. Feb. 25.
Johannes Luthmann, s. Jacob and Margaretha; b. Feb. 28; bap. March 2.
Johanna Sophia Kentner, d. Johannes and Maria Agnes; b. Feb. 25; bap. March 4.
Apollonia Magdalena Schewrig, d. Hans Martin and Anna Margaretha; b. Feb. 24; bap. March 4.
Maria Magdalena Ringel, d. Andreas and Anna Catharina; b. March 3; bap. March 6.
Jacob Ohlweiler, s. Philipp and Barbara; b. Feb. 26; bap. March 11.
Catharina Kreiner, d. Kohlomann and Ursula; b. Feb. 12; bap. Feb. 18.
Johann Jurgen Huber, s. Felix, Ref., and Maria, Ref.; b. March 7; bap. March 18.
Maria Catharina Graser, d. Johann Adam and Maria Magdalena; b. April 10.

The Pennsylvania-German Society.

—— Schreiner, - Phillip and Eva Catharina; b. April 6.
Catharina App, d. Christian and Catharina; b. May 16.
Maria Elisabeth Betz, d. Johann Georg.
Johann Georg Luttmann, s. Michael and Elisabeth.
Magdalena Meidinger, d. Daniel Meidinger and Christ. Cathar.
Johannes Neu, s. Johannes and Dorothea.
Catharina Leitze, d. Johannes and Anna Maria; b. Feb. 22; bap. March 24.
Johann Georg Eichholtz, s. Jacob and Anna Catharina; b. June 13; bap. June 24.
Johann Jacob Mayfarth, s. Georg Conrad and Magdalena; b. July 3; bap. July 7.
Anna Kunigunda Hasis, d. Martin and Catharina; b. June 30; bap. July 14.
Johann Philipp and Maria Cath. Benedict (twins), s. and d. Melchior and Catharina; b. July 29; bap. Aug. 1.
Johannes Schell, s. Caspar and Catharina; b. Jan. 8, 1749; bap. Aug. 7.
Anna Maria Schell, s. Caspar and Catharina; b. April 30, 1753; bap. Aug. 7.
Elisabeth Edelmann, d..Peter and Margaret; b. Aug. 10; bap. Aug. 12.
Valentin Höflich, s. Conrad and Anna Ottilia; b. April 18; bap. Aug. 19.
Johann Friedrich Strauss, s. Joh. Friedrich and Barbara; b. July 26; bap. Sept. 2.
Louise Lutz, d. Christian and Barbara; b. Aug. 16; bap. Sept. 2.
Barbara Lutz, d. Christian and Barbara; bap. Sept. 9.
Maria Elisabeth Burger, d. Matthaeus and Margaret; b. Sept. 10; bap. Sept. 16.
Magdalena Baum, d. Peter and Anna Marg.; b. Sept. 23; bap. Sept. 30.
—— Biehl, - Philipp and Susanna; b. Oct. 1; bap. Oct. 11.
Margaret Marguart, d. Johann Georg and Maria Catharina; b. Oct. 6; bap. Oct. 14.
Johannes Uhlmann, s. Friedrich and Elisabetha Maria; b. Oct. 3; bap. Oct. 14.
Maria Agnes Waltz, d. Martin and Christina; b. Oct. 6; bap. Oct. 14.
Anna Margaret Marker, d. Peter and Sophia Elisabeth; b. Oct. 12; bap. Oct. 21.
Johann Georg Miller, s. Johann Georg and Catharina; b. June 21; bap. Oct. 24.
Samuel Ludwig Friedrich Gerock, s. Johann Siegfried and Rosina; b. Oct. 19; bap. Oct. 28.

Births and Baptisms.

Johann David Meysenhölder, s. David and Margaret; b. Nov. 3; bap. Nov. 4.

Christoph Weimar, s. Antoni and Barbara; b. Oct. 27; bap. Nov. 4.

Johann Jacob Messerschmidt, s. Nicolaus and Maria Dorothea; b. Oct. 27; bap. Nov. 4.

Johann Christoph Haart, s. Valentin and Maria; b. Oct. 27; bap. Nov. 4.

Johannes Offner, s. Martin and Barbara; b. Oct. 22; bap. Nov. 18.

Johann Philipp Hess, s. Johann Georg and Anna; b. Sept. 27; bap. Nov. 25.

Jonas Koehler, s. Caspar and Catharina; b. Sept. 28; bap. Nov. 27.

Johann Georg Barth, s. Zacharias and Susanna Catharina; b. Nov. 25; bap. Dec. 1.

Johann Philipp Stolse, s. Johann Adam and Anna Catharina; b. Nov. 7; bap. Dec. 1.

Maria Elisabetha Geiger, d. Johann Georg and Elisabeth; b. Nov. 25; bap. Dec. 2.

Valentin Klein, s. Andreas and Eva Maria; b. Nov. 30; bap. Dec. 2.

Johannes Geiger, s. Johannes and Johanna; b. Dec. 2; bap. Dec. 8.

Andreas Geiger, s. Jacob and Catharina; b. Dec. 7; bap. Dec. 16.

Maria Elisabeth Windnagel, d. Matthaeus and Maria Catharina; b. Dec. 14; bap. Dec. 16.

Johann Jacob Gärdner, s. Georg and Maria Margaret; b. Dec. 9; bap. Dec. 16.

Carl Kippenberg, s. Michael Fried. and Anna Dorothea; b. Dec. 17; bap. Dec. 23.

Elisabet Margaret Schaefer, d. Valentin and Elisabet; b. Dec. 17; bap. Dec. 23.

Johannes Long, s. Joseph and Christina; b. Dec. 26; bap. Dec. 30.

Maria Catharina Weydtele, d. Christian and Margaret; b. Dec. 25; bap. Dec. 30.

1754.

Johann Michael Guntaker, s. Michael and Margaret; b. Dec. 27, 1753; bap. Jan. 6.

Eva Catharina Würmle, d. Johannes and Anna Maria; b. Jan. 9; bap. Jan. 13.

Adam Dannbach, s. Friederich and Elisabet; b. Jan. 9; bap. Jan. 13.

Maria Catharina Ferrier, d. Johann Conrad and Catharina; b. Jan. 16; bap. Jan. 20.

Johann Martin Gross, s. Heinrich and Apollonia; b. Dec. 16, 1753; bap. Jan. 20.

Margareta Barbara Schneider, d. Justus and Elisabeth; b. Dec. 2, 1753; bap. Jan. 26.

Johann Ludwig Gochnat, s. John Eberhardt and Maria Barbara; b. Oct. 5, 1753; bap. Jan. 27.
Daniel Berntheussel, s. Johann Martin and Eva Maria; b. Jan. 25; bap. Jan. 27.
Johannes Luttmann, s. Jacob and Margaret; b. Jan. 21; bap. Jan. 27.
Anna Elisabeth Schwaab, d. Johannes and Catharina Elisabeth; b. Nov. 19, 1753; bap. Jan. 27.
Elisabet Schmidt (posthuma), d. Balthasar and Anna Maria; b. Jan. 26; bap. Feb. 3.
Maria Magdalena Süss, d. Heinrich and Charlotta; b. Jan. 26; bap. Feb. 3.
Susanna Elisabeth Barth, d. Georg and Anna Barbara; b. Jan. 27; bap. Feb. 3.
Christoph Kümmerle, s. Jacob and Margaret; b. Feb. 16; bap. Feb. 17.
Christiana Reinhart, d. Franz and Catharina; b. Feb. 14; bap. Feb. 17.
Georg Friedrich Wurm, s. Michael and Elisabeth; b. Dec. 30, 1753; bap. Feb. 17.
Maria Catharina Soyng, d. Gottfried and Anna Martha; b. Feb. 17; bap. Feb. 24.
Johann Christoph Rümmele, s. Friedrich and Anna Maria; b. Feb. 22; bap. Feb. 24.
Elisabet Klöpfer, d. Georg Adam and Jacobina; b. Jan. 4; bap. Feb. 24.
Margaret Hofmann, d. Michael and Anna Margaret; b. Nov. 23, 1753; bap. Feb. 24.
Christina Barbara Petermann, d. Jacob and Anna; b. Feb. 21; bap. March 3.
Maria Barbara Sehner, d. Gottlieb and Maria Barbara; b. Feb. 28; bap. March 3.
Maria Philippina Hayde, d. Johann Georg and Maria Sarah; b. March 3; bap. March 10.
Catharina Friederica Sattelthaler, d. Johann Ernst and Juliana; b. March 4; bap. March 10.
Johannes Mezger, s. Jacob and Christina; b. March 1; bap. March 10.
Johann Franz Beyerle, s. Andreas and Beatrix; b. March 4; bap. March 17.
Johann Georg Brenner, s. Adam and Anna Maria; b. Feb. 4; bap. March 17.
Maria Gertrud Kröner, d. Dieterich; b. March 18; bap. March 21.
Anna Elisabeth Schmitt, d. Joh. Michael and Apollonia; b. Feb. 27; bap. March 24.
Anna Maria Köhler, d. Albrecht and Barbara; bap. March 25.

Births and Baptisms.

Anna Barbara Fischer, d. Johann Melchior and Barbara; b. March 27; bap. March 31.
Johann Georg Tieffenbach, s. Adam and Veronica; b. Nov. 26, 1753; bap. March 31.
Christoph Michael Dosch, s. Christoph and Elisabet; b. March 19; bap. April 7.
Georg Jacob Denneler, s. Johannes and Barbara; b. March 9; bap. April 14.
Maria Elisabet Caffenberger, d. Georg Ludwig and Veronica; b. Oct. 25, 1753; bap. April 21.
Philipp Eberhardt Waldenmayer, s. Ludwig and Juliana Dorothea; b. April 1; bap. April 28.
Johann Antoni Erfurt, s. Antonius and Anna Maria; b. March 31; bap. April 28.
Eva Klöpfer, d. Joseph and Christina; b. April 6; bap. April 28.
Margaret Volck, d. Wilhelm and Magdalena; b. March 13; bap. May 5.
Johann Christian Schillinger, s. Georg and Paulina; b. May 4; bap. May 12.
Johann Georg Butler, s. Thomas and Dorothea; b. April 22; bap. May 19.
Eva Catharina Rody, d. Daniel and Susanna; b. May 8; bap. May 19.
Johannes Rümmele, s. Friederich and Anna Maria; b. May 6; bap. May 19.
Isaac Mayer, s. Isaac and Susannah, mother; b. May 6; bap. May 19.
Catharina Margaret Ort, d. Johann Melchior and Eva; b. Feb. 11; bap. May 26.
Catharina Elisabeth Seng, d. Jacob and Maria; b. May 20; bap. May 26.
Regina Schaeurich, d. Matthaeus and Catharina; b. May 24; bap. June 2.
Anna Maria Seeler, d. Friederich and Maria Eva; b. March 25; bap. June 2.
Rosina Catharina Lay, d. Friederich and Regina; b. Jan. 1; bap. June 2.
Philipp Laumann, s. Ludwig and Elisabeth; b. June 14; bap. June 20.
Johann Philipp Preiss, s. Johannes and Maria Elisabeth; b. May 23; bap. June 30.
Anna Catharina, d. Thomas Watson and Catharina Duplerin, mother; b. June 21; bap. July 7.
Wilhelm Hinckel, s. Johannes and Anna Elisabeth; b. July 1; bap. July 14.
Maria Magdalena Lohrmann, d. Georg and Dorothea; b. March 14; bap. July 14.

Maria Elisabeth Herrmann, d. Joh. Adam and Elisabeth; b. May 23; bap. July 14.
Catharina Voltz, d. Adam and Margaret; b. July 17; bap. July 21.
Bernhard Hubele, s. Bernhard and Eva Magdalene; b. July 8; bap. July 28.
Eva Catharina Hess, d. Balthasar and Eva Susanna; b. July 26; bap. July 28.
Maria Schrenk, d. Johann Martin and Maria; b. July 12; bap. Aug. 4.
Johannes Spickler, s. Martin and Susanna Margaretha; b. June 17; bap. Aug. 18.
Maria Christina Geiger, d. Christian and Christina; b. June 16; bap. Aug. 18.
Eva Elisabeth Würtz, d. Ludwig and Elisabeth; b. Aug 20; bap. Aug. 23.
Eva Rosina Jeyser, d. Engelhart and Eva; b. Aug. 18; b. Aug. 24.
Maria Christina Schmideknecht, d. Michael and Anna Catharina; b. Aug. 11; bap. Aug. 25.
Anna Barbara Stähle, d. Joh. Friedrich and Anna Barbara; b. Sept. 2; bap. Sept. 8.
Johann Georg Luttmann, s. Eberhart and Christina; b. Sept. 3; bap. Sept. 8.
Catharina Waltz, d. Martin and Christina; b. Aug. 31; bap. Sept. 8.
Johann Carl Zenth, s. Michael and Charlotte Maria; b. Aug. 31; bap. Sept. 8.
Johannes Kurtz, s. Christian Heinrich and Rosina; b. Sept. 27; bap. Oct. 6.
Matthaeus Mayer, s. Christoph and Rosina; b. Oct. 4; bap. Oct. 6.
Johann Andreas Dosch, s. Joh. Michael and Anna Margaret; b. Sept. 7; bap. Oct. 12.
Matthaeus Conrad Sander, s. Ludwig and Christina; b. Aug. 26; bap. Oct. 20.
Maria Megdalena Funck, d. Benedict and Dorothea; b. Oct. 23; bap. Oct. 27.
Michael Gussmann, s. Abraham and Christina Gottliebin; b. Nov. 1; bap. Nov. 10.
Christina Catharina Werner, d. Gottlieb and Magdalena; b. Nov. 7; bap. Nov. 17.
Anna Maria Stech, d. Christoph and Anna Barbara; b. Nov. 22; bap. Nov. 24.
Anna Catharina Pflieger, d. Tobias and Anna Christina; b. Nov. 30; bap. Dec. 1.
Johann Adolph Kessler, s. Joh. Philipp and Albertina; b. Nov. 26; bap. Dec. 1.
────── Schneider, – Carl and Elisabeth.

Births and Baptisms.

Carl Wilhelm Dromm, s. Georg Wilhelm and Catharina; b. Sept. 11; bap. Dec. 15.
Johannes Weibrecht, s. Michael and Anna; b. Oct. 15; bap. Dec. 15.
Anna Maria Frick, d. Johannes and Elisabeth; b. Dec. 7; bap. Dec. 29.

1755.

Johann Philipp Weicker, s. Michael and Elisabeth; b. Nov. 16, 1754; bap. Jan. 4.
Johannes Meyer, s. Johannes and Barbara; b. Nov. 28, 1754; bap. Jan. 5.
Johann Peter Gottschall, s. Peter and Catharina; b. Jan. 8; bap. Jan. 9.
Daniel Oehler, s. Leonhart and Catharina; b. Jan. 12; bap. Jan. 18.
Johannes Michael Schumann, s. Johannes and Barbara; b. Jan. 16; bap. Jan. 19.
Maria Ursula App, d. Christian and Anna Catharina; b. Jan. 18; bap. Jan. 19.
Anna Eva Barth, d. Joh. Martin and Eva Juliana; b. Jan. 21; bap. Jan. 26.
Johann Ludwig Laumann, s. Martin and Catharina; b. Jan. 30; bap. Feb. 2.
Georg Heinrich Oehler, s. Georg and Rosina; b. Jan. 19; bap. Feb. 2.
Johann Daniel Hofmann, s. Valentin and Rosina; b. Jan. 31; bap. Feb. 9.
Barbara Swaab, d. Georg Michael and Catharina; b. Feb. 7; bap. Feb. 16.
Maria Elisabeth Susannah Loeser, d. Jacob and Margareth; b. Feb. 7; bap. Feb. 20.
Theobald Stauzenberger, s. Conrad and Catharina; b. Dec. 31, 1754; bap. Feb. 23.
Maria Elisabeth Schartel, d. Johannes and Christina; b. Feb. 16; bap. Feb. 23.
Agnes Maria Schindel, d. Georg Friedrich and Maria Barbara; b. Feb. 19; bap. March 2.
Anna Margaret Kröner, d. Dieterich and Rosina Barbara; b. Feb. 28; bap. March 7.
Regina Barbara and Elisabeth Reinhart (twins), d. Heinrich and Barbara; b. Feb. 23; bap. March 23.
Engelhart Würmle, s. Johannes and Maria; b. March 24.
Elisabeth Marbaret Gerork, d. John Siegfried and Rosina; b. Feb. 28; bap. March 16.
Anna Elisabeth Breitenheert, d. Christoph and Dorothea; b. March 6; bap. March 16.

The Pennsylvania-German Society.

Magdalena Weber, d. Joseph and Catharina; b. March 9; bap. March 16.
Anna Maria Muntz, d. Peter and Elisabeth; b. March 6; bap. March 16.
Christian Scherzer, s. Stephan and Elisabeth; b. Feb. 3; bap. March 23.
Johann Georg Bielmayer, s. Leonhart and Anna; b. March 21; bap. March 23.
George Ludwig Beyerle, s. Ludwig and Eva Maria; b. March 28; bap. March 29.
Johann Ernst Stoor, s. Joh. Georg and Catharina; b. March 23; bap. March 30.
Margareth Mahrett, d. Nicolaus and Magdalena; b. Jan. 10; bap. March 30.
Johannes Leitner, s. Johannes and Esther; b. Feb. 16; bap. March 30.
Heinrich Wungärtner, s. Nicolaus and Barbara; b. March 26; bap. March 30.
Georg Heinrich Werner, s. Heinrich and Sophia; bap. March 31.
Johann Theobald Veltenberger, s. Friederich and Anna Maria; b. Jan. 27; bap. April 6.
Eva Rosina Leitze, d. Johannes and Margareth; b. March 13; bap. April 13.
Johann Michael Wehrlein (posthumus), s. Peter and Anna Margaretha; b. April 6; bap. April 13.
Johann Conrad Röger, s. Conrad and Eva Maria; b. March 8; bap. April 16.
Bernhard Miller, s. Michael and Eva Barbara; b. April 16; bap. April 20.
Elisabet Barbara Hambrecht, d. Adam and Susannah; b. May 4; bap. May. 8.
Johann Michael Schneider, s. Peter and Maria Catharina; b. March 21; bap. May 11.
Louisa Elisabet Mayer, d. Friedrich and Elisabet; b. April 12; bap. May 18.
Maria Dorothea Strauss, d. Friederich and Barbara; b. March 12; bap. May 18.
Laurentius Hof, s. Lorenz and Margaret; b. Dec. 19, 1754; bap. May 19.
Johannes Hartmann, s. Christian and Catharina; b. April 15; bap. May 25.
Anna Margaret Shreiner, d. Philipp and Eva Catharina; b. May 30; bap. June 1.
Michael Pfeiffer, s. Johann Martin and Susanna Barbara; b. May 27; bap. June 1.

Births and Baptisms.

Johann Jacob Höns, s. Antonius and Angelica; b. Nov. 5, 1754; bap. June 1.
Johann Daniel Höfelbauer, s. Philipp Jacob and Maria Barbara; b. May 3; bap. June 22.
Johannes Baader, s. Johannes and Christina; b. April 5; bap. June 22.
Anna Barbara Feigle, d. Martin and Anna Barbara; b. June 25; bap. June 29.
Catharina Miller, d. Joh. Leonhart and Anna Catharina; b. Feb. 14; bap. July 6.
Maria Margaret Höns, d. Jacob and Magdalen; b. Jan. 26; bap. July 13.
Georg Friederich Tochtermann, s. Friederich and Susannah; b. July 12; bap. July 27.
Johann Jacob Hottenstein, s. Joh. Jacob and Barbara; b. July 16; bap. July 27.
Johann Jacob Schneider, s. Johannes and Magdalena; b. July 19; bap. July 27.
Anna Maria Koehler, d. Caspar and Catharina; b. July 6; bap. July 29.
Zacharias Barth, s. Zacharias and Susannah; b. July 29; bap. Aug. 3.
Johann Jacob Hufft, s. Philipp Peter and Maria Elisabeth; b. May 27, 1755; bap. Aug. 31.
Johann Georg Hufft, s. Philipp Peter and Maria Elisabeth; b. Nov. 3, 1753; bap. Aug. 31.
Johann Heinrich Wagner, s. Johannes and Elisabeth; b. Aug. 25; bap. Aug. 31.
Anna Maria Parker, d. Charles and Catharina; b. March 12; bap. Sept. 7.
Anna Elisabeth Laumann, d. Ludwig and Elisabeth; b. Aug. 31; bap. Sept. 7.
Johanna Friederica Wehrle, d. Thomas and Margaret; b. Aug. 27; bap. Sept. 13.
Anna Maria Brehm, d. Christoph and Helena; bap. Sept. 14.
Catharina Burger, d. Matthaeus and Margaret; b. Sept. 20; bap. Oct. 5.
Maria Sabina Kuhn, d. Ad. Simon and Sabina; b. Sept. 18; bap. Oct. 5.
Catharina Berntheusel, d. Martin and Eva Maria; b. Oct. 3; bap. Oct. 12.
Johann Friederich Ohlweyler, s. Philipp and Barbara; b. Sept. 15; bap. Oct. 12.
Anna Maria Guntaker, d. Michael and Margaret; b. Oct. 3; bap. Oct. 19.
Anna Maria Schreiner, d. Martin and Anna Margaret; b. Oct. 16; bap. Oct. 19.

Johann Wilhelm Bausmann, s. Michael and Anna; bap. Oct. 19.
Georg Heinrich Barsch, s. Georg Friederich and Magdalena; b. Oct. 20; bap. Oct. 26.
Johann Benedict Romig, s. Christian and Catharina; b. Oct. 17; bap. Oct. 26.
Catharina Haeusele, d. Conrad and Sophia Bernhardina; b. Oct. 22; bap. Nov. 2.
Johann Friederich Bott, s. Conrad and Jacobina; b. Oct. 19; bap. Nov. 9.
Matthaeus Schaeurich, s. Martin and Margaret; b. Nov. 10; bap. Nov. 16.
Johannes Eppele, s. Johannes and Sophia; b. Nov. 4; bap. Nov. 16.
Anna Catharina Meraux, d. Franz and Mar. Margaret; b. Nov. 20; bap. Nov. 23.
Joh. Michael Luttman, s. Eberhart and Christina; b. Nov. 15; bap. Nov. 23.
Jacob Luttman, s. Michael and Elisabet; b. Nov. 15; bap. Nov. 25.
Heinrich Zehmar, s. Anton and Sophia; b. Sept. 13; bap. Nov. 30.
Maria Catharina Süss, d. Heinrich and Maria Charlotta; b. Nov. 21; bap. Nov. 30.
Anna Catharina Seng, d. Philipp and Anna Margaret; b. Nov. 23; bap. Nov. 30.
Adam Kieffer, s. Peter and Margaret; b. Oct. 19; bap. Nov. 30.
Johan Friedrich Uhlmann, s. Friedrich and Elisabet; b. Nov. 3; bap. Nov. 30.
Anna Elisabet Luttmann, d. Jacob and Margaret; b. Nov. 28; bap. Nov. 30.
Anna Maria Dietrich, d. Jac. Friedrich and Sophia Dorothea; b. Dec. 8.
Valentin Haart, s. Valentin and Catharina; b. Oct. 14; bap. Nov. 30.
Agnes Drinckel, d. Stephan and Catharina; b. Dec. 8; bap. Dec. 14.
Magdalena Barbara Baur, d. Peter and Maria Eva; b. Dec. 4; bap. Dec. 14.

1756.

Johann Jacob Federhaf, s. Balthasar and Maria; b. Dec. 25, 1755; bap. Jan. 4.
Anna Elisabet Meydinger, d. Daniel and Christina; b. Jan. 1; bap. Jan. 11.
Johann Georg Voltz, s. Adam and Margaret; b. Jan. 5; bap. Jan. 11.
Johann Georg Franck, s. Michael and Ann Elisabet; b. Jan. 14; bap. Jan. 16.
Catharina Dosch, d. Michael and Margaret; b. Nov. 25, 1755; bap. Jan. 18.

Births and Baptisms.

Johann Adam Sigele, s. Johann Carl and Jacobina; b. Jan. 11; bap. Jan. 18.
Johann Jacob Will, s. Johann Just. and Margaret; b. Jan. 11; bap. Jan. 18.
Georg Kippenberg, s. Friedrich and Dorothea; b. Dec. 15, 1753; bap. Jan. 18.
Engelhart Eichholtz, s. Jacob and Catharina; b. Jan. 18; bap. Jan. 25.
Matthaeus Grün, s. Peter and Catharina; b. Feb. 2; bap. Feb. 8.
Anna Rosina Garbel, d. Ephraim Benedict and Rosina; b. Feb. 11; bap. Feb. 22.
Maria Elisabet Becker, d. Arnold and Barbara; b. Feb. 14; bap. Feb. 22.
Carl Löwenson, s. Christian and Margaret; b. Feb. 21; bap. Feb. 22.
Johannes Laure, s. Michael and Jacobina; b. Feb. 17; bap. March 7.
Engelhart Marguart, s. Joh. Georg and Catharina; b. Feb. 27; bap. March 7.
Johann Georg Bujain, s. Peter Abraham and wife; b. March 6; bap. March 7.
Jacob Thomas, s. Friedrich and Catharina; b. Jan. 14; bap. March 7.
Johann Gottlieb Spohn, s. Ulrich and Margaret; b. Feb. 11; bap. March 21.
Maria Barbara Rayser, d. Caspar and Christina; bap. March 21.
Christian Lutz, s. Christian and Barbara; b. Feb. 26; bap. March 28.
Johann Caspar Walther, s. Joh. Valentin and Catharina; b. Feb. 22; bap. April 4.
Anna Magdalena Heins, d. Joh. Christoph and Magdalena; b. March 9; bap. April 4.
Charlotta Kröner, d. Dietrich and wife; b. April 7; bap. April 9.
Elisabet Dannbach, d. Friedrich and Elisabet; b. April 10; bap. April 20.
Anna Catharina Mezger, d. Jacob and Christina; b. April 27; bap. May 2.
Catharina Löhr, d. Joh. Philipp and Margaret; b. March 25; bap. May 9.
Georg Christopher Steinheuser, s. Jonas and Margaret; b. May 5; bap. May 9.
Georg Friedrich Haengel, s. Georg Friedrich and Anna Maria; b. March 29; bap. May 9.
Johann Christophorus Meysenhölder, s. David and Margaret; b. April 8; bap. May 9.
Anna Catharina Reinhart, d. Franz and Catharina; b. May 17; bap. May 30.

Johann Conrad Dromm, s. Wilhelm and Anna Maria; b. Jan. 7; bap. June 6.
Johann Ludwig Schindel, s. Friedrich and Barbara; b. June 1; bap. June 6.
Georg Friedrich Herrmann, s. Joh. Adam and Elisabeth; b. March 13; bap. June 6.
Christoph Mayer, s. Georg Ludwig and Barbara; bap. June 20.
Christina German, d. Jacob and Maria; b. June 18; bap. June 20.
Peter Vettenberger, s. Friedrich and Maria; b. June 20; bap. July 4.
Johann Adam Schwaab, s. Johannes and Catharina; bap. July 11.
Johann Friedrich Jayser, s. Friedrich and Catharina; b. July 4; bap. July 11.
Susannah Shumann, d. Johannes and Barbara; b. July 9; bap. July 18.
Elisabeth Lang, d. Joseph and Christina; b. July 18; bap. July 25.
Eva Catharina Hauer, d. Christoph and Anna Maria; b. July 16; bap. July 25.
Solomon Volck, s. Wilhelm and Magdalena; b. May 7; bap. July 25.
Matthaeus Rösler, s. Matthaeus and Eva Catharina; b. June 2; bap. Aug. 8.
Eva Magdalena Geiger, d. Johannes and Johanna; b. Aug. 5; bap. Aug. 15.
Michael Spikler, s. Martin and Susanna Margaret; b. June 30; bap. Aug. 15.
Johann Friedrich Lögron, s. Jacob and Dorothea; b. June 25; bap. Aug. 15.
Johann Adam Stech, s. Christoph and Anna Barbara; b. Aug. 26; bap. Aug. 29.
Johann Friedrich Weydele, s. Christian and Anna Maria; b. Aug. 21; bap. Aug. 29.
Friedrich Maynzer, s. Geo. Michael and Margaret; b. July 26; bap. Aug. 29.
Michael Büttner, s. Michael and Elisabeth; b. Aug. 30; bap. Sept. 5.
Joseph May, s. Joseph and Elisabeth, b. June 23; bap. Sept. 5.
Anna Elisabeth Berntheusel, d. Martin and Eva Maria; b. Sept. 4; bap. Sept. 12.
Johann Georg Ring, s. Andreas and Catharina; b. Sept. 10; bap. Sept. 12.
Catharina Barbara Hueber, d. Jacob and Catharina; b. Aug. 16; bap. Sept. 12.
Sophia Margaret Gussmann, d. Abraham and Christiana Gottliebin; b. Sept. 10; bap. Sept. 19.
Christina Catharina Hofmann, d. Valentin and Rosina; b. Sept. 12; bap. Sept. 19.

Births and Baptisms.

Catharina Mohr, d. Michael and Catharina; b. Sept. 18; bap. Sept. 26.
Georg Jacob Brehm, s. Christoph and Helena; b. Sept. 19; bap. Sept. 26.
Louisa Brenner, d. Philipp Adam and Anna Maria; b. Sept. 26; bap. Oct. 3.
Eva Maria Klein, d. Andreas and Eva Maria; b. Sept. 23; bap. Oct. 3.
Georg Michael Wagner, s. Heinrich and Elisabeth; b. Sept. 27; bap. Oct. 3.
Wilhelm and Friedrich Gerock (twins), s. Joh. Siegfried and Rosina; b. Sept. 27; bap. Oct. 7.
Maria Margaret Federhaf, d. Joh. Georg and Maria Barbar; b. Sept. 13; bap. Oct. 10.
Jacob Werner, s. Jacob and Anna Maria; b. Sept. 7; bap. Oct. 17.
Adam Koehler, s. Peter and Anna Maria; b. Oct. 16; bap. Oct. 24.
Anna Sophia Burg, d. Christian and Margaret; b. Oct. 16; bap. Oct. 24.
Anna Margaret Schweinfurt, d. Albrecht and Margaret; bap. Oct. 24.
Johann Wilhelm Gern, s. Jacob and Magdalena; b. Sept. 15; bap. Oct. 31.
Johann Georg Franciscus, s. Christoph and Anna Margaret; b. Oct. 18; bap. Oct. 31.
Jacob Santeau, s. Jacques and Margaret; b. Oct. 30; bap. Oct. 31.
Eva Margaret Boffenmayer, d. Matthaeus and Elisabeth; b. Oct. 18; bap. Oct. 31.
Susannah Schopff, d. Dietrich and Margaret; b. Oct. 22; bap. Nov. 7.
Christoph Dölker, s. Joh. Joachim and Elisabeth; b. Oct. 17; bap. Nov. 14.
Johann Jacob Schaefer, s. Valentin and Mar. Elisabeth; b. June 30; bap. Nov. 14.
Susana Catharina Schroy, d. Martin and Magdalena; b. Oct. 26; bap. Nov. 21.
Catharina Offner, d. Martin and Catharina; b. Oct. 18; bap. Nov. 21.
Andreas Bühlmayer, s. Leonhart and Anna; b. Nov. 23; bap. Nov. 28.
Johann Jacob Schreyer, s. Adam and Catharina; b. Nov. 25; bap. Dec. 1.
Elisabeth Gottschall, d. Peter and Catharina; b. Nov. 29; bap. Dec. 5.
Catharina Elisabeth Guth, d. Theobald and Elisabeth; b. Nov. 12; bap. Dec. 12.
Johann Philipp Wehner, s. Gottlieb and Magdalena; b. Dec. 13; bap. Dec. 25.
Georg Jackle, s. Heinrich and Catharina; b. Oct. 21; bap. Dec. 30.

The Pennsylvania-German Society.

1757.

Catharina Zenth, d. Michael and Charlotta; b. Jan. 9; bap. Jan. 16.
Maria Elisabet Meydinger, d. Georg Ludwig and Margaret; b. Nov. 7, 1756; bap. Jan. 16.
Anna Barbara Guoth, d. Jacob and Magdalena; b. Jan. 5; bap. Jan. 23.
Anna Maria Hirsch, d. Conrad and Sophia; b. Nov. 14; 1756; bap. Jan. 23.
Anna Catharina Simon, d. Heinrich and Anna Catharina; b. Sept. 26, 1756; bap. Jan. 23.
Jacob Sehner, s. Gottlieb and Barbara; b. Jan. 31; bap. Feb. 6.
Johannes Johnston, s. John and Catharina; b. Feb. 7; bap. Feb. 20.
Valentin Hölsel, s. Heinrich and Margaret; b. Feb. 9; bap. Feb. 20.
Christina Elisabet Bicbel, d. Daniel and Margaret; b. Dec. 11, 1756; bap. Feb. 20.
Anna Maria Wagner, d. Johannes and Elisabeth; b. Jan. 28; bap. March 6.
Johann Matthaeus Kessler, s. Johann Philipp and Albertina; b. Jan. 31; bap. March 13.
Catharina Frick, d. Johannes and Elisabeth; b. Feb. 19; bap. March 13.
Georg Michael Hayde, s. John Georg and Sarah; b. Jan. 25; bap. March 13.
Johann Michael Laumann, s. Ludwig and Elisabeth; b. March 5; bap. March 13.
John Martin Lindemuth, s. Ludwig and Margaret; b. Feb. 14; bap. March 20.
Daniel Oehler, s. Leonhart and Catharina; b. March 10; bap. March 20.
Anna Maria Romig, d. Christian and wife; bap. March 20.
Anna Margaret Kronmiller, d. Martin and Elisabeth; b. March 24; bap. March 27.
Johannes Rümmele, s. Friederich and Anna Maria; b. March 27; bap. April 3.
Catharina Joost, d. Simon and Margaret; b. April 3; bap. April 8.
Johannes Barth, s. Martin and Eva Juliana; b. March 23; bap. April 9.
Christina Binder, d. Leonhart and Catharina; b. Oct. 28, 1756; bap. April 10.
Johann Gottlieb Rauschenbach, s. Johann Paul and Eva Margaret; b. March 23; bap. April 10.
Johann Philipp Barth, s. Zacharias and Susannah Catharina; b. March 27; bap. April 10.
Elisabeth Klein, d. Peter and Elisabeth; b. Feb. 14; bap. April 10.
Johann Christoph Breitenheert, s. Christoph and Dorothea; b. March 30; bap. April 24.

Births and Baptisms.

Johannes Schneider, s. Carl and Elisabeth; b. March 31; bap. April 11.
Georg Peter Schindel, s. Michael and Barbara; b. March 27; bap. May 1.
Johannes Philipps, s. Joh. Georg and Mar. Elisabeth; b. April 22; bap. May 1.
Johannes Würmle, s. Johannes and Anna Maria; b. Feb. 25; bap. May 8.
Johann Leonhart Hofmann, s. Michael and Barbara; b. April 9; bap. May 8.
Maria Barbara Miller, d. Joh. Leonhart and Catharina; b. July 22, 1756; bap. May 8.
Maria Kümmerle, d. Jacob and Mar. Margaret; b. April 13; bap. May 15.
Johannes Schmidt, s. Johannes and Elisabeth; b. Dec. 28; 1756; bap. May 15.
Anna Elisabeth Boehlert, d. Jacob and Margaret; b. May 14; bap. May 22.
Johan Balthasar Federhaf, s. Balthasar and Angelica; b. April 26; bap. May 22.
Adam Voltz, s. Adam and Margaret; b. May 14; bap. May 22.
Philipp Höns, s. Jacob and Magdalena; b. March 20; bap. May 22.
Magdalena Graff, d. Johannes and Magdalena; b. April 16; bap. May 22.
Johannes Rikel, s. Geo. Michael and Elisabeth; b. May 20; bap. May 29.
Stephan Scherzer, s. Stephan and Elisabeth; b. April 19; bap. May 29.
Maria Margaret Kern, d. Geo. Michael and Anna Caritas; b. March 29; bap. May 30.
Georg Friedrich Burger, s. Matthaeus and Margaret; b. July 8; bap. July 17.
Johann Georg Luttmann, s. Eberhart and Christina; b. July 16; bap. July 24.
Johann Jacob Spohn, s. Caspar and Maria; b. June 26; bap. July 24.
Johann Peter Schweitzer, s. Stephan and Magdalena; b. Aug. 2; bap. Aug. 7.
Magdalena Guntaker, d. Michael and Margaret; b. July 31; bap. Aug. 14.
Sophia Klug, d. Carl and Susannah; b. Aug. 8; bap. Aug. 14.
Ephraim Benedict Weingärtner, s. Nicolaus and Barbara; b. Aug. 14; bap. Aug. 16.
Johannes Wall, s. William and Elisabeth; b. Aug. 7; bap. Aug. 28.
Johann Jacob Meraux, s. Franz and Maria; b. Sept. 2; bap. Sept. 4.

The Pennsylvania-German Society.

Michael App, s. Christian and Catharina; b. Sept. 8; bap. Sept. 11.
Johann Friedrich Haeusele, s. Conrad and Sophia Bernhartina; b. Aug. 21; bap. Sept. 11.
Elisabeth Barbara Hottenstein, d. Jacob and Barbara; b. Aug. 28; bap. Sept. 18.
Catharina Spickler, d. Martin and Susannah; b. Oct. 3; bap. Oct. 9.
Johann Georg Lang, s. Joseph and Christina; b. Oct. 3; bap. Oct. 9.
Johann Peter Mohr, s. Michael and Catharina; b. Oct. 2; bap. Oct. 9.
Eva Eichholtz, d. Jacob and Catharina; b. Oct. 7; bap. Oct. 16.
Maria Elisabeth Klunck, d. Andreas and Anna Magdalena; b. Sept. 21; bap. Oct. 16.
Peter Messerschmidt, s. Nicolaus and Dorothea; b. Oct. 7; bap. Oct. 18.
Christian Matthiot, s. Jean and Catharina; b Oct. 12; bap. Oct. 22.
Joh. Jacob Kuhn, s. Adam Sim. and Sabina; b. Oct. 30; bap. Nov. 6.
Anna Elisabeth Schindel, d. Friedrich and Mar. Barbara; b. Oct. 30; bap. Nov. 6.
Johannes Reinhart, s. Heinrich and Barbara; b. Sept. 22; bap. Nov. 6.
Helena Stoor, d. Joh. Georg and Catharina; bap. Nov. 13.
Maria Catharina Rössle, d. Johannes and Susannah; b. Oct. 1; bap. Nov. 13.
Anna Heyl, d. Jacob and Anna; b. May 31; bap. Nov. 20.
Sibylla Margaret Lindeguast, d. Johannes and Angelica Elisabeth; b. Nov. 25; bap. Nov. 27.
Johann Friedrich Dannbach, s. Friedrich and Elisabeth; b. Nov. 19; bap. Nov. 29.
Jacob Hubele, s. Bernhardt and Eva Magdalena; b. Nov. 10; bap. Dec. 4.
Barbara Driesch, d. Friedrich and Cath. Elisabeth; b. Dec. 7; bap. Dec. 18.
Maria Margaret North, d. Georg and Mar. Margaret; b. Nov. 30; bap. Dec. 26.

1758.

Johann Ulrich Fissler, s. Jacob and Elisabeth; b. Nov. 16, 1757; bap. Jan. 1.
Anna Catharina Steyler, d. Joh. Nicol. and Rosina; b. Jan. 5; bap. Jan. 15.
Eva Margaret Weiss, d. Adam and Catharina; b. Jan. 9; bap. Jan. 15.
Johannes Koener, s. Joh. Wilhelm and Jane; b. Jan. 1; bap. Jan. 15.
Christina Margaret Tochtermann, d. Friedrich and Susannah; b. Dec. 30, 1757; bap. Jan. 22.
Heinrich Theirwächter, s. Georg and Catharina; b. Jan. 2; bap. Jan. 22.

Births and Baptisms.

Catharina Elisabeth Bartholomae, d. Nicolaus and Catharina; b. Feb. 23; bap. Feb. 26.
Christian Odenwald, s. Joh. Georg and Elisabeth; b. Feb. 19; bap. March 5.
Elisabeth Bayer, d. Wendel and Catharina; b. Feb. 28; bap. March 12.
Charlotta Nebus, d. Johannes and Catharina; b. March 8; bap. March 12.
Christoph Winter, s. Georg and Agatha; b. Feb. 28; bap. March 12.
Joh. Michael Horning, s. Wendel and Magdalena; b. March 5; bap. March 12.
Elisabeth Eppele, d. Johannes and Sophia; b. March 5; bap. March 19.
Joh. Nicolaus Schaeurich, s. Matthaeus and Catharina; b. Jan. 6; bap. March 24.
Anna Margaret Boffenmayer, d. Matthaeus and Elisabeth; b. Feb. 24; bap. March 26.
Engelhart Gruys, s. Christoph and Catharina; b. March 20; bap. March 26.
Anna Eva Münch, d. Johannes and Anna Maria; b. Jan. 2; bap. March 26.
Jacob Andreas Sprecher, s. Jac. Andreas and Margaret; b. Feb. 26; bap. Feb. 27.
Maria Helena Werner, d. Jacob and Maria; b. Feb. 18; bap. March 27.
Sophia Brehm, d. Christoph and Helena; b. March 30; bap. April 9.
Johanna Rosina Gerock, d. John Siegfried and Rosina; b. March 27; bap. Sept. 4.
Maria Catharina Grün, d. Peter and Catharina; b. March 28; bap. April 9.
Elisabeth Mezger, d. Jacob and Christina; b. April 3; bap. April 16.
Magdalena Schrenk, d. Martin and Maria; b. March 16; bap. April 16.
Andreas Lohrman, s. Georg and Dorothea; b. March 26; bap. April 23.
Johannes Leitze, s. Johannes and Anna Margaret; b. Feb. 27; bap. May 4.
John Parkens, s. John and Barbara; b. May 3, 1757; bap. May 7.
Anna Barbara Durst, d. Michael and Catharina; b. July 21, 1757; bap. May 7.
Georg Friedrich Zimmer, s. Philipp and Margaret; b. Nov. 9, 1757; bap. May 7.
Maria Margaret Kilian, d. Michael and Anna Gertraud; b. Jan. 10; bap. May 7.

The Pennsylvania-German Society.

Elisabeth Garbel, d. Ephraim Benedict and Rosina; b. April 29; bap. May 14.
Maria Magdalena Höfelbaur, d. Balthasar and Catharina; b. Jan. 24; bap. May 14.
Martin Lutz, s. Christian and Barbara; b. March 26; bap. May 14.
Anna Margaret Thierwächter, d. Georg and Elisabeth; b. May 8; bap. May 21.
Magdalena Zimmermann, d. Wilhelm and Dorothea Margaret; b. April 24; bap. May 21.
Johannes Guoth, s. Theobald and Elisabeth; b. April 29; bap. May 28.
Anna Barbara Dosch, d. Christoph and Elisabeth; b. March 23; bap. May 28.
Jacob Miller, s. Georg and Catharina; b. April 5; bap. June 4.
Juliana Schaefer, d. Friedrich and Barbara; b. May 24; bap. June 4.
Maria Elisabeth Beierle, d. Ludwig and Eva Maria; b. April 16; bap. June 11.
Christina Luttmann, d. Michael and Elisabeth; b. June 3; bap. July 2.
Christina Kummerle, d. Jacob and Margaret; b. May 9; bap. July 2.
Johann Nicolaus Geiger, s. Joh. Georg and Elisabeth; b. July 2; bap. July 9.
Maria Eva Geisse, d. Conrad and Susannah; b. March 2; bap. July 9.
Christian Germann, s. Jacob and Maria; b. July 13; bap. July 16.
Dorothea Boger, d. Joseph and Susannah; b. June 13; bap. July 16.
Johann Conrad Will, s. Joh. Just. and Anna Margaret; b. July 20; bap. July 23.
Anna Elisabeth Eberle, d. Michael and Anna Maria; b. July 11; bap. July 23.
Wilhelm Würtz, s. Christian Margaret; b. July 22; bap. July 28.
Catharina Haardt, d. Valentin and Catharina; b. June 5; bap. July 30.
—— Steinhaeuser, - Jonas and Margaret; b. July 19; bap. July 30.
Eva Kieffer, d. Peter and Catharina; b. Aug. 30, 1757; bap. July 30.
Johann Michael Gottschall, s. Peter and Catharina; b. June 13; bap. Aug. 6.
Juliana Petermann, d. Jacob and Anna; b. July 23; bap. Aug. 13.
Anna Maria Schreiner, d. Philipp and Eva Catharina; bap. Aug. 13.
Johann Peter Danner, s. Michael and Elisabeth; b. Aug. 6; bap. Aug. 13.
Elisabeth Binder, d. Leonhart and Catharina; b. March 2; bap. Aug. 13.
Johann Georg Edelmann, s. Adam and Juliana; b. Aug. 17; bap. Aug. 20.
Catharina Leitener, d. Johannes and Esther; b. Aug. 13; bap. Aug. 20.

Births and Baptisms.

Sophia Elisabeth Franck, d. Michael and Anna Elisabeth; b. Aug. 24; bap. Aug. 27.
Anna Catharina Nagel, d. Joachim and Juliana; b. Sept. 2; bap. Sept. 3.
Christian Leibpe, s. Christian and Catharina; b. Sept. 5; bap. Sept. 10.
Johann Michael Schumann, s. Georg and Barbara; b. Aug. 28; bap. Sept. 10.
Johann Martin Klein, s. Andreas and Eva Maria; b. Sept. 16; bap. Sept. 16.
Johann Georg Mayer, s. Christoph and Rosina; b. Sept. 15; bap. Sept. 24.
Christiana Gottliebin Gussmann, d. Abraham and Christiana; b. Sept. 10; bap. Sept. 24.
Johann Georg Guntaker, s. Michael and Margaret; b. Sept. 26; bap. Oct. 1.
Margaret Kreuser, d. Caspar and Christina; b. Sept. 25; bap. Oct. 1.
Eva Maria Schoenberger. d. Johannes and Susannah Catharina; b. Sept. 25; bap. Oct. 1.
Georg Heinrich Umborn, s. Philipp and Anna Dorothea; b. Sept. 17; bap. Oct. 15.
Johann Jacob Biebel, s. Daniel and Mar. Margaret; b. Sept. 12; bap. Oct. 22.
Eva Elisabeth Hess, d. Balthasar and Eva Susannah; b. Oct. 22; bap. Oct. 22.
Anna Christina Hauer, d. Christoph and Anna Maria; b. Oct. 28; bap. Nov. 5.
Johann Jacob Klein, s. Gottfried and Rosina; b. Oct. 29; bap. Nov. 12.
Eva Margaret Niess, d. Peter and Margaret; b. Oct. 30; bap. Nov. 12.
Maria Sophia Schopf, d. Dietrich and Margaret; b. Oct. 30; bap. Nov. 19.
Engelhart Haussmann, s. Georg Jacob and Apollonia; b. Oct. 30; bap. Nov. 26.
Jonas Federhaf, s. Balthasar and Angelica; b. Oct. 31; bap. Nov. 26.
Matthaeus Conrad Federhaf, s. Joh. Georg and Barbara; b. Nov. 22; bap. Nov. 26.
Anna Maria Rudesily, d. Philipp and Barbara; b. Nov. 27; bap. Dec. 3.
Anna Rosina Peyrot, d. Jacob, Calv., and Rosina; b. Nov. 27; bap. Dec. 3.
Johann Justus Heinckel, s. Johannes and Anna Elisabeth; b. Oct. 29; bap. Dec. 3.
Johann Christoph Berntheusel, s. Martin and Eva Maria; b. Nov. 30; bap. Dec. 3.

The Pennsylvania-German Society.

Johanetta Kayser, d. Michael and Johannetta; b. Nov. 21; bap. Dec. 3.
Johann Wendel Ackermann, s. Joh. Georg and Catharina; b. Dec. 2; bap. Dec. 3.
Michael Mayer, s. Georg Ludwig and Mar. Barbara; b. Dec. 3; bap. Dec. 10.
Daniel Weydtele, s. Christian and Anna Margaret; b. Dec. 12; bap. Dec. 17.
Michael Deeg, s. Friedrich and Sophia; b. Dec. 10; bap. Dec. 24.
Philipp Schreiner, s. Martin and Anna Margaret; b. Dec. 18; bap. Dec. 24.
Georg Jacob Burg, s. Christian and Margaret; b. Dec. 11; bap. Dec. 24.
Johann Georg Schmidt, s. Christian and Helena; b. Dec. 25; bap. Dec. 26.
Georg Lutz, s. Caspar and Eva; b. Oct. 31; bap. Dec. 31.

1759.

Joh. Friedrich Wagner, s. Johannes and Elisabeth; b. Dec. 14, 1758; bap. Jan. 14.
Johann Michael Schmidt, s. Heinrich and Elisabeth; b. Aug. 13, 1758; bap. Jan. 14.
Gertraud Ludwig, d. Jacob and Catharina; b. Dec. 25, 1758; bap. Jan. 21.
Anna Margaret Baisch, d. Georg Friedrich and Magdalena; b. Jan. 24; bap. Jan. 25.
Georg Schweisshelm, s. Andreas and Anna Maria; b. Jan. 15; bap. Feb. 4.
Georg Jacob Benedict, s. Dieterich and Sophia Maria; b. Jan. 29; bap. Feb. 4.
Johann Peter Koehler, s. Johann Peter and Anna Maria; b. Jan. 1; bap. Feb. 11.
Georg Haardt, s. Heinrich and Petronella; b. Dec. 11, 1758; bap. Feb. 11.
Peter Lantz, s. Balthasar and Elisabeth; b. Jan. 10; bap. Feb. 11.
Eva Elisabeth Kochendörfer, d. Andreas and Elisabeth; b. Dec. 17, 1758; bap. Feb. 11.
Anna Elisabeth Seng, d. Philipp and Anna Margaret; b. Feb. 24; bap. March 4.
Anna Maria Rody, d. Daniel and Susannah; b. Feb. 4; bap. March 4.
Margaret Lazarus, d. Peter and Johanna; b. Feb. 23; bap. March 4.
Georg Nicolaus Arnold, s. Heinrich and Catharina; b. March 7; bap. March 11.

Births and Baptisms.

Jacob Würmle, s. Johannes and Anna Maria; b. Dec. 3, 1758; bap. March 25.
Susannah Catharina Barth, d. Zacharias and Susanna Catharina; b. Feb. 5; bap. March 25.
Johann Georg East, s. Daniel and Hannah; b. March 1; bap. March 25.
Anna Margaret Schindel, d. Michael and Barbara; b. March 18; bap. March 25.
Maria Catharina Brenner, d. Adam and Anna Maria; b. Feb. 14; bap. April 8.
Joh. Heinrich Heisse, s. Christoph and Anna Maria; b. Jan. 23; bap. April 15.
Maria Elisabeth Brunner, d. Johannes and Maria Sarah; b. March 5; bap. April 15.
Johannes Klein, s. Peter and Anna Margaret; b. Nov. 9, 1758; bap. April 15.
Heinrich Sauer, s. Heinrich and Maria Clara; b. April 19; bap. April 22.
Joh. Jacob Guoth, s. Jacob and Magdalena; b. March 13; bap. April 29.
Antonius Höns, s. Jacob and Elisabeth; b. Nov. 30, 1758; bap. May 1.
Joh. Michael Röger, s. Conrad and Eva Maria; b. April 7; bap. May 13.
Johann Ludwig Laumann, s. Martin and Anna Maria; bap. May 13.
Johann Jacob Daubenberger, s. Joh. Jacob and Margaret; b. April 1; bap. May 20.
Magdalena Bayer, d. Wendel and Catharina; b. May 8; bap. May 20.
Maria Magdalena Hirsch, d. Conrad and Sophia; b. Feb. 26; bap. May 20.
Johann Georg Griesinger, s. Joh. Georg and Elisabeth; b. March 26; bap. May 20.
Johann Ludwig Schindel, s. Friedrich and Barbara; b. May 22; bap. May 24.
Johan Philipp Schenk, s. Heinrich and Catharina; b. May 26; bap. May 27.
Philipp Adam Ricker, s. Jacob and Christina; b. May 15; bap. May 27.
Anna Maria Schrey, d. Joh. Martin and Magdalena; b. Jan. 16; bap. May 27.
Maria Susannah Veit, d. Michael and Magdalena; b. May 17; bap. May 27.
Anna Christina Metzger, d. Jacob and Anna Christina; b. June 3; bap. June 17.

The Pennsylvania-German Society.

Anna Margaret Schweizer, d. Stephan and Magdalena; b. June 10; bap. June 17.
Anna Maria Heyl, d. Joh. Jacob and Anna; b. Jan. 1; bap. June 24.
Catharina Laumann, d. Ludwig and Elisabeth; b. June 25; bap. June 27.
Siegfried Heinrich Gerock, s. Joh. Siegfried and Rosina; b. June 27; bap. Feb. 26, a. s.
Johannes Albrecht, s. Peter and Anna Maria; b. March 8, 1755; bap. July 1.
Jean Meraux, s. Franz and Magdaleine; b. June 2; bap. July 1.
Matthaeus Bertjes, s. Michael and Cath. Elisabeth; b. June 3; bap. July 1.
Maria Zehmar, d. Anton and Sophia; b. June 20; bap. July 8.
Michael and Johann Jacob Schmuck (twins), s. Johannes and Catharina; b. May 20; bap. July 8.
Friedrich Windnagel, s. Matthaeus and Catharina; b. May 30; bap. July 8.
Bernhart Mezger, s. Jonas and Susannah; b. July 8; bap. July 15.
Joseph Koch, s. Christian and Justina; b. June 14; bap. July 15.
Anna Maria Voltz, d. Joh. Adam and Margaret; b. July 8; bap. July 15.
Anna Magdalena Fritz, d. Ludwig and Catharina; b. June 27; bap. July 15.
Susannah Louise Loeser, d. Jacob and Margaret; b. June 18; bap. June 22.
Anna Maria Breitenheert, d. Christoph and Dorothea; bap. Aug. 4.
Catharina Lieberich, d. Johannes and wife; b. July 31; bap. Aug. 5.
Johann Jacob Mezger, s. Philipp and Anna Margaret; b. Feb. 20; bap. Aug. 19.
Maria Dorothea Weingärtner, d. Nicolaus and Barbara; b. Aug. 26; bap. Sept. 2.
Catharina Elisabeth Hornung, d. Wendel and Magdalena; b. Aug. 19; bap. Sept. 2.
Maria Elisabeth Knecht, d. Nicolaus and Rosina; b. Aug. 29; bap. Sept. 2.
Elisabeth Trautmann, d. Joh. Georg and Margaret; b. Sept. 1; bap. Sept. 9.
Elizabeth and Anna Maria Geiger (twins), d. Johannes and Anna; b. Aug. 31; bap. Sept. 9.
Anna Barbara Schindel, d. Peter and Anna Margaret; b. Sept. 12; bap. Sept. 14.
Anna Maria Dosch, d. Christoph and Elizabeth; b. Aug. 23; bap. Sept. 16.

Births and Baptisms.

Eva Margaret Biehl, d. Philipp and Margaret; b. Sept. 12; bap. Sept. 16.
Susanna Margaret Guntaker, d. Michael and Margaret; b. Sept. 21; bap. Sept. 26.
Johannes Schreyer, s. Adam and Catharina; b. Sept. 20; bap. Oct. 7.
Georg Friedrich Matthiot, s. Jean and Catharina; b. Oct. 13; bap. Oct. 14.
Johann Christian Hölsel, s. Heinrich and Margaret; b. Oct. 14; bap. Oct. 19.
Matthaeus Friedrich Meydinger, s. Ludwig and Mar. Margaret; b. Sept. 7; bap. Oct. 21.
Elisabeth Beyerle, d. Ludwig and Eva Maria; b. Oct. 19; bap. Oct. 21.
Elisabeth Klopfer, d. Adam and Anna Margaret; b. Oct. 15; bap. Oct. 21.
Barbara Spöek, d. Bernhart and Magdalena; b. Nov. 1; bap. Nov. 11.
Martin Hottenstein, s. Jacob and Barbara; b. Oct. 13; bap. Nov. 11.
Susannah Margaret Klug, d. Carl and Susannah; b. Nov. 8; bap. Nov. 11.
Eva Christina Odenwald, d. Georg and Elisabeth; b. Oct. 5; bap. Nov. 11.
Elisabeth Weiss, d. Joh. Jacob and Maria; b. Dec. 31, 1758; bap. Nov. 11.
Johann Michael Claus, s. Michael and Elisabeth; b. Oct. 19; bap. Nov. 19.
Bernhart Becker, s. Johannes and Barbara; b. Nov. 5; bap. Nov. 18.
Johannes Kummerle, s. Jacob and Margaret; b. Oct. 18; bap. Nov. 18.
Johannes Schoertel, s. Johannes and Christina; b. Nov. 1; bap. Nov. 25.
Anna Catharina Mohr, d. Michael and Catharina; b. Nov. 13; bap. Nov. 25.
Carl Schneider, s. Carl and Elisabeth; b. Nov. 7; bap. Nov. 25.
Maria Barbara Küster, d. Georg and Barbara; b. Aug. 27; bap. Dec. 2.
Joh. Friedrich Haeusele, s. Conrad and Sophia Berhartina; b. Oct. 17; bap. Dec. 9.
Johann Georg Schaeffer, s. Joh. Michael and Maria Elisabeth; b. Oct. 4; bap. Dec. 9.
Johannes Albert, s. Philipp and Maria Regina; b. Dec. 16; bap. Dec. 23.
Ephraim Kerner, s. Joh. Wilhelm and Jane; b. Dec. 12; bap. Dec. 25.

1760.

Elisabeth Steinheuser, d. Jonas and Margaret; b. Dec. 23, 1759; bap. Jan. 1.

Heinrich Küchler, s. Heinrich and Anna Maria; b. Dec. 18, 1759; bap. Jan. 1.

Franciscus Leistnitz, s. Christian and Christina; b. Nov. 13, 1759; bap. Jan. 6.

Johann Dieterich Kilian, s. Michael and Anna Gertraud; b. Dec. 7, 1759; bap. Jan. 6.

Johannes Frick, s. Johannes and Elisabeth; b. Dec. 31, 1759; bap. Jan. 13.

Christina Sophia Tochtermann, d. Friedrich and Susannah; b. Dec. 30, 1759; bap. Jan. 13.

Maria Catharina Franciscus, d. Michael and Johanna; b. Jan. 6; bap. Jan. 13.

Barbara Schmitt, d. Christian and Helena; b. Jan. 15; bap. Jan. 20.

Johann Wendel Ackermann, s. Georg and Catharina; b. Jan. 11; bap. Jan. 20.

Eva Würtz, d. Christian and Margaret; b. Jan. 23; bap. Jan. 27.

Joh. Georg Burg, s. Christian and Margaret; b. Jan. 22; bap. Jan. 27

Heinrich Klunck, s. Andreas and Magdalena; b. Jan. 24; bap. Feb. 3.

Michael Kreuser, s. Caspar and Christina; b. Jan. 29; bap. Feb. 10.

Margaret Mader, d. Jacob and Maria; b. Jan. 7; bap. Feb. 10.

Elisabeth Margaret Wehrle, d. Thomas and Margaret; b. Dec. 29, 1759; bap. Feb. 17.

Anna Catharina Liebpe, d. Christian and Catharina; b. Feb. 12; bap. Feb. 17.

Elisabeth App, d. Christian and Anna Catharina; b. Feb. 14; bap. Feb. 24.

Johann Heinrich Kaufmann, s. Solomon and Maria Elisabeth; b. Oct. 13, 1759; bap. March 2.

Elisabeth Greiner, d. Colemann and Rosina; bap. March 2.

Catharina North, d. Joh. Georg and Mar. Margaret; b. Feb. 26; bap. March 23.

Catharina Umborn, d. Philipp and Dorothea; b. Feb. 5; bap. March 23.

Jacob Haardt, s. Valentin and Catharina; b. Feb. 1; bap. March 28.

Friedrich Joseph Driesch, s. Friedrich and Catharina; b. March 19; bap. March 21.

Elisabeth Hubele, d. Bernhart and Eva Magdalena; b. March 16; bap. March 23.

Eberhart Luttmann, s. Michael and Elisabeth; b. March 15; bap. March 30.

Births and Baptisms.

Johann Melchior Doebler, s. Matthaeus and Anna Elisabeth; b. Feb. 29; bap. March 30.
Joseph Ludwig Entzmenger, s. Heinrich and Barbara; b. Jan. 31; bap. April 6.
Johann Georg Rössle, s. Johannes and Susannah; b. Dec. 27, 1759; bap. April 6.
Elisabeth Hofmann, d. Michael and Barbara; b. Jan. 26; bap. April 6.
Anna Catharina Franckfurter, d. Michael and Catharina Elisabeth; b. March 8; bap. April 6.
Johann Jacob Voltz, s. Michael and Elisabeth; b. March 26; bap. April 13.
Michael Pfefferle, s. Michael and Elisabeth; b. Jan. 4, 1759; bap. April 20.
Johann Peter Schindel, s. Michael and Anna Barbara; b. April 29; bap. May 4.
Eva Catharina Lorschbach, d. Hermann and Barbara; b. April 27; bap. May 11.
Margaret Elisabeth Kern, d. Geo. Michael and Caritas; b. April 8; bap. May 11.
Eva Maria Ihle, d. Georg and Maria; b. Dec. 11, 1759; bap. May 11.
Anna Catharina Krehl, d. Michael and Margaret; b. April 25; bap. May 25.
Maria Magdalena Pritzius, d. Adam and Catharina; b. May 12; bap. May 18.
Christina Juliana Miller, d. Michael and Eva Juliana; b. May 10; bap. May 25.
Susannah Boger, d. Joseph and Susanna; b. April 15; bap. June 1.
Georg Peter Jaeger, s. Joh. Simon and Anna Margaret; b. May 28; bap. June 1.
Anna Catharina Lutz, d. Caspar and Eva; b. April 20; bap. June 8.
Johann Georg Binder, s. Leonhart and Catharina; b. Aug. 5, 1759; bap. June 15.
Johann Wilhelm ———, s. Andreas and Anna Maria; b. May 13; bap. June 22.
Michael Schneider, s. Peter and Catharina; b. April 30; bap. June 29.
Maria Elisabeth Mayfart, d. Georg and Magdalena; b. June 3; bap. June 29.
Johann Georg Angst, s. Daniel and Mar. Elisabeth; b. March 6; bap. July 6.
Anna Elisabeth Gottwald, d. Jacob and Mar. Catharina; b. June 22; bap. July 13.
Barbara Würtz, d. Ludwig and Elisabeth; b. Aug. 1; bap. Aug. 10.

The Pennsylvania-German Society.

Elisabeth Klein, d. Peter and Anna Margaret; b. June 23; bap. Aug. 10.
Johann Peter Brunner, s. Johannes and Maria Sarah; b. May 13; bap. Aug. 10.
Anna Maria Dosch, d. Michael and Catharina; b. Jan. 14, 1759; bap. Aug. 17.
Joh. Georg Dosch, s. Michael and Catharina; b. March 25; bap. Aug. 17.
Joh. Michael Oehler, s. Georg and Rosina; b. Aug. 2; bap. Aug. 17.
Anna Elisabeth Luttmann, d. Jacob and Margaret; b. Aug. 13; bap. Aug. 24.
Johann Martin Kurtz, s. Conrad and Juliana; b. April 2; bap. Aug. 24.
Anna Margaret May, d. Joseph and Elisabeth; b. Dec. 17, 1759; bap. Aug. 24.
Johann Jacob Maule, s. Jacob and Christina; b. Jan. 28; bap. Aug. 31.
Susannah Wall, d. William and Elisabeth; b. Aug. 27; bap. Aug. 31.
Eva Edlemann, d. Joh. Adam and Juliana; b. Sept. 2; bap. Sept. 7.
Michael Eppele, s. Johannes and Sophia; b. Aug. 21; bap. Sept. 14.
Catharina Richter, d. Georg and Catharina; b. Aug. 4; bap. Aug. 14.
Catharina Margaret Krüger, d. Caspar and Margaret; b. July 30; bap. Sept. 18.
Friedrich Schindel, s. Friedrich and Anna Barbara; b. Aug. 27; bap. Sept. 21.
Johannes Wagner, s. Johannes and Elisabeth; b. Aug 17; bap. Sept. 21.
Georg Friedrich Schenk, s. Heinrich and Catharina; b. Aug. 18; bap. Sept. 21.
Johann Friedrich Baisch, s. Geog. Friedrich and Mar. Barbara; b. Sept. 21; bap. Sept. 28.
Johann Georg Lögron, s. Leonhart and Mar. Barbara; b. Aug. 17; bap. Sept. 28.
Johannes Pfeiffle, s. Christian and Dorothea; b. Aug. 26; bap. Sept. 28.
Johannes Sauerzapf, s. Johannes and Judith; b. Sept. 1; bap. Sept. 28.
Philipp Jacob Ohlweiler, s. Philipp and Barbara; b. Aug. 28; bap. Sept. 28.
Maria Elisabeth Sulzer, d. Georg and Maria Catharina; b. Aug. 19; bap. Sept. 28.
Gottlieb Holdermann, s. Joh. Jacob and Margaret; b. Sept. 26; bap. Oct. 5.

Births and Baptisms.

Joh. Michael Griesinger, s. Joh. Georg and Elisabeth; b. Oct. 4; bap. Oct. 9.
Eva Reinhart, d. Heinrich and Magdalena; b. Sept. 30; bap. Oct. 1L
Johann Heinrich Stein, s. Ludwig and Anna Catharina; b. Sept. 28; bap. Oct. 6.
Johann Nicolaus Macnenheimer, s. Gabriel and Margaret; b. Oct. 20; bap. Oct. 26.
Catharina Guoth, d. Theobald and Elisabeth; b. Sept. 8; bap. Oct. 26.
Anna Margaret Sohn, d. Michael and Catharina; b. July 19; bap. Oct. 26.
Johann Georg Lutz, s. Joh. Georg and Barbara; b. July 13; bap. Nov. 2.
Susanna Catharina Löhr, d. Philipp and Mar. Margaret; b. Sept. 19; bap. Nov. 9.
Johan Christoph Gumpf, s. Dieterich and Catharina; b. Oct. 26; bap. Nov. 9.
Anna Catharina Luttmann, d. Eberhart and Christina; b. Nov. 9; bap. Nov. 16.
Johann Jacob Albert, s. Johannes and Christina; b. Oct. 26; bap. Nov. 16.
Elizabeth Lanz, d. Balthasar and Elisabeth; b. Nov. 5; bap. Nov. 23.
Elisabeth Weiss, d. Jacob and Anna Maria; b. Oct. 9; bap. Nov. 30.
Catharina Muney, d. Joh. Peter and Elisabeth; b. Nov. 25; bap. Nov. 30.
Maria Magdalena Brehm, d. Christoph and Helena; b. Nov. 26; bap. Nov. 30.
Anna Catharina Rudesily, d. Melchior and Christina; b. Dec. 2; bap. Dec. 5.
Johann Christoph Schmitt, s. Christian and Helena; b. Nov. 30; bap. Dec. 7.
Anna Eva Brunkhart, d. Martin and Christina; b. Nov. 23; bap. Dec. 7.
Adam Laumann, s. Ludwig and Elisabeth; b. Dec. 5; bap. Dec. 7.
Anna Barbara Schaeffer, d. Valentin and Elisabeth; b. Oct. 1; bap. Oct. 10.
Johann Daniel Meydinger, s. Geo. Ludwig and Margaret; b. Dec. 14; bap. Dec. 18.
Jacob Wüst, s. Geo. Adam and Elisabeth; b. Nov. 22; bap. Dec. 23.
Maria Juliana Knight, d. Nicholas and Juliana; b. Dec. 20; bap. Dec. 24.
Johann Christoph Barth, s. Zacharias and Susannah Catharina; b. Dec. 19; bap. Dec. 25.

1761.

Anna Catharina Geiger, d. Joh. Georg and Elisabeth; b. Dec. 21, 1760; bap. Jan. 1.
Johann Gottfried Klug, s. Carl and Susannah.
Margaret Bernhardt, d. Thomas and Margaret; b. Jan. 8; bap. Jan. 11.
Johannes Schreiber, s. Johannes and Anna Eva; b. Dec. 26, 1760; bap. Jan. 18.
Conrad Wüst, s. Georg Adam and Elisabeth; b. Nov. 22, 1760; bap. Jan. 18.
Catharina Jeyser, d. Joh. Friedrich and Catharina; b. Jan. 22; bap. Jan. 25.
Johann Benedict Betz, s. Johannes and Maria; b. May 10, 1760; bap. Feb. 12.
Gottlieb Gottschall, s. Peter and Catharina; b. Jan. 19; bap. Feb. 15.
Margaret Elisabeth Kayser, d. Michael and Johannetta Maria; b. Feb. 10; bap. Feb. 15.
Maria Catharina Wild, d. Jacob and Catharina; b. Jan. 25; bap. Feb. 15.
Eva Susannah Schweizer, d. Stephan and Magdalena; b. Jan. 28; bap. Feb. 22.
Margaret Gruys, d. Christoph and Catharina; b. Jan. 13; bap. Feb. 22.
Anna Catharina Hornberger, d. Stephan and Magdalena; b. Feb. 17; bap. Feb. 22.
Elisabeth Cratford, d. Philipp and Elisabeth; bap. Feb. 27.
Johann Heinrich Berntheusel, s. Martin and Eva Maria; b. Feb. 26; bap. March 1.
Anna Maria Schott, d. Ludwig and Maria Barbara; b. Nov. 16; bap. March 1.
Maria Magdalena Braun, d. Johannes and Margaret Elis.; b. Dec. 1, 1760; bap. March 1.
Jacob Sprecher, s. Jacob Andreas and Margaret; b. March 3; bap. March 5.
Maria Zehmar, d. Anton and Sophia; b. Feb. 23; bap. March 8.
Maria Barbara Guntaker, d. Michael and Margaret; b. March 12; bap. March 18.
Elisabeth Barbara Umborn, d. Philipp and Dorothea; b. Jan. 29; bap. March 15.
Anna Elisabeth Heinkel, d. Johannes and Anna Elisabeth; b. Feb. 7; bap. March 22.
Susanna Catharina Keppele, d. Christoph and Eva; b. Dec. 21, 1760; bap. March 20.
Anna Margareta Burg, d. Christian and Margareta; b. March 7; bap. March 22.

Births and Baptisms.

Catharina Meraux, d. Franz and Anna Maria; b. March 16; bap. March 22.

Johann Michael Strohmenger, s. Jacob and Magdalena; b. Oct. 26, 1760; bap. March 22.

Catharina Romig, d. Christian and Catharina; b. Feb. 17; bap. March 23.

Johann Michael Dannbach, s. Friedrich and Elisabeth; b. March 4; bap. March 24.

Eva Maria Keller, d. Matthaeus and Christina; b. March 23; bap. March 29.

Catharina Werner, d. Jacob and Maria; b. Dec. 1, 1760; bap. March 29.

Georg Ludwig Mayer, s. Geo. Ludwig and Maria Barbara; b. April 12; bap. April 19.

Georg Nicolaus Weingärtner, s. Nicolaus and Barbara; b. April 17; bap. April 17.

Maria Catharina Fritz, d. Ludwig and Catharina; b. March 25; bap. April 19.

Jacob Thierwächter, s. Georg and Elisabeth; b. April 13; bap. April 26.

Heinrich Haart, s. Heinrich and Petronella; b. Dec. 23, 1760; bap. April 26.

Maria Elisabeth Rieber, d. Ulrich and Catharina; b. Dec. 24, 1760; bap. April 26.

Johan Friedrich Hirsch, s. Conrad and Sophia; b. Jan. 22; bap. April 30.

Johann Ludwig Küster, s. Heinrich and Maria Eva; b. Feb. 19; bap. Feb. 20.

Elisabeth Schaefer, d. Michael and Elisabeth; b. Jan. 15; bap. May 3.

Conrad Regelmann, s. Georg and Catharina; b. Jan. 24; bap. May 3.

Christoph Rösler, s. Heinrich and Anna Maria; b. Nov. 6, 1760; bap. May 10.

Elisabeth Baader, d. Georg and Maria Dorothea; b. Oct. 12, 1760; bap. May 10.

Magdalena Spath, d. Johannes and Catharina; b. April 8; bap. May 11.

Johan Friedrich and Maria Elisabeth Kistener (twins), s. and d. Georg and Anna Maria; b. Feb. 9; bap. May 22.

Margaret Voltz, d. Adam and Margaret; b. May 19; bap. May 24.

Catharina Danner, d. Michael and Elisabeth; b. May 6; bap. May 24.

Elisabeth Hofmann, d. Valentin and Rosina; b. April 26; bap. May 24.

Jacob Heyl, s. Joh. Jacob and Anna; b. July 30, 1760; bap. May 31.

―――― Brenner, ‑ Philipp and Elisabetha Cathar.; b. April 2; bap. May 24.
Catharina Miller, d. Joh. Jacob and Elisabeth; b. April 3; bap. May 31.
Maria Magdalena Franciscus, d. Michael and Johanna; bap. June 7.
Johannes Hirsch, s. Jacob and Anna Maria; b. May 5; bap. June 7.
Eva Maria Stauter, d. Heinrich and Barbara; b. June 19; bap. June 21.
Johannes Matthiot, s. Jean and Catharina; b. June 22; bap. June 28.
Anna Elisabeth Zimmermann, d. Rernhart and Salome; b. June 13; bap. July 24.
Johannes Schütterle, s. Johannes and Eva Barbara; b. June 13; bap. July 5.
Johannes Steyer, s. Friedrich and Margaret; b. June 7; bap. July 5.
Johann Heinrich Schmitt, s. Ludwig and Gertraud; b. May 27; bap. July 5.
Catharina Barbara Schelling, d. Geo. Balthasar and Eva Catharina; b. June 25; bap. July 12.
Joh. Georg Hess (posthumous), s. Balthasar and Eva Susanna; b. July 12; bap. July 19.
Daniel Senger, s. Caspar and Eva; b. July 17; bap. July 20.
Johann Peter Koehler, s. Peter and Anna Maria; b. July 13; bap. July 19.
Elisabeth Senghaas, d. Caspar and Amoena Catharina; b. Nov. 9, 1760; bap. Aug. 6.
Matthaeus Deeg, s. Friedrich and Maria; b. June 25; bap. Aug. 9.
Sebastian Hauer, s. Christoph and Anna Maria; b. Aug. 9; bap. Aug. 16.
Daniel Höns, s. Jacob and Magdalena; b. May 28; bap. Aug. 16.
Eva Margaret Schrenk, d. Martin and Maria; b. July 4; bap. Aug. 23.
Eva Catharina Hottenstein, d. Jacob and Barbara; b. Aug. 7; bap. Aug. 30.
Johann Philipp Hayde, s. Georg and Maria Sarah; b. Aug. 16; bap. Aug. 30.
Georg Heinrich Parker, s. John and Barbara; b. Jan. 3; bap. Sept. 3.
Carl Becker, s. Arnold and Maria Barbara; b. Aug. 27; bap. Sept. 6.
Maria Magdalene Röger, d. Conrad and Eva Maria; b. Aug. 2; bap. Sept. 13.
Sophia Catharina Riecker, d. Melchior and Catharina; b. Aug. 10; bap. Sept. 13.
Michael Lohrmann, s. Georg and Dorothea; b. Sept. 8; bap. Sept. 13.
Johannes Leitner, s. Johannes and Esther; b. Sept. 14; bap. Sept. 27.
Maria Eva East, d. Daniel and Hannah; b. Sept. 23; bap. Oct. 4.

Births and Baptisms.

Georg Heinrich Schenk, s. Heinrich and Catharina; b. Aug. 27; bap. Oct. 4.
Andreas Rehburg, s. Geo. Wilhelm and Anna Maria; b. Sept. 26; bap. Oct. 4.
Joseph Braun, s. Johannes and Dorothea; b. Sept. 27; bap. Oct. 4.
Johann Georg Schindel, s. Nicolaus and Magdalena; b. Sept. 5; bap. Oct. 4.
Anna Maria Süsse, d. Christoph and Anna Maria; b. Sept. 9; bap. Oct. 4.
Johannes Schumann, s. Georg and Barbara; b. Sept. 4; bap. Oct. 4.
Michael Mockeberger, s. Abraham and Anna Barbara; b. Aug. 12; bap. Oct. 4.
Elisabeth Miller, d. Andreas and Elisabeth; b. Aug. 27; bap. Oct. 11.
Ernestina Catharina Hörner, d. Michael and Barbara; b. Sept. 22; bap. Oct. 11.
Maria Magdalena Trachsel, d. Georg and Margaret; b. Sept. 15; bap. Oct. 18.
Eva Messerschmidt, d. Nicolaus and Maria Dorothea; b. Oct. 16; bap. Oct. 19.
Georg Friederich Schrey, s. Joh. Martin and Magdalena; b. Sept. 17; bap. Oct. 18.
Elisabeth Schelling, d. Michael and Catharina; b. Sept. 24; bap. Oct. 18.
Catharina Becker, d. Johannes and Barbara; b. Oct. 20; bap. Nov. 1.
Christina Susannah Ihle, d. Georg and Maria; b. Sept. 27; bap. Nov. 1.
Christian Reinhart, s. Heinrich and Magdalena; b. Sept. 26; bap. Nov. 1.
Maria Magdalena Baader, d. Johannes and Christina; b. Aug. 20; bap. Nov. 1.
Johann Jacob Schaeurich, s. Jacob and Anna Maria; b. Sept. 24; bab. Nov. 1.
Johann Gottfried Wentz, s. Andreas and Catharina; b. Oct. 26; bap. Nov. 1.
Johann Adam Mohr, s. Michael and Catharina; b. Oct. 16; bap. Nov. 1.
Johann Peter Miller, s. Christian and Susanna; b. Oct. 14; bap. Nov. 1.
Catharina Schütz (posthuma), d. Johannes and Barbara; b. Oct. 26; bap. Nov. 1.
Maria Elisabeth Würz, d. Christian and Margaret; bap. Nov. 1.
Anna Barbara Arnold, d. Heinrich and Catharina; b. Nov. 3; bap. Nov. 8.
Christoph Liebpe, s. Christian and Catharina; b. Oct. 14; bap. Nov. 8.

The Pennsylvania-German Society.

———— Bausmann, - Michael and Magdalena; b. Oct. 25; bap. Nov. 15.
Elisabeth Ackermann, d. Joh. Georg and Catharina; b. Oct. 31; bap. Nov. 15.
Johann Heinrich Nagel, s. Joachim and Juliana; b. Nov. 10; bap. Nov. 22.
Hannah Kuhn, d. Adam Simon and Sabina; b. Nov. 13; bap. Nov. 22.
Joseph Lang, s. Martin and Agnes; b. Oct. 24; bap. Nov. 22.
Philipp Laumann, s. Martin and Anna Maria; b. Dec. 1; bap. Dec. 15.
Rosina Uhrig, d. Jacob and Catharina; b. Dec. 13; bap. Dec. 20.
Maria Barbara Taxis, d. Friedrich and Christina; b. Dec. 10; bap. Dec. 20.
Johann Christoph Schaertel, s. Johannes and Christina; b. Nov. 25; bap. Dec. 20.
Maria Helena Odenwalder, d. Joh. Georg and Elisabeth; b. Dec. 12; bap. Dec. 27.
Johann Jacob Böhner, s. Jacob and Margaret; b. Dec. 24; bap. Dec. 27.

1762.

Johann Michael Boger, s. Joseph and Susannah; b. April 1; bap. May 23.
Johann Carl Schneider, s. Carl and Elisabeth; b. Dec. 25, 1761; bap. Jan. 1.
Eva Naumann, d. Johannes and Dorothea; b. Nov. 12, 1761; bap. Jan. 10.
Johann Peter Reiff, s. Peter and Anna Maria; b. Oct. 18, 1761; bap. Jan. 17.
Jacob Pritzius, s. Adam and Catharina; b. Jan. 14; bap. Jan. 24.
Philipp Jacob Schott, s. Friedrich and Maria Esther; b. Nov. 11, 1761; bap. Jan. 24.
Johann Jacob Guoth, s. Jacob and Magdalena; b. Dec. 21, 1761; bap. Jan. 24.
Eva Gross, d. Heinrich and Anna Maria; b. Feb. 4; bap. Feb. 14.
Anna Christina Stolz, d. Wendel and Catharina; b. Jan. 1; bap. Feb. 14.
Eva Magdalena Baisch, d. Geo. Friedrich and Barbara; b. Feb. 13; bap. Feb. 21.
Catharina Bayer, d. Wendel and Catharina; bap. Feb. 19.
Anna Juliana Bertjes, d. Michael and Catharina; b. Jan. 9; bap. Feb. 21.
Elisabeth Claus, d. Michael and Elisabeth; b. April 20; bap. May 13.
Elisabeth Würmle, d. Johannes and Elisabeth; b. Jan. 12; bap. March 7.

Births and Baptisms.

Maria Magdalena Renninger, d. Wendel and Cathar. Elisabeth; b. Feb. 13; bap. March 7.
Margaret Susannah Gumpf, d. Dieterich and Margar. Susannah; b. March 5; bap. March 28.
Johann Moritz Rau, s. Joh. Moritz and Maria Magdalena; b. April 4; bap. April 12.
Barbara Kautz, d. Joseph and Barbara; b. March 17; bap. April 12.
Anna Margaret Schmitt, d. Theobald and Margaret; b. March 31; bap. April 12.
Carl Friedrich Schaefer, s. Friedrich and Anna Barbara; b. April 8; bap. April 18.
Catharina Elisabeth Beker, d. Joh. Jacob and Cathar. Margaret; b. Feb. 7; bap. April 21.
Maria Magdalena Steinhaeuser, d. Jonas and Margaret; b. April 8; bap. April 25.
Jacob Erfurt, s. Anton and Anna Maria; b. March 19; bap. April 25.
Margaret Pfeiffle, d. Christian and Dorothea; b. March 19; bap. April 25.
Georg Friedrich Meraux, s. Jean Pierre and Bichette; b. Feb. 15; bap. April 18.
Maria Elisabeth Greiner, d. Colmann and Ursula; b. March 25; bap. May 9.
Johannes Gussmann, s. Abraham and Christiana Gottliebin; b. April 25; bap. May 16.
Maria Elizabeth Lutz, d. Caspar and Eva; b. April 26; bap. May 20.
Anna Barbara Rudesily, d. Jacob and Barbara; b. March 14; bap. March 28.
Joseph Koch, s. Christian and Justina; b. Feb. 19; bap. March 28.
Maria Elisabeth Boffenmayer, d. Matthaeus and Elisabeth; b. Feb. 10, bap. March 28.
Maria Dorothea Schmitt, d. Christian and Helena; b. Feb. 17; bap. March 28.
Susannah Catharina Rudesily, d. Melchior and Christina; b. March 25; bap. April 4.
Anna Catharina Federhaf, d. Joh. Georg and Anna Dorothea; b. March 31; bap. April 4.
Catharina Wall, d. Wilhelm and Elizabeth; b. Feb. 15; bap. April 5.
Georg Michael Bitz, s. Georg and Catharina; b. Jan. 26; bap. April 11.
Maria Barbara Brunner, d. Johannes and Maria Sarah; b. Jan. 14; bap. April 11.
Anna Maria Henrich, d. Christian and Regina; b. Jan. 11; bap. April 11.

The Pennsylvania-German Society.

Johann Jacob Baader, s. Georg and Dorothea; b. Jan. 15; bap. April 11.
Johann Philipp Schindel, s. Friedrich and Maria Barbara; b. April 3; bap. April 11.
Johann Christian May, s. Joseph and Elisabeth; b. Jan. 30; bap. May 23.
Anna Catharina Lutz, d. Johann Georg and Catharina; b. April 11; bap. May 30.
Anna Maria Schüz, d. Christoph and Maria; b. April 26; bap. May 30.
Maria Barbara Löhr, d. Philipp and Mar. Margaret; b. Feb. 3; bap. May 30.
Anna Maria Steiner, d. Georg and Susannah; b. Oct. 18, 1761; bap. May 30.
Anna Catharina Ege, d. Friedrich and Susanna Catharina; b. May 17; bap. May 23.
Anna Maria and Elisabeth Günther (twins), d. Christian and Eva Margaret; b. June 6; bap. June 6.
Maria Magdalena Klein, d. Andreas and Eva; b. June 2; bap. June 6.
Anna Maria Klein, d. Peter and Margaret; b. March 24; bap. June 6.
Catharina Leitze, d. Johannes and Anna Maria; b. Feb. 22, 1753; bap. March 24, *eodem anno*.
Johann Georg Dosch, s. Michael and Catharina; b. Jan. 27, 1761; bap. June 13.
Catharina Voltz, d. Adam and Margaret; b. June 13; bap. June 20.
Johannes Wagner, s. Johannes and Elisabeth; b. May 17; bap. June 20.
Johannes Weiss, s. Johannes and Anna Maria; b. Jan. 8; bap. June 20.
Philipp Stech, s. Christoph and Anna Barbara; b. April 18; bap. June 20.
Anna Catharina Albert, d. Johannes and Christina; b. May 12; bap. July 18.
Anna Catharina Albert, d. Philipp and Maria Regina; b. July 4; bap. July 18.
Johann Jacob Vöhl, s. Andreas and Barbara; b. June 12; bap. July 18.
Johannes Schindel, s. Michael and Anna Barbara; b. June 18; bap. June 27.
Anna Rosina Stoor, d. Georg and Catharina; b. July 25; bap. Aug. 1.
Elisabeth Richter, d. Georg and Catharina; b. Feb. 29; bap. Aug. 8.
Daniel Kröner, s. Dieterich and Rosina Barbara; b. July 14; bap. Aug. 8.
Johann Peter Muney, s. Johann Peter and Elisabeth; b. June 21.
Susannah Bernhart, d. Thomas and Margaret; b. July 6; bap. Avg. 8.

Births and Baptisms.

Maria Eva Schopf, d. Dieterich and Mar. Margaret; b. July 14; bap. Aug. 10.
Johann Christian Haart, s. Valentin and Catharina; b. April 16; bap. Aug. 10.
Anna Barbara Kern, d. Michael and Anna Caritas; b. July 18; bap. Aug. 15.
Anna Eva Sengir, d. Christian and Anna Eva; b. Aug. 15; bap. Aug. 17.
Maria Catharina Weingärtner, d. Nicolaus and Barbara; b. Aug. 13; bap. Aug. 22.
Johannes Will, s. Joh. Erhart and Christina; b. March 8; bap. Aug. 22.
Johann Philipp Mezger, s. Philipp and Anna Margaret; b. Dec. 31, 1761; b. Aug. 22.
Andreas Gottwald, s. Jacob and Maria Catharina; b. June 29; bap. Aug. 22.
Catharina Deeg, d. Friedrich and Maria; b. Aug. 13; bap. Aug. 22.
Adam Mezger, s. Jonas and Susannah; b. Aug. 18; bap. Aug. 29.
——— Tochtermann, - Friedrich and Susanna; b. Aug. 22; bap. Sept. 4.
Johann Georg Göber, s. Jacob and Catharina; b. May 26; bap. Sept. 5.
Johann Heinrich Hölsel, s. Heinrich and Margaret; b. Sept. 10; bap. Sept. 12.
Johann Adam Hauer, s. Christoph and Anna Maria; b. Sept. 21; bap. Oct. 3.
Catharina Keppele, d. Christoph and Eva; b. Aug. 8; bap. Oct. 3.
Eva Catharina Spengel, d. Zacharias and Anna Maria; b. Sept. 23; bap. Oct. 3.
Maria Elisabeth Greisinger, d. Joh. Georg and Elisabeth; b. Sept. 1.
Anna Eva Weyl, d. Peter and Elisabeth; b. Sept. 5; bap. Oct. 10.
Margaret Luttmann (posthumous), d. Michael and Elisabeth; b. Oct. 11; bap. Oct. 24.
Michael Schütterle, s. Johannes and Eva Barbara; b. Oct. 7; bap. Oct. 31.
Johann Michael Barth, s. Zacharias and Susanna Catharina; b. Sept. 1; bap. Oct. 31.
David Guth, s. Theobald and Elisabeth; b. Oct. 1; bap. Oct. 31.
Georg Geiger, s. Johannes and Anna; b. Oct. 26; bap. Nov. 7.
Christina Braun, d. Johannes and Christina; b. Nov. 3; bap. Nov. 7.
Catharina Margaret Ruscher, d. Heinrich and Elisabeth; b. Oct. 30; bap. Nov. 7.
Maria Margaret Krüger, d. Caspar and Margaret; b. Feb. 24; bap. Nov. 14.
Johannes Zehmar, s. Anton and Sophia; b. Nov. 13; bap. Nov. 21.

Dorothea Umborn, d. Philipp and Dorothea; b. Oct. 14. bap. Nov. 21.
Johannes Rau, s. Peter and Charlotte; b. Sept. 19; bap. Nov. 21.
Anna Barbara Waltz, d. Johannes and Margaret; b. July 24; bap. Nov. 28.
Andreas Wentz, s. Andreas and Catharina; b. Dec. 6; bap. Dec. 12.
Johann Jacob Petermann, s. Jacob and Anna; b. Nov. 19; bap. Dec. 12.
Elisabeth Matz, d. Jacob and Catharina; b. Oct. 7; bap. Dec. 13.
Friedrich Sehper, s. Gottlieb and Mar. Barbara; b. Nov. 14; bap. Dec. 19.
Johann Heinrich Schumacher, s. Jacob and Margaret; b. Nov. 28; bap. Dec. 19.
Dorothea, parentes üdem antecedentes; b. Jan. 20, 1760; baptis. posthar.
Johannes Stech, s. Christoph and Anna Barbara; b. Nov. 12; bap. Dec. 25.
Susannah Schenk, d. Heinrich and Catharina; b. Dec. 20; bap. Dec. 25.
Susannah Lanz, d. Balthasar and Elisabeth; b. Dec. 18; bap. Dec. 25.
Johann Philipp Schmitt, s. Matthaeus and Barbara; b. Dec. 6; bap. Dec. 26.

1763.

Johann Georg Betz, s. Georg and Nany; b. Nov. 24, 1762; bap. Jan. 1.
Johannes Laumann, s. Ludwig and Elisabeth; b. Dec. 10, 1762; bap. Jan. 9.
Anna Barbara Matthiot; d. Jean and Catharina; b. Jan. 1; bap. Jan. 9.
Jacob Philipp Knecht, s. Nicolaus and Rosina; b. Jan. 10; bap. Jan. 16.
Christian Graf, s. Wilhelm and Christina; b. Dec. 31, 1762; bap. Jan. 16.
Johann Heinrich Stauter, s. Heinrich and Barbara; b. Jan. 16; bap. Jan. 23.
Margaret Schneiber, d. Johannes and Eva; b. Jan. 13; bap. Jan. 23.
Johann Philipp Zimmermann, s. Bernhart and Salome; b. Nov. 25, 1762; bap. Jan. 26.
Johann Georg Quickel, s. Nicolaus and Anna; b. Dec. 15, 1762; bap. Jan. 30.
Ephraim Benedict Geydlinger, s. Andreas and Sabina; b. Jan. 13; bap. Jan. 30.
Johann Ludwig Meydinger, s. Geo. Ludwig and Mar. Margaret; b. Dec. 20, 1762; bap. Feb. 13.
Catharina Rosing, d. Bernhart and Susanna; b. Dec. 2, 1762.

Births and Baptisms.

Johannes Zunnel, s. Michael and Mar. Barbara; b. Feb. 17; bap. Feb. 20.
Rosina Elisabeth Büsch, d. Adam and Eva Maria; b. March 10; bap. March 20.
Peter Meraux, s. Franz and wife; b. March 16; bap. March 30.
Anna Barbara Schaeurich, d Matthaeus and Catharina; b. Jan. 28; bap. March 30.
Catharina Weinkann, d. Joseph and Susanna; b. Feb. 9; bap. March 30.
Johann Ludwig Schmitt, s. Joh. Ludwig and Anna Gertraud; b. March 4; bap. April 1.
Johannes Singer, s. Caspar and Eva; b. March 11; bap. April 1.
Elisabeth Stein, d. Ludwig and Catharina; b. Sept. 10, 1762; bap. April 3.
Anna Catharina Dosch, d. Christoph and Maria Elisabeth; b. Nov. 17, 1761; bap. April 3.
Johann Georg Baader, s. Georg and Salome; b. Feb. 22; bap. April 3.
Anna Maria Gottschall, d. Peter and Catharina; b. March 3; bap. April 10.
Johannes Schweizer, s. Stephan and Magdalena; b. March 15; bap. April 10.
Maria Barbara Lögron, d. Leonhart and Maria Barbara; b. Feb. 14; bap. April 10.
Christian Vogel 1, s. Simon and Elizabeth; b. Feb. 4, 1757; bap. April 10.
Elisabeth Vogel 2, d. Simon and Elizabeth; b. April 18, 1761; bap. April 10.
Joh. Heinrich Vogel 3, s. Simon and Elizabeth; b. Nov. 22, 1762; bap. April 10.
Veronica Hornberger, d. Stephan and Magdalena; b. Feb. 10; bap. April 10.
Christian Driesch, s. Friedrich and Catharina; b. April 2; bap. April 10.
Louisa Will, d. Jost and Anna Margaret; b. April 6; bap. April 17.
Johannes Klug, s. Philipp and Veronica; b. April 1; bap. April 17.
Christina Stein, d. Friedrich and Magdalena; b. Jan. 16; bap. April 17.
Eva Catharina Sulzer, d. Georg and Maria Catharina; b. Jan. 15; bap. April 17.
Maria Eva Miller, d. Michael and Eva; b. March 12; bap. April 24.
Eva Margareta Jaeger, d. Joh. Simon and Anna Margaret; b. Jan. 25; bap. April 24.
———— Guntaker, - Michael and Margaret; b. March 12; bap. April 24.

Sophia Bernhardtina Haeussele, d. Conrad and Sophia Bernhardtina; b. March 27; bap. April 24.
Johann Georg Schmitt, s. Christian and Helena; b. April 23; bap. April 24.
Maria Barbara Frey, d. Philipp and Eva Elizabeth; bap. April 24.
Anna Christina Geiger, d. Joh. Georg and Cath. Elisabeth; b. April 21; bap. May 8.
Elisabeth Burg, d. Christian and Margaret; b. Feb. 28; bap. May 8.
Veronica Lutz, d. Christian and Barbara; b. March 22; bap. May 8.
Catharina Schaeurich, d. Jacob and Anna Maria; b. Jan. 22; bap. May 8.
Johannes Ackermann, s. Joh. Georg and Catharina; b. April 21; bap. May 8.
Catharina Rieber, d. Ulrich and Catharina; b. Jan. 6; bap. May 8.
Johannes Buchtel, s. Johannes and Catharina; b. July 3, 1762; bap. May 12.
Catharina Eppele, d. Johannes and Sophia; b. March 9; bap. May 12.
Johannes Bartholomae, s. Nicolaus and Catharina; b. May 7; bap. May 15.
Johannes Salzmann, s. Franz and Anna Barbara; b. March 24; bap. May 15.
Magdalena Schleiffer, d. Philipp and Sabina; b. March 9; bap. May 22.
Johann Matthaeus Seiz, s. Joseph and Elisabeth; b. Oct. 16, 1762; bap. May 22.
Johannes Haart, s. Heinrich and Petronella; b. Jan. 5; bap. June 5.
Elisabeth Reinhart, d. Heinrich and Magdalena; b. May 5; bap. June 5.
Johann Philipp Frankfurter, s. Joh. Nicolaus and Maria Elisabeth; b. May 24; bap. June 12.
Catharina Elisabeth Leitenberger, d. Joh. Georg and Elizabeth; b. April 27; bap. June 13.
Maria Magdalena Bärtel; d. Geo. Adam and Magdalena; b. Dec. 28, 1762, bap. June 14.
Maria Elisabeth Strohmenger, d. Jacob and Magdalena; b. Jan. 31; bap. June 19.
Elisabeth Stumpf, d. Michael and Rosina; b. June 13; bap. June 19.
Elisabeth Joost, d. Conrad and Philippina; b. June 19; bap. June 26.
David Layer, s. Joh. Georg and Agnes; b. June 25; bap. July 2.
Johann Friedrich Rummele, s. Friedrich and Anna Maria; b. July 3; bap. July 10.
———— Pfautz, - Friedrich and Susanna; b. June 13; bap. July 10.
Elisabeth Lutz, d. Joh. Georg and Anna Catharina; b. May 27; bap. July 24.

Births and Baptisms.

Johann Jacob Kopp, s. Joh. Georg and Catharina; b. July 13; bap. July 24.
Maria Magdalena Graff, d. Georg and Barbara; b. July 14; bap. Aug. 7.
Anna Margaret Lögron, d. Jacob and Dorothea; b. Dec. 21, 1760; bap. Aug. 7.
Jacob Lögron, s. Jacob and Dorothea; b. March 13; bap. Aug. 7.
Georg Michaele Schelling, s. Geo. Balthasar and Eva Catharina; b. July 20; bap. Aug. 14.
Jacob Laumann, s. Martin and Anna Maria; b. Aug. 16; bap. Aug. 16.
Johann Peter Lazarus, s. Peter and Johanna; b. August 6; bap. Aug. 21.
Christian Tochtermann, s. Michael and Catharina; b. Aug. 19; bap. Aug. 28.
Elisabeth Hartmann, d. Wilhelm and Barbara; b. Nov. 18, 1762; bap. Aug. 28.
Anna Maria Schott, d. Friedrich and Esther; b. July 4; bap. Aug. 28.
Johannes Bauer, s. Johannes and Anna Maria; b. July 17; bap. Sept. 4.
Maria Esther Beuttler, d. Christian and Catharina; b. July 29; bap. Sept. 4.
Johannes Steinkönig, s. Adam and Polly; b. May 27; bap. Sept. 6.
Bernhart Scheurmann, s. Peter and Rosina; b. Aug. 11; bap. Sept. 11.
Anna Catharina Helm, d. Martin and Catharina; b. Sept. 3; bap. Sept. 8.
Maria Margaret Groskopf, d. Michael and Margaret; b. Sept. 1; bap. Sept. 11.
Susanna Mokeberger, d. Abraham and Anna Barbara; b. May 4; bap. Sept. 18.
Maria Elisabeth Hirsch, d. Jacob and Anna Maria; b. Aug. 25; bap. Sept. 18.
Samuel Schrey, s. Joh. Martin and Magdalena; b. Aug. 26; bap. Sept. 18.
Nicolaus Brunckhart, s. Martin and Christina; b. Sept. 5; bap. Sept. 18.
Christian Machenheimer, s. Gabriel and Anna Maria; b. Sept. 24; bap. Oct. 2.
Catharina Barbara Johnston, d. John and Catharina; b. Sept. 12; bap. Oct. 2.
Catharina Süsse, d. Christoph and Anna Maria; b. Aug. 26; bap. Oct. 2.
Georg Friedrich Taxis, s. Friedrich and Christina; b. Sept. 22; bap. Oct. 9.

Johann Michael Leim, s. Michael and Esther; b. Sept. 18; bap. Oct. 23.
Catharina Barbara Ihle, d. Georg and Maria; b. June 30; bap. Oct. 23.
Johann Heinrich Seybert, s. Johannes and Elisabeth; b. Sept. 25; bap. Oct. 23.
Elisabeth Dosch, d. Michael and Catharina; b. Sept. 24; bap. Oct. 23.
Johann Theobald Laysinger, s. Heinrich and Margaret; b. Oct. 9; bap. Oct. 23.
Georg Schumann, s. Georg and Barbara; b. Oct. 10; bap. Oct. 30.
Eva Maria Lohrmann, d. Georg and Margaret; b. Sept. 22; bap. Oct. 30.
Johann Dieterich Küehler, s. Heinrich and Anna Maria; b. Oct. 30; bap. Nov. 4.
Heinrich Boffenmayer, s. Matthaeus and Elisabeth; b. Oct. 23; bap. Nov. 13.
Georg Metzger, s. Jonas and Susanna; b. Oct. 9; bap. Oct. 9.
Johann Ludwig Würtz, s. Ludwig and Eva Margaret; b. Sept. 7; bap. Nov. 13.
Christian Schmitt, s. Georg and Elisabeth; b. Oct. 3; bap. Nov. 13.
Anna Maria Schaertel, d. Johannes and Christina; b. Nov. 5; bap. Nov. 20.
Johann Georg Odenwald, s. Philipp and Magdalena; b. Nov. 16; bap. Nov. 22.
Catharina Glaser, d. Friedrich and Elisabeth; b. Nov. 20; bap. Nov. 25.
Anna Dorothea Odenwald, d. Georg and Elisabeth; b. Nov. 11; bap. Dec. 4.
Anna Barbara Arnold, d. Heinrich and Catharina; b. Nov. 30; bap. Dec. 4.
Margaret Kochendörfer, d. Andreas and Elisabeth; b. Oct. 26; bap. Dec. 4.
Catharina Pritzius, d. Adam and Catharina; b. Dec. 29; bap. Dec. 30.
Johannes Stech, s. Christoph and Anna Maria; b. Nov. 12; bap. Dec. 25.

1764.

Jacob Eberle, s. Georg and Catharina; b. Dec. 23, 1763; bap. Jan. 1.
Anna Maria Weiss, d. Jacob and Maria; b. Sept. 28, 1763; bap. Jan. 1.
Anna Maria Sprecher, d. Jacob Andreas and Margaret; b. Jan. 2; bap. Jan. 8.
Maria Dorothea Majer, d. Jacob and Catharina; b. Jan. 1; bap. Jan. 8.
Anna Catharina Weiss, d. Georg and Margaret; b. Jan. 11; bap. Jan. 15.

Births and Baptisms.

Anna Margaret Barth, d. Georg Philipp and Anna Margaret; b. Nov. 27, 1763; bap. Jan. 15.
Johann Jacob Dress, s. Wilhelm and Clara; b. Jan. 31.
Anna Catharina Leitner, d. Johannes and Esther; b. Jan. 5; bap. Jan. 22.
Johann Friedrich Dannbach, s. Friedrich and Elisabeth; b. Jan. 15; bap. Jan. 23.
Jacob Forsch, s. Martin and Barbara; b. Dec. 20, 1763; bap. Jan. 29.
Johann Wilhelm Moser, s. Michael and Maria; b. Jan. 23; bap. Feb. 5.
Johann Jacob Göbel, s. Wilhelm and Eva; b. Feb. 11; bap. Feb. 12.
Johannes Matthiot, s. George and Lucia; b. Jan. 15; bap. Feb. 19.
Catharina Judith Volk, d. Wilhelm and Maria Magdalena; b. Dec. 4, 1763; bap. Feb. 22.
Johann Christoph Klug, s. Carl and Susanna; b. Feb. 19; bap. Feb. 23.
Johann Heinrich Stroh, s. Georg and Magdalena; b. Jan. 26; bap. Feb. 26.
Elisabeth Rau, d. Peter and Charlotta; b. Feb. 19; bap. Feb. 26.
Heinrich Kann, s. Johannes and Anna Elisabeth; b. Feb. 18; bap. March 3.
Anna Barbara Brecht, d. Geo. Michael and Catharina; b. Dec. 10, 1763; bap. Marcn 4.
Maria Magdalena Krüger, d. Johannes and Sophia; b. Feb. 4; bap. March 11.
Johann Friedrich Flentspach, s. Melchior and Sophia Catharina; b. Feb. 5; bap. March 12.
Susannah Gussman, d. Abraham and Christiana; b. Feb. 21; bap. March 18.
Wilhelm Grove, s. Wilhelm and Christina; b. March —; bap. March 18.
Gottlieb Brehm, s. Christoph and Helena; b. March 15; bap. March 25.
Elisabeth Barbara Voltz, d. Adam and Margaret; b. March 27; bap. April 1.
Matthaeus Becker, s. Arnold and Mar. Barbara; b. March 24; bap. April 1.
Johannes Miller, s. Andreas and Elisabeth; b. February 2; bap. April 1.
Johannes Zehmar, s. Anton and Sophia; b. April 7; bap. April 15.
Catharina Trebut, d. Justus and Dorothea; b. March 29; bap. April 8.
Margareta Löhr, d. Philipp and Margareta; b. Aug. 16, 1763; bap. April 8.

The Pennsylvania-German Society.

Maria Elisabeth Krick, d. Jacob and Cathar. Barbara; b. Jan. 18; bap. April 22.
Johannes Santeau, s. Jacob and Margaret; b. Nov. 12, 1763; bap. April 22.
Maria Elisabath Mundorf, d. Johannes and Catharina; b. March 25; bap. April 22.
Elisabeth Magdalena Miller, d. Jacob and Catharina; b. April 15; bap. April 24.
Michael Rehburg, s. Geo. Wilhelm and Anna Maria; b. April 20; bap. April 29.
Johannes Schindel, s. Nicolaus and Anna Maria; b. March 28; bap. May 6.
Maria Elisabeth Bott, d. Heinrich and Elisabeth; bap. May 6.
Christina Magdalena Rudesily, d. Melchior and Christina; b. April 25; bap. May 6.
Johann Georg Schmidt, s. Matthaeus and Barbara; b. April 20; bap. May 6.
Anna Margareta Klein, d. Peter and Margareta; b. May 2; bap. May 11.
Elisabeth Heinrich, d. Christian and Rachel; b. Sept. 24, 1763; bap. May 12.
Maria Elisabeth Höns, d. Jacob and Magdalena; b. Sept. 20, 1763; bap. May 8.
Johann Peter Drachsel, s. Georg and Margaret; b. Feb. 5; bap. May 20.
Catharina Brunner, d. Johannes and Sarah; b. Dec. 10, 1763; bap. May 7.
Maria Elisabeth Beck, d. Georg and Catharina; b. April 12; bap. May 20.
Maria Catharina Hayde, d. Georg and Maria Sarah; bap. May 20.
Elisabeth Kopp, d. Peter and Magdalena; b. March 28; bap. May 7.
Johann Georg Laumann, s. Ludwig and Elisabeth; b. May 14; bap. May 22.
Anna Maria Ziegel, d. Friedrich and Barbara; b. Feb. 22; bap. May 7.
Christina Hofmann, d. Valentin and Rosina; b. May 1; bap. June 3.
Johann Georg Gürmle, s. Johannes and Elisabeth; b. April 5; bap. June 3.
Anna Catharina, d. Maria Eva Klein and Arthur Wright; b. Dec. 22, 1763; bap. June 3.
Johann Adam Barth, s. Zacharias and Susanna Cathar.; b. April 30; bap. June 10.
Christian Romig, s. Christian and Catharina; b. May 28, 1763; bap. June 15.
Jacob Weyl, s. Philipp and Magdalena; b. June 7; bap. June 17.

Births and Baptisms.

Johannes Richter, s. Georg and Catharina; b. Oct. 1, 1763; bap. June 20.
Anna Maria Schmitt, d. Conrad and Susannah; b. April 19; bap. June 24.
Johan Philipp and Joh. Heinrich Hottenstein (twins), s. Jacob and Barbara; b. June 16; bap. June 24.
Friedrich Vöhl, s. Andreas and Barbara; b. Feb. 28; bap. June 24.
Johann Georg Klein, s. Gottfried and Rosina; b. June 9; bap. July 1.
Regina Boger, d. Joseph and Susanna; b. April 28; bap. July 22.
Jacob Schaefer, s. Friedrich and Barbara; b. July 25; bap. Aug. 9.
Maria Barbara Lay, d. Alexander and Anna Maria; b. Aug. 2; bap. Aug. 12.
Johann Georg Günther, s. Christian and Eva Margaret; b. July 27; bap. Aug. 12.
Friedrich Schmitt, s. Theobald and Margaret; b. July 28; bap. Aug. 19.
Johannes Schmidt, s. Georg and Elisabeth; b. May 28; bap. Aug. 12.
Johann Carl Meraux, s. Joh. Peter and Elisabeth; bap. Aug. 12.
Johann Georg Mann, s. Georg and Maria Catharina; b. June 3; bap. Aug. 12.
Maria Magdalena Speck, d. Sigmund and Veronica; b. July 7; bap. Aug. 17.
Simon Hubele, s. Bernhart and Eva Magdalene; b. July 23; bap. Aug. 16.
Johann Jacob Röger, s. Conrad and Eva; b. June 28; bap. Aug. 19.
Johannes Martin, s. Jacob and Eva; b. Aug. 4; bap. Aug. 26.
Magdalena Frey, d. Heinrich and Elisabeth; b. June 19; bap. Aug. 26.
Susanna Vogler, d. Simon and Elisabeth; b. June 24; bap. Aug. 26.
Simon Zimmermann, s. Bernhart and Salome; b. May 2; bap. Aug. 27.
Jacob Laumann, s. Martin and Anna Maria; b. Aug. 16; bap. Aug. 26.
Johann Georg Naegele, s. Georg and Magdalena; b. July 3; bap. Sept. 1.
Elisabeth Magdalena Wagner, d. Johannes and Elisabeth; b. Aug. 2; bap. Sept. 2.
Christian Senger, s. Christian and Anna Eva; b. Aug. 20; bap. Sept. 8.
Anna Maria Eichholz, d. Jacob and Anna Maria; b. Aug. 1; bap. Sept. 9.
Anna Maria Bayer, d. Wendel and Catharina; b. Aug. 25; bap. Sept. 9.
Johannes May, s. Joseph and Elisabeth; b. May 4; bap. Sept. 9.

The Pennsylvania-German Society.

Anna Maria Matz, d. Jacob and Catharina; b. July 30; bap. Sept. 16.
Anna Rosina Weingärtner, d. Nicolaus and Barbara; b. Sept. 8; bap. Sept. 16.
Anna Barbara Goehler, d. Andreas and Barbara; b. Aug. 30; bap. Sept. 30.
Peter Abraham Muncy, s. Joh. Peter and Elisabeth; b. Aug. 31; bap. Sept. 30.
Johann Georg Omelong, s. Christoph and Wilhelmine; b. Aug. 7; bap. Sept. 30.
Catharina Hüter, d. Andreas and Magdalena; b. Aug. 19; bap. Sept. 30.
Maria Magdalena Schweizer, d. Stephan and Magdalena; b. Sept. 20; bap. Oct. 15.
Johann Georg Stech, s. Christoph and Anna Barbara; b. Sept. 11; bap. Oct. 14.
Maria Susanna Albert, d. Philipp and Regina; b. Sept. 25; bap. Oct. 14.
Susannah Veit, d. Michael and Magdalena; b. Oct. 6; bap. Oct. 21.
Johannes Stahl, s. Jacob and Anna Margaret; b. Oct. 13; bap. Oct. 21.
Johann Ernst Schöneberger, s. Johannes and Catharina; b. Sept. 26; bap. Oct. 21.
Maria Eva Schmitt, d. Christian and Helena; b. Oct. 28; bap. Oct. 30.
Johann Philipp Umborn, s. Philipp and Dorothea; b. Aug. 17; bap. Nov. 4.
Rudolph Rössle, s. Johannes and Susanna; b. Aug. 16; bap. Nov. 4.
Johannes Seng, s. Philipp and Margaret; b. Nov. 1; bap. Nov. 4.
Anton Buch, s. Felix and Catharina; b. Nov. 7; bap. Nov. 11.
Maria Elisabeth Griesinger, d. Georg and Elisabeth; b. Nov. 3; bap. Nov. 14.
Jacob Pfautz, s. Friedrich and Susanna; b. Sept. 4; bap. Nov. 18.
Magdalena Sohn, d. Michael and Catharina; b. Aug. 17; bap. Nov. 18.
Catharina Quikel, d. Michael and Veronica; b. Oct. 28; bap. Nov. 18.
Solomon Denneler, s. Friedrich and Christina; b. Oct. 13; bap. Nov. 25.
Anna Maria Kitzmiller, d. Johannes and Anna Maria; b. Nov. 16; bap. Nov. 25.
Eva Elisabeth König, d. Christian and Elisabeth; b. Nov. 23; bap. Nov. 26.
Catharina Elisabeth Ackermann, d. Joh. Georg and Catharina; b. Nov. 12; bap. Dec. 2.

Births and Baptisms.

Johann Valentin Guth, s. Theobald and Elisabeth; b. Oct. 26; bap. Dec. 2.
Christian Kautz, s. Joseph and Barbara; b. Nov. 25; bap. Dec. 2.
Lorenz Albrecht, s. David and Dorothea; b. Oct. 28; bap. Dec. 2.
Anna Margaret Weyl, d. Peter and Anna Margaret; b. Oct. 14; bap. Dec. 2.
Andreas Schütterle, s. Johannes and Eva Barbara; b. Nov. 17; bap. Dec. 11.
Maria Schuler, d. Jacob and Regina; b. Dec. 16; bap. Dec. 30.

1765.

Eva Magdalena Breitenheert, d. Christoph and Dorothea; b. Nov. 12, 1764; bap. Jan. 13.
Anna Rosina Stoor, d. Georg and Catharina; b. Jan. 3; bap. Jan. 13.
Johann Adam Rieker, s. Melchior and Catharina; b. Oct. 31, 1764; bap. Jan. 13.
Johannes Jost, s. Conrad and Philippina; b. Jan. 1; bap. Jan. 20.
Joseph Weeber, s. Joseph and Catharina; b. Jan. 22; bap. Jan. 25.
—— Jayser, – Jacob and Margaret; bap. Feb. 3.
Rosina Burg, d. Christian and Margaret; b. Nov. 24, 1764; bap. Feb. 11.
Johann Georg Brunkhart, s. Martin and Christina; b. Feb. 7; bap. Feb. 17.
Johann Jacob Nagel, s. Joachim and Juliana; b. Feb. 4; bap. Feb. 17.
Catharina Gross, d. Heinrich and Anna Maria; b. Jan. 20; bap. Feb. 17.
Catharina Barbara Schreiner, d. Georg Michael and Anna Barbara; b. Jan. 15; bap. Feb. 17.
Philipp Klug, s. Philipp and Veronica; b. Feb. 11; bap. March 3.
Anna Maria Mohr, d. Adam and Maria Magdalena; b. Dec. 5, 1764; bap. March 10.
Johann Anton Schmidt, s. Ludwig and Anna Gertraud; b. Dec. 8, 1764; bap. March 10.
Michael Glaser, s. Friedrich and Elisabeth; b. March 8; bap. March 17.
Anna Maria Ströher, d. Matthaeus and Margaret; b. Jan. 12; bap. March 17.
Isaac Schindel, s. Friedrich and Maria Barbara; b. Feb. 28; bap. March 17.
Johannes Narding, s. Johannes and Anna Maria; b. Dec. 10, 1764; bap. March 17.
Eva Maria Heilbronner, d. Joh. Wolgang and Margaret; b. Feb. 2; bap. March 17.

Anna Charlotta Mezger, d. Jacob and Anna Christina; b. March 6; bap. March 15.
Maria Eva Meydtinger, d. Geo. Ludwig and Maria Margaret; b. Jan. 14; bap. March 23.
Johann Carl Sprecher, s. Jacob Andreas and Margaret; bap. March 21.
Elisabeth Wild, d. Jacob and Catharina; b. March 1; bap. March 31.
Christina Fuhrmann, d. Johannes and Johanna; b. March 17; bap. March 31.
Catharina Gottschall, d. Peter and Catharina; b. March 3; bap. March 31.
Johann Michael Mohr, s. Michael and Catharina; b. Feb. 25; bap. March 31.
Matthaeus Huber, s. Jacob and Susanna Philippina; b. March 23; bap. March 31.
Catharina Kienzer, d. Jacob and Elisabeth; b. Jan. 25; bap. April 5.
Johannes Mauch, s. Sebastian and Anna Maria; b. Feb. 26; bap. April 5.
Johannes Rosing, s. Bernhart and Susanna; b. Jan. 18; bap. April 5.
Joseph Braun, s. Johannes and Dorothea; b. March 19; bap. April 7.
Johann Peter Rieber, s. Ulrich and Catharina; b. Nov. 24, 1764; bap. April 7.
Maria Helena Reinhart, d. Heinrich and Magdalena; b. Oct. 30, 1764; bap. April 7.
Johannes Steinweeg, s. Johannes and Veronica; b. March 1; bap. April 7.
Johann Gottfried Steinheuser, s. Jonas and Margaret; b. March 17; bap. April 8.
Friedrich Erfurt, s. Antoni and Anna Maria; b. Jan. 10; bap. April 8.
Johannes Stein, s. Ludwig and Catharina; b. Dec. 27, 1764; bap. April 8.
Maria Christina Kochendörfer, d. Andreas and Elisabeth; b. March 24; bap. April 8.
Johann Michael and Joh. Andreas Weydtle (twins), s. Christian and Barbara; b. April 12; bap. April 17.
Anna Barbara Schindel, d. Michael and Barbara; b. April 12; bap. April 21.
Maria Apollonia Schaeurich, d. Jacob and Anna Maria; b. Feb. 9; bap. April 21.
Friedrich Stein, s. Friedrich and Magdalena; b. Jan. 29; bap. April 21.
Johannes Franciscus, s. Michael and Johanna; b. April 8; bap. April 21.

Births and Baptisms.

Anna Maria and Abraham Singer (twins), d. and s. Caspar and Eva; b. April 25; bap. April 30.
Elisabeth Stroh, d. Georg and Magdalena; b. March 25; bap. May 5.
Catharina Schreiber, d. Johannes and Eva; b. April 4; bap. May 5.
Johanna Baader, d. Georg and Salome; b. Feb. 1; bap. May 5.
Johannes Plattenberger, s. Johannes and Christina; b. March 21; bap. May 12.
Elizabeth Mann, d. Bernhart and Maria; b. Dec. 26, 1764; bap. May 12.
Sophia Scheitel, d. Martin and Christina; b. March 17; bap. May 19.
Johann Georg Albrecht, s. Georg and Christina; b. Oct. 31, 1764; bap. May 26.
Christian App, s. Christian and Catharina; b. May 20; bap. June 14.
Georg Michael Gumpf, s. Dieterich and Anna Catharina; b. June 4; bap. June 23.
Johann Peter Höflish, s. Peter and Anna Maria; b. June 11; bap. June 23.
Johannes Becker, s. Jacob and Catharina; b. June 14; bap. June 23.
Catharina Magdalena Hartmann, d. Christian and Christina; b. April 17; bap. June 30.
Heinrich Benedict Stauter, s. Heinrich and Barbara; b. June 21; bap. June 30.
Johann Georg Luttmann, s. Eberhart and Christina; b. June 26; bap. July 7.
Elisabeth Wehnau, d. Heinrich and Barbara; b. July 9; bap. July 21.
Andreas Ihle, s. Georg and Maria; b. June 12; bap. July 21.
Johannes Brunner, s. Johannes and Sarah; b. May 30; bap. July 21.
Friedrich Kochler, s. Joh. Jacob and Catharina; b. Jan. 11; bap. Aug. 4.
Catharina Heinrich, d. Christian and Regina; b. July 22; bap. Sept. 29.
Friedrich Matthiot, s. Jean and Catharina; b. Sept. 9; bap. Sept. 15.
Maria Merauz, d. Franz and Maria; b. Aug. 17; bap. Aug. 25.
Georg Christoph Saal, s. Georg and Maria; b. Aug. 10; bap. Oct. 6.
Christoph Lutz, s. Christian and Barbara; b. Sept. 5; bap. Oct. 13.
Christian Voltz, s. Johannes and Catharina; b. Oct. 6; bap. Oct. 13.
Johannes Guntaker, s. Michael and Margaret; b. Sept. 28; bap. Oct. 12.
Johann Peter Kern, s. Michael and Anna Charitas; b. Oct. 3; bap. Oct. 20.
Johann Peter Gärtner, s. Michael and Catharina; b. Sept. 27; bap. Oct. 20.
Elisabeth Margaret Jung, s. Jacob and Catharina; b. Oct. 18; bap. Oct. 25.

The Pennsylvania-German Society.

Anna Margareta Weiss, d. Joh. Georg and Margaret; b. Oct. 20; bap. Oct. 26.
Elisabeth Moser, d. Michael and Maria Barbara; b. Oct. 7; bap. Oct. 27.
—— Oehler, – Georg and Rosina; bap. Oct. 27.
Johann Friedrich Glass, s. Joh. Georg and Eva; b. Nov. 1; bap. Nov. 10.
Johann Nicolaus Becker, s. Johannes and Barbara; b. Nov. 10; bap. Nov. 11.
Michael Haart, s. Valentin and Catharina; b. Nov. 3; bap. Nov. 12.
Johann Jacob Matthiot, s. Georg and Lucia; b. Sept. 28; bap. Nov. 17.
Anna Maria Rau, d. Johannes and Catharina; b. Nov. 8; bap. Nov. 17.
Georg Heinrich Ruscher, s. Heinrich and Elisabeth; b. Nov. 2; bap. Nov. 17.
Johann Philip Hermann, s. Simon and Anna Margaret; b. Oct. 13; bap. Nov. 17.
Anna Margaret Hermann, d. Simon and Anna Margaret; b. Feb. 7, 1763; bap. Nov. 17.
Johann Michael Koehler, s. Daniel and Anna Maria; b. Oct. 5; bap. Nov. 24.
Johann Michael Hirschmann, s. Adam and Anna Maria; b. Nov. 12; bap. Nov. 24.
Peter Hirschmann, s. Adam and Anna Maria; b. Dec. 15, 1763; bap. Nov. 24.
Johann Jacob Haart, s. Heinrich and Petronella; b. Jan. 12; bap. Nov. 29.
Magdalena Dosch, d. Christoph and Maria Elisabeth; b. Feb. 22; bap. Dec. 1.
Johannes Leysinger, s. Heinrich and Margaret; b. Nov. 17; bap. Dec. 1.
Magdalena Machenheimer, d. Gabriel and Catharina; b. Dec. 5; bap. Dec. 8.
Martin Süss, s. Christoph and Anna Maria; b. Nov. 14; bap. Dec. 8.
Johann Jacob Müller, s. Jacob and Catharina; b. Dec. 2; bap. Dec. 8.
Johann Georg Barth, s. Georg Philipp and Margaret; b. Oct. 18; bap. Dec. 15.
Maria Magdalena Richter, d. Georg and Catharina; b. Sept. 29; bap. Dec. 15.
Elisabeth Löhr, d. Philipp and Margaret; b. Nov. 1; bap. Dec. 15.
Johannes Mann, s. Johannes and Christina; b. July 7, 1761; bap. Nov. 14.

Births and Baptisms.

Barbara Mann, d. Johannes and Christina; b. July 2, 1763; bap. Nov. 14.
Johann Georg Odenwald, s. Georg and Elisabeth; b. Dec. 7; bap. Dec. 25.
Maria Magdalena Frankfurter, d. Nicolaus and Maria Elisabeth; b. Dec. 19; bap. Dec. 29.
Johannes Sehner, s. Gottlieb and Maria Barbara; b. Oct. 7; bap. Dec. 29.
Anna Margareta Klein, d. Joh. Martin and Regina Dorothea; b. Dec. 29; bap. Dec. 30.

1766.

David Mezger, s. Jonas and Susanna; b. Dec. 30, 1765; bap. Jan. 5.
Elisabeth Haun, d. Joh. Georg and Maria Magdalena; b. Jan. 6; bap. January 11.
Maria Elisabeth Rümmele, d. Friedrich and Anna Maria; b. Jan. 3; bap. Jan. 12.
Ludwig Fritz, s. Ludwig and Catharina, b. Dec. 5, 1765; bap. Jan. 19.
Valentin Fritz, s. Ludwig and Catharina; b. Sept. 10, 1763; bap. Nov. 13, 1763.
Johann Michael Hörner, s. Michael and Barbara; b. Jan. 7; bap. Jan. 19.
Sophia Arnold, d. Heinrich and Catharina; b. Jan. 20; bap. Jan. 26.
Maria Magdalena Volk, d. Wilhelm and Maria Magdalena; b. Dec. 22, 1765; bap. Jan. 29.
Maria Helena Schmitt, d. Christian and Maria Helena; b. Jan. 30; bap. Feb. 2.
Johann Liebpe, s. Christian and Catharina; b. Jan. 18; bap. Feb. 2.
Sabina Benedict, d. Leonhart and Catharina; b. Feb. 22; bap. March 9.
Maria Margareta Schoertel, d. Johannes and Maria Christina; b. Feb. 9; bap. March 9.
Anna Barbara Edelmann, d. Adam and Julia; b. March 2; bap. March 16.
Catharina Heinrich, d. Christian and Regina; b. July 22, 1765; bap. Sept. 29, 1765.
Catharina Staufer, d. Heinrich and Catharina; b. Feb. 26; bap. March 16.
———— Eberle, - Georg and Catharina; b. March 19; bap. March 30.
Johan Simon Lögron, s. Jacob and Dorothea; b. Oct. 20, 1765; bap. March 30.
Johannes Sohn, s. Michael and Barbara; b. Dec. 13, 1765; bap. March 31.

The Pennsylvania-German Society.

Anna Christina Elisabeth Mezger, d. Jacob and Christina; b. March 25; bap. March 31.
Johann Ernst Frehner, s. Jacob and Eva Maria; b. April 2; bap. April 6.
Johann Georg Reinhart, s. Heinrich and Magdalena; b. March 21; bap. April 6.
Maria Susanna Zügel, d. Friedrich and Maria Magdalena; b. March 14; bap. May 10.
Maria Magdalena Mayer, d. Abraham and Christina; b. May 3; bap. May 14.
Maria Eva Straub, d. Andreas and Catharina; b. Jan. 23; bap. May 18.
Barbara Layer, d. Joh. Georg and Agnes; b. Sept. 26; bap. May 18.
Johann Peter Lögron, s. Leonhart and Barbara; b. March 30; bap. May 25.
Georg Friedrich Pichler, s. Georg and Anna Barbara; b. May 20; bap. May 25.
Johann Heinrich Miller, s. Andreas and Elisabeth; b. Jan. 18; bap. May 30.
Eva Catharine Stroh, d. Joh. Georg and Magdalena; b. April 27; bap. June 1.
Johann Georg Walz, s. Christoph and Elizabeth; b. April 14; bap. June 15.
―――― Schenk, ‑ Heinrich and wife; bap. June 15.
Johan Friedrich Krüger, s. Joh. Friedrich and Sophia; b. May 5; bap. July 6.
Peter Santeau, s. Jacques and Margaret; b. March 20; bap. July 13.
Elisabeth Wagner, d. Johannes and Elisabeth; b. June 6; bap. July 13.
Johan Heinrich Klug, s. Carl and Susanna; b. July 18; bap. July 20.
Elisabeth Burg, d. Christian and Elisabeth; b. July 15; bap. July 27.
Christina Ackermann, d. Joh. Georg and Catharina; b. July 14; bap. July 27.
Johann Heinrich Singer, s. Christian and Eva; b. June 15; bap. July 27.
Catharina Margaret Lazarus, d. Peter and Johann; b. June 13; bap. July 27.
Mary Perkins, d. John and Anne Mary; b. March 11, 1764; bap. Aug. 1.
Caleb Perkins, s. John and Anne Mary; b. Feb. 1; bap. Aug. 1.
Catharina Barth, d. Zacharias and Susanna Catharina; b. June 17; bap. Aug. 3.
Johan Gottlieb Pritzius, s. Adam and Catharina; b. July 23; bap. Aug. 3.

Births and Baptisms.

Maria Magdalena Leim, d. Michael and Maria Esther; b. July 22; bap. Aug. 3.
Johann Peter Volz, s. Adam and Margareta; b. July 26; bap. Aug. 13.
Rebecca Moser, d. Georg and Christina; b. Aug. 5; bap. Aug. 10.
Magdalena Brehm, d. Philipp and Sabina; b. April 25, 1765; bap. April 30.
Johan Leonhart Brehm, s. Philipp and Sabina; b. July 28; bap. Aug. 10.
Stephan Hornberger, s. Stephan and Magdalena; b. July.
Georg King, s. William and Catharina; b. July 6; bap. Aug. 10.
—— Schmitt, - Matthias; bap. Aug. 17.
Georg Michael Hoff, s. Joh. Georg and Justina Margaret; b. Aug. 12; bap. Aug. 17.
Michael Mayer, s. Georg and Magdalena; b. Aug. 25; bap. Aug. 31.
Johann Georg Raab, s. Georg Andreas and Eva Margaret; b. June 25; bap. Aug. 31.
Maria Barbara Schweizer, d. Leonhart and Elisabeth; b. Aug. 6, 1758; bap. Aug. 31.
Jacob Schweizer, s. Leonhart and Elisabeth; b. Feb. 1, 1761; bap. Aug. 31.
Margaret Schweizer, d. Leonhart and Elisabeth; b. Nov. 6, 1765; bap. Aug. 31.
Johann Philipp Hartmayer, s. Matthaeus and Anna Margaret; b. Aug. 25; bap. Sept. 7.
Susannah Mezger, d. Jacob and Susanna; b. July 25; bap. Sept. 14.
Johann Peter Schneyder, s. Caspar and Sabina; b. Sept. 16; bap. Sept. 25.
David Boffenmajer, s. Matthaeus and Elisabeth; b. July 26; bap. Sept. 28.
Maria Elisabeth May, d. Joseph and Elisabeth; b. June 16; bap. Sept. 28.
Johannes Seybert, s. Johannes and Elisabeth; b. Aug. 26; bap. Oct. 12.
Maria Rosina Schmitt, d. Theobald and Margaretha; b. Oct. 3; bap. Oct. 12.
Georg Christoph Brenner, s. Adam and Anna Maria; b. Sept. 1; bap. Oct. 14.
Johann Adam Brenner, s. Adam and Anna Maria; b. June 12, 1762; bap. July 10, 1762.
Johann Adam Dürstler, s. Adam and Regina; b. Sept. 14; bap. Oct. 19.
Anna Elisabeth Urban, d. Ludwig and Veronica; b. Nov. 7, 1765; bap. Oct. 19.

The Pennsylvania-German Society.

Christian Schmidt, s. Peter and Catharina; b. Sept. 26; bap. Oct. 19.
Philipp Kolb, s. Philipp and Margaret; bap. Oct. 19.
Matthaeus Ströher, s. Matthaeus and Margaret; b. Sept. 21; bap. Oct. 26.
Johann Jacob Mayer, s. Georg and Elisabeth; b. Sept. 27; bap. Nov. 2.
Christian Schmitt, s. Christian and Eva; b. Oct. 11; bap. Nov. 9.
Johann Georg Drachsel, s. Georg and Margaret; b. June 26; bap. Nov. 9.
Ludwig Wehner, s. Gottlieb and Maria Magdalena; b. Nov. 1; bap. Nov. 16.
Heinrich Gross, s. Heinrich and Anna Maria; b. Nov. 1; bap. Nov. 23.
Eva Rosina Klein, d. Gottfried and Rosina; b. Nov. 5; bap. Nov. 23.
John Georg Mann, s. Joh. Georg and Christina; b. June 13; bap. Nov. 30.
Anna Elisabeth Jung, d. Jacob and Catharina; b. Nov. 23; bap. Dec. 7.
―――― Liebpe, - Christian and Catharina.
Elisabeth Singer, d. Caspar and Eva; b. Oct. 30; bap. Dec. 7.
Johann Georg Werner, s. Johannes and Catharina; b. Oct. 30; bap. Dec. 20.
Catharina Dosch, d. Michael and Catharina; b. Nov. 22, 1764; bap. Dec. 19.
Anna Dosch, d. Michael and Catharina; b. April 18; bap. Dec. 19.
Johann Peter Mohr, s. Michael and Catharina; b. Oct. 22; bap. Dec. 25.
Jacob Johann Hardt, s. Adam and Anna Margaret; b. Oct. 20; bap. Oct. 21.
Ludwig Laumann, s. Ludwig and Elisabeth; b. April 10; bap. April 16.
Christian Weber, s. Joseph and Catharina; b. Dec. 17.

1767.

Joseph Forrest (posthumous), s. Humphrey and Salome; b. Dec. 21, 1766; bap. Jan. 1.
Michael Mohr, s. Adam and Magdalena; b. Nov. 24, 1766; bap. Jan. 11.
Elisabeth Glaser, d. Frederick and Elisabeth; b. Jan. 4; bap. Jan. 18.
Johannes Seelig, s. Johannes and Margaret; b. Jan. 11; bap. Jan. 18.
Johannes Schweizer, s. Stephan and Magdalena; b. Nov. 20, 1766; bap. Jan. 19.
Johann Jacob Rudesily, s. Melchior and Christina; b. Jan. 16; bap. Jan. 25.

Births and Baptisms.

Johann Peter Reisinger, s. Johannes and Susanna; b. Nov. 29, 1766; bap. Jan. 25.
Catharina Bäsch, d. Adam and Maria Eva; b. Jan. 17; bap. Jan. 25.
Carl Hölsel, s. Heinrich and Margaret; b. Jan. 22; bap. Feb. 1.
Maria Magdalena Stahl, d. Jacob and Margaret; b. Jan. 24; bap. Feb. 1.
Anna Maria Sybach, d. Christoph and Catharina; b. Jan. 31; bap. Feb. 8.
Elisabeth Schreiner, d. Michael and Anna Barbara; b. Dec. 17, 1766; bap. Feb. 7.
Maria Elisabeth Plattenberger, d. Johannes and Christina; b. Jan. 30; bap. Feb. 8.
Michael Quickel, s. Michael and Veronica; b. Oct. 22, 1766; bap. Feb. 11.
Catharina Walz, d. Martin and Marg. Barbara; b. Feb. 16; bap. Feb. 20.
Johann Heinrich Stephen (posthumous), s. Martin and Magdalena; b. Feb. 17; bap. Feb. 22.
Maria Salome Rau, d. Peter and Charlotta; b. Jan. 1; bap. Feb. 22.
Johann Jacob Bitzberger, s. Abraham and Elisabeth; b. Feb. 23; bap. March 1.
Ephraim Benedict Veit, s. Joh. Michael and Magdalena; b. Feb. 10; bap. March 1.
Johann Philipp Joost, s. Conrad and Philippina; b. Jan. 8; bap. March 1.
Johann Daniel Koehler, s. Daniel and Anna Maria; b. Nov. 25, 1766; bap. March 8.
Samuel Gross, s. Jacob and Susanna; b. Feb. 28; bap. March 15.
Heinrich Stein, s. Ludwig and Catharina; b. Sept. 27, 1766; bap. March 15.
Christian Mauch, s. Sebastian and Anna Maria; b. Nov. 6, 1766; bap. March 22.
Johannes Schneider, s. Joh. Georg and Elisabeth; b. Nov. 14, 1766; bap. March 22.
Johannes Kitzmiller, s. Johannes and Anna Maria; b. March 9; bap. March 22.
Elisabeth Will, d. Jost and Anna Margaret; b. March 17; bap. March 21.
Johann Georg Beck, s. Georg and Maria Catharina; b. Feb. 1; bap. March 29.
Maria Catharina Gottwald, d. Jacob and Maria Catharina; b. March 2; bap. March 29.
Christian Weyl, s. Peter and Elisabeth; b. April 8; bap. April 19.

Catharina Hildebrand, d. Jacob and Barbara; b. Dec. 17, 1766; bap. April 15.
Elisabeth Baltspach, d. Andreas and Maria Juliana; b. March 14; bap. April 15.
Johann Peter Bader, s. Georg and Salome; b. Feb. 14; bap. April 15.
Johann Heinrich Steyn, s. Friedrich and Magdalena; b. Jan. 5; bap. April 19.
Joachim Petermann, s. Jacob and Anna; b. April 22; bap. May 17.
Joseph Nagel, s. Christoph and Margaret; b. April 28; bap. May 17.
Bernhart Breitenheert, s. Christoph and Magdalena; b. March; bap. April 9.
Maria Margareta Seibel, d. Heinrich and Wilhelmina; b. April 10; bap. May 17.
Veronica Baehr, d. Johannes and Elisabeth; b. May 2; bap. May 17.
Maria Catharina Ilgener, d. Christian and Anna Maria; b. April 24; bap. April 25, 1768.
The rest of the year is not found on Record, neither part of

1768.

Anna Maria Diehl, d. Abraham and Elisabeth; b. Jan. 17; bap. April 10.
Samuel Cärger, s. Samuel and Maria; b. April 5; bap. April 10.
Georg Heinrich Hammer, s. Friedrich and Sus. Elisabeth; b. March 5; bap. April 10.
Hannah, née Haenin, wife of Johannes Eichholtz; bap. April 13.
Georg Friedrich Lay, s. Alexander and Anna Maria; b. Friday before Christmas, 1767; bap. April 17.
Catharina Scheurich, d. Mathias and Catharina; b. Nov. 28, 1767; April 17.
Hambrecht Johannes, s. Heinrich; 18 years old; bap. April 19.
Christina Mann, d. Johannes and Christina; b. Nov. 16; bap. June 3.
Johann Caspar Lutz, s. Caspar and Eva; b. Jan. 8; bap. June 3.
Johan Georg Mann, s. Bernhard and Anna Maria; b. Feb. 10; bap. June 3.
Zacharias Urich, s. Jacob and Catharina; b. May 12; bap. June 5.
Johannes Mohr, s. Michael and Catharina; b. April 25; bap. June 5.
Susanna Müller, d. Christian and Susanna; b. May 7; bap. June 5.
Magdalena Hischmann, d. Joh. Adam and Anna Maria; b. March 13; bap. June 12.
Johannes Feit, s. Georg and Magdalena; b. Sept. 22; bap. June 12.
Anna Margaret Berties, d. Michael and Catharina; b. June 3; bap. June 17.
Catharina Hildebrand, d. Jacob and Barbara; b. Feb. 8; bap. June 19.

Births and Baptisms.

Catharina Fritz, d. Ludwig and Catharina; b. May —; bap. June 19.
Anna Margaret Groff, d. Georg and Justina Margareta; b. Dec. 30, 1758; bap. Jan. 7, 1769.
Margaretha Kuntz, d. Johannes and Margaretha; b. July 15; bap. July 30.
Elisabeth Frey, d. Hennrich and Elisabeth; b. May 8; bap. July 31.
Maria Magdalena Mockert, d. Samuel and Maria Magdalena; b. Aug. 6; bap. Aug. 14.
Rosina Taubenhauer, d. Joh. Georg and Elisabeth; b. Aug. 12; bap. Sept. 2.
Philipp Schreiner, s. Michael and Barbara; b. Aug. 2; bap. Sept. 4.
Eva Margareth Pechtel; d. Peter and Eva Margareth; b. Dec. 1, 1767; bap. Sept. 4.
Gorg Christoph Brehm, s. Philipp and Sabina; b. Aug. 26; bap. Sept. 4.
Margaretha Wagner, d. Johannes and Elisabeth; b. July 12; bap. Sept. 4.
Johann Philipp Seil, s. Johannes and Anna Maria; b. July 7; bap. Sept. 4.
Johannes Steiner, s. Georg and Susanna; b. Jan. 25, 1766; bap. Sept. 6.
Maria Susanna Steiner, d. Georg and Susanna; b. Oct. 27, 1767; bap. Sept. 6.
Johann Georg Roemele, s. Friedrich and Anna Maria; b. Sept. 5; bap. Oct. 2.
Margaretha Pfefferle, d. Michael and Elisabetha; b. Oct. 25, 1767; bap. Oct. 3.
Adam Voltz, s. Adam and Margaretha; b. Oct. 11; bap. Oct. 23.
Anna Margareth Lutz, d. Christian and Barbara; b. Sept. 16; bap. Oct. 23.
Andreas Streher, s. Mathias and Margaretha; b. Aug. 15; bap. Oct. 23.
Georg Friedrich Metzger, s. Jacob and Susanna; b. Sept. 29; bap. Nov. 13.
Barbara Dosch, d. Michael and Catharina; b. Feb. 5; bap. Nov. 16.
Christian Kochendörfer, s. Andreas and Elisabeth; b. Aug. 8; bap. Nov. 18.
Georg Friedrich Dobler, s. Georg and Christina; b. Oct. 30; bap. Nov. 20.
Barbara Balspach, d. Andreas and Maria Juliana; b. Nov. 8; bap. Nov. 20.
Johann Jacob Krüger, s. Johann and Sophia; b. Oct. 21; bap. Nov. 20.

The Pennsylvania-German Society.

Elisabeth Eichholtz, d. Johannes and Hannah; b. Nov. 19; bap. Nov. 23.
Anna Rosina Jost, d. Conrad and Philippina; b. Nov. 16, 1760; bap. Nov. 24.
Anna Barbara Stohr, d. Georg and Catharina; b. Nov. 17; bap. Nov. 27.
Jacob Haberstich, s. Michael and Salome; b. Nov. 10, 1760; bap. Nov. 28.
Michael Haberstich, s. Michael and Salome; b. Dec. 23, 1763; bap. Nov. 28.
Rudolph Haberstich, s. Michael and Salome; b. Oct. 21, 1765; bap. Nov. 28.
Johannes Haberstich, s. Michael and Salome; b. Dec. 24, 1767; bap. Nov. 28.
Christian Schmidt, s. Christian and Maria Helena; b. Nov. 30; bap. Dec. 2.
Maria Catharina Benedick, d. Leonhardt and Maria Catharina; b. Nov. 23; bap. Dec. 4.
Jonas Eccele, s. Joseph and Elisabeth; b. Nov. 25; bap. Dec. 4.

1769.

Christoph Breitenherd, s. Christoph and Eva Magdalena; b. Jan. 13; bap. March 20.
Anna Maria Allwirth, d. Philipp and Maria Regina; b. Nov. 11, 1768; bap. March 27.
Elisabeth Pesserer, d. John and Salome; b. March 16; bap. April 2.
George Stophel Kember, s. Georg and Clara Dressin; b. Oct. 1, 1768; bap. April 2.
Anna Maria Gross, d. Henrich and Anna Maria; b. March 25; bap. April 1.
Christian Kurtz, s. Christian and Dorothea; b. March 1; bap. April 2.
Johann Martin Schreiner, s. Philipp and Eva Catharina; b. Jan. 22; bap. April 2.
Anna Maria Müller, d. Joh. Christian and Regina; b. Jan. 18, 1764; bap. April 8.
Elisabeth Müller, d. Joh. Christian and Regina; b. Oct. 29, 1765; bap. April 8.
Michael Beyer, s. Georg and Salome; b. Feb. 18; bap. April 9.
Johann Philipp Hehns, s. Hans Wendel and Eva Barbara; b. Dec. 15, 1768; bap. April 9.
Valentin Gärtner, s. Valentin and Maria; b. Feb. 5; bap. April 9.
Barbara Schmidt, d. Matthaeus and Barbara; b. March 27; bap. April 9.

Births and Baptisms.

Anna Schuler, d. Jacob and Regina; b. March 27; bap. April 9.
Joh. Abraham Schneider, s. Jacob and Margareth; bap. April 16.
John Michael Schmidt, s. Peter and Catharine; b. March 6; bap. April 16.
Elisabeth Margareth Santau, d. Hans Jacob and Margareth; b. Feb. 21; bap. April 16.
Peter De Morce, s. John and Margareth; b. March 20; bap. April 30.
Joh. Jacob Rapp, s. Jacob and Maria Elisabeth; b. April 1; bap. April 30.
Jacob Schmidt, s. Ludwig and Gertraud; b. Jan. 23; bap. May 4.
Susanna Schmidt, d. Conrad and Susanna; b. Jan. 8, 1767; bap. May 4.
Anna Walz, d. Christoph and Elisabeth; b. Dec. 9, 1768; bap. May 4.
Jacob Vorenwald, s. Joh. Michael and Eva; b. Jan. 19; bap. May 5.
Anna Maria Hens, d. Michael and Margaretha; b. May 4; bap. May 7.
Georg Friedrich Schenck, s. Heinrich and Catharina; b. Jan. 27; bap. May 7.
Joh. Christian Klein, s. Gottfried and Rosina; b. April 23; bap. May 12.
Anna Maria Mann, d. Johannes and Christina; b. Jan. 24; bap. May 13.
Margaretha Kolb, d. Philipp and Margareth; b. May 2; bap. May 14.
Stephan Kitzmüller, s. Caspar and Juliana; b. Feb. 18; bap. May 14.
Elisabeth Laumann, d. Martin and Anna Maria; b. May 4; bap. May 14.
Johann Georg Wehnau, s. Hennrich and Anna Barbara; b. May 9; bap. May 14.
Michael Seybel, s. Heinrich and Wilhelmine; b. April 9; bap. May 14.
Sophia Fuhrmann, d. Johannes and Maria Johanna; b. March 29; bap. May 14.
Margareth Feldberger, d. Henrich and Susanna; b. Jan. 1; bap. May 14.
Maria Magdalena Kautz, d. Joseph and Barbara; b. May 7; bap. May 15.
Anna Maria Schmidt, d. Theobald and Margareth; b. April 2; bap. May 15.
Georg Friedrich Steiner, s. Geo. Friedrich and Anna Margaretha; b. April 12; bap. May 21.
Christoph Nagel, s. Christoph and Margareth; b. May 7; bap. May 21.
David Mauk, s. Bartian and Anna Maria; b. April 9; bap. May 21.
Friedrich Marguardt, s. Joh. Georg and Margaretha; b. March 16; bap. May 28.

Anna Maria Ziegler, d. Heinrich and Anna Maria; b. Feb. 17; bap. May 28.
Anna Elisabeth Weidle, d. Christian and Anna Barbara; b. May 26; bap. June 4.
Johann Ludwig Hildebrand, s. Jacob and Barbara; b. April 8; bap. June 4.
Cathar. Elisabeth Benwald, d. Georg and Elisabeth; b. March 10; bap. June 5.
Rosina Seyd, d. Peter and Margaretha; b. March 15; bap. June 9.
Johannes Streher, s. Adam and Elisabeth; b. May 4; bap. June 12.
Johann Valentin Merck, s. Valentin and Eva Elisabeth; b. June 4; bap. June 13.
Johannes Neu, s. Johannes and Maria Magdalena; b. June 11; bap. June 16.
Catharina Goettig, d. Friedrich and Catharina; b. April 9; bap. June 18.
David Frick, s. Philipp and Anna Margaretha; b. May 7; bap. June 17.
Friedrich Sturz, s. Balthasar and Charlotta; b. June 6; bap. June 20.
Jacob Heil, s. Zacharias and Eva Elisabeth; b. June 19; bap. July 2.
Sophia Becker, d. Johann and Catharina; b. June 18; bap. July 9.
Anna Margaretha Reitenauer, d. Nicolaus and Margaretha; b. June 27; bap. July 9.
Anna Margaretha Rein, d. Heinrich and Anna Christina; b. May 18, 1767; bap. June 4, 1767.
Anna Elisabeth Rein, d. Heinrich and Anna Christina; b. July 9; bap. July 14.
Catharina Zehmar, d. Anton and Sophia; b. Jan. 16; bap. Feb. 19.
Johann Jacob Eichholz, s. Johan Jacob and Anna; b. May 16; bap. July 19.
Friedrich Moser, s. Michael and Barbara Maria; b. July 14; bap. July 23.
Johannes Peter Sulzer, s. Georg and Maria Catharina; b. April 23; bap. July 23.
Jonas Gebhardt, s. Peter and Rosina; b. July 20; bap. July 25.
Anna Maria Rupele, d. Jacob and Maria; b. Jan. 16; bap. July 26.
Elisabeth Kauffmann, d. Heinrich and Elisabeth; b. Oct. 26, 1768; bap. July 26.
Maria Schopfs, d. Bernhart and Eleonora; b. Jan. 16; bap. July 26.
Michael Brunner, s. Johann and Maria Sarah; b. April 2; bap. July 26.
Johann Friedrich Pflüger, s. Johann and Elisabeth; b. July 26; bap. Aug. 2.

Births and Baptisms.

Jeremias Eberle, s. Georg and Catharina; b. July 27; bap. Aug. 4.
Michael Hiel, s. Melchior and Justina; b. July 25; bap. Aug. 6.
Johann Jacob Schertel, s. Johannes and Maria Christina; b. July 23; bap. Aug. 6.
Johan Ludwig Lindeberger, s. Georg and Hanna; b. July 20; bap. Aug. 13.
Catharina Schneider, d. Caspar and Sabina; b. April 27; bap. Aug. 13.
Johann Rumff, s. Joh. Dietrich and Catharina; b. June 24; bap. Aug. 9.
Susanna Leitner, d. Johann and Esther; b. Oct. 15, 1766; bap. Aug. 12.
Nicolaus Stroh, s. Georg and Catharina Schmidt; b. Aug. 8; bap. Aug. 20.
Johann Tobias Heiss, s. Dietrich and Maria Magdalena; b. Aug. 20; bap. Aug. 27.
Susana Margaret Litzenberger, d. Adam and Catharina; b. Sept. 1; bap. Sept. 10.
Johannes Possenmeier, s. Mathias and Elisabeth; b. June 2; bap. Sept. 10.
Anna Elisabeth Lazarus, d. Peter and Johanna; b. July 29; bap. Sept. 24.
Johann Ludwig Gross, s. Martin and Catharina; b. Aug. 15; bap. Sept. 24.
Jacob Freytag, s. Jacob and Salome; b. Aug. 26; bap. Sept. 24.
Anna Maria Brensikober, d. Caspar and Susannah; aged 6 weeks; bap. Sept. 24.
Elisabeth Gern, d. Johannes and Margaretha; b. Sept. 20; bap. Sept. 25.
Georg Friedrich, s. Catharina Weidlin and Friedrich Köhler; b. July 23; bap. Sept. 26.
Johann Conrad Schindel, s. Michael and Anna Barbara; b. June 29; bap. July.
Maria Helena Weber, d. Joseph and Catharina; b. Sept. 18; bap. Oct. 1.
Susannah Wild, d. Jacob and Catharina; b. Sept. 9; bap. Oct. 5.
Johann Georg Schilling, s. Georg Balthasar and Eva Catharina; b. Sept. 9; bap. Oct. 1.
Sarah Engel Dick, d. Friedrich and Catharina; b. Sept. 11; bap. Oct. 4.
Eva Elisabeth Pechtel, d. Peter and Eva Margaret; b. May 16; bap. Oct. 8.
Elisabeth Barbara Stauder, d. Heinrich and Barbara; b. Sept. 15; bap. Oct. 8.

The Pennsylvania-German Society.

Catharina Ritzmüller, d. Johann and Anna Maria; b. Sept. 12; bap. Oct. 8.
Maria Schitterle, d. Johannes and Margareth; b. Oct. 2; bap. Oct. 6.
Johann Christian Weidel, s. Johann and Anna Maria; b. Oct. 13; bap. Oct. 15.
Elisabeth Reutlinger, d. Georg and Anna Maria; b. Sept. 13; bap. Oct. 22.
Christoph Trebenstadt, s. Joh. Albrecht and Eva; b. Oct. 15; bap. Oct. 18.
Jacob Schroeder, s. Jacob and Cathar. Elisabeth; b. Aug. 6; bap. Sept. 29.
Anna Catharina Müller, d. Mathias and Anna Catharina; b. Sept. 14; bap. Oct. 23.
Johann Stroh, s. Georg and Magdalena; b. Sept. 15; bap. Oct. 30.
Anna Maria Craemer, d. Michael and Elisabeth; b. Oct. 31; bap. Nov. 1.
Susanna Schindel, d. Friedrich and Maria Barbara; b. Oct. 28; bap. Nov. 5.
Catharine Mathiot, d. Johann and Margaret Catharina; b. Nov. 3; bap. Nov. 5.
Johann Jacob Luttmann, s. Georg and Anna Margaretha; b. Oct. 25; bap. Nov. 9.
Johann Peter Bauer, s. Nicolaus and Catharina; b. Nov. 8; bap. Nov. 19.
Georg Adam Haag, s. Johann Georg and Maria Catharina; b. Sept. 16; bap. Nov. 26.
Johann Selig, s. Johann and Margaretha; b. Nov. 18; bap. Nov. 26.
Salome Besch, d. Adam and Maria Eva; b. Nov. 3; bap. Nov. 26.
Maria Magdalena Braun, d. Joseph and Magdalena; b. Aug. 10; bap. Nov. 3.
Catharina Pettison, d. John and Maria Margaretha; b. Sept. 13; bap. Dec. 3.
Maria Catharina Rein, d. Jacob and Maria Eva; b. Nov. 29; bap. Dec. 2.
Anna Barbara, d. Anna Dehnin and Martin Laumann; b. Oct. 13; bap. Dec. 6.
Jacob Schwein, s. Benjamin and Maria; b. Dec. 2; bap. Dec. 10.
Christian Jlgner, s. Christian and Anna Maria; b. Dec. 15; bap. Dec. 17.
Heinrich Lang, s. Mathias and Catharina; b. Nov. 27; bap. Dec. 24.
Christian Schindel, s. Nicolaus and Magdalena; b. Sept. 22; bap. Dec. 25.
Christina Scheickel, d. Martin and Christina; b. Nov. 5; bap. Dec. 25.

Births and Baptisms.

Elisabeth Hubley, d. Bernhardt and Anna Maria; b. Dec. 15; bap. Dec. 16.
Maria Elisabeth Daschtler, d. Adam and Regina; b. July 11; bap. Aug. 1.
Johan Ulrich Riber, s. Ulrich and Catharina; b. Dec. 5, 1768; bap. Aug. 16.
Johann Schneider, s. Johann and Elisabeth; b. Dec. 9; bap. Dec. 31.
Isaac Britius, s. Adam and Catharina; b. Dec. 19; bap. Dec. 31.

1770.

Johann Peter Weingärtner, s. Conrad and Barbara; b. Dec. 29, 1769; bap. Jan. 4.
Anna Maria Froehner, d. Simon and Eva Maria; b. Jan. 2; bap. Jan. 7.
Johann Georg, s. Johann Leyser, and mother Maria Magdalena Ewerin; b. Jan. 7; bap. Jan. 9.
Georg Wirz, s. Ludwig and Elisabeth Margaretha; b. Dec. 9, 1769; bap. Jan. 15.
Johann Rudesily, s. Melchior and Christina; b. Jan. 8; bap. Jan. 14.
Catharina Barbara Becker, d. Nicolaus and Magdalena; b. Jan. 6; bap. Jan. 14.
Elisabeth Schenck, d. Michael and Elisabeth; b. Oct. 28, 1769; bap. Jan. 22.
Elisabeth Pens, d. Conrad and Elisabeth; b. Jan. 10; bap. Feb. 4.
Michael Seng, s. Philipp and Anna Margaretha; b. Jan. 24; bap. Feb. 4.
Philip Ackermann, s. Georg and Catharina; b. Jan. 3; bap. Feb. 4.
Margaretha Schwarz, d. Conrad and Anna Maria; b. Feb. 3; bap. Feb. 11.
Margareth Nagel, d. Christoph and Maria; b. Dec. 17, 1769; bap. Feb. 11.
Barbara Redebach, d. Michael and Hanna; b. Dec. 26, 1769; bap. Feb. 11.
Martin Schreiner, s. Michael and Barbara; b. Dec. 1, 1769; bap. Jan. 9.
Catharina Frey, d. Johann and Magdalena; b. Nov. 30, 1769; bap. Feb. 18.
Anna Maria Tanbach, d. Friedrich and Elisabeth; b. Feb. 14; bap. Feb. 18.
Johann Georg Sekatz, s. Peter and Friederica; b. Feb. 12; bap. Feb. 19.
Johann Bernhart Bartholomae, s. Theodor and Anna Margaretha; b. Jan. 18; bap. Feb. 25.

The Pennsylvania-German Society.

Johann Friedrich Weigel, s. Georg and Elisabeth; b. Feb. 11; bap. Feb. 25.
Johann Seil, s. Johann and Anna Maria; b. Feb. 21; bap. March 4.
Ann Maria Martin, d. Bernhart and Barbara; b. Jan. 18; bap. March 4.
Jacob Sprecher, s. Jacob Andreas and Maria Margaretha; b. Jan. 4; bap. Feb. 4.
Christina Richter, d. Georg and Catharina; b. July 26, 1769; bap. Dec. 27, 1769.
Johann Philipp Schüsler, s. Johann and Margaretha; b. Dec. 20, 1769; bap. Jan. 3.
Magdalena Edelmann, d. Adam and Juliana; b. March 1; bap. March 5.
Anna Juliana Bertjes, d. Michael and Cathar. Elisabeth; b. March 2; bap. March 5.
Susanna Biegler, d. Georg and Anna Barbara; b. Feb. 23; bap. March 10.
Philipp Brehm, s. Philipp and Sabina; b. Feb. 25; bap. March 10.
Susanna Maria Metzger, d. Jacob and Magdalena Christina; b. March 9; bap. March 15.
Johann Scheidt, s. Matthaeus and Maria Catharina; b. March 14; bap. March 25.
Susanna Catharina Schaff, d. Heinrich and Anna; b. Jan. 15; bap. bap. March 25.
Elisabeth Schaffner, d. Jacob and Margaretha; b. Feb. 18; bap. March 25.
Jacob Kammerer, s. Matthaeus and Catharina; b. Jan. 20; bap. March 25.
Elisabeth Buch, d. Christian and Susanna; b. March 12; bap. April 1.
Susanna Neigerwald, d. Joh. Eberhart and Christina; b. March 20; bap. April 1.
Catharina Schweizer, d. Leonhart and Elisabeth; b. Feb. 16; bap. April 1.
Anna Maria Lefeber, d. Adam and Elisabeth; b. Oct. 16, 1769; bap. April 1.
Johanna Bertel, d. Georg Adam and Magdalena; b. Dec. 15, 1769; bap. April 1.
Susanna Grün, d. Heinrich and Sarah; b. Feb. 24; bap. April 8.
Jacob Koenig, s. Conrad and Catharina; b. Nov. 2, 1769; bap. Nov. 12, 1769.
Heinrich Leysinger, s. Heinrich and Margaretha; b. April 7; bap. April 11.

Births and Baptisms.

Anna Catharina Wister, d. Georg and Anna Catharina; b. March 1; bap. April 15.
Michael Rudesily, s. Michael and Maria Angelica; b. Feb. 4; bap. April 15.
Barbara Kauffmann, d. Solomon and Maria; b. Sept. 25, 1769; bap. April 15.
Elisabeth Korner, d. Samuel and Elisabeth; b. Dec. 20, 1769; bap. April 16.
Hanna Gehrhardt, d. A. and Sophia; b. Nov. 27, 1769; bap. April 16.
Catharina Schneyder, d. Simon and Catharina; b. April 14; bap. April 19.
Friedrich Gebel, s. Wilhelm and Eva; b. April 11; bap. April 20.
Martin Müller, s. Christian and Regina; b. Nov. 11, 1769; bap. April 21.
Peter Klein, s. Peter and Anna Margaretha; b. Oct. 23; bap. April 29.
Christian Wacky, s. Christian and Elisabeth; b. Jan. 27; bap. April 30.
Barbara Judy, d. Martin and Barbara; b. April 27; bap. May 1.
Elisabeth Beck, d. Georg and Catharina; b. March 22; bap. May 6.
Susana Margareth Hoerner, d. Michael and Barbara; b. April 21; bap. May 2.
Anna Maria Groh, d. Wilhelm and Christina; b. Jan. 22; bap. May 6.
Christian Weiss, s. Georg and Anna Margaretha; b. May 4; bap. May 7.
Elisabeth Scheurig, d. Jacob and Anna Maria; b. April 13, 1767; bap. May 26.
Magdalena Scheurig, d. Jacob and Anna Maria; b. May 24, 1769; bap. May 26.
Catharina Corner, d. Johann and Elisabeth; b. May 20; bap. June 1.
Johann Peter Henckel, s. Johann and Elisabeth; b. May 6; bap. June 3.
Johann Heun, s. Georg and Magdalena Maria; b. May 24; bap. June 3.
Anna Margaretha Ziegler, d. Heinrich and Anna Maria; b. March 19; bap. June 3.
Christina Albrecht, d. Georg and Christina; b. March 24; bap. May 3.
Sabina Rummel, d. Valentin and Louisa; b. Feb. 15; bap. May 3.
Ludwig Faust, s. Philipp and Margaretha; b. April 9; bap. May 6.
Elisabeth Feldberger, d. Heinrich and Susanna; b. April 9; bap. May 4.
Catharina Rung, d. Heinrich and Anna Maria; b. May 20; bap. June 11.

The Pennsylvania-German Society.

Johann Schmidt, s. Philipp and Maria; b. March 1; bap. June 12.
Johann Liberich, s. Nicolaus and Catharina; b. May 27; bap. June 24.
Eva Elisabeth Deck, d. Johann and Magdalena; b. June 12; bap. June 24.
Elisabeth Decker, d. Jeremias and Dorothea; b. June 17; bap. June 24.
Catharina Martin, d. Jacob and Eva; b. June 9; bap. June 24.
Catharina Spengler, d. Johann and Elisabeth; b. May 22; bap. June 24.
Johann Rautfoon, s. Friedrich and Barbara; b. April 14; bap. June 25.
Regina Dorothea Hermann, d. Simon and Maria Margaretha; b. Jan. 14; bap. July 1.
Jacob Christian, s. Heinrich and Elisabeth; b. March 17; bap. July 1.
Catharina Haz, d. Johann and Anna Maria; b. June 30; bap. July 1.
Heinrich Mayer, s. Georg and Barbara; b. June 8; bap. July 1.
Margaretha Marquart, d. Joh. Georg. and Margaretha; b. July 6; bap. July 15.
Johann Michael Beck, s. Gerhard and Anna Margaretha; b. June 1. bap. July 15.
Elisabeth Krob, d. Heinrich and Margaretha; b. June 17; bap. July 16.
Catharina Rummel, d. Peter and Catharina; b. Jan. 13; bap. July 22.
Elisabeth Neu, d. Johann and Magdalena; b. July 8; bap. July 22.
Maria Barbara and Henriette Christine Creiser (twins), d. Casper and Christina; b. June 15; bap. July 28.
Susanna Mezger, d. Jonas and Susanna; b. July 15; bap. July 29.
Anna Margareth Gärtner, d. Michael and Catharina; b. June 7; bap. July 28.
Johann Jacob Schuler, s. Jacob and Regina; b. July 15; bap. July 29.
Christina Catharina Krauss, d. Bernhart and Elisabeth; b. July 24; bap. July 29.
Magdalena Lochmann, d. Jacob and Eva Barbara; b. July 6; bap. July 29.
Jacob, s. Jacob Weidmann and Anna Margaretha Uhrnin. b. Aug. 13, 1769; bap. Aug. 2.
Margaretha and Sarah Mathiot (twins), d. Georg and Lucy; b. June 18; bap. Aug. 5.
Magdalena Nagel, d. Sebastian and Magdalena; b. July 12; bap. Aug. 5.

Births and Baptisms.

Anna Barbara Albert, d. Philipp and Maria Regina; b. May 9; bap. Aug. 5.
Heinrich Greiner, s. Andreas and Barbara; b. June 16; bap. Aug. 5.
Peter Schreiner, s. Joh. Nicolaus and Christina; b. April 7; bap. Aug. 5.
Eva Margaretha Hildebrandt, d. Jacob and Barbara; b. June 28; bap. Aug. 5.
Barbara Schmidt, d. Christian and Maria Helena; b. Aug. 3; bap. Aug. 5.
Johann Peter Pfeiffer, s. Adam and Catharina; b. June 21; bap. Aug. 12.
Johann Conrad Johst, s. Conrad and Philippina; b. July 28; bap. Aug. 12.
Anna Maria Krug, d. Jacob and Rebecca; b. Aug. 6; bap. Aug. 20.
Elisabeth Weil, d. Peter and Elisabeth; b. June 14; bap. Aug. 21.
Magdalena Craffert, d. Philipp and Anna Maria; b. July 26; bap. Aug. 26.
Johann Weinberg, s. Georg and Margaretha; b. Aug. 4; bap. Aug. 26.
Sabina Stauffer, d. Heinrich and Catharina; b. Aug. 4; bap. Aug. 26.
Conrad Benzel, s. Johann and Dorothea; b. August 21; bap. Aug. 26.
Catharina Maroux, d. Franz and Maria Magdalena; b. Aug. 21; bap. Aug. 26.
Johann Peter Macker, s. Samuel and Magdalena; b. July 24; bap. Aug. 26.
Johann Michael Zanzinger, s. Paulus and Margaret; b. Aug. 8.
Catharina Martin, d. Nicolaus and Barbara; b. Aug. 23; bap. Aug. 29.
Jacob Burghart, s. Georg and Anna Margaretha; b. June 24; bap. Aug. 31.
Valentine Hilliger, s. Peter and Maria Magdalena; b. March 20; bap. Sept. 2.
Adam Litzeberger, s. Adam and Catharina; b. Aug. 27; bap. Sept. 2.
John Jacob Klein, s. Michael and Barbara; b. June 15; bap. Sept. 2.
Maria Mann, d. Friedrich and Maria; b. Aug. 30; bap. Sept. 4.
Sarah Kipp, d. Johann and Margaretha; b. Aug. 8; bap. Sept. 5.
Anna Barbara Rickert, d. Leonhart and Anna Maria; b. June 13; bap. Sept. 11.
Daniel Luttig, s. Nicolaus and Rosina; b. Aug. 2; bap. Sept. 16.
Elisabeth Lebig, d. Philipp and Abellona; b. Sept. 4; bap. Sept. 16.
Heinrich Fevereith, s. Johann and Margaretha; b. May 12; bap. Sept. 16.
Susanna Gross, d. Heinrich and Anna Maria; b. Sept. 1; bap. Sept. 21.

Michael Cantor, s. Wilhelm and Margaretha; b. April 13; bap. Sept. 23.
Margaretha Foltz, d. Adam and Margaretha; b. Sept. 28; bap. Oct. 1.
Georg Heinrich Schmidt, s. Heinrich and Anna Maria; b. Oct. 5; bap. Oct. 14.
—— Müller, - Peter and Maria Magdalena; b. Oct. 7; bap. Oct. 14.
Elisabeth Knecht, d. Michael and Elisabeth; b. Sept. 29; bap. Oct. 14.
Jacob Johns, s. Jacob and Anna Maria; b. March 1, 1769; bap. Oct. 15.
Catharina Bernhardt, d. Joseph and Catharina; b. Oct. 6; bap. Oct. 21.
Diederich Jüdy, s. Peter and Anna Christina; b. Sept. 20; bap. Oct. 21.
Anna Maria Steiner, d. Jacob and Margaretha; b. Jan. 7; bap. Oct. 28.
Catharina Kreuter, d. Georg and Susanna; b. Oct. 18; bap. Oct. 29.
Anna Barbara, d. Cathar. Barbara Becker and Michael Keller; b. Sept. 27; bap. Nov. 1.
Susanna Zimmermann, d. Bernhart and Salome; b. March 23; bap. Nov. 4.
Johann Wilhelm Mach, s. Joseph and Maria Christina; b. Jan.; bap. Nov. 4.
Catharina Seib, d. Peter and Margaretha; b. Oct.; bap. Nov. 4.
Jacob Johann Lang, s. Georg and Margaretha; b. Oct. 18; bap. Nov. 4.
Jacob Schwemle, s. Jacob and Dorothea; b. Sept. 11; bap. Nov. 4.
Margaretha Rothbaurt, d. Friedrich and Susanna; b. Feb. 10; bap. Nov. 4.
Margaretha Schneider, d. Mathias and Sarah; b. Oct. 31; bap. Nov. 11.
Anna Margaretha Hardt, d. Adam and Anna Margaretha; b. Nov. 14; bap. Nov. 15.
Johann Christoph Reinhardt, s. Michael and Margaretha; b. Nov. 4; bap. Nov. 24.
Jacob Weidmann, s. Conrad and Anna Maria; b. Nov. 28; bap. Dec. 2.
Catharina Rauh, d. Peter and Charlotta; b. Oct. 19; bap. Dec. 9.
Catharina Gürtner, d. Valentin and Magdalena; b. Nov. 4; bap. Dec. 9.
Anna Maria Paussmann, d. Michael and Maria Elisabeth; b. Dec. 4; bap. Dec. 9.
Catharina Hubeley, d. Bernhardt and Anna Maria; b. Dec. 6; bap. Dec. 9.

Births and Baptisms.

Maria Catharina Dettweiler, d. Samuel and Rosina; b. Dec. 10; bap. Dec. 16.
Franz Wagner, s. Wilhelm and Juliana; b. Dec. 8; bap. Dec. 16.
Elisabeth Hirschmann, d. Adam and Anna Maria; b. July 12; bap. July 18.
Johann Peter Griesinger, s. Georg and Elisabeth; b. Dec. 14; bap. Dec. 19.
Maria Magdalena Broehm, d. Conrad and Salome; b. Dec. 12; bap. Dec. 19.
Jacob Hollinger, s. Jacob and Anna Elisabeth; b. Dec. 24; bap. Dec. 24.
Elisabeth Meyer, d. Peter and Anna Maria; b. Dec. 25; bap. Dec. 30.
Margaretha Streber, d. Mathias and Margaretha; b. Dec. 10; bap. Dec. 30.
Maria Magdalena Kohler, d. Daniel and Anna Maria; b. Sept. 26; bap. Dec. 14.

1771.

Anna Maria Gern, d. Jacob and Maria Magdalena; b. Dec. 5, 1770; bap. Jan. 3.
Susanna Brenzikofer, d. Caspar and Susanna; b. Dec. 23, 1770; bap. Jan. 14.
Johann Christoph Rein, s. Jacob and Maria Eva; b. Jan. 10; bap. Jan. 20.
Wilhelm Glaz, s. Jacob and Barbara; b. Jan. 8; bap. Jan. 20.
Maria Elisabeth Zwick, d. Franz Wilhelm and Magdalena; b. Nov. 27, 1770; bap. Jan. 20.
Ludwig Stein, s. Friedrich and Maria; b. Jan. 10; bap. Jan. 20.
Wilhelm Schneider, s. Johann and Elisabeth; b. Jan. 2; bap. Jan. 27.
Stephan Meyer, s. Stephan and Anna Maria; b. May 11, 1767; bap. Jan. 26.
Anna Margaretha Meyer, d. Stephan and Anna Maria; b. Dec. 2, 1768; bap. Jan. 26.
Susanna Kropp, d. Isreal and Elisabeth; b. Oct. 2, 1770; bap. Feb. 3.
Johann Philipp and Johann Martin Bamberger (twins), s. Martin and Dorothea; b. Feb. 3; bap. Feb. 3.
Georg Huffnagel, s. Wilhelm and Magdalena; b. Jan. 27; bap. Feb. 10.
Johann Reitlinger, s. Georg and Anna Maria; b. Feb. 10; bap. Feb. 17.
Margaretha Hoff, d. Georg and Christina Margaret; b. Dec. 29, 1770; bap. Jan. 7.
Johann Leibpe, s. Christian and Catharina; b. Feb. 8; bap. Feb. 21.

Anna Maria Tanger, d. Andreas and Catharina; b. Jan. 13; bap. Feb. 24.
Johann Schindel, s. Michael and Anna Barbara; b. Feb. 9; bap. Feb. 24.
Anna Maria Becker, d. Joh. Nicolaus and Magdalena; b. Feb. 9; bap. Feb. 24.
Catharina Anna Dippel, d. Joh. Nicolaus and Eva; b. Jan. 7; bap. Feb. 24.
Abraham East, s. Daniel and Anna; b. Feb. 21; bap. Feb. 27.
Johann Michael Merckel, s. Jacob and Eva; b. Nov. 29, 1770; bap. Feb. 28.
Elisabeth Luz, d. Peter and Maria; b. Feb. 20, 1770; bap. Feb. 28.
Anna Luz, d. Peter and Maria; b. Feb. 6, 1767; bap. Feb. 28.
Anna Magdalena Johst, d. Johann and Justina; b. Jan. 23; bap. Feb. 28.
James Hibrouck, s. James and Margaretha; b. Feb. 7, 1767; bap. Feb. 28.
Margaretha Hibrouck, d. James and Margaretha; b. May 14, 1769; bap. Feb. 28.
Johann Wagner, s. Jacob and Anna Margaretha; b. May 4, 1765; bap. Feb. 28.
Elisabeth Wagner, d. Jacob and Anna Margaretha; b. April 2, 1767; bap. Feb. 28.
Michael Wagner, s. Jacob and Anna Margaretha; b. April 5, 1769; bap. Feb. 28.
Anna Catharina Stahl, d. Jacob and Anna Margaretha; b. Feb. 24; bap. March 2.
Sophia Kurz, d. Christian and Dorothea; b. Jan. 6; bap. March 3.
Johann Andreas Geiss, s. Andreas and Catharina; b. Feb. 13; bap. March 10.
Gottlieb Hill, s. Melchior and Justina; b. March 6; bap. March 12.
Barbara Bechler, d. Jacob and Magdalena; b. Jan. 15; bap. March 17.
Wilhelm Ekner (?), s. Wilhelm and Regina; b. Aug. 10, 1770; bap. March 17.
Elisabeth Brurckhardt, d. Peter and Sophia; b. March 10; bap. March 19.
Michael Schenck, s. Michael and Elisabeth; b. Feb. 15; bap. March 29.
Johann Peter Bauer, s. Nicolaus and Catharina Anna; b. March 24; bap. April 1.
Abraham Bizberger, s. Abraham and Elisabeth; b. Feb. 14; bap. April 1.
Johann Peter Klein, s. Peter Michael and Margaretha; b. Jan. 11; bap. April 1.

Births and Baptisms.

Catharina Weil, d. Philipp and Magdalena; b. Feb. 1; bap. April 1.
Johann Bamberger, s. Arnold and Elisabeth; b. March 20; bap. April 1.
Maria Magdalena Brunner, d. Johann and Maria Sarah; b. Jan. 12; bap. April 7.
Valentin Schütterle, s. Johann and Margaretha Anna; b. April 1; bap. April 7.
Elisabeth Luck, d. Jacob and Margaretha; b. Jan. 11; bap. April 7.
Anna Maria Moser, d. Georg and Christina; b. April 8; bap. April 20.
Elisabeth Luz, d. Christian and Barbara; b. March 17; bap. April 21.
Johann Trebenstadt, s. Albrecht and Eva; b. April 21; bap. April 28.
Jacob Niess, s. Jacob and Anna Margaretha; b. March 21; bap. April 28.
Catharina Gross, d. Jacob and Anna Maria; b. April 18; bap. April 28.
Elisabeth Haardt, d. Valentin and Anna Maria; b. Jan. 18; bap. May 2.
Heinrich Wehnau, s. Heinrich and Anna Barbara; b. April 24; bap. May 5.
Mathias Bader, s. Georg and Salome; b. April 3; bap. May 5.
Johann Klein, s. Heinrich and Elisabeth; b. Oct. 4, 1770; bap. May 5.
Jacob Friedrich Ziegel, s. Georg Fried. and Maria Magdalena; b. Feb. 1; bap. May 9.
Elisabeth Albrecht, d. Leonhart and Catharina; b. April 2; bap. May 9.
Joh. Nicolaus Schwedte, s. Joh. Nicol. and Cathar. Elisabeth; b. Jan. 14; bap. May. 9.
Joh. Philipp Benedict, s. Leonhard and Maria Catharina; b. May 4; bap. May 9.
Maria Catharina Kompf, d. Joh. Dietrich and Catharina; b. April; bap. May 9.
Anna Christina Urban, d. Ludwig and Phrosina; b. Feb. 12; bap. May 14.
Johann Jacob Gehrlinger, s. Georg and Sabina; b. April 3; bap. May 20.
Johann Keller, s. Mathias and Christina; b. Oct. 11, 1770; bap. May 20.
Elisabeth Gehrlinger, d. Georg and Sabina; b. Oct. 26, 1766; bap. June 2.
Johann Weygandt, s. Georg and Anna Catharina; b. May 1; bap. June 2.
Johann Young, s. Jacob and Catharina; b. May 27; bap. June 3.

The Pennsylvania-German Society.

Friedrich Ziegler, s. Ludwig and Margaretha; b. March 28; bap. June 9.
Friedrich Laumann, s. Ludwig and Anna Elisabeth; b. May 30; bap. June 9.
Elisabeth Roland, d. David and Susanna; b. Feb. 16; bap. June 12.
Joh. Heinrich Gall, s. Heinrich and Catharina; b. March 1; bap. June 12.
Anna Margaretha Bilmeyer, d. Leonhart and Anna Margaretha; b. Oct. 30, 1770; bap. June 12.
Anna Maria Luttmann, d. Georg and Anna Margaretha; b. May 20; bap. June 13.
Johann Michael Schneider, s. Jacob and Maria Margaretha; b. Nov. 18, 1770; bap. June 13.
Georg Friedrich Fritz, s. Ludwig and Catharina; b. April 9; bap. June 22.
Johann Martin Veit, s. Joh. Michael and Magdalena; b. June 13; bap. June 22.
Bernhardt Mann, s. Bernhardt and Anna Maria; b. Aug. 25, 1770; bap. June 22.
Johann Georg, s. Charlotta Metzger and Jacob, her servant; b. June 21; bap. June 26.
Johann Schmidt, s. Theobald and Margaretha; b. May 13; bap. June 30.
Friedrich Glaser, s. Friedrich and Elisabeth; b. June 23; bap. June 30.
Johann Jacob Tiepenbacher, s. Johann and Catharina; b. Aug. 10, 1770; bap. June 30.
Maria Barbara Deiss, d. Georg Adam and Maria Barbara; b. April 1; July 8.
Anna Barbara Anthony, d. Adam and Catharina Elisabeth; b. Jan. 21; bap. July 14.
Elisabeth Rothacker, d. Johann and Magdalena; b. May 21; bap. June 2.
Susanna Feldberger, d. Heinrich and Susanna; b. July 4; bap. July 29.
Margaretha Kitzmüller, d. Johann and Anna Maria; b. July 5; bap. Aug. 3.
Georg Ilger, s. Christian and Anna Maria; b. Aug. 5; bap. Aug. 11.
Zacharias Heil, s. Zacharias and Eva Elisabeth; b. Aug. 2; bap. Aug. 11.
Christoph Seib, s. Johann and Elisabeth; b. June 29. bap. Aug. 18.
Margaretha Huhn, d. Georg and Maria Magdalena; b. July 23; bap. Aug. 18.
Johann Rusing, s. Bernhardt and Susanna; b. July 3; bap. Aug. 25.

Births and Baptisms.

Stephanus Franz, s. Ludwig and Margaretha; b. July 22; bap. Sept. 1.
Regina Blattenberger, d. Johann and Christina; b. Sept. 4; bap. Sept. 8.
Christina Rein, d. Heinrich and Anna Christina; b. Aug. 28; bap. Sept. 8.
Maria Magdalena Schreiner, d. Michael and Barbara; b. July 27; bap. Sept. 8.
Martin Mathiot, s. John and Catharina; b. Sept. 3; bap. Sept. 8.
Christoph Huhn, s. Philipp and Anna Margaretha; b. June 2; bap. Sept. 15.
Elisabeth Britzius, d. Adam and Catharina; b. Sept. 8; bap. Sept. 22.
Maria Magdalena Frick, d. Peter and Barbara; b. Sept. 14; bap. Sept. 22.
Johann Kreutler, s. Johann and Elisabeth; b. Nov. 6, 1767; bap. Sept. 28.
Elisabeth Spengler, d. Johann and Elisabeth; b. Sept. 26; bap. Sept. 28.
Johann Heinrich, s. Christian and Regina; b. June 1; bap. Oct. 4.
Margaretha Lay, d. Alexander and Maria; b. Aug. 24; bap. Oct. 6.
Adam Schumann, s. Georg and Barbara; b. July 30; bap. Oct. 13.
Christina Richter, d. Georg and Catharina; b. May 12; bap. Oct. 13.
Johann Adam Sulzer, s. Georg and Catharina; b. July 31; bap. Oct. 13.
Maria Magdalena Wehrer, d. Gottlieb and Maria Magdalena; b. Sept. 1; bap. Oct. 16.
Catharina Eberle, d. Georg and Catharina; b. Oct. 18; bap. Oct. 23.
Jacob, s. Maria Cathar. Funck and Jacob Moser; b. Feb. 8, 1769; bap. Oct. 27.
Catharina Mann, d. Johann and Christina; b. April 8, 1770; bap. Oct. 26.
Johann Beck, s. Gehrhardt and Margaretha; b. Sept. 1; bap. Oct. 27.
Sophia Müller, d. Heinrich and Susannah; b. Oct. 23; bap. Oct. 27.
Matthaeus Schlauch, s. Matthaeus and Maria; b. Oct. 8; bap. Oct. 28.
Catharina Barbara Wurz, d. Thomas and Margaretha; b. Sept. 8; bap. Nov. 5.
Elisabeth Stroh, d. Georg and Magdalena; b. Oct. 11; bap. Nov. 17.
Barbara Nash, d. Jacob and Elisabeth; b. Oct. 10; bap. Nov. 17.
Catharina Weil, d. Peter and Elisabeth; b. Oct. 31; bap. Nov. 26.
Johann Jacob Kauz, s. Joseph and wife; b. Nov. 8; bap. Nov. 24.
Johann Jacob Thomson, s. Caleb and Elisabeth; b. Nov. 27; bap. Nov. 30.

The Pennsylvania-German Society.

Anna Margaretha, d. Lorenz Burst and Juliana Schüz; b. Dec. 5; bap. Dec. 9.
Elisabeth Moser, d. Michael and Maria Barbara; b. Nov. 24; bap. Dec. 14.
Maria Barbara Soehner, d. Gottlieb and Barbara; b. Aug. 5; bap. Dec. 14.
Johann Jacob Ortgiess, s. Joh. Heinrich and Christina; b. Sept. 13; bap. Dec. 15.

1772.

Johann Peter Hahn, s. Johann and Elisabeth; b. Dec. 6, 1771; bap. Jan. 4.
Anna Maria Heiss, d. Dietrich and Maria Magdalena; b. Jan. 4; bap. Jan. 5.
Christina Anna Ackermann, d. Georg and Catharina; b. Dec. 16, 1771; bap. Jan. 5.
Michael Lehmann, s. John and Maria; b. Dec. 30, 1771; bap. Jan. 4.
Joh. Michael Knecht, s. Michael and Elisabeth; b. Dec. 19, 1771; bap. Jan. 12.
Catharina Bittner, d. Johann and Elisabeth; b. Oct. 19, 1771; bap. Jan. 10.
Maria Elisabeth Woelcker, d. Michael and Barbara; b. Jan. 6; bap. Jan. 26.
Anna Maria Kochendoerfer, d. Andreas and Elisabeth; b. Nov. 27, 1771; bap. Jan. 12.
Johan Michael Kaufmann, s. Joh. Michael and Maria Elisabeth; b. Feb. 5; bap. Feb. 11.
Elisabeth Zansinger, d. Paul and Margaretha; b. Jan. 14; bap. Jan. 25.
Jacob Schwarz, s. Conrad and Anna Maria; b. Feb. 12; bap. Feb. 23.
Sophia Odenwaldt, d. Georg and Elisabeth; b. Dec. 27, 1771; bap. Feb. 17.
———— Lindenberger, – Georg and Johanna; bap. Feb. 17.
Elisabeth Magdalena Schwein, d. Benjamin and Maria; b. Feb. 22; bap. March 1.
Jacob Lindeschmidt, s. Jacob and Christina; b. Feb. 23; bap. March 1.
Veit Mann, s. Friedrich and Anna Maria; b. Feb. 13; bap. March 3.
Justina Magdalena Hoff, d. Georg and Justina Margaretha; b. March 19; bap. March 22.
Sophia Wild, d. Jacob and Catharina; b. March 2; bap. March 29.
Johann Hermann, s. Simon and Anna Margaretha; b. March 5; bap. March 29.
Carl Zehmar, s. Anton and Sophia; b. March 13; bap. March 22.

Births and Baptisms.

Martin Miller, s. Peter and Maria Magdalena; b. Oct. 13; bap. Oct. 18.
Michael Bauer, s. Michael and Anna Catharina; b. Nov. 20, 1771; bap. April 5.
Mathias Freytag, s. Jacob and Salome; b. Feb. 5; bap. April 5.
Heinrich Keppele Helmuth, s. Heinrich and Barbara; b. April 6; bap. April 10.
Eva Rosina Heinz, d. Michael and Maria Margaretha; b. March 2; bap. April 12.
Magdalena, d. Caspar Lehr and Catharina Springer; b. Nov. 7, 1771; bap. April 12.
Johann Kizmüller, s. Caspar and Juliana; b. Dec. 1, 1771; bap. April 12.
Johann Yenzel, s. Joh. Jacob and Juliana; b. Jan. 23; bap. April 17.
Anna Margaretha Rauh, d. Peter and Charlotte; b. March 30; bap. April 19.
Johann Zimmer, s. Michael and Catharina; b. Feb. 29; bap. April 25.
Georg Schuler, s. Jacob and Regina; b. April 17; bap. April 26.
Johann Leonhardt Heins, s. Joh. Wendel and Eva Barbara; b. July 12, 1771; bap. April 26.
Barbara Hottenstein, d. Jacob and Barbara; b. Dec. 7, 1771; bap. May 1.
Catharina Johst, d. Conrad and Philippina; b. April 8; bap. May 3.
Johann Müller, s. Peter and Catharina; b. Nov. 18, 1771; bap. May 3.
Anna Maria Leysinger, d. Heinrich and Margaretha; b. April 6; bap. May 3.
Elisabeth Hoff, d. Daniel and Anna Maria; b. March 20; bap. May 3.
Susanna Buch, d. Felix and Catharina; b. May 8; bap. May 17.
Anna Magdalena Beck, d. Georg and Catharina; b. Dec. 26, 1771; bap. May. 22.
Peter Stauffer, s. Heinrich and Catharina; b. April 25; bap. May 17.
Caspar Schneider, s. Caspar and Sabina; b. Jan. 27; bap. May 17.
Elisabeth Litzenberger, d. Adam and Catharina; b. May 16; bap. May 19.
Christoph Hoerner, s. Michael and Barbara; b. May 14; bap. May 24.
Johann Zimmermann, s. Bernhart and Salome; b. Oct. 7, 1771; bap. May 24.
Caspar Trumpp, s. Caspar and Catharina; b. Sept. 21, 1771; bap. May 24.
Samuel Brenneiss, s. Valentin and Salome; b. Feb. 18; bap. May 24.
Joh. Heinrich Klein, s. Peter and Anna Margaretha; b. March 20; bap. May 24.
Carl Sekaz, s. Peter and Friederica; b. May 25; bap. June 1.
Johann Stroh, s. Johst and Catharina; b. May 18; bap. June 14.

Dorothea Schmidt, d. Christian and Maria Magdalena; b. June 13; bap. June 21.
Anna Maria Bizinger, d. Matthaeus and Elisabeth; b. Sept. 19, 1771; bap. May 30.
Mary McMahon, d. Moritz and Nancy; b. May 12; bap. May 30.
Elisabeth Mann, d. Johann and Christina; b. Feb. 24; bap. May 30.
John Johns, s. Jacob and Anna Maria; b. March 26; bap. July 6.
Abraham Sandow, s. Jacob and Margaretha; b. April 25; bap. May 7.
William Mahlzen, s. Thomas and Jean; b. May 31, 1768; bap. Aug. 12.
Jacob Mahlzen, s. Thomas and Jean; b. Nov. 30, 1770; bap. Aug. 12.
Solomon Kaltleser, s. Daniel and Mary; b. March 27; bap. Aug. 12.
Maria Hubley, d. Johann and Maria; b. Aug. 12; bap. Aug. 16.
Joh. Michael Koehler, s. Michael and Elisabeth; b. March 29; bap. Aug. 23.
Joseph Rieckel, s. Georg Michael and Elisabeth; b. March 15, 1765; bap. Aug. 23.
Heinrich Rieckel, s. Georg Michael and Elisabeth; b. May 20, 1768; bap. Aug. 23.
Wilhelm Laumann, s. Ludwig and Anna Elisabeth; b. Aug. 14; bap. Aug. 30.
Susanna Luck, d. Jacob and Margaretha; b. June 5; bap. Aug. 30.
Hanna Borck, d. Richard and Magdalena; b. Sept. 1, 1765; bap. Sept. 6.
Philippina Marquardt, d. Georg and Margaretha; b. Sept. 2; bap. Sept. 10.
Maria Barbara Schneider, d. Johann and Maria Barbara; b. Aug. 29. bap. Sept. 13.
Johann Pechtel, s. Peter and Eva Margaretha; b. Feb. 8; bap. Oct. 9.
Georg Lazarus, s. Peter and Johanna; b. Sept. 6; bap. Oct. 10.
Anna Maria Gaentner, d. Jacob and Catharina; b. Sept. 10; bap. Sept. 27.
Georg Adam Tieffenbach, s. Johann and Catharina; b. Aug. 3; bap. Sept. 27.
Catharina Ilgert, d. Georg and Magdalena; b. Oct. 14; bap. Oct. 19.
Anna Maria Hauser, d. Heinrich and Magdalena; b. Sept. 27; bap. Oct. 25.
Johann Becker, s. Joh. Nicolaus and Magdalena; b. Oct. 13; bap. Oct. 27.
Maria Magdalena Neu, d. Johann and Maria Magdalena; b. Aug. 26; bap. Sept. 20.

Births and Baptisms.

Johann Peter Troener, s. James and Eva Maria; b. May 12; bap. Nov. 3.
Georg Heinrich, s. Conrad and Eva Maria; b. Oct. 20; bap. Nov. 2.
Anna Maria Wehn, d. Jacob and Christina; b. Oct. 21; bap. Nov. 5.
Jacob Mezger, s. Jacob and Susanna; b. Oct. 15; bap. Oct. 18.
Christoph Franciscus, s. John and Anna; b. Oct. 25; bap. Nov. 8.
Friedrich Feldberger, s. Heinrich and Susanna; b. Aug. 28; bap. Nov. 8.
Anna Sybilla Etter, d. Georg and Christina; b. Oct. 3; bap. Nov. 15.
Elisabeth Etter, d. Georg and Christina; b. Feb. 11, 1770; bap. Nov. 3, 1771.
Margaret Catharina Keunisch, d. Jacob and Barbara; b. Nov. 23, 1771; bap. Nov. 15.
Michael Seng, s. Philipp and Anna Margaretha; b. Nov. 7; bap. Nov. 15.
Stephanus Hornberger, s. Stephan and Magdalena; b. July 22, 1766; bap. Sept. 22, 1766.
Anna Maria Hornberger, d. Stephan and Magdalena; b. Sept. 5, 1770; bap. Nov. 8, 1770.
Georg Friedrich Hornberger, s. Stephan and Magdalena; b. Aug. 21; bap. Nov. 22.
Catharina Rudisell, d. Melchior and Christina; b. Nov. 28; bap. Dec. 6.
Maria Elisabeth Huerster, d. Joh. Christian and Maria Magdalena; b. Dec. 12; bap. Dec. 12.
Elisabeth, d. Barbara Sherzer and Jacob Brenner; b. Aug. 2; bap. Dec. 16.

1773.

Catharina Desch, d. Michael and Anna Maria; b. Sept. 16, 1772; bap. Jan. 3.
Anna Maria Reidebach, d. Michael and Anna; b. Aug. 9, 1772; bap. Jan. 3.
Johann Carl Nagel, s. Christoph and Margaretha; b. Dec. 20, 1772; bap. Jan. 4.
Johann Jacob Ilgener, s. Christian and Maria Margaretha; b. Aug. 15, 1772; bap. Aug. 21, 1772.
Margaretha Knecht, d. Samuel and Elisabeth; b. March 7, 1772; bap. Sept., 1772.
Anna Margaretha Breitenhart, d. Christoph and Eva Magdalena; b. Dec. 19, 1772; bap. Jan. 10.
Johann Georg Vehk, s. Friedrich and Sibilla; b. Jan. 3; bap. Jan. 10.
Friedrich Laumann, s. Martin and Anna Maria; b. Jan. 12; bap. Jan. 14.

The Pennsylvania-German Society.

Johann Kipp, s. Johann and Margaretha; b. Dec. 21, 1772; bap. Jan. 16.
────── Detweiler, – Samuel and wife; bap. Jan. 16.
Georg Creiner, s. Andreas and Barbara; b. Dec. 30, 1772; bap. Jan. 24.
Wilhelm Rung, s. Heinrich and Anna Maria; b. Jan. 21; bap. Jan. 31.
Anna Margaretha Brinzicofer, d. Caspar and Susanna; b. Jan. 10; bap. Feb. 14.
Johann Odenwald, s. Georg and Elisabeth; b. Jan. 11; bap. Feb. 16.
Dorothea Trebenstadt, d. Albrecht and Eva; b. Jan. 31; bap. Feb. 7.
Johann Michael Besinger, s. Joh. Peter and Barbara; b. Dec. 24, 1772; bap. Feb. 7.
Joseph Mehs, s. Joseph and Christina; b. Jan. 31; bap. Feb. 28.
Elisabeth Griesinger, d. Georg and Elisabeth; b. Jan. 14; bap. March 7.
Christina Barbara Gross, d. Heinrich and Maria; b. Feb. 1; bap. March 7.
Maria Rosina Bausmann, d. Michael and Maria Elisabeth; b. March 5; bap. March 14.
Leonhardt Albrecht, s. Leonhardt and Catharina; b. Nov. 21, 1772; bap. March 14.
Georg Seffrenz, s. Peter and Elisabeth; b. Feb. 17; bap. March 7.
Anna Maria Eberle, d. Georg and Catharina; b. Feb. 25; bap. March 15.
Samuel Zehrfass, s. Samuel and Sabina; b. Nov. 6, 1771; bap. March 16.
Elisabeth Schreiner, d. Joh. Nicolaus and Christina; b. Dec. 14, 1772; bap. March 21.
Philipp Jacob Albrecht, s. Georg and Christina; b. Dec. 6, 1772; bap. March 30.
Anna Barbara Hubley, d. Bernhardt and Anna Maria; b. March 21; bap. March 28.
Maria Barbara Jung, d. Jacob and Maria Barbara; b. Feb. 1; bap. April 4.
Heinrich Seybel, s. Heinrich and Wilhelmina; b. March 10; bap. April 4.
Catharina Eichholtz, d. Leonhardt and Catharina; b. March 24; bap. April 7.
Johann Heinrich, s. Christian and Rachel; b. Oct. 16, 1772; bap. April 9.
────── Mayer, – Georg and Barbara; b. March 18; bap. April 11.
Susanna Barbara Landmesser, d. Jacob and Barbara; b. April 9; bap. April 11.

Births and Baptisms.

Elisabeth Doebler, d. Christoph and Anna Maria; b. March 19; bap. April 12.
David Gärtner, s. Valentin and Abellona; b. Sept. 27, 1772; bap. April 13.
Christina Bochler, d. Jacob and Magdalena; b. April 4; bap. April 13.
Michael Rothfoon, s. Friedrich and Barbara; b. March 7; bap. April 20.
Johan Martin Gale, s. Heinrich and Catharina; b. March 1; bap. April 19.
Christian Sekaz, s. Jacob and Barbara; b. Dec. 11, 1772; bap. April 19.
Barbara Mumma, d. Peter and Anna Maria; b. Feb. 19; bap. April 23.
Elisabeth Kurz, d. Thomas and Margaretha; b. March 4; bap. April 23.
Dorothea ———, d. Wilhelm and Juliana; b. April 20; bap. April 25.
Jacob Schneider, s. Matthaeus and Sarah; b. April 15; bap. April 25.
Cathar. Elisabeth Schweizer, d. Leonhart and Elisabeth; b. March 27; bap. April 25.
Johann Hardt, s. Adam and Anna Margaret; b. April 19; bap. April 26.
Christina Brunner, d. Johann and Sarah; b. April 1; bap. May 9.
Georg Klein, s. Heinrich and Elisabeth; b. Jan. 14; bap. May 9.
Catharina Hahn, d. Johann and Elisabeth; b. April 21; bap. May 9.
Georg Rothacker, s. Johann and Magdalena; b. March 24; bap. May 20.
Maria Margaretha Reuschlin, d. Johann and Catharina; b. May 25; bap. May 30.
Christian Lindeschmidt, s. Jacob and Christina; b. May 26; bap. May 31.
Catharina Zwick, d. Franz Wilhelm and Magdalena; b. May 8; bap. June 6.
Georg Philipp Rueber, s. Ulrich and Catharina; b. Nov. 25, 1766; bap. April 27, 1767.
Magdalena Rueber, d. Ulrich and Catharina; b. Oct. 6, 1772; bap. June 25, 1773.
Georg Rueber, parents as above; b. Dec. 5, 1771; bap. June 6, 1772.
Georg Keiss, s. Andreas and Catharina; b. June 29; bap. July 6.
Joseph Heil, s. Zacharias and Elisabeth; b. June 30; bap. July 7.
Elisabeth Ziegler, d. Ludwig and Margaretha; b. April 10; bap. July 18.
Elisabeth Schneider, d. Johann and Elisabeth; b. April 21; bap. July 17.
Johann Tanger, s. Andreas and Catharina; b. June 19; bap. July 30.

The Pennsylvania-German Society.

Dorothea Klein, d. Michael and Barbara; b. Nov., 1772; bap. Aug. 10.
Peter Besinger, s. Jacob and Dorothea; b. Nov., 1772; bap. Aug. 10.
Maria Dorothea Geier, d. Caspar and Fronica; b. May 2; bap. Aug. 11.
Elisabeth Corner, d. Johann and Elisabeth; b. July 17; bap. Aug. 15.
Johann Krug, s. Jacob and Rebecca; b. Aug. 10; bap. Aug. 15.
Jacob Wurz, s. Christian and Dorothea; b. Aug. 18; bap. Aug. 22.
Elisabeth Steinhauser, d. Jonas and Anna Margaretha; b. Aug. 21; bap. Aug. 27.
Johann Peter Row, s. Peter and Charlotta; b. Aug. 28; bap. Aug. 31.
Elisabeth Alt, d. Matthaeus and Anna Maria; b. March 7; bap. Aug. 31.
Samuel Knecht, s. Samuel and Christina; b. July 31; bap. Sept. 2.
Johann Martin, s. Jacob and Eva; b. Aug. 14; bap. Sept. 9.
Jacob Luttmann, s. Georg and Anna Margaretha; b. Aug. 19; bap. Sept. 12.
Joh. Philipp Korbmann, s. Heinrich and Catharina; b. June 7; bap. Sept. 18.
Georg Jacob Woelcker, s. Michael and Barbara; b. Aug. 1; bap. Sept. 19.
Catharina Hefer, d. Ludwig and Catharina; b. Feb. 11; bap. Sept. 26.
Johann Luttmann, s. Johann and Margaretha; b. Sept. 19; bap. Sept. 27.
Adam Metzger, s. Jacob and Christina; b. Sept. 26; bap. Oct. 3.
Sophia Soehner, d. Gottlieb and Maria Barbara; b. Aug. 16; bap. Oct. 6.
Peter Koehler, s. Daniel and Anna Maria; b. July 1; bap. Oct. 10.
Sybilla Knecht, d. Michael and Elisabeth; b. Sept. 18; bap. Oct. 11.
Jacob and Joh. Georg Mehnzer (twins), s. Christoph and Eva; b. 14; bap. Oct. 16.
William Crafert, s. James and Margaretha; b. June 21; bap. Oct. 22.
Catharina Speck, d. Michael and Margaretha; b. Oct. 2; bap. Oct. 24.
Anna Maria Meister, d. Moritz and Maria; b. Oct. 3; bap. Oct. 24.
Johann Philipp Etgen, s. David and Martha; b. Sept. 6; bap. Oct. 24.
Joh. Heinrich Lehr, s. Caspar and Catharina; b. Aug. 1; bap. Oct. 30.
Michael Reuer, s. Michael and Rosina; b. Sept. 27; bap. Oct. 31.
Anna Maria Bartholomae, d. Heinrich and Elisabeth; b. Sept. 27, 1770; bap. Oct. 31.
Johann and Joh. Heinrich Bartholomae (twins), s. Heinrich and Elisabeth; b. July 16; bap. Oct. 31.
Johann Geiger, s. Joh. and Maria Margaretha; b. Jan. 5. bap. Oct. 31.
Joh. Christian Albrecht, s. Adam and Eva Barbara; b. Sept. 12; bap. Nov. 8.

Births and Baptisms.

Johann Seebig, s. Johann and Maria Margaretha; b. Sept. 23; bap. Nov. 10.
—— Lohrman, – Adam and Anna Maria; bap. Nov. 24.
Catharina Schuler, d. Jacob and Regina; b. Nov. 29; bap. Dec. 5.
Johann Staub, s. Johann and Anna Maria; b. Dec. 2; bap. Dec. 6.
Heinrich Haehns, s. Wendel and Eva Barbara; b. Feb. 14; bap. Dec. 10.
Barbara Beck, d. Georg and Maria Catharina; b. Nov. 12; bap. Dec. 11.
Maria Zorn, d. Christian and Elisabeth; b. Dec. 2; bap. Dec. 25.
Christina Hirsch, d. Leonhart and Margaretha; b. Oct. 26; bap. Dec. 8.
Georg Ackermann, s. Georg and Catharina; b. Nov. 26; bap. Dec. 26.
Michael Dosch, s. Michael and Anna Maria; b. Nov. 13; bap. Dec. 9.

1774.

Catharina Keppele Helmuth, d. Heinrich and Barbara; b. Dec. 29, 1773; bap. Jan. 19.
Elisabeth Dieder, d. Heinrich and Christina; b. Dec. 24, 1773; bap. Jan. 16.
Johann Georg, a foundling; b. Sept., 1773; bap. Jan. 24.
Christoph Ilgener, s. Christian and Anna Maria; b. Jan. 22; bap. Jan. 25.
Elisabeth Pflueger, d. Johann and Elisabeth; b. Dec. 26, 1773; bap. Jan. 30.
Rebecca Jung, d. Jacob and Catharina; b. Jan. 2; bap. Jan. 23.
Anna Margaret Schwendt, d. Joh. Nicolaus and Cath. Elisabeth; b. Nov. 14, 1773; bap. Dec. 7, 1773.
Elisabeth, d. Clara Dresin and Daniel Gruber; b. Nov. 29, 1771; bap. Feb. 13.
Elisabeth Messerschmidt, d. Georg and Elisabeth; b. Feb. 14; bap. Feb. 19.
Georg Naumann, s. Gottlieb and Margaretha; b. Jan. 22; bap. Feb. 19.
Catharina Weickart, d. Johann and Maria; b. Dec. 21, 1773; bap. Feb. 20.
Johann Schlutt, s. Michael and Anna Catharina; b. Jan. 1; bap. Feb. 20.
Johann Neu, s. Johann and Maria Magdalena; b. Feb. 15; bap. Feb. 21.
Johann Georg Johst, s. Conrad and Philippina; b. Feb. 8; bap. Feb. 21.
Johann Fritz, s. Ludwig and Catharina; b. Jan. 1; bap. Feb. 25.

Conrad Lazarus, s. Peter and Johanna; b. Feb. 12; bap. March 11.
Christoph Mackerdt, s. Samuel and Magdalena; b. March 3; bap. March 11.
Mar. Magdalena Cromwel, d. Johan and Margaretha; b. Feb. 10; bap. March 12.
Johann Franz, s. Ludwig and Margaretha; b. Nov. 28, 1773; bap. March 16.
Joh. Martin Hildebrandt, s. Jacob and Barbara; b. Dec. 20, 1773; bap. March 20.
Ludwig Urban, s. Ludwig and Phronica; b. Jan. 5; bap. March 28.
Jacob Friedrich Eckardt, s. Abraham and Anna Maria; b. Jan. 16; bap. March 27.
Johann Schannet, s. Stephan and Eva Rosina; b. Jan. 28; bap. March 27.
Joh. Georg Albert, s. Philipp and Maria Regina; b. Jan. 28; bap. March 27.
Georg Michael Schreiner, s. Michael and Barbara; b. Dec. 6, 1773; bap. April 1.
Margaretha Roth, d. Theobald and Magdalena; b. Dec. 29, 1773; bap. April 3.
Johann Adam Lüttig, s. Nicolaus and Rosina; b. Feb. 6; bap. April 3.
Susanna Klein, d. Adam and Elisabeth; b. Sept. 24, 1773; bap. March 10.
Johann Bitts, s. Georg and Catharina; b. Aug. 23, 1773; bap. April 17.
Christian Bertle, s. Georg Adam and Maria Magdalena; b. Feb. 5; bap. April 17.
Johann Vornboldt, s. Johann and Eva; b. Aug. 30, 1773; bap. April 17.
Johann Mann, s. Bernhardt and Maria; b. March 7; bap. April 19.
Maria Magdalena Mann, d. Johann and Christina; b. Nov. 22, 1773; bap. April 19.
Elisabeth Widder, d. Georg and Catharina; b. Dec. 22, 1773; bap. Feb. 16.
Anna Maria Christian, d. Johann and Maria Margaretha; b. Feb. 1; bap. April 24.
Margaretha Lohr, d. Georg and Barbara; b. March 8; bap. April 24.
Regina Kropp, d. Adam and Catharina; b. Sept. 18, 1773; bap. Dec. 19, 1773.
Catharina Wild, d. Jacob and Catharina; b. April 6; bap. April 14.
Jacob Rickert, s. Leonhart and Anna Maria; b. Jan. 1; bap. April 16.
Johann Jacob Kittelmann, s. Johann and Eleanora; b. Dec. 20, 1770; bap. April 19.

Births and Baptisms.

Anna Elisabeth Kittelmann, d. Johann and Eleanora; b. Sept. 28, 1772; bap. April 19.
Maria Kittelmann, d. Johann and Eleanora; b. Feb. 17; bap. April 19.
Elisabeth Zimmer, d. Michael and Catharina; b. Dec. 26, 1773; bap. April 27.
Johann Henrich Klein, s. Michael and Anna Margaretha; b. Dec. 2, 1773; ——— 1774.
Anna Margareta Miller, d. Peter and Catharina; b. Oct. 10, 1773; bap. May 8.
Maria Catharina Newberry, d. Georg and Margaretha; b. Jan. 14; bap. May 12.
Catharina Brua, d. Johann and Catharina; b. Sept. 17, 1773; bap. May 14.
Johannes Schenck, s. Michael and Elisabeth; b. April 16; bap. May 16.
Susanna Jaestro, d. David and Dorothea; bap. May 22.
Maria Catharina Renner, d. Michael and Margareta; b. Feb. 13; bap. May 22.
Anna Margaretha Messinger, d. Mathias and Elisabeth; b. April 21; bap. May 28.
Elisabeth Cautzmann, d. Bernhardt and Margaretha; b. Feb. 7; bap. May 28.
Anna Maria Seib, d. Peter and Margaretha; b. Dec. 19, 1773; bap. June 26.
Sarah Lutz, d. Jacob and Margaretha; b. Feb. 4; bap. June 26.
Johann Jacob Wehner, s. Gottlieb and Maria Magdalena; b. June 16; bap. June 23.
Maria Louisa Rummel, d. Valentin and Louisa; b. April 16; bap. April 26.
——— Meister, – Johann and Catharina; bap. July 8.
Johann Wilhelm Reburg, s. Christoph and Catharina; b. July 5; bap. July 7.
Charlotta Hubley, d. Johann and Maria Magdalena; b. June 21; bap. July 10.
Georg Huhn, s. Georg and Maria Magdalena; b. July 2; bap. July 17.
Anna Christina Wehn, d. Johann Peter and Anna Catharina; b. July 23; bap. July 31.
Joseph Fennel, s. Philipp and Susanna; b. April 5; bap. Aug. 2.
Salome Moser, d. Georg and Christina; b. July 9; bap. Aug. 5.
Elisabeth Hoff, d. Georg and Justina Margaretha; b. July 19; bap. Aug. 9.
Johannes Lawer, s. Joh. Georg and Juliana; b. July 26; bap. Aug. 8.
Johann Peter Hohl, s. Peter and Maria Elisabeth; b. June 4; bap. Aug. 13.

Anna Margaretha Steigerwald, d. Eberhardt and Christina; b. July 30; bap. Aug. 13.
Georg Stroh, s. Jost and Catharina; b. July 31; bap. Aug. 21.
Benjamin Stroh, s. Georg and Anna Maria; b. May 1; bap. Aug. 24.
Maria Lehmann, d. Andreas and Jean; b. during winter 1770; bap. Aug. 21.
Catharina Lehmann, d. Andreas and Jean; b. during winter 1772; bap. Aug. 21.
Maria Elisabeth Becker, d. Joh. Nicolaus and Magdalena; bap. Aug. 29.
Jacob Johnson, s. Wilhelm and Catharina; b. Jan. 29; bap. Sept. 4.
Elisabeth Maenley, d. Johann and Margaretha; b. Oct. 13, 1773; bap. Sept. 11.
Johannes Bob (?), s. Adam and Elisabeth; b. Aug. 6; bap. Sept. 11.
Wilhelm Laumann, s. Martin and Barbara; b. Sept. 11; bap. Sept. 18.
Elisabeth Gebel, d. Martin and Anna Christina; b. July 20; bap. Sept. 19.
Georg Zimmermann, s. Bernhard and Salome; b. May 22; bap. Sept. 25.
Elisabeth Eurich, d. Georg and Christina; b. Feb. 13; bap. Oct. 1.
Joh. Geo. Gottfried Steinmetz, s. Joh. Georg and Maria; b. Aug. 29; bap. Oct. 9.
Maria Kratz, d. Joh. Albert and Maria; b. Sept. 8; b. Oct. 9.
Maria Dorothea Bamberger, d. Arnold and Elisabeth; b. Oct. 3; bap. Oct. 11.
Johan Hunsicker s. Georg and Anna Maria; b. May 22; bap. Oct. 16.
James Granly, s. James and Margaretha; b. June 14; bap. Oct. 16.
Joseph Williams, s. Benjamin and Rahel; b. April 18; bap. Oct. 16.
Henry Hubley, s. Bernhard and Margaretha; b. Oct. 13; bap. Oct. 18.
Anna Elisabeth Rusing, d. Bernhard and Susanna; b. Aug. 28; bap. Oct. 30.
Catharina Spitzu, d. And. and Catharina; b. Nov. 4; bap. Nov. 13.
Joh. Ludwig Hoernet, s. Michael and Barbara; b. Nov. 2; bap. Nov. 13.
Christina Bluemele, d. Gottlieb and Catharina; b. Oct. 24; bap. Nov. 13.
Jacob Süss, s. Johann and Magdalena; b. Nov. 2; bap. Nov. 13.
Jacob Jung, s. Jacob and Maria Barbara; b. Sept. 26; bap. Nov. 14.
Elisabeth Gross, d. Jacob and Anna Maria; b. Nov. 2. bap. Nov. 20.
Johann Jacob Rueber, s. Ulrich and Catharina; b. Sept. 30; bap. Nov. 22.

(To be continued.)

BIRTH AND BAPTISMAL REGISTER

— OF —

TRINITY LUTHERAN CHURCH,

LANCASTER, PA.

[CONTINUED.]
1774.

Philippina Fischer, d. Joh. Leonhard and Catharina; b. Nov. 14; bap. Nov. 16.
Heinrich Köhler, s. Michael and Elisabeth; b. June 12; bap. Nov. 22.
Thomas Yalbets, s. Peter and Jenny; b. Nov. 5; bap. Nov. 22.
Johann Georg Brensihover, s. Caspar and Susanna; b. Oct. 28; bap. Nov. 27.
Georg Weydele, s. John and Anna Maria; b. Nov. 23; bap. Nov. 27.
Christian Bucher, s. Martin and Catharina; b. Oct. 14; bap. Nov. 27.
Jacob Steinheisser, s. Jonas and Anna Margareta; b. Nov. 2; bap. Nov. 26.
Marg. Magdalena, d. Philipp Jayser and Philippina Klein; b. Dec 10, 1773; bap. Nov. 28.
Maria Elisabeth Nagel, d. Geo. Friedrich and Maria Elisabeth; b. Nov. 12; bap. Dec. 11.
Joseph Peter Trumpeter, s. Joh. Peter and Anna Sabina; b. Nov. 7; bap. Dec. 11.
Johann Nagel, s. Christoph and Margaretha; b. Nov. 13; bap. Dec. 18.
Joh. Friedrich Kreisser, s. Caspar and Christina; b. Nov. 4; bap. Dec. 21.
Georg Eichholtz, s. Leonhart and Catharina; b. Aug. 12; bap. Aug.

The Pennsylvania-German Society.

Joh. Georg Dosch, s. Michael and Anna Maria; b. Nov. 17; bap. Nov. 22.
Esther Maria Zanzinger, d. Paul and Esther; b. Dec. 9.
Johannes Moser, s. Michael and Maria; b. Nov. 2.
Anna Maria Krafft, d. Jacob and Catharina; b. Dec. 6; bap. Dec. 15.

1775.

Anna Maria Stauffer, d. Heinrich and Catharina; b. Nov. 22, 1774; bap. Jan. 1.
Anna Maria Johst, d. Conrad and Philippina; b. Jan. 30; bap. Jan. 8.
Charlotta Rau, d. Peter and Charlotta; b. Nov. 4; bap. Jan. 8.
Elisabeth Peter, d. Caspar and Anna Maria; b. Oct. 4, 1774; bap. Jan. 3.
Catharina Keller, d. Matthaeus and Rosina; b. Dec., 1774; bap. Jan. 13.
Elisabeth Ebel, d. Peter and Barbara; b. January 15; bap. Jan. 21.
Anna Stuz, d. Ludwig and Dorothea; b. Sept. 9, 1774; bap. Jan. 24.
Susanna Maria Mezger, d. Jonas and Maria Susanna; b. Nov. 19, 1774; bap. Jan. 27.
Catharina Schneider, d. Mathias and Sarah; b. Jan. 12; bap. Jan. 29.
Elisabeth Lehmann, d. Andreas and Anna; b. Jan. 28; bap. Feb. 18.
Jonas Sauer, s. Jonas and Catharina; bap. Jan. 31.
Catharina Keil, d. Johann and Catharina; b. Feb. 5; bap. Feb. 19.
Susanna Weiss, d. Joh. Georg and Anna Margaretha; b. Feb. 19; bap. Feb. 25.
Jacob Schneider, s. Johann and Elisabeth; b. Nov. 25, 1774; bap. March 4.
Justina Margaret Reuschlin, d. Johann and Catharina; b. Feb. 24; bap. March 5.
Johann Pforinger, s. Jacob and Barbara; b. Feb. 20; bap. March 5.
Catharina Neu, d. Johannes and Maria Magdalena; b. Feb. 27; bap. March 6.
Joh. Georg Martin, s. George and Anna; b. Jan. 28; bap. March 7.
Joh. Nicolaus Genzler, s. Jacob and Juliana; bap. March 12, one-half year old.
Andreas Litzenberger, s. Adam and Catharina; b. Dec. 14, 1774; bap. March 12.
Joh. Georg Luttmann, s. Johann and Margaretha; b. March 2; bap. March 12.
Heinrich Gaertner, s. Valentin and Maria; b. Dec. 27, 1774; bap. March 19.
Magdalena Drum, d. Caspar and Catharina; b. Jan. 2; bap. March 27.

Births and Baptisms.

Michael Paussmann, s. Michael and Maria Elisabeth; b. March 27; bap. March 29.
Jacob Brehm, s. Conrad and Salome; b. March 21; bap. April 4.
Juliana Margaret Schütz, d. Johann and Anna Maria; b. March 29; bap. April 6.
Johann Philipp Liebrig, s. Nicolaus and Catharina; b. Feb. 27; bap. April 9.
Friedrich Rathvon, s. Friederich and Barbara; b. Feb. 7; bap. April 9.
Maria Magdalena Becker, d. Heinrich and Maria Salome; b. Jan. 31; bap. April 9.
Georg Britsch, s. Valentin and Anna Maria; b. March 11; bap. April 15.
Johann Schweitzer, s. Leonhart and Elizabeth; b. March 19; bap. April 23.
Elizabeth Klein, d. Michael and Barbara; b. Feb. 15; bap. April 23.
Maria Elizabeth Haehns, d. Georg Wendel and Eva Barbara; b. Jan. 18; bap. April 30.
Barbara Lautenschlager, d. Heinrich and Elizabeth; b. March 31; bap. April 30.
Susanna Klein, d. Peter and Anna Margaretha, b. March 16; bap. April 17.
Catharina Metzger, d. Jacob and Susanna; b. March 7; bap. April 17.
Catharina Hess, d. Joh. Nicolaus and Catharina; b. March 16; bap. May 14.
Johann Gebel, s. Wilhelm and Barbara; b. Nov. 20, 1774; bap. May 14.
Georg Moser, s. Adam and Christina; b. Dec. 17, 1774; bap. May 23.
Georg Ilegert, s. Georg and Magdalena; b. May 17; bap. May 20.
Martin Hornberger, s. Stephan and Magdalena; b. April 4; bap. June 3.
Sophia Elisabeth Gall, d. Heinrich and Catharina; b. April 25; bap. June 25.
Georg Franciscus, s. John and Anna, b. June 23; bap. July 2.
Maria Magdalena Schwordt, d. Nicolaus and Cath. Elisabeth; b. June 9; bap. July 2.
Anna Magdalena, d. Catharina Berker and Georg Brenner; b. June 6; bap. July 10.
Maria Magdalena Dieder, d. Heinrich and Christina; b. March 8; bap. July 9.
Jacob Nagel, s. Joseph and Maria; b. June 15; bap. July 16.
Caspar Besinger, s. Peter and Barbara; b. June 28; bap. July 16.

Catharina Marguardt, d. Georg and Margaretha; b. July 8; bap, July 16.
Georg Geier, s. Caspar and Frouica; b. Jan. 25; bap. July 30.
Jacob Kirchenschlaegel, s. Michael and Eleanora; b. Jan. 14, 1772; bap. July 31.
Elisabeth Mooser, d. Joh. Nicolaus and Catharina; bap. Aug. 13.
Susanna Hürster, d. Joh. Christian and Maria Margaretha; b. March 11; bap. Aug. 13.
Johann M'Cammery, s. David and Anna; b. May 27; bap. Aug. 13.
Barbara Gebel, d. Johann and Barbara; b. Oct. 7, 1774; bap. Aug. 19.
Eva Maria Rinehardt, d. Michael and Magdalena; b. Aug. 9; bap. Aug. 20.
Maria Margaret Rothacker, d. Johann and Anna Magdalena; b. June 11; bap. Aug. 24.
Anna Maria Koehler, d. Andreas and Maria Barbara; b. Aug. 20; bap. Aug. 27.
Michael Schreiner, s. Joh. Nicolaus and Christina; b. July 5; bap. Aug. 27.
Johann Diller, s. Johann and Magdalena; b. June 9; bap. Sept. 10.
Christina Waller, d. Rupertus and Anna Maria; b. April 7; bap. Sept. 10.
Elisabeth Hahn, d. Johann and Elisabeth; b. Aug. 9; bap. Sept. 10.
Christina Weber, d. Christoph and Margaretha; b. Aug. 6; bap. Sept. 17.
Johann Windebauer, s. Georg and Catharina; b. Aug. 1; bap. Sept. 24.
Catharina Messerschmidt, d. Georg and Elisabeth; b. Sept. 1; bap. Sept. 15.
Magdalena Zwick, d. Franz Wilhelm and Magdalena; b. Sept. 13; bap. Oct. 15.
Margaretha Eichholtz, d. Leonhard and Catharina; b. Sept. 28; bap. Oct. 15.
Eva Magdalena, d. Catharine Luz and Salomon Salt; b. Sept. 27; bap. Nov. 1.
Martin Ganter, s. Martin and Eva Maria; b. Jan. 25; bap. June 8.
Rebecca Keiss, d. Andreas and Catharina; b. Oct. 17; bap. Nov. 4.
Cathar. Elisabeth Boehm, d. Gabriel and Cathar. Elisabeth; b. Sept. 24; bap. Nov. 4.
Margaretha Weiz, d. William and Margaretha; b. Sept. 13; bap. Nov. 4.
John Moehldrum, s. Georg and Anna; b. Oct. 1; bap. Nov. 9.
Jacob Ilger, s. Christoph and Catharina; b. Oct. 21; bap. Nov. 12.
Matthaeus Hardt, s. Adam and Anna Margaretha; b. Oct. 7; bap. Nov. 18.

Births and Baptisms.

Anna Maria Hoefflish, d. Valentin and Elisabeth ; b. Nov. 10 ; bap. Nov. 18.
Friedrich Stroh, s. Georg and Anna Maria ; b. Aug. 24 ; bap. Nov. 23.
Margaretha Kipp, d. John and Margaret ; b. Oct. 23 ; bap. Nov. 26.
Heinrich Doebler, s. Christoph and Anna Maria ; b. Nov. 11 ; bap. Nov. 27.
Anna Maria Benedik, d Leonhardt and Catharina ; b. Nov. 16 ; bap. Dec. 2.
Johann Jacob Gesell, s. Wilhelm and Dorothea ; b. Nov. 20 ; bap. Nov. 28.
Magdalena Hill, d. Melchior and Justina ; b. Nov. 26 ; bap. Dec. 10.
Elisabeth Heck, d. Bartholomaeus and Sophia ; b. Dec. 11 ; bap. Dec. 16.
Susanna Louisa Wenau, d. Heinrich and Barbara ; b. Oct. 10 ; bap. Dec. 24.
Anna Maria Huffnagel, d. Georg and Magdalena ; b. Dec. 6 ; bap. Dec. 25.
Maria Friedle, d. Christoph and Catharina, ; b. Dec. 17 ; bap. Dec. 31.
Maria Elisabeth Wehn, d. Peter and Catharina ; b. Sept. 13, 1773 ; bap. Sept. 22.

1776.

Jacob Klein, s. Michael and Margaretha ; b. May 8 ; bap. July 9.
Anna Margaretha Stahl, d. Jacob and Margaretha ; b. Dec. 7, 1775 ; bap. Jan. 7.
Johann Jacob Etgen, s. David and Anna Martha ; b. Sept. 9, 1775 ; bap. Jan. 13.
John Keppele Helmuth, s. Heinrich and Barbara ; b Dec. 18, 1775 ; bap. Jan. 17.
Maria Barbara and Margaretha Schmez (twins), d. Johann and Marg. Barbara ; b. Jan. 6 ; bap. Jan. 18.
Elisabeth Dorothea, d. Elisabeth Mann and Christian Vogt ; b. Nov. 22, 1773 ; bap. February 11.
Jacob Schenk, s. Michael and Elisabeth ; b. Oct. 16. 1775 ; bap. Feb. 15.
Christoph Kurz, s. Christian and Dorothea ; b. Feb 15 ; bap. Feb. 18.
Anna Maria Naumann, d. Gottlieb and Margaretha ; b. Jan. 1 ; bap. Feb. 18.
Catharina Eikel, d. Adam and Elisabeth ; b. Dec. 26, 1775 ; bap. Feb. 21.
Thomas Barton Zansinger, s. Paul and Esther ; b. Jan. 6.
Augusta Rosina and Juliana Elisabeth Hubley (twins), d. John and Maria Magdalena ; b. Jan. 30 ; bap. Feb. 25.

The Pennsylvania-German Society.

Johann Seib, s. Peter and Margaretha ; b. Nov. 1, 1775 ; bap March 3.
Anna Maria Tanger, d. Andreas and Catharina ; b. Nov. 4, 1775 ; bap. March 11.
Elisabeth Krug, d. Jacob and Robena ; b. Feb. 26 ; bap. March 11.
Maria Elisabeth Dosch, d. Michael and Anna Maria ; b. Feb. 10 ; bap. March 12.
Susanna Steigerwaldt, d. Eberhard and Christina ; b. Feb. 19 ; bap. March 16.
Daniel Knecht, s. Michael and Elisabeth ; b. Feb. 9 ; bap. March 17.
Margaretha Martin, d. Adam and Dorothea; b. Dec. 26, 1775 ; bap. March 17.
Friederich Fehk, s. Friederich and Sebilla ; b. Nov. 26, 1775 ; bap. March 31.
Michael Miller, s. Peter and Catharina ; b. Dec. 23, 1775; bap. March 31.
Georg Adam Mohr, s. Adam and Magdalena ; b. Feb. 6 ; bap. April 5.
Johann Kauz, s. Thomas and Gertraut ; b. March 23 ; bap. April 7.
Johann Roth, s. Theobald and Maria Magdalena ; b. Dec. 27, 1775 ; bap. April 7.
Margaretha Neu, d. Johann and Maria Magdalena ; b. March 30 ; bap. April 7.
Margaretha Volck, d. Wilhelm and Barbara ; bap. Feb. 1 ; bap. April 14.
John Luttmann, s. Georg and Anna Margaretha ; b. Dec. 22, 1775 ; bap. April 14.
Johann Friederick Paul, s. Adam and Catharina ; b. April 15 ; bap. April 21.
Elizabeth Breitenhardt, d. Christoph and Magdalena ; b. March 31 ; bap. April 21.
Daniel Schreiner, s. Johann and Barbara ; b. Jan. 1 ; bap. April 29.
Johann Rener, s. Michael and Rosina, b. Feb. 25 ; bap. April 28.
Anna Maria Pecht, d. Joseph and Christina ; b. Feb. 23 ; bap. April 28.
Elizabeth Brenner, d. Jacob and Catharina ; b. Sept. 27, 1775 ; bap. April 30.
Anna Maria Brenner, d. Johann and Maria Sarah ; b. Jan. 28 ; bap. April 6.
Margaretha Hoffman, d. Friedrich and Margaretha, b. February 28 ; bap. May 6.
Georg Uz, s. George and Anna Maria, b. March 8 ; bap. May 6.
Johann Moser, s. Georg and Christina ; b. May 10 ; bap. May 15.
Eva Margaretha Lyder, d. Johann and Catharina ; b. April 1 ; bap. May 15.

Births and Baptisms.

Catharina Fischer, d. Johann and Catharina; b. April 6; bap. May 28.
Anna Maria Margaretha Eckert, d. Abraham and Anna Maria; b. May 1; bap. June 4.
Johann Lohrmann, s. Adam and Anna Maria; b. April 25; bap. June 8.
Joseph May, s. Joseph and Elizabeth; b. May 19; bap. June 9.
Johann Nicolaus Schuler, s. Jacob and Regina; b. May 18; bap. June 9.
Anna Maria Weickert, d. John and Maria; b. April 20; bap. June 9.
Heinrich Kuhnz, s. Michael and Margaretha; b. June 2; bap. June 15.
Johannes Keil, s. Ludwig and Catharina; b. May 30; bap. June 24.
Friedrich Miller, s. Peter and Maria Magdalena; b. June 18; bap. June 24.
Jacob Decker, s. Jacob and Barbara; b. Feb. 3; bap. June 30.
Heinrich Crüger, s. Johann and Sophia; b. June 16; bap. June 30.
Magdalena Waydele, d. Johann and Anna Maria; b. April 21; bap. May 12.
Johann Weber, s. Johann and Salome; b. July 1; bap. July 7.
Philipp Stuber, s. Heinrich and Catharina; b. June 17; bap. July 7.
Friedrich Moellinger, s. Friedrich and Anna; b. May 28, 1772; bap. July 22.
Michael Moellinger, s. Friedrich and Anna; b. May 22; bap. July 22.
Magdalena Pflüger, d. Johann and Elisabeth; b. Jan. 27; bap. July 27.
Jacob Pharinger, s. Jacob and Barbara; b. July 7; bap. July 28.
Johann Adam Rudisil, s. Melchior and Christine; b. July 18; bap. July 28.
Jacob Klein, s. Michael and Margaret; b. May 8; bap. July 8.
Johann Heinrich, s. Christian and Regina; b. April 24; bap. Aug. 4.
William Rejrie, s. Robert and Jeany; b. Aug. 11; bap. Aug. 18.
Johann Andreas, s. Johann and Catharina; b. June 28; bap. Aug. 17.
Nathaniel Tailor, s. Nathaniel and Mary; b. Aug. 16; bap. Aug. 22.
Sarah Barst, d. Lorenz and Juliana; b. Aug. 27; bap. Sept. 1.
Georg Biz, s. Michael and Elisabeth; b. July 15; bap. Sept. 1.
Sophia Branckardt, d. Peter and Sophia; b. May 28; bap. Sept. 1.
Elisabeth Geiger, d. Heinrich and Susanna; b. Aug. 8; bap. Sept. 8.
Anna Maria Ditge, d. Johann and Anna Maria; b. July 28; bap. Sept. 8.
Elisabeth Kraz, d. Johann and Maria; b. Aug. 13; bap. Sept. 8.
Johann Schuk, s. Thomas and Catharina; b. March 9; bap. Sept. 15.
Magdalena Kneiss, d. Heinrich and Elisabeth; b. August 24; bap. Sept. 15.

Eva Berndt, d. Philip and Barbara; b. June 12; bap. Sept. 15.
Anna Margareta Johst, d. Conrad and Philippina; b. Aug. 15; bap. Sept. 22.
Joh. Heinrich Wagner, s. Georg Michael and Dorothea; b. Sept. 8; bap. Sept. 22.
Johann Jacob Kühnsch, s. Jacob and Barbara; b. Aug. 12; bap. Sept. 29.
Johann Laumann, s. Martin and Barbara; b. Sept. 30; bap. Oct. 10.
Elisabeth Yayder, d. Johann and Maria Margareta; b. Sept. 5; bap. Oct. 12.
Joh. Peter Koehler, s. Andreas and Barbara; b. Sept. 28; bap. Oct. 12.
Nancy Albrecht, d, Johann and Barbara; b. Oct. 6; bap. Oct. 12.
Caspar Peter, s. Caspar and Anna Maria; b. Sept. 18; bap. Oct. 21.
Heinrich and Philipp Diederich (twins), s. Heinrich and Magdalena; b. March 30; bap. Oct. 21.
Joh. Daniel Hampf, s. Johann Diederich and Catharina; b. July 14; bap. Oct. 14.
Jacob Schuh, s. Johann and Cathar. Magdalena; b. Oct. 1; bap. Oct. 21.
Anna Maria Tochtermann, d. Friedrich and Christiana; b. Sept. 24; bap. Oct. 26.
Dorothea Bader, d. Georg and Salome; b. Nov. 18, 1775; bap. Nov. 2.
Michael Schittenhelm, s. Michael and Margareta; b. Sept. 23; bap. Nov. 3.
Georg Schneider, s. Phil. and Christina; b. July 24; bap. Nov. 7.
Friedrich Nagel, s. Christoph and Margareta; b. Sept. 10; bap. Nov. 7.
Heinrich Deison, s. Heinrich and Maria; b. Oct. 19; bap. Nov. 10.
Jacob Nagle, s. Joseph and Maria; b. Nov. 6; bap. Nov. 17.
Dorothea Lazarus, d Jacob and Anna; b. Nov. 8; bap. Nov. 22.
Jacob Eichholtz, s. Leonhart and Catharina; b. Nov. 22; bap. Nov. 24.
Elizabeth Weil, d. Peter and Elizabeth; b. Nov. 24; bap. Dec. 8.

1777.

Johann Jacob Houner, s. Michael and Barbara; b. Dec. 16, 1776; bap. Jan. 12.
Christian Seybel, s. Heinrich and Wilhelmine; b. Nov. 30, 1776; bap. Jan. 19.
Susanna Schwarz, d. Conrad and Anna Maria; b. Jan. 26; bap. Feb. 2.
Magdalena Martin, d. Jacob and Eva; b. Jan. 25; bap. Feb. 2

Births and Baptisms.

Eva Juliana Froener, d. Simon and Eva; b. Feb. 16; bap. March 9.
Joh. Philipp Glaz, s. Adam and Anna Maria; b. Feb. 10; bap. March 16.
Catharina Doebler, d. Christoph and Anna Maria; b. Feb. 24; bap. March 17.
Joh. Jacob Bertel, s. Georg Adam and Magdalena; b. Nov. 14, 1776; bap. March 17.
Johann Schenk, s. Johann and Maria Elizabeth; b. Jan. 30; bap. March 17.
Friedrich Tochtermann, s. Michael and Nancy; b. Feb. 12; bap. March 20.
Catharina Gross, d. Jacob and Anna Maria; b. April 5; bap. April 6,
Anna Maria Ehrismann, d. Georg and Susanna; b. Jan. 19; bap. Jan. 24.
Susanna Neu, d. Joh. and Maria Magdalena; b. March 6; bap. March 24.
Sarah Harrison, d. Johann and Elisabeth; b. 1766; bap. March 28.
Barbara Rathfon, d. Fried. and Barbara; b. Feb. 10; bap. March 28.
Friederich Rathfon, s. Fried. and Barbara; b. April 6, 1775; bap. May 14, 1775.
Georg Rung, s. Heinrich and Anna; b. March 10; bap. March 30.
Catharina Luttmann, d. Georg and Barbara; b. Nov. 12, 1776; bap. March 31.
Maria Zansinger, d. Paul and Esther; b. March 15.
Joh. Wilhelm Hardy, s. Isaac and Debora; b. Feb. 12; bap. April 13.
Anna Maria Weiss, d. Georg and Anna Margareta; b. March 21; bap. April 19.
Hanna Gärtner, s. Valentin and Magdalena; b. Feb. 23; bap. April 21.
Johann Schneider, s. Georg and Margareta; b. Jan. 7; bap. April 21.
Christina Gebel, d. Heinrich and Susanna; b. Feb. 12; bap. April 28.
Susanna Rau, d. Peter and Charlotta; b. March 8; bap. April 28.
Johann Adam Engel, s. Heinrich and Philippina; b. Dec. 19, 1776; bap. April 26.
Robert Collender Schlauch, s. Mathias and Margareth; b. Oct. 1, 1776; bap. April 26.
Jeremiah Ehrig, s. Jeremiah and Elisabeth; b. March 16; bap. April 27.
Johann Weiler, s. Daniel and Sybilla; b. April 20; bap. May 11.
Catharina Albrecht, d. Leonhard and Catharina; b. Feb. 20; bap. May 17.
Johann Sohn, s. Johann and Catharina; b. April 17; bap. May 17.
Johann Schmidt, s. Johann and Maria; b. Feb. 22; bap. May 17.
Barbara Stein, d. Nicolaus and Catharina; b. Aug. 4, 1776; bap. May 17.

Juliana Bartholomae, d. Theodor and Anna Margareta ; b. March 11 ; bap. May 17.
Joh. George Lay, s. Georg and Juliana ; b. Feb. 1 ; bap. May 24.
Johann Frey. s. Michael and Dorothea ; b. April 17 ; bap. June 1.
Susanna Hauer. d. Christoph and Margareta ; b. Feb. 20 ; bap. June 1.
Elisabeth Haehn, d. Heinrich and Anna Maria ; b. June 3 ; bap. June 8.
Georg Messerschmidt, s. Jacob and Susanna ; b. June 1 ; bap. June 8.
Barbara Fischer, d. Daniel and Margaretta ; b. June 6 ; bap. June 15.
Elisabeth Markert, d. Samuel and Magdalena ; b. Dec. 26, 1776 ; bap. June 20.
Johann Widder, s. Georg and Anna Catharina ; b. Nov. 5, 1776 ; bap. June 20.
Georg Brown, s. Peter and Susanna ; b. Feb. 26 ; bap. Jane 20.
Georg Adam Schreiner, s. Michael and Barbara ; b. May 16 ; bap. July 6.
Catharina Brand, d. Simon and Margaretha ; b. Nov. 1776 ; bap. July 6.
Magdalena (foundling), bap. July 6.
Sophia Haeusele, d. Michael and Catharina ; b. March 29 ; bap. April 1.
Georg Moser, s. Georg and Christina ; b. July 11 ; bap. July 28.
Alexander Dean, s. Daniel and Mary ; b. April 28 ; bap. July 30.
Adam Weber, s. Christoph and Margareta ; b. June 10 ; bap. July 30.
Christian Schumann, s. Georg and Catharina ; b. July 3 ; bap. Ang. 1.
Andreas Keiss, s. Andreas and Catharina ; b. July 26 ; bap. Aug. 1.
Jacob Messerschmidt, s. Georg and Elizabeth ; b. July 22 ; bap. Aug. 3.
Johann Mayer, s. Wilhelm and Margareta ; b. July 17 ; bap. Aug. 4.
Anna Catharina Lautenschlaeger, d. Heinrich and Elizabeth, b. Feb. 17 ; bap. Aug. 12.
Maria Catharina Beck, d. Georg and Maria Catharina ; b. June 26 ; bap. Aug. 25.
Joh. Georg Beck, s. Georg and Maria Catharina, b. Feb. 11, 1775 ; bap. March 6, 1775.
Susanna Rusing, d. Bernhard and Susanna ; b. May 30 ; bap. Aug. 24.
Anna Maria Gesell, d. Wilhelm and Dorothea ; b. July 17 ; bap. Aug. 31.
Johann Dieder, s. Heinrich and Christina ; b. Sept. 2 ; bap. Sept. 7.
Georg Adam Heiss, s. Diedrich and Magdalena ; b. Sept. 8 ; bap. Sept. 16.

Births and Baptisms.

Georg Schweizer, s. Leonhard and Elisabeth ; b. July 24 ; bap Sept. 21.
Christian Uz, s. Andreas and Catharina ; b. May 22 ; bap. Sept. 21.
Michael Schneider, s. Mathias and Sarah ; b. Sept. 9 ; bap. Sept. 28.
Anna Barbara Klein, d. Michael and Barbara ; b. March 1 ; bap. Sept. 29.
William Banks, s. Joseph and Anna ; b. Oct. 3 ; bap. Oct. 5.
Johann Hahn, s. Johann and Elisabeth ; b. Sept. 14 ; bap. Oct. 5.
Johann Pauls, s. Edward and Mary ; b. Sept. ; bap. Oct. 13.
David Cossart, s. Theophilus and Hanna ; b. July 30, 1776 ; bap. Oct. 16.
Amalia Cossart, d. Theophilus and Hanna ; b. Aug. 24 ; bap. Oct. 16.
Johann Urban, s. Johann and Frona ; b. May, 1776 ; bap. Nov. 1.
Anna Margareta Klein, d. Michael and Anna Margareta ; b. Nov. 1 ; bap. Nov. 2.
Joseph Brenneisen, s. Valentin and Salome ; b. Oct. 1 ; bap. Nov. 2.
Maria Elisabeth, d. Friederica Regina Hübner and Johann Town ; b. Aug. 24 ; bap. Nov. 2.
Christoph Stauffer, s. Heinrich and Catharina ; b. Aug. 28 ; bap. Nov. 2.
Michael Pharinger, s. Jacob and Barbara ; b. Oct. 18 ; bap. Nov. 9.
Samuel Hubley, s. Bernhard and Magdalena ; b. Nov. 5 ; bap. Nov. 10.
Johann Ludwig Ilgert, s. Christoph and Catharina ; b. Oct. 6 ; bap. Nov. 22.
Joh. Heinrich Dürn, s. Joh. Heinrich and Elisabeth ; b. Nov. 5 ; bap. Nov. 22.
Johann Dürst, s. Friederich and Catharina ; b. Nov. 14 ; bap. Nov. 22.
Anna Maria Wilson, d. Robert and Sophia ; b. Nov. 15 ; bap. Dec. 30.
Heinrich Kauz, s. Thomas and Gertraud ; b. Nov. 11 ; bap. Dec. 7.
Peter Reinhardt, s. Michael and Magdalena ; b. Dec. 13 ; bap. Dec. 25.
Justina Helmuth, d. Heinrich and Barbara ; b. Sept. 17 ; bap. Oct. 13.

1778.

Anna Maria Pickel, d. Jacob and Barbara ; b. Oct. 1777 ; bap. Jan. 4.
Christian Dürr, s. Ulrich and Elisabeth ; b. Dec. 8, 1777 ; bap. Jan. 4.
Heinrich Dürr, s. Ulrich and Elisabeth ; b. Aug. 29, 1776 ; bap. Jan. 4.
Elisabeth Naumann, d. Gottlieb and Margareta ; b. Dec. 1, 1777 ; bap. Jan. 18.
Georg Hambrecht, s. Georg and Anna Maria ; b. Jan. 12 ; bap. Jan. 20.
Catharina Franciscus, d. Johann and Anna ; b. Jan. 22 ; bap. Feb. 1.
Margareta Stuber, d. Heinrich and Catharina ; b. Jan. 6 ; bap. Feb. 8.

Margareta Knering, d. Carl Fried. and Margareta ; b. Jan. 29 ; bap. Feb. 15.
Salome Ilgert, d. Georg and Magdalena ; b. Jan. 27 ; bap. Feb. 15.
Maria Yayser, d. Friedrich and Susanna ; b. Feb. 1 ; bap. Feb. 22.
Joh. Georg Koehler, s. Andreas and Barbara ; b. Feb. 9 ; bap. Feb. 22.
Anna Rosina Herrguth, d. Heinrich and Catharina ; b. Feb. 6 ; bap. Feb. 23.
Elisabeth Niess, d. Peter and Catharina ; b. Jan. 21 ; bap. March 1.
Jacob Martin, s. Georg and Anna ; b. Aug. 1, 1777 ; bap. March 1.
Margareta Seib, d. Peter and Margareta ; b. Oct. 25, 1777 ; bap. March 1.
Philipp Hoefflish, s. Valentin and Elisabeth ; b. Feb. 21 ; bap. March 1.
Sarah Breitenhardt, d. Christoph ; bap. March 15.
Sarah Barton Zanzenger, d. Paul and Esther ; b. March 9, 1778.
Johan Philip Keil, s. Joh. Ludwig and Catharina ; b. Feb. 9 ; bap. March 15.
Margar. Susanna Schlutt, d. Joh. Michael and Catharina ; b. Jan. 6 ; bap. March 15.
Christian Cromwell, s. John and Margarita ; b. Feb. 18 ; bap. March 22.
Maria Elisabeth Stoll, d. Gottfried and Barbara ; b. Nov. 20, 1777 ; bap. March 22.
Catharina Stroh, d. Johst and Catharina ; b. Nov. 26, 1777 ; bap. March 23.
Daniel Stroh, s. Johst and Catharina ; b. Sept. 18, 1776 ; bap. Sept. 18, 1776.
Johann Georg Reushling, s. Johann and Catharina ; b. April 25 ; bap. May 9.
Elisabeth Herkeschweller, d. Jacob and Susanna ; b. March 13 ; bap. May 10.
Susanna Brunner, d. Johann and Maria Sarah ; b. Jan. 1 ; bap. May 10.
Bernhardt Stepp, d. Bernhardt and Anna Maria ; b. Jan. 10 ; bap. May 10.
Barbara Kauzmann, d. Bernhard and Margarita ; b. Nov. 9, 1777 ; bap. May 10.
Franz Heger, s. Christoph and Catharina ; b. April 19 ; bap. May 20.
Anna Maria Hill, d. Joh. Melchior and Justina ; b. May 14 ; bap. May 25.
Joh. Michael Heinrich, s. Christian and Regina ; b. Feb. 18 ; bap. May 26.

Births and Baptisms.

Margareta Boot, d. John and Christina ; bap. June 6.
Johann Jacob Fehr, s. Friedrich and Sibilla ; b. Nov. 30, 1777 ; bap. June 6.
Jacob Lachmann (posthumus), s. Jacob and Eva Barbara ; b. March 7 ; bap. June 7.
Margareta Scheib, d. Matthaeus and Catharina ; b. March 3 ; bap. June 7.
Johann, s. Eva Barth and George Kurz ; b. March 2 ; bap. April 2.
Michael Haehns, s. Wendel and Eva Barbara ; b. October 22, 1777 ; bap. June 13.
Margareta Ehmann, d. Caspar and Rosina ; b. March 29 ; bap. April 12.
Johann Volk, s. Wilhelm and Barbara ; b. April 11 ; bap. June 13.
Catharina Etler, d. Georg and Christina ; b. July 11, 1775 ; bap. June 13.
Maria Etler, d. Georg and Christina ; b. Nov. 25, 1777 ; bap. June 13.
Eleanor Craig, d. John and Elisabeth ; b. Feb. 19 ; bap. June 14.
Philipp Franz, s. Ludwig and Margareta ; b. March 18 ; bap. June 15.
Magdalena Miller, d. Peter and Magdalena ; b. June 22 ; bap. June 27.
Catharina Friedle, d. Christoph and Catharina ; b. March 1 ; bap. June 28.
Anna Hess, d. Georg and Elisabeth ; b. Dec. 17, 1777 ; bap. June 29.
Georg Racky, s. Heinrich and Elisabeth ; b. June 4 ; bap. June 30.
Johann Decker, s. David and Barbara ; b. Jan. 3 ; bap. July 5.
Elisabeth Weikert, d. Johann and Maria ; b. June 8 ; bap. July 5.
Elisabeth Fass, d. Peter and Catharina ; b. Dec. 11, 1777 ; bap. July 5.
Sophia Anna Maria Yenz, d. Georg and Anna ; b. June 28 ; bap. July 9.
Johann Jacob Ackermann, s. Georg and Catharina ; b. June 9 ; bap. July 11.
Jacob Luttman, s. Jacob and Esther ; b. March 12 ; bap. July 18.
Elisabeth Kipp, d. John and Margareta ; b. June 28 ; bap. July 20.
John William Wagner, s. Georg and Anna Dorothea ; b. June 27 ; bap. July 19.
Georg Vogt, s. Christian and Elisabeth ; b. Sept. 1, 1777 ; bap. July 21.
Wilhelm Eberhardt, s. Wilhelm and Elisabeth ; b. Jan. 15 ; bap. July 21.
Juliana Elisabeth Besinger, d. Peter and Barbara ; b. Sept. 20, 1777 ; bap. April —.
Catharina Schneider, d. Peter and Catharina ; b. May 12 ; bap. July 26.

Heinrich Rueber, s. Ulrich and Catharina; b. Oct. 20, 1777; bap. Dec., 1777.
Joh. Jacob Densler, s. Jacob and Maria Eva; b. May 31; bap. Aug. 1.
Jacob Krug, s. Jacob and Rebecca; b. July 28; bap. Aug. 3.
Heinrich Faennel, s. Phil. and Susanna; b. May 1; bap. Aug. 6.
Sebastian Eckert, s. Abraham and Anna Maria; b. March 25; bap. Aug. 8.
Catharina Tanger, d. Andreas and Catharina; b. July 8; bap. Aug. 8.
Elizabeth Fissler, d. Ulrich and Magdalena; b. May 3; bap. Aug. 8.
Johanna Dorothea Schweiker, d. Sebastian and Agnes Maria; b. May 31; bap. Aug. 11.
Catharina Etge, d. David and Anna Martha; b. December 2, 1777; bap. Aug. 18.
Anna Maria Moser, d. Michael and Anna Maria; b. July 26; bap. Aug. 19.
Rosina Schreiner, d. Joh. Nicolaus and Christina; b. June 29; bap. Aug. 23.
Johann Jacob Borrmann, s. Nicolaus and Christiana; b. March 22; bap. Aug. 23.
Christian Berndt, s. Philip and Barbara; b. May 29; bap. Aug. 23.
Esther Gebel, d. Wilhelm and Barbara; b. March 11; bap. Aug. 31.
Adam Eckel, s. Adam and Elizabeth; b. Aug. 25; bap. Aug. 28.
Johann Creiner, s. Andreas and Barbara; b. July 21; bap. Sept. 4.
Jacob Keiter, s. Daniel and Sibilla; b. Aug. 23; bap. Sept. 5.
Susanna Weber, d. Adam and Rosina; b. Aug. 26; bap. Sept. 5.
Rebecca Pecht, d. Joseph and Christina; b. Aug. 1; bap. Sept. 14.
Anna Maria Batz, d. Barbara (father unknown), b. Feb. 1, 1770; bap. Sept. 14.
Catharina Keiss, d. Andreas and Catharina; b. Sept. 4; bap. Sept. 14.
Susanna Hensel, d. Christoph and Anna Maria; b. June 24; bap. Sept. 14.
Johann Georg Lazarus, s. Jacob and Anna; b. July 28; bap. Sept. 20.
Elisabeth Fischer, d. Daniel and Maria Margaretha; b. Aug. 21; bap. Sept. 20.
Johann Braun, s. Christian and Elisabeth; b. Aug. 14; bap. Sept. 20.
Susanna Bluemler, d. Gottlieb and Catharina; b. Dec. 5, 1777; bap. Sept. 20.
Maria Magdalena Rothacker, d. Joh. and Maria Magdalena; b. June 7; bap. Sept. 25.
Johann Spring, s. Theobald and Hanna; b. Feb. 4; bap. Sept. 25.
Georg Christoph M'Cabweck (?), s. Wilhelm and Elisabeth; b. Aug. 13; bap. Sept. 26.

Births and Baptisms.

Catharina Haeusele, d. Michael and Catharina; b. Sept. 14; bap. Oct. 18.

Anna Barbara Schenk, d. Michael and Elisabeth; b. July 14; bap. Oct. 18.

James Meldom, s. Henry and Anna; b. July 1; bap. Oct. 19.

Johann Eichholtz, s. Leonard and Catharina; b. Oct. 15; bap. Oct. 20.

Friederich Nagel, s. Joseph and Maria; b. Sept. 27; bap. Oct. 27.

Margareta Griesinger, d. Georg and Elisabeth; b. Sept. 17; bap. Oct. 27.

Susanna Holzworth, d. Ludwig and Phillipina; b. Oct. 20; bap. Oct. 28.

Georg Luttmann, s. Georg and Margareta; b. Oct. 11; bap. Oct. 23.

Catharina Schmidt, d. Johann and Maria; b. Aug. 27; bap. Oct. 27.

Magdalena Grub, d. Georg and Magdalena; b. March 7, 1777; bap. Oct. 30.

Catharina Schok, d. Thomas and Catharina; b. Sept. 21; bap. Oct. 21.

Simon, s. James Wright and Elisabeth Klein; b. May 5; bap. Oct. 21.

Magdalena Miller, d. Heinrich and Christina; b. Aug. 6; bap. Oct. 21.

Georg Christoph Klein, s. Michael and Margareta; b. Feb. 4; bap. Oct. 21.

Johann Jacob Geider, s. Joh. and Margareta; b. Sept. 6; bap. Oct. 21.

Louisa Engel Brenner, d. Jacob and Catharina; b. June 21; bap. Oct. 21.

Georg Boehm, s. Gabriel and Cathar. Elisabeth; b. Oct. 3; bap. Oct. 21.

Conrad Roeger, s. Conrad and Sibilla; b. Sept. 1; bap. Oct. 21.

Henry Manning, s. Johann and Barbara; b. July 20; bap. Oct. 21.

Elisabeth Lockard, d. Thomas and Magdalena; b. October, 1772; bap. Oct. 21.

Peter Albrecht, s. Johann and Barbara; b. Oct. 26; bap. Nov. 1.

Joh. Michael Hess, s. Peter and Susanna; b. Feb. 11; bap. Nov. 5.

Johann Pechtel, s. Johann and Barbara; b. June 16; bap. Nov. 6.

Jacob Miller, s. Jacob and Barbara; b. Sept. 13; bap. Nov. 21.

Georg Schreiner, s. Johann and Barbara; b. May 13; bap. Nov. 25.

Johann Doebler, s. Christoph and Anna Maria; b. Nov. 8; bap. Nov. 26.

Elisabeth Schuler, d. Jacob and Regina; b. Nov. 11; bap. Nov. 28.

Abraham Fenstermacher, s. Friedrich and Anna Margareta; b. Oct. 14; bap. Dec. 4.

Johann Tochtermann, s. Fried. and Christina; b. Nov. 28; bap. Dec. 4.

Johann Geiger, s. Heinrich and Susanna ; b. Nov. 15 ; bap. Dec. 5.
Joh. Heinrich Andreas, s. Johann and Catharina; b. Dec. 17, 1777;
bap. Dec. 19.
Georg Bauer, s. Michael and Froena ; b. Nov. 23 ; bap. Dec. 5.
Georg, s. Catharina Dodt and George Kiesler ; b. Dec. 14 ; bap.
Dec. 20.

1779.

Elisabeth Bertle, d. George Adam and Maria Magdalena ; b. Sept. 12, 1778 ; bap. Jan. 3.
Johann Georg Brown, s. Abraham and Magdalena; b. Jan. 1 ; bap. Jan. 10.
Valentine Hoff, s. Georg and Justina ; b. Jan. 7 ; bap. Jan. 17.
Elisabeth Creiner, d. John and Debora; b. Dec. 10, 1778 ; bap. Jan. 31.
Johann Philip Hoffmann, s. Friederich and Anna Margareta ; b. June 15, 1778; bap. Feb. 5.
Anna Maria Roemele, d. Johann and Regina ; b. Feb. 6 ; bap. Feb. 15.
Milly Ritter, d. Heinrich and Elisabeth ; b. Oct. 1, 1777 ; bap. March 1.
Johann Tanenhauer, s. Jacob and Maria ; b. Feb. 4 ; bap. March 6.
Barbara Stoll, d. Gottfried and Barbara ; b. Jan. 21 ; bap. March 9.
Friederica Miller, d. Nicolaus and Sophia ; b. Dec. 16, 1778 ; bap. Jan. 7.
Susanna Miller, d. Johann Rorer and Maria, Mennonites ; 22 years old.
Maria Miller, d. Peter and Susanna ; 6 years old ; bap. April 1.
Elisabeth Miller, d. Peter and Susanna ; 2 years old ; bap. April 1.
Elisabeth Martin, d. Bernhard and Barbara ; b. Feb. 8 ; bap. April 4.
Anton Roth, s. Theobald and Magdalena ; b. Oct. 12, 1778 ; bap. April 4.
Barbara Mayer, d. Louisa, the father a Hessian ; b. Oct. 18, 1778 ; bap. April 4.
Johann Georg Johst, s. Conrad and Philippina ; b. Dec. 3, 1778 ; bap. April 5.
Maria Barbara Steiner, d. Christoph and Catharina ; b. Sept. 22, 1778 ; bap. April 5.
Johann Seib, s. Joh. and Elisabeth ; b. March 3 ; bap. April 5.
Henry Bayley, s. Enoch and Dorothea ; b. Feb. 5 ; bap. Feb. 7.
Johann Rapp, s. Michael and Anna Margareta ; b. Oct. 1, 1778 ; bap. April 25.
Georg Peter, s. Johann and Magdalena ; b. April 28 ; bap. April 26.
Catharina Ochler, d. Daniel and Margaretha ; b. March 12 ; bap. May 2.
Johann Kurz, s. George and Eva ; b. April 11 ; bap. May 2.

Births and Baptisms.

Johannes Marguart, s. Sebastian and Catharina ; b. March 24.
Heinrich, s. Elizabeth N. N., the father Abraham Mayer, b. Jan. 10 ; bap. May 2.
Elizabeth Witmyer, d. Friedrich and Elizabeth ; b. Feb. 24 ; bap. May 3.
Martin Frey, s. Michael and Dorothea ; b. Feb. 5 ; bap. May 12.
Johann Hess, s. George and Elizabeth ; b. Sept. 20, 1778 ; bap. May 24.
Anna Maria Hess, d. Nicolaus and Catharina ; b. Feb. 2 ; bap. May 24.
Johann Jacob Apfel, s. Christian and Maria Magdalena ; b. May 2 ; bap. May 24.
Elizabeth Scheuermann, d. Daniel and Dorothea ; b. Feb, 12 ; bap. May 30.
Catharina Scheuermann, d. Daniel and Dorothea ; b. Sept. 8, 1777 ; bap. Oct. 21, 1777.
Wilhelm Mayer, s. Wilhelm and Margareta ; b. April 17 ; bap. May 30.
'aria Catharine Mann, d. Johann and Christina ; b. Sept. 12, 1778 ; bap. May 27.
Friedrich Mann. s. Bernhard and Anna Maria ; b. June 9, 1778 ; bap. May 27.
Georg Weiss, s. Georg and Margareta ; b. May 9 ; bap. June 1.
Georg Hess, s. Philip and Maria ; b. April 23 ; bap. June 5.
Mary Schmidt, d. Edward and Bridgy ; b. April 27 ; bap. June 5.
Jacob Rathfon, s. Friedrich and Barbara ; b. March 31 ; bap. April 11.
Anna Margareta Markerd, d. Samuel and Magdalena ; b. Jan. 19 ; bap. June 10.
Anna Maria Hoerner, d. Michael and Barbara ; b. Dec. 3, 1778 ; bap. June 10.
Michael Tiller, s. Johann and Magdalena ; b. March 19 ; bap. May 12.
Margareta Brines, d. William and Anna ; b. Nov. 21, 1770 : bap. June 8, 1779.
Mary Brines, d. William and Anna ; b. April 4, 1774 ; bap. June 8, 1779.
Elisabeth Brines, d. William and Anna ; b. April 14, 1772 ; bap. June 8, 1779.
Anna Magdalena Brines, d. William and Anna ; b. March 26, 1778 ; bap. June 8, 1779.
Maria Barbara Klein, d. Philipp and Magdalena ; b. June 14 ; bap. June 20.
Johann Naumann, s. Gottlieb and Margareta ; b. May 17 ; bap. June 22.

Heinrich and Philipp Pflug (twins), s. Heinrich and Margareta ; b. April 5 ; bap. June 20.
Catharina Martin. d. Adam and Dorothea ; b. April 22 ; bap. June 20.
Joh. Georg Bayermeister, s. Christoph and Anna Maria ; b. Feb. 28 ; bap. June 20.
Isaac Derry, s. London and Judith, b. Feb. 20 ; bap. June 20.
Susanna Brozmann, d. Peter and Hanna ; b. April 25 ; bap. June 20.
Daniel Schweiser, s. Leonhardt and Elisabeth ; b. June 5 ; bap. Aug. 1.
Michael Miller, s. Ludwig and Elisabeth ; b. July 13 ; bap. Aug. 21.
Catharina Gottschall, d. Peter and Anna Maria ; b. July 21 ; bap. Aug. 21.
Louisa Brunner, d. Georg and Anna Maria ; b. Aug. 1 ; bap. Aug. 21.
Johann Jacob Heiss, s. Dietrich and Mary Magdalena ; b. Aug. 10 ; bap. Aug. 21.
Maria Christina Rudisill, d. Michael and Catharine ; b. July 17 ; bap. Aug. 21.
Johannes Eichholz, s. Leonard and Catharina ; b. Sept. 21 ; bap. Sept. 30.
Heinrich Schwanzel, s. Friedrich and Eva ; b. Aug. 17 ; bap. Aug. 22.
Elisabeth Schlauch, d. Matthias and Mary ; b. Aug. 12 ; bap. Aug. 20.
Joh. Conrad Kurtz, s. Christian and Dorothea ; b. Aug. 27 ; bap. Oct. 10.
Magdalena Klein, d. Michael and Anna Maria ; b. Aug. 7 ; bap. Aug. 21.
Johan Martin Schreiner, s. Philipp and Susanna ; b. July 4 ; bap. Oct. 10.
Barbara Bensinger, d. Mathias and Elisabeth ; b. July 17 ; bap. Oct. 10.
Joh. Michael Hall, s. Johannes and Elisabeth ; b. Aug. 30 ; bap. Oct. 10.
Johann Lehr, s. Christian and Maria ; b. Aug. 23 ; bap. Oct. 10.
Johannes Brenneisen, s. Valentin and Salome ; b. Sept. 5 ; bap. Oct. 10.
Maria Elisabeth Koehler, d. Andreas and Barbara ; b. Oct. 23 ; bap. Nov. 7.
Elisabeth Eichelberger, d. Georg and Elisabeth ; b. Nov. 3 ; bap. Nov. 28.
Catharina Fornwald, d. Johannes and Eva ; b. Oct. 21 ; bap. Dec. 26.
Michael Haeusele, s. Michael and Catharina ; b. Dec. 25, ; bap. Jan. 2, 1780.
Jacob Moser, s. Georg and Christina ; b. October 16 ; bap. Nov. 4.

Births and Baptisms.

1780.

Joh. Heinrich Dörn, s. Joh. Heinrich and Elisabeth; b, Oct. 11, 1779; bap. Jan. 1.
Heinrich Hubley, s. Friedrich and Anna Maria; b. Oct. 1, 1779; bap. Jan. 2.
Johann Jacob Tochtermann, s. Fried and Christina; b. Dec. 24, 1779; bap. Jan. 1.
Maria Helena Messerschmidt, d. Peter and Christine; b. Nov. 10, 1779; bap. Dec. 10, 1779.
Michael Hambrecht, s. Georg and Anna Maria; b. Sept. 1, 1779; bap. Sept. 30, 1779.
Daniel Neumann, s. Daniel and Maria; b. Oct. 23, 1779: bap. Nov. 7, 1779.
Susanna Greisinger, d. Georg and Catharina; b. Dec. 11, 1779; bap. Dec. 26, 1779.
Adam Rau, s. Peter and Charlotte; b. Dec. 20, 1779; bap. March 19.
Anna Maria Keiler, d. Daniel and Sybilla; b. Jan. 20; bap. March 19.
Lucas Cossart, s. Theophilus and wife; b. Feb. 26; bap. March 26.
Elisabeth Stuber, d. Heinrich and Catharina; b. Feb. 28; bap. March 26.
Christina Meier, d. Isaac and Barbara; b. Nov. 30, 1779; bap. March 26.
Johann Peter Lehr, s. Philipp and Elizabeth; b. Aug. 15, 1779; bap. March 26.
Joh. Philipp Niess, s. Peter and Catharina; b. Nov. 18, 1779; bap. March 26.
Joh. Michael Sohn, s. Johann and Catharina; b. Aug. 30, 1779; bap. March 26.
Salome Stauffer, d. Heinrich and Catharine; b. Dec. 20, 1779; bap. March 26.
Jacob Schmidt, s. Theobald and Elisabeth; b. May —, 1778; bap. March 27.
Elisabeth Schmidt, d. Theobald and Elisabeth; b. Feb. 26; bap. March 27.
Anna Maria Holzwart, d. Ludwig and Philippina; b. Jan. 10; bap. March 27.
Regina Metzger, d. Jonas and Susanna; b. Sept. 6, 1779; bap. April 3.
Anna Maria Ruehl, d. Anton and Philippina; b. Nov. 12, 1778; bap. April 6.
Ludwig Kuch, s. Joh. Michael and Catharina; b. March 19; bap. April 9.

The Pennsylvania-German Society.

John and Margaret Bradley (twins), s. and d. Thomas and Hanna; b. Jan. 29; bap. April 10.
Elisabeth Rickert, d. Leonard and Anna Maria; b. May 4, 1779, bap. April 15.
Georg Manzer, s. Andreas and Susanna; b. Feb. 26; bap. April 16.
Michael Bauer, s. Michael and Veronica; b. March 13; bap. April 16.
Maria Catharina Leitner, d. Michael and Margaret; b. Oct. 15, 1779; bap. April 23.
Johannes Soft, s. Jacob and Anna Maria; b. April 10; bap. April 23.
Johannes Reischling, s. Johannes and Catharina; b. April 8; bap. April 30.
Anna Maria Hofstetter, d. Adam and Margaretha; b. March 14; bap. April 39.
Catharina Schmidt, d. Friederich and Elisabeth; b. Jan. 1; bap. April 30.
Friederich Rieber, s. Ulrich and Catharina; b. March 18; bap. May 5.
Elisabeth Freidle, d. Christoph and Catharina; b. Dec. 11, 1779; bap. May 5.
Christian Kurz, s. Georg and Eva; b. April 2; bap. May 7.
Johannes Wagner, s. Georg and Anna Dorothea; b. Dec. 27, 1779; bap. May 7.
Elisabeth Philipps, d. Johannes and Catharina; b. Nov. 15, 1779; bap. May 7.
Elisabeth Brenzler, d. Rosina and Valentin Krug; b. Feb. 25; bap. May 10.
Maria Ross, d. James and Maria; b. April 12; bap. May 11.
Ann Fentz, d. George James and Mrs. Ally; b. July 3, 1760; bap. May 11.
Samuel Lefevre Schmidt, s. Johannes and Maria; 16 years old; bap. May 13.
Johannes Robinson Schmidt, s. Johannes and Maria; 16 years old; bap. May 13.
Maria Schmidt, d. Johannes and Maria; b. Feb. 22; bap. May 13.
Elisabeth Schindel, d. Jacob and Elisabeth; b. May 9; bap. May 14.
Catharine Felberger, d. Heinrich and Susanna; b. Aug. 1779; bap. May 14.
Joh. Heinrich Ackermann, s. Georg and Catharina; b. May 2; bap. May 14.
Susanna Klein, d. Michael and Barbara; b. Dec. 19, 1779; bap. May 15.
Joseph Robinsky, s. Andreas and Maria; b. March 8; bap. May 15.
Elisabeth Robinsky, d. Andreas aud Maria; b. Feb. 4, 1778; bap. May 15.

Births and Baptisms.

Eliasbeth Roth, d. Ludwig and Elisabeth; b. Jan. 4, 1779, bap. May 15.
Johannes Fichtner, s. Martin and Catharina; b. May 5; bap. May 15.
Elisabeth Toersch, d. Friedrich and Catharina; b. May 2; bap. May 15.
Anna Margaret Ilger, d. Georg and Magdalena; b. May 1; bap. May 21.
Anna Maria Lohrmann, d. Adam and Anna Maria; b. Aug. 6, 1779; bap. May 27.
Catharina Eva Schreiner, d. Michael and Barbara; b. March 1; bap. May 28.
Johannes Schaefer, s. Johannes and Susanna; b. Dec. 30, 1779; bap. May 28.
Johannes Krüger, s. Joh. Henr. and Anna Maria; b. May 19; bap. May 28.
Johann Georg Sauter, s. Michael and Sarah; b. June 8, 1779; bap. June 1.
Hanna Traut, d. Paul and Anna Maria; b. Aug. 11, 1779; bap. June 3.
Maria Drumm, d. Jacob and Margaretha; b. April 12; bap. June 3.
Martin Korhersberger, s. Martin and Rosina, b. Nov. 1, 1779; bap. June 3.
Susanna Brackomer, d. Henrich and Esther; b. Feb. 20; bap. June 3.
Susanna Vanderschmidt, d. Valentin and Elisabeth; b. Aug. 24, 1779; bap. June 3.
Maria Lambarter, d. Ulrich and Magdalena; b. Feb —; bap. June 4.
Apollonia Schmidt, d. Johannes and Catharine; b. Dec. 16, 1779; bap. June 8.
Susanne Müller, d. Peter and Susanna; b. Nov. 23, 1779; bap. June 8.
William Stephenson, s. Joseph and Elisabeth; b. June 6; bap. June 12.
Susanna Motz, d. Jacob and Maria Barbara; b. Oct. 7, 1778; bap. June 14.
Catharina Barbara Motz, d. Jacob and Maria Barbara; b. April 27, 1780; bap. June 14.
Maria Catharina Schlott, d. Michael and Maria Catharina; b. May 17; bap. June 25.
Joh. Michael, s. Joh. Michael Roger and widow Deborah Hart; b. April 15; bap. June 18.
Anna Elisabeth Techmeyer, d. Ludwig and Susanna Barbara; b. June 18; bap. June 25.
Johannes Zander, s. Daniel Ludwig and Elisabeth; b. March 26; bap. June 25.

Jacob Weidel, s. Friedrich and Susanna ; b. June 8; bap. June 25.
Philipp Leibe, s. Christian and Jamina ; b. May 31 ; bap. June 25.
Elisabeth Spreng, d. Theobald and Hanna ; b. April 13 ; bap. June 25.
Barbara Jung, d. Matthaeus and Catharina ; b. June 13 ; bap. July 2.
Heinrich Brehm, s. Philipp and Sabina ; b. June 23 ; bap. July 2.
Anna Barbara Müller, d. Andreas and Regina ; b. Feb. 15 ; bap. July 2.
Johannes Jeisser, s. Friedrich and Susanna ; b. June 29 ; bap. July 4.
Joh. Michael Schreiner, s. Martin and wife ; b. June —; bap. July 4.
Maria Catharina Albrecht, d. Elias and Catharina ; b. Feb. 18, 1778 ; bap. July 8.
Anna Maria Albrecht, d. Elias and Catharina ; b. Feb. 4 ; bap. July 8.
Mary Haliburton, d. Laudan and Mary ; b. June 22 ; bap. July 3.
Elisabeth Aschelman, b. Aug. 15, 1759 ; bap. July 10.
Friedrich Marguard, d. Sebastian and Catharina ; b. July 5 ; bap. July 16.
Johan Heinrich Zimmermann, s. Heinrich and Susanna ; b. July 2 ; bap. July 16.
Sarah Powel, d. Edward and Mary ; b. June 2 ; bap. July 16.
Johannes Schwarz, s. Conrad and Anna Maria ; b. July 4 ; bap. July 16.
Johann Peter Walter, s. Peter and Catharina ; b. July 9 ; bap. July 23.
Michael Reinhardt, s. Michael and Maria ; b. July 20 ; bap. July 30.
George Besinger, d. Jacob and Dorothea ; b. July, 1774 ; bap. Aug. 1.
Michael Besinger, s. Jacob and Dorothea ; b. Nov. 1776 ; bap. Aug. 1.
Anna Maria Besinger, d. Jacob and Dorothea ; b. Nov. 17, 1779 ; bap. Aug. 1.
Susanna Elisabeth Senger, d. Christian and Elisabeth ; b. June 28 ; bap. Aug. 6.
Johann Adan Fass, s. Joh. Peter and Catharina ; b. Dec. 9, 1779 ; bap. Aug. 6.
Susan Elisabeth Ofner, d. Johannes and Salome ; b. July 31 ; bap. Aug. 10.
Elisabeth Nagel, d. Joseph and Maria ; b. July 31 ; bap. Aug. 31.
Ludwig Dehnig, s. Ludwig and Margareta ; b, Aug. 3 ; bap. Aug. 12.
Johannes Mann, s. Friedrich and Anna Maria ; b. June 28 ; bap. Aug. 13.
Georg Peter Schneider, s. Johannes and Maria Barbara ; b. July 29 ; bap. Aug. 13.

Births and Baptisms.

Johannes Truckmiller, s. Jacob and Elisabeth ; b. Dec. 1779 ; bap. Aug. 14.
Anna Margareta Stahl, d. Jacob and Anna Margareta ; b. July 30 ; bap. Aug. 20.
William Frickhoever, s. Christian and Mary ; b. July 18 ; bap. Aug. 21.
Johannes Kautz, s. Bernhardt and Margareta ; b. May 15 ; bap. Aug. 27.
Margareta Franciscus, d. Joh. and Anna ; b. Aug. 20 ; bap. Aug. 27.
John Hopson Krug, s. Jacob and Rebecca ; b. Aug. 24 ; bap. Aug. 28.
Elisabeth Weber, d. Adam and Rosina ; b. Aug. 7 ; bap. Aug. 28.
Michael Hill, s. Melchior and Justina ; b. Aug. 17 ; bap. Sept. 4.
Susanna Lindy, d. Jacob and Anna Maria ; b. Aug. 13 ; bap. Sept. 9.
Johannes Weinau, s. Heinrich and Barbara ; b. Aug. 4 ; bap. Sept. 10.
Adam Glaser, s. Daniel and Christine ; b. Aug. 13 ; bap. Sept. 10.
Sophia Elisabeth Jentz, d. Georg and Anna ; b. Aug. 26 ; bap. Sept. 10.
Johannes Meyer, s. Friedrich and Anna ; b. Sept. 3 ; bap. Sept. 13.
Georg Frick, s. Friedrich and Sophia ; b. Aug. 29 ; bap. Sept. 17.
Jennet Bisseth, d. Robert and Margaret; b. Jan. —, 1778; bap. Sept. 25.
Johann Georg Schmeling, s. Joh. Georg and Anna Maria ; b. Sept. 27 ; bap. Oct. 1.
Susanna Lutz, d. Peter and Maria ; b. Aug. 13 ; bap. Oct. 1.
Anna Maria Leible, d. Jacob and Magdalena ; b. Aug. 15 ; bap. Oct. 1.
Susanna Rieger, d. Conrad and Sybilla ; b. July 20 ; bap. Oct. 8.
Georg, s. Barnet McCartney and Margaret Harp ; b. Sept. 17 ; bap. Oct. 10.
Joh. Philipp Braun, s. Abraham and Magdalena ; b. Oct. 5 ; bap. Oct. 15.
Christian Debler, s. Christoph and Anna Maria ; b. Aug. 29 ; bap. Oct. 15.
Joh. Friedrich Mentzer, s. Friedrich and Catharina ; b. Sept. 15 ; bap. Oct. 22.
John Greeson, s. Thomas and Mary ; b. Jan. 9 ; bap. Oct. 24.
Elisabeth Lazarus, d. Jacob and Anna ; b. Sept. 18 ; bap. Oct. 24.
Peter Kuhns, s. Michael and Margareta ; b. Oct. 25 ; bap. Oct. 25.
Johann Arnold Hebelmann, s. Arnold and Eva Susanna ; b. Aug. 15 ; bap. Oct. 28.
Johannes Jost, s. Georg and Elisabeth ; b. Oct. 17 ; bap. Oct. 29.
Jacob Albrecht, s. Johannes and Barbara ; b. Oct. 10 ; bap. Oct. 30.
Hanna Lindenberger, d. Georg and Hanna ; b. Aug. 13 ; bap. Oct. 30.

Sarah Hubley, s. Johannes and Maria; b. Sept. 21; bap. Oct. —.
Jobannes Steiner, s. Georg and Elisabeth; b. Aug. 25; bap. Nov. 6.
Jacob Geiger, s. Heinrich and Susanna; b. Oct. 17; bap. Nov. 12.
Charlotte Hamilton, d. John and Elizabeth; b. Oct. 26; bap. Nov. 12.
Johannes Booth, s. Johannes and Christina; b. Oct. 21; bap. Nov. 12.
Barbara Weisenbach, d. Heinrich and Anna Maria; Oct. 30; bap. Nov. 13.
Alexander Wernsel, and wife; b. Oct. 1777; bap. Nov. 19.
Esther Wirz, d. Wilhelm and Margaret; b. Oct. 23; bap. Nov. 19.
Catharina Pickel, d. Peter and Margaret; b. April 30; bap. Nov. 21.
Joh. Philipp Schreiner, s. Joh. Phil. and Susanna; b. Oct. 13; bap. Nov. 13.
Johann Schneider, s. Joseph and Elisabeth; b. July 18; bap. Nov. 23.
Joh. Peter Hess, s. Peter and Susanna; b. May 1; bap. Nov. 29.
Cathar. Elisabeth Kline, d. Michael and Margareta; b. Oct. 22; bap. Dec. 6.
Friedrich Blumder, s. Gottlieb and Catharina; b. May 25; bap. Dec. 8.
John. Hamilton, s. Charles and Margaret; b. Dec. 5; bap. Dec. 8.
Elisabeth Becht, d. Joseph and Christina; b. Oct. 28; bap. Dec. 9.
Jacob Zorn, s. Christian and Eva; b. Nov. 26; bap. Dec. 10.
Johannes Miller Fisher, s. Johann and Eva Catharina; b. Nov. 13; bap. Dec. 10.
Georg Adam Bertel, s. Georg Adam and Magdalena; b. Oct. 18; bap. Dec. 20.
Elisabeth Valentin, d. Daniel and Elisabeth; b. June 23; bap. Dec. 20.
Jacob Naumann, s. Gottlieb and Margareta; b. Nov. 23; bap. Dec. 24.
Harriet Cuthbert; bap. 4 months before Dec. 26.
Samuel Brisbin, s. John and Eleonor Morrison; b. Aug. 20; bap Dec. 31.

1781.

Johan Heinrich Hofmann, s. Friedrich and Anna Margareta; b. Sept. 26, 1780; bap. Jan. 1.
Dorothea Weber, d. Johannes and Elisabeth; b. Jan. 2; bap. Jan. 5.
Jacob Shindel, s. Georg and Elisabeth; b. Dec. 23, 1780; bap. Jan. 14.
Margaretha Sauer, d. Philipp and Barbara; b. Dec. 21, 1780; bap. Feb. 9.
Georg Ohlweiler, s. Friedrich and Barbara; b. Sept. 14, 1780; bap. Feb. 9.
Michael Klein, s. Philip and Magdalena; b. Feb. 1; bap. Feb. 11.
Elisabeth Schindel, d. Peter and Elisabeth; b. Feb. 4; bap. Feb. 11.

Births and Baptisms.

Catharina Moser, d. Georg and Christina; b. Jan. 30; bap. Feb. 11.
Philip Dieterich, s. Philip and wife; b. 1770; bap. Feb. 15.
Donald Stewart, s. Parker and Mary; b. Feb. 14; bap. Feb. 17.
Elisabeth Kohl, d. Nicolaus and Dorothea; b. Dec. 31, 1780; bap. Feb. 18.
Christian Fenstermacher, s. Fried. and Margaretha; b. Sept. 3, 1780; bap. Feb. 19.
Elisabeth Schaefer, d. Jacob and Barbara; b. Feb. 17; bap. Feb. 19.
Elisabeth Raemle, d. Johannes and Regina; b. Feb. 9; bap. Feb. 25.
Anna Maria Hildebrandt, d. Jacob and Barbara; b. Feb. 5; bap. Feb. 25.
Barbara, d. Elisabeth Hildebrandt and a soldier; b. Feb. 5; bap. Feb. 25.
Catharina Mellinger, d. Friedrich and Anna; b. Sept. 20, 1780; bap. Feb. 25.
Johan Ludwig Hoeck, s. Ludwig and Elisabeth; b. Jan. 13; bap. Feb. 25.
Jacob Schmaus, s. Nicolaus and Elisabeth; b. Feb. 6; bap. March 5.
Johannes Koehler, s. Andreas and Barbara; b. Feb. 22; bap. March 4.
Caspar Bardt, s. Martin and Susanna; b. Jan. 27; bap. March 4.
Georg Michael Reinhardt, s. Michael and Margaretha; b. Feb. 4; bap. March 4.
Johann Jacob Maier, s. Wilhelm and Margaret; b. Jan. 5; bap. March 4.
Conrad Heinrich Keppele, s. Johannes and Rosina; b. March 7; bap. March 10.
Adam Yost, s. Conrad and Philippina; b. Feb. 26; bap. March 11.
Catharina Schenk, d. Michael and Elisabeth; b. Feb. 9; bap. March 12.
Margaret Ward, d. John and Jane; b. Jan. 27; bap. March 14.
Rachel Garden, d. James and Ilybee (2 blacks); b. July, 1780; bap. March 18.
Peter Museathus, s. Adam and Catharina; b. July 28, 1780; bap. March 18.
Susanna Schmidt, d. Matthaes and Juliana; b. Feb. 14; bap. March 18.
Catharina Schweicker, d. Sebastian and Agnes Maria; b. Feb. 14; bap. March 21.
Justina Klein, d. Michael and Anna Maria; b. March 1; bap. March 21.
Anna Maria Zehmer, d. Heinrich and Anna Maria; b. March 3; bap. April 1.
Jacob Pickel, s. Jacob and Barbara; b. Jan. 9; bap. April 5.

Maria Brechten ; bap. April 10.
Barbara Dietrich, d. Phil. and Elisabeth ; b. Oct., 1763 ; bap. April 11.
Henrich Dietrich, s. Phil. and Elisabeth ; b. Feb. 10, 1765 ; bap. April 11.
Christine Dietrich, d. Phil. and Elisabeth ; b. Feb. 7, 1767 ; bap. April 11.
James Gilbreath Murray, s. Lackey and Elisabeth ; b. Feb. 12 ; bap. April 12.
Elisabeth Lotmann, d. Georg and Anna Margaret ; b. Dec. 20, 1780 ; bap. April 16.
Martha Lotmann, d. Georg and Anna Margaret ; bap. April 19.
Justina Margaret Hof, d. Georg and Justina Margaret ; b. April 14 ; bap. April 19.
Johannes Messerschmidt, s. Jacob and Susanna ; b. April 13 ; bap. April 22.
Heinrich Mayer, s. Heinrich and Anna Maria ; b. April 16 ; bap. April 22.
Catharina Boehm, d. Gabriel and Elisabeth ; b. Feb. 12 ; bap. April 22.
Johannes Lager, s. Georg and Juliana ; b. Oct. 24 ; bap. April 22.
Abraham Rubly, s. Jacob and Maria ; b. Jan. 11 ; bap. April 23.
Friederich and Jacob Shumann (twins), s. Georg and Catharina ; b. Jan. 18 ; bap. April 23.
Magdalena Zimmer, d. Michael and Catharina ; b. Feb. 7 ; bap. April 23.
Samuel Manning, s. John and Barbara ; b. Sept., 1780 ; bap. April 23.
Abraham Malson, s. Thomas and Jean. (mulattoes) ; b. Sept. 11, 1780 ; bap. April 23.
Catharina Moser, d. Michael and Maria ; b. April 1 ; bap. April 26.
Wilhelm Hoerner, s. Michael and Barbara ; b. April 20 ; bap. April 26.
Georg Hensel, s. Wilhelm and Maria ; b. April 13 ; bap. April 27.
Elisabeth Denger, d. Andreas and Catharina ; b. March 13 ; bap. April 29.
Christian Ebermann, s. Christian and Christine ; b. Sept. 18, 1780 ; bap. April 29.
James Cunningham ; bap. May 1.
Maria Magdalena, d. Margar. Ruscher and Joh. Schletter ; b. April 1 ; bap. May 5.
Anna Maria Keller, d. Johannes and Maria ; b. April 23 ; bap. May 8.
Johannes Epple, s. Johannes and Catharina ; b. April 15 ; bap. May 7.

Births and Baptisms.

Maria Catharina Lotmann, d. Jacob and Esther; b. March 6; bap. May 6.
Daniel and Maria Lorenz (twins), s. and d. Wilhelm and Anna Maria ; b. May 31, 1772 ; bap. May 6.
Petrus and Johannes Hensel (twins), s. Christoph and Anna Maria; b. April 12 ; bap. May 6.
Catharine Leitner, d. Johannes and Margaret; b. April 17 ; bap. May 9.
Michael Neuschwender, s. Conrad and Sybilla; b. May 5; bap. May 11.
Catharina Rothacker, d. Johannes and Magdalena ; b. July 27, 1780 ; bap. May 16.
Johannes Peter, s. Abraham and Maria Cathar.; b. Nov. 7, 1780; bap. May 16
Susanna Lehnherr, d. Georg and Elisabeth, b. May 6 ; bap. May 18.
Anna Heckenschwieler, d. Jacob and Susanna ; June 2, 1780 ; bap. May 20.
Maria Schittenhelm, d. Michael and Margaret; b. July —, 1780 ; bap. May 20.
Magdalena Rudisil, d. Melchior and Christine; b. May 2; bap. May 20.
Peter Miller, s. Peter and Maria Magdalena ; b. May 18 ; bap. May 27.
Georg and Elisabeth Marguart ; bap. May 20.
Elisabeth Lehr, d. Christian and Maria ; b. April 6 ; bap. May 27.
Johannes Hohr, s. Jacob and Elisabeth ; b. Jan. 10 ; bap. June —.
Daniel Plattenberger, s. Johann and wife ; b. Feb. 11 ; bap. June 2.
Maria Dorothea Hoeck, d. Bartholom. and Sophia ; b. May 15 ; bap. June 3.
Anna Maria Stech, d. Phil. and Anna Maria ; b. Feb.—; bap. June 3.
Catharina Philipps, d. Johan and Catharina ; b. Feb. 23 ; bap. June 3.
Maria Elisabeth Lautenschlaeger, d. Heinrich and Elisabeth ; b. Feb. —, 1779 ; bap. June 3.
Elisabeth Hehmet, d. Tobias and Catharina ; b. May 7 ; bap. June 3.
Maria Margaret Fischer, d. Georg and Anna Maria ; b. Nov. 25, 1780 ; bap. June 3.
Heinrich Becker, s. David and Barbara; b. Aug.—, 1780; bap. June 4.
John Johnson, s. Richard and Mary ; b. May 28 ; bap. June 4.
David Manly, s. John and Margaret ; b. Jan. 15 ; bap. June 4.
David Gall, s. Henrich and Catharina ; b. Aug. 18 ; bap. June 4.
Elisabeth Oehler, d. Daniel and Maria Margar ; b. April 16 ; bap. June 4.
Johanetta Nice, d. Ludwig and Maria ; b. Dec. 5, 1776 ; bap. June 4.
Elias Nice, s. Ludwig and Maria ; b. Feb. 14, 1778 ; bap. June 4.

Johannes Nice, s. Ludwig and Maria ; b. Dec. 25, 1779 ; bap. June 4.
Cathar. Elisabeth Haehn, d. Heinrich and Elisabeth ; b. May 27 ; bap. June 18.
Christian Friedrich Jeisser, s. Friedrich and Susanna ; b. June 6 ; bap. June 24.
Barbara Kraemuier, d. Friedrich and Barbara. b. May 7 ; bap. June 24.
Anna Maria Krueger, d. Joh. Heinr. and Anna Maria ; b. June 8 ; bap. June 24.
Johann Georg Vanderschmidt, s. Joh. and Rosina ; b. Dec. 14, 1780 ; bap. July 1.
Johannes Wilson, s. Robert and Sophia ; b. June 30 ; bap. July 8.
Margareta Egins, d. Andrew and Anna ; b. 1779 ; bap. 1779.
John Egins, s. Andrew and Anna ; b. Sept., 1780 ; bap. July 8, 1781.
Catharina Franz, d. Ludwig and Margareta ; b. Feb. 2 ; bap. July 11.
Joh. Peter Lehr, s. Philip and Elisabeth, b. Sept. 22, 1780 ; bap. July 11.
Joh. Gottlieb Gottschall, s Peter and Anna Maria ; b. June 7 ; bap. July 25.
Sarah Thomson, d. Robert and Margaret ; b. Jan. 25, 1780 ; bap. July 26.
Heinrich Stroh, s. Jost and Catharina ; b. March 12 ; bap. July 29.
Wilhelm Wily, s. Samuel and Elisabeth ; b. Nov. 30, 1780 : bap. Aug. 3.
Susan Phillipina Kessler, d. Georg and Elisabeth ; b. Aug. 1 ; bap. Aug. 5.
Elisabeth Schmidt, d. Friederich and Elisabeth ; b. May 21 ; bap. Aug. 5.
Jacob Widder, s. Georg and Anna ; b. March 28, 1780 ; bap. Aug. 15.
Isabella Meldrom, d. Henr. and Diana ; b. July 28, 1780 ; bap. Aug. 16.
Maria Salome Springer, d. Jacob and Barbara ; b. June 15 ; bap. Aug. 19.
Georg Meier, s. Georg Ludwig and Barbara ; b. Aug. 3 ; bap. Aug. 19.
Catharina Holzwart, d. Ludwig and Susan Philippina ; b. Aug. 6 ; bap. Aug. 26.
Johann Carl Stark, s. Johannes and Margaret ; b. July 4 ; bap. Sept. 2.
Salome Brotzmann, d. Peter and Hanna ; b. Oct. 22 ; bap. Sept. 2.
Tobias, s. Tobias Moser and Anna Marg. Schreiner; b. Nov. —, 1780; bap. Sept. 9.
Soldiers ; bap. Sept. 13.
Wilhelm, s. Philpp. Dehn and Hannah Lauk ; b. Oct. 24, 1780 ; bap. Sept. 14.
Catharina Faringer, d. Jacob and Barbara ; b. Aug. 8 ; bap. Sept. 19.

Births and Baptisms.

Joh. Wilhelm Heiss, s. Dietrich and Maria Magdalena ; b. Aug. 30 ; bap. Sept. 23.
David Hubley, s. Bernhard and Anna Maria ; b. Sept. 20 ; bap. Sept. 25.
Johannes Mathiot, s. Christian and Anna Maria ; b. Sept. 5 ; bap. Sept. 23.
Wilhelm Knies, s. Christoph and Anna ; b. Sept. 25 ; bap. Sept. 29.
Heinrich Lorenz, s. Caspar and wife ; bap. Sept, 25.
Maria Catharina Kurz, d. George and Eva ; b. Aug. 18 ; bap. Sept. 30.
Georg Hubley, s. Friedrich and Anna Maria, b. July 11 ; bap. Sept. 30.
Anna Knowlon, d. John and Elisabeth, b. Aug. 19 ; bap. Oct. 1.
Johannes Eichholz, s. Georg and Anna ; bap. Oct. 2.
Maria Krug, d. Jacob and Rebecca ; b. Sept. 15 ; bap. Oct. 2.
Catharina Stuber, d. Heinrich and Catharine ; b. Sept. 10 ; bap. Oct. 4.
Elisabeth Selig, d. Johannes and Margaretha ; b. Oct. 18, 1775 ; bap. Oct. 4.
Jacob Selig, s. Johannes and Margaretha ; b. Oct. 7, 1777 ; bap. Oct. 4.
Friedrich Selig, s. Johannes and Margaretha ; b. April 7, 1779 ; bap. Oct. 4.
Susanna Weiss, d. Georg and Margaret ; b. Aug. 11 ; bap. Oct. 12.
Anna Maria Kipp., d. Johannes and Margaret ; b. Sept. 12 ; bap. Oct. 13.
Eva Catharina Schreiner, d. Michael and Elisabeth ; b. Aug. 7 ; bap. Oct. 13.
Martin Fichtner, s. Martin and Catharina ; b. Sept. 24 ; bap. Oct. 14.
Jacob Lotmann, s. Johannes and Maria ; b. Sept. 18 ; bap. Oct. 14.
Michael Frey, s. Michael and Dorothea ; b. July 15 ; bap. Oct. 19.
Georg. Schaefer, s. Georg. and Catharina ; b. Oct. 8 ; bap. Oct. 21.
Cathar. Margaret Baumann, d. Joh. Nichl. and Christiana Elisabeth ; b. July 10, 1780 ; bap. Oct. 21.
Johannes Niess, s. Peter and Catharina ; b. July 14 ; bap. Oct. 21.
Johannes Hagintogler, s. Isaac and Elisabeth, Reformed ; b. June 4 ; bap. Oct. 21.
Johannes Terre, s. Conrad and Elisabeth ; b. Oct. 14 ; bap. Oct. 23.
Catharina Weidel, d. Friedrich and Susanna ; b. Oct. 6 ; bap. Oct. 28.
Elisabeth Bonnet, d. Johann and Magdalina ; b. Sept. 20 ; bap. Oct. 28.
Regina Henrich, d. Georg. and Anna ; b. Oct. 8 ; bap. Nov. 1.

Maria Barbara Brenner, d. Georg and Anna Maria; b. Sept. 22; bap. Nov. 2.
Maria Magdalena Lukohr, d. Johannes and Margareta; b. Oct. 14; bap. Nov. 4.
Johannes Greiner, s. Johannes and Debora; b. Oct. 16; bap. Nov. 11.
Friedrich Ehrmann, s. Casper and Rosina; b. Oct. 31; bap. Nov. 11.
Christina Loh, d. Georg and Christina; b. May 26; bap. Nov. 14.
Dorothea Kautz, d. Thomas and Gertraud; b. Oct. 29; bap. Nov. 18.
Anna Maria Neumann, d. Daniel and Maria; b. Oct. 30; bap. Nov. 18.
Nicolaus Gaertner, s. Valentin and Appolonia; b. Oct. 2; bap. Nov. 18.
Charles Trumbull, s. Charles and Philippina; b. Oct. 30; bap. Nov. 20.
Elisabeth Kurz, d. Christian and Dorothea; b. Nov. 17; bap. Nov. 25.
John Gillard, s. John and Margaret; b. July 8; bap. Nov. 25.
Susanna Tochtermann, d. Fried. and Christine; b. Oct. 18; bap. Nov. 25.
Catharina Senn, d. Christian and Margaret; b. Sept. 30; bap. Nov. 27.
Elisabeth Messerschmidt, d. Peter and Christina; b. Nov. 11; bap. Dec. 2.
Rosina Elisabeth Loh, d. Georg and Christine; b. May 28, 1778; bap. Dec. 3.
Michael Jung, s. Mathaeus and Catharina; b. Nov. 29; bap. Dec. 8.
Maria Magdalena Schneider, d. Peter and Catharina; b. Dec. 11, 1779; bap. Dec. 6.
Johan Heinrich Schneider, s. Peter and Catharina; b. Sept. 23, 1781; bap. Dec. 6.
James Braun, s. John and Maria; b. May 11; bap. Dec. 8.
Jeremias Stillwil, aged 30 years; bap. Dec. 8.
Anna Elisabeth Stillwil; bap. Dec. 8.
Jeremias Stillwil, s. Jeremias and Anna Elisabeth; bap. Dec. 8.
Catharina Stillwil, d. Jeremias and Anna Elisabeth; bap. Dec. 8.
Jean Porterfield, d. Jesaia and Agnes; b. Nov. 24; bap. Dec. 11.
Joh. Ludwig Bart, s. Valentine and Margaret; b. Nov. 30; bap. Dec. 16.
Christian App, s Michael and Sophia; b. Nov. 17; bap. Dec. 16.
Elisabeth Thieler, d. Leonhardt and Anna Maria; b. Nov. 1; bap. Dec. 19.
Anna Maria Lindy, d. Jacob and Anna Maria; b. Oct. 25; bap. Dec. 22.

Births and Baptisms.

Jacob Maenzer, s. Andreas and Susanna ; b. Oct. 28 ; bap. Dec. 23.
Heinrich Keiler, s. Daniel and Sybilla ; b. Nov. 10 ; bap. Dec. 30.
Elisabeth Weidel, d. Johannes and Anna Maria ; b. Nov. 15 ; bap. Dec. 30.
Elisabeth Pflug, d. Heinrich and Anna Margareta ; b. Dec. 4, 1780 ; bap. six weeks before Christmas.

1782.

Michael Roberts, s. Joh. and Catharina ; b. Dec. 28, 1781 ; bap. Jan. 3.
Anna Bisseth, d. Robert and Margaret ; b. Oct. 15, 1780; bap. Jan. 9.
Catharina Bigy, d. Franciscus and Eva ; b. Dec. 23, 1781 ; bap. Jan. 6.
Elisabeth Reishling, d. Johannes and Maria Cathar. ; b. Jan. 8 ; bap. Jan. 10.
Carl Heinrich Eichholz, s. Leonhard and Catharina ; b. Dec. 14, 1781 ; bap. Jan. 13.
Jane, wife of Thomas Turner, née Hendricks; b. March 22, 1760 ; bap. Jan. 19.
Jane Turner, d. Thomas and Jane; b. Jan. 14 ; bap. Jan. 19.
Catharina Bitner, d. Adam and Christine ; b. Jan. 1 ; bap. Jan. 21.
Georg Bitner, s. Adam and Christine ; b. Oct. 19, 1780 ; bap. Jan. 21.
Susanna Greenly, d. James and Margar.; b. April 30, 1781 ; bap. Jan. 21.
Anna Maria Koehler, d. Michael and Elisabeth ; b. Feb. 3, 1781 ; bap. Jan. 21.
Laudon Haliburton, s. Laudon and Mary ; b. Dec. 26, 1781 ; bap. Jan. 22.
Johannes Dörn, s. Heinrich and Elisabeth ; b. Dec. 28, 1781 ; bap. Jan. 27.
Elisabeth Sprackel, d. Thomas and Barbara, née Betz ; b. Jan. 7 ; bap. Jan. 27.
Susanna Schreiner, d. Michael and Barbara ; b. Jan. 13 ; bap. Feb. 1.
Johannes Gramm, s. Wilhelm and Elisabeth, widow Leopold ; b. Jan. 5 ; bap. Feb. 3.
Catharina Appel, d. Christian and Magdalena ; b. Jan. 19 ; bap. Feb. 3.
Francisca Catharina Schlauch, d. Matthias and Maria ; b. Oct. 14 ; bap. Feb. 4.
Juliana Elisabeth Zanzinger, d. Paul and Esther ; b. Aug. 26 ; bap. Feb. 6.
Joseph Stevenson, s. Joseph and Elisabeth ; b. Sept. 22 ; bap. Feb. 9.
Johannes Colman Seitz, s. Andreas and Catharina ; b. Jan. 9 ; bap. Feb. 10.

William Collins, s. Robert and Anne ; b. Feb. 6 ; bap. Feb. 18.
Johanna Haeusele, d. Michael and Catharina ; b. Feb. 2 ; bap. Feb. 24.
Johannes Sauter, s. Michael and Sara ; b. Nov. 13, 1781 ; bap. Feb. 24.
Colman Hergut, s. Heinrich and Catharina ; b. Dec., 1781 ; bap. March 3.
Mary Bartram, d. John and Mary ; b. Feb. 7 ; bap. March 3.
Johannes Mettot, s. Jacob and Anna Mar. ; b. Feb. 24 ; bap. March 3.
Jacob Neu, s. Ludwig and Mary ; bap. March 3.
Johann Georg Brenneisen, s. Valentin and Salome ; b. Feb. 9 ; bap. March 3.
Catharina Etter, d. Daniel and Maria Magd.; b. Feb. 9; bap. March 3.
Ann Webster, d. Capt. John and Eleonor ; b. June 21, 1779 ; bap. March 5.
Mary Webster, d. Capt. John and Eleonor ; b. Jan. 28 ; bap. March 5.
Catharina Nagel, d. Joseph and Maria ; b. Jan. 27 ; bap. March 10.
Catharina Bart, d. Lorenz and Juliana ; b. Feb. 24 ; bap. March 17.
Mary McColm, d. Malcom and Jean.; b. Feb. 15 ; bap. March 18.
Hanna Eckel, d. Caspar and Catharina ; b. March 11 ; bap. March 20.
Margareta Schmidt, d. Johannes and Margaret ; b. Dec. 5, 1781 ; bap. March 23.
Anna Elizabeth Leibpa, d. Christian and Christine ; b. March 6 ; bap. March 24.
James Frener, s. James and Eva ; b. Jan. 20 ; bap. March 24.
Hanna Brenneisen, d. Conrad and Maria Elisabeth ; b. Jan. 2 ; bap. March 24.
Johan Philipp Klein, s. Philipp and Magdalena ; b. March 25 ; bap. March 26.
Isaac Kuhns, s. Mennonite parents ; bap. March 29.
Johannes Hirsch, s. Conrad Hirsch ; bap. March 29, 18 years old.
Barbara Meier, d. Hans and Barbara ; b. Dec. 11, 1781 ; bap. March 31.
Christina Margar. Platz, d. Adam and Margar.; b. Feb. 24 ; bap. April 1.
Joh. Nicolaus Münich, s. Philip and Elisabeth ; b. March 27 ; bap. April 7.
Jacob Schwenzel, s. Friedrich and Eva ; b. March 15 ; bap. April 7.
Wilhelm Beyer, s. Friedrich and Magdalena ; b. March 25 ; bap. April 11.
Catharina Lambarter, d. Ulrich and Catharina ; b. Feb. 9 ; bap. April 13.
Joh. Conrad Sohn, s. Johannes and Catharina ; b. Dec. 20, 1781 ; bap. April 14.
Elisabeth Peter, d. Abraham and Catharina ; b. Jan. 21 ; bap. April 21.

Births and Baptisms.

Patton Ross, s. Georg and Mary; b. March 13, 1778; bap. April 21.
William Bird Ross, s. Georg and Mary; b. April 6; bap. April 21.
Johannes Steinmeier, s. Sebastian and Sarah; b. Aug. 5, 1779; bap. April 28.
Barbara Ohlmeier, d Johannes and Anna Maria: b. Dec. 12, 1781; bap. May 5.
Michael Klein, s. Michael and Anna Maria; b. April 25; bap. May 5.
Heinrich Ofner, s. Johannes and Salome; b. April —; bap. May 5.
Susanna, d. Cato and Sukey (slaves); b. Sept. 12, 1781; bap. May 5.
James Morton, s. Joseph and Bridget; b. April 30; bap. May 7.
Anna Hess, d. Joh. Nicol. and Eva Catharina; b. March 7; bap. May 8.
Sara, d. John Light and Catharine Bridges; b. Feb. 18; bap. May 11.
Elisabeth Swinney, d. Miles and Elisabeth; b. March 24; bap. May 11.
Joseph Kindsch, s. Jacob and Anna Barbara; b. March 8; bap. May 12.
John Grau, s. John and Anne; b. April 4; bap. May 12.
Georg Ludwig Hubly, s. Johannes and Maria; b. April 27; bap. May 17.
Joh. Christoph. Knerenschild, s. Christoph and Elisabeth; b. April —; bap. May 19.
Heinrich Augustus Philipp Muhlenberg, s. Henrich, pastor, and Maria Catharina; b. May 13; b. May 26.
Maria Catharina Muhlenberg, d. Henr. and Maria Catharina; b. Sept. 2, 1776; bap. Sept. 23, 1776.
Susana Elisabeth Muhlenberg, d. Henr. and Maria Catharina; b. Oct. 26, 1779; bap. Nov. 16, 1779.
Daniel McCoy, s. Alexander and Margaret; b. May 23; bap. May 29.
Barbara Schweiker, d. Martin and Christine; b. March 25; bap. June 2.
Georg Henrich, s. Christian and Regina; b. March 25, 1781; bap. June 2.
Elisabeth Kennedy, d. William and Sara; b. Sept. 22, 1778; bap. June 3.
Anna Elisabeth Kennedy, d. William and Sara; b. Dec. 18, 1781; bap June 3.
Maria Catharina Kuch, d. Joh. Michael and Catharina; b. May 6; June 6.
Catharina Weber, d. Johannes and Anna Elisab.; b. May 14; bap. June 9.
Catharina Lohrmann, d. Adam and Anna Maria; b. Jan. 12; bap. June 12.
Jacob Schneider, s. Jacob and Anna Elisabeth; b. April 20; bap. June 12.

The Pennsylvania-German Society.

Catharina Musculus, d. Adam and Catharina; b. June 2; bap. June 13.
Joh. Jacob Greiner, s. And. and Maria Barbara; b. March 28, 1781; bap. June 13.
Susan Barbara Bart, d. Mathias and Sus. Margaret; b. March 30; bap. June 16.
Georg Goerlitz, s. Joh. Peter and Christine; b. April 12; bap. June 16.
Johannes Etter, s. Heinrich and Catharina; b. Jan.; bap. April 17.
Christian Hasselbach, s. Henrich and wife; b. June 18; bap. June 21.
Georg Michael Wagner, s. Georg and Anna Dorothea; b. Nov. 21, 1781; bap. June 22.
Wilhelm Naumann, s. Gottlieb and Anna Marg.; b. April 15; bap. June 23.
Jacob Griesenger, s. Georg and Catharina; b. June 1; bap. June 23.
Anna Maria Messerschmidt, d. Georg and wife; b. June 9; bap. June 23.
Peter Rau, s. Peter and Charlotta; b. July 1; bap. July 2.
Barbara Dambach, d. Adam and Susanna (a Mennonite); b. Nov. 15, 1780; bap. July 12.
Susanna Dambach, d. Adam and Susanna (a Mennonite); b. April 9; bap. July 12.
Anna Maria Fentz, d. Georg Martin and Anna; b. July 7; bap. July 13.
Henrietta Breitenhart, d. Christoph and Magdalena; b. June 22; bap. July 14.
Luke Lamb, s. Luke and Anna; b. July 5; bap. July 14.
Joh. Heinrich Rusing, s. Bernhard and Susanna; b. April 6; bap. July 21.
Johannes Schmidt, s. Theobald and Elisabeth; b. March 10; bap. July 21.
Catharina Raymeyer, d. Ludwig and Anna; b. March 18; bap. July 21.
Anna Maria Raymeier, d. Ludwig and Anna; b. Feb. 19, 1778; bap. July 21.
Catharina Fass, d. Peter and Catharina; b. May 12; bap. July 21.
Anna Maria Jeiter, d. Johannes and Maria Margar.; b. May, 1781; bap. July 24.
Johann Christian Wolf, s. Joh. Christian and Anna; b. July 23; bap. July 26.
Adam Hambrecht, s. Georg and Anna Maria; b. June 3; bap. July 27.
Anna Maria Steinmeier, d. Sebastian and Sara; b. April 29; bap. July 27.

Births and Baptisms.

Johannes Tintemann, s. Henrich and Elisabeth; b. June 12; bap. July 28.
David, s. Thomas and Grace (negroes), b. Feb. 24; bap. July 28.
Philipp Rudesily, s. Michael and Catharina; b. April 7; bap. April 30.
Catharina Singlof, d. Henr. and Maria; b. March 7; bap. Aug. 1.
Catharina Techtmeyer, d. Ludwig and Sus. Barbara; b. Aug. 1; bap. Aug. 4.
Heinrich Muendel, s. Valentin and Maria; b. Oct. 8, 1781; bap. Aug. 4.
Catharina Ackermann, d. Paul and Anna Maria; b. Feb. 27; bap. Aug. 11.
Jacob Deiber, s. Jacob and Catharina; b. Aug. 3; bap. Aug. 11.
George Sacket, s. Peter and Rachel (negro); b. June 7; bap. Aug. 11.
Richard, s. James Richard and Mary Euibly; b. July 22; bap. Aug. 12.
Anna Alisabeth Williams, d. Georg and Anna; b. Dec. 2, 1781; bap. Aug. 14.
Anna Margareta Heger, d. Franz and Anna Margaret; b. Aug. 2; bap. Aug. 15.
Johannes Vanderschmidt, s. Johannes and Elisabeth; b. Dec. 15, 1781; bap. Aug. 18.
Anna Maria Stoft, d. Jacob and Anna Maria; b. Aug. 10; bap. Aug. 21.
Elisabeth Schmidt, d. Peter and Catharina; b. Dec. 20, 1781; bap. Aug. 25.
Maria Spring, d. Dewald and Hanna; b. June 20; bap. Aug. 25.
Susanna Scheib, d. Mathias and Maria Cathar.; b. April 23; bap. Aug. 25.
Georg Schwarz, s. Conrad and Anna Maria; b. Aug. 15; bap. Aug. 25.
Christina Hildebrandt, d. Jacob and Barbara; b. July 29; bap. Aug. 25.
Anna Maria Koehler, d. Jacob and Elisabeth; b. Aug. 16; bap. Sept. 1.
Catharina Steffe, d. Wilhelm and Margaret; b. June 30; bap. Sept. 1.
Christ. Labetsweiler, s. Christ. and Susanna; b. July 3; bap. Sept. 1.
Maria Geiss, d. Johannes and Maria; b. April 5; bap. Sept. 1.
John Carlton, s. Lenty and Catharine; b. Aug. 19; bap. Sept. 1.
Catharina Boehler, d. Jacob and Elizabeth; b. Aug. 10; bap. Sept. 7.
Joseph Stewart, s. Daniel and wife; b. Aug. 21; bap. Sept. 7.
Martin Leible, s. Jacob and Catharina; b. May 30; bap. Sept. 8.
Elisabeth Steiner, d. Joh. Georg and Elisabeth; b. July 18; bap. Sept 8.

Jaspar Yeates and wife ; bap. Sept. 8.
Catharina Kehn, d. James and Catharina ; bap. Sept. 12.
Maria Reiss, d. Georg and Rachel ; b. June 1 ; bap. Sept. 13.
Anna Catharina Bumford, d. Benjamin and Catharina ; b. Sept. 7 ; bap. Sept. 14.
Georg Weber, s. Christoph and Margar. ; b. Aug. 6 ; bap. Sept. 15.
William McMullin, s. Michael and Regina ; b. Aug. 16 ; bap. Sept. 15.
Philipp Schneider, s. Gorge and Anna Marg. ; b. Aug. 18 ; bap. Sept. 17.
Elisabeth Schulze, d. Ludwig and Anna Cathar. ; b. Sept. 23, 1775 ; bap. Sept. 17.
Adam Kuhns, s. Isaac and and Susanna ; bap. Sept. 22.
Mary McCarnt, d. Peter and Jeannet ; b. Sept. 19 ; bap. Sept. 22.
Elisabeth McMullin, d. Henry and Esther ; b. Sept. 15 ; bap. Sept. 29.
Heinrich Marguart, s. Sebastian and Catharina ; b. Sept. 17 ; bap. Oct. 3.
Anna Maria Fackler, d. Georg and Catharina ; b. Feb. 20 ; bap. Sept. 26.
Mary Brown, d. Cæsar (negro) and Maria ; b. Sept. 1 ; bap. Oct. 6.
Catharina McDougal, d. Alexander and Margaret ; b. Sept. 25 ; bap. Oct. 8.
Edward Bennet, s. Henry and Elisabeth ; b. Aug. 27, 1781 ; bap. Oct. 8.
Catharina Salome Jost, d. Georg and Elisabeth ; b. Sept. 14 ; bap. Oct. 8.
Johannes Work, s. Johannes and Catharina ; b. Feb. 28 ; bap. Oct. 8.
Christian Wirz, s. Wilhelm and Margaret ; b. Oct. 8 ; bap. Oct. 10.
Salome Schütz, d. Conrad and Barbara ; b. Sept. 13 ; bap. Oct. 12.
Heinrich Huck, s. Heinrich and Magdalena ; b. May 6 ; bap. Oct. 13.
Joh. Jacob Fischer, s. Johannes and Eva Catharina ; b. Sept. 25 ; bap. Oct. 16.
Joh. Jacob Baer, s. Jacob and Susanna Louisa ; b. Sept. 24 ; bap. Oct. 17.
Johannes Gottschall, s. Michael and Catharina ; b. Sept. 23 ; bap. Oct. 20.
Susanna Beck, d. Georg and wife ; b. Aug. 27 ; bap. Oct. 19.
James Duffy, s. Peter and Elisabeth ; b. Oct. 6 ; bap. Oct. 20.
Christine Streher, d. Peter and Christina ; b. July 16 ; bap. Oct. 21.
Jacob Schindel, s. Jacob and Elisabeth ; b. Oct. 10 ; bap. Oct. 22.
John McDove, s. James and Elisabeth ; b. Oct. 21 ; bap. Oct. 23.
Mary McDill, d. Isaac and Catharina ; b. March 29 ; bap. Oct. 23.
Johannes Scherzer, s. Christoph and Cathar.; b. May 12 ; bap. Oct. 25.

Births and Baptisms.

Catharina Spaeter, d. Jacob and Margaret; b. Sept. 16; bap. Oct. 25.
Eleanor McGruger, d. Daniel and Mary; b. Oct. 21; bap. Oct. 25.
Catharina McCoy, d. Alexander and Margaret; b. Oct. 9; bap. Oct. 26.
Rebecca Neu, d. Johannes and Maria Magdalena; b. Sept. 26; bap. Oct. 27.
Susanna Klug, d. Gottfried and Anna Maria; b. Sept. 5; bap. Oct. 27.
Joh. Georg Hof, s. Georg and Justina Mary; b. Oct. 29; bap. Nov. 2.
Johann Adam Bertle, s. Georg Ad. and Magdalena; b June 11 bap. November 2.
—— Heiss—Friedrich and Christina; b. Oct. 14; bap. Nov. 3.
Georg Mann, s. Friedrich and Anna Maria; b. Oct. 17; bap. Nov. 3.
Jacob Reinhart, s. Michael and Anna Maria; b. Oct. 23; bap. Nov. 3.
Donnet McDonnel, s. John and Mary; b. Oct. 25; bap. Nov. 3.
Hanna Garden d. James (negro), and wife Phiby; b. Aug. 3; bap. Nov. 3.
William Garden s. James (negro), and wife Phiby; b. Feb. 20, 1776; bap. Nov. 3.
Elisabeth Garden d. James (negro), and wife Phiby; b. Aug., 1781; bap. Nov. 3.
Anna Maria Miller, d. Andreas and Regina; b. Feb. 16; bap. Nov. 5.
Margaret Wily, d. Samuel and Elisabeth; b. Oct. 30; bap. Nov. 8.
Conrad Ort, s. Matthaeus and Catharina; b. Sept. 1; bap. Nov. 10.
Anne Bennet, d. Georg and Elisabeth; b. Sept. 1, 1781; bap. Nov. 3.
Catharina Kohl, d. Nicholas and Elis. Dorothea; b. Oct. 22; bap. Nov. 10.
Johannes Weber, s. Philipp and Anna; b. July, 1781; bap. Nov. 10.
Charles, s. William (negro) and Betsey; b. Oct. 4; bap. Nov. 10.
Joh. Friedrich Duerr, s. Friedrich and Christine; b. March 20; bap. Nov. 12.
Susanna, d. Jacob Eckmann and Catharina Wehn; b. June, 1781; bap. Nov. 13.
Rachel, d. Judith, negro of John Hubly; b. Nov. 4; bap. Nov. 13.
Ann Margaret Lohr, d. Michael and Catharina; b. May 12; bap. Nov. 15.
Jacob Frick, s. Johannes and Elisabeth; b. Nov. 12; bap. Nov. 17.
James Garner, s. William and Susanna; b. Nov. 10; bap. Nov. 19.
Sophia Elisabeth Schindel, d. Georg and Elisabeth; b. Oct. 22; bap. Nov. 24.

Johannes Bauer, s. Michael and Veronica ; b. Oct. 30 ; bap. Nov. 25.
Anna Maria Beyermeister, d. Christoph and Anna Maria ; b. June 10;
bap. Nov. 24.
Sara Ervin, d. William and Mary ; b. Nov. 24 ; bap. Nov. 26.
Rebecca Tuckouss, d. Henry and Rebecca ; b. May 23 ; bap. Nov. 26.
Jacob Schindel, s. Peter and Elisabeth ; b. Nov. 25 ; bap. Nov. 27.
Adam Schlott, s. Michael and Catharina ; b. Aug. 14 ; bap. Dec. 1.
Joh. Heinrich Peter, s. Johann and Anna Maria ; b. July 19 ; bap. Dec. 1.
Johannes Jentzer, s. Johannes and Maria ; b. Oct. 12 ; bap. Dec. 2.
James Doyle, s. Thomas and wife ; b. Nov. 29 ; bap. Dec. 9.
David Etgin, s. David and Anna Martha ; b. April 30 ; bap. Dec. 12.
Anna Maria Braun, d. Abraham and Magdalena ; b. Nov. 9 ; bap. Dec. 15.
Susanna Geisser, d. Friedrich and Susanna ; b. Nov. 25 ; bap. Dec. 15.
Christian Zorn, s. Christian and Eva ; b. Nov. 29 ; bap. Dec. 15.
Johann Peter Weinau, s. Heinrich and Barbara ; b. Nov. 27 ; bap. Dec. 25.
John Bougal, s. John and Mary ; b. Dec. 18 ; bap. Dec. 26.
Jeannet Hall, d. Alexander and Elisabeth ; b. Nov. 26 ; bap. Dec. 26.
Elisabeth Faulkner, d. Thomas and Jean ; b. Dec. 4 ; bap. Dec. 28.
Jacob Triffenbach, s. Johannes and Maria ; b. Dec. 29, 1781 ; bap. Dec. 29.
Georg Ludwig Toersch, s. Friedrich and Catharina ; b. Nov. 10 ; bap. Dec. 29.

1783.

Johannes Burg, s. Johannes and Barbara ; b. Jan. 1 ; bap. Jan. 5.
William Smith, s. Jacob and Elisabeth ; b. Dec. 29, 1782 ; bap. Jan. 5.
Robert Alexander Muench, s. William and Christine ; b. Dec. 27, 1782 ; bap. Jan. 5.
Susanna Bennet Clark, d. Thomas and Jean.; b. Dec. 29, 1782 ; bap. Jan. 6.
Elisabeth Keller, d. Adam and Anna Maria ; b. Dec. 26, 1782 ; bap. Jan. 6.
Sara Robinson, d. Joseph and Elisabeth ; b. Dec. 25, 1782 ; bap. Jan. 7.
Margaret Mueller, d. Johannes and Hanna ; b. Dec. 2, 1782 ; bap. Jan. 12.
John Manson, s. Andrew and Johanette ; b. Jan. 7 ; bap. Jan. 17.
Johannes Glaser, s. Daniel and Christine ; b. October 14, 1782 ; bap. Jan. 18.
Anna Ward, d. John and Jean.; b. Jan. 4 ; bap. Jan. 18.

Births and Baptisms.

Jacob Wilson, s. Robert and Sophia; b. Jan. 4; bap. Jan. 19.
Johannes Knies, s. Christoph and Augustina Anna; b. Jan. 4; bap. Jan. 19.
Samuel Thomson, s. John and Johanette; b. Jan. 11; bap. Jan. 21.
Margaretha Keiler, d. Daniel and Sybilla; b. Dec. 4, 1782; bap. Jan. 26.
Joh. Jacob Zimmermann, s. Joh. Heinr. and Susanna; b. Jan. 13; bap. Jan. 26.
James McCinsey, s. John and Margar. b. Jan. 22; bap. Jan. 26.
Georg Butler, s. Ephraim and Justina; b. Jan. 19; bap. Jan. 26.
Philet Baxter, s. William and Mary; b. Jan. 14; bap. Jan. 26.
Anna Harriet Zanzinger, d. Paulus and wife; bap. Feb. 2.
Thomas Roberts, s. Johann and Catharina; b. Jan. 31; bap. Feb. 9.
James Cunningham, s. Cornelius and Anne; b. Jan. 29; bap. Feb. 10.
Christine Beurot, d. Friedrich and Christine; b. Feb. 16; bap. Feb. 22.
Johannes Brotzmann, s. Peter and Hanna; b. July 13, 1782; bap. Feb. 23.
Peter Kurz, s. Georg and Eva; b. Feb. 22; bap. March 1.
Isaac Hubly, s. Bernhard and Anna Maria; b. Feb. 26; bap. March 2.
Anna Maria Frick, d. Friedrich and Sophia; b. Feb. 1; bap. March 2.
Susanna Schreiner, d. Philipp and Susanna; b. Nov. 4, 1782; bap. March 5.
William Egens, s. William and Margaret; b. Feb. 23; bap. March 7.
Susanna Leitner, d. Michael and Margaret; b. Oct. 31, 1782; bap. March 9.
Georg and Christoph Illing (twins), s. Christoph Elias and Magdalena; b. March 2; bap. March 9.
Anna Margareta Lottmann, d. Georg and Anna Margar.; b. Oct. 3; bap. March 9.
Francis Clarke, s. William and wife; b. Feb. 28; bap. March 13.
Mary Brewer, d. John and Catharina; b. March 5; bap. March 15.
Susanna Metzger, d. Jonas and Eva; b. Feb. 4; bap. March 16.
Catharina Schaefer, d. David and Dorothea; b. April 1, 1782; bap. March 16.
Catharina Kessler, d. Georg and Elisabeth; b. March 8; bap. March 16.
Catharine Sinclair, d. John and Sophia; b. March 12; bap. March 19.
Charlotte Heinitz, d. Carl and Sophia; b. March; bap. March 23.
Sophia Marguart, d. Georg and Margaret; b. March 6; bap. March 23.
Johannes Kellermann, s. Frederick and Margar.; b. Dec. 3, 1782; bap. March 23.

Catharina Eppele, d. Johannes and Cathar.; bap. March 23.
Friedrich Hambrecht, s. Johannes and Susanna (Reformed); b. Oct. 26, 1782; bap. March 23.
Elisabeth Lodge, d. Joseph and Judith; b. March 19; bap. March 25.
James Grau, s. Thomas and Anne; b. March 28; bap. March 29.
Eva Singer, d. Christian and Elisabeth; b. Feb. 14; b. March 29.
Heinrich Seitenstick, s. Heinrich and Dorothea; b. Dec. 27; bap. March 29.
Johannes Luederson, s. Carl and Elisabeth; b. March 23; bap. March 30.
James Christie, s. James and Jeanne; b. March 17; bap. March 30.
George Lehry (Cont. sold.), s. William and Anne; b. Jan. 17; bap. March 30.
John Jacob Mathiot, s. Johannes and Susanna; b. March 11; bap. April 6.
Anne Trumbull, d. Charles and Philippine; b. Feb. 28; ba March 30.
Eleanor McDougal, d. Finly and Mary; b. April 9; bap. April 12.
Jacob Müller, s. Franz and Catharina; b. Feb. 17; bap. April 13.
Elisabeth Jeff, d. Robert (soldier) and Agnes; b. Jan. 6; bap. April 13.
John Charret, s. Andrew and Sarah; b. Jan. 10; bap. April 13.
Charles Morris, s. John and Mary; b. June 29, 1781; bap. April 13.
James Morris, s. John and Mary; b. Feb. 28; bap. April 13.
Johannes McCarmie, 18 years old; bap. April 16.
Joseph McCarmie, 16 years old; bap. April 16.
Johannes Raup, s. Jonas and Appollonia; b. July 14, 1782; bap. April 17.
Tobias Stehme, 21 years old; bap. April 17.
Maria Triffenbach, d. John T. and wife, 24 years old; bap. April 17.
Benjamin Wade, a mulatto; bap. April 17.
Elisabeth Fenstermacher, d. Friedrich and Anna Marg.; b. Dec. 20, 1782; bap. April 18.
Mary Singer, d. Joseph and Isabella; b. March 21; bap. April 19.
Barbara Spickler, d. Michael and Barbara; b. Feb. 12; bap. April 20.
William Mann, s. John and Sarah; b. Feb. 11; bap. April 20.
Anna Maria Hubly, d. Friedrich and Maria; b. April 7; bap. April 20.
Anna Magar. Kitsch, d. Martin and Catharina; b. Jan. 11; bap. April 20.
Magdelena Plattenberger, d. Johannes and Anna Maria; b. April 1; bap. April 21.

Births and Baptisms.

Elisabeth Veit, d. Peter and Magdalena (Reformed); b. March 6, bap. April 21.
Georg. Kapp, s. Martin and Anna Maria; b. March 3; bap. April 21.
Elisabeth Hamerston, d. Daniel and Barbara; b. Feb. 8; bap. April 21.
Abraham Rickert, s. Leonhard and Anna Maria; b. Oct. 9; bap. April 22.
Maria Elisabeth Peitzer, d. Joh. Gottfried and Catharine Wagner; b. April 21; bap. April 24.
John McCinsey, s. John and Anne; b. April 20; bap. April 24.
Catharina Kraemeyer, d. Friedr. and Eva Barbara; b. Jan. 13; bap. April 27.
Barbara Springer, d. Jacob and Barbara; b. Feb. 9; bap. April 27.
Magdalena Schulz, d. Jacob and Barbara; b. April 1; bap. April 27.
Anna Maria and Eva Hahn (twins), d. Johannes and Elisabeth; b. April 25; bap. April 30.
Joseph Nagel, s. Joseph and Maria; b. March 30; bap. May 4.
Ludwig Meier, s. Geo. Ludwig and Maria Barbara; bap. May 4.
Heinrich Bridge, s. Valentin and Anna Maria; b. Dec. 11, 1782; bap. May 4.
Joh. Rudolph Stamm, s. Joh. and Margaret; b. Aug. 12, 1782; bap. May 4.
John Martin, s. Oliver and Elisabeth; b. Dec. 22; bap. May 14.
Michael Buch, s. Peter and Cathar.; b. Oct. 12, 1782; bap. May 14.
Joh. Friedrich and Anna Margaret Arnold (twins), s. and d. Philip and Anna Marg.; b. Jan. 15; bap. May 15.
Johannes Rothacker, s. Johannes and Magdalena; b. Jan. 4; bap. May 17.
Andreas Koehler, s. Andreas and Barbara; b. April 17; bap. May 18.
Christian Luck, s. Georg and Elisabeth; b. Dec. 12, 1782; bap. May 18.
Elisabeth Nestelroth, d. Christian and Margar.; b. Nov. 14; bap. May 18.
Martin, s. Catharina Jung and Martin Weybrecht; b. April 13; bap. May 18.
Margaret Galacher, d. Philipp and Rebecca; b. June 23, 1782; bap. May 20.
James Stewart Alsop, s. John and Jean; b. Jan. 12, 1781; bap. May 24.
Johannes Oehler, s. Daniel and Maria Marg.; b. Feb. 8; bap. May 25.
Valentine Vanderschmidt, s. Johannes and Rosina; b. Nov. 2; bap. May 25.

Catharina Raup, d. Jacob and Dorothea; b. Jan. 14; bap. May 25.
Heinrich Geiss, s. Simon and Eva Margar.; b. Nov. 15; bap. May 25.
Anna Maria Ottman, d. Peter and Anna Maria; b. Oct. 24; bap. May 25.
Johann Georg Henninger, s Joh. Geo. and Maria Dorothea; b. April. 25; bap. May 26.
Christine Burmann, d. Nicolaus and Christine; b. Dec. 23; bap. May 27.
Georg Nicolaus Brant, s. Simon and Margaret; b. June 20, 1782; bap. May 31.
Elisabeth Schneider, d. Michael and Catharina; b. March 1; bap. May 31.
Heinrich Zehmer, s. Heinrich and Anna Maria; b. May 27; bap. June 3.
Elisabeth Hensel, d. Wilhelm and Maria; b. June 1; bap. June 6.
Johannes Meier, s. Isaac and Barbara; b. April 12; bap. June 8.
Anna Maria Pflug, d. Heinrich and Margaret; b. Jan. 24; bap. June 8.
Johannes Klein, s. Michael and Barbara; b. May 3; bap. June 8.
Margaret Hofstetter, d. Adam and Margaret; b. April 16; bap. June 8.
Jacob Müller, s. Peter and Maria Magdalena; b. June 2; bap. June 8.
Jacob Schmidt, s. Matthaeus and Juliana; b. April 19; bap. June 9.
Johannes Friedle, s. Christoph and Catharina; b. Nov. 25; bap. June 9.
Jacob Widder, s. Jac. and Hanna; b. May 26, 1782; bap. June 10.
Elisabeth Meldron, d. Henry and Diana; b. Dec. 22; bap. June 12.
Elisabeth Rees, d. James and Elisabeth; b. Aug. 20, 1781; bap. June 13.
Susanna Markert, d. Samuel and Magdalena; b. March 31; bap. June 20.
Friedrich Greiner, s. Andreas and Barbara; b. June 15; bap. June 20.
Susanna Haehn, d. Heinrich and Elisabeth; b. June 3; bap. June 22.
Jacob Scheurich, s. Math. and Catharina; b. Nov. 24, 1782; bap. June 22.
Jacob Moser, s. Georg and Christine; b. May 31; bap. June 22.
Catharina Schneider, d. Philipp and Christine; b. Feb. 17; bap. June 28.
———— Krueger, —. Heinrich and Anna Maria; b. June 25; bap. July 6.
Andreas Denger, s. Andreas and Catharina; b. June 4; bap. July 6.
Margaret Fischer, d. Ulrich and Magdalena; b. Nov. 23, 1782; bap. July 19.

Births and Baptisms.

Johannes Raemle, s. Johannes and Regina ; b. June 12 ; bap. July 20.
Georg Rathvon, s. Jacob and Elisabeth ; b. May 21 ; bap. July 20.
Heinrich Mueller, s. Heinrich and Magdalena ; b. Dec. 21 ; bap. July 20.
Johannes Philips, s. Johannes and Cathar. ; b. Dec. 17 ; bap. July 20.
Johannes Rummel, s. Peter and Elisabeth ; b. March 11 ; bap. July 20.
Anna Maria Schuck, d. Thomas and Cathar. ; b. March 3 ; bap. July 20.
Elisabeth Weidle, d. Friedrich and Susana ; b. July 24 ; bap. July 25.
Georg Franz, s. Ludwig and Margar. ; b. April 8 ; bap. July 31.
Juliana Schuler, d. Jacob and Dorothea Regina ; b. July 28 ; bap. Aug. 2.
J. Georg Maennich, s. Georg and Christina ; b. July 29 ; bap. Aug. 3.
Joh. Jacob Buth, s. John and Christine ; b. June 25 ; bap. Aug. 3.
Hanna, d. Hagar and Purslet ; b. Dec. 18, 1782 ; bap. Aug. 3.
Maria, d. Hanna and Millwood ; b. Dec., 1782 ; bap. Aug. 3.
Charlotte, d. Mary and Jacob (a negro) ; b. Jan. 20 ; bap. Aug. 3.
Sarah Krug, d. Valentine and Eva ; b. June 25 ; bap. Aug. 5.
Leon Eichholtz, s. Leonard and Catharina ; b. July 30 ; bap. Ang. 9.
Philip Liepbe, s. Christian and Christine ; b. July 9 ; bap. Aug. 10.
Sophia Elisabeth Gall, d. Heinrich and Catharine ; b. May 7 ; bap. Aug. 10.
Dorothea Hasselbach, d. Heinrich and Barbara ; b. Aug. 10 ; bap. Aug 17.
Daniel Martin, s. Daniel and Jean ; b. Aug. 4 ; bap. Aug. 18.
Jacob Lindy, s. Jacob and Anna Maria ; b. July 12 ; bap. Aug. 23.
Catharina Dimsy, d. Samson and Mary ; b. Aug, 20, 1782 ; bap. Aug. 29.
Christian Geiger, s. Heinrich and Susanna ; b. Aug. 18 ; bap. Aug. 29.
Magdalena Gottshall, d. Peter and Anna Maria ; b. Aug. 17 ; bap. Aug. 29.
Georg Martin, s. Jacob and Maria Eva. ; b. April 19 ; bap. Aug. 31.
Jacob Franciscus, s. Joh. and Anna ; b. Aug. 21 ; bap. Sept. 7.
Joh. Georg Houk, s. Barthol. and Sophia ; b. Aug. 28 ; bap. Sep. 7.
Joh. Adam Zollinger, s. Adam and Annia Maria ; b. Sept. 2 ; bap. Sept. 7.
Jacob Lehnherr, s. Georg and Elisabeth ; b. Sept. 17 ; bap. Sep. 28.
Christine Volk, d. Wilhelm and Barbara ; b. Aug. 25 ; bap. Oct. 4.
Christine Debler, d. Christoph and Anna Maria ; b. Oct. 5 ; bap. Oct. 11.
Johann Jacob Lehr, s. Christian and Maria ; b. Aug. 15 ; bap. Oct. 12.

The Pennsylvania-German Society.

Heinrich Sohn, s. Johannes and Catharina; b. Aug. 31; bap. Oct. 12.
Michael Diffenderfer, s. David and Margar.; b. Aug. 4; bap. Oct. 12.
William Gillard, s. John and Margar.; b. Aug. 13; bap. Oct. 12.
Eva Mainzer, d. Andreas and Susanna; b. Oct. 4; bap. Oct. 18.
Magdalena, d. John Patton Robin and Gertraud Dennig; b. Sept. 30; bap. Oct. 18.
Margaret Murray, d. Johan and Susanna; b. Dec. 20, 1782; bap. Oct. 19.
Susanna Rubby, d. Jacob and Maria; b. May 17; bap. Oct. 22.
Wilhelm Manning, s, John and Barbara; b. March 13; bap. Oct. 22.
Johannes Butner, s. Adam and Christine; b. Oct. 4; bap. Oct. 22.
Joh. Freidrich Ganter, s. Joh. Martin and Eva Maria; b. Aug. 12; 1782; bap. Oct. 22.
Johann Rieber, s. Ulrich and Catharina; b. Nov. 6, 1782; bap. Oct. 22.
Elisabeth, d. Elisabeth Rieber and Henr. Mantebach; b. Aug. 26, 1781; bap. Oct. 22.
Joseph Koehler, s. Michael and Elisabeth; b. Feb. 23, 1782; bap. Oct. 22.
Johannes Zimmermann, s. Friedrich and Barbara; b. Nov. 22, 1779; bap. Oct. 22.
David Zimmermann, s. Friedrich and Barbara; b. Jan. 27, 1781; bap. Oct. 22.
Susanna Zimmermann, d. Friedrich and Barbara; b. Oct. 3, 1783; bap. Oct. 22.
Anna Friedle, d. Christoph and Cathar.; b. Feb., 1780; bap. Oct. 22.
Elisabeth Andreas, d. Joh. and Catharina; b. Dec. 17, 1780; bap. Oct. 22.
Margaret Niess, d. Peter and Cathar.; b. Oct. 2; bap. Oct. 25.
Joh. Jacob Schott, s Peter and Christine; b. Jan. 13; bap. Oct. 26.
Sophia Weidel, d. Johannes and Anna Maria; b. Oct. 3; bap. Oct. 26.
Elisabeth Volz, d. Bernhard and Barbara; b. June 22; bap. Oct. 28.
Joh. Jacob Fossler, s. Joh. and Anna Maria; b. Aug. 22, 1782; bap. Nov. 3.
John Huy, s. James and Elisabeth; b. May 20; bap. Nov. 4.
Elisabeth Müller, d. Nicolaus and Sophia Cathar.; b. Oct. 28; Nov. 9.
Eva Catharina Wily, d. Samuel and Elisabeth; b. Oct. 9; bap. Nov. 10.
Catharina Fichtner, d. Martin and Catharina; b. Oct. 24; bap. Nov. 18.
Catharina Neumann, d. Daniel and Maria; b. Nov. 8; bap. Nov. 16.
Anna App, d. Michael and Sophia; b. Oct. 25; bap. Nov. 23.
Susanna Faringer, d. Jacob and Barbara; b. Oct. 12; bap. Nov. 23.

Births and Baptisms.

Catharina Barbara Schober, d. Franz and Maria Magdalena ; b. Nov. 24 ; bap. Nov. 25.
Georg, s. Elisabeth Maurer, née Rau, and Eckard Leon ; b. Nov. 25 ; bap. Nov. 26.
Philip Jacob Albrecht, s. Elias and Catharina ; b. Oct. 28, 1781 ; bap. Nov. 26.
Jacob Schlatter, s. Joh. Jacob and Anna Maria ; b. Nov. 16 ; bap. Nov. 30.
Elisabeth Triffenbach, d. Joh. and Maria ; b. Sept. 24 ; bap. Dec. 14.
Joseph Barton Long, s. David and Nancy (Presbyterian) ; b. Dec., 1782 ; bap. Dec. 14.
Catharina Schindel, d. Jacob and Elisabeth ; b. Nov. 25 ; bap. Dec. 14.
Maria Sophia Cath. Bettenhausen, d. Caspar and Sophia ; b. Feb. 23, 1782 ; bap. Dec. 16.
Daniel Peter, s, Abraham and Cathar. ; b. August 24 ; bap. Dec. 20.
Catharina Heck, d. Ludwig and Elisabeth ; b. Oct. 15 ; bap. Nov. 20.

1784.

Margaretha Mann, d. Friedrich and Anna Maria ; b. Dec. 5, 1783 ; bap. Jan. 1.
Johan Michael Schneider, s. Johannes and Catharina ; b. March 24, 1783 ; bap. Jan. 2.
Elisabeth Kuch, d. Joh. Michael and Catharina ; b. Dec. 31 ; bap. Jan. 3.
Georg Ofner, s. Johannes and Salome ; b. Dec. 10 ; bap. Jan. 4.
Sabina Hubly, d. Johannes and Maria ; b. Dec. 28 ; bap. Jan. 5.
Catharina Pflüger, d. Johannes and Elisabeth ; b. April 4, 1778 ; bap. Jan. 7.
Margaret Ford, d. Christoph and Jean.; b. July 18, 1781 ; bap. Jan. 7.
Elisabeth Holzwart, d. Ludwig and Philippina ; b. Nov. 17 ; bap. Jan. 11.
Anna Maria Gottschall, d. Michael and Cathar.; b. Dec. 10 ; bap. Jan. 11.
Johannes Theurer, s. Immanuel and Sophia ; b. Oct. 4 ; bap. Jan. 12.
Elisabeth Haeusele, d. Michael and Cathar.; b. Jan. 10 ; bap. Jan. 13.
Andreas Kurz, s. George and Eva ; b. Jan. 17 ; bap. Jan. 24.
Georg Grau, s. John and Susanna ; b. Feb. 2 ; bap. Feb. 3.
Johannes Weber, s. Johannes and Anna ; b. Jan. 25 ; bap. Feb. 8.
Susanna Christine Schindel, d. Georg and Elisabeth ; b. Dec. 25 ; bap. Feb. 13.
Johannes Braun, s. Johannes and Dorothea ; b. Feb. 13 ; bap. Feb. 15.

The Pennsylvania-German Society.

Jean. Robinson, d. John and Mary; b. Jan. 17; bap. Feb. 15.
Wilhelm Muenich, s. Philipp and Elisabeth; b. Jan. 16; bap. Feb. 15.
Joh. Nicolaus Kirchner, s. Johann and Magdalena; b. July 24, 1783; bap. Feb. 23.
John Maegill, s. Isaac and Catharina; b. Jan. 8; bap. Feb. 19.
Johannes Stehme, s. Tobias and Catharina; b. Jan. 15; bap. Feb. 21.
Maria Eva Pots, d. Johannes and Christine; b. Dec. 5; bap. Feb. 21.
Elisabeth Benedict, d. Leon and Cathar.; b. Jan. 18; bap. Feb. 29.
Heinrich Jeremias Stuber, s. D. Henr. and Catharina; b. Jan. 26; bap. Jan. 29.
Johann Philipp Klein, s. Philip and Magdalena; b. Feb. 11; bap. Feb. 21.
Joh. Jacob Hof, s. Georg and Justina; b. Feb. 4; bap. March 7.
Maria Barbara Kraeuter, d. David and Cathar.; b. March 9; bap. March 11.
Heinrich Jost, s. Conrad and Philippina; b. March 9; bap. March 13.
Elisabeth Beurot, d. Friedrich and Christine; b. Jan. 18; bap. March 25.
Johannes Kautz, s. Thomas and Gertraud; b. Jan. 3; bap. March 15.
Elisabeth Ehrmann, d. Caspar and Rosina; b. March 12; bap. March 16.
Maria Elisabeth Sin, d. Christian and Margar.; b. Jan. 20; bap. March 20.
Catharina Weber, d. Adam and Rosina; b. March 24; bap. March 31.
Johannes Keller, s. Freidrich and Elizabeth; b. March 18; bap. April 6.
Anna Maria Spracket, d. Thomas and Barbara; b. Feb. 8; bap. April 7.
Anna Maria Decker, d. David and Barbara; b. March 28, 1783; bap. April 11.
Catharina Lutz, d. Andreas and Catharina; b. April 4; bap. April 12.
Maria Bigy, d. Franz and Eva; b. March 27; bap. April 12.
Michael Hess, s. Wilhelm and Anna Maria; b. Jan. 23; bap. April 13.
Anna Maria Breitenherd, d. Christoph and Eva Madalena; b. March 23; bap. April 16.
Abraham Gebel, s. Wilhelm and Barbara; b. Aug. 11, 1783, bap. April 16.
Elisabeth Gray, d. Alexander and Hanna; b. Nov., 1782; bap. April 17.

Births and Baptisms.

Elisabeth Ellington, d. John and Mary ; b. Jan. 12 ; bap. April 18.
Catharina Giesinger, d. Wendel and Elisabeth ; b, Feb. 28, 1775 ; bap. April 18.
Friedrich Mainzer, s. Friedrich and Catharina ; b. Oct. 20 ; bap. April 18.
Susanna Kuhns, d. Isaac and Susanna ; b. April 1 ; bap. April 18.
Joh. Philipp Immanuel Muhlenberg, s. Gotthilf Henrich and Maria Catharina ; b. March 31 ; bap. April 18.
George Rowlison, s. Robert and Anna ; b. March 11 ; bap. April 19.
Elisabeth Stahl, d. Jacob and Anna Margar. ; b. April 21 ; bap. April 22.
Elisabeth Greiner, d. Johannes and Deborah ; b. April 14 ; bap. April 22.
Joh. Adam Jung, s. Jacob and Barbara ; b. Dec. 4, 1782 ; bap. April 25.
Anna Elisabeth Ludwig, d. Conrad and Sophia, b. Aug 29 ; bap. April 25.
Balthasar Trager, s. Adam and Salome ; b. April 28, 1783 ; bap. April 25.
Barbara Walsh, d. Georg and Anna Maria ; b. July 8 ; bap. April 25.
Salome Kinn, d. Jacob and Barbara ; b. Feb. 5 ; bap. April 25.
Elisabeth Müller, d. Joh. Volbrecht and Hanna ; b. April 19 ; bap. April 27.
Johannes Heissinger, s. Johannes and Catharina ; b. Nov. 10 ; bap. April 26.
Barbara Weller, d. Joh. and Maria ; b. Jan. 6 ; bap. April 26.
Peter Booth, s. Geo. Adam and Magdalena ; b. Jan. 22 ; bap. May 2.
Elisabeth Reischling, d. Johannes and Maria Cathar. ; b. April 13 ; bap. May 2.
Michael Knies, s. Christoph and Anna Justina ; b. April 20 ; bap. May 9.
Maria Margar. Bart, d. Martin and Susanna ; b. Dec. 29 ; bap. May 15.
Anna Maria Heger, d. Franz and Eva Margaret ; b. April 25 ; bap. May 15.
Jacob Reiner, s. Michael and Magdalena ; b. Nov. 17, 1783 ; bap. May 29.
Anna Catharina, d. Joh. Meister and Anna Gertrud Hartmann ; b. Dec. 5, 1783 ; bap. May 29.
Sophia Kindsch, d. Jacob and Barbara ; b. March 7 ; bap. May 30.
Maria Eva Mann, d. William and Christine ; b. Feb. 27 ; bap. May 31.
Maria Hensel, d. Wilhelm and Maria ; b. May 23 ; bap. May 31.
Catharina Heger, d. Christoph and wife ; b. May 10 ; bap. May 31.
Sarah Cowick, d. James and Cathar. ; b. Jan. 16 ; bap. June 6.

The Pennsylvania-German Society.

Daniel Vonderschmidt, s. Val. and Elisabeth; b. Aug. 27, 1783; bap. June 6.
Maria Gallatin, d. Daniel and Elisabeth; b. Oct. 28, 1782; bap. June 7.
Catharina Musculus, d. Adam and Catharina; b. June 1; bap. June 7.
Rebecca Moser, d. Michael and Maria Barbara; b. May 14; bap. June 11.
Joseph Gaertner, s. Valentin and Apollonia; b. Nov. 23; bap. May 31.
Elisabeth Martin, d. Adam and Dorothea; b. Sept. 26; bap. June 12.
Anna Elisabeth Goerlitz, d. Johann and Magdalena; b. April 7; bap. June 13.
Georg Leitner, s. Joh. and Margar.; b. Aug., 1782; bap. June 15.
Michael Leitner, s. Joh. and Marg.; b. Dec., 1783; bap. June 15.
Samuel Beyer, s. Friedrich and Magdalena; b. May 3; bap. June 15.
Elisabeth Toy, d. John and Eva; b. Nov.. 1783; bap. June 19.
Sophia Heinitsh, d. Carl and Sophia; b. June 7; bap. June 20.
Anna Catharina Gebel, d. Heinrich and Susanna; b. Aug., 1783; bap. June 26.
Rosina Schreiner, d. Philip and Susanna; b. April 22; bap. June 26.
Johannes Naumann, s. Gottlieb and Marg.; b. May 24. bap. June 27.
Margaret Davis, d. Isaac and Eva; b. June 24; bap. June 29.
James Davis, s. Isaac and Eva; b. Sept. 1, 1782; bap. June 29.
Sara Crafford, d. John and Anne; b. Oct. 14, 1782; bap. June 29.
Joh. Gerhard Fischer, s. Johannes and Margaret; b. June 16; bap. July 4.
Peter Klein, s. Michael and Anna Maria; b. June 30; bap. July 11.
James Larkins, s. James and Elisabeth; b. June 30; bap. July 11.
Georg Friedrich Knerenschild, s. Christoph and Elisabeth; b. July 11; bap. July 14.
Heinrich Philips, s. Joh. and Catharina; h. Dec. 28; bap. July 17.
Samuel Dugan, s. Charles and Catharina; b. April 30; bap. July 21.
Immanuel Breneisen, s. Valentin and Salome; b. June 26; bap. July 21.
Sophia Schweisgut, d. And. and Susanna; b. May 19; bap. July 22.
Jacob Mehling, s. Joh. and Magdalena; b. July 7; bap. July 25.
Johannes Kautz. s. Friedrich and Anna Maria; b. April 20; bap. Aug. 1.
Elisabeth, d. Elisabeth Roland and John Ron; b. July 1, 1781; bap. July 29.
Joseph Urban, s. Ludwig and Veronica; b. March 30; bap. July 29.
Johannes Dunkel, s. Georg and Barbara; b. April 10, 1780; bap. July 29.

Births and Baptisms.

Anna Dunkel, d. George and Barbara; b. Nov. 14, 1783; bap. July 29.
Anna Epple, d. Conrad and Elisabeth; b. 1783; bap. July 29.
Joseph Christ, s. Johannes and Rachel; b. May 18; bap. July 29.
Heinrich Otto, s. Christian and Magdalena; b. Nov. 5; bap. July 29.
Elisabeth Logan, d. John and Barbara; b. March 4, 1779; bap. July 29.
Maria Logan, d. John and Barbara; b. Aug. 14, 1781; bap. July 29.
Johannes Logan, s. John and Barbara; b. Aug. 16, 1783; bap. July 29.
Elisabeth Trumpeller, d. Peter and Sabina; b. May 4; bap. July 29.
Elisabeth Stech, d. Philip and Anna Maria; b. Dec. 15, 1783; bap. July 29.
Johannes Nesselroth, s. Christian and Margaret; b. Jan. 28; bap. July 29.
Johannes Hebel, s. Johannes and Maria; b. Feb. 9, 1781; bap. July 29.
Elisabeth Hebel, d. Johannes and Maria; b. Oct. 15, 1783; bap. July 29.
Susanna McDonnel, d. James and Elisabeth; b. March 28, 1774; bap. July 29.
Elisabeth McDonnel, s. James and Elisabeth; b. June 24, 1775; bap. July 29.
Margaret McDonnel, d. James and Elisabeth; b. Aug. 13, 1780; bap. July 29.
Hanna McDonnel, d. James and Elisabeth; b. Jan. 13, 1784; bap. July 29.
Catharina Griessinger, d. Georg and Catharina; b. June 26; bap. Aug. 1.
Anna Maria Marguart, d. Sebastian and Cathar.; b. July 14; bap. Aug. 3.
Catharina Toersch, d. Friedr. and Catharina; b. April 27; bap. Aug. 10.
Elisabeth Schreiner, d. Michael and Elisabeth; b. April 21; bap. Aug. 14.
Margaret Liebe, d. Feiedr. and Anna Maria; b. Aug. 1; bap. Aug. 15.
Catharina Bortzmann, d. Peter and Hanna; b. Jan. 23; bap. Aug. 15.
Catharina Grasmacher, d. Adam and Catharina; b. Dec. 4, 1783; bap. Aug. 16.
Thomas Loggar, s. Charlas and Mary; b. May 3, 1783; bap. Aug 25.
Elisabeth Burk, d. Rudolph and Maria; b. Jan. 19; bap. Aug. 27.
Adam Zollinger, s. Adam and Anna Maria; b. Aug. 17; bap. Sept. 5.
Joh. Jacob Weiss, s. Georg and Anna Margaret; b. Aug. 7; bap. Sept. 5.

The Pennsylvania-German Society.

Salome Weidele, d. Friedr. and Susanna; b. Aug. 15; bap. Sept. 7.
Michael Schmaus, s. Nicolaus and wife; b. Aug. 15; bap. Sept. 10.
Anna Maria Scheurig, d. Math. and Catharina; b. July 12; bap. Sept. 11.
Matthaeus Kohl, s. Nicolaus and Dorothea; bap. Aug. 20; bap. Sept. 12.
Joh. Cornelius Metzger, s. Jonas and Eva; b. July 3; bap. Sept. 12.
Henrich Bryan, s. Charles (Catholic) and Catharina; b. Aug. 2; bap. Sept. 18.
Friedrich Doern, s. Heinrich and Elisabeth; b. Aug. 21; bap. Sept. 18.
Anna Maria Hambrecht, d. Georg and Anna Maria; b. Sept. 19; bap. Sept. 27.
Barbara Haubentobler, d. Nicol. and Elisabeth; b. Feb. 6; bap. bap. Sept. 28.
Jacob Haubentobler, s. Joh. and Catharina; b. Aug. 8; bap. Sept. 28.
Anna Maria Haubentobler, d. Isaac and Elisabeth; b. Sept. 6; bap. Sept. 28.
Jacob Fritz, s. Ludwig and Catharina; b. Sept. 17; bap. Sept. 29.
Maria Schumann, d. Georg and Catharina; b. June 30; bap. Sept. 30.
Benjamin Frener, s. James and Eva; b. May 17; bap. Oct. 10.
Maria Schneider, d. Joseph and Elisabeth; b. Feb. 11; bap. Oct. 2.
Joh. Adam Fornwald, s. Johannes and Eva; b. Sept. 28; bap. Oct. 12.
Barbara Schmidt, d. Johannes and Maria; b. July 9; bap. Oct. 16.
Jacob Liebpe, s. Christian and Christine; b. Sept. 9; bap. Oct. 17.
Barbara Gracko, d. Peter and Elisabeth; b. Aug. 5; bap. Oct. 17.
Johannes Belzer, s. Anton and Anna Maria; b. April · bap. Oct. 20.
Salome Lutz, d. Johannes and Margaret; b. May 6; bap. Oct. 20.
Susanna Rosina Appel, d. Christian and Magdalena; b. Sept. 12; bap. Oct. 21.
Sara Widder, d. Georg and Cathar.; b. March 15; bap. Oct. 27.
Elisabeth Bauer, d. Michael and Veronica; b. Sept. 12, 1783; bap. July 30.
Catharina Burk, d. Johannes and Barbara; b. Oct. 13; bap. Oct. 29.
Christine Hartmann, d. Christian and Susanna (Reformed); 14 weeks old; bap. Oct. 31.
Martin Rudisily, s. Michael and Catharina; b. Aug. 3; bap. Nov. 1.
Johann Georg Lohr, s. Michael and Cath.; b. Sept. 24, 1783; bap. Nov. 5.
Jacob Schreiner, s. Michael and Barbara; b. Feb. 3; bap. Oct. 28.

Births and Baptisms.

Elisabeth Mellinger, d. Friedr. and Anna; b. Oct. 31; bap. Nov. 5.
Anna Maria Bass, d. Lorenz and Juliana; b. Nov. 1; bap. Nov. 9.
Johannes Bender, s. David and Margaret. (Reformed); b. Sept. 11, 1783; bap. Nov. 12.
William Thomas Swan, s. Joshua and Anna; b. Nov. 5; bap. Nov. 21.
Anna Maria Keiler, d. Daniel and Sybilla; b. Nov. 20; bap. Nov. 24.
Eva Elisabeth Schlott, d. Michael and Maria Cathar.; b. Sept. 19; bap. Nov. 28.
Eva Becht, d. Joseph and Christine; b. Nov. 1; bap. Nov. 29.
Anna Hubly, d. Bernhard and Anna; b. Nov. 29; bap. Dec. 1.
Andreas Keiss, s. Andreas and Catharina; b. Nov. 18, bap. Dec. 5.
Anna Barbara Wagner, d. Michael and Maria Barbara; b. Nov. 21; bap. Dec. 5.
Eva Eichholz, d. Georg and Anna; b. Oct. 11; bap. Dec. 5.
Jacob Schreiber, s. Johannes and Christine; b. Dec. 2; bap. Dec. 9.
Eva Margareta Schuler, d. Jacob and Regina Dorotha; b. Nov. 23; bap. Dec. 11.
Adam Schlatter, s. Jacob and Anna Maria; b. Dec. 9; bap. Dec. 12.
John Burns, s. Patrick and Anna; b. Dec. 5, 1780; bap. Dec. 10.
John Cochran, s. Samuel and Barbara; b. Oct. 27; bap. Dec. 10.
Georg Conrad Schwarz, s. Conrad and Anna Maria; b. Dec. 6; bap. Dec. 19.
Adam Koehler, s. Andreas and Barbara; b. Dec. 7; bap. Dec. 19.
Catharina Tochtermann, d. Friedrich and Christine; b. March 17; bap. Dec. 19.
Johannes Frick, s. Johannes and Elisabeth; b. Dec. 6; bap. Dec.
Georg Messerschmidt, s. Georg and Elisabeth; b. Dec. 16; bap. Dec. 29.
Johannes Mathiot, s. Johannes and Susanna; b. Dec. 26; bap. Dec. 29.

1785.

Elisabeth Hambrecht, d. Johannes and Susanna; b. Nov. 5, 1784; bap. Jan. 1.
Peter Scheller, s. Johannes and Rosina; b. Dec. 26, 1784; bap. Jan. 9.
Christian Plattenberger, s. Johannes and Maria; b, Jan. 4; bap. Jan. 10.
Rosina Catharina Peitzner, d. Joh. and Gottfried and Catharina; b. Jan. 8; bap. Jan. 11.
Johann Jacob Schulz, s. Jacob and Maria Barbara; b. Nov. 27; bap. Jan. 16.

Heinrich Janneway, s. Jacob and Magdalena; b. Jan. 17; bap. Jan. 19.
Maria Wood, d. Michael and Elisabeth; b. Aug. 9, 1784; bap. Jan. 27.
Conrad Eppele, s. Conrad and Hanna; b. Jan. 11; bap. Jan. 27.
Johann Jacob Techtmeyer, s. Ludwig and Susanna Barbara; b. Jan. 23; bap. Jan. 30.
Christina Kessler, d. Georg and Elisabeth; b. Jan. 23; bap. Jan. 30.
Maria, d. Herman Lorsbach and Elisab. Spitznagel; b. Jan. 15; bap. Jan. 29.
Regina Tod, d. Johannes and Catharina; b. Dec. 30, 1784; bap. Feb. 6.
Johan Thomas Tod, s. Johannes and Catharina; b. Sept. 11, 1782; bap. Feb. 6.
Anna Catharina Lutman, d. Georg and Anna Margaret; b. Jan. 26; bap. Feb. 13.
Barbara Gottschall, d. Ludwig and Barbara; b. Jan. 28; bap. Feb. 27.
Joh. Friedrich Schütz, s. Conrad and Barbara; b. Jan. 22; bap. Feb. 27.
Matthaeus Schmidt, s. Matthaeus and Juliana; b. Feb. 12; bap. Feb. 15.
Elisabeth Klehr, d. Friedrich and Elisabeth; b. Nov. 30; bap. March 22.
Johannes Schmidt, s. Peter and wife; b. Dec. 31, 1759; bap. March 23.
Mrs. Elisabeth Kieglerin, bap. March 23.
Georg Mdgel, s. Joseph and Maria; b. March 12; bap. March 27.
Johannes Kraemer, s. Justus and Anna Maria; b. March 15; bap. March 28.
Catharina Hubly, d. Friedrich and Anna Maria; b. March 8; bap. March 28.
Barbara Mengs, d. Georg and Hanna; b. Dec. 29, 1782; bap March 20.
Hanna Mengs, d. Georg and Hanna; b. Oct. 5, 1780; bap. March 20.
Jacob Mengs, s. Georg and Hanna; b. March 10, 1785; bap. March 20.
Maria Mose, d. Christian and Eleonora; b. March 4; bap. March 29.
Jacob Leiby, s. Jacob and Catharina; b. Aug., 1784; bap. March 29.
Anna Catharina Pflug, d. Heinrich and Margaret; b. Nov. 27, 1784; bap. March 29.
Jacob Steffy, s. Wilhelm and Margar.; b. Dec. 14, 1784; bap. March 29.
Michael Müller, s. Peter and Maria Magdalena; b. April 1; bap. April 10.

Births and Baptisms.

Friedrich Zimmermann, s. Friedrich and Barbara ; b. May 27, 1784 ; bap. April 15.
Barbara Veit, d. Peter and Magdalena ; b. Nov. 15 ; bap. April 15.
Hanna Schaefer, d. David and Dorothea ; bap. April 17.
Daniel Lindner, s. Hetman and Catharina ; b. May 14, 1784; bap. April 17.
Johannes Biederman, s. Balzer and Anna Margar. ; b. July 7, 1784 ; bap. April 17.
Elisabeth Raub, d. Jacob and Dorothea; b. Jan. 21, 1784; bap. April 17.
Catharina Racky, d. Wilhelm and Margaret ; b. Dec. 6 ; bap. April 17.
Johann Carl Klug, s. Gottfried and Maria ; b. Nov. 20 ; bap. April 24.
Christian Miller, s. Franz and Catharina ; b. Nov. 17 ; bap. April 24.
Sara Matrona Hubly, d. Johann and Maria ; b. March 20 ; bap. April 24.
Susanna Grace, d. John and Susanna ; b. March 28 ; bap. April 25.
Mathias Moser, s. Georg and Christina ; b. April 2 ; bap. May 1.
Margaret Gerlitz, d. James and Elisabeth ; b. March 5 ; bap. May 3.
Catharina Müller, d. Peter and Susanna ; b. Jan. 18 ; bap. May 5.
Joh. Michael Lazarus, s. Friedrich and Regina Elisabeth ; b. Nov. 27, 1884 ; bap. May 6.
Adam Schneider, s. Adam and Maria Barbara; b. March 9, 1783; bap. May 8.
Simon and Abraham Schneider (twins),s. Adam and Maria Barbara ; b. June 12, 1784 ; bap. May 8.
David Drumm, s. Jacob and Maria Margaret ; b. Dec. 13, 1784 ; bap. May 8.
Maria Kuhn, d. Conrad and Maria Elisabeth ; b. Oct. 15 ; bap. May 8.
Barbara Bachman, d. George and Elisabeth ; b. March 17 ; bap. May 8.
Johannes Burman, s. Nicholas and Christina ; b. Dec. 11 ; bap. May 14.
Georg Dietrich, s Michael and Elisabeth ; b. April 24 ; bap. May 15.
Johannes Heinkel, s. Jost and Catharina ; b. Jan. 29 ; bap. May 15.
Isaac Meier, s. Isaac and Barbara ; b. Feb. 17 ; bap. May 15.
Elisabeth Schneider, d. Philip and Christina ; b. Dec. 9 ; bap. May 15.
Catharina Mann, d. Friedrich and Anna Maria ; b. April 21 ; bap. May 16.
Catharina Hofstetter, d. Adam and Margaret ; b. Dec. 18 ; bap. May 29.
Jacob Weber, s. Christoph and Margar. ; b. April 11 ; bap. June 1.
Georg Wirt, s. Martin and Catharina ; b. Dec. 7, 1783; bap. June 2.
Anna Margaret Zorn, d. Christian and Eva ; b. April 22 ; bap. June 2.

Joh. Georg Volk, s. Georg and Catharina; b. April 23; bap. June 5.
Catharina Rathvon, d. Jacob and Elisabeth; b. Jan. 21; bap. June 12.
Philippina Robinsky, d. Andreas and Maria; b. Nov. 5, 1784; bap. June 12.
Anna Ottmann, d. Peter and Anna Maria; b. March 3, 1784; bap. June 12.
Georg Ottmann, s. Peter and Anna Maria; b. April 25, 1785; bap. June 12.
Elisabeth Schott, d. Peter and Christina; b. Oct. 21, 1784; bap. June 12.
Adam Müller, s. Jacob and Margaret; b. April 2, 1784; bap. June 12.
David Müller, s. Jacob and Margaret; b. June 20, 1781; bap. June 12.
Elisabeth Schaefer, d. Conrad and Barbara; b. Dec. 4, 1782; bap. June 12.
Elisabeth Seidensticker, d. Heinrich and Dorothea; b. Jan. 9; bap. June 25.
Elisabeth Heinkel, d. Wilhelm and Elisabeth; b. May 14; bap. June 27.
Elisabeth Brooks, d. Joseph and Mary; b. Jan. 10; bap. July 2.
Johannes Brady, s. Robert and Catharine; b. July 21, 1784; bap. July 3.
Philipp Hess, s. Joh. Nicol. and wife; b. Dec. 25, 1776; bap. July 4.
Elisabeth Hess, d. Joh. Nicol. and wife; b. Feb., 1784; bap. July 4.
Michael Hess, s. Joh. Nicol. and wife; b. June 5 ; bap. July 4.
Johannes Lein, s. Jacob and Barbara; b. Jan. 2; bap. July 4.
Jacob Lein, s. Johannes and Sara ; b. May 5; bap. July 4.
Johannes Weidele, s. Christian and Rosina; b. July 8; bap. July 16.
Catharina Kellermann, d. Friedrich and Cathar.; b. March 9; bap. July 17.
Elisabeth Weber, d. Johannes and Elisabeth; b. April 7; bap. July 17.
Salome Lambarter, d. Ulrich and Magdalena; bap. July 23.
Maria Margaret Besinger, d. Peter and Barbara; b. June 28; bap. July 24.
Heinrich and Christian Eichholz (twins), s. Leonhard and Catharina; b. July 26; bap. July 31.
Barbara Fissler, d. Ulrich and Magdalena; b. Aug. 19, 1784; bap. Aug. 1.
Elisabeth Nass, d. George and Elisabeth; b. June 7; bap. Aug. 7.
Elisabeth Gordon, d. John and Margar.; b. June 1; bap. Aug. 7.
Johannes Oberdorf, s. Andreas and Elisabeth; b. May 27, 1784; bap. Aug. 7.

Births and Baptisms.

Elisabeth Eppele, d. Johannes and Catharina; b. Dec. 22; bap. Aug. 11.
Heinrich Willis, s. William and Elisabeth; b. April, 1778; bap Aug. 11.
Elisabeth Mainzer, d. Friedrich and Catharina; b. June 22; bap. Ang. 13.
Georg Fenstermacher, s. Freidrich and Margaret; b. April 28; bap. Aug. 16.
Wilhelm Willis, s. William and Elisabeth; b. Oct., 1779; bap. Aug. 11.
Elisabeth Willis, d. William and Elisabeth; b. March 11, 1783; bap. Aug. 11.
Dorothea Kurz, d. Christian and Dorothea; b. Aug. 13; bap. Aug. 20.
Valentine Galosky, s. Henrich and Barbara; b. Aug. 10; bap. Aug. 21.
Georg Ludwig Meier, s. Christoph and Susanna; b. Aug. 7; bap. Aug. 27.
Catharina Knoll; d. Jacob and Catharina; b Aug. 26; bap. Sept. 2.
Christoph Meier, s. Matthaeus and Catharina; b. Sept. 5; bap. Sept. 6.
Heinrich Schweickert, s. Sebastian and Maria; b. March 30; bap. Sept. 6.
Daniel Kapp; s. Martin and Anna; b. May 30; bap. Sept. 7.
Elisabeth Luck, d. Georg and Elisabeth; b. Sept. 13, 1784; bap. Sept. 10.
Joh. Heinrich Lautenschlager, s. Heinrich and Elisabeth; b. Feb. 15; bap. Sept. 10.
Jean. Sacket, d. Peter and Rachel; July 10; bap. Sept. 10.
Susanna Haubentobler, d. Joseph and Eva; b. Aug. 9; bap. Sept. 20.
Daniel Keiler, s. Daniel and Sybilla; b. Sept. 24; bap. Sept. 24.
Johannes Trayer, s. Adam and Salome; b. June 21; bap. Oct. 2.
Magdalena Zimmermann, d. Georg. and Elisabeth; b. July 5; bap. Oct. 2.
Maria Philippina Walch, d. Georg. and Anna Maria; b. June 16; bap. Oct. 2.
Jacob Law, s. Thomas and Regina; b. Nov. 16, 1784; bap. Oct. 6.
Paulus Dunkel, s. Georg. and Barbara; b. Aug. 29; bap. Oct. 7.
Charlotte Gericke, d. Friedrich and Angelica; b. Sept. 28; bap. Oct. 9.
Anna Margareta Naumann, d. Gottlieb and Anna Margar.; b. Sept. 12; bap. Oct. 9.
Magdalena Wood, d. Christoph and Catharina; b. Oct. 8; bap. Oct. 14.

Justina Ulmer, d. Philip and Barbara; b. Oct. 5; bap. Oct. 16.
Johannes Himmelreich, s. Jacob and Elisabeth; b. Sept. 18, 1784; bap. Oct. 16.
Johannes Volz, s. Bernhard and Barbara; b. July 3; bap. Oct. 28.
Juliana Hasselbach, d. Heinrich and Barbara; b. Oct. 23; bap. Oct. 30.
Elisabeth Hirsh, d. Friedrich and Susanna; b. Aug. 30, bap. Oct. 30.
Catharina Keller, d. Adam and Maria; b. Sept. 11; bap. Oct. 30.
Anna Margareta Greiner, d. Johannes and Deborah; b. Sept. 27; bap. Oct. 30.
Jacob Keller, s. Frederick and Elizabeth; b. Oct. 14; bap. Oct. 25.
Jacob Miller, s. Joh. Volbrecht and Hanna; b. Sept. 8; bap. Nov. 3.
Georg Faringer, s. Jacob and Barbara; b. Aug. 31; bap. Nov. 6.
Georg Hobson Krug, s. Jacob and Rebecca; b, Oct. 12; bap. Nov. 7.
Adam Brenner, s. Philip and Elisabeth; b. Oct. 20; bap. Nov. 9.
Catharina Brenner, d. Georg and Christina; b. Sept. 22; bap. Nov. 9.
Heinrich Schneider, s. Peter and Catharina; b. Sept. 23; bap. Nov. 9.
Catharina Schneider, d. Michael and Catharina; b. Oct. 16; bap. Nov. 9.
Catharina Krebs, d. Joh. Georg and Barbara; b. Oct. 27; bap. Nov. 12.
Joseph Gerlitz, s. Peter and Jean.; b. Sept. 17; bap. Nov. 9.
Philipp, s. Anna Malson and Philip Goetz; b. Oct. 19; bap. Nov. 9.
Magdalena Haeusele, d. Michael and Catharina; b. Sept. 4; bap. Nov. 13.
Christoph Lutz, s. Andreas and Catharina; b. Oct. 8; bap. Nov. 13.
Catharina Schreiber, d. Johannes and Christina; b. Nov. 1; bap. Nov. 16.
Tobias Stehme, s. Tobias and Catharina; b. Oct. 24; bap. Nov. 27.
Catharina Kurz, d. George and Anna Eva.; b. Sept. 22; bap. Nov. 27.
Rebecca Gallacher, d. Philip and Rebecca; b. Nov. 24; bap. Dec. 6.
Daniel Grasmäher, s. Abraham and Catharina; b. March 11; bap. Dec. 9.
Catharina Gumpf, d. Christoph and Maria; b. March 25; bap. Dec. 16.
Johannes Davis, s. Isaac and Eva; b. Jan. 15, 1784; bap. Dec. 19.
Magdalena Becker, d. Joh. Adam and Anna Catharina; b. Dec. 22; bap. Dec. 25.
Catharina Weidle, d. Johannes and Anna Maria; b. Dec. 4; bap. Dec. 25.
Catharina Braun, d. Abraham and Magdalena; b. Feb. 15; bap. Dec. 25.
Georg Kuhns, s. Michael and Catharina; b. Jan. 25; bap. Dec. 26.

Births and Baptisms.

1786.

Susanna Boot, d. John and Christina ; b. Sept. 8 ; bap. Jan. 15.
Elisabeth Wilson, d. Robert and Sophia ; b. Jan. 13 ; bap. Jan. 22.
Carl August Heinitsch, s. Carl and Sophia ; b. Jan. 13 ; bap. Jan. 29.
Margaret Holzwart, d. Ludwig and Philippine ; b. Jan. 29 ; bap. Feb. 5.
Susanna Schneider, d. Melchior and Catharina ; b. Dec. —, 1785 ; bap. Feb. 9.
Johan Georg Marguard, s. Georg and Margaret ; b. Feb. 6 ; bap. Feb. 11.
Jacob Mellinger, s. Friedrich and Anna ; b. Sept. 28, 1782 ; bap. March 4.
Catharina Mellinger, d. Friedrich and Anna ; b. Sept. 28, 1785 ; bap. March 4.
Elisabeth Ochler, d. Daniel and Margar. ; b. Dec. 22, 1785 ; bap. March 4.
Jacob Bauermeister, s. Christoph and Anna Maria ; b. Nov. 30, 1785 ; bap. March 6.
Peter Gottschall, s. Peter and Anna Maria ; b. July 29, 1785 ; bap. March 6.
Georg Gottschall, s. Michael and Catharina ; b. Nov. 26, 1785 ; bap. March 6.
Joh. Georg Rohrig, s. Georg and Elisabeth ; b. Feb. 25 ; bap. March 8.
Christoph, s. Eva Gehler and Conrad Meister ; b. Feb. 3 ; bap. March 9.
Elisabeth Koch, d. Georg and Margaret ; b. Dec. 26, 1785 ; bap. March 12.
Georg Raemle, s. Johannas and Regina ; b. Feb. 5 ; bap. March 12.
Anna Maria Meiers, d. Heinrich and Catharina ; b. Feb. 25 ; bap. March 12.
Michael Friedrich Meier, s. Georg Ludwig and Barbara ; b. Feb. 14 ; bap. March 19.
Johannes Illing, s. Christoph and Magdalena ; b. Feb. 25 ; bap. March 19.
Jacob Plattenberger, s. Johannes and Maria ; b. March 15 ; bap. March 20.
Ernestina, d. Heinrich Walter and Maria Schuler ; b. March 11 ; bap. March 21.
Catharina Schweisgut, d. Andreas and Susanna ; b. Jan. 2 ; bap. March 24.
Elisabeth Riddel, d. Michael and Catharina ; b. Sept. 29, 1785 ; bap. March 25.
Johannes Heinrich Haens, s. Heinrich and Elisabeth ; b. March 20 ; bap. March 26.

The Pennsylvania-German Society.

Anna Maria Heger, d. Christoph and wife; b. March 11; bap. March 26.
Adam Meier, s. Wilhelm and Margaret ; bap. March 31.
Catharina Roth, d. Johannes (Reformed) and Barbara; b. March 24; bap. April 3.
Catharina, foundling, b. March — : bap. April 6.
Elisabeth Lehnherr, d. Georg and Elisabeth ; b. March 20; bap. April 9.
Johannes Bau, s. Johannes and Cunigunda; 16 weeks old; bap. April 16.
Johannes Palmer, s. Johannes and Eva ; b. April 10 ; bap. April 17.
Daniel Nestelroth ; b. July 19, 1769 ; bap. April 14.
Elisabeth Ziegler ; 15 years old ; bap. April 14.
Joh. Wilhelm Hensel, s. Wilhelm and Maria ; b. Aug. 3, 1785 ; bap. April 18.
Michael Schindel, s. Georg and Elisabeth ; b. March 11; bap. April 30.
Anna Maria Springer, d. Jacob and Barbara ; b. Dec. 12, 1785 ; bap. April 30.
Susanna Zimmerman, d. Heinrich and Susanna ; b. Dec. 28, 1785 ; bap. April 30.
Catharina Dunkel, d. Math. and Catharina ; b. Jan. 11; bap. May 4.
Anna Margaret Fisher, d. Johannes and Margaret ; b. April 13 ; bap. May 7.
Catharina Meier, d. Philip and Catharina : b. April 27 ; bap. May 7.
Elisabeth Raup, d. Jonas and Apollonia ; b. Feb. 21, 1784 ; bap. May 13.
Susanna Raup, d. Jonas and Appollonia ; b. March 25 ; bap. May 13.
Jonas Raup. s. Jacob and Dorothea ; b; Nov. 23, 1785 ; bap. May 13.
Susanna Hubert, d. Jacob and Dorothea ; b. April 21 ; bap. May 14.
Catharina Scheller, d. Johannes and Rosina ; b. April 26 ; bap. May 14.
Margaret, d. Johann Stahl and Christina Grob ; b. May 14 ; bap. May 19.
Elizabeth Luts, d. Georg and Elisabeth ; b. April 9 ; bap. May 21.
Jacob Schindel, s. Jacob and Elisabeth ; b. May 7 ; bap. May 21.
Johannes Schindel, s. Peter and Elisabeth ; b. Jan. 4 ; bap. May 21.
Johannes Bartsfill, s. Johannes and Barbara ; b. March 12 ; bap. May 22.
Susanna Scheurich, d. Math. and Catharina ; b. Jan. 11 ; b. May 25.
Elisabeth Wrights, d. Joseph and Catharina ; b. May 23 ; bap. June 2.
Rosina Hambrecht, d. George and wife ; b. May — ; bap. June 2.

Births and Baptisms.

Jacob Murray, s. Jacob and Regina ; b. Nov. 28, 1785 ; bap. June 4.
Susanna Spring, d. Dewald and Hanna ; b. Aug. 6, 1784 ; bap. June 4.
Susanna Brenner, d. Georg and Anna Maria ; b. Dec. 4, 1785; bap. June 4.
Anna Maria Seidenspinner, d. Joseph and Magdalena ; b. May 17; bap. June 18.
Heinrich Hensinger, s. Johannes and Catharina ; b. Feb. 13 ; bap. June 24.
Johannes Mauk, s. Christian and Catharina; b. Feb. 10; bap. June 24.
Elisabeth Scheurig, d. Nicol. and Catharina; b. March 7; bap. June 25.
Anna Maria Metzger, d. Jonas and Eva ; b. Nov. 21, 1785 ; bap. June 25.
Christian Gibbons, s. Edward and Elisabeth ; b. Oct. —, 1785 ; bap. June 25.
Daniel Wily, s. Samuel and Elisabeth ; b. May 14 ; bap. July 2.
Elisabeth and Maria Otto (twins), d. Christian and Maria ; b. Jan. 11 ; bap. July 9.
Elisabeth Muir, d. Heinrich and Anna Maria ; b. Aug. 20, 1784 ; bap. July 9.
Anna Maria Muir, d. Heinrich and Anna Maria ; b. April 10 ; bap. July 9.
Johann Jacob Schaefer, s. Joh. Jacob and Barbara ; b. March 27, 1784 ; bap. July 9.
Anna Maria Schaefer, d. Joh. Jacob and Barbara ; b. Nov. 11, 1785 ; bap. July 9.
Maria Elisabeth Christ, d. Johannes and Regina ; b. May 26 ; bap. July 9.
Jacob Stech, s. Adam and Veronica ; b. Dec. 5, 1785 ; bap. July 9.
Christiana Försch, d. Friedrich and Catharina ; b. June 7; bap. July 12.
Elisabeth Peterman, d. Jacob and Rosina ; b. May 9 ; bap. July 11.
Eva Maria Albrecht, d. David and Barbara ; b. June 12 ; bap. July 25.
Magdalena Hoerner, d. Michael and Elisabeth ; b. July 13; bap. July 30.
Rudy Levi Meiers, s. William and Maria ; b. July 26 ; bap. July 30.
Catharina Neu, d. Johannes and Maria Magdalena ; b. Feb. 13 ; bap. Aug. 6.
Georg Stoft, s. Jacob and Anna Maria ; b. July 21 ; bap. Aug. 6.
Johannes Bigy, s. Franz and Eva ; b. May 26 ; bap. July 30.
Friedrich Schuman, s. Georg and Catharina ; b. May 30 ; bap. Aug. 9.
Sophia Rubly, d. Jacob and Maria ; b. June 21 ; bap. Aug. 9.
Joseph Manning, s. John and Barbara ; b. May 10 ; bap. Aug. 9.

The Pennsylvania-German Society.

Catharina Niess, d. Jacob and Margar. ; b. April 13, 1782; bap. Aug. 9.
Maria Barbara Koehler, d. Michael and Elisabeth ; b. July 23; bap. Aug. 9.
Georg Weber, s. Adam and Rosina; b. July 31; bap. Aug. 13.
Maria Philips, d. Johan and Catharina b. June 21; bap. Aug. 13.
Catharina Schweicker, d. Martin and Christina ; b. June 3; bap. Aug. 13.
Maria Magdalena Keller, d. Johannes and Maria Magdalena; b. Feb. —; bap. Aug. 12.
Isaac Peter, s. Abraham and Cath ; b. Sept. 12, 1785 ; bap. Aug. 12.
Jacob Schmidt, s. Johannes and Maria ; b. April 11 ; bap. Aug. 18.
Jacob Lindy, s. Jacob and Anna Maria ; b. June 23 ; bap. Aug. 19.
Maria Eliz. Denger, d. Andreas and Cath.; b. July 15 ; bap. Aug. 24.
Johannes Klein, s. Philip and Magdalena ; b. Aug. 6 ; bap. Aug. 27.
Georg Kantz, s. Christian and Eliz.; b. March 21 ; bap. Aug. 27.
Christian Andres, s. Johannes and Cath.; b. May 4 ; b. Aug. 27.
Johannes Heck, s. Ludwig and Eliz. ; b. Aug. 22; bap. Aug. 27.
Cath. Meier, d. Isaac and Barbara ; b. July 6 ; bap. Sept. 3.
Michael Nagle, s. Christoph. and Marg.; b. Aug. 30 ; bap. Sept. 5.
Eliz. Hofman, d. Friedrich and Margar.; b. May 26 ; bap. Sept. 9.
Susanna Weidele, d. Friedrich and Susanna ; b. Sept. 5 ; bap. Sept. 9.
Samuel Work, s. Elic and Cath.; b. Nov. 9, 1784; bap. Sept. 12.
Marg. Nicles, d. Michael and Eva ; b. Aug. 13 ; bap. Sept. 12.
Jacob Albert, s. Jacob and Cath.; 6 weeks old ; bap. Sept. 17.
Susanna Gebel, d. Wilhelm and Barbara ; b. July 9 ; bap. Sept. 28.
Joh. Jacob Sinn, s. Christian and Marg.; b. Aug. 24 ; bap. Oct. 1.
Maria Kuhns, d. Michael and Cath.; b. Sept. 22 ; bap. Oct. 2.
Magda. Reinhard, d. Michael and Anna Maria ; b. Sept. 15 ; bap. Oct. 8.
Andreas Humbert, s. Jacob and Cathar. ; b. Sept. 18 ; b. Oct. 8.
Cath. Sohn, d. Johannes and Cath ; b. Aug. 29 ; bap. Oct. 15.
Johan Georg Klein, s. Michael and Anna Maria ; b. Sept. 30 ; bap. Oct. 15.
David Reiner, s. Michael and Magda.; b. Aug. 26 ; b. Oct. 21.
Georg Luck, s. Georg and Elisabeth ; b. Aug. 5 ; bap. Oct. 22.
Georg Peter Samuel Muhlenberg, s. G. Heinrich (pastor loci) and Maria Cath.; b. Oct. 7 ; bap. Oct. 22.
Maria Marg. Ort, d. Johannes and Maria ; b. Aug. 24 ; bap. Oct. 22.
Heinrich Schulz, s. Jacob and Barbara ; b. Oct. 6 ; bap. Oct. 22.
Eliz. Lambarter, d. Ulrich and Magd.; b. Oct. 19 ; bap. Oct. 23.
Christine Hofstetter, d. Adam and Marg.; b. Aug. 26 ; bap. Oct. 29.

(To be continued.)

TRINITY LUTHERAN STEEPLE, LANCASTER, PA. BUILT, 1794

BIRTHS AND BAPTISMAL REGISTER

— OF —

TRINITY LUTHERAN CHURCH,

LANCASTER, PA.

[CONTINUED.]

1786.

—— Schwinzel, Frederick and Eva ; b. Oct. 20 ; bap. Oct. 30.
Johannes Rees, s. James and Elizabeth ; b. July 15 ; bap. Nov. 2.
Maria Magda. Ruetlinger, d. Johannes and Maria ; b. Sept. 19 ; bap. Nov. 5.
Jacob Frick, s. Frederick and Sophia ; b. Oct. 21 ; bap. Nov. 5.
Cath. Mathiot, d. Johannes and Susanna ; b. Oct. 24 ; bap. Nov. 12.
Eliz. Duerr, d. Hein. and Anna Maria ; b. Nov. 5 ; bap. Nov. 12.
Dorothea Barbara Haeberle, d. Joh. Heinr. and Dorothea ; b. Nov. 3 ; bap. Nov. 12.
Anna Cowick, d. James and Cath. ; b. Jan. 17 ; bap. Nov. 13.
Georg Schrof, s. Joh. Adam and Mag. ; b. Sept. 14 ; bap. Nov. 19.
Michael Gumpf, s. Michael and Marg. ; b. Oct. 23 ; bap. Nov. 19.
Sophia Zehmer, d. Hein. and Anna Maria ; b. Oct. 11 ; bap. Nov. 26.
Susanna Marg. Rees, d. James and Eliz. ; b. Apr. 23, 1784 ; bap. Nov. 26.
Barbara Ehrman, d. Caspar and Rosina ; b. Nov. 20 ; bap. Dec. 3.
Marg. Nauman, d. Gottlieb and wife ; b Nov. 8 ; bap. Dec. 3.
Hein. Fredrick Mayer, s. Christoph and Susanna ; b. Nov. 4 ; bap. Nov. 22.

Johannes Lautebach, s. Joh. Michael and Anna Margar; b. Nov 24; bap. Dec. 3.
Elisabeth Schmidt, d. Georg and Anna Maria; b. Nov. 17; bap. Dec. 3.
Juliana Nagel, d. Joseph and Anna Maria; b. Dec. 7; bap. Dec. 12.
Eva Ulmer, d. Philip and Barbara; b. Dec. 1; bap. Dec. 15.
Catharina Grater, d. Johannes and Eva refor.; b. Dec. 3; bap. Dec 22.
Georg Grace, s. John and Susanna; b. ———; bap. Dec. 24.
Samuel Baer, s. Benjamin and Catharina; b. Nov. 12: bap. Dec. 26.
Jacob Brotzman, s. Peter and Hanna; b. Mar. 31; bap. Dec. 24.
Jacob Bauer, s. Michael and Veronica; b. Nov. —; bap. Dec. 26
Friedrich Hambrecht, s. Johannes and Susanna; b. Nov. 22; bap. Dec. 26.
Elisabeth Braun, d. William and Margareth; b. Nov. 26; bap Dec. 28.
Johann Michael Schreiner, s. Michael and Elisabeth; b. Oct. 3; bap. Dec. 28.
Elisabeth Schreiner, d. Philip and Susanna; b. June 6; bap. Dec. 28.
Martin Bader, s. Frederich and Hanna; b. Dec. 20; bap. Dec. 31.

1787.

Anna Elizabeth Trager, d. Adam and Salome; b. Oct. 21; bap. Jan. 1.
Georg August Frick, s. Johannes and Catharina; b. Dec. 25; bap. Jan. 2.
Christian Burk. s. Johannes and Barbara; b Jan. 7; bap. Jan. 7.
Johannes Luers, s. James and Elisabeth Geiger. b. Jan. 23, 1785; bap. Jan. 9.
Justina Margaret Weiss d. Joh. Georg and Maria Margar.; b. Jan. 3; bap. Jan. 14.
Jacob Leible, s. Johannes and Elisabeth; b. Jan. 8; bap. Jan. 28.
Anna Maria Meister, d. Johannes and Anna Maria; b. Dec. 4; bap. Feb. 6.
Margaret Martin, d. Bernhard, ref. and Barbara; b. Dec. 17, 1783; bap. Feb. 13.
Johann Andreas Forre, s. Jacob, a Mennonite, and Susanna; b. Dec. 19 bap. Feb. 10.
Elizabeth Schweizer, d. Jacob and Elisabeth; b. Dec. 25; bap. Feb. 15.
Jacob Schlatter, s. Jacob and Anna Maria; b. Jan. 24; bap. Feb. 18.
Elizabeth Yost, d. Georg and Elisabeth; b. Jan. 2; bap. Feb. 25.
James Burns, s. James and Elisabeth, b. Apr. 12, 1785; bap. Mar. 14.
Maria Burns, d. James and Elisabeth, b. Feb. 10, 1786; bap. Mar. 14.
Susanna Wade, d. James and Johanette; b. Sept. 25, 1785; bap. Mar. 14.
Margaret Lockart, d. Charles and Margaret; b. Dec. 25, 1785; bap. Mar. 14.
Friedrich Kellerman, s. Friedrich and Margaret; b. Feb. 12; bap. Mar. 14.

Births and Baptisms.

George Leible, s. Jacob and Catharina ; b. Feb. 10 ; bap. Mar. 14.
Elisabeth, d. Christian Neucommer and Maria Waldenberger, b. Dec. 10, 1784 ; bap. Mar. 14.
Anna Maria Grasmaher, d. Adam and Catharina ; b. Dec. 4, 1786 ; bap. Mar. 14.
Johannes Wolf, s. Heinrich and Catharina, refor.; b. Jan. 1 ; bap. Mar. 14.
Sara Hahn, d. Johannes and Elisabeth ; b. Jan. 19 ; bap. Mar. 15.
Catharina Klein, d. Georg and Susanna ; b. Mar. 5; bap. Mar. 25.
Heinrich Muller, s. Franz and Catharina ; b. Oct. 23 ; bap. Mar. 25.
Maria Elizabeth Dietrich, d. Heinrich and Elisabeth ; ——— ; Mar. 25.
Joh. Peter Heinrich Gortner, s. Johan Georg and Margaret ; b. May 1786 ; bap. Mar. 25.
An. Eva Elisabeth Ahl, d. Heinrich and Anna Maria ; b. Jan. 15 ; bap. Mar. 25.
Susanna Messerschmidt, d. Georg and Elisabeth : b. Mar. 9 ; bap. Apr. 1.
Sophia Lehr, d. Christian and Maria ; b. Sept. 29 ; bap. Apr. 1.
Elisabeth Schneider, d. Joseph and Elisabeth ; b Nov. 17, 1785 ; bap. Apr. 5.
Joh. Heinrich Grasko, s. Peter and Maria Elisabeth ; b. Nov. 19 ; bap. Apr. 8.
Johannes Weber, s. Christoph and Margaret ; b. Feb. 21 ; bap. April 8.
Heinrich Gingerich, b. ———; bap. April 4.
Veronica Buttner, nee Manning ; b. ———; bap. April 4.
Elisabeth Mohr, b. ———; bap. Apr. 4.
Johannes Durr, s. Heinrich and Magdalena ; b. May 27, 1786; bap. Apr. 9.
Johann Philip Hamman, s. Philip and Maria Margar. ; b. Nov. 21, 1786 ; bap. Apr. 9.
Johann David Fass, s. Peter and Catharina ; b. Mar. 18, 1784 ; bap. Apr. 10.
Margar. Dorothea Fass, d. Peter and Catharina ; b. Dec. 11, 1785 ; Apr. 10.
Johannes Gottschall, s. Peter and Catharina ; b. Mar. 1 ; bap. Apr. 12.
Joh. Christian Jung, s. Jacob and Elisabeth ; b. Feb. 11 ; bap. Apr. 12.
Johann Adam Moser, s. Georg and Christine ; b. Apr. 3 ; bap. Apr. 12.
Maria Catharina Gottschall, d. Ludwig and Maria Barbara ; b. Jan. 26 ; bap. Apr. 12.
Charlotte Hess, d. Joh. Nicolas and Charlotte ; b. Mar. 7 ; bap. Apr. 15.
Catharina Hirsch, d. Friedrich and Susanna ; b. Nov. 28 ; bap. Apr. 17.
Sophia Bechtel, d. Heinrich and Magdalena ; b. Jan. 11 ; bap. Apr. 17.
Maria Jordan, Owen and Elis. Rau. ; b. Feb 17 ; bap. Apr. 15.
Elisabeth Margaret Ludersen, d. Carl and Elisabeth ; b. Apr. 15 ; bap. Apr. 22.
Johan Jacob Ruderelie, s. Michael and Catharina ; b. Mar. 10 ; bap. Apr. 20.

Elizabeth Eichholz, d. Leonhard and Catharina ; b. Mar. 21 ; bap. Apr. 22.
Jacob Galosky, s. Heinrich and Barbara ; b. Apr. 5 ; bap. Apr. 22.
John Michael Hubley, s. Johannes and Maria ; b. May 1 ; bap. May 2.
Jacob Marquart, s. Georg and Margaret ; b. Apr. 5 ; bap. May 6.
Abraham Zimmerman, s. Friedrich and Barbara ; b. Jan. 17 ; bap. May 6.
Georg Carl, s. Andreas and Elizabeth ; b. Dec. 11 ; bap. May 6.
Peter Paul, s. Edward and Maria ; b. Feb. 3, 1783 ; bap. May, 6.
Anna Margaret Paul, d. Edward and Maria ; b. Dec. 17, 1786 ; bap. May 6.
Johannes Heinkel, s. Johannes and Catharina ; b. Jan. 16 ; bap. May 8.
Catharina Heinkel, d. Wilhelm and Elizabeth ; b. Mar. 9 ; bap. May 8.
Catharina Elizabeth Marquart, d. Sebastian and Catharina ; b. April 4 ; bap. May 9.
Margaret Kuhn, d. Nicol and Barbara (nee Sprecher) ; b. Mar 2 ; bap. May 11.
Anna Margaret Gorgens, d. Johannes and Elizabeth ; b. April 9 ; bap. May 13.
Benjamin Wood, s. Christoph and Catharina ; b. Mar. 11 ; bap. May 13.
Jacob Faust, s. Georg and Margaret ; b. Sep. 9 ; bap. May 13.
Elizabeth Revert, d. Christian ref., and Margaret ; b. Mar. 31 ; bap. May 13.
Georg Light Heiss, s. Dietrich and Maria Magdalena ; b. May 6 ; bap. May 20.
Johannes Hains, s. Johannes and wife ; b. ———; bap. May 19.
Grace Par. Hubley, d. Adam and Lydia ; b. Apr. 27 ; bap. May 20.
Henry Edward Brooks, s. Joseph and Maria ; b. Jan. 12 ; bap. May 21.
Joh. Georg Weber, s. Johannes and Anna Elisabeth ; b. Sept. 28 ; bap. May 22.
Anna Maria Wagner, d. Georg and Anna Dorothea ; b. Jan. 19 ; bap. May 26.
Anna Catharina Stehme, d. Tobias and Catharina ; b. Apr. 24 ; bap. May 27.
Catharina Maria Gottschall, d. Gottlieb and Sabine ; b. Apr. 11 ; bap. May 27.
Samuel Fertig, s. Christoph and Magdalena : b. Mar. 12 ; bap. May 27.
Margar Rosina Hubley, d. Joseph and Mary ; b. Dec. 4, 1786 ; bap. May 27.
Georg Mann, s. Friedrich and Anna Marie ; b. May 15 ; bap. May 27.
Sara Feit, d. Benjamin and Sara ; b, May 22 ; bap. May 28.
Johannes Meyer, s. Jacob and Catharina ; b. Apr. 6 ; bap May 28.
Georg Nass, s. Georg and Elisabeth ; b. Mar. 15 ; bap. May 28.
Susanna Ellington, d. John and Mary ; b. Sept. 24 ; bap. May 28.

Births and Baptisms.

Catharina Bonnet, d. John Heinrich and Catharina ; b. Mar. 31 ; bap. June 10.
Heinrich Muller, s. Johannes and Hanna ; b. May 31 ; bap. June 12.
Joh. Philip Hess, s. Philip and Anna ; b. Apr. 26 ; bap. June 14.
Georg Graf Krug, s. Valentin and Eva ; b. June 2 ; bap. June 15.
Jacob Schonau, s. Andreas and Margar. ; b. June 8 ; bap. June 17.
Johannes Jost, s. Johannes and Barbara ; b. June 17 ; bap. June 24.
Elisabeth Gebhard, d. Martin and Margaret ; b. Oct. 21 ; bap. June 24.
Elisabeth Martin, d. Ernst and Christine ; b. Oct. —; bap. June 24.
Sara Holzwart, d. Ludwig and Philippina ; b. May 13 ; bap. June 24.
Elisabeth Weidele, d. Christian and Rosina ; b. June 6 ; bap. July 2.
Susanna Lotman, d Georg and Anna Margareta ; b Mar. 22 ; July 2.
Catharina Sophia Peter, d. Arnold and Rosina ; b. July 4 ; bap. July 8.
Johan Georg Wilson, s Robert and Sophia ; b. June 23 ; bap. July 15.
Eva Maria Hubley, d. Frederick and Anna Maria ; b. June 25 ; bap. July 17.
Elisabeth Franciscus, d. Johannes and Anna ; b. July 9 ; bap. July 22.
Georg Muller, s. Heinrich and Maria ; b. May 21 ; bap. July 22.
Catharina Fers, d. Christoph and Catharina ; b. June 13 ; bap. July 22.
Jacob Senger, s. Christian and Elisabeth ; b. March 28 ; bap. August 1.
Catharina Zollinger, d. Adam and Maria ; b. July 21 ; bap. August 5.
Margaret Kohl, d. Nicolaus and Dorothea ; b. July 18 ; bap. August 5.
Elisabeth Odenwald, d. Christian and Sara ; b. July 16 ; bap. August 5.
Georg Kammerer, s. Matthaeus and Catharin ; b. April 22 ; bap. August 11.
Johan Georg Kramer, s. Joh. Justus and Maria ; b. August 3 ; bap. August 12.
Joseph Rawlinson, s. Robert and Anna ; b. July 16 ; bap. August 12.
—— Fehl, Friedrich and wife ; b. ——; bap. August 14.
Elisabeth Eichholz, d. Georg and Anna ; b. April 28 ; bap. August 18.
Catharina Stuber, d. Heinrich and Catharina ; b. August 2 ; bap. August 21.
Jacob Krebs, s. Georg and Barbara ; b. April 21 ; bap. August 26.
Jacob Gumpf, s. Christoph and Maria ; b. July 24 ; bap. August 27.
Jeremiah Secket, s. Peter and Summer, (negroes); b. July 23 ; bap. Sept. 2.
Catharina Volz, d. Bernhard and Barbara ; b. July 7 ; bap. September 3.
Dinah, d. William Maise, (white), Susanna Puro, (black); b. July 25 ; bap. September 9.
Cathar. Elisabeth Hains, d. Johannes and Magdalena ; b. Jan. 2 ; bap. Sept. 30.
Christine Graner, d. Daniel and Margaret ; b. Sept. 24 ; bap. Sept. 29.
Joh. Christian Liepbe, d. Christoph and wife ; b. August 27 ; bap. Sept. 30.

Elisabeth Heger, d. Christoph and Catharina ; b, ———; bap. Oct. 6.
Jacob Rudiger, s. Karies and Elisabeth ; b. May 14 ; bap. October 17.
Wilhelm Fricke, s. Wilhelm and Elisab. ; b. Feb. 8 ; bap. October 20.
Friedrich Weidele, s. Friedrich and Susanna ; b. Sept. 14 ; bap. Oct. 20.
Sara Appel, d. Christian and Magdalena ; b. Oct. 6 ; bap. Oct. 25.
Joseph Seidenspinner, s. Joseph and Maria ; b. Sept 21 ; bap. Oct. 27.
Anna Maria Lutz, d. Georg and Elisabeth : b. Sept. 11 ; bap. Oct. 31.
Maria Eva Ohlwein, d. Bernhard and Maria Eva ; b. Oct. 25 ; bap. Nov. 3.
Jacob Peterman, s. Jacob and Rosina ; b. Oct. 1 ; bap. Nov. 4.
Jacob Schwieger, s. Ludwig and Anna ; August 24 ; bap. Nov. 4.
Joh. Heinrich Baus, s. Johannes and Cunizunda ; b. July 11 ; bap. Nov. 4.
Sara Krug, d. Georg Jacob and wife ; b. Oct. 23 ; bap. Nov. 4.
Barbara Schneider, d. Michael and Catharina ; b. August 12 ; bap. Nov. 5.
Johannes Scheurig, d. Matthaeus and Catharina ; b. August 4 ; bap. Nov. 5.
Anna Maria Burman, d. Nicol. and Christine ; b. July 18 ; bap. Nov. 11.
Jacob Patterson, s, Johannes and Catharina ; b. Nov. 8 ; bap. Nov. 24.
Maria Margarete Schreiber, d. Johannes and Christine ; b. Oct. 29 ; bap. Nov. 25.
Elisabeth Kapp, d. Martin and Hanna ; b. Oct. 19 ; bap. Nov. 25.
Christoph, s. Barbara Sparkt, (nee Petz) and Stophel Beiermeister ; b. Feb. —; bap. Nov. 25.
Heinrich Dietrich, s. Adam and Susanna ; b. Nov. 5 ; bap. Dec. 2.
Johannes Haeusle, s Michael and Catharina ; b. Oct. 24 ; bap Dec. 16.
Maria Rohrer, d. Andreas and Catharina ; b. Nov. 14 ; bap. Dec. 16.
Elisabeth Guntacker, d. Michael and Barbara ; b. Dec. 9 ; bap. Dec. 18.
Joh. Georg Braun, s. Abraham and Magdalena ; b. Oct. 2 ; bap. Dec. 23.
Johannes Fin'ruck. s. Dewald and Rosina ; b June 24, 1785 ; bap. ———.

1788.

Elizabeth, in the orchard : b. Oct. 11, 1787 ; bap. Dec. 25, 1787.
Adam Volk, s. Georg and Catharina ; b. Dec. 2. 1787 ; bap. Jan. 3.
Anna Catharina Gottschall, d. Michael and Catharina ; b. Dec. 2, 1787 ; bap. Jan. 3.
Elizabeth Krauter, d. David and Catharine ; b. Dec. 22 ; bap. Jan. 5.
Maria Elizabeth Jost, d. Philip and Elizabeth ; b. Dec. 28; bap. Jan. 20.
Sophia App. d. Michael and wife ; b. Jan. 10 ; bap. Jan. 20.
Hanna Kemmel, Benj. Wade, step-father ; b. July 14, 1777 ; bap. Jan. 14.
Martha Johnson, wife of John Johnson ; bap. Jan. 23.
Anna Scheib, d. Mattheus and Catharina ; b. Sept. 6 ; bap. Jan. 27.
Martin Schruck, s. Andreas and Elizabeth ; b. Sept. 1 ; bap. Jan. 28.
Elizabeth Diller, d. Adam and Elizabeth ; b. Oct. 23 ; bap. Feb. 3.

Births and Baptisms.

Jacob Forris, s. Joseph and Elizabeth ; b. Dec. 28 ; bap. Feb. 8.
Heinrich Schmidt, s. Martin and Eva ; b. Jan. 15 ; bap. Feb. 10.
Sara Torsch, d. Friedrich and Catharina ; b. Jan. 24 ; bap. Feb. 10.
Jacob Klein, s. Philip and Magdalena ; b. Feb. 12 ; bap. Feb. 24.
Elisabeth Haertly, d. Nicolaus and Margaret ; b. Jan. 13 ; bap. Feb. 24.
Johannes Keiler, s. Daniel and Sybilla ; b. Oct. 15 ; bap. Feb. 24.
Elisabeth Leitner, d Johannes and Margaret ; b. Dec. 31 ; bap. Feb. 28.
Margaret Leitner, d. Johannes and Margaret ; b. Jan. 1, 1786 ; bap. Feb. 28.
Carl Heinrich Heinitsch, s Carl and Sophie ; b. Feb. 19 ; bap. Feb. 29.
Daniel Ehler, s. Daniel and Margaret ; b. Jan. 28 ; bap. March 1.
Barbara Rees, d. James and Elisabeth ; b. Oct. 31 ; bap. March 2
Johan Heinrich Gebel, s. Heinrich and Susanna ; b. Dec. 25, 1787 ; bap. March 14.
Phillip Plattenberger, s Johannes and Magdalena ; b. Feb. 22 ; bap. March 16.
Christine Hufnagle, Mrs. Rathmacher, b. Feb. 1772 ; bap. March 20.
Catharina Heinkel (nee Kauffman) wife of Johannes Heinkel ; b. ———;. bap. March 20.
Michael Nagel, s. Joseph and Magdalena ; b. Feb. 13 ; bap. March 24.
Elisabeth Brenner, d. Georg and Anna Maria ; b. Dec. 28 ; bap. March 25.
Johannes Mayer, s. Phillip and Catharina ; b. Nov. 25 ; bap. March 30.
Margaret Carrier, d. Jacob and Rachael ; b. Dec. 21 ; bap. March 30.
Elisabeth Kuhns, d. Michael and Catharina ; b. Jan. 17 ; bap. April 1.
Cathar. Elisabeth Meier, d. Isaac and Barbara ; b. March 12 ; bap. Apr. 1.
Hanna Diem, d. Heinrich and Elisabeth ; b. March 14, 1787 ; bap. April 6.
Dorothea Faust, d. Georg and Margaret ; b. March 6 ; bap. April 6.
Catharina Illing, d. Christoph and Magdalena ; b. March 14 ; bap. April 6.
Johannes Dock, s Jacob refor. and Elizabeth ; b. July 20 ; bap. April 6
Barbara Gingerich, d. Heinrich and Catharina ; b. Jan. 18 : bap. April 8.
Samuel Mayer, s. Georg Ludwig and Barbara ; b. March 24 ; bap. April 13.
Sophia Koehler, d. Andreas and Barbara ; b. April 9 ; bap.' April 20.
Catharina Magdalen Dietrich, d. Lorenz and Magdalena ; b. April 10 ; bap. April 27.
George Schlatter, s. Jacob and Anna Maria ; b. March 27 ; bap. April 28.
Jacob Scheurig, s. Nicolaus and Catharina ; b. Jan. ; bap. May 4.
Wilhelm Heinrich Durr, s. Heinrich and Maria ; b. April 3 ; bap. May 11.
Johannes Weber, s. Joseph and Catharina. b. April 29 ; bap. May 12.
Catharine Bartsfill, d. Johannes and Barbara ; b. Sept. 25, 1787 ; bap. May 12.
Anna Pomerene, d. Julius and Magdalena ; b. Feb. 21 ; bap. May 12.

The Pennsylvania-German Society.

Maria Catharina Greiner, d. Colman Greiner and Barbara Triebner; b. March 25; bap. May 12.
Heinrich Gyps, s. Abraham and Dorothea; b. May 7; bap. May 25.
Anna Maria Sohn. d. Johannes and Catharina; b. Jan. 8; bap. May 25.
Elisabeth Rorig, d. Georg and Elisabeth; b. May 1; bap. May 25.
Maria Ulmer, d. Phillip and Barbara; b. May 3; bap. May 29.
Sophia Elisabeth Eichholz, d. Leonhard and Catharina; b Apr. 28; bap. May 12.
Barbara Scholla, d. Christoph and Elisabeth; b. Oct. 24; bap. June 1.
Anna Maria Feit, d. Peter and Magdalena; b. Nov. 26; bap. June 8.
James Hilkitt, s. Patrick and Elisabeth; b. Nov. 10; bap. June 10.
Georg Leible, s. Andreas and Elisabeth; b. April 29; bap. June 10.
Elisabeth and Susanna Rudesille, (twins), d. Michael and Catharina; b. May 30; bap. June 4.
Andreas Hubscher, s. Andreas and Elisabeth; b. March 14; bap. June 23.
Johan Georg Hof, s. Georg and Justina; b. June 19; bap. June 29.
Johannes Suenzel, s. Johan and Barbara; b June 28, 1788; bap. July 6.
Catharina Raemle, d. Johannes and Annie Regina; b. June 11; bap. July 13.
Barbara Maria Turner, d. Thomas and Maria; b. June 30; bap. July 13.
Jacob Klein, s. Michael and Maria; b. June 28; bap. July 13.
John Georg Timmerman, s. Heinrich and Susanna; b. June 1, 1786; bap. July 18.
Catharina Timmerman, d. Heinrich and Susanna; b. Feb. 1, 1788; bap. July 18.
Georg Reamle, s. Frederich and Elizabeth; b. June 24; bap. July 20.
Georg Burg, s. Johannes and Barbara; b. June 30; bap. July 26.
Elizabeth Strenge, d. Christian and Christine, Reform; b June 23; bap August 6.
Jacob Klug, s. Gottfried and Maria; b. June 8; bap. August 10.
Heinrich Gantz, s. Johannes and Elizabeth; b. March 25; bap. August 10.
Johannes Kurz, s. Georg and Anna Eve; b. Dec. 7; bap. August 10.
Susanna Rathvon, d. Jacob and Elizabeth; b. July 12; bap. August 13.
Georg Stech, s. Philip and Sabina; b. Feb. 4; bap. August 13.
Georg Bartsfill, s Adam and Elisabeth; b. March 22; bap. August 13.
Jacob Mayer, s. Heinrich and Magdalena; b. Feb. 8; bap. August 13.
Johannes Christ, s. Johannes and Regina; b. June 10; bap. August 13.
Jacob Tod, s. Johannes and Catharina; b. August 25, 1787; bap August 13.
Jacob Heinkel, s. Jost and Catharina; b. July 21; bap. August 13.
Johan Georg Schuman, s. Georg and Catharina; b. May 31; bap. July 30.
Johan Georg Uhl, s. Albertus and Barbara; b. May 23; bap. July 30.
Catharina Muller, d. Heinrich and Magdalena; b. Jan. 23; bap. July 30.

Births and Baptisms.

Philip Brenner, s. Philip and Elisabeth ; b. Jan. 22, 1787 ; bap. July 30.
John Crooks, s. John and Elisabeth ; b. Sept. 18, 1787 ; bap. July 30.
Johan Georg Manning, s. John and Barbara ; b. May 4 ; bap. July 30.
Philip Scherzer, s. Christoph and Catharina ; b. May 9 ; bap. July 30.
Heinrich Voss, s. Benjamin and Maria ; b. March 7, 1787 ; bap. July 2.
Jacob Schaum, s. Melchior and Margaret ; b. August 2 ; bap. August 15.
Anna Maria Schaefer, d. David and Dorothea ; b. ———; bap. August 24.
Magdalena Mainzer, d. Friedrich and Cathar. ; b. July 1 ; bap. August 24.
Maria Catharina Gottschall, d. Peter, un., and Catharina ; b. June 8 ; bap. August 22.
Margeret Luderson, d. Carl and Elisabeth ; b. August 21 ; bap. August 31.
Elizabeth Fischer, d. Johannes and Margaret ; b. August 21 ; bap. August 31.
Joseph Bennet, b. August 29 ; bap. Sept. 5.
Anna Brooks, d. Joseph and Maria ; b. August 7 ; bap. Sep. 6.
Johan Daniel Peters, s. Arnold and Rosina ; b. August 30 ; bap. Sep. 7.
Johan Jacob Gottschall, s. Gottlieb and Sabina ; b. August 30 ; bap. Sep. 11.
Heinrich Faringer, s. Jacob and Barbara ; b. March —; bap. Sep. 13.
Christine Elizabeth Gilbert, d. Heinrich and Susanna ; b. June 6 ; bap. Sep. 13.
William Williams, s. John and Susanna, Episcopal ; b. August 23 ; bap. Sep. 14.
Heinrich Ernst Melshimer, s. Valentin and wife ; b. August 18 ; bap. Sep. 16.
Susanna Barns, s. James and Elizabeth ; b. Dec. 1, 1787 ; bap. Sep. 20.
John Lockart, s. Charles and Mary ; b. Nov. 22, 1787 ; bap Sep. 20.
Joseph May, s. Christian and Margaret ; b. July 30 ; bap. Sep. 20.
Christian Mose, s. Christian and Eleonore , b. May 14 ; bap. Sep. 20.
Salome Philips, d. Johannes and Catharina ; b. June 16 ; bap. Sep. 21.
Joseph Wates, s. James and Hanna ; b. May 1 ; bap. Sep. 20.
Susanna Palmer, d. Johannes and Eva ; b. Sep. 5 ; bap. Sep. 21.
Johannes Geiss, s. Johannes and Maria ; b. Sep. 9, 1784 ; bap. Sep. 26.
Jacob Geiss, s. Johannes and Maria ; b. May —, 1787, bap. Sep. 26.
Friedrich Hambrecht, s. Georg and Maria ; b. August 18 ; bap. Sep. 28.
Johan Georg Burghart, s. Jacob and Catharina ; b May 17 ; bap. Sep. 28.
Jacob Weber, s. Johannes and Anna Elisabeth ; b. Dec. 28 ; bap. Oct. 11.
Magdalena Reutlinger, d. Georg and Maria ; b August 20 ; bap. Oct. 12.
Johannes Heinkel, s. Wilhelm and Elizabeth ; b. August 19 ; bap. Oct. 13.
Sara Stoft, d. Jacob and Anna Maria ; b. Oct. 9 ; bap. Oct. 14.

The Pennsylvania-German Society.

Johan Georg Karchner, s. Johannes and Magdalena : b. August 12, 1787 ; bap. Oct. 19.
Johannes Marten, s. Ernst and Christine ; b. ———; bap. Oct. 19.
Johannes Hiller, s. Johannes and Catharina ; b. August 24 ; bap. Oct. 19.
Maria Gillard, d. Johan and Margar ; b. June 1 ; bap. Oct. 22.
Ephraim Baer, s. Benjamin and Catharina ; b. July 8 ; bap. Oct. 25.
Jacob Matthaeus Huber, s. Matthaeus and Magdalena ; b. Oct. 17 ; bap. Oct. 26.
Adam Stech, s. Adam and Veronica ; b. April 5, 1786 ; bap. Oct. 28.
Susanna Stech, d. Adam and Veronica ; b. Oct. 10, bap. Oct. 28.
Catharina Graner, d. Daniel and Margaret, b. August 7. bap. Nov. 2.
Maria Elisabeth, d. Catharin Burgin and John Bausman ; b. Oct. 13 ; bap, Nov. 5.
Johannes Nauman, s. Gottlieb and Anna Margaret ; b. Nov. 1 ; bap. Nov. 6.
Philip Schneider, s. Peter and Catharina ; b. Sep. 1 ; bap. Nov. 7.
Martin Bart, s. Martin and Susanna ; b. August 17 ; bap. Nov. 9.
Elisabeth Sehner, d. Gottlieb and Sabina ; b. Oct. 10 ; bap. Nov. 16.
Sybilla Margaret Mayer, d. Christoph and Susanna ; b. Oct. 16 ; bap. Nov. 16.
Thomas Grace, s. Johannes and Susanna ; b. Sep. 1 bap. Nov. 16.
Susanna Lindy, d. Jacob and Anna Maria ; b. Sep. 12 ; bap. Nov. 16.
Adam Bauer, s. Michael and Veronica ; b. Oct. 5 ; bap. Nov. 30.
Maria Catharina Marter, d. Georg and Catharina ; b. Oct. 16 ; bap. Nov. 30.
Georg Mathiot, s. Johannes and Susanna ; b. Nov. 17 ; bap Nov. 30.
Jacob Hans, s. Johannes and Catharina ; b. July — : bap. Dec. 1.
Daniel Keller, s. Friedrich and Elizabeth ; b. Oct. 13 ; bap. Dec. 1,
Anna Maria Wester, d. John and Maria Magdalena ; b. Oct. 20 ; bap. Dec. 8.
Wilhelm Hambrecht, s. Johannes and Susanna; b. Nov. 19 ; bap. Dec. 14.
Freidrich Emich, s. Peter and Elisabeth ; b. June 12 ; bap. Dec. 15.
Maria Hassler, d. Michael and Susanna (Mennonites) ; b. Nov. —, 1787 ; bap. Dec. 20.
Anna Maria Schreiner, d. Philip and Susanna ; b. June 4 ; bap. Dec. 30.

1789.

Catharina Veit, d. Benjamin and Sara ; b. Oct. 20 ; bap. Jan. 4.
Margaret Schindel, d. Jacob and Elisabeth ; b. Dec. 18 ; bap. Jan. 11.
Peter Jordan, s. Owen and Elisabeth ; b. Dec. 28 ; bap. Feb. 1.
Catharina Heiss, d. Dietrich and Maria Magdal ; b. Jan. 15 ; bap. Feb. 1.

Births and Baptisms.

George Mathiot Schaefer, s. Friedrich and Margaret ; b. Feb. 1 ; bap. Feb. 3.
Salome Metzger, d. Jonas and Eva ; b. August 30 ; bap. Feb. 16.
Rosina Horn, d. Christian and Barbara ; b. Feb. 11 ; bap. Feb. 24.
Georg Schindel, s. Peter and Elisabeth ; b. Sept. 12, 1788 ; bap. Feb. 24.
William, s. Ann McCall and William Ball ; b. Feb. 16 ; bap. Feb. 27.
Barbara Benedict, d. Philip and Dorothea ; b. Sept. 18 ; bap. Feb. 28.
Jacob Lambarter, s. Ulrich and Magdalena ; b. Feb. 25 ; bap. March 8.
Johannes Biegler, s. Georg and Elisabeth ; b. Feb. 16 ; bap. March 8.
Rebecca Wily, d. Samuel and Elisabeth ; b. March 5 ; bap. March 10.
Margaret Hofman, d. Friedrich and Margaret ; b. ———; bap. March 14.
Joseph Heinkel, s. Johannes and Catharina ; b. August 14 ; bap. March 15.
Catharina Gleitz, d. Jacob and Magdalena ; b. Feb. 17 ; bap. March 21.
Joseph Hubley, s. Johannes and Maria ; b. March 1 ; bap. March 22.
Barbara Ehrman, d. Caspar and Rosina ; b. March 7 ; bap. March 30.
Sophia Wilson, d. Robert and Sophia ; b. March 13 ; bap. April 2.
Maria Salome, d. Dorothea Spohn and Daniel Muller ; b. Oct. 26, 1788 ; bap. April 5.
Jacob Stehme, s. Tobias and Catharina ; b. Feb. 23 ; bap. April 5.
Elisabeth Kiegler, d. Jacob and Elisabeth ; b. Feb. 23 ; bap. April 9.
Elisabeth Schneider, d. Heinrich and Sabine ; b. Dec. 1, 1787 ; bap. April 18.
Magdalena Bonnet, d. Johannes and Magdalena ; b. Jan. 7 ; bap. April 18.
Jacob Mann, s. Friedrich and Anna Maria ; b. Jan. 16 ; bap. April 19.
Hamilton Watt, s. James and Ally ; b. April 13 ; bap. April 19.
Catharina Muller, d. Heinrich and Maria ; b. Feb. 11 ; bap. April 19.
Abraham and Isaac Peter (twins) s. Isaac and Abigail ; b. Feb. 7 ; bap. April 27.
Christine Barbara Jung, d. Philip and Maria ; b. April 10 ; bap. April 26.
Susanna Hess, d. Joh. Nicol. and Charlotte ; b. Nov. 11, 1788 ; bap. May 3.
Christian Heissinger, s. Johannes and Catharina ; b. May 22, 1788 ; bap. May 3.
Catharina Funfrock, d. Nathanael and Barbara ; b. April 28 ; bap. May 5.
Adam Weidele, s. Johannes and Anna Maria ; b. May 2 ; bap. May 10.
Anna Maria Glaser, d. Daniel and Christine ; b. August 5, 1788 ; bap. May 15.'
Georg Denger, s. Andreas and Cathar. ; b. Dec. 6 ; bap. May 17.
Salome Gebhard, d. Gottlieb and Philippina ; b. Nov. 24 ; bap. May 17.
Johan Georg Schweickert, s. Sebastian and Agnes Maria ; b. August 8 ; bap. May 17.

The Pennsylvania-German Society.

Samuel Clover, s Archibald and Hanna ; b. March 11 ; bap. May 17.
Barbara Schwenk, d. Peter and Margar. Barbara ; b. April 13 ; bap. May 17.
Eva Miller, d. Robert and Eva ; b. Feb. 1 ; bap. May 17.
Georg Brady, s. Robert and Catharina ; b. June 10 ; bap. May 17.
Maria Henriette Muhlenberg, d. Heinrich and Maria Cathar. ; b. April 26 ; bap. May 19.
Peter Muller, s. Peter and Susanna ; b. March 22 ; bap. May 21.
Heinrich Blattenberger, s. Johannes and Maria ; b. April 23 ; bap. May 24.
Jacob Heilbrunner, s. Johannes and Catharina ; b. Dec. 17 ; bap. May 24.
Johannes Faust, s. Georg and Margaret ; b. March 6 ; bap. May 28.
Barbara Braun, d. Friedrich and Susanna ; b. June 14 ; bap. May 31.
Johan. Jacob Hahn, s. Johannes and Elisabeth ; b. April 23 ; bap. May 31.
Maria Catharina Johnson, d Wilhelm and Margar. ; b. Feb. 8 ; bap. May 31.
Anna Parr. Hubley, d. Joseph and Mary ; b. Oct. 24 ; bap. June 1.
Anna Maria Trager, d. Adam and Salome : b. May 15 ; bap. June 1.
Catharina Seipel, d. Heinrich and Wilhelmina ; b. March 10, 1782 ; bap. June 1.
Christian Kraemer, d. Gerhard and Anna Maria ; b. March 31 ; bap. June 12.
Wilhelm Mohr, d. Johannes and Catharina ; b. July 19 ; bap. June 12.
Susanna Schneider, d. Joseph and Elisabeth ; b. Dec. 17 ; bap. June 13
Elisabeth, d. Adam Durstler and Catharina Frey ; b. Nov. 21 ; bap. June 13.
Jacob Ulmer, s. Philip and Barbara ; b. June 12 ; bap. June 13.
Johan Georg Schmidt, s. Martin and Eva ; b. May 24 ; bap. June 14.
John Ellington, s. John and Mary ; b. Feb. 25 ; bap. June 14.
Eva Catharina Krauter, d. David and Catharina ; b. May 27 ; bap. June 14.
Susanna Nass, d. Georg and Elisabeth ; b. March 26 ; bap. June 21.
Catharina Weber, d. Christian and Margar ; b. June 6 ; bap. June 21.
Jacob Miller, d. Peter and Magdalena ; b. June 20 ; bap. June 26.
Johannes Schlatter, d. Jacob and Anna Maria ; b. June 1 ; bap. June 28.
Peter Mehling, s. Johan and Magdal. ; b. June 23 ; bap. June 29.
Joh. Heinrich Weber, s. Johannes and Anna Elisabeth ; b. Jan. 29 ; bap. July 3.
Catharina Miller, s. Jacob and Biddy ; b. July 29, 1788 ; bap. July 6.
Salome Forris, d. Joseph and Elisabeth ; b. July 2 ; bap. July 9.
Elisabeth Delbo, d. Franz and Magdalena ; b. June 2 ; bap. July 12.
Friedrich Klein, s. Philip and Magdalena ; b. June 26 ; bap. July 12.
Thomas Schlichter, s. David and Catharina ; b. June 15 ; bap. July 12.

Births and Baptisms.

Elisabeth Trebenstadt, d. Johan. and Margar. ; b. Jan. 6 ; bap. July 12.
Georg Stauffer, s. Heinrich and Catharina ; b. Oct. 3, 1782 ; bap. July 18.
Elisabeth Stauffer, d. Heinrich and Catharina ; b. Jan. 5, 1786 ; bap. July 18.
Susanna Fechtmeyer, d. Ludwig and Sus. Barbara ; b. July 10 ; bap. July 21.
Jacob Sauber, s Jacob and Catharina ; b. June 10 ; bap. July 21.
Peter Quickly, s. Edward and Ann ; b. Feb. 11, 1787 ; bap. July 23.
Justina Weickert, s. Johannes and Maria ; b. June 25 ; bap. July 27.
Anna Johnson, d. Jentz and Anna ; b. March —: bap. July 19.
Jacob Albert, s. Jacob and Catharina ; b. May 10 ; bap. July 19.
Georg Dunkel, s. Georg and Barbara ; b. May 26 ; bap. July 19.
Daniel Kappel, s. Daniel and Catharina ; b. Feb 21, 1788 ; bap. July 19.
Hanna Weller, d. Johannes and Maria ; b. May 21 ; bap. August 5.
Barbara Leible, s. Jacob and Catharina ; b. May 1 ; bap. August 5.
Georg Schweickert, s. Martin and Christine ; b. Nov. 19 ; bap. August 9.
Johannes Dunlap, s. Richard and Anna ; b. March 21, 1788 ; bap. August 11.
Maria Sara Dunlap, d. Richard and Anna ; b. August 2, 1789 ; bap. August 11.
William Bush, s. Charles and Susanna Casdin. (negroes); b. July 21 ; bap. August 12.
Philip Scherzer, s. Christoph and Catharina ; b. July 15 ; bap. August 16.
Esther (negress), belonging to widow Breitenherd ; b. ———; bap. August 21.
Catharina Gumpf, d. Michael and Margaret ; b. July 10 ; bap. August 23.
Wilhelm Moser, s. Georg and wife ; b. August 17 ; bap. August 29.
Johannes and Elisabeth Frick (twins) ; d. Friedrich and Sophia ; b. Sep. 8 ; bap. Sep. 13.
Heinrich Schmidt, s. Wilhelm and Catharina ; b. August 6 ; bap. Sep. 13.
Rosetta Hamilton, d. Charles and Mary ; b. May 28, 1788 ; bap. Sep. 6.
Heinrich Georg Klein, s. Georg and Susanna ; b. Sep. 13 ; bap. Sep. 19.
Christine Volz, d. Christian and Christine ; b. Aug. 18 ; bap. Sep. 20.
Heinrich Richard Zanzinger, s. Paulus and Esther ; b. August 23 ; bap. Sep. 20.
Catharina Schwenzel, d. Friedrich and Eva ; b. Sep. 8 ; bap. Sep. 21.
Ann Brady, d. John and Elisabeth ; b. August 11 ; bap. Sep. 20.
Elisabeth Schaf, d. Jacob and Margaret ; b. Aug. 10 ; bap. Sep. 20.
Susanna Brenner, d. Philip and Elisabeth ; b. June 28 ; bap. Sep. 20.
Adam Brenner, s. Adam and Catharina ; b. July 26 ; bap. Sep. 20.
Christian Otto, s. Christian and Maria ; b. June 8 ; bap. Sept. 20.
Jacob Meyer, s. Philip and Catharina ; b. July 19 ; bap. Sept. 20.
Anna Maria Brenner, s. Georg and Christine ; b. August 2 ; bap. Sept. 20.

The Pennsylvania-German Society.

Thomas Schock, s. Thomas and Catharina; b. Oct. 18, 1788; bap. Sept. 20.
Margaret Franz, d. Ludwig and Margaret; b. September 6, 1788; bap. Sept. 26.
Susanna Springer, d. Jacob and Barbara; b. Feb. 12; bap. Sept. 27.
Anna Maria Sinn, d. Christian and Margaret; b. May 30; bap. Sept. 27.
Anna Maria Schmidt, d. Georg and Anna Maria; b. August 26; bap. Sept. 27.
Barbara Ohlweiler, d. Georg and Barbara; b. April 18; bap. Sept. 29.
Johan. Christian Schneider, s. Christian and Catharina; b. Sept. 23; bap. Oct. 4.
Elisabeth Salzman, d. Johannes and Catharina; b. May 22; bap. Oct. 8.
Margaret Burns, d. James and Elisabeth; b. July 17; bap. Oct. 10.
Catharina Luck, d. Georg and Elisabeth; b. July 6; bap. Oct. 11.
Margaret Jost, d. Philip and Elisabeth; b. June 12; bap. Oct. 11.
Barbara Gebel, d. Wilhelm and Barbara; b. June 13; bap. Oct. 13.
Johannes Reiner, s Michael and Maria Magdalena; b. March 30; bap. Oct. 13.
Susanna and Margaret Bechtel, (twins), d. Heinrich and Magdalena; b. April 8, 1788; bap. Oct. 15.
Johannes Fritz, s. Ludwig and Eva; b. Oct. 1786; bap. Oct 15.
Heinrich Fritz, s. Ludwig and Eva; b. Sept. 20, 1788; bap Oct. 15.
Maria Magdalena Karchner, d. Johannes and Magdal.; b. June 13; bap. Oct. 18.
David Scheurig, s. Matth. and Cathar.; b. July 16; bap. Oct. 25.
Jacob Jost, s. Johannes and Barbara; b. Oct. 21 : bap. Oct. 26.
Anna Maria Meyer, d. Jacob and Catharina; b. July 6; bap. Oct. 30..
Johan Conrad Peterman, s. Jacob and Rosina; b. Sept. 23; bap. Oct. 30.
Jacob Frey, s. Michael and Dorothea; b. March 3, 1787; bap. Nov. 6.
Wilhelm, s. Matthias Barton and Cathar. Weiss; b. Aug. 24, 1788; bap. Nov. 8.
Maria Dietrich, d. Adam and Susanna; b. Sept. 19; bap. Nov. 9.
Catharina Peter, d. Abraham and Catharina; b. Sept. 16, 1787; bap. Nov. 9.
Maria Magdalen Peter, d. Abraham and Catharina; b. July 12, 1789; bap. Nov. 9.
Margaret Messerschmidt, d. Georg and Elisabeth; b. Oct. 10; bap. Nov. 15.
Johannes Gensel, s. Jacob and Anna Margar.; b, Nov. 1; bap. Nov. 15.
Samuel Haubentobler, s. Johannes and Catharina; b. Sept. 25, 1788; bap. Nov. 17.
Catharina Haubentobler, d. Joseph and Eva; b. Oct. 25; bap. Nov. 17.

Births and Baptisms.

Nicolaus Haubentobler, s. Isaac and Elisabeth ; b. Sep. 25, 1788, bap. Nov. 17.
Margaret Eberlein, d. Johannes and Anna ; b. June 14, 1788 ; bap. Nov. 17.
Susanna Moore, d. William and Margaret ; b. June 24 ; bap. Nov. 17.
Abraham Volk, s. Georg and Catharina ; b. July 28 ; bap. Nov. 17.
Christine Leible, d. Johannes and Elisabeth ; b. Oct. 11 ; bap. Nov. 22.
David Faringer, s. Jacob and Barbara ; b. Nov. 16 ; bap. Nov. 22.
Friedrich Jacob Hensel, s. Wilhelm and Maria ; b. April 18 ; bap. Nov. 23.
Heinrich Volz, s. Bernhard and Barbara ; b. Sep. 6 ; bap. Nov. 24.
Salome Brandopfer, d. Johannes and Sara ; b. Nov. 20 ; bap. Nov. 26.
William Rawlingson, s. Robert and Anna ; b. Sep. 24 ; bap. Nov. 29.
Mary Field Hubley, d. Adam and Lydia ; b. Nov. 13 ; bap. Dec. 6.
Magdalena Muller, d. Heinrich and Magdalena ; b. Sep. 8 ; bap. Dec. 6
Mrs. Lydia Hubley, wife of Adam Hubley ; b. ———; bap. Dec. 6.
Margaret Heger, d. Christoph and wife ; b. Nov. 21 ; bap. Dec. 6.
Ann Johns, d. Philip and Elisabeth ; b. June 8 ; bap. Dec. 14.
Johannes Singer Krug, s. Jacob and Rebecca ; b. Dec. 7 ; bap. Dec. 18.
Ernst Heinrich Heinitsch, s. Carl and Sophia ; b. Dec. 7 ; bap. Dec. 20.
Elisabeth Gassner, d. Johannes and Susanna ; b. April 10 ; bap. Dec. 20.
Georg Odenwald, s. Christian and Sara ; b. Dec. 1 ; bap. Dec. 21.
Elisabeth Bigy, d. Franz, Catholic, and Eva ; b. Dec. 4, bap. Dec. 21.
Magdalena Palmer, d. Johannes and Eva ; b. Dec. 9, bap. Dec. 25.
Catharina Weber, d. Joseph and Catharina ; b. Dec. 11, bap. Dec. 27.
Cath. Magdalena Marquart, d. Sebastian and Catharina ; b. August 16, bap. December 20.

1790.

Jacob Lotman, s. Georg and Margaret ; b. Oct. 15, bap. January 1.
Elisabeth Schreiber, d. Johannes and Christine ; b. Nov. 27, bap. January 3.
Elisabeth Griesinger, d. Stephan and Elisabeth ; b. Oct. 4, bap. January 13
Georg Bartholomae, s. Math. and Maria ; b. August 11, bap. January 7.
Wilhelm, s. Margaret Weidele and Wilhelm Moser ; b. Dec. 7, bap. January 17.
Catharina Lutz, d. Georg and Elisabeth ; b. Sep. 14 ; bap. Jan. 26.
Johan Michael Gottschall, s. Michael and Catharina ; b. Oct. 13, bap. Jan. 30.
Daniel Gottschall, s. Ludwig and Barbara ; b. Jan. 10, 1789, bap. Jan. 30.
Philip Gottschall, s. Peter and Anna Maria ; b. Jan. 10, bap. Jan. 30.

Catharina Rudisilla Schaefer, d. Freidrich and Margaret; b. Jan. 27, bap. Feb. 2.
Dorothea Susanna Thomas, d. Abraham and Anna Magdalena; b. Jan. 30, bap. Feb. 13.
Johannes Dietrich, s. Lorenz and Magdalena; b. Jan. 3, bap. Feb. 14.
Freidrich Weidele, s. Friedrich and Susanna; b. Jan. 18, bap. Feb. 21.
Christian Eichholz, s. Leonhard and Catharina; b. Jan. 27, bap. Feb. 21.
Ludwig Holzwart, s. Ludwig and Phillippine; b. Jan. 24, bap. Feb. 21.
Maria Ehler, d. Daniel and Margaret; b. Jan. 9, bap. March 7.
Maria Leible, d. Andreas and Elisabeth; b. Jan. 27, bap. March 14.
Jacob Fehl, s. Freidrich and Eva; b. Nov. 1, bap. March 14.
Georg Burg, s. Johannes and Barbara; b. Feb. 28, bap. March 14.
Elisabeth Huber, d. Friedrich and Maria; b. Feb. 11, bap. March 14.
Andreas Schronk, s. Andreas and Elisabeth; b. Jan. 12, bap. March 15.
Margaret Heilbrunner, d. Paul and Elisabeth; b. Sept. 15, 1789, bap. March 15.
Jacob Bartsfill, s. Johannes and Barbara; b. August 17, 1789, bap. March 15.
Maria Lutz, d. Casper and Maria; b. Feb. 4; bap. March 20.
Johannes Schneider, s. Michael and Catharina; b. Nov. 9, March 21.
Heinrich Raemle, s. Friedrich and Elisabeth; b. Feb. 17, bap. March 22.
Sophia Hirsch, d. Friedrich and Susanna; b. Jan. 5, bap. March 22.
Johannes Braun, s. Joseph and Catharina; b. Jan. 6, bap. March 28.
Georg Funfrock, s. Dewald and Rosina; b. Feb. 12, bap. March 28.
Magdalena Heil, d. Zacharias and Dorothea; b. March 13; bap. March 28.
Joseph Herman, s. Solomon and Susanna, Refor.; b. Nov. 16, bap. March 28.
Elisabeth Keiler, d. Daniel and Sytille; b. May 31, bap. March 30.
Heinrich Pomerene, s. Julius and Magdalena; b. Nov. 22; bap. April 4.
Elisabeth Hiller, d. Johan and Catharina; b. Jan. 26, bap. April 4.
Catharina Reiber, d. Peter and Catharina; b. Oct. 12, bap. April 4.
Elisaeth Wood, d. Christoph and Catharina; b. Jan 11, bap. April 5.
Georg Heiss, s. Johannes and Anna Maria; b. March 18, bap. April 5.
Susanna Nagel, d. Joseph and Magdalena; b. Jan. 21; bap. April 11.
Johannes Stech, s. Adam and Veronica; b. Oct. 10, 1789, bap. April 5.
Magdalena Bardsfill, d. Adam and Elisabeth; b. Sep. —, 1789, bap. April 17.
Anna Maria Kuhns, d. Michael and Catharina; b. March 20, bap. April 20.
Eva Kuhns, d. Michael and Catharina; b. March 20, bap. April 20.
Elisabeth Kramer, d. Joh. Just and Anna Maria; b. March 7, bap. April 25.

Births and Baptisms.

Catharina Sohn, d Johannes and Anna Maria ; b. Dec. 10, bap. April 25.
Elisabeth Muller, d. Franz and Catharina; b. Nov. 21, bap. May 2.
Christian Sohn, s. Johannes and Catharina ; b. Dec. 27, bap. May 2.
Anna Maria Klug, d. Gottfried and Maria ; b. Dec. 14, bap. May 2.
Jacob Dunkel, s. Peter and Anna Maria ; b. Jan. 4, bap. May 2.
Margaret Stoft, d. Jacob and Anna Maria ; b. April 22, bap. May 9.
Elisabeth Weber, d. Christoph and Margaret ; b. Feb. 12, bap. May. 13.
Catharina Murray, d. Jacob and Regina ; b. Dec. 24, bap. May 13.
Susanna Stech, d. Gerhard and Anna Maria ; b. April 12, bap. May 16.
Bernhard Ohlwein, s. Bernhard and Maria ; b. May 2, bap. May 16.
Joseph Heinkel, s. Jost and Cath. ; b. Jan. 28, bap. May 23.
Georg Philips, s. Johan and Cath. ; b. Jan. 14 ; bap. May 23.
Johan Georg Marquart, s. George and Margaret ; b. May 10, bap. May 23.
Johannes Sehner, s. Gottlieb and Sabina ; b. March 8, bap. May 24.
Catharina Dessau,d . Ernst and Eva ; b April 4 ; bap. June 13.
Hanna Kirsh, d. George and Anna ; b. Feb. 15, bap. June 19.
Johannes Leitner, s. Johannes and Margaret ; b. June 20, 1789 ; bap. June 20.
John Carrier, s. Jacob and Rachel ; b. Oct. 17, 1789 ; bap. June 20.
Regina Barbara Heins, d. Johan and Magdalena ; b. Sept. 8, bap. June 13.
Friedrich Hausle, s. Michael and Cath. ; b. June 1, bap. July 1.
Margaret Hartle, d. Nicolaus and Margar. ; b. June 15 ; bap. July 3.
Michael Koehler, s. Andreas and Barbara ; b. June 24, bap. July 4.
Peter Muma, s. Philip and Maria ; b. Feb 21 ; bap. July 7.
George Schuman, s. Michael and Elisabeth ; b. Nov. 16, bap. July 10.
Johannes Patterson, s. Johannes and Catharina ; b. June 26, bap. July 11.
Johannes Riddel, s. Joseph and Catharina ; b. July 18, 1789 ; bap. July 18.
Mary Brooks, d. Joseph and Mary ; b. Jan. 20, bap. July 20.
Anna Maria Galosky, d. Heinrich and Barbara ; b. June 27, bap. July 25.
Dorothea Scheller, d. Johannes and Rosina ; b. July 10, bap. July 25.
Anna Barbara Ulmer, d. Philip and Anna Barbara ; b. July 28, bap. July 29.
Daniel Dougherty, s. Joseph and Barbara ; b. June 5, bap. July 30.
Anna Margaret Schweikert, d. Felix and Christine ; b. Feb. 24, bap. August 1.
Juliana Steffe, d. Wilhelm and Margaret ; b. Jan 11, bap. August 1.
Elisabeth Hasselbach, d. Heinrich and Cathar ; b. July 22, bap. August 1.
Maria Barbara Mainzer, d. Friedrich and Cathar. ; b. July 7, bap. August 1.
Anna Spring, d. Dewald and Anna ; b. Sept. 15, bap. August 1.
Johannes Kapp, s. Martin and Anna Maria ; b. May 31, bap. August 1.
Charlotte Weitzel, d. Philip and Catharina ; b. July 28, bap. August 4.
Samuel Schutz, s. Conrad and Barbara ; b. May 26, 1789 ; bap. August 8.

The Pennsylvania-German Society.

Johannes Georg Zorn, s. Christian and Eva ; b. July 5, bap. August 8.
Conrad Pflug, s. Heinrich and Margaret ; b. April 12 ; bap. August 15.
Catharina Ehl, d. Heinrich and Anna Maria ; b. July 28, bap. August 14.
Friedrich Lotman, s. Georg and Rosina ; b. May 11 ; bap. August 15.
Susanna Stech, d. Philip and Sabine ; b. June 23, bap. August 8.
Catharina Jentzer, d. Johannes and Anna ; b. June 22, bap. August 8.
Anna Maria Loersch, d. Friedrich and Cathar. ; b. ——; bap. August 22.
Maria Margaretta Techtmeyer, d. Ludwig and Sus. Barbara ; b. August 19, bap. August 29.
Elisabeth Mehling, d. Johannes and Magdalena ; b. July 24, bap. August 29.
Adam Dietrich, s. Heinrich and Maria ; b. April 9, bap. August 29.
Johan Heinrich Muller, s. Daniel and Dorothea Sophia ; b. July 27 ; bap. August 29.
Georg Kuhns, s. Georg and Susanna ; b. August 10, bap. Sept. 5.
Michael Guntaker, s. Michael and Barbara ; b. August 24 ; bap. Sept 5.
Georg Biegler, s. Georg and Elisabeth ; b. Sept. 5, bap. Sept. 27.
Wilhelm August Krug, s. Valentine and Eva ; b. Sept. 17, bap. Oct. 1.
Susanna Haas, d. Adam and Margaret ; b. May 27, bap. Oct. 2.
Georg Eichelberger, s. Georg and Elisabeth ; b. Sept. 11, bap. Oct. 3.
Johannes Meyer, s. Jacob and Maria ; b. Sept. 9, bap. Oct 3.
Johannes Grace, s. Johannes and Susan ; b. Sept. 21, bap. Oct. 3.
Anna Maria Bauer, d. Michael and Veronica ; b. Sept. 11, bap. Oct. 24.
Margaret Schmidt, d Wilhelm and Catharina ; b. Oct. 11, bap. Oct. 24.
Johan Christian Kraemer, s. Peter and Anna Maria ; b. Nov. 25, 1789, bap. Oct. 4.
Peter Schmidt, s. Johannes and Catharina ; b. Feb. 2, bap. Oct. 4.
Georg Andreas Rab, s. Georg and Maria ; b. June 11, 1789, bap. Oct. 4.
Christoph Murphy, s. John and Hanna ; b. Sept. 23, bap. Oct. 4.
Jacob Feit, s. Peter and Magdalena ; b. July 3, 1789, bap. Oct. 4.
David Law, s. Thomas and Regina ; b. May 1, bap. Oct. 4.
Johannes Ort, s. Johannes and Maria ; b. August 11, bap. Oct. 4.
Elisabeth Miller, d. Robert and Eva ; b. August 17, bap. Oct. 4.
Priscilla Muckleroy, d. Henry and Susanna ; b. Nov. 22, 1784, bap. Oct. 4.
Hanna Muckleroy, d. Henry and Susanna ; b. August 7; 1786, bap. Oct. 4.
Catharina Muckleroy, d. Henry and Susanna ; b. Oct. 16, 1789, bap. Oct. 4.
Friedrich Becht, s. Joseph and Christine ; b. Nov. 12, 1789, bap. Oct. 4.
Andreas Robinsky, s. Andreas and Maria ; b March 7 ; bap. Oct. 4.
James Moore, s. John and wife, Mary ; b. Nov. 14, 1787, bap. Oct. 4.
Anne Moore, d. John and wife, Mary ; b. Dec. 27, 1785, bap. Oct. 4.

Births and Baptisms.

Thomas Moore, s. John and wife, Mary ; b. Feb. 3, 1790, bap. Oct. 4.
John Schee, s. Neal and Veronica ; b. April 20, 1787, bap Oct. 4.
Susanna Motz, d. George and Cathar. ; b. June 12, 1780, bap. Nov. 7, 1790.
Christine Reinhart, d. Michael and Maria ; b Oct. 11, bap. Nov. 7.
Joh. Friedrich Mayer, s. Georg and wife ; b. Sept. 27, bap. Nov. 7.
Isaac Haubentobler, s Isaac and Elisabeth ; b. Sept. 30, bap. Nov. 4.
Elisabeth Eberlein, d. Johannes and Anna ; b Apr. 10, bap. Nov. 4.
Anna Haubentobler, d. Nicolaus and Elisabeth ; b. Jan. 3, bap. Nov. 8.
Friedrich Schneider, s. Philip and Christine ; b. June 28 ; bap. Nov. 8.
Friedrich Klehr, s. Friedrich and Elisabeth ; b. Sept. 22, bap. Nov. 8.
Samuel Gunklin, s. Samuel and Barbara ; b. Nov. 28, 1788, bap. Nov. 8.
Daniel Cowick, s. James and Catharina ; b. June 3, 1788, bap. Nov. 8.
Jacob Nesselroth, s. Israel and Christine ; b. Jan. 8, bap. Nov. 10.
Elisabeth Meyer, d. Friedrich and Elisabeth ; b. June 12, 1779, bap. Nov. 10.
Johannes Meyer, s. Friedrich and Elisabeth ; b. May 12, 1781, bap. Nov. 10.
Friedrich Meyer, s. Friedrich and Elisabeth ; b. March 19, 1783, bap. Nov. 10.
Barbara Meyer, d. Friedrich and Elisabeth ; b. Feb. 14, 1785, bap. Nov. 10.
Jacob Meyer, s. Friedrich and Elizabeth ; b. June 30, 1787, bap. Nov. 10.
Catharina Meyer, d. Friedrich and Elisabeth ; b. Dec. 12, 1789, bap. Nov. 10.
Heinrich Hebel, s. Johannes and Maria ; b. Feb. 21, bap. Nov. 10.
Johannes Ries, s. Joh. and wife ; b. ———, bap. Nov. 14.
Charlotte Jordan, d. Owen and Elisabeth ; b. Sept. 24, bap. Nov. 14.
Sarah Meraux, d. Peter and Elisabeth ; b. Nov. 10, bap. Nov. 15.
Johannes Brandhofer, s. Johannes and Sara ; b. Nov. 9, bap. Nov. 21.
Jacob Mathiot, s. Johannes and Susanna ; b. Oct. 1, bap. Nov. 21.
Georg Bart, s. Martin and Susanna ; b. Sept. 23 ; bap. Nov. 21.
Maria Magdalena Appel, d. Christian and Maria Magdalena ; b. Oct. 15, bap. Nov. 24.
Johan Philip Schreiner, s. Martin and Elisabeth ; b. Nov. 24, bap. Dec. 3.
Sara Heck, d. Ludwig and Elisabeth ; b. Nov. 8, bap. Dec. 8.
Elisabeth Lindy, d. Jacob and Anna Maria ; b. Dec. 10, bap. Dec. 18.
Maria Margaret Emmer, d. Georg and Elisabeth ; b. Nov. 21, bap. Dec. 23.
Jacob Peter, s. Isaac and Abigail ; b. Sept. 18, bap. Dec. 30.

1791.

Johannes Frick, s. Friedrich and Sophia ; b. Dec. 14, 1790, bap. Jan. 2.
Griny Fehl, s. Georg and Elisabeth ; b. Oct 1, 1790, bap. Jan. 10.

The Pennsylvania-German Society.

Georg Schaum, s. Melchoir and wife ; b. Jan. 6, bap. Jan. 1 5.
Georg Funfrock, s. Nathanel and Barbara ; b. Oct. 18, bap. Jan. 16.
Georg Mohr, s. Michael and Marg. ; b. Nov. 16, 1790, bap. Feb. 1.
Johannes Odenwald, s. Christian and Sara ; b. Jan. 3. bap. Feb. 6.
David Schlatter, s. Jacob and Anna Maria ; b. Dec. 30, bap. Feb. 13.
Jacob Herman Kurz, s. Georg and Anna Eva ; b. August 2, bap. Feb. 16.
Michael Oberdorf, s. Michael and Maria ; b. Dec. 14, 1790, bap. Feb. 23.
Veronica Kessler, d Nicolaus and Sara ; b. April 20, 1790 ; bap. Feb. 25.
Elisabeth Boot, d. John and Christine ; b. Dec. 12, 1790, bap. Feb. 27.
Martin Schmidt, s. Martin and Eva ; b. Dec. 4, bap. Feb. 27.
Georg Witmer, s. Benedict and Susanna ; b. May 2, 1790, bap. Feb. 27.
Georg Jost, s. Johan and Barbara ; b. Feb. 15, bap. Feb. 27.
Elisabeth, d. George, a free negro, and Hanna ; b. July, 1789, bap. Feb. 27.
Maria Margaret Brenner, d. Georg and Anna Maria ; b. Oct. 11 ; bap. March 5.
Valentin Rummel, s. Valentin and Elisabeth ; b. Nov 30, bap. March 5.
Georg Ludwig Mayer, s. Christoph and Susanna ; b. Feb. 11, bap. March 6.
Anna Maria Peterman, d. Jacob and Rosina ; b. Jan. 20, bap. March 7.
Christian Klein, s. Michael and Anna Maria ; b. Feb. 23, bap. March 2.
Catharina Shindel, d. Peter and Elisabeth ; b. Nov. 22, bap. March 13.
Maria Bartsfill, d. Jacob and Susanna ; b. Dec. 28 ; bap. March 20.
Johannes Fritz, s. Valentine and Elisabeth ; b. Sept. 25 ; bap. March 26.
Thomas Ward, s. Richard, mulatto, and Elisabeth ; b. Nov. 22 ; bap. March 27.
Johannes Becker, s. Philip and Barbara ; b. Feb. 26 ; bap. March 28.
Adam Dietrich, s. Heinrich and Magdalena ; b. March 1 ; bap. March 28.
Elisabeth Dietrich, adopted d. Heinrich and Magdalena ; b. May, 1782 ; bap. March 28.
Sara Thomson, d. William and Catharina ; b. March 4 ; bap. April 1.
Friedrich Ramle, s. Johannes and Anna Regina ; b. Feb. 18, bap. Apr. 3.
Sara Wilson, d. Robert and Sophia ; b. March 15, bap. March 30.
Heinrich Moser, s. George and wife ; b. March 11, bap. April 8.
Anna Margaret Schreiner, d. Philip and Susanna ; b. Apr. 6, 1790, bap April 9.
Friedrich Schwenzel, s. Friedrich and Eva ; b. March 21, bap. April 10.
Magdalena Klein, d. Philip and Magdalena ; b. March 20, bap. April 10.
Johan Georg Kantz, s. Friedrich and Anna Maria ; b. May 8, 1790, bap. April 17.
Heinrich David Zanzinger, s. Paulus and Esther ; b. March 24, bap. April 17.

Births and Baptisms.

Heinrich Timmerman, s. Heinrich and Susanna ; b. March 31, bap. April 21.
Maria Gebhard, d. Gottlieb and Philippina ; b. Dec. 22, 1789, bap. April 22.
Jacob Franciscus, s. Johannes and Anna ; b. April 17, bap. April 22.
Georg, s. Friedrich Ziegler ; b. ———, bap. April 20.
Mrs. Barbara Martin ; bap. April 20.
Wilhelm Heinkel, s. Johannes and Catharina ; b. Sept. 19, bap. April 24.
Georg Albrecht, s. Leonhard and Elisabeth ; b. Jan. 17, bap. April 25.
Catharina Braun, d. Friedrich and Susanna ; b. March 9, 1790, bap. April 25.
Johan Peter Diel, s. Martin and Catharina ; b. Aug. 3, 1789, bap. April 23.
Anna Maria Seitz, d. Peter and Catharina ; b. Jan. 6, bap. May 8.
Johan Georg Hauer, s. Eva ; b. Jan. 1, bap. May 11.
Sara Hambright, d. Johannes and Susanna ; b. March 28, bap. May 9.
Susanna May, d. Christian and Margaret ; b. Nov. 2, 1790; bap. May 10.
Nicolaus Conchling, s. Samuel and Barbara ; b. March 29, bap. May 10.
Catharina Cowhar, s. James and Catharina ; b. Dec. 25, 1790, bap. May 10.
Joseph Carrier, s. Jacob and Rachel ; b. Feb. 24, bap. May 15.
Joh. Christian Schaefer, s. Johannes and Juliana ; b. March 5, bap. May 22.
Catharina Schewrig, d. Nicolaus and Catharina ; b. Dec. 25, 1790, bap. May 28.
Margaret Ohlweiler, d. Friedrich and Barbara ; b. Feb. 4, bap. May 28.
Michael Christ, s. Johannes and Regina ; b. Nov. 16, bap. May 29.
Elisabeth West, d. Samuel and Catharina ; b. Aug. 2, 1790 ; bap. May 29.
Catharina Folk, d. Johannes and Elisabeth ; b. April 2, 179c ; bap. May 29.
Salome Brenneisen, d. Jacob and Elisabeth ; b. May 12 ; bap. May 29.
Johannes Schneider, s. Peter and Barbara ; b. March 12 ; bap. June 2.
Jacob Evans, s. John and Susanna ; b. May 26 ; bap. June 5.
Georg Schneider, s. Christian and Catharina ; b. May 11 ; bap. June 5.
Susanna Ehler, d. Christian and Margaret ; b. May 14 ; bap. June 5.
Elisabeth Benedict, d. Philip and Dorothea ; b. May 11, bap. June 6.
Magdalena Veit, d. Benedict and Sara ; b. March 2 ; bap. June 7.
Georg Schweiger, s. Ludwig and Anna ; b. March 7, 1789 ; bap. June 12.
Agnes Porter, d. Matthew and Barbara ; b. Dec. 6, 1790 ; bap. June 12.
Elisabeth, d. James Latta and Mary Brady ; b. Dec. 13, 1790 bap June 12.
Jacob Fritz, s. Ludwig and Eva ; b. Sept. 3, 1790 ; bap. June 13.
Catharina Ruby, d. Johannes and Salome ; b. April 29 ; bap. June 12.
Jeremia Johnson, s. Jeremia and Rebecca ; b. Jan. 21 ; bap. June 13.
Martin Hambrecht, s. Georg and Anna Maria ; b. Dec. 15 ; bap. June 14.

The Pennsylvania-German Society.

Hanna Faringer, d. Jacob and Barbara ; b. June 13 ; bap. June 26.
Catharina Andreas, d. Johannes and Catharina ; b. March 9 ; bap. July 3.
Georg Reisinger, s. Carl and Catharina ; b. Dec., 1790 ; bap. July 3.
Sophia Shindel, d. Jacob and Elisabeth ; b. May 29 ; bap. July 10.
Elisabeth, d. Elisabeth Bierman and Tobias Kindig ; b. June 4 ; bap. July 15.
David Geiss, s. Johannes and Maria ; b. June 3 ; bap. July 18.
Maria Fissler, d. Ulrich and Magdalena ; b. August 13, 1790 ; bap. July 21.
Johannes Kiegler, s. Jacob and Elisabeth ; b. May 30 ; bap. July 22.
Sara Heiss, d. Dietrich and Magdalena ; b. July 6 ; bap. July 23.
Catharina Jordan, d. Martin and Elisabeth ; b. July 10 ; bap. July 24.
Salome Stoft, d. Jacob and Anna Maria ; b. July 16 ; bap. July 16.
Daniel Bart, s. Daniel and Margaret ; b. June 26 ; bap. July 24.
Samuel Gerlitz, s. Samuel and Maria ; b. April 8 ; bap. July 24.
Elisabeth Dunlap, d. Richard and Anna ; b June 17 ; bap. July 25.
Andreas Reinhard, s. Johannes and Margar. ; b. June 2. ; bap. July 28.
Georg Rudesille, s. Jacob and Catharina ; b. July 13 ; bap. July 31.
Barbara Rieber, d. Ulrich and Catharina ; b. April 27 ; bap. July 31.
Elisabeth, d. Christian Weiss and Elisabeth Balspach ; b. July 25 ; bap. July 30.
Johannes Vister, s. Georg and Sophia ; b. May 26 ; bap. August 4.
Sara Schreiher, d. Johan and Christian ; b. July 8 ; bap. August 7.
Margaret Burg, d. Johannes and wife ; b. August 9 ; bap. August 9.
Anna Maria Burman, d. Nicol and Christina ; b. Dec. 20, 1790 ; bap. August 11.
Mathew Sinclair, s. John and Margaret ; b. Oct. 25, 1786 ; bap. August 11.
Margaret Sinclair, d. John and Margaret ; b. Dec. 22, 1788 ; bap. August 11.
Agnes Sinclair, d. John and Margaret ; b. May 11, 1791 ; bap. August 11.
Agnes Ferguson, d. John and Elisabeth ; b. April 6 ; bap. August 11.
Mary Muckleroy, d. Henry and Susanna ; b. June 20 ; bap. Aug. 11.
Elisabeth Maly, d. James and Philippina ; b. May 10 ; bap. August 11.
John Smith, s. John and Ann. ; b. Nov. 19, 1790 ; bap. August 11.
Jacob Gebel, s. Jacob and Christina ; b. July 19 ; bap. August 14.
Elisabeth Folz, d. Christian and Christina ; b. April 16 ; bap. August 14.
Heinrich Steineseg, s. Thomas, Reformed, and Eva ; b. Dec. 24, 1790 ; bap. August 27.
Salome Moser. d. Wilhelm and Elisabeth ; b. August 15 ; bap. Sept. 6.
Maria Magdalena Folk, d. Johannes and Elisabeth ; b. June 29 : bap. Sept. 18.
Johan Jacob Rudesille, s. Michael and Cathar. ; b. Sept. 14 ; bap. Sept. 22.

Births and Baptisms.

Heinrich Brenner, s. Philip and Elisabeth ; b. Aug. 30 ; bap. Sept. 25.
Joseph Forris, s. Joseph and Elisabeth ; b. July 19 ; bap. Sept. 25.
Adam Bartsfill,s. Adam and Elisabeth ; b. Feb. 7 ; bap. July 24.
Louisa Keger, d. Christoph and wife ; b. August 31 ; bap. Oct. 1.
Johannes Lutz, s. Georg and Elisabeth ; b. July 10 ; bap. Oct. 4.
Ann Leitner, d. Johannes and Margaret ; b. Sep. 30 ; bap. Oct. 6.
Maria, d. Mrs. Dorothea Kohl ; b. August 30 ; bap. Oct. 9.
Jacob Hubley, s. Johannes and Maria ; b. Oct. 11 ; bap. Oct. 11.
Johan Tobias Heiss, d. Johannes and Maria ; b. April 25 ; bap. Oct. 16.
Christine Karchner, d. Johannes and Magdalena ; b. May 18 ; bap. Oct. 16.
Johan Rein, s. Johannes and Susanna ; b. Oct. 3 ; bap. Oct. 16.
Elisabeth Krauter, d. David and Catharina ; b. Oct. 12 ; bap. Oct. 23.
Johannes Steinweg, d. Ludwig and Salome ; b. July 24 ; bap. Oct. 19.
Georg Brenner, s. Georg and Christine ; b. Aug. 28 ; bap. Oct. 19.
Stephan Stech, s. Gerhard and Anna ; b. Aug. 30 ; bap. Oct. 19.
Elisabeth Stech, d. Johan. Adam and Veronica ; b. Oct. 10 ; bap. Oct. 19.
Catharina Faust, d. Georg and Margaret ; b. Sept. 10, 1790 ; bap. Oct. 23.
Margaret Schrenk, d. Andreas and Elisabeth ; b. Aug. 14 ; bap. Oct. 25.
Johannes Salzman, s. Johannes and Cathar. ; b. Sept. 20 ; bap. Oct. 25.
Elisabeth Müller, d. Heinrich and Magdalena ; b. Aug. 18 ; bap. Oct. 25.
Jacob Nass, s. Georg and Elisabeth ; b. April 22 ; bap. Oct. 25.
Elisabeth Fritz, d. Nicolaus and Anna Maria ; b. August 12 ; bap. Oct. 25.
Johannes Hilbrunner, s. Paul and Elisabeth ; b. Oct. 22. 1790 ; bap. Oct. 25.
Wilhelm Heinkel, s. Wilhelm and Elisabeth ; b. July 1 ; bap. Oct. 30.
Anna Maria Müller, d. Heinrich and Anna Maria ; b. August 27 ; bap. Oct. 30.
Magdalena Wood, d. Christoph and Cathar. ; b. Oct. 23 ; bap. Oct. 31.
Joh. Heinrich Denzel, s. Johan and Eva Catharina ; b. July 30 ; bap. Nov. 3.
Michael Ehrman, s. Casper and Rosina ; b. Oct. 21 ; bap. Nov. 13.
Charlotte Marquart, d. Sebastian and Cathar. ; b. June 3 ; bap. Nov. 13.
Elisabeth Bayer, d. Peter and Eva ; b. Oct. 11 ; bap. Nov. 16.
Jacob Brady, s. Robert and Cathar. ; b. March 20, 1789 ; bap. Nov. 16.
Catharina Sara Meraux, d. Peter and Elisabeth ; b. Nov. 3 ; bap. Nov. 23.
Elisabeth Knoll, d. Jacob and Catharina ; b. Nov. 5 ; bap. Nov. 25.
Johannes Messerschmidt, s. Georg and Elisabeth ; b. Oct. 22 ; bap. Nov. 27.
Georg Klein, s. Peter and Barbara ; b. Aug. 21 ; bap. Nov. 27.
Jacob Meier, s. Jacob and Maria ; b. Nov. 7 ; bap. Nov. 27.

The Pennsylvania-German Society.

Mary McComb, d. William and Sara ; b. Sept. 9 ; bap. Nov. 27.
Barbara Brooks, d. Joseph and Mary ; b. Oct. 22 ; bap. Dec. 1.
Maria Schweickert, d. Felix and Christine ; b. Sept. 24 ; bap. Nov. 9.
Magdalena Rathvon, d. Jacob and Elisabeth ; b. Oct. 27 ; bap. Dec. 11.
Maria Eva Griesinger, d. Elisabeth ; b. Sept. 27 ; bap. Dec. 12.
Maria Magdalena Schlott, d. Jacob and Maria Magdalena ; b. Dec. 21 ; bap. Dec. 25.
Magdalena, wife of Jul. Pomerene, d. Michael and Anna Heller ; b. Jan. 8, 1765 ; bap. Dec. 21.
Joh. Heinrich Nagel, s. Joseph and Maria ; b. Oct. 31 ; bap. Dec. 25.
Elisabeth Schreiner, d. Martin and Elisabeth ; b. Dec. 8 ; bap. Dec. 25.
Wilhelm Appel, s. Christian and Maria Magdalena ; b. Dec. 12 ; bap. Dec. 25.
Georg Dietrich, s. Adam and Susanna ; b. Nov. 24 ; bap. Dec. 26.
Wilhelm Hensel, s. Wilhelm and Maria ; b. Nov. 26 ; bap. Dec. 26.
Johan Adam Brady, s. Robert and Catharina ; b. April 22 ; bap. Dec. 26.
Maria Magdalena Gottschall, d. Ludwig and Barbara ; b. April 21, 1790 ; bap. Dec. 31.
Johan David Gottschall, s. Ludwig and Barbara ; b. Oct. 25 ; bap. Dec. 31.
Jacob Aston, s. Joseph and Elisabeth; b Aug. 26 ; bap. Dec. 31.
Wilhelm Müller, s. Johannes and Hanna ; b. Sept. 26 ; bap. Nov. 11.

1792.

Phillippe Elisabeth Muhlenberg, d. Heinrich Muhlenberg, pastor, and Maria Catharina ; b. Dec. 19 ; bap. Jan. 5.
Elisabeth Keller, d. Georg and Catharina ; b. Dec. 20 ; bap. Jan. 5.
Georg Faust, s. Georg and Margaret ; b. Dec. 17 ; bap. Jan. 8.
Johannes Mose, s. Christian and Eleonore ; b. Oct. 1790 ; bap. Jan. 12.
Catharina Reutlinger, d. Georg and Maria ; b. Dec. 15 ; bap. Jan. 12.
Maria Lehnherr, d. Georg and Elisabeth ; b. Jan. 7 ; bap. Jan. 14.
Susanna Phi. Huber, d. Matth. and Magdalena ; b. Jan. 3 ; bap. Jan. 15.
Maria Rörig, d. Georg and Maria Elisabeth ; b. March 10, 1790 ; bap. Jan. 26.
Catharina Günsel, d. Jacob and Margaret ; b. Nov. 25 ; bap. Jan. 26.
Michael Gross, s. Michael and Cathar. ; b. Jan. 15 ; bap. Jan. 29.
Elisabeth Schneider, d. Peter and Catharina ; b. Nov. 16 ; bap. Jan. 30.
Elisabeth Lutz, d. Caspar and Maria ; b. Dec. 19 ; bap. Feb. 1.
Maria Schaum, d. Melchior and Margaret ; b. Jan. 13 ; bap. Feb. 5.
Johannes Jost, s. Philip and Elisabeth ; b. Nov. 4 ; bap. Feb. 12.
Maria Regina Thomas, d. Eberhard and wife ; b. Feb. 4 ; bap. Feb. 15.
Johan Brenner, s. Adam and Catharina ; b. Dec. 14 ; bap. Feb. 18.

Births and Baptisms.

E isabeth Leible, d. And. and Elisabeth ; b. Jan. 15 ; bap. Feb. 19.
Sara Ridesille, d Johannes and Catharina ; b. Jan. 23 ; bap. Feb. 25.
Elisabeth Kautz, d. Thomas and Gertraud ; b Nov. 13, 1787 ; bap. Feb 26
Georg Kautz, s Thomas and Gertraud ; b Oct. 20, 1791 ; bap. Feb. 26.
Margaret Eva Milchsack, d. Philip and Maria ; b. Feb. 5 ; bap Feb. 26.
Salome Kolb, d. Simon and Margaret ; b Jan 27 ; bap. March 4
Johannes Nauman, s Gottlieb and Margaret ; b. Feb 21 ; bap March 18.
Fried Valentin Krug, s Jacob and Rebecca ; b ——; bap March 18.
Friedrich Ramle, s. Friedrich and Elisabeth ; b. Feb. 18 ; bap. March 18.
William McNaughton. s James and Mary ; b Feb 18 ; bap. March 22.
Susanna Dunkel, d. Georg and Barbara ; b. Jan. 6 ; bap. March 30.
Jacob Fehl, s. Georg and Elisabeth ; b. Feb. 2 ; bap. March 30.
Elisabeth Albert, s. Heinrich and Catharina ; b. Jan. 31 ; bap. March 30.
Eva Philips, d. Johan and Cathar. b. Jan. 9 ; bap. March 30.
Eleonor Mank, d. Johannes and Rosina ; b. Dec. 30 ; bap. March 31.
Johannes Schweicker, s. Martin and Christine ; b. Sept. 6 ; bap. April 1.
Johan Martin Diel, s. Martin and Catharine ; b. Sept. 1 ; bap. April 8.
Christian Meier, s. Isaac and Barbara ; b. Dec. 19 ; bap. April 8.
Johannes Gass, s. Peter and Elisabeth ; b. Sept. 17 ; bap. April 8.
Anna Gut, d. Samuel and Margaret ; b. June 30 ; bap. April 8 .
Georg Gips, s. Abraham and Dorothea ; b. March 17 ; bap. April 9.
Friedrich Schner, s. Gottlieb and Sabina ; b. Dec. 23 ; bap. April 9.
Siegmund Abt, s. Friedrich and Maria ; b. March 31 ; bap. April 9.
Jacob, s. Jacob Johns and Barbara Brenner ; b. Dec. 29, 1790 ; bap. April 9.
Matthaeus Weiss, s Catharina and Barton ; b. August 1791 ; bap. April 9.
Sophia Weber, d. Joseph and Catharina ; b March 24 ; bap. April 10.
Georg Braun, s Joseph and Catharina ; b. Feb. 24 ; bap. April 15.
Friedrich Dessau, s. Ernst and Eva ; b. Jan. 24 ; bap. April 15.
Michael Metzger, s Jonas and Eva ; b Sept. 28, 1791 ; bap. April 21.
Friedrich Sohn, s Johannes and Catharina ; b. March 9 ; bap. April 29.
Heinrich Köhler, s. Andreas and Barbara ; b. April 4 ; bap. May 6.
Johannes Ehler, s. Daniel and Margaret ; b. March 16 ; bap. May 6.
Friedrich Frick, s Friedrich and Sophia ; b. April 4 ; bap. May 6.
Elisabeth Keller, d Friedrich and Elisabeth ; b. March 13 ; bap. May 13.
Elisabeth Peter, d. Isaac and Abigail ; b. March 22 ; bap. May 13.
Barbara Haas, d. Adam and Margaret ; b. Jan. 22 ; bap. May 17.
Sara Evans, d Charles and Christiana ; b. April 11 ; bap. May 20.
Elisabeth Friedeborn, d. Georg and Catharina ; b. Jan. 21, 1788 ; bap. May 20.
Jacob Schmidt, s Johan and Juliana ; b. Dec. 14, 1791 ; bap. May 20.
Margaret Glaser, d. Friedrich and Margaret ; b. Jan. 8 ; bap. May 23.

Wilhelm Schmidt, s. Wilhelm and Catharina ; b. May 3 ; bap. May 28.
Johannes Sabel, s. Adam and Cathar ; b Nov. 16 ; bap. May 28
Julius Pomerene, s. Julius and Magdalena ; b. Feb. 9 ; bap. May 28
Maria Lechy, d. John and Maria ; b. ———; bap. May 30.
——— Rab, Johannes and wife ; b. ———; bap May 30
Elisabeth Bremer, d Peter and Maria ; b. Jan 25 ; bap. May 30.
Catharina Mohr, d Michael and Margaret ; b. Feb 4 ; bap. June 3.
Susanna Fünfrock, d. Dewald and Rosina ; b March 16 ; bap. June 4.
Heinrich Gumpf, s Christoph and Anna Maria ; b. May 4, 1791 ; bap. June 7.
John Friedrich Heinitsch, s. Carl and Sophia ; b. May 30 ; bap. June 10.
Elisabeth Lautebach, d Michael and Margaret ; b. May 27 ; bap June 10.
Heinrich Gebhard, s. Gottlieb and Philippina ; b. Jan 21 ; bap June 17.
Philippina Miller, d. Robert and Eva ; b. Feb 2 ; bap. June 17.
Johannes Janson, s. Jens and Ann ; b. March 24 ; b June 17.
Christian Albert, s. Jacob and Catharina ; b. Nov. 17, 1791 ; bap. June 17.
Maria Kelly, d Thomas and Catharina ; b. June 19, 1791 ; bap. June 17
Carl, a foundling, b May 1792 ; bap June 17.
Johannes Fissler, s. Ulrich and Magdalena ; b. March 27, 1786 ; bap. June 17.
Jacob Fissler, s Ulrich and Magdalena ; b Oct. 15, 1787 ; bap. June 17.
Veronica Schuman, d. Michael and Elisabeth ; b. Nov. 23, 1791 ; bap. June 17.
Georg Brotzman, s. Peter and Anna ; b. Sept. 7, 1789 ; bap. June 24.
Petrus Brotzman, s. Peter and Anna ; b. May 19, 1791 ; bap. June 24.
Johannes Gumpf, s. Michael and Margaret ; b. Sept 27, 1791 ; bap. June 24
Maria Magdalena Schnell, d. Joh Jacob and Sophia ; b. June 9 ; bap. June 29
Rosina Hubley; d Adam and Lydia ; b. May —; bap July 1.
Susanna Rein, d. Michael and Catharina ; b. August 28, 1787 ; bap July 3;.
William Parr Hubley, s. Joseph and wife ; b. June 16 ; bap. July 12.
Joseph Brooks, s. William and Ann ; b. July 6, 1790 ; b. July 19.
Philip Dietrich, s. Heinrich and Maria ; b. Jan. 6 ; bap July 22.
Mary Rowlingson, d Robert and Ann ; b. July 25 ; bap July 29.
Lorenz Dietrich, s. Lorenz and Magdalena ; b. July 25 ; bap August 1.
Elisabeth Johns, d. Jacob and Anna Maria ; b. Jan. 23 ; bap. Aug. 4.
Barbara Folz, d. Bernhard and Barbara ; b. April 8 ; bap August 4.
Wilhelm Eichholz, s. Leonhard and Cathar ; b July 11 ; b. August 5.
Maria Hirsch, d. Friedrich and Susanna ; b. May 26 ; bap. August 5.
Elisabeth Krauss, d. Andreas and Elisabeth ; b. July 29 ; bap. August 5;
Joachin and Simon Nagel, twins, s. Jacob and Catharina ; b. August 5 ;; bap August 6.

Births and Baptisms.

Maria Schwenk, d Peter, Jun , and Margaret ; b July 22 ; bap. August 12.
Georg Forrie, s. Jacob and Susanna ; b. Nov 11, 1791 ; bap. August 11.
Catharina Müller, d Franz and Catharina; b. April 1 ; bap. August 12.
Salome Schwenk, d. Peter, sen , and Anna Margaret ; b. Jan 12, 1784 ; bap Aug. 12.
Johannes Nesselroth, s Israel and Christine ; b. May 20 ; bap August 19.
Johannes Dick, s. Peter and Christine ; b. July 12 ; bap. August 19
Sara Fry, d. Friedrich and Elisabeth ; b. Oct 9, 1790 ; bap. August 19.
Johannes Dunkel, s Peter and Anna Maria ; b May 12 ; bap. August 19.
Georg Albrecht, s. Georg and Elisabeth ; b Dec. 9 ; bap. August 24
Elisabeth Becker, d. Philip and Barbara ; b. June 11 ; bap. Aug. 26.
William Talbert, s. Chinsey, a negress ; b. Sept. 16, 1791 ; bap. Aug. 26.
Lewis Maxwell, s. Thomas and Jane ; b. April 14, 1790 ; bap. Sept. 4.
Robert Maxwell, s. Thomas and Jane ; b. Feb. 19, 1791 ; bap. Sept. 4.
Magdalena Gantacker, d. Michael and Barbara ; b. August 25 ; bap. Sept. 9.
Johanetta Schmidt, d. Johannes and Catharina ; b. June 11, 1791 ; bap. Sept. 10.
Friedrich Braun, s. Wilhelm and Magdalena ; b. June —; bap. Sept. 16.
Jacob Hiller, s. Johannes and Catharina ; b. June 30 ; bap. Sept. 13.
Catharina Kuhn, d. Nicolaus and Beata ; b. Oct. 1, 1790 ; bap. Sept. 18.
Sebastian Kuhn, s. Nicolaus and Beata ; b. Sept. 22, 1788 ; bap. Sept. 18.
Jacob Evans, s. John Charles and Susanna ; b. Sept. 12 ; bap. Sept. 19.
Elisabeth Galosky, d. Henrich and Barbara ; b. Aug. 26 ; bap. Sept. 22.
Sara Meyer, d. Wilhelm and Rahel ; b. Dec. 11, 1790 ; bap. Sept. 22.
Susanna Meyer, d. Wilhelm and Rahel ; b. May 11, 1792 ; bap. Sept. 22.
Elisabeth Seible, d. Johannes and Elisabeth ; b. August 15 ; bap. Sept. 23.
Georg Reissinger, s. Carl and Catharina ; b. July 28 ; bap. Sept. 23.
Anna Hubly, d. Johannes and Maria ; b. August 18 ; bap. Sept. 23.
Jacob Schneider, s. Michael and Catharina ; b. August 1 ; bap. Sept. 24.
Adam Leitner, s. Johannes and Margaret ; b. August 28 ; bap. Sept. 24.
Israel Nesselroth, s. Christ. and Elisabeth ; b. Feb. 8, 1763 ;' bap. Sept. 25.
Elizabeth App, d. Michael and Sophia ; b. Sept. 11 ; bap. Sept. 30.
John Michael Lotman, s. Georg and Anna Mary ; b. July 28 ; bap. Oct. 1.
Anna Nesselroth, d Christ. and Margaret ; b. July 17 ; bap. Oct. 3.
Rachael Bryan, d. Anthony and Maria ; b. June 13 ; bap. Oct. 14.
John Bryan, s. Anthony and Maria ; b. March 22, 1786 ; bap. Oct. 14.
Anna Maria Kraemer, d. Joh. Just and Maria ; b. Oct. 8 ; bap. Oct. 14.
Elisabeth Weber, d. Christian and Margaret ; b. July 11, 1791 ; bap. Oct. 14.
Elisabeth Williams, d. John and Susanna ; b. Sept. 29 ; bap. Oct. 14.
Johannes Sturmfels, s. Conrad and Catharina ; b. Oct. 14 ; bap. Oct. 21.

The Pennsylvania-German Society.

Michael Jordan, s. Owen and Elisabeth ; b. Sept. 11 ; bap. Oct. 21.
Heinrich Klein, s. Michael and Anna Maria ; b. Oct. 8 ; bap. Oct. 21.
Anna Maria Gebel, d. Jacob and Christine ; b Sept. 7 ; bap. Oct. 21.
Catharina Bechtel, d. Heinrich and Magdalena ; b. May 9 ; bap. Oct. 28.
Magdalena Kirsch, d. Georg and Ann ; b. May 29; bap. Nov. 2.
Johannes Gusman, s. Johannes and Maria ; b. May —; bap. Nov. 6.
Johannes Michel, s. Philip and Maria, refor. ; b. Nov. 2 ; bap. Nov. 10.
Margaret Metzger, d. Philip and Margaret, refor. ; b. Nov. 5 ; bap. Nov. 10.
Catharina Mayer, d. Georg Ludwig and Maria Barbara ; b. Oct. 27 ; bap. Nov. 18.
Johannes Bart, s. Daniel and Margaret ; b. Oct. 12 ; bap. Nov. 18.
Anna Maria Patterson, d. Johannes and Catharina ; b. Nov. 5 ; bap. Nov. 18.
Elisabeth Lambarter, s. Ulrich and wife, b. Feb. —; bap. Nov. 30.
Georg Ament, s. Lorenz and Elisabeth ; 11 weeks old ; bap. Dec. 2.
Philip Klein, s. Philip and Magdalena ; b. Nov. 20 ; bap. Dec. 9.
Anna Grace, d. John and Susanna ; b. Oct, 10 ; bap. Dec. 19.
Johan Fünfrock, s. Nathanael and Barbara ; b. Nov. 15 ; bap. Dec. 25.

(*To be continued.*)

BIRTHS AND BAPTISMAL REGISTER
— OF —
TRINITY LUTHERAN CHURCH,
LANCASTER, PA.

[CONCLUDED.]

1793.

Anna Maria Mathiot, d. Johannes and Susanna; b. Nov. 21; bap. Jan. 1.
Johannes Meraun, s. Peter and Elisabeth; b. Dec. 27; bap. Jan. 5.
Andreas Heil, s. Zacharias and Dorothea; b. Dec. 23; bap. Jan. 6.
Rebecca Moser, d. Wilhelm and Elisabeth; b. Dec. 13; bap. Jan. 6.
Jacob Miller, s. Georg and Elisabeth; b. Nov. 4, 1791; bap. Jan. 17.
Elisab. Margaret Mayer, d. Christoph and Susanna; b. Dec. 27; bap. Jan. 20.
Catharina Lager, d. Friedrich and Elisabeth; b. Jan. 17; bap. Jan. 27.
Arnold Schmidt, s. Martin and Eva; b. Dec. 7; bap. Jan. 27.
Elisabeth Schindel, d. Jacob and Elisabeth; b. Nov. 9; bap. Jan. 21.
Ludwig Heerd, s. Andreas and Elisabeth; b. Jan. 17; bap. Jan. 27.
Samuel Davis, s. Isaac and Eva; b. Oct. 1; bap. Jan. 27.
Friedrich (twins) Bader, Friedrich and Hanna; b. Jan. 28; bap. Jan. 29.
William Marbury, s. Jeremia and Mary (mulattoes); b. May 20, 1791; bap. Feb. 1.
Maria Hambright, d. Joh. and Susanna; b. Feb. 2; bap. Feb. 11.
Johan Friedrich Karch, s. Joh. Friedrich and Eva; b. Jan. 25; bap. Feb. 19.

The Pennsylvania-German Society.

Maria Sophia Meyer, d. Jacob and Maria; b. Feb. 12; bap. Feb. 19.
Catharina Klein, d. Christian and Margareta; b. Feb. 11; bap. Feb. 24.
Maria Lehnherr, d. Georg and Elisabeth; b. Dec. 31, '92; bap. March 3.
Georg Schott, d. Jacob and Maria Magdalena; b. March 1; bap. March 6.
Joh. Georg and Wilhelm Koenig, s. Joh. Georg and Dorothea; b. March 5; bap. March 7.
Sophia Kohl, d. Nicolaus and Dorothea; b. Feb. 14; bap. March 10.
Anna Maria Schlatter, d. Jacob and Anna Maria; b. Feb. 10; bap. March 10.
Johan Ludwig Techtmeyer, s. Ludwig and Sus. Barbara; b. Feb. 26; bap. March 17.
Wilhelm Rudesille, s. Jacob and Maria; b. Feb. 22; bap. March 17.
Michael Schreiner, s. Philip and Susanna; b. Nov. 2; bap. March 19.
John McCrackan, s. Alexander and Elisabeth; b. Feb. 5; bap. March 24.
Abraham Sando, s. Carl and Sara; b. Dec. 14; bap. March 31.
Jacob Illing, s. Christoph and Magdalena; b. Feb. 28; bap. March 31.
Johannes Rees, s. James and Elisabeth; b. Jan. 11; bap. March 31.
Salome Hasselbach, d. Henrich and Catharina; b. March 9; bap. April 1.
Elisabeth Driffenbach, d. Georg and Susanna; b. March 1; bap. April 1.
Elisabeth Glaser, d. Friedrich and Margaret; b. Feb. 20; bap. March 30.
William Desart, s. Joseph and Elisabeth; b. Sept. 1, 1789; bap. April 2.
John Desart, s. Joseph and Elisabeth; b. June 10, 1791; bap. April 2.
Susanna Denger, d. Andreas and Catharina; b. Oct. 12; bap. April 3.
Mathew Hare, s. John and Isabella; b. Jan. 22; bap. April 6.
Susanna Weidele, d. Friedrich and Susanna; b. March 5; bap. April 6.
Heinrich Schuler, s. Benjamin and Catharina (Refor.); b. April 2; bap. April 8.
Elisabeth Ort, d. Johannes and Maria; b. Oct. 21; bap. April 8.
Philip Jacob Thomas, d. Eberhard and Magdalena; b. March 25; bap. April 14.
Elisabeth Fischer, d. Adam and Margaret; b. Jan. 29, 1792; bap. April 18.
Maria Rosina Vister, d. Georg and Sophia; b. Jan. 25; bap. April 21.
Catharina Bart, d. Martin and Susan; b. Feb. 8; bap. April 29.
Anna McConnel, d. George and Ann; b. April 2, 1786; bap. April 30.
Margaret McConnel, d. George and Ann; b. July 12, 1788; bap. April 30.
Rose McConnel, d. George and Ann; b. July 18, 1790; bap. April 30.
William McConnel, s. George and Ann; June 18, 1792; bap. April 30.
Henrich Geiss, s. Johannes and Maria; b. Nov. 8; bap. May 5.
Carl Glaser, s. Daniel and Christine; b. Jan. 28; bap. May 6.
Michael Schuman, s. Michael and Elisabeth; b. Jan. 9; bap. May 6.
Ludwig Dickhover, s. Henrich and Barbara; b. August 31; bap. May 6.
Adam Jost, s. Johan and Barbara; b. May 4; bap. May 14.

Births and Baptisms.

Susanna Carrier, d. Jacob and Rachel; b. Jan. 29; bap. May 14.
William Boyd Hamilton, s. Thomas and Elis. neé Weiss; b. Aug. 28, 1789; bap. May 17.
Elisabeth Hamilton, d. Thomas and Elis. neé Weiss; b. Nov. 21, 1792; bap. May 17.
Wilhelm Frick, s. Johannes and Elisabeth; b. Aug. 31, 1791; bap. May 17.
Valentin Brinneisen, s. Jacob and Elis.; b. Nov. 2; bap. May 17.
Johannes Voigt, s. Matthaeus and Christina; b. Sept. 14; bap. May 18.
Jacob Meyer, s. Jacob and Anna Maria; b. June 28; bap. May 18.
Johan Jacob Bastie, s. Johannes and Maria; b. March 12; bap. May 19.
Georg Gass, s. Peter and Elisabeth; b. March 2; bap. May 19.
Christian Schwenzel, s. Friedrich and Eva; b. May 8; bap. May 20.
Barbara Booth, d. John and Christine; b. March 18; bap. May 20.
Johannes Lotman, s. Georg, jun. and Rosina; b. Nov. 13; bap. May 20.
Johannes Ort, s. Conrad and Christine; b. April 17; bap. May 20.
Georg Koch, s. Johannes and Jane; b. Jan. 11; bap. May 20.
Abraham Moser, s. Georg and Christine; b. May 15; bap. June 9.
Joseph Rathvon, s. Jacob and Elisabeth; b. May 20; bap. June 9.
Valentin Steinweg, s. Ludwig and Salome; b. Nov. 26; bap. June 9.
Henrich Rein, d. Christian and Barbara; b. July 11, 92; bap. June 9.
Susanna Fritz, d. Ludwig and Eva; b. May 8, 92; bap. June 12.
Johannes Götz, s. George and Catharina; b. April 5; bap. June 12.
Anna Maria Weber, d. Andreas and Rosina; b. April 10; bap. June 21.
Philip Dietrich, s. Michael and Elisabeth; b. May 5; bap. June 23.
Anton Günther, s. Lorenz and Magdalena (Cath.); b. June 22; bap. June 28.
Catharina Steitz, d. Peter and Catharina; b. March 18; bap. June 30.
Rosina Peterman, d. Jacob and Rosina; b. June 20; bap. July 4.
Johan Jacob Hebelman, s. Arnold and Eva Susanna; b. May 5; bap. July 6.
Maria Häusle, d. Michael and Maria; b. June 23; bap. July 7.
Heinrich Faust, s. Georg and Margareta; b. Jan. 8; bap. July 14.
Heinrich Keller, s. Johannes and Barbara; b. July 1; bap. July 21.
Robert Wilson, s. Robert and Sophia; b. July 16; bap. July 24.
Johan Henrich Christ, s. Johannes and Regina; b. Dec. 24; bap. July 28.
Jacob Weiss, s. Andreas and Margaret; b. May 2; bap. July 28.
Georg Schlichter, s. David and Catharina; b. May 10; bap. July 28.
William Johnson, s. Jeremia and Rebecca; b. Jan. 21; bap. August 4.
Johan Jacob Brenner, s. Adam and wife; b. May 3; bap. August 4.
Susanna Brenner, d. Georg and Christine; b. June 2; bap. August 4.
Elisabeth Brenner, d. Philip and Elisabeth; b. Dec. 18, 1792; bap. August 4.

The Pennsylvania-German Society.

Johannes Seibert, s. Peter and Sara; b. June 10; bap. August 4.
Susanna Marquart, s. Sebastian and Catharina; b. July 7; bap. Aug. 10.
Maria Catharina Schneider, d. Christian and Catharina; b. July 30; bap. August 9.
Richard Augustus Zanzinger, s. Paulus and Esther; b. Oct. 24, 1792; bap. August 11.
Magdalena Delbo, d. Franz and Magdalena; b. July 4; bap. August 18.
Margaret Heilbrunner, d. Johan and Cathar., b. Aug. 22; bap. Aug. 18.
Catharine Braun, d. Joseph and Catharina; b. July 5; bap. August 18.
Thomas Weber, s. Christian and Elisabeth; b. July 19; bap. August 18.
Elisabeth Johnson, d. Maria; b. Nov. 6, 1791; bap. August 30.
Anna Maria Tobias, d. Paul and Elisabeth; b. March 5; bap. August 30.
Johannes Folz, s. Christian and Christine; b. July 26; bap. Sept. 1.
Anna Eva Stehme, d. Tobias and wife; b. August 27; bap. Sept. 1.
Heinrich Dessau, s. Ernst and Eva; b. August 28; bap. Sept. 2.
Susanna Schreiber, d. Johannes and Christine; b. Aug. 4; bap. Sept. 8.
Johan Georg Benedict, s. Philip and Dorothea; b. Aug. 4; bap. Sept. 10.
Samuel Volk, s. Georg and Catharina; b. July 14; bap. Sept. 11.
William Milly, s. Timothy and Jean.; b. August 4; bap. Sept. 11.
Eva Catharina Schreiner, d. Martin and Elisabeth; b. August 10; bap. Sept. 15.
Catharina Keller, d. George and Catharina; b. August 18; bap. Sept. 15.
Georg Stech, s. Gerhard and Maria; b. July 15; bap. Sept. 15.
Johannes Porter, s. Andreas and Eva; b. August 24; bap. Sept. 15.
Johannes Schmidt, s. Friedrich and Maria; b. June 12; bap. Sept. 22.
Andreas Müller, s. Henrich and Magdalena; b. August 7; bap. Sept. 22.
Johannes Bastick; b. Jan. 14, 1763; bap. Sept. 18, 1793.
Barbara Rein, Ulrich Huber and wife Veronica; b. June 29, 1765; all bap. Sept. 18.
Catharina Schmidt, d. Wilhelm and Cathar.; b. July 28; bap. Sept. 22.
Joh. Wilhelm Nauman, s. Gottlieb and Margaret; b. August 25; bap. Sept. 29.
Georg Wienan, s. Anna Etter and Heinrich; b. Feb. 20, 1792; bap. Sept. 30.
Jacob Baer, s. Michael and Catharina; b. Sept. 12; bap. Oct. 6.
Elisabeth Lehman, d. Jacob and Catharina; b. Sept. 10; bap. Oct. 6.
Mary Richards, d. James and Mary; b. May 1; bap. Oct. 8.
Joh. Valentin Krug, s. Valentin and Eva; b. July 29; bap. Oct. 3.
Samuel Weber, s. Johannes and Anna Elisabeth; b. Nov. 14; bap. Oct. 14.
Elisabeth Heinkel, d. Peter and Magdalena; b. Sept. 10; bap. Oct. 20.
Magdalena Müller, d. Henrich and Maria; b. August 10; bap. Oct. 22.

Births and Baptisms.

Catharina Scheurig, d. Matthaeus and Catharina; b. March 18; bap. Oct. 22.
Jacob Volk, s. Johannes and Elisabeth; b. August 12; bap. Oct. 10.
Margaret Heinkel, d. Wilhelm and Elisabeth; b. Aug. 1; bap. Oct. 10.
Johannes Bartsfill, s. Adam and Elisabeth; b. April 15; bap. Oct. 10.
Johannes Kepperle, s. Friedrich and Maria; b. Sept. 5; bap. Oct. 10.
Eva Muckelroy, d. Henry and Susanna; b. March 19; bap. Oct. 10.
Johan Georg Schneider, s. Peter and Catharina; b. Oct. 7; bap. Oct. 10.
Jacob Ohlweiler, s. Friedrich and Barbara; b. August 6; bap. Oct. 18.
Johan Georg Lutz, s. Georg and Elisabeth; b. May 3; bap. Oct. 18.
Anna Heck, d. Ludwig and Elisabeth; b. Oct. 1; bap. Oct. 20.
Jacob Albert, s. Henrich and Catharina; b. Oct. 10; bap. Oct. 21.
Rudolph Fissel, s. Ulrich and Maria; b. August 22; bap. Oct. 22.
Barbara Becker, d. Philip and Barbara; b. Sept. 20; bap. Oct. 27.
Joh. Henrich Heiss, s. Dietrich and Maria Magdalena; b. Sept. 23; bap. Oct. 27.
Jacob McNaughton, s. James and Maria; b. Sept. 17; bap. Oct. 27.
Johannes Scheurig, s. Nicolaus and Catharina; b. June 16; bap. Nov. 2.
Anna Catharina Turner, d. Thomas and Maria; b. Oct. 15; bap. Nov. 10.
Philip Stech, s. Philip and Sabina; b. March 12; bap. Nov. 5.
Elisabeth Hinkel, d. Johannes and Catharina; b. August 11; bap. Nov. 5.
Henrich Burg, s. Johannes and Barbara; b. Oct. 31; bap. Nov. 10.
Johannes Franciscus, s. Johannes and Anna; b. Oct. 29; bap. Nov. 10.
Bernhard Schaefer, s. David and Dorothea; b. Oct. 15; bap. Nov. 11.
Georg Odenwald, s. Christian and Sara; b. Oct. 6; bap. Nov. 10.
Jacob Stoft Gross, s. Jacob and Elisabeth; b. Sept. 22; bap. Nov. 10.
Catharina Kräuter, d. David and Catharina; b. Oct. 6; bap. Nov. 17.
Henrich Trager, s. Adam and Salome; b. Sept. 16; bap. Nov. 17.
Maria Urban, d. Georg and Barbara; b. April 24, 1788; bap. Nov. 20.
Ludwig Urban, s. Georg and Barbara; b. Feb. 5, 1793; bap. Nov. 20.
Catharina Hebel. d. Johan and Maria; b. Dec. 31, 1792; bap. Nov. 20.
Susanna Bigy, d. Franz and Eva; b. Oct. 15, 1791; bap. Nov. 19.
Maria Bigy, d. Franz and Eva; b. Nov. 14, 1793; bap. Nov. 19.
Conrad Jost, s. Philip and Elisabeth; b. Oct. 9; bap. Nov. 24.
Dorothea Milchsack, d. Philip and Maria; b. Oct. 5; bap. Dec. 8.
Maria Magdalena Nagel, d. Joseph and Maria Magdalena; b. August 24; bap. Dec. 15.
Susanna Heger, d. Christoph and Catharina; b. Nov. 20; bap. Dec. 8.
Ann Galacher, d. Philip and Rebecca; b. July 27; bap. Dec. 19.
Jacob Brenner, s. Christoph and Elisabeth; b. Nov. 12; bap. Dec. 22.
Rosina Weber, d. Adam and Rosina; b. Nov. 25; bap. Dec. 22.
Elisabeth Hambrecht, d. Georg and Anna Maria; b. June 17; bap. Dec. 22.
Georg Lindy, s. Jacob and Anna Maria; b. Nov. 7; bap. Dec. 22.

The Pennsylvania-German Society.

1794.

Michael Faust, s. Georg and Margaret; b. Jan. 18; bap. Jan. 27.
Joh. Adam Dietrich, s. Henrich and Magdalena; b. Oct. 5; bap. Feb. 1.
Anna Elisabeth Schott, d. Jacob and Magdalena; b. Jan. 17; bap. Feb. 2.
Barbara Rosina Schindel, d. Jacob and Elisabeth; b. Dec. 9; bap. Feb. 2.
Johannes Scheib, s. Johannes and Catharina; b. Dec. 1; bap. Feb. 2.
Catharina Porter, d. Mathew and Barbara; b. May 26, 1792.
Adam Dürstler, s. Adam and Catharina; b. July 20, 1793; bap. Feb. 4.
Anna Maria Schenk, d. Christian and Elisabeth; b. Jan. 21, 1793; bap. Feb. 5.
Catharina Albrecht, d. Jacob and Sophia; b. Jan. 18; bap. Feb. 9.
Georg Ludwig Schindel, s. Peter and Elisabeth; b. Jan. 2; bap. Feb. 15.
Jonas Schalleberger, s. Michael and Elisabeth; b. Nov. 15; bap. Feb. 16.
Elisabeth Schwenk, d. Peter and Margaret; b. Dec. 20; bap. Feb. 16.
Anna Jean Gordon, d. Joseph and Anna; b. Dec. 2, 1792; bap. Feb. 20.
Margaret Guntacker, d. Michael and Barbara; b. Feb. 11; bap. March 2.
Christoph Ort, s. Christoph and Cathar. Elisabeth; b. Nov. 21; bap. March 8.
Salome Forris, d. Joseph and Elisabeth; b. Jan. 22; bap. March 9.
Heinrich Burman, s. Conrad and Elisabeth; b. Dec. 10; bap. March 11.
Maria Günsel, d. Georg and Catharina; b. Oct. 20; bap. March 11.
Wilhelm Götz, s. Peter and Catharina; b. March 16; bap. March 21.
Matilda Henrietta Hubley, d. Johannes and Maria; b. Feb. 4; bap. March 17.
Matthaeus Gumpf, s. Christoph and Maria; b. Jan. 21; bap. March 23.
Jacob Gumpf, s. Michael and Margaret; b. Jan. 1; bap. March 23.
Christian Grub, s. Christian and Catharina; b. Feb. 8; bap. March 27.
Johannes Becker, s. Nicolaus and Elisabeth; b. March 10, 1793, bap. March 24.
Elisabeth Murray, d. Jacob and Regina; b. Jan. 11, bap. March 24.
Catharina Wilhelm, d. Peter and Elisabeth; b. Sept. 9; bap. March 29.
Anna Henz, d. Johannes and Anna; b. Feb. 11, 1792; bap. March 24.
Elisabeth Henz, d. Johannes and Anna; b. Oct. 2, 1793; bap. March 24.
Catharina Lutz, d. Caspar and Anna Maria; b. Aug. 28; bap. March 30.
John Campbell, s. David and Mary; b. Dec. 22; bap. March 30.
Johannes Bonnet, s. Johannes and Magdalena; b. Feb. 5; bap. April 2.
Anna Maria Kiegler, d. Jacob and Elisabeth; b. March 5; bap. March 31.
Henrich Peter Gleim, s. Herman and Christine; b. Dec. 18; bap. April 4.
Peter Riblet, s. Daniel and Christine; b. March 30; bap. April 5.
Benjamin Koehler, s. Andreas and Barbara; b. March 4; bap. April 6.

Births and Baptisms.

Susanna Leible, d. Andreas and Elisabeth; b. Feb. 19; bap. April 6.
Elisabeth Braun, d. Abraham and Magdalena; b. March 12, '92; bap. April 7.
Anna Jahns, d. Jacob and Anna Maria; b. Sept. 19; bap. April 7.
Elisabeth Frick, d. Friedrich and wife; b. March 16; bap. April 12.
Johannes Muhney, s. Peter and Anna Maria; b. Jan. 10; bap. April 15.
Michael Deitrich, s. Lorenz and Magdalena; b. Feb. 16; bap. April 21.
Henrich Braun, s. Friedrich and Susan; b. Aug. 14, 1792; bap. April 21.
Michael Mohri, s. Georg and Eva Catharina; b. March 9; bap. April 21.
Elisabeth Albrecht Herr, d. Heinrich and Jean; b. August 1774; bap. April 17.
Friedrich Ziegler, bap. April 17.
Bernhard Folz, s. Bernhard and Barbara; b. Feb. 16; bap. April 27.
Maria Merker, d. Philip and Margaret; b. March 22; bap. April 27.
Elisabeth Ginsel, d. Jacob and Margaret; b. April 6; bap. April 27.
Anna Elisabeth Fortney, d. Caspar and Elisabeth; b. April 5; bap. April 27.
Barbara Cathar. Fischer, d. Georg and Anna; b. March 16; bap. April 27.
Maria Müller, d. Georg and Elisabeth; b. Jan. 11; bap. April 29.
Maria Fehl, d. Georg and Elisabeth; b. Feb. 19; bap. May 10.
Jacob (posthumous) Lang, s. Christian and Maria (ref.); b. April 3; bap. May 11.
Elisabeth Reid, d. Peter and Catharina (ref.); April 8; bap. May 11.
Sara Grace, d. Johan and Susanna; b. April 13; bap. May 4.
Eva Catharina Gloninger, d. Philip and Catharina; b. April 28; bap. May 16.
Georg Mainzer, s. Friedrich and Catharina; b. April 4; bap. May 18.
Catharina Müller, d. Ulrich and Susanna; b. April 21; bap. May 14.
Jacob Metzgir, s. Jacob and Maria; b. Feb. 5; bap. May 18.
Elisabeth Merause, d. Peter and Elisabeth; b. April 27; bap. May 18.
Jacob Fehl, s. Jacob and Magdalena; b. April 7; bap. May 24.
Jacob Lutter, s. Conrad and Elizabeth (Ref.); b. March 14; bap. May 28.
Elisabeth Schmidt, d. Johan and Juliana; b. Oct. 11; bap. June 4.
Johan Georg Sinn, s. Christian and Margaret; b. Nov. 24; bap. June 7.
Magdalena Thomson, d. Samuel and Elisabeth Balspach; b. March 7; bap. June 7.
Johannes Huber, s. Math. and Magdalena; b. Feb. 11; bap. June 8.
Jacob Braun, s. Johannes and Elisabeth; b. March 26; bap. June 8.
Martin Philips, s. Johannes and Catharina; b. March 4; bap. June 8.
Philip Messerschmidt, s. Georg and Elisabeth; b. March 22; bap. June 9.
Franz Daniel Furray, s. Jacob and Susanna; b. Oct. 10; bap. June 12.
Wilhelm Mauk, s. Johannes and Ruth; b. Jan. 31; bap. June 13.

The Pennsylvania-German Society.

Anna Dorothea Wagner, d. Georg and Anna Dorothea; b. May 22; bap. June 13.
Louisa Carr, d. Conrad and Catharina (ref.); bap. June 25.
Johannes Grünau, s. Jacob and Maria; b. Nov. 1783; bap. June 30.
Elisabeth Glover, d. Archibald and Elisabeth; bap. June 25.
Philip Kann, s. Peter and Elisabeth (ref.); b. June 23; bap. July 13.
Caspar Jordan, s. Martin and Elisabeth; b. July 17; bap. July 27.
Rosina Schmidt, d. Martin and Eva; b. April 16; bap. July 27.
Jacob Weitzel, s. Philip and Catharina; b. Dec. 17; bap. July 27.
Elisabeth McCord, d. Thomas and Margaret; b. Sept. 5, 1793; bap. July 31.
Elisabeth Hubert, d. Jacob and Dorothea; b. July 4; bap. August 3.
Georg Klein, s. Peter and Elisabeth; b. May 28; bap. August 3.
Wilhelm Glatz, s. Wilhelm and Catharina; b. August 1; bap. Aug. 3.
Maria Magdalena Stech, d. Georg and Magdalena; b. June 13; bap. August 6.
Catharina Dietrich, d. Henrich and Maria; b. June 19; bap. Aug. 10.
Georg Marquart, s. Georg and Margar.; b. August 2; bap. August 10.
Maria Barbara Mayer, d. Christoph and Susanna; b. July 23; bap. August 12.
Barbara Schneider, d. Peter and Barbara; b. April 19; bap. Aug. 23.
Conrad Kiessinger, s. Conrad and Barbara; b. Nov. 26, 1793; bap. August 11.
Joh. Martin Singer, s. Philip and Margaret; b. July 12; bap. Aug. 22.
Henrich Sabel, s. Adam and Catharina; b. Dec. 2, 93; bap. August 22.
Joh. Paulus Zanzinger, s. Paulus and Esther; b. March 21; bap. Aug. 25.
Friedrich Ziegler, s. Georg and Catharina; b. August 7; bap. August 25.
Anna Margaret Jentzer, d. Johannes and Anna Maria; b. July 9; bap. August 27.
Johannes Häusle, s. Michael and Maria; b. August 24; bap. August 31.
Georg Bartel, s. Michael and Elisabeth; b. August 16; bap. August 31
Friedrich Faringer, s. Jacob Barbara; b. Jan. 20; bap. Sept. 7.
Carl Weber, s. Joseph and Catharina; b. Sept. 2; bap. Sept 14.
Catharina Hensel, d. Wilhelm and Maria; b. August 22; bap. Sept. 21.
Christian Kräutler, s. Johannes and Louisa; b. June 18; bap. Sept. 22.
Joseph Schaum, s. Benjamin and Maria; b. Sept. 5; bap. Sept. 28.
Nicolaus Becker; b. Feb. 13, 1774; bap. Sept. 26.
Andreas Becker; bap. Sept. 26.
Maria Kurz née Hartman; b. Nov. 6, 1772; bap. Sept. 26.
Johannes Bastick, s. Johannes and Maria; b. June 29; bap. Sept. 27.
Elisabeth Dietz, d. Jacob and Barbara; b. August 25; bap. Sept. 28.
Georg Andreas and Jacob Godfried Klein, s. Christian and Margaret; b. Sept. 18; bap. Sept. 28.

Births and Baptisms.

Elisabeth Hubley, d. Adam and Maria; 8 years old; bap. Sept. 28.
Elisabeth Hubley, d. Joseph and Maria; b. August 9; bap. Sept. 28.
Georg Ackerman, s. Paul and Anna Margar.; b. July 19; bap. Sept. 30.
Joh. Jacob Panster, s. Peter (ref.) and Christine; b. Sept. 6; bap. Sept. 29.
Catharina Albert, d. Jacob and Catharina; b. May 28; bap. Oct. 6.
Anna Glover, d. Archibald and Hanna; b. August 3; bap. Oct. 6.
Catharina Mauk, d. Christian and Cathar.; b. June 5; bap. Oct. 8.
Thomas Kelly, s. Thomas and Catharina; b. Jan. 19; bap. Oct. 11.
Charlotte Bausman, d. William and Elisabeth; b. Sept. 9; bap. Oct. 12.
Jacob Scherzer, s. Jacob and Cathar.; b. Sept. 7; bap. Oct. 12.
Johannes Peterman, s. Jacob and Rosina; b. Oct. 15; bap. Oct. 26.
Wilhelm East, s. Abraham and Maria; b. Sept. 22; bap. Oct. 26.
Johannes Kautz, s. Jacob and Margaret; b. Oct. 16; bap. Oct. 27.
Maria Christina Evans, d. Charles and Christine; b. Sept. 18; bap. Oct. 19.
Samuel Schneider, s. Philip and Christine; b. Jan. 15; bap. Nov. 1.
Jacob Weller, s. Johannes and Maria; b. March 3; bap. Nov. 5.
Maria Muma, d. Philip and Maria; b. April 30; bap. Nov. 5.
Elisabeth Kiegler, d. Henrich and Maria; b. Oct. 23; bap. Nov. 9.
Jacob Freitag, s. Christian and Elisabeth; b. July 29; bap. Nov. 9.
Elisabeth Haussum, d. Peter and Veronica; b. Feb. 23; bap. Nov. 9.
Andreas Seitz, s. Andreas and Eva; b. Dec. 17; bap. Nov. 9.
Heinrich Boos, s. Henrich and Anna Maria; b. Oct. 6; bap. Nov. 9.
James McPole, s. James and Sara; b. Nov. 6; bap. Nov. 10.
Jacob Seipel, s. Henrich and Susanna; b. Oct. 20; bap. Nov. 16.
Peter Rummel, s. Valentin and Elisabeth; b. Oct. 16; bap. Nov. 21.
Elisabeth Stech, d. Johan Adam and Veronica; b. Feb. 16; bap. Nov. 21.
Jacob Hildebrand, s. Martin and Maria; b. Oct. 19; bap. Nov. 23.
Catharina Patterson, d. Clemens and Maria Magdalena; b. Nov. 27; bap. Dec. 3.
Jacob Urich, s. Zacharias and Margaret Justice; b. Oct. 18; bap. Dec. 3.
Georg Krug Schafner, s. Peter and Margaret; b. Jan. 2; bap. Dec. 4.
Elisabeth, d. Adam Edelman and Cath. Rudesille; b. Oct. 20; bap. Nov. 30.
Johan Georg Schimper, s. Philip and Elisabeth; b. Nov. 19; bap. Nov. 30.
Rebecca Schneider, d. Henrich and Catharina; b. Oct. 6, 1789; bap. Dec. 3.
Salome Schneider, d. Henrich and Catharina; b. Dec. 7, 1791; bap. Dec. 3.
Henrich Schneider, s. Henrich and Catharina; b. August 3, 1794; bap. Dec. 3.

The Pennsylvania-German Society.

Margaret Hasselbach, d. Henrich and Catharina; b. Nov. 8; bap. Dec. 7.
Elisabeth Keller, d. Johannes and Catharina; b. Jan. 25; bap. Dec. 12.
Georg Müller, s. Peter and Susanna; b. Oct. 11, bap. Dec. 13.
Heinrich Winan, s. Georg and Elisabeth; b. Nov. 18; bap. Dec. 14.
Elisabeth König, d. Georg and Dorothea; b. Nov. 17; bap. Dec. 14.
Henriette Moser, d. Georg and Christine; b. Nov. 27; bap. Dec. 21.
Elisabeth Bartholomue, d. Johannes and Catharina; b. Nov. 19; bap. Dec. 21.
Maria Catharina Rudesille, d. Jacob and Catharina; b. Nov. 22; bap. Dec. 26.
Joh. Henrich Karchner, s. Johannes and Magdalena; b. Sept. 24; bap. Dec. 25.
Catharina Fischer, d. Adam and Catharina; b. Sept. 14; bap. Dec. 26.
Anna Maria Hümmerich, d. Christian and Christine, née Folz; b. Dec. 24; bap. Dec. 26.
Maria Stahl, d. Johan and Margaret; b. August 14; bap. Dec. 28.
Catharina Stahl, d. Johan and Margaret; b. July 16, 1792; bap. in Harrisburg.

1795.

Jacob Frey, s. Johannes and Elisabeth; b. Jan. 1; bap. Jan. 2.
Susanna and Juliana Weber, d. Christian and Margaret; b. Sept. 19; bap. Jan. 3.
Joh. Georg Bumberger, s. Johannes and Maria; b. Dec. 13; bap. Jan. 1.
Carl Klein, s. Michael and Anna Maria; b. Nov. 28; bap. Jan. 4.
Christoph Leitner, s. Johannes and Margaret; b. Dec. 26; bap. Jan. 6.
Jacob Dessau, s. Ernst and Eva; b. Dec. 31; bap. Jan. 7.
Elisabeth Patterson, s. Joh. and Catharina; b. Dec. 28; bap. Jan. 11.
Michael Ganter, s. Michael and Catharina; b. Jan. 1; bap. Jan. 12.
Jacob Kraemer, s. Joh. Just and Maria; b. Jan. 1; bap. Jan. 18.
Justina Hill, d. Gottlieb and Maria; b. Jan. 19; bap. Jan. 19.
Wilhelm Illing, s. Christoph and Magdalena; b. Dec. 14; bap. Jan. 25.
Jacob Lehman, s. Daniel; b. 1760; bap. Jan. 25.
Jacob Lehman, s. Jacob and Cathar.; b. Dec. 28; bap. Jan. 25.
Anna Catharina Minshall, d. Thomas and Rebecca; b. Jan. 12; bap. Jan. 25.
Johan and Joh. Jacob Bigy (twins), Franz and Eva; b. Jan. 19; bap. Jan. 25.
Elisabeth Bart, d. Martin and Susanna; b. August 29; bap. Feb. 11.
Philip Meseneope, s. Philip and Anna; b. Jan. 7; bap. Feb. 15.
Joh. Henrich Mathiot, s. Joh. and wife; b. Jan. 16; bap. Feb. 15.
Margaret Brunner, d. Caspar and Maria; b. Oct. 3; bap. Feb. 18.

Births and Baptisms.

Elisabeth Meyer, d. Jacob and Maria; b. Jan. 18; bap. Feb. 22.
Andreas Holzwart, s. Adam and Catharina; b. Jan. 31; bap. Feb. 2.
Michael Baer, s. Michael and Catharina; b. Feb. 19; bap. Feb. 25.
Andreas Backinstoss, s. Jacob and Catharina; b. Feb. 19; bap. Feb. 25.
Elisabeth Heigelman, d. Ludwig and Regina; b. Jan. 24; bap. March 1.
Wilhelm Kurz, s. Wilhelm and Maria; b. Feb. 23; bap. March 4.
Mathilda Michael, d. Wilhelm and Susanna; b. Jan. 31; bap. March 6.
Margaret Lautebach, d. Michael and Anna Margar; b. Feb. 26; bap. March 8.
Joh. Nicolaus Kohl, s. Nicolaus and Dorothea; b. March 1; bap. March 8.
William Augustus Rigg, s. Elija and wife; bap. March 8.
Elisabeth Rowlingson, d. Robert and Anna; b. Feb. 14; bap. March 8.
Wilhelm Steffe, s. Wilhelm and Margaret; b. May 31, 1794; bap. March 17.
Jacob Pflug, s. Henrich and Margar; b. Jan. 15, 1794; bap. March 17.
Joseph May, s. Jacob and Catharina; b. Sept. 8, 1794; bap. March 17.
Jacob Springer, s. Jacob and Barbara; b. July 11, 1794; bap. March 17.
Anna Haubentobler, d. Isaac and Elisabeth; b. Sept. 5, 1794; bap. March 17.
Henrich Trenner, s. Conrad and Barbara; b. Dec. 4, 1794; bap. March 17.
Samuel Wade, s. James and Hanna; b. Feb. 13, 1794; bap. March 17.
Elisabeth Burns, d. James and Elisabeth; b. Oct. 29, 1793; bap. March 17.
Salome Weidele, d. Friedrich and Susanna; b. Feb. 16; bap. March 22.
Rosina Triffenbach, d. Georg and Susanna; b. Feb. 18; bap. March 22.
Sara Alexander, d. William and Rebecca; b. Oct. 26; bap. March 23.
Salome Brunghart, d. Georg and Philippini; b. Feb. 14; b. March 29.
Johan Rau. Jordan, s. Owen and Elisabeth; b. Aug. 29; bap. March 22.
Johan Bondel, s. Johan and widow Maria Schmidt; b. Feb. 6; bap. March 20.
Michael Wood, s. Christoph and Catharina; b. March 4; bap. March 27.
Johanna Kehn; bap. April 1.
Maria Schmidt; bap. April 1.
Elisabeth Fünfrock, d. Nathanael and Barbara; b. March 12; bap. April 6.
Christian Rein, s. Christian and Barbara; b. July 29; bap. April 6.
Immanuel Hiller, s. Johan and Catharina; b. Jan. 28; bap. April 9.
Peter Heinkel, s. Jost and Catharina; b. Jan. 1; bap. April 9.
Veronica Seibert, d. Peter and Sara; b. March 5; bap. April 9.
Anna Elisabeth Gerlitz, d. Peter and Elisabeth; b. April 24, 1794; bap. April 9.
Friedrich August Hall Mühlenberg, s. Henrich and Maria Catharina; b. March 14; bap. April 10.

The Pennsylvania-German Society.

Georg Lauman, s. Joh. and Maria; b. March 26; bap. April 12.
Johannes Moses, s. Johan and Margaret; b. August 4; bap. April 14.
Abraham Gips, s. Abraham and Dorothea; b. March 9; bap. April 19.
Catharina Vister, d. Georg and Sophia; b. Oct. 1, 1794; bap. April 19.
Daniel Knight, s. Michael and Barbara; b. Dec. 17; bap. April 19.
Henrich Albrecht, s. Georg and Elisabeth; b. Jan. 21; bap. April 28.
Elisabeth Gottschall, d. Ludwig and Barbara; b. Feb. 15; bap. April 19.
Albrecht Müller, s. Albrecht and Catharina; b. June 20; bap. April 19.
Sara Sandeaux, d. Carl and Sara; b. Dec. 25; bap. April 19.
Margaret Schaum, d. Melchior and wife; b. April 6; bap. April 25.
Henrich Müller, s. Henrich and Anna Maria; b. Feb. 7; bap. May 10.
Joh. Henrich Herman, s. Henrich and Elisabeth; b. Dec. 28; bap. May 10.
Jacob Weber, s. Andreas and Rosina; b. Dec. 25; bap. May 12.
Johannes Hirsch, s. Johannes and Catharina; b. April 14; bap. May 17.
Margaret Kurz, d. Johannes and Maria; b. April 16; bap. May 17.
Joh, Friedrich Kepperle, s. Friedrich and Maria; b. Jan. 14; bap. May 23.
Elisabeth Schelleberger, d. Michael and Elisabeth; b. Jan. 27; bap. May 24.
Elisabeth Nagel, d. Joseph and Maria Magdal.; b. Dec. 25; bap. May 25.
Georg Keller, s. Friedrich and Elisabeth; b. Oct. 14; bap. May 25.
Elisabeth Klug, d. Gottfried and Maria; b. May 28; bap. June 6.
Rosina Dietrich, d. Michael and wife; b. April 7; bap. June 7.
Elisabeth Brenneisen, d. Jacob and Elisabeth; b. Oct. 6; bap. June 12.
Hanna Galosky, d. Henrich and Barbara; b. April 10; bap. June 7.
Joseph Foltz, s. Andreas and widow Hanna Müller; b. March 27; bap. June 7.
Catharina Braun, d. Samuel and Barbara; b. Jan. 22; bap. June 8.
Johannes Heilbrunner, s. Johannes and Catharina; b. Nov. 17; bap. June 13.
Jeane Malson, d. Jacob and Elisabeth; b. Feb. 10; bap. June 14.
Henrich Sternfels, s. Conrad and Catharina; b. June 21; bap. June 26.
Margaret Gebel, d. Jacob and Christine; b. June 7; bap. June 28.
Matthias Götz, s. Peter (Ref.) and Catharina; b. May 15; bap. July 5.
Johannes Ackerman, s. Philip and Catharina; b. June 25; bap. July 2.
Robert Henry, s. Robert and Cath. Hut (ref.); b. June 1; bap. July 3.
Joseph Evans, s. John and Susanna; b. June 16; bap. July 3.
Margaret Müller, d. Franz and Catharina; b. April 27; bap. July 5.
Catharina Meyer, d. Johannes and Susanna; b. June 21; bap. July 5.
Joh. Adam Trager, s. Adam and Salome; b. May 16; bap. July 5.
Ann Muckleroy, d. Henry and Susanna; b. Feb. 16; bap. July 5.
Salome Gärtner, d. Johannes and Isabella; b. April 17; bap. July 5.
Ludwig Burg, s. Johannes and Barbara; b. June 17; bap. July 5.

Births and Baptisms.

Catharina Heiss, d. Johannes and Maria; b. June 2; bap. July 12.
Anna Strobel, d. Jacob and Susanna; b. Jan. 25; bap. July 12.
Anna Maria Fritz, d. Nicolaus and Anna Maria; b. Oct. 26, 1793; bap. July 21.
Johannes Lafatty, s. James and Margaret; b. Jan. 23; bap. July 28.
Anna Maria Eva Mehling, d. Johannes and Magdalena; b. July 29; bap. August 1.
Margaret Schwenk, d. Peter and Margaret; b. May 22; bap. August 2.
Jacob Lotman, s. Georg and Margaret; b. Nov. 18; bap. August 2.
Elisabeth McGrahan, d. Alexander and Elisabeth; b. Nov. 27; bap. August 2.
Elisabeth Nauman, d. Gottlieb and wife; b. Jan. 14; bap. August 9.
Johannes Heinkel, s. Peter and Magdalena; b. May 12; bap. August 16.
Catharina McCake, d. Hugh and Maria; b. Dec. 24; bap. August 26.
Elisabeth Bauer, d. Johannes and Catharina; b. Feb. 5; bap. Sept. 2.
Susanna Hambright, d. Joh. and Susanna; b. Aug. 18; bap. Aug. 30.
Johannes Albrecht, s. Henrich and Catharina; b. Nov. 12; bap. Aug. 30.
Samuel Deitz, s. Samuel and wife; b. August 27; bap. Nov. ——
Johannes Keller, s. Andreas and Christine; b. August 9; bap. Sept. 2.
Andreas Sprecher, s. Jacob and Elisabeth; b. August 31; bap. Sept. 2.
Maria Anna Grace, d. John and Susanna; b. July 29; bap. Sept. 6.
Carolina Amalia Zanzinger, d. Paulus and Esther; b. Aug. 30; bap. Sept. 13.
Henrich Schreiner, s. Martin and Eva; b. Sept. 4; bap. Sept. 16.
Anna Feit, d. Benedict and Sara; b. Oct. 1793; bap. Sept. 20.
Maria Apollonia Heinwig, d. Ludwig and Salome; b. July 11; bap. Sept. 25.
Margaret Kautz, d. Christian and Elisabeth; b. July 15, '94; bap. Sept. 24.
Anna Rathvon, d. Jacob and Elisabeth; b. August 27; bap. Oct. 4.
Catharina But, d. Peter and Rebecca; b. Sept. 20; bap. Oct. 4.
Michael Nagel, s. Jacob and Catharina; b. Sept. 29; bap. Oct. 4.
Magdalena Dietrich, d. Henrich and Magdalena; b. May 23; bap. Oct. 5.
Jacob Klein, s. Peter and Barbara; b. Feb. 1; bap. Oct. 13.
Michael Dürstler, s. Michael and Anna Maria; b. May 17; bap. Oct. 13.
Anna Dougherty, d. Joseph and Barbara; b. Dec. 15; bap. Oct. 13.
Jacob Brenner, s. Georg and Christine; b. May 7; bap. Oct. 14.
Joh. Adam Deschler, s. Adam and Debora; b. Sept. 18; bap. Oct. 11.
Elisabeth Jost, d. Johan and Barbara; b. Sept. 3; bap. Oct. 18.
Georg Schweitzer, s. Johan and Barbara; b. Oct. 22; bap. Oct. 22.
Johannes Fischer, s. Georg and Maria; b. Sept. 16; bap. Oct. 25.
Henrich Schreiber, s. Johannes and Christine; b. Oct. 28; bap. Oct. 31.
Wilhelm Christoph Heinitz, s. Carl and Sophia; b. Oct. 18; bap. Nov. 1.
Maria Mehrig, d. Wilhelm and Hanna; b. Sept. 29; bap. Nov. 1.

The Pennsylvania-German Society.

Johannes Bastic, s. Wilhelm and Margaret; b. Sept. 6; bap. Nov. 1.
Jacob Bartel, s. Michael and Elisabeth; b. Oct. 17; bap. Nov. 8.
Margaret Gump, d. Michael and Margaret; b. Oct. 10; bap. Nov. 8.
Elisabeth Jordan, d. Owen and Elisabeth; b. Nov. 10; bap. Nov. 12.
Jacob Lutz, s. Georg and Elisabeth; b. August 1; bap. Nov. 21.
Marg. Veronica Stehme, d. Tobias and wife; b. Sept. 18; bap. Nov. 13.
Abraham Simson, s. David and Cathar.; b. July 22; bap. Nov. 13.
Anna Maria Hornberger, d. Stephan and Susanna; b. Oct. 15; bap. Nov. 15.
Andreas Weiss, s. Andreas and Margaret; b. Oct. 12; bap. Nov. 22.
Susanna Jost, d. Philip and Elisabeth; b. Sept. 8; bap. Nov. 30.
Johannes Kuhn, s. Nicolaus and Beata; b. June 30, 1793; bap. Dec. 2.
Daniel Schlichter, s. David and Catharina; b. Oct. 21; bap. Nov. 9.
Johannes Häusle, s. Friedrich and Catharina; b. Nov. 29, '94; bap. Nov. 29.
Georg Weidele, s. Christian and wife Rosina; b. Oct. 12, 1788; bap. Dec. 4.
Jacob Weidele, s. Christian and wife Rosina; b. Jan. 1, 1790; bap. Dec. 4.
Wilhelm Weidele, s. Christian and wife Rosina; b. Sept. 26, 1791; bap. Dec. 4.
Christian Weidele, s. Christian and wife Rosina; b. May 1, 1793; bap. Dec. 4.
Henrich Weidele, s. Christian and wife Rosina; b. Nov. 21, 1795; bap. Dec. 4.
James McNaughton, s. James and Maria; b. Nov. 20; bap. Dec. 11.
Elisabeth Bayer, d. Johannes and Margaret; b. May 26; bap. Dec. 15.
Georg Vogt, s. Matthaeus and Christine; b. Nov. 27; bap. Dec. 16.
Philip Lehnherr, s. Georg and Elisabeth; b. Nov. 8; bap. Dec. 20.
Catharina Weber, d. Joseph and Catharina; b. Nov. 30; bap. Dec. 19.
Georg Gross, s. Jacob and Elisabeth; b. Nov. 3; bap. Dec. 27.
Margaret Glatz, d. Wilhelm and Catharina; b. Dec. 4; bap. Dec. 27.

1796.

Wilhelm Holzwart, s. Adam and Catharina; b. Dec. 25; bap. Jan. 1.
Sara, d. Catharina Marquart and Wilhelm Atlee; b. Jan. 8; bap. Jan. 19.
Joh. Henrich Albrecht, s. Jacob and Sophia; b. Dec. 10; bap. Jan. 20.
Heinrich Salzman, s. Johannes and Catharina; b. Nov. 13; bap. Jan. 21.
Christine Heyerwald, d. Friedrich and Margaret; b. Jan. 26; bap. Jan. 26.
Christian Schneider, s. Christian and Catharina; b. Jan. 3; bap. Jan. 27.
Jacob Schantz, s. Jacob and Anna Maria; b. Oct. 13; bap. Jan. 28.
Johan Ludwig Thomas, s. Eberhard and Magdalena; b. Jan. 23; bap. Jan. 28.

Births and Baptisms.

Sara Rein, d. Johannes and Susanna; b. Jan. 14, 1795; bap. Jan. 31.
Harriet Jenkins, d. Richard and Catharina; b. Jan. 25; bap. Jan. 31.
Jacob Keller, s. Georg and Catharina; b. Nov. 21; bap. Feb. 7.
Maria Magdalen Keller, d. Johannes and Barbara; b. Dec. 21; bap. Feb. 7.
Jacob Meraux, s. Peter and Elisabeth; b. Jan. 6; bap. Feb. 7.
Catharina Folz, d. Christian and Christina; b. Dec. 26; bap. Feb. 14.
Maria Dietrich, d. Lorenz and Magdalena; b. Feb. 4; bap. Feb. 21.
Elisabeth Albrecht, d. Heinrich and Margaret; b. Jan. 23; bap. March 1.
Susanna Schott, d. Jacob and Maria Magdalena; b. Feb. 20; bap. March 2.
Daniel Gass, s. Peter and Elisabeth; b. Feb. 12, 1795; bap. March 27.
Elisabeth Scholte, d. Wilhelm and Sophia; b. Nov. 1; bap. March 27.
Jacob Dinger, s. Johannes and Catharina; b. Feb. 18; bap. March 27.
Catharina Magdalena Guntacker, d. Johannes and Catharina; b. March 1; bap. March 27.
Joh. Heinrich Guntacker, s. Michael and Barbara; b. March 6; bap. March 27.
Michael Kuhns, s. Michael and Elisabeth; b. Feb. 28; bap. March 9.
Magdalena Eschelman, d. Joh. and wife; b. March 4, 1777; bap. March 23.
Wilh. Arbuckel; b. March 26, 1775; bap. March 23.
Christ. Murphy; b. 1780; bap. March 23.
Joh. Rau Peter Jung, s. Benjamin and Catharina; b. Jan. 11; bap. March 28.
Joh. Heinrich Techtmeyer, s. Ludwig and Sus. Barbara; b. March 9; bap. March 28.
Johan, s. Barbara Kuhns and Johannes Meyer; b. March 12; bap. April 3.
Catharina Lehman, d. Jacob and Catharina; b. March 13; bap. April 3.
Margaret Turner, d. Thomas and Maria; b. March 5; bap. April 10.
Margaret Faringer, d. Jacob and Barbara; b. Oct. 16; bap. April 10.
Susanna Lutz, d. Caspar and Maria; b. Nov. 7, 1795; bap. April 10.
Ludwig Nass, s. Georg and Elisabeth; b. June 24, 1793; bap. April 10.
Wilhelm Nass, s. Georg and Elisabeth; b. Oct. 24, 1795; bap. April 10.
Georg Heits, s. Peter and Catharina; b. Nov. 21, '95; bap. April 10.
Joh. Wilhelm Kohl, s. Nicolaus and Dorothea; b. April 5; bap. April 24.
Jacob Mayer, s. Christoph and Susanna; b. April 3; bap. April 26.
Susanna Folz, d. Bernhard and Barbara; b. Feb. 28; bap. May 1.
Benjamin Feit, s. Benedict and Sara; b. March 3; bap. May 1.
Henrich Brenner, s. Christoph and Elisabeth; b. March 14; bap. May 1.
Magdalena Stech, d. Gerhard and Maria; b. Sept. 25; bap. May 5.
Johannes Bender, s. Philip and Elisabeth; b. March 27; bap. May 8.
Dorothea Lehr, d. Peter and Elisabeth; b. March 20; bap. May 8.
James Keppler, s. Jacob and Mary; b. March 4; bap. May 8.

The Pennsylvania-German Society.

Anna Catharina Friedeborn, d. Georg and Catharina; b. Feb. 17; bap. May 8.
James Richards, s. James and Margaret; b. March 15; bap. May 11.
Wilhelm Bastick, s. Johannes and Maria; b. Jan. 28; bap. May 15.
Catharina Forris, d. Joseph and Elisabeth; b. March 24; bap. May 15.
Elisabeth Peterman, d. Joachim and Elisabeth; b. April 8; bap. May 15.
Georg Geiss, s. Johannes and Maria; b. Sept. 5; bap. May 16.
Christina Gerlitz, d. Michael and Elisabeth; b. Dec. 1; bap. May 16.
Henrich Schindel, s. Peter and Elisabeth; b. Sept. 30; bap. May 15.
Margaret Baer, d. Michael and Catharina; b. April 14; bap. May 16.
Joseph Weber, s. Christian and Margaret; b. March 31; bap. May 19.
Henrietta Moser, d. Wilhelm and Elisabeth; b. April 24; bap. May 20.
Michael Carrigan, s. Jacob and Margaret; b. Oct. 31; bap. May 29.
Jacob Fentzer, s. Jacob and Barbara; b. Nov. 26; bap. May 29.
Elisabeth Nesselroth, d. Israel and Christine; b. Nov. 19; bap. May 29.
Anna Maria Dunkel, d. Georg and Barbara; b. Nov. 14; bap. May 29.
Maria Brenner, d. Adam and Catharina; b. Dec. 9; bap. May 29.
Johannes Epple, s. Jacob and Catharina; b. March 15; bap. May 29.
Catharina Schweicker, d. Felix and Christine; b. July 6, 1793; bap. May 29.
Adam Schuck, s. Thomas and Catharina; b. May 17, 1791; bap. May 29.
Susanna Schuck, d. Thomas and Catharina; b. August 4, 1793; bap. May 29.
Elisabeth Urban, d. Georg and Barbara; b. July 22; bap. May 29.
Samuel Hiller, s. Johannes and Catharina; b. March 18; bap. May 31.
Eva Benedict, d. Philip and Dorothea; b. April 27; bap. June 3.
Catharina Schmidt, d. Johannes and Juliana; b. Oct. 5, 1795; bap. June 4.
Georg Müller, s. Martin and Catharina; b. May 24; bap. June 12.
Samuel Bauer, s. Johannes and Elisabeth; b. Feb. 24; bap. June 24.
Elisabeth Pratt, d. Johannes and Sabina; b. Sept. 1, 1794; bap. July 3.
Joseph Kautz, s. Jacob and Margaret; b. July 2; bap. July 5.
Elisabeth Bartsfill, d. Adam and Elisabeth; b. August 28; bap. July 19.
Samuel Stech, s. Philip and Sabina; b. Oct. 2; bap. July 19.
Samuel Eberle, s. Johannes and Anna; b. April 23; bap. July 19.
Ann Senger, d. Johannes and Catharina; b. May 15; bap. July 24.
Maria Wenditz, d. Daniel and Susanna; b. June 6; bap. July 24.
Peter Kraemer, s. Peter and Anna Maria; b. Dec. 23, 1793; bap. July 24.
Elisabeth Fehl, d. Georg and Elisabeth; b. April 24; bap. July 24.
Hiskia Roh, s. Jeremia and Catharina; b. Dec. 11, 1795; bap. July 24.
Johannes Metzger, s. Jacob and Maria; b. July 16; bap. July 24.
Ann and Alexander (twins) McCord, of Thomas and Margaret; b. May 18, 1791; bap. July 26.
Thomas McCord, s. Thomas and Margaret; b. July 20, 1795; bap. July 26.

Births and Baptisms.

Johannes Reinhard, s. Johannes and Margaret; b. Dec. 13, 1792; bap. July 28.
Magdalena Philip, d. Johan and Catharina; b. March 17; bap. July 31.
Maria Hornberger, d. Joh. Henr. and Anna Eva; b. June 26; bap. Aug. 1.
Elisabeth Brooks, d. William and Ann; b. March 14, 1794; bap. Aug. 17.
Johannes Ackerman, s. Philip and Catharina; b. July 13; bap. July 31.
Henrich Hambright, s. Joh. and Susanna; b. August 7; bap. August 15.
Sus. Barbara Hasselbach, d. Heinrich and Cather.; b. July 24; bap. August 14.
Elisabeth Steward, d. Samuel and Elisabeth; b. Aug. 10; bap. Aug. 14.
Eva Hains, d. Amos and Dorothea; b. Oct. 18; bap. August 21.
Johannes Marzall, s. Johannes and Maria Magdalen; b. July 11; bap. August 27.
Peter Burns, s. James and Elisabeth; b. Oct. 17, 1795; bap. Aug. 22.
Henrich Jost, s. Wilhelm and Elisabeth; b. July 21; bap. August 22.
Henrich Schneider, s. Philip and Christine; b. July 12; bap. August 22.
Catharina Jost, d. Johan and Catharina; b. Feb. 14; bap. August 22.
Johan May, s. Jacob and Catharina; b. Feb. 4; bap. August 22.
Catharina Klehr, d. Heinrich and Maria; b. Aug. 16, 1795; bap. Aug. 22.
David Volk, s. Caspar and Sara; b. Aug. 31, 1794; bap. Aug. 22.
Elisabeth East, d. Abraham and Maria; b. August 7; bap. August 28.
Elisabeth Glatz, d. Georg and Emilia; b. Aug. 11; bap. Aug. 28.
Heinrich and Georg Mainzer (twins), s. Friedrich and Catharina; b. July 8; bap. August 31.
Esther, d. Jean (a mulatto) and Simon Stahl; b. Aug. 28; bap. Sept. 3.
Joh. Martin Schaum, s. Philip and wife; b. August 13; bap. Sept. 4.
Philip Mehling, s. Johannes and Magdalena; b. Aug. 23; bap. Sept. 4.
Martha Glen, d. John and Eleonora; b. Feb. 9; bap. Sept. 10.
Georg Lefever, s. Elias and Catharina; b. July 19, 1795; bap. Sept. 10.
Johannes George, s. David and Anna Maria; b. Jan. 20; bap. Sept. 11.
John Kelly, s. Samuel and Agnes; b. May 28; bap. Sept. 25.
Paul Dunkel, s. Peter and Anna; b. July 25; bap. Sept. 18.
Hanna Miller, d. Robert and Eva; b. April 9; bap. Sept. 18.
Catharina Leible, d. Andreas and Elisabeth; b. Aug. 9; bap. Sept. 18.
Catharina Humerich, d. Joh. Christian and Christine; b. April 18, 1795; bap. Sept. 25.
Georg Philip Humerich, s. Joh. Christian and Christine; b. August 19; bap. Sept. 25.
David Steiner, s. Georg and Elisabeth; b. Dec. 17; bap. Oct. 7.
Jacob Schner, s. Gottlieb and Sabina; b. June 16, 1793; bap. Sept. 30.
Gottlieb Schner, s. Gottlieb and Sabina; b. June 29, 1796; bap. Sept. 30.
Susanna Lotman, d. Georg and Rosina; b. July 13; bap. Oct. 9.
Maria Schmidt, d. Wilhelm and Catharina; b. Sept. 5; bap. Oct. 9.

The Pennsylvania-German Society.

Maria Gusman, d. Johannes and Maria; b. July 8; bap. Oct. 18.
Andrew Stewart, s. Edward and Mary; b. Oct. 5; bap. Oct. 30.
Henry Pickel, s. Adam and Maria; b. May 1; bap. Nov. 5.
Henrich Gingerich, s. Henrich and Catharina; b. May 25; bap. Nov. 12.
Sara Braun, d. Joseph and Catharina; b. Oct. 6; bap. Nov. 13.
Daniel Dietrich, s. Heinrich and Maria; b. Sept. 6; bap. Nov. 9.
Dorothea Nagel, d. Christoph and Margaret; b. Oct. 26; bap. Nov. 14.
Ann Spear, d. Ewing and Juliana; b. August, 1792; bap. Nov. 14.
Andreas Becker, s. Andreas and Elisabeth; b. June 15; bap. Nov. 20.
Adam Heins, s. Johan and Elisabeth; b. July 26; bap. Nov. 16.
Joh. Adam Schweicker, s. Martin and Christine; b. May 6; bap. Nov. 20.
Elisabeth Witt, d. Georg and Barbara; b. Sept. 13; bap. Nov. 20.
Friedrich Ohlweiler, s. Friedrich and Barbara; b. Sept. 1; bap. Dec. 3.
Moses Wood, s. Moses and Christine; b. Dec. 5; bap. Dec. 10.
Sara Sprecher, d. Jacob and Elisabeth; b. Nov. 19; bap. Dec. 11.
Jacob Rees, s. James and Elisabeth; b. June 5; bap. Dec. 11.
William Smith Roberts; s. Thomas and Catharina; b. April 3; bap. Dec. 16.
Johannes Frick, s. Friedrich and wife; b. Dec. 13; bap. Dec. 26.
Catharina Mayer, d. Jacob and Maria; b. Nov. 25; bap. Dec. 26.
Elisabeth Huber, d. Matthaeus and Magdalena; b. April 30; bap. Jan. 1, 1797.

1797.

Jacob Kurz, s. Christian and Magdalena; b. Nov. 28; bap. Jan. 1.
Joh. Michael Schindel, s. Jacob and Elisabeth; b. Oct. 26; bap. Jan. 1.
Andrew Waugh, s. Abraham and Agnes; b. June 22; bap. Jan. 6.
Ludwig Kleine, s. Philip and Magdalena; b. Nov. 20; bap. Jan. 8.
Sara Rudesille, d. Jacob and Maria Cathar; b. Dec. 31; bap. Jan. 8.
Daniel Ganter, s. Michael and Catharina; b. Jan. 3; bap. Jan. 9.
Elisabeth Hörner, d. Johannes and Margaret; b. Sept. 9; bap. Jan. 16.
Elisabeth Wienau, d. Georg and Elisabeth; b. Dec. 21; bap. Jan. 22.
Maria Kurz, d. Johannes and Maria; b. Oct. 14; bap. Jan. 24.
Catharina Schneider, d. Heinrich and Catharina; b. Sept. 23; bap. Jan. 24.
David McCarsley, s. Maxwell and Mary; b. Jan. 8; bap. Jan. 25.
William Turner, s. Thomas and Hanna; b. Sept. 24; bap. Jan. 25.
────── ────── Kurz, Wilhelm and Maria; b. Nov. 27; bap. Jan. 29.
Maria Schmidt, d. Friedrich and Maria; b. Dec. 9, 1795; bap. Jan. 28.
Martha Mayer, d. Jacob and Catharina; b. Feb. 21, 1794; bap. Jan. 28.
Susanna Steierwald, d. Eberhard and Susanna; b. Dec. 26; bap. Feb. 5.
William Watts, s. Robert and Charlotte; b. Dec. 6; bap. Feb. 12.

Births and Baptisms.

Elisabeth and Rebecca Fischer (twins), d. Georg and Maria; b. Feb. 3; bap. Feb. 7.
Juliana Schmidt, d. Martin and Eva; b. Jan. 4; bap. Feb. 12.
Mary Catharina Hopkins, d. John and Ann; b. Dec. 7; bap. Feb. 12.
Margaret Merker, d. Philip and Margaret; b. Jan. 22; bap. Feb. 12.
Georg Peterman, s. Jacob and Rosina; b. Dec. 30; bap. Feb. 19.
Magdalena Schweitzer, d. Johannes and Barbara; b. Feb. 17; bap. Feb. 23.
Johannes Gips, s. Abraham and Dorothea; b. Feb. 28; bap. Feb. 28.
Samuel Schneider, s. Peter and Barbara; b. Oct. 18; bap. March 2.
Elisabeth Gebel, d. Jacob and Christine; b. Feb. 11; bap. March 4.
David Schalleberger, s. Michael and Elisabeth; b. July 3, 1796; bap. March 5.
Eva Metzger, d. Jonas and Eva; b. Nov. 11, 1796; bap. March 5.
Elisabeth Wagner, d. Balthasar and Cathar; b. Jan. 10; bap. March 5.
Ernst Dessau, s. Ernst and Eva; b. Feb. 11; bap. March 12.
Elisabeth Gillard, d. John and Margaret; b. Jan. 1; bap. March 12.
Sara Bryan, d. John and Eleonore; b. Feb. 17; bap. March 19.
Johan Georg Oberdorf, s. Michael and Barbara; b. Dec. 8; bap. March 21.
Elisabeth Singer, d. Martin and Rosina; b. Feb. 5; bap. March 28.
Friedrich Koehler, s. Peter and Catharina; b. Feb. 25; bap. March 28.
Anna Maria Evans, d. Johannes and Susanna; b. Feb. 4; bap. April 4.
Georg Ehrig, s. Wilhelm and Hanna; b. Sept. 3; bap. April 4.
Catharine Fautz, d. Christine Radmacher, a widow; b. Dec. 25, 1778; bap. April 7.
Catharine Ziegler (parents dead), bap. April 7.
William Hatton, s. William and Maria; b. 1773; bap. April 7.
John Beach, s. Samuel and Ann; b. April 3; bap. April 8.
Jacob Stahl, s. Johannes and Margaret; b. Dec. 3, '96; bap. April 9.
Elisabeth Singer, d. Philip and Margaret; b. April 28, '96; bap. April 12.
Maria Knecht, d. Michael and Barbara; b. Feb. 18; bap. April 13.
Georg Bigy, s. Franz and Eva; b. Nov. 14; bap. April 17.
Georg Heinkel, s. Jost and Catharina; b. Feb. 21; bap. April 17.
Sara Reissinger, s. Carl and Catharina; b. Nov. 28, '94; bap. April 17.
Elisabeth Hensel, d. Wilhelm and Anna Maria; b. Feb. 19; bap. April 18.
Anna Maria Bast, d. Martin and Susanna; b. Nov. 30; bap. April 30.
Elisabeth Klein, d. Peter and Elisabeth; b. March 12; bap. May 6.
Maria Albert, d. Georg and Elisabeth; b. Jan. 1; bap. May 6.
Elisabeth Selbert, d. Andreas and wife; b. March 8; bap. May 7.
Johannes Reutlinger, s. Johannes and Margaret; b. April 24; bap. May 8.
Joh. Melchior Hill, s. Gottlieb and Sara; b. April 6; bap. May 7.

The Pennsylvania-German Society.

Johannes Braun, s. Johannes and Elisabeth; b. March 6; bap. May 9.
Johannes Steyerwald, s. Friedrich and Margaret; b. April 26; bap. May 8.
Catharina Bauer, d. Johannes and Catharina; b. Oct. 8; bap. May 13.
Maria Magdalena Lager, d. Friedrich and Elisabeth; b. April 17; bap. May 14.
Anna Margaret Klein, d. Heinrich and Elisabeth; b. Feb. 25; bap. May 14.
Maria Lafatty, d. James and Margaret; b. April 30; bap. May 15.
Johannes Volk, s. Georg and Catharina; b. Jan. 22; bap. May 16.
Catharina Hirsch, d. Johannes and Catharina; b. Dec. 14; bap. May 16.
Maria Catharina Hildebrand, d. Martin and Maria; b. March 8, bap. May 18.
Benjamin Dietz, s. Samuel and Sara; b. Dec. 29, '96; bap. May 21.
Henrich Kugler, s. Henrich and Maria; b. April 24; bap. May 21.
John Menoc, s. Hugh and Martha; b. May 15; bap. May 21.
Jacob Imanuel Krug, s. Valentin and Eva; b. May 15; bap. May 26.
Anna Maria Gumpf, d. Christoph and Anna Maria; b. March 28; bap. May 28.
John Rowlingson, s. Robert and Anna; b. April 23; bap. May 28.
Heinrich Scheurig, s. Nicolaus and Catharina; b. March 27, '96; bap. May 29.
Catharina Schwenck, d. Peter and Margaret; b. April 3; bap. June 3.
Maria Bastic, d. Wilhelm and Margaret; b. May 19; bap. June 3.
Susanna Strobel, d. Jacob and Susanna; b. Oct. 10; bap. June 4.
Jacob Keiss Müller, s. Georg and Catharina; b. May 10, bap. June 19.
Georg Schott, s. Jacob and Maria Magdalena; b. May 18; bap. June 18.
Jacob Hambright, s. Johannes and wife; b. June 22; bap. June 24.
Valentin Kraemer, s. Peter and Maria; b. March 18; bap. June 25.
Johannes Albert, s. Jacob and Catharina; b. April 12; bap. June 25.
Catharina Häusle, d. Friedrich and Catharina; b. April 22; bap. June 28.
Joseph Mathiot, s. Johannes and Margaret; b. June 1; bap. June 29.
Catharina Lautebach, d. Michael and Margar.; b. June 2; bap. July 2.
Georg Sturmfels, s. Conrad and Catharina; b. June 16; bap. July 2.
Johannes Hildebrand, s. Jacob and Catharina; b. Feb. 11; bap. July 2.
Daniel Fünfrock, s. Nathanael and Barbara; b. June 10; bap. July 9.
Catharina Scholte, d. Wilhelm and Sophia; b. March 6; bap. July 17.
Jacob Dietrich, s. Michael and Elisabeth; b. June 1; bap. July 16.
Johannes Moser, s. William and Elisabeth; b. June; bap. July 19.
Elisabeth Jordan, d. Owen and Elisabeth; b. Jan. 7; bap. July 19.
Carolina Bertram, d. Fried. Wilh. and Maria; b. June 9; bap. July 23.
Charlotte Jung, d. Benjamin and Catharina; b. April 7; bap. July 26.
Maria Weidele, d. Friedrich and wife; b. July 23; bap. July 29.

Births and Baptisms.

Georg Jordan, s. Martin and Elisabeth; b. July 4; bap. July 30.
Johan Adam Heilbrunner. s. Johannes and Catharina; b. Oct. 26; bap. July 31.
Angel Cook fem., d. John Cook and Elisabeth; b. July 19; bap. Aug. 2.
Johannes Delbo, s. Franz and Magdalena; b. Nov. 25; bap. July 27.
Jacob Schmidt, s. Johannes and Anna; b. August 1, 1796; b. July 27.
Peter Brunner, s. Peter and Anna Maria; b. Oct. 6; bap. July 27.
Wilhelm Schmidt, s. Philip and Margaret; b. May 5, 1792; bap. Aug. 1, 1794.
Heinrich Springer, s. Jacob and Barbara; b. Dec. 19, 1796; bap. July 27.
Maria Wade, d. James and Hanna; b. Oct. 11; bap. July 27.
Sabina Stech, d. Philip and Sabina; b. Feb. 9; bap. July 27.
Eisabeth Weller, d. Johannes and Maria; b. Nov. 19; bap. July 27.
Elisabeth Mose, d. Christian and Eleonor; b. Oct. 30, 1795; bap. July 27.
Johannes Müller, s. Jacob and Anna; b. March 18; bap. July 27.
Abraham Heissinger, s. Johannes and Catharina; b. Oct. 2, '96; bap. July 27.
———— Moore, William and Margar; b. May 7, 1793; bap. July 27.
Elisabeth May, d. Christian and wife Margaret; b. Nov. 10, 1792; bap. July 27.
Peter May, s. Christian and wife Margaret; b. Dec. 20, 1794; bap. July 27.
Anna Maria May, d. Christian and wife Margaret; b. March 15, 1797; bap. July 27.
Maria Lockart, s. Charles and Mary; b. May 12, 1793; bap. July 27.
Charles Lockart, s. Charles and Mary; b. Aug. 27, 1796; bap. July 27.
Samuel Folz, s. George (Ref.) and Maria; b. July 19; bap. July 24.
Sara Martin, d. William and Jean; b. June 10; bap. August 10.
Johannes Schüsler, s. Philip and Maria; b. March 25; bap. August 10.
Johan Philip Kirchner, s. Johannes and Magdalana; b. Dec. 28, 1896; bap. August 13.
Jacob Stamm, s. Friedrich and Maria; b. June 26; bap. August 13.
Catharina Heigelman, d. Ludwig and Regina; b. Jan. 12; bap. Aug. 13.
Catharina Talbert, d. Pleasant and Cathy.; b. Dec. 10, 1796; bap. August 13.
Heinrich Scheib, s. Johannes and Catharina; b. Nov. 25, 1795; bap. August 13.
Jacob Scheib, s. Johannes and Catharina; b. March 12, 1797, bap. August 13.
Anna Catharina Kepperle, d. Friedrich and Maria; b. April 25; bap. August 13.
Jacob Dürstler, s. Michael and Maria; b. Jan. 27; bap. August 19.
Sara Klug, d. Gottfried and Maria; b. July 9; bap. August 20.

The Pennsylvania-German Society.

Johannes Schriener, s. Philip and Susanna; b. Nov. 10; bap. Aug. 20.
Rosina Grace, d. Joh. and Susanna; b. July 3; bap. August 22.
Rebecca Alexander, d. William and Rebecca; b. June 24; bap. Aug. 30.
Catharine Stewart, d. John and Agnes; b. Jan. 12; bap. Sept. 1.
Johan Georg Brenner, s. Philip and Elisabeth; b. June 2; bap. Aug. 27.
Christine Brenner, d. Georg and Christine; b. July 10; bap. Aug. 27.
Elisabeth Frey, d. Conrad and Elisabeth; b. Sept. 27; bap. Aug. 27.
Johan Kräutler, s. Johannes and Louisa; b. Dec. 12; bap. August 27.
Johan Grunly, s. Johan and Catharina; b. Aug. 16, 1796; bap. Aug. 27.
Mary Pratt, d. Wilhelm and Elisabeth; b. Jan. 6, 1797; bap. Aug. 27.
Georg Seibert, s. Peter and Sara; b. Sept. 11; bap. Aug. 27.
Jacob and Maria, s. and d. Louise Rummel; b. April 21.
James Barbar; bap. August 27.
Henrich Burns, s. Thomas and Maria; b. Feb. 11, 1795; bap. Sept. 3.
Wilhelm Burns, s. Thomas and Maria; b. May 20, 1797; bap. Sept. 3.
Maria Roth, d. Andreas and Maria; b. August 7; bap. Sept. 3.
Salome, d. Jacob Laub and Margar. Bensinger; b. Aug. 24, 1796; bap. Sept. 4.
John Davis, s. John and Margaret; b. June 15; bap. Sept. 9.
Eleonor Graig, d. Joseph and Isabella; b. June 23; bap. Sept. 9.
Veronica Rein, d. Christian and Barbara; b. Sept. 26, '96; bap. Sept. 10.
Johannes Amint, s. Lorenz and Elisabeth; b. June 26, '96; bap. Sept. 10.
Anna Maria Heiss, d. Johannes and Anna Maria; b. March 25; bap. Sept. 10.
Daniel, s. Elisabeth Schaefer and Daniel Spangler; b. Feb. 16, 1790; bap. Sept. 12.
Abraham Heigelman, s. Daniel and Susanna; b. August 30; bap. Sept. 17.
Benjamin Bear, s. Benjamin and Catharina; b. August 6; bap. Sept. 20.
Jacob Hallebach, s. Joh. Peter and Anna Gertrand; b. July 24; bap. Sept. 17.
Sara McClennan, d. James and Mary; b. Sept. 25; bap. Sept. 25.
Georg, s. Sophia Haüsle and Johannes Schenk; b. Sept. 4; bap. Sept. 23.
Catharina Scheib; b. August 27, 1773; bap. Sept. 28.
Susanna Muckelroy, d. Henry and Susanna; b. May 30; bap. Oct. 8.
John Maley, s. James and Philippina; b. July 5, 1794; bap. Oct. 8.
Hanna Maley, d. James and Philippina; b. July 31, 1797; bap. Oct. 8.
Johannes Keller, s. Friedrich and Elisabeth; b. Aug. 7; bap. Oct. 17.
Anna Horsehorn, d. James and Magdalena; b. Aug. 25; bap. Oct. 18.
Ludwig Schuman, s. Michael and Elisabeth; b. Feb. 28, '96; bap. Oct. 18.
Elisabeth Pratt, d. James and Lydia; b. Feb. 27, 1789; bap. Oct. 18.

Births and Baptisms.

William Pratt, s. James and Lydia; b. Dec. 28, 1791; bap. Oct. 18.
David Pratt, s. James and Lydia; b. April 28, 1793; bap. Oct. 18.
Lydia Pratt, d. James and Lydia; b. Nov. 9, 1795; bap. Oct. 18.
Michael Klein, s. Henrich and Maria; b. August 2; bap. Oct. 18.
Elisabeth Klein, d. Peter and Barbara; b. July 1; bap. Oct. 18.
Jennet Ring, d. Ralph and Mary; b. Nov. 4, 1796; bap. Oct. 18.
James Carson, s. John and Ann; b. Sept. 15; bap. Oct. 25.
Margaret Jones, d. Richard and Lucia; b. Aug. 8; bap. Oct. 29.
Magdalena Lohrman, d. Adam and Maria; b. Sept. 24, 1790; bap. Nov. 1.
Adam Lohrman, s. Adam and Maria; b. April 22, 1795; bap. Nov. 1.
William Heck, s. Ludwig and Elisabeth; b. Oct. 23; bap. Nov. 6.
Eleonor Wright, d. James and Dorothea; b. June 10; bap. Nov. 6.
Jacob Stehme, s. Tobias and wife; b. Oct. 6; bap. Nov. 4.
Elisabeth Fehl, d. Jacob and Magdalena; b. Sept. 2, '96; bap. Nov. 9.
Georg Frölich, s. Johannes and wife Barbara; b. May 29, '93; bap. Nov. 9.
Johannes Frölich, s. Johannes and wife Barbara; b. March 21, '95; bap. Nov. 9.
Jacob Frölich, s. Johannes and wife Barbara; b. Feb. 20, '97; bap. Nov. 9.
Susanna Wagner, d. Wilhelm and Catharina; b. Oct. 15; bap. Nov. 9.
Johannes Urban, s. Ludwig and Magdalena; b. May 22; bap. Nov. 9.
Magdalena Ziegler, d. Friedrich and Catharina; b. March 20; bap. Nov. 14.
Georg Ziegler, s. Friedrich and Catharina; b. March 4, 1796; bap. Nov. 14.
Juliana Christine Nagel, d. Jacob and Catharina; b. Oct. 19; bap. Nov. 19.
Susanna Lefeber, d. Elias and Cathar; b. Jan. 24; bap. Nov. 18.
Caroline and Juliana Ross, d. George and wife; b. Sept. —; bap. Nov. 23.
Isabella McPaul, d. James and Sara; b. Oct. 22; bap. Nov. 25.
Cathar. Elisabeth Beard, d. Robert and wife; b. Nov. 12; bap. Nov. 26.
Elisabeth, d. Johan Geiger and Maria Hert; b. Oct. 3; bap. Nov. 26.
Charlotte Brunghar, d. Georg and Philippine; b. Oct. 8; bap. Dec. 1.
Anna Maria Schreiner, d. Martha and Elisabeth; b. July 24; bap. Dec. 17.
Elisabeth Schmidt, d. Wilhelm and Catharina; b. Dec. 12; bap. Dec. 18.
Maria Magdalena Nagel, d. Joseph and Maria Magdalena; b. Oct. 11; bap. Dec. 24.
Anna Margaret Bastie, d. Johannes and Margaret; b. Sept. 25; bap. Dec. 25.

The Pennsylvania-German Society.

1798.

Georg Patterson, s. Johannes and Catharina; b. Dec. 25; bap. Jan. 7.
Joh. Wilhelm Ehrig, s. Wilhelm and Hanna; b. Nov. 26; bap. Jan. 13.
Maria Bender, d. Philip and Elisabeth; b. August 1; bap. Jan. 17.
Christine Folz, d. Bernhard and Barbara; b. Nov. 27; bap. Jan. 18.
Barbara Folz, d. Christian and Christine; b. Dec. 4; bap. Jan. 18.
Jacob Fürst, s. Jacob and Margaret; b. Sept. —; bap. Jan. 21.
Andreas Holzwart, s. Adam and Catharina; b. Jan. 18; bap. Jan. 28.
Margaret Parker, d. Francis and Margaret; b. Oct. 7; bap. Jan. 29.
Thomas Anderson, s. Robert and Jean; b. Jan. 23; bap. Jan. 26.
Georg Peterman; s. Joachim and Elisabeth; b. Sept. 5; bap. Feb. 4.
Elisabeth Gross, d. Martin and Elisabeth; b. Oct. 21; bap. Feb. 14.
Johannes Müller, s. Jacob and Hanna; b. Jan. 17; bap. Feb. 11.
Catharina Jost, d. Johannes and Barbara; b. Dec. 3; bap. Feb. 6.
Maria Magdalena Illing, d. Christoph and Magdalena; b. Jan. 9; bap. Feb. 18.
Michael Stoft Gross, s. Jacob and Elisabeth; b. Jan. 6; bap. Feb. 18.
Maria Glatz, d. Wilhelm and Catharina; b. Oct. 11; bap. Feb. 18.
Rebecca Brenneisen, d. Jacob and Elisabeth; b. Sept. 29; bap. Feb. 19.
Johan Peter Müller, s. Martin and wife; b. Jan. 27; bap. Feb. 25.
Elisabeth Stein, d. Georg and Maria; b. Dec. 25; bap. Feb. 25.
Catharina Rebecca Buts, d. Peter and Rebecca; b. March 4; bap. March 10.
Catharina Klein, d. Jacob and Elisabeth; b. Nov. 18; bap. March 11.
Christian Jacob Albrecht, s. Jacob and Sophia; b. March 5; bap. March 11.
Salome Krauter, d. David and Catharina; b. Jan. 25; bap. March 11.
Catharina Frick, d. Friedrich and wife; b. Feb. 11; bap. March 11.
Ann Bond, d. William and Ann; b. Jan. 23; bap. March 11.
Johannes Schmidt, s. Christian and Elisabeth; b. Aug. 8; bap. March 27.
Adam Ganter, s. Michael and Cathar.; b. Feb. 10; bap. March 15.
Georg Keller, s. Andreas and Christine; b. Feb. 7; bap. March 16.
Jane Shannon, d. William and Barbara; b. June 27; bap. March 27.
Mary Shannon, d. John and Jane; b. Nov. 9; bap. March 27.
Maria Lehman, d. Jacob and Catharina; b. March 5; bap. April 1.
Margar. Barbara Burg, d. Johannes and Barbara; b. April 4; bap. April 8.
Elisabeth Johnson, d. Alexander and Rachel; b. Feb. 19; bap. April 6.
James Wright, bap. April 4.
Samuel Deitz; bap. April 4.
Anna Herbst; bap. April 4.
Anna Eschelman; b. March 4, 1779; bap. April 4.

Births and Baptisms.

Maria Selbert, née Kann; bap. April 4.
Thomas Russel, s. Thomas and Margaret; b. Feb. 20; bap. April 6.
Philip Schaum, s. Melchior and wife; b. Jan. 18; bap. April 9.
Jean Baxter, d. Samuel and Mary; b. Feb. 18, '97; bap. April 12.
Elisabeth Klein, d. Michael and Maria; b. March 1; bap. April 10.
Edward Essin, unknown; b. March —; bap. April 12.
Jacob Schweitzer, s. Johannes and Barbara; b. Feb. 4; bap. April 13.
Catharina McNaughton, d. James and Maria; b. March 31; bap. April 19.
Brigitta Hämpflin, d. Ehrhard and Christine; b. March 21; bap. April 21.
Jacob Kindsch, s. Johannes and Susanna; b. Nov. 27; bap. April 21.
Christoph Bartholomaeus Mayer, s. Christoph and wife; b. March 26; bap. April 21.
John Walking, s. Hugh and Eleonore; b. Dec. 15; bap. April 21.
Barbara Chapman, d. Samuel and Barbara; b. June, 1796; bap. April 22.
Susanna Chapman, d. Samuel and Barbara; b. Feb. 4, 1798; bap. April 22.
Christian Freitag, s. Christian and Elisabeth; b. Sept. 11; bap. April 22.
Jacob Freitag, s. Jacob and Juliana; b. Dec. 12; bap. April 22.
Barbara Amynt, d. Lorenz and Elisabeth; b. Dec. 24; bap. April 22.
Anna Maria Glatz, d. Georg and Maria; b. March 24; bap. April 22.
William Pless, s. Christian and Maria Magdalena; b. March 18; bap. April 22.
Jacob Brunner, s. Peter and Anna Maria; b. Jan. 1; bap. April 22.
Anna Margaret Herter, d. Jacob and Maria; b. Feb. 4; bap. April 29.
Maria Hörner, s. Johannes and Margaret; b. Feb. 7; bap. May 1.
Sara Elisabeth Hummerich, d. Christian and Christine; b. March 11; bap. April 29.
Elisabeth Mann, d. Bernhard and Barbara; b. Nov. 23; bap. May 6.
Christian Mose, d. Johannes and Anna Margaret; b. Oct. 17; bap. May 13.
Peter Heinkel, s. Peter and Magdalena; b. Feb. 9; bap. 17.
Johannes Rickert, s. Martin and Barbara; b. Sept. 20; bap. May 17.
Philip Dürstler, s. Adam and Catharina; b. Jan. 27; bap. May 14.
Johannes Dorsch, s. Johannes and Anna Maria (née Kautz); b. Dec. 11, 1797; bap. May 14.
Elisabeth Greenly, d. Johannes and Catharina; b. March 5; bap. May 18.
Susanna Mayer, d. Philip and Cathar; b. Feb. 25, 1796; bap. May 20.
Hanna Burk, d. Johannes and Maria; b. March 25; bap. May 20.
James Morris, s. John and Susanna; b. Jan. 6; bap. May 20.
Felix Schweicker, s. Felix and Christine; b. Oct. 13; bap. May 20.
Susanna Fetteberger, d. Johannes and Elisabeth; b. Jan. 1; bap. May 20.

The Pennsylvania-German Society.

Elisabeth Carrigan, d. Jacob and Margaret; b. Dec. 18; bap. May 20.
Sabina Benedict, d. Philip and Dorothea; b. April 25; bap. May 11.
Margaret Schneider, d. Christian and wife; b. April 26; bap. May 27.
Elisabeth Watt, d. Robert and Charlotte, b. March 26; bap. May 27.
Ann Shuter, d. Andrew and Jean; b. May 16; bap. May 28.
Ann Bradley, d. William and Anna Margaret; b. Jan. 4; bap. June 9.
Maria Strobel, d. Jacob and Susanna; b. Jan. 12; bap. June 10.
Joh. Henrich Hasselbach, s. Henrich and Catharina; b. May 17; bap. June 10.
Mary Starkey, d. John and Jean; b. March 12; bap. June 12.
Elisabeth George, d. David and Anna Maria; b. April 2; bap. June 12.
Samuel McConnel, s. Alexander and Barbara; b. Feb. 14; bap. June 12.
Richard Crab, s. William and Phillis (negroes); b. Dec. 12, 1797; bap. June 17.
Anna Fetter, d. John and Elisabeth; b. May 7; bap. June 24.
Maria Anna Michael, d. William and Susanna; b. June 4; bap. June 27.
Johannes Wood, s. Moses and Christine; b. June 20; bap. June 28.
Catharina Jost, d. Philip and Elisabeth; b. Jan. 16; bap. June 28.
Elisabeth Gumpf, d. Michael and Margaret; b. April 12; bap. July 1.
Elisabeth Stech, d. Georg and wife; b. Sept. 20; bap. July 6.
Jacob Lehr, s. Peter and Elisabeth; b. May 11; bap. July 8.
Lorenz Dietrich, s. Lorenz and Magdalena; b. May 30; bap. July 8.
Johannes Guntacker, s. Georg and Elisabeth; b. May 27; bap. July 8.
Susanna Feil, d. Benedict and Sara; b. June 10; bap. July 8.
Elisabeth Gerlitz, d. Michael and Elisabeth; b. Dec. 1, 1797; bap. July 17.
Peter Craemer, s. Johan Just and Anna Maria; b. June 20; bap. July 15.
Catharina Nesselroth, d. Israel and Christine; b. Dec. 8; bap. July 15.
Catharina Miller, d. Robert and wife; b. Nov. 11, 1793; bap. July 15.
Robert Miller, s. Robert and wife; b. Jan. 31; bap. July 15.
Christian Otto, s. Christian and wife Magdalena; b. Oct. 4, 1792; bap. July 15.
Jacob Otto, s. Christian and wife Magdalena; b. Feb. 25, 1794; bap. July 15.
Christine Otto, d. Christian and wife Magdalena; b. Sept. 13, 1797; bap. July 15.
Daniel Faringer, s. Jacob and Barbara; b. June 3, '97; bap. July 22.
John Mullin, s. Samuel and Sara; b. July 18; bap. July 22.
Immanuel Schneider, s. Peter and Barbara; b. March 27; bap. July 23.
David Gilmore, s. William and Sara; b. April 27; bap. July 23.
Maria Schmidt, d. Johannes and Juliana; b. Jan. 25; bap. July 26.
Anna Maria Schantz, d. Jacob and Anna Maria; b. March 28; bap. July 28.

Births and Baptisms.

Johannes Keller, s. George and Catharina; b. March 16; bap. July 29.
Catharina Forris, d. Joseph and Elisabeth; b. June 1; bap. August 5.
Elisabeth Steitz, d. Peter and Catharina; b. Dec. 1797; bap. Aug. 4.
Peter Ladley, s. William and Susanna; b. May 27; bap. Aug. 4.
Catharina Baer, d. Benjamin and Catharina; b. May 25; bap. Aug. 4.
Susanna Götz, d. Georg and Elisabeth; b. May 13; bap. Aug. 5.
Catharina Stech, d. Gerhard and Maria; b. Nov. 18; bap. Aug. 5.
Christoph Brenner, s. Christoph and Elisabeth; b. June 26; bap. Aug. 5.
Enoch Price, s. Moses and Margareth; b. Sept. 28, 1796; bap. Aug. 7.
Georg Gingerich, s. Henrich and Catharina; b. March 5; bap. Aug. 10.
Jacob Weik, s. Georg and Susanna; b. Dec. 1; bap. August 15.
Anna Mose, d. Joh. Christian and Eleonora; b. March 24; bap. Aug. 15.
Anna Hinkel, d. Wilhelm and Elisabeth; b. May 25; bap. August 15.
Barbara Christine Schreiber, d. Johannes and Christine; b. May 17; bap. Aug. 15.
Catharina Wit, d. Georg and Barbara; b. Nov. 1; bap. August 19.
Georg Kurz, s. Christoph and Magdalena; b. July 24; bap. August 19.
Elisabeth Moser, d. Wilhelm and Elisabeth; b. June 30; bap. Aug. 20.
James Davis, s. Thomas and Elisabeth; b. August 25; bap. August 26.
Henrietta Maria Heinitsch, d. Carl and Sophia; b. August 22; bap. August 29.
Margaret Faust, d. Georg and Margaret; b. March 9; bap. Sept. 1.
Samuel Turn, s. Thomas and Hannah; b. July 20; bap. Sept. 3.
Caroline Butler, d. Charles and Charity (negroes); b. Feb. 22; bap. Sept. 3.
Catharina Herbst, d. Heinrich and Elisabeth; b. Aug. 27; bap. Sept. 9.
Ann Richard, d. James and Margar; b. August 4; bap. Sept. 14.
John Hubley Hamilton, s. William and Juliana; b. August 15; bap. Sept. 9.
Maria Kautz, d. Jacob and Margaret; b. Aug. 27; bap. Sept. 3.
Johannes Braun, s. Wilhelm and Hanna; b. Sept. 1; bap. Sept. 16.
William Taylor, s. Egbert and Magdalena; b. August 14; bap. Sept. 18.
Philippine Meyer, d. Jacob and Maria; b. Sept. 1; bap. Sept. 23.
Johan Michael Bartel, s. Michael and Catharina; b. Sept. 9; bap. Sept. 18.
Jacob Reedy, s. Bernhard and Mary; b. August 11; bap. Sept. 23.
Henrich Gross Hornberger, s. Stephan and Susanna; b. August 27; bap. Sept. 23.
Elisabeth Nagel, d. Christoph and Margaret; b. Sept. 2; bap. Sept. 23.
Joseph Gordon, s. Joseph and Ann; b. Oct. 1, 1796; bap. Sept. 24.
Rebecca Rudesille, d. Jacob and Maria; b. Sept. 12; bap. Sept. 30.
Georg Schaum, s. Philip and Maria; b. Sept. 8; bap. Sept. 30.
Justina Hill, d. Gottlieb and Salome; b. Sept. 17; bap. Oct. 6.

Georg Hiller, s. Johannes and Catharina; b. July 2; bap. Oct. 9.
John Annet, s. Archibald and Mary; b. Sept. 25, '97; bap. Oct. 13.
Mary Brown, d. Joseph and Mary; b. August 30; bap. Oct. 10.
Andreas Teiss, s. Georg and Maria; b. August 14; bap. Oct. 14.
Susanna Steigerwald, d. Friedrich and Margaret; b. Sept. 28; bap. Oct. 14.
Christine Lehnherr, d. Georg and Elisabeth; b. March 22; bap. Oct. 7.
Georg Fissler, s. Ulrich and Maria; b. August 19; bap. Oct. 7.
Susanna Urban, d. Georg and Barbara; b. March 5; bap. Oct. 7.
Catharina Kline, s. Christian and Margaret; b. August 9; bap. Oct. 13.
Eva Elisabeth Weber, d. Joseph and Catharina; b. Oct. 23; bap. Oct. 23.
Adam Kolb, s. Elisabeth and David George; b. Sept. 22, 1794; bap. Oct. 28.
Abraham Lefever, s. Elias and Catharina; b. June 26; bap. Oct. 28.
Steward Hanna, s. John and Jean; b. July 15; bap. Oct. 29.
Georg Albrecht, s. Henrich and Margaret; b. June 6, '97; bap. Oct. 31.
Anna Barbara, d. Anna Barbara Kolb and Joh. Bauer; b. Nov. 2, 1794; bap. Nov. 4.
Georg Denger, s. Johannes and Catharina; b. Sept. 29; bap. Nov. 10.
Anna Maria Justone, d. John and Elisabeth; b. May 5; bap. Nov. 6.
Barbara Todter, d. Andreas and Magdalena; b. Oct. 27; bap. Nov. 11.
Maria Schindel, d. Peter and Elisabeth; b. Sept. 4; bap. Nov. 11.
Susanna Schalleberger, d. Michael and Elisabeth; b. May 7; bap. Dec. 3.
Johan Wagner, s. Balthasar and Catharina; b. Oct. 13; bap. Nov. 29.
Margaret Johanette, negress; b. Nov. 29; bap. Dec. 4.
Johannes Wunsley, s. Alexander and Susanna; b. Nov. 9; bap. Nov. 14.
Anna Maria Leible, d. Joh. and Barbara, widow Mayer; bap. Dec. 13.
Mary McCarlsley, d. Maxwell and Mary; b. Nov. 27; bap. Dec. 26.
Anna Maria Leible, d. Andreas and Elisabeth; b. Oct. 23; bap. Dec. 23.
Hans Martin, s. William and Jean; b. Sept. 12; bap. Dec. 28.
Catharina Schott, d. Jacob and Maria Magdalena; b. Oct. 31; bap. Dec. 30.

1799.

Elisabeth Dietrich, d. Henrich and Maria; b. Oct. 21; bap. Jan. 5.
Elisabeth Weber, d. Andreas and wife Rosina; b. June 1, 1796; bap. Jan. 5.
Rosina Weber, d. Andreas and wife Rosina; b. April 13, '98; bap. Jan. 5.
Elisabeth Schaum, d. Benjamin and Maria; b. Dec. 23; bap. Jan. 6.
Anna Maria Weidele, d. Christian and Rosina; b. Dec. 22, 1797; bap. Jan. 9.
Matthaeus Scheib, s. Johannes and Catharina; b. Dec. 12; bap. Jan. 20.
Jacob Metzger, s. Friedrich and Catharina; b. Dec. 23; bap. Jan. 31.

Births and Baptisms.

Michael Guntacker, s. Johannes and Catharina; b. Dec. 10; bap. Jan. 11.
Salome Weiss, d. Georg and Anna; b. Dec. 24; bap. Jan. 27.
Catharina Kuhns, d. Michael and Elisabeth; b. Dec. 25; bap. Feb. 4.
Anna Sünset, d. Johannes and Elisabeth; b. March 27; bap. Feb. 2.
Catharina Nagel, d. Friedrich and Rahel; b. Dec. 26; bap. Feb. 4.
Joseph Nagel, s. Johan and Elisabeth; b. Jan. 13; bap. Feb. 4.
Catharina Stewart, d. Edward and Mary; b. Nov. '98; bap. Feb. 3.
Georg Adam Lindeberger, s. Johannes and Catharina; b. Jan. 4; bap. Feb. 12.
Henrich Galosky, s. Henrich and Barbara; b. Nov. 9, '98; bap. Feb. 11.
Peter McGrant, s. Terence and Elisabeth; b. Jan. 12; bap. Feb. 4.
Phiby Levan, d. Jack and Lydia, negroes; b. Feb. 5, bap. Feb. 12.
Maria Fisher, d. Adam and Margaret; b. March 15, '97; bap. Feb. 13.
Adam Fisher, s. Adam and Margaret; b. Feb. 1, '99; bap. Feb. 13.
Elisabeth Scott, d. William and Maria; b. Dec. 13; bap. Feb. 14.
Elisabeth Buts, d. Peter and Rebecca; b. Feb. 3; bap. Feb. 17.
Margaret Galloway, d. Benjamin and Hanna, mulatto; b. August 25, '97; bap. Feb. 22.
Elisabeth Galloway, d. Benjamin and Hanna, mulatto; b. Oct. 21, '98; bap. Feb. 22.
Anna Maria Huber, d. Matthaeus and Magdalena; b. June 20, 1798; bap. Feb. 24.
Johan Bernhard Hubley, s. Michael and Maria; b. Jan. 29; bap. Feb. 24.
Georg Ehler, s. Christian and Margaret; b. Nov. 12, '96; bap. Feb. 24.
August Mehling, s. Johannes and Magdalena; b. Feb. 11; bap. March 3.
Catharina Herbst, d. Johannes and Anna; b. March 5; bap. March 13.
David Mantauft, s. David and wife; b. Oct. 21, 1794; bap. March 13.
Johannes Sehner, s. Johannes and Catharina; b. Jan. 4, 1798; bap. March 17.
Catharina Sehner, d. Gottlieb and Sabina; b. Jan. 27; bap. March 17.
Georg Weiss, s. Andreas and Margaret; b. Sept. 16, 1797; bap. March 22.
Mrs. Elisab Nagel, d. John and Rahel Johnson; b. March 11, 1778; bap. March 11, 1799.
Martin Kindig, s. Johannes and Anna; b. May 11, 1775; bap. March 11, 1799.
Magdalena Kindig, d. Johannes and Anna; b. August 9, 1777; bap. March 11, 1799.
Mrs. Ziegler; bap. March 11, 1799.
Mrs. Eschelman; bap. March 11, 1799.
Johannes Montgomery, s. John and Maria; b. Dec. 21; bap. March 24.
Heinrich Ehlman, s. Friedrich and Catharina; b. Sept. 17; bap. March 24.
Susanna Wilson, d. Andrew and Eva; b. Oct. 4; bap. March 26.

The Pennsylvania-German Society.

Eva Margaret Heiss, d. Johannes and Anna Maria; b. Jan. 31; bap. March 25.
Elisabeth Heilbrunner, d. Johannes and Catharina; b. Jan. 18; bap. April 1.
Daniel Grifford Thomson, s. Samuel and Hanna Maccafy, mulatto; b. Feb. 9; bap. April 2.
Johannes Winau, s. Georg and Elisabeth; b. Nov. 5; bap. March 31.
Theodore Keiss Müller, s. Georg and Catharina; b. Feb. 19; bap. March 26.
Johannes Rämle, s. Friedrich and Elisabeth; b. March 2; bap. March 31.
Franz Salzman, s. Johannes and Catharina; b. Feb. 13; bap. April 5.
Elisabeth Schüsler, d. Philip and Maria; b. Feb. 24; bap. April 5.
Johannes, s. Johannes Hebel and Margaret Boot; b. Feb. 17; bap. April 7.
Jeremia Maybury, s. Jeremia and Catharina; b. July 3, 1798; bap. April 6.
Thomas Williams, s. John and Susanna; b. Feb. 18; bap. April 14.
Ottilia Susanna Mayer, d. Christoph and Susanna; b. March 27; bap. April 14.
Elisabeth Müller, d. Heinrich and Maria; b. Dec. 26; bap. April 21.
Catharina Hummel, d. David and Catharina; b. Feb. 2; bap. April 21.
David Dietz, s. Samuel and Sara; b. Nov. 1; bap. April 26.
Johan Andreas Dellinger, s. Johannes and Maria Margaret; b. Dec. 30; bap. April 30.
Georg Metzger, s. Jacob and Maria; b. Jan. 30; bap. May 2.
Christiana Kepperle, d. Friedrich and Magdalena; b. Dec. 6; bap. May 2.
Anna Schuman, d. Freidrich and Maria Margar; b. July 26; bap. May 11.
Catharina Grebing, d. Henrich and Anna; b. Sept. 19; bap. May 11.
Anna Maria Munney, d. Friedrich and Anna; b. Jan. 16; bap. May 12.
Maria Kindsch, d. Johan and Susanna; b. Feb. 9; bap. May 13.
Margaret Robinson, d. Johannes and Regina; b. Feb. 15, 1798; bap. May 13.
Catharina Weiss, d. Wilhelm and Maria; b. Nov. 5, 1798; bap. May 13.
Veronica Rathvon, d. Leonhard and Elizabeth; b. March 5; bap. May 14.
Wilhelm Scholte, s. Wilhelm and Sophia; b. Feb. 4; bap. May 19.
Anna Maria Dürstler, d. Michael and Anna Maria; b. Jan. 15; bap. May 25.
Catharina Klein, d. Henrich and Maria; b. Nov. 21; bap. May 25.
Jonathan Athon, s. James and Martha; b. Jan. 17; bap. May 25.
Magdalena Gerber, d. Jacob and Magdalena; b. April 21; bap. May 26.
Henrich Faust, s. Georg and Margaret; b. April 2; bap. May 14.
Friedrich Foltz, s. Peter and Christine; b. Jan. 14; bap. May 22.

Births and Baptisms.

Henrich Jung, s. Benjamin and Catharina; b. Feb. 26; bap. May 5.
Jesse Butler, s. Henry and Judith (black) ; b. Jan. 1, 1798; bap. May 26.
Margaret Braun, d. Johannes and Elisabeth; b. Feb. 24, bap. May 26.
Catharina Lehman, d. Johannes and Sybilla; b. April 12, '93; bap. May 19.
Magdalena Lehman, d. Johannes and Sybilla; b. Jan. 16; bap. May 19.
Samuel Schweicker, s. Johannes and Margaret; b. Jan. 24; bap. May 19.
Georg Roth, s. Andreas and Margaret; b. May 24; bap. June 2.
Joh. Heinrich Albert, s. Jacob and Catharina; b. Dec. 29; bap. June 2.
Margaret Volk, d. Solomon and Catharina; b. April 2; bap. June 2.
Catharina Eichhotz, d. Johannas and Susanna; b. May 9; bap. June 2.
Michael Schuerich, s. Nicholas and Catharina; b. June 30, '98; bap. June 3.
Adam Schuman, s. Michael and Elisabeth; b. Jan. 28, '98; bap. June 4.
Wilhelm Wein, s. unknown; b. March; bap. June 4.
Samuel Lockart, s. Charles and Maria; b. Sept. 9, '98; bap. June 5.
Maria Mauk, d. Christian and Catharina; b. June 24, 1797; bap. June 5.
Barbara Burns, d. James and Elisabeth; b. Feb. 10; bap. June 5.
Anna Wisler, d. Michael and Sophia; b. Jan. 23; bap. June 5.
Barbara Stech, d. Philip and Sabina; b. April 14; bap. June 5.
Jacob Möller, s. Jacob and Anna; b. June 24, '98; bap. June 5.
Susanna Klohr, d. Friedrich and Elisabeth; b. Feb. 17; bap. June 5.
Samuel Haubentobler, s. Isaac and Elisabeth; b. Jan. 10; bap. June 5.
Joseph Krauss, s. Jacob and Magdalena; b. April 7; bap. June 13.
Jacob Martin, s. Johannes and Margaret; b. April 5; bap. June 15.
Jacob May, s. Jacob and Catharina; b. March 11; bap. June 5.
Jacob Ehler, s. Christian and Margaret; b. June 16; bap. June 17.
Maria, d. Jacob Selig and Elisabeth Andres; b. Jan. 24; bap. June 21.
Elisabeth Albert, s. Georg and Elisabeth; b. Jan. 18; bap. July 1st.
Elisabeth Forster, d. John and Catharina; b. June 30; bap. July 14.
George Haywood, s. Jonathan and Mary; b. March 7; bap. July 4.
Juliana Fischer, d. George and Anna Maria; b. June 15; bap. July 7.
William Henderson, s. John and Elisabeth; b. Sept. 8, '98; bap. July 20.
Georg Odenwald, s. Johan and Hanna; b. Jan. 7; bap. June 21.
Michael Steigerwald, s. Eberhard and Susanna; b. May 7; bap. July 21.
Jacob Wenz, s. Michael and Catharina; b. June 1; bap. July 21.
Catharina Franciscus, d. Christoph and Susanna; b. May 5; bap. July 21.
Johannes Dessau, s. Ernst and Eva; b. July 13; bap. July 22.
Johan Jacob Müller, s. Jacob and Hanna; b. June 11; bap. July 29.
Catharina Lachy, d. Johan Peter and Elisabeth; b. July 15; bap. July 30.
Magdalena Faringer, d. Jacob and Barbara; b. Dec. 15; bap. August 6.
Peter Sturmfels, s. Conrad and Catharina; b. July 10; bap. July 28.

The Pennsylvania-German Society.

Joh. Bernhard Folz, s. Christian and Christine; b. July 4; bap. August 4.
Peter Schwenk, s. Peter and Margaret; b. Aug. 19, '98; bap. Aug. 4.
Catharina McGrachan, d. Alexander and Elisabeth; b. Nov. 13; bap. Aug. 4.
Maria Magdalena Keller, d. Jacob and Catharina; b. July 28; bap. Aug. 5.
Elisabeth Frölich, d. Johannes and Barbara; b. Dec. 28; bap. Aug. 8.
Jacob Folz, s. Bernhard and Barbara; b. June 5; bap. Aug. 19.
James Brooks, s. William and Agnes; b. April 4, 1797; bap. Aug. 23.
Edward Gray, s. James and Elisabeth; b. Feb. 1; bap. Aug. 25.
Catharine Bastick, d. Johannes and Maria; b. June 24; bap. Aug. 25.
John McFillrey, s. John and Sara; b. Sept. 24, '98; bap. Aug. 29.
Salome Keigelman, s. Ludwig and Regina; b. July 18; bap. Aug. 31.
Catharina Rowlingson, d. Robert and Anna; b. Aug. 18; bap. Aug. 23.
Jacob Burke, s. Peter and Christine; b. Aug. 11, 1797; bap. Aug. 25.
Maria Magdalena Burke, d. Peter and Christine; b. July 10; bap. Aug. 25.
Catharina Kuhns, d. Conrad and Anna Maria; b. May 16; bap. Aug. 25.
Maria Brenner, d. Georg and Christine; b. May 13; bap. Aug. 25.
Johannes Hummerich, s. Christian and Christine; b. Aug. 10, bap. Sept. 1.
Georg Selbert, s. Andreas and Maria; b. Aug. 1; bap. Sept. 1.
Catharina Zeigler, d. Friedrich and Catharina; b. April 8; bap. Aug. 22.
Johannes Harrison, s. James and Maria; b. Sept. 15, 1793; bap. Aug. 12.
Catharina Harrison, s. James and Maria; b. Dec. 13, 1795; bap. Aug. 12.
Robert Fisher, s. John and Jane; b. July 6; bap. Sept. 28.
Johannes Lager, s. Friedrich and Elisabeth; b. Aug. 22; bap. Sept. 29.
Sophia Rein, d. Christian and Barbara; b. May —; bap. Sept. 29.
Wilhelm Schneider, s. Henrich and Catharina; b. March 29; bap. Sept. 29.
Anna Maria Schindel, d. Jacob and Elisabeth; b. July 6; bap. Oct. 3.
Margaret Scott, d. John and Jean; b. Sept. 15; bap. Oct. 6.
Catharina Hornberger, d. Henrich and Catharina; b. July 19; bap. Sept. 25.
Henry Muckleroy, s. Henry and Susanna; b. Feb. 19; bap. Sept. 22.
John Coyl, s. James and Anna; b. Sept. 22; bap. Sept. 28.
Joh. Isaac Dietrich, s. Michael and Elisabeth; b. Aug. 25; bap. Oct. 6.
Maria Brenneisen, d. Jacob and Elisabeth; b. March 13; bap. Oct. 7.
Margaret McLaughlin, d. And. and Rosanna; b. Oct. 9, 1795; bap. Oct. 10.
Andrew McLaughlin, s. And. and Rosanna; b. April 9, 1798; bap. Oct. 10.

Births and Baptisms.

Margaret Bernitz, d. Wilhelm and Catharina; b. Jan. 20, 1798; bap. Oct. 12.
Ann Bernitz, d. Wilhelm and Catharina; b. Aug. 1; bap. Oct. 12.
Salome Batholomaei, s. Johannes and Catharina; b. Sept. 14; bap. Oct. 13.
Henreich Keller, s. Freidrich and Elizabeth; b. July 6; bap. Oct. 15.
Sara Keller, d. Johannes and Barbara; b. May 26, '98; bap. Oct. 15.
Jacob Georg, s. David and Anna Maria; b. July 24; bap. Oct. 21.
Catharina Rickert, d. Martin and Barbara; b. May 18; bap. Oct. 27.
Samuel Mathiot, s. Johan and wife; b. June 30; bap. Oct. 28.
James Pidgeon, s. Michael and Ann; b. Oct. 31; bap. Oct. 31.
Wilhelm Klein, s. Philip and Magdalena; b. Sept. 13; bap. Oct. 27.
Sara Kautz, d. Jacob and Margaret; b. Oct. 27; bap. Nov. 3.
Arthur Annom, s. Archibald and Mary; b. Aug. 29; bap. Nov. 7.
Daniel, s. Christine Müller and Daniel Plocher; b. Easter, 1796; bap. Nov. 23.
Joseph Braun, s. Joseph and Cathar.; b. Sept. 20; bap. Nov. 23.
James Summerlin, s. Andrew and Martha; b. Nov. 17; bap. Nov. 29.
Margaret Klein, d. Peter and Barbara; b. Oct. 14; bap. Dec. 10.
Anna Maria Wenzel, d. Alexander and Susanna; b. Oct. 10; bap. Nov. 24.
Magdalena Glatz, d. Georg and Amalia; b. Dec. 2; bap. Dec. 4.
John Jacob Jung, s. Johannes and Maria; b. Dec. 1; bap. Dec. 18.
Theodore Smith, s. Charles and wife; b. Dec. 17; bap. Dec. 18.
Sophia Lautebach, d. Michael and Margaret; b. Nov. 5; bap. Dec. 26.
Jacob Karch, s. Johannes and Eva; b. Oct. 25; bap. Dec. 29.

BIRTH AND BAPTISMAL REGISTER

—OF—

THE FIRST REFORMED CHURCH,

LANCASTER, PA.

INTRODUCTORY NOTE.

Among the earliest of the German Reformed congregations organized in Pennsylvania was the one in Lancaster. Between 1709 and 1735 the immigration of Germans, Swiss and French into the county of Lancaster was very large. They were mainly exiles and refugees, fleeing from the intolerant religious persecutions that followed the Revocation of the Edict of Nantes in 1685, and adherents of the Reformed or Huguenotic faith. In 1736 these people felt themselves strong enough to organize a congregation and begin the erection of a church. Existing church records show they had enjoyed the ministerial services of various itinerant clergymen as early as 1731, but it was not until 1736 that a permanent organization under a regular pastor was effected.

The following is from the earliest records of the congregation: " Church Protocol of the newly built Reformed Church, here in the island of Pennsylvania, in Caunastoken, in the new town named Lancaster." After various other statements comes this: "Now as regards the building of this, our church, the beginning was made in the year 1736; and by the help of God it was so far completed that on the 20th of June, 1736, or on the festival of Holy Whitsuntide, we held divine worship in it for the first time." It was the first church building erected in Lancaster, antedating Trinity Lutheran Church by two years.

No print or picture of this early church has come down to us. It was a log building, and was sold in 1753 for £15.4.6, and the edifice on the opposite page erected in its stead. That was taken down in 1852, and the present handsome structure built. In 1746 a bell and large clock were purchased for £60 Pennsylvania currency. This bell hung for a while on a large hickory tree, the same tree, no doubt, under which the Indians held their councils, and which gave the settlement its first name, "Hickorytown," where it was rung until a steeple was built to receive it.

The pastors of the church during the last century were: John Jacob Hock, 1736-37; Casper Lewis Schnorr, 1744-46; Michael Schlatter, 1746-48; Philip William Otterbein, 1752-58; William Stoy, 1758-63; William Hendel, 1765-69; Charles Lewis Böhme, 1771-75; Albert Helfenstein, 1776-1779; John Theobald Faber, 1779-82; William Hendel, 1782-94; and Christian Lewis Becker, D. D., 1795-1806. The present pastor is Rev. John M. Titzel, D. D.

FIRST REFORMED CHURCH, LANCASTER, PA.
Built, 1753. Taken down, 1852.

1736.

Rev. John Jacob Hock, Pastor.

Ann Barbara Weidtman, d. Abraham ; bap. June 20.
Conrad Young, s. Mathew ; bap. June 20.
Mathew Busler, s. Mathew ; bap. June 20.
Elizabeth Busler, d. Mathew ; bap. 1734.
Catharine Camer, d. George ; b. March 11, 1729 ; bap. June 20.
John Henry Zeigler, s. George ; bap. June 20.
Ann Margaret Stauffer, d. Vincenz ; bap. June 20.
Ann Maria Renscher, d. Gabriel ; bap. June 20.
Ann Eva Brack, d. Rudolph ; b. June 1 ; bap. June 27.
John Charles Kellar, s. George ; b. June 1 ; bap. July 11.
John Peter Williar, s. Caspar ; b. 1733 ; bap. 1733.
Frederic Williar, s. Casper ; b. 1733 ; bap. 1733.
Philip Henry Zinn, s. Henry ; b. Aug. 2 ; bap. Aug. 22.
John Caspar Kellar, s. Conrad ; b. Aug. 25 ; bap. Sept. 5.
Elizabeth Kirchslätter, d. Martin ; b. April 8 ; bap. Sept. 5.
John Peters, s. George ; b. Feb. 3 ; bap. Oct. 3.
Balthasar Ort, s. Baltzar ; b. June 3 ; b. Oct. 3.
John Louis Hoff, s. John Adam ; b. Sept. 9 ; bap. Oct. 3.
John Phil. James Weynaud, s. Jacob ; bap. Oct. 24.
John Henry Walter, s. Rudolph ; bap. Dec. 3.
Ann Mary Bützer, d. Uhly ; bap. Dec. 26.

1737.

Maria Cath. Traut, d. Dewalt ; b. April 12 ; bap. April 17.
Maria Margaret De Garten, d. Abraham ; b. Dec. 15, 1736 ; bap. April 17.
Susan Dehoff, d. John ; b. Feb. 19 ; bap. April 17.
Mathew Emig, s. John ; b. Feb. 28 ; bap. April 17.
Mathew Miller, s. Felix ; bap. April 17.
Charles Frederic Keller, s. Charles ; bap. May 1.
Mary Elizabeth Hamrich, d. George ; bap. May 1.
Maria Philipina Zeigler, d. George ; bap. May 1.
Anna Barbara Wolf, d. Peter ; b. April 10 ; bap. May 15.
John David Edelman, s. Jacob ; b. Dec. 1, 1736 ; bap. May 15.
John Valentine Bühler, s. Ulrich ; b. Feb. 21 ; bap. May 15.
Susan Gorner, d. John ; b. May 21 ; bap. June 5.
Philip James Merkly, s. Henry ; b. Aug. 5 ; bap. Aug. 8.
John Frederic Schlosser, s Peter ; bap. Aug. 24.
John Caspar Schaffner, s. Caspar ; bap. Oct. 30.

Births and Baptisms.

1739.

Anna Barbara Schlosser, d. Peter and Margaret ; bap. April 22.
Maria Margaretta Arendorf, d. Herman and Ann Margaret ; bap. April 22.
Jacob Good, s. Casper and Anna ; bap. April 22.
Anna Barbara Neff, d. Jacob and Eliz. ; bap. May 12.
Anna Margaret Bauser, d. Mathew and Ann Eliz. ; bap. May 12.
David Bauser, s. Mathew and Ann Eliz. ; bap. May 12.
John Michael Kern, s. Thos. and Mary Margaret ; bap. May 12.
Ann Maria Zimmerman d. John and Barb. Z. ; b. April 8 ; bap. May 20.
Christina Krebs, d. Christian and Christina ; bap. June 3.
Ann Catharine, d. John Eckman and Dorothea Seitz ; bap. June 29.
Christina Storm, d. Jacob and Annabina Diktina ; bap. June 29.
Angelina Lay, d. Ludwig and Mary Ann ; bap. June 29.
John Adam Hoff, s. John Adam and Julian ; bap. June 29.
Susan Würfel, d. Melchior and Elizabeth ; bap. June 29.
John Caspar Hertzog, s. Balthasar and Salome ; bap. Aug. 26.
John Peter Günther, s. John Caspar and Catharine ; bap. Sept. 30.
Andrew Glund, s. John Jacob and Maria Barb. ; bap. Oct. 1.
John Michael Long, s. John Michael and Maria Barb. ; bap. Oct. 28.
John Henry Stauffer, s. Vincent and Ann Barb. ; bap. Oct. 28.
Anna Barbara Stauffer, d. Vincent and Ann Barb. ; bap. Oct. 28.
John Nicholas Zinn, s. John and Joanna Sophia ; bap. Nov. 11.
Ann Maria Billmeier, d. John Leonard and Anna ; b. Oct. 23 ; bap. Nov. 18.
George Adam Weinand, s. John Jacob and Susan ; bap. Nov. 19.
John Henry Waller, s. John Henry and Christina Marg. ; bap. Nov. 28.
Catharine Hunneberger, d. John and Magdalena ; bap. Nov. 28.
John Jacob Knecht, s. Philip and Regina ; b. Sept. 18 ; bap. Dec. 2.
John Michael Finck, s. Sebastian and Christina ; bap. Dec. 25.

1740.

John Michael Müller, s. John Leonard and Maria Sophia ; bap. Jan. 12.
Magdalena Barbara Henry, d. George and Margaret ; bap. Feb. 3.
Susan Hambrecht, d. John Adam and Eliz. Barb. ; bap. Feb. 3.
John Jacob Frantz, s. Jacob and Maria ; b. Jan. 25 ; bap. Feb. 3.
Michael Weidler, s. Michael and Eliz. ; bap. Feb. 10.
John Peter Mohr, s. John Peter and Mary Cath. ; b. Feb. 17 ; bap. Feb. 25.
George Peter Snyder, s. Peter and Louisa ; bap. Feb. 25.

The Pennsylvania-German Society.

John Martin Wagner, s. John George ; bap. Feb. 25.
Eva Cath. Schreiber, d. John and Ann Cath. ; bap. March 2.
John Schleiffer, s. John and Maria Eliz. ; bap. March 2.
Michael Peter Grisler, s. Jos. David and Maria Drusiana ; b. Feb, 24 ; bap. March 2.
Ann Maria Käempfer, d. Christian and Eliz. ; b. Dec. 4, 1739 ; bap. March 23.
Mary Cath. Mercker, d. Mathew and Cath. ; bap. March 23.
Eva Beckel, d. John Levi and Barbara ; b. March 1 ; bap. March 30.
Elizabeth Fröelich, d. John Jacob and Eliz. ; b. Feb. 8 ; bap. April 6.
John Christian Dick, s. Adam and Ann Atilia ; b. Feb. 1 ; bap. April 7.
John William Imbler, s. Geo. Mark and Esther ; b. Jan. 13 ; bap. April 13.
John Bibikhoffer, s. Nich. and Anna Delia ; b. April 1 ; bap. April 13.
Maria Philipina Krantzdorf, d. Bartholomew and Mary Magdalena ; b. Feb. 13 ; bap. April 17.
Anna Margaret Maier, d. John George and Anna Margaret ; b. March 14 ; bap. April 29.
Anna Christina Moller, d. Henry and Gertrude ; b. April 5 ; bap. April 20.
John George Dolinger, s. George Philip and Maria ; b. Oct. 1, 1739 ; bap. May 4.
John Henry Buck, s. George Nich. and Mary Eliz. ; b. March 29 ; bap. May 4.
Mary Eliz. Lochman, d. John Jacob and Mary Eliz. ; b. April 26 ; bap. May 15.
John Gorner, s. John and Maria Philipina ; b. May 21 ; bap. May 30.
John George Smith, s. John George and Catharine ; b. May 18 ; bap. June 29.
Ann Maria Weschenbach, d. Jno. Henry and Elizabeth ; b. May 11 ; bap. July 13.
John Henry Würful, s. John George and Mary Barbara ; b. June 10 ; bap. July 13.
Ann Margaret Ehrman, d. John and Elizabeth ; b. Oct. 31, 1739 ; bap. July 13.
Margaret Maier, d. Caspar and Barbara ; b. June 26 ; bap. July 19.
Eva Barbara Emig, d. Nicholas and Eve Margaret ; b. July 17 ; bap. July 19.
John Bader, s. Andrew and Ann Eliz. ; b. July 2 ; bap. July 26.
John George Horning, s. John George and Maria Agnesia ; b. July 30 ; bap. Aug. 3.
Catharine Lemely, d. Gabriel and Appolonia Clara ; b. July 30 ; bap. Aug. 30.

Births and Baptisms.

Eve Eliz. Seitz, d. Peter and Anna Maria ; b. May 1 ; bap. Aug. 10.
John George Müller, s. Jacob and Agnesia ; b. Aug 12 ; bap. Aug. 29.
John George Weis, s. Melchoir and Ursula ; b. July 19 ; bap. Oct. 19.
Ann Margaret Kerber, d. George and Eve ; bap. Dec. 7.

1741.

Louisa Engel Nickel, d. John George and Mary Magdalen ; b. Sept. 30, 1740 ; bap. Jan. 13.
John Frederic Wendel, s. John and Barbara ; bap. Jan. 18.
Susan Müller, d. John Adam and Cath. ; b. Sept. 28, 1740 ; bap. March 25.
Anthony Knaussel, s. Anthony and Ann Barbara ; b. Dec. 10, 1740 ; bap. March 26.
John Conrad Hornberger, s. John Chas. and Anna Eva ; b. March 13 ; bap. March 27.
Ann Barbara Billmaier, d. Leonard and Anna ; b. Feb. 2 ; bap. March 29.
Mary Cath. Schlauch, d. Jacob and Ursula Eliza ; b. Dec. 4, 1740 ; bap. March 29.
John Mathew Horchelroth, s. John Henry and Joanna Eliz. ; b. Jan. 13 ; bap. March 29.
Ann Barbara Neff, d. Jacob and Eliz. ; b. Feb. 23 ; bap. March 29.
John Henry Becker, s. Lewis and Maria Magdalen ; b. Dec. 7, 1740 ; bap. March 29.
Ann Cath. Müller, d. Felix and Ursula ; b. June 24, 1740 ; bap. March 29.
John Herzog, s. Balthasar and Salome ; b. Oct. 19, 1740 ; bap. March 29.
Caspar Good, s. Caspar and Ann ; b. Feb. 20 ; bap. April 5.
Mary Eliz. Boyer, d. Melchoir and Ann Mary ; b. Dec. 15, 1740 ; bap. May 7.
Ann Cath. Becker, d. John Mich. and Ann Margaret ; bap. May 7.
Susan Erhardt, d. Christian and Susanna ; b. May 17 ; bap. May 17.
John Peter Storm, s. Jacob and Annabina Diktina ; b. Nov. 19, 1740 ; bap. May 18.
Catharine Glady, d. Martin and Eve ; bap. May 24.
Margaret Frederica Thomas, d. John and Christiana Cath. ; b. April 13 ; bap. May 24.
Ursula Eliz. Geiger, d. Christian and Ann Maria ; b. April 26 ; bap. May 31.
Susan Margaret Bischoff, d. William and Anna ; b. April 1 ; bap. June 28.

Mary Margaret Wolf, d. Peter and Catharine Eliz.; b. June 15; bap.
June 28.
John Wolf, s. John Nich. and Mary Eliz.; b. July 10; bap. July 25.

1742.

Eve Cath. Brenner, d. John Gerhard and Louisa; bap. Jan. 1.
Jacob Francis, s. Jacob and Ann Mary; b. Jan. 1; bap. Jan. 10.
Magdalena Ziegler, d. George and Maria; bap. Feb. 28.
Henry Christy, s. John and Ann; b. Jan. 17; bap. Jan. 30.
Maria Philipina Gorner, d. John and Maria Philipina; b. Jan. 17; bap. Feb. 6.
John Demuth, s. Henry and Ann; b. Feb. 13; bap. Feb. 28.
Martin Frederick Trissler, s. Jos. Dav. and Maria Drusina; b. Feb. 28; bap. Feb. 28.
John Frederic Nickel, s. John George and Mary Magdalen; b. Feb. 22; bap. March 14.
Mary Margaret Fox, d. John Francis and Ann Margaret; b. March 7; bap. March 28.
Maria Agnesia Arnstberger, d. Geo. Hen. and Mary Mag.; b. March 9; bap. May 2.
Ann Cath. Rudisill, d. Jacob and Elizabeth; bap. May 5.
John George Koch, s George and Catharine; bap. May 10.
Mary Mag. Long, d. John Mich, and Ann Barbara; b. May 22; bap. June 6.
Anna Christina Schlosser, d. John Peter and Ann Marg.; b. April 12; bap. June 6.
George Henry Geiger; s. John Henry and Eliz.; b. March 13; bap. June 6.
John Philip Dollinger, s. George Philip and Maria; b. July 25; bap. Aug. 29.
Henry and Jacob Mann (twins), s. Stephen and Marg. Cath.; b. Aug. 30 and 31; bap. Aug. 31.
John Kobel, s. Anthony and Ann Maria; b. July 15; bap. Oct. 4.
Jacob Welshhans, s. Jacob and Eliz.; b. Sept. 22; bap. Oct. 10.
Susan Rudy, d. Daniel and Susan; b, Sept. 27; bap. Oct. 24.
Ann Cath. Welshans, d. Abraham and Marg.; b. Oct. 9; bap. Nov. 7.
John Frederic Rathfon, s. John Frederic and Eliz.; b. Nov. 5; bap. Nov. 28.
John George Maier, s. George and Marg.; b. Oct. 4; bap. Dec. 26.

1743.

John Peter Schreiber, s. John Peter and Ann Marg.; b. Feb. 3; bap. Feb. 20.

Births and Baptisms.

1744.

John Philip Oster, s. William ; b. Feb. 5.
John George Graff, s. John Georg and Cath. ; b. June 12 ; bap. July 4.
John Ermel, s. John ; bap. Dec. 1.
A daughter of Conrad Basler and Ann Maria ; bap. Dec. 23.
Anna Eve Erhard, d. Christian and Susan ; bap. Dec. 25.
Jacob Henning, s. Jacob and Eliz. ; bap. Dec. 26.
Sophia Scheitz, d. John Nich. and Ann Eve ; bap. Dec. 30 ; died Oct. 15, 1747.

1745.

Philip Ernig, s. John Nicholas and Eve ; bap. Jan. 1.
Michael Kuhns, s. Nicholas and Anna ; bap. Jan. 1.
Melchior Herzog, s. Balthasar and Salome ; bap. Jan. 1.
John Peter Schwartz, s. Henry Louis and Mary Elizabeth ; bap. Jan. 6.
A daughter of Nicholas and Maria Gelbert, bap. Jan. 6.
John George Erzweiler, s. John Georg and Eliz. ; bap. Jan. 13.
Nicholas Burger, s. Joachim and Gertrude ; bap. Jan. 13.
Margaret Gallatin, d. Jacob and Elenora ; bap. Jan. 20.
Andrew Müller, s. Veit and Ann Maria, bap. Feb. 3.
John Peter Welsh, s. Jacob and Eliz.; bap. Feb. 3.
Conrad Ull, s. Conrad and Magdalen ; bap. Feb. 17.
John Henry Bushong, s. Andrew and Maria ; bap. Feb. 17.
Ann Maria Senk, d. George and Anna Eve ; bap. Feb. 24.
Mary Marg. Lay, d. Ludwig and Mary Ann, bap. Feb. 24.
Mary Eliz. Wild, d. Peter Wild ; bap. March 17.
Ann Cath. Jomer, d. Adam and Margaret ; bap. March 21.
Maria Salome Hammacher, d. Adam and Eve ; bap. March 24.
Mathew Kohler, s. John and Ann Margaret ; bap. March 24.
John George Neisle, s. Simeon and Susan Maria ; bap. April 3.
Mary Magdalen Neisle, d. Simeon and Susan Maria ; bap. April 3.
Ann Magdalen Bischoff, d. William and Anna ; bap. April 12.
Anna Christina Schneider, d. Yost and Mary Marg.; bap. May 5.
Mathew Schotter, s. Velty and Ann Margaret ; bap. May 12.
John Altdorfer, s. Henry and Ursula ; bap. April 14.
Henry Hack, s. Andrew and Dorothea ; bap. Aug. 4.
Cath. Fortene, d. Melchior and Barbara ; bap. Aug. 11.
Mary Eliz. Seiler, d. Ulrich and Mary Catharina ; bap. Aug. 25.
Michael Nickel, s. John George and Mary Magdalen ; bap. Sept. 8.
John Henry Ernstdorf, s. Henry and Anna Cath.; bap. Oct. 20.
Melchior Fortene, s. David and Cath.; bap. Oct. 20.
Susanna Saarbach, d. David and Susan ; bap. Oct. 23.

Cath. Verry, d. John and Ann Maria ; bap. Oct. 30.
Esther Verry, d. John and Ann Maria ; bap. Oct. 30.
Maria Verry, d. John and Maria ; bap. Oct. 30.
A son of John and Ann Maria ; bap. Oct. 30.
John Maurer, s. Henry and Eliz.; bap. Nov. 10.
Eliz. Spanselier, d. Andrew and Eliz.; bap. Dec. 8.
George Charles Saur, s. John William and Sophia Marg.; bap. Dec. 12.
A son of George Schmidt.
Ann Mary Dehoff, d. Henry and Ann Mary ; bap. Dec. 15.
Mary Eliz. Haverstick, d. Michael and Maria Salome ; bap. Dec. 19.

1746.

John Jacob Devis, s. Daniel and Barbara ; bap. Jan. 17.
Ann Maria Heneberger, d. John and Magdalen ; bap. Jan. 19.
Simon Henry Walter, s. John Henry and Charlotte Cath.; bap. Jan. 19.
John Henry Luck, s. John Henry and Ann Juliana ; bap. Feb. 2.
Mary Mag. Decker, d. John Jacob and Cath.; bap. Feb. 9.
Ann Maria Fox, d. John and Maria Angela ; bap. Feb. 9.
Melchior Demuth, s. Henry and Ann ; bap. Feb. 16.
Sarah Gross, d. Simon and Veronica ; bap. Feb. 16.
Ann Barbara Cool, d. Conrad and Mary Barbara ; bap. Feb. 21.
Cath. Huber, d. Felix and Mary ; bap. Feb. 22.
A daughter of Jacob Kuhbortz and wife ; bap. Feb. 25.
John George Caspar, s. John and Anna Mary ; bap. March 2.
John Rahm, s. Caspar and Mary Ursula ; bap. March 2.
Rudolph Heiliger, s. Philip and Mary Barbara ; bap. March 9.
Christina Krebs, d. George and Catharine ; bap. March 15.

(The above named children (from December, 1744) were baptized by the Rev. Caspar Lewis Schnorr, pastor of the church.)

(The following down to November, 1748, were baptized by the Rev. Michael Schlatter, pastor of the Philadelphia and Germantown churches.)

Jacob Metzger, s. Jacob ; b. June 4 ; bap. June 15.
Charlotte Janette Eppelman, d John George and Maria Mag. ; bap. Sept. 16.
George Charles Good, s. Dewalt and Ann Madg. ; bap. Sept. 16.
Ann Elizabeth Deis, d. Ich. and Ann Maria ; b. May 20 ; bap. Sept. 16.

Births and Baptisms.

Ann Gertrude Weller, d. John and Ann Barbara; b. Aug. 30; bap. Sept. 16.
John Peter Weitzel, s. John Paul and Charlotte Eliz.; b. Oct. 31; bap. Nov. 13.

1747.

Maria Rosina Fortunet, d. David and Eliz. Cath; b. April 1; bap. May 13.
Joseph Doll, s. John and Cath.; b. Jan. 27; bap. May 13.
Mary Elizabeth Schreiber, d. John and Mary Cath.; b. May 10; bap. May 13.
John George Peter Kaltenrutter, s. George and Ann Ursula; b. March 2; bap. June 14.
Rudolph Hoffer, s. Mathias and Ann Maria; b. June 6; bap. June 14.
Ludwig Lay, s. Ludwig and Maria; b. May 28; bap. June 14.
Benedict Saeler, s. Ulrich and Mary Cath.; b. May 11; bap. June 14.
Mary Catharine Schutz, d. Conrad and Ann Cath.; b. Aug. 10, 1746; bap. June 14.

1748.

Mary Magd. Schaffner, d. Caspar and Ann Maria; b. April 22; bap. May 5.
Ann Barbara Etzweiler, d. George and Eliz.; b. April 3; bap. May 5.
Christian Erhardt, s. Christian and Susan; b. March 5; bap. May 18.
Cath. Rayel, d. John William and Gertrude; b. April 1; bap. May 19.
John Caspar Weitzel, s. Paul and Charlotte Eliz.; b. Aug. 14; bap. Sept. 4.
John Schmied, s. John Conrad and Anna Marg.; b. Aug. 16; bap. Sept. 4.
Mary Eliz. Metsger, d. Jacob; b. March 10; bap. May 5.
Elizabeth Kunz, d. Nicholas and Joanna; b. Aug. 25; bap. Sept. 4.
John Philip Decker, s. Jacob and Cath.; b. July 28; bap. Sept. 4.
John Philip Lenherr, s. Philip and Eliz. Barbara; b. Sept. 6; bap. Sept. 11.
Ann Elizabeth Durtzenbach, d. George Adam and Mary Magdalen; b. Oct. 24; bap. Nov. 13.
John Oster, s. William; b. Nov. 22.

1749.

A daughter of David Serbach; bap. April 2.
Caspar Fortune, s. Michael; b. Feb. 16; bap. April 2.

A son of David Fortune; bap. April 2.
A daughter of Kraft Reser; bap. April 2.
Ann Julianna Michael, d. Frederic and Ann Maria; b. Thursday before Christmas, 1748; bap. April 9.
Elizabeth LeRu, d. Peter and Elizabeth; b. Dec. 19, 1748; bap. April 9.
John George Geyer, s. George and Ann Magdalen; b. March 6; bap. April 30.
John Henry Gunkel, s. John and Christina; b. Feb. 3; bap. April 30.
John George Spoor, s. John and Ann Maria; b. Feb. 3; bap. April 30.
Veronica Pfeiffer, d. John; bap. June 4.
Catharine Lein, d. Jacob.
Gertrude Hergeth, d. Frederic and Ann Barbara; b. Dec. 1; bap. Jan. 28, 1750.

1750.

Rev. Lewis Ferdinand Vock, Pastor.

John Michael Brubaker, s. Isaac and Ann Maria; b. Feb. 2; bap. Feb. 12.
Barbara Daunr d. John and Catharine; b. Jan. 27; bap. Feb. 12.
Maria Apolo, Walter, d. Rudolph and Anna; b. March 24, 1749; bap. Feb. 12.
Charlotte Leonhard, d. Philip and Eliz.; b. Feb. 16; bap. Feb. 18.
John Peter Stern, s. Michael and Ann Marg.; b. Feb. 20; bap. Feb. 25.
Ann Catharine Saman, d. Michael and Ann Mary; b. Feb. 28.
Mary Elizabeth Borg, d. Richard and Ann Maria; three months old, bap. March 19.
John Fogeli, s. Paul and Ann Eliz.; b. June 21, 1749; bap. April 1.
John Martin Eckman, s. Jerome and Ann Barbara; b. Sept. 20, 1749; bap. April 1.
Jacob Kraft, s. Lewis and Cath.; b. Dec. 11, 1749; bap. April 1.
Mary Eliz. Schweikert, d. Peter and Christina; b. April 1; bap. April 8.
Mary Barbara Glasser, d. Charles and Mary Magd.; b. Feb. 26; bap. April 15.
John Jacob May, s. Philip and Mary Margaret; b. Oct. 7, 1749; bap. April 15.
Ann Catharine Ehrhard, d. Christian and Susan; b. Feb. 10; bap. April 15.
John William Conrad Hoffman, s. John and Anna Eliz.; b. April 13; bap. April 16.
George Warffel, s. George and Mary Barbara; b. Aug. 19, 1749; bap. April 16.
Elizabeth Bauer, d. Peter and Catharine; b. April 25, 1749; bap. April 16.

Births and Baptisms.

John Jacob Lindenschmidt, s. John Daniel and Ann Catharine, b. April 16; bap. April 22.
Catharine Suss, d. John and Anna; 7 weeks old; bap. April 29.
Mary Elizabeth Gartner, d. John William Conrad and Mary Elizabeth; b. April 22; bap. April 29.
Ann Christina Welker, d. Valentine and Ann Elizabeth; b. March 1; bap. May 6.
Ann Margaret Ehrnsdorff. d. Henry and Ann Catharine; b. May 4; bap. May 13.
Christina Geiger, d. Christian and Maria; b. 8 days before Easter; bap. May 20.
Ann Marg. Metzger, d. John. and Maria Eve; b. May 20; bap May 27.
Ann Margaret Bingeman, wife of Frederic; bap. May 27.
Ann Marg. Brecht, d. Peter and Ann Eliz.; b. April 14; bap. June 3.
Elizabeth Stahly, d. John Jacob and Eliz.; b. Jan. 2; bap. June 3.
Magdalen Houck, d. Andrew and Dorothea; b. May 3; bap. June 3.
Christopher Winterheimer, s. Jacob and Ann Margaret; b. Nov. 15, 1749; bap. June 3.
Jacob Hosterman, s. Jacob and Mary Barbara; b. Oct. 2, 1749; bap. June 3.
John Paul Schaffner, s. John Caspar and Ann Maria; b. May 14, 1749; bap. June 4.
Anna Sinigunda Hoffman, d. John Nicholas and Ann Maria; b. May 18; bap. June 17.
Anna Maria Paul, d. Michael and Charlotte; b. Aug. 9, 1747; bap. June 3.
Anna Maria Singer, d. Philip and Ann Maria; b. July 14, 1749; bap. July 15.
John Conrad Geise, s. Conrad and Mary Agatha; b. July 12; bap. Aug. 5.
George Frederic Decker, s. Jacob and Cath.; b. Aug. 4; bap. Aug. 19.
Catharine Elizabeth Bentel, d. John Adam Hireton and Ann Maria Ursula, b. Aug. 21; bap. Aug. 26.
Mary Magdalen Bingeman, d. Frederic and Ann Margaret; b. Sept. 7; bap. Sept. 23.
John Danner, s. Jacob and Ursula; b. Sept. 14; bap. Sept. 23.
Mary Catharine Engelman, d. Jacob and Ann Maria; b. Aug. —; bap. Oct. 28.
Elizabeth Stahly, d. Jacob and Elizabeth; b. Aug. 24; bap. Oct. 28.
John Hochstatler, s. George and Ann Maria; b. Oct. 31; bap. Nov. 4.
Christopher Messenkop, s. John and Ann Elizabeth; b. Oct. 30; bap. Nov. 4.
Tobias Huber, s. Felix and Maria; b. Oct. 25; bap. Nov. 4.

Peter Tiebely, s. John and Veronica ; b. Nov. 1 ; bap. Dec. 1.
Anna Christina Weitzel, d. Paul and Charlotte Elizabeth ; b. Aug.
  21 ; bap. Oct. 21.

1751.

Marg. Tripel, d. William and Magdalen ; five months old; bap. Jan. 5.
John Adam Lay, s. Ludwig ; b. Nov. 21, 1750 ; bap. May 5.
Mary Margaret Fogele, d. Paul ; b. Dec. 22, 1750 ; bap. May 5.
Valentine Weaver, s. Caspar ; b. Dec. 29, 1750 ; bap. May 5.
Ann Maria Müller, d. Veit ; b. Jan. 27 ; bap. May 5.
Elizabeth Lein, d. Jacob ; b. Feb. 26 ; bap. May 5.
Margaret Farner, d. Adam ; b. March —; bap. May 5.
John William Sarbach, s. David ; b. April 28 ; bap. May 5.
John Lob, s. Dewalt ; b. May 24 ; bap. June 30.
Mary Magdalena Wayan, d. John ; b. Aug. 5 ; bap. Sept. 15.
Henry Oster, s. William ; b. June 5 ; bap. Sept. 15.
John Ernst Hartman, s. Adam ; b. Aug. 18 ; bap. Sept. 15.
Henry Seyler, s. Benedict ; b. Sept. 7 ; bap. Sept. 15.

1752.

Elizabeth Snyder, d. John and Magdalen ; bap. March 8.
Jacob Kuhns, s. Jacob and Ann Margaret ; bap. March 8.
John Münch, s. John George and Catharine ; bap. March 8.
Elizabeth Baer, d. John and Elizabeth ; b. Feb. 26 ; bap. March 1.
John George Racke, s. Henry Caspar ; b. June 19 ; bap. Aug. 16.

Rev. Philip Wm. Otterbein, Pastor.

Ann Margaret Shaffner, d. Caspar and Ann Maria ; b. June 20 ; bap.
  Aug. 23.
John Young, s. Philip and Ann Margaret ; b. Aug. 22 ; bap. Aug. 23.
John Philip Julius, s. Paul and Catharine ; b. Feb. 23 ; bap. Aug. 23.
John George Ringer, s. Jacob and Ann Maria ; b. Sept. 1, 1751 ; bap.
  Aug. 30.
Jacobina Müller, d. Jacob and Mary Eliz.; b. Sept. 12 ; bap. Sept. 19.
Eliz. Meyer, d. Philip and Ann Maria; b. Sept. 14, 1751 ; bap. Sept. 14.
Daniel Wolf, s. John Nich. and Ann Maria; b. Aug. 25 ; bap. Sept. 22.
John Jacob Schmuck, s. John Jacob and Catharine ; b. Sept. 11 ; bap.
  Sept. 22.
John William Polk, s. John William and Magdalen ; b. Sept. 22 ;
  bap. Nov. 14.
Daniel Becker, s. Henry and Ann ; b. Oct. 12 ; bap. Nov. 14.

Births and Baptisms.

John Henry, s. John and Mary Elizabeth ; b. Nov. 23 ; bap. Nov. 27.
Christina Farner, d. Adam and Mary Sarah ; b. Dec. 14 ; bap. Dec. 17.
Dorothea Gunther, d. Christian and Dorothea ; b. Nov. 16 ; bap. Dec. 24.
Ann Margaret Erhard, d. Diedrich and Ann Mary ; b. Dec. 17 ; bap. Dec. 25.
George Frederic Bentz, s. Jacob and Barb.; b. Nov. 20 ; bap. Dec. 25

1753.

John Ernsdorf, s. Henry and Ann Cath. ; b. Dec. 30, 1752 ; bap. Jan. 2.
Ann Dorothea Stahl, d. William and Ann Eliz. ; b. Dec. 31, 1752 ; bap. Jan. —.
Catharine Heitel, d. Michael and Eliza ; b. Jan. 14 ; bap. Jan. 21.
John Kreger, s. Jacob and Ann Maria ; b. July 27, 1752 ; bap. Jan. 15.
John Weitzel, s. Paul and Charlotte ; b. Dec. 30, 1752 ; bap. Jan. 21.
Ann Maria May, d. Franz Peter and Ann Maria ; b. Feb. 1 ; bap. Feb. 4.
Andreas Backenstoff, s. Jacob and Eliz.; b. Jan. 29 ; bap. Feb. 4.
Elizabeth Hotz, d. Leonard and Ann Cath. ; b. Feb. 9 ; bap. Feb. 18.
John Bonnet, s. Peter and Elizabeth ; b. Feb. 3 ; bap. Feb. 24.
Ann Maria Krebs, d. George and Catharine ; b. Feb. 10 ; bap. Feb. 24.
Cath. Kubenlinger, d. Jacob and Veronica ; b. Jan. 20 ; bap. March 4.
Elizabeth Fortene, d. Jacob and Juliana ; b. March 7 ; bap. March 11.
Susan Margaret Buck, d. Mathias and Mary Cath.; b. March 16 ; bap. March 25.
Mary Cath. Marcketand, d. Lorenz and Barbara; b. March 26 ; bap. April 7.
Mary Eliz. Shaeffer, d. Balthasar and Ann Marg.; b. March 31 ; bap. April 7.
John Roser, s. Debus and Margaret ; b. April 1; bap. April 15.
Mary Barbara Vogele, d. Paul and Ann Eliz.; b. Jan. 8; bap. April 22.
Mary Elizabeth Stock, d. Susan Margaret ; bap. April 22.
Christian Isch, s. Peter and Philipina ; b. Feb. 22 ; bap. April 23.
Eliz. Brobeck, d. Bernhard and Ann Maria ; b. April 21 ; bap. May 4.
A daughter of Louisa, widow of Christopher Müller ; b. May 7; bap. May 13.
Elizabeth Lay, d. Ludwig and Maria; b. June 1; bap. June 17.
Laurence Marckstand and Barbara, May 20.
Jacob Becker, s. Philip and Catharine ; b. May 20 ; bap. June 24.
John Danner, s. John and Catharine ; b. June 21 ; bap. June 24.

The Pennsylvania-German Society.

Ann Elizabeth Decker ; d. Jacob and Cath.; b. June 22 ; bap. July 1.
Elizabeth Helschweiler, d. John and Eliz.; b. June 15 ; bap. July 2.
John Frederic Bleiler, s. John and Mary Christina; b. July 12 ; bap. July 22.
John Schenkmayer, s. John and Mary Eliz.; b. July 16; bap. July 23.
Elizabeth Roser, d. Kraft and Eliz.; b. July 23 ; bap. July 28.
Ann Barb. Boyer, d. Martin and Ann Barb.; b. June 28 ; bap. July 8.
Eliza. Weaver, d. Valentine and Philipina ; b. Aug. 4 ; bap. Aug. 12.
Mary Cath. Getz, d. Jacob and Ann Maria ; b. June 13 ; bap. Aug. 12.
Mary Barb. Camp, d. Adam and Mary Atilia; b. Aug. 25; bap. Aug. 26.
Mary Marg. Fortene, d. Melchior and Barb.; b. Aug. 19 ; bap. Aug. 26.
John George Franciscus, s. Christopher and Ann Marg.; b. Aug. 29 ; bap. Sept. 2.
David Harbach, s. David and Susan ; b. Aug. 26 ; bap. Sept. 2.
John Daniel Schneiderman, s. Bastian ; b. July 6 ; bap. Aug. 2.
Sophia Hartman, d. Adam and Ann Maria ; b. Sept. 5 ; bap. Sept. 9.
John Messenkop, s. John and Elizabeth ; b. Sept. 12 ; bap. Sept. 16.
Conrad Lind, s. John Michael and Juliana ; b. Sept. 22; bap. Sept. 30.
Mary Cath. Hartman, d. Christian and Cath.; b. July 15 ; bap. Oct. 7.
Mary Sophia Stern, d. Michael and Catharine ; b. Sept. 2 ; bap. Oct. 7.
John Henry Lindesmidt, s. John ; b. Aug. 16 ; bap. Oct. 21.
John Philip May, s. Philip ; b. Sept. 24 ; bap. Oct. 21.
Mary Gertrude Kutzher, d. Michael and Eliz.; b. Oct. 21; bap. Oct. 21.
George Jacob Sheffer, s. John and Ann Maria; b. Sept. 28; bap. Oct. 28.
John Jacob Tanck, s. Henry and Maria Cath.; b. Nov. 24; bap. Nov. 24.
John George Lentz. s. George and Ann Cath.; b. Nov. 28 ; bap. Dec. 2.
John William Bausman, s. William and Eliz.; b. Nov. 20 ; bap. Dec. 2.
John Jacob Shreiner, s. John Hambright and Ann Elizabeth; b. Nov. 20; bap. Dec. 1.
John Michael Hufnagle, s. John and Anna Maria ; b. Dec. 3; bap. Dec. 9.
John Bener, s Peter and Catharine, b. Nov. 4 ; bap. Dec. 9.
John Jacob Huttier, s. Jacob and Joanna Susan ; b. Nov. 30 ; bap. Dec. 9.
John Peter Smith, s. John and Mary Gertrude; b. Nov. 30 ; bap. Dec. 9.
Mary Sophia Hirsch, d. Conrad and Sophia ; b. Nov. 13 ; bap. Dec. 19.
Barbara Weller, d. John and Barbara ; b. Oct. 26 ; bap. Dec. 16.
Margaret Müller, d. Andrew and Elizabeth ; b. Dec. 22; bap. Dec. 22.
John Wendel, s. George and Elizabeth ; b. Dec. 21 ; bap. Dec. 26.
Joanna Maria Rossler, d. John Henry and Ann Maria ; b. Nov. 25 ; bap. Dec. 26.
John Peter Bucher, s. Christian and Susan Marg.; b. Dec. 26 ; bap. Dec. 30.

Births and Baptisms.

1754.

Mary Catharine Shenckel, d. Philip Jacob and Mary Barbara; b. Jan. 2; bap. Jan. 6.
John Frederick William Clemens, s. Peter and Magdalen; b. Jan. 3; bap. Jan. 6.
John Gunther, s. Christian and Dorothea; b. Jan. 6; bap. Jan. 13.
John Henry Lutz, s. Stephen and Ann Cath.; b. Nov. 2, 1753; bap. Jan. 27.
Mary Cath. Fortene, d. Michael and Ann Marg.; b. Feb. 1; bap. Feb. 17.
Ann Maria Kuhns, d. Jacob and Ann Marg.; b. Feb. 7; bap. Feb. 17.
John Michael Edinger, s. Philip and Ann Maria; b. Dec. 10, 1753; bap. Feb. 24.
Ann Maria Baer, d. John and Elizabeth; b. Feb. 25; bap. March 10.
Sebastian Demuth, s. Henry and Anna; b. March 22; bap. March 31.
A daughter of John Bartholomew Hock and Ann Christina; b. Feb. 28; bap. April 2.
Eliza. Erhard, d. Diedrick and Ann Maria; b. Jan. 25; bap. March 2.
John Moll, s. Henry and Gertrude; b. March 29; bap. April 15.
Cornelius Ferre, s. Abraham and Eliz.; b. Sept. 13, 1753; bap. April 14.
Mary Elizabeth Shreyer, d. John Adam.; b. March 9; bap. April 15.
John Peter Schweiger, s. John Peter and Christina; b. April 3; bap. April 15.
Mary Cath. Scheets, d. William and Ann Marg.; b. March 25; bap. April 15.
Peter Bender, s. Henry and Catharine; b. March 11; bap. April 15.
John Sheibly, s. Daniel and Barbara; b. Nov. 21, 1753; bap. April 28.
Mary Christina Fedder, d. Michael and Ann Christina; bap. May 5.
Mary Eliz. Wolf, d. Nich. and Ann Maria; b. April 14; bap. May 19.
Ursula Anterle, d. Abraham and Barbara; b. May 9; bap. May 26.
Eva Stetter, d. Henry and Regela; b. May 25; b. May 26.
John Schrol, s. John and Mary Cath.; b. May 24; bap. May 31.
Elizabeth Bentz, d. Benedict and Ann Cath.; b. May 24; bap. June 3.
Michael Weisman, s. Michael and Cath.; b. June 12; bap. June 16.
Eliz. Gobel, d. William and Eve Eliz.; b. June 21; bap. June 24.
Margaret Müller, d. Feit and Ann Mary; b. May 11; bap. June 30.
John Prag, s. Daniel and Ann Catharine; b. June 24; bap. June 30.
Daniel and Ann Maria Müller (twins), s. and d. John and Anna Marg.; b. July 1; bap. July 1; died same day.
John Jacob Genner, s. Durst and Barbara; b. May 30; bap. June 30.
Ann Maria Pfeiffer, d. John Henry and Ann Marg.; b. June 29; bap. July 28.

Ann Eliz. Becker, d. Henry and Ann ; b. July 13 ; bap. July 28.
Ann Maria Gasser, d. Mathew and Ann Cath.; b. June 7 ; bap. July 28.
Maria Logk, d. John ; b. Aug. 26, 1753 ; bap. Aug. 2.
Ann Maria Renscher, d. Jacob and Ann Maria; b. Aug. 2; bap. Aug.11.
Henry Erlenbach, s. Henry and Mary ; b. July 21 ; bap. Aug. 11.
Cath. Barbara Mackenberger, d. Abraham and Cath. Barbara ; b. Aug. 7 ; bap. Sept. 1.
George Hook, s. Andrew and Dorothea ; b. July 3 ; bap. Sept. 15.
Eliz. Cath. Nidy, d. Bastian and Mary Charlotte ; b. June 21, 1751 ; bap. Sept. 22.
Ann Maria Nidy, d. Bastian and Mary Charlotte ; b. July 29, 1753 ; bap. Sept. 22.
John Adam Theobald, s. Jacob and Ann Marg. ; b. Sept. 24 ; bap. Sept. 24.
Regina Marg. Ziegler, d. George and Ann Eliz. ; b. Sept. 24 ; bap. Sept. 24.
John George Reitzel, s. John George and Eve ; b. Sept. 17 ; bap. Sept. 27.
Ann Marg. Shaeffer, d. Balthasar and Ann Marg. ; b. Oct. 9 ; bap. Oct 15.
John Frederic Ehresman, s. George Jacob and Magdalen ; b. Sept. 7 ; . bap. Oct. 27.
John Kitch, s. Jacob and Ann Maria ; b. Sept. 6 ; bap. Oct. 27.
Mary Magdalen Weckman, d. Conrad and Barbara ; b. Sept. 13 ; bap. Oct 27.
Peter Rummel, s. Feit ; b. Sept. 19 ; bap. Nov. 10.
Ann Marg. Burkhart, d. John George and Ann Marg. ; b. Nov. 8 ; bap. Nov. 17.
Eliza. Weitzel, d. Paul and Charlotte Eliza ; b. Oct. 29 ; bap. Dec. 8.
Isaac Haugendobler, s. Nich. and Maria ; b. Aug. 18 ; bap. Dec. 15.
John Shaffner, s. Casper and Ann Maria ; b. Oct. 28 ; bap. Nov. 17.
Catharine Grosher, d. John and Eliza. ; b. Dec. 7 ; bap. Dec. 25.

1755.

Nicholas Zamischer, s. Valentine and Juliana ; b. Dec. 29, 1754 ; bap. Jan. 1.
John Shriber, s. John and Mary Cath. ; b. Dec. 16, 1754 ; bap. Jan. 5.
Mary Cath. Peter, d. Francis and Anna Maria; b. Jan. 10; bap. Jan. 19.
Abraham Trody, s. David and Magdalen ; b. Jan. 8 ; bap. Jan. 26.
John Balthazar Hots, s. George and Eliza. ; b. Jan. 25 ; bap. Feb. 1.
A daughter of John and Maria Ferre ; b. Jan. 23 ; bap. Feb. 9.
Abraham Edien, s. David and Mary Magdalen ; b. Dec. 13, 1754 ; bap. Feb. 9.

Births and Baptisms.

Mary Eliz. Shenkmayer, d. John and Mary Eliza.; b. Feb. 9; bap. Feb. 16.
Anna Maria Plenler, d. John Henry and Maria Christina; b. Feb. 5; bap. Feb. 16.
Mary Barbara Shuster, d. Jacob; b Feb. 15; bap. Feb. 23.
Marg. Farner, d. Adam and Mary Sarah; b. Feb. 27; bap. March 2.
Mary Eliz. Stepheman, d. George and Mary Cath.; b. March 1; bap. March 16.
George Heckesweiler, s. John Ulrich and Eliz.; b. Feb. 23; bap. March 16.
Mary Charlotte Becker, d. Mathew and Mary Cath.; b. March 24; bap. March 30.
John Shroder, s. Martin and Ann Barbara; b. April 6; bap. April 13.
Barbara Hirsh, d. Conrad and Sophia; b. Feb. 30; bap. April 13.
Eve Maria Bausser, d. John Henry and Eve Maria; b. April 3; bap. April 13.
Margaret Henry, d. Adam and Barbara; b. Feb. 6; bap. May 4.
Elizabeth Libig, d. Peter and Eliz.; b. April 8; bap. May 18.
George Henry Leinbrock, s. Balthazar and Cath.; b. April 2; bap. May 18.
Magdalen Grund, d. Henry and Cath.; b. Feb. 21; bap. May 18.
John Hartman, s. Christian and Cath.; b. April 15; bap. April 25.
Ann Maria Scheid, d. Conrad and Maria; b. May 8; bap. June 8.
Ann Marg. Marguetand, d. Lorenz and Ann Barbara; b. Feb. 6; bap. Feb. 14.
Eve Barbara Wirz, d. Ann Justina; the father is John Peter Bener.
Susan Gray, d. Jacob; b. Jan. —, 1737; bap. July 13.
Jacob Messenkop, s. John and Eliz.; b. Aug. 7; bap. Aug. 10.
George Lewis Sheffer, s. John and Maria; b. July 16; bap. Aug. 23.
Ann Magdalen Shenk, d. Jacob and Cath.; b. July 10; bap. Aug. 24.
John Jacob Boner, s. Peter and Eliz.; b. June 11; bap. Aug. 31.
Ann Maria Son, d. Michael and Ann Cath.; b. July 13; bap Sept. 14.
John Hinkel, s. John and Ann Elizabeth; b. Sept. 30; bap. Oct. 5.
John David De Die, s. Abraham and Maria; b. Sept. 12; bap. Oct. 5.
John Frederic Nidy, s. Bastian and Charlotte; b. Sept. 6; bap. Oct. 5.
Mary Marg. Hoffman, d. Michael and Dorothea; b. Oct. 4; bap. Oct. 12.
Ann Margaret Baer, d. Jacob and Eliz.; b. Oct. 10; bap. Oct. 19.
Michael Franciscus, s. Christopher and Marg.; b. Nov. 22; bap. Nov. 25.
Margaret Stoltz, d. Jacob and Juliana; b. Oct. 19; bap. Nov. 30.
Susan Marg. Grubb, d. Caspar and Ann Marg.; b. Oct. 1; bap. Nov. 2.
Gottlieb Weisman, s. Michiel and Cath.; b. Nov. 23; bap. Nov. 30.

Marg. Shoffer, d. George Balthazar and Maria Barbara; b. Nov. 30; bap. Dec. 7.
Sophia Eliz. Feldman, d. John and Ann Marg.; b. April 30; bap. Dec. 15.
Ann Maria Lind, d. John Michael and Juliana; b. Dec. 14; bap. Dec. 21.
Charlotte Allemang, d. John Jacob and Marg.; b. Dec. 18; bap. Dec. 25.
John Hoffman, s. John and Ann Eliz.; b. Aug. 19; bap. Dec. 31.

1756.

Christian Kreutlet, s. John and Eliz.; b. Aug. 12, 1755; bap. Jan. 1.
Elizabeth Genther, d. Jacob and Margaret; bap. Feb. 1.
Ann Cath. Conly, d. Thomas and Magdalen; b. Jan. 23; bap. Jan. 23.
John Hun, s. John Valentine and Ann Maria; b. Feb. 1, 1749; bap. Jan. 25.
Anna Maria Hun, d. John Valentine and Ann Maria; b. Sept. 24, 1751, bap. Jan. 25.
John Nicholas Hun, s. John Valentine and Ann Maria; b. Jan. 25, 1754; bap. Jan. 25.
Philip Weber, s. Valentine and Philipina, b. Feb. 3; bap. Feb. 8.
Christian Kuntz, s. Jacob and Ann Marg.; b. Jan. 30; bap. Feb. 15.
John George Weller, s. John and Ann Barb.; b. Jan. 7; bap. Feb. 22.
Lewis Rosser, s. Kraft and Elizabeth; b. Feb. 13; bap. Feb. 29.
Henry Fortene, s. Michael and Ann Marg.; b. Feb. 23; bap. March 7.
Cath. Lenherr, d. Philip and Eliz.; b. Nov. 16, 1755; bap. March 13.
John Christian Lenherr, s. Philip and Eliz.; b. March 1; bap. March 13.
George Theobald Wold, s. Nicholas and Ann Maria; b. Feb. 10; bap. March 21.
Nicholas Krop, s. Henry and Barbara; b. March 18, bap. March 21.
Eliz. Graff, d. John Ulrich and Magdalen; b. Feb. 5; bap. March 21.
Jacob Shiffendecker, s. Jacob; b. Feb. 27; bap. March 3.
Ann Maria Adam, d. George and Mary Magdalen; b. March —; bap. March 4.
Ann Eliz. Kilian, d. Michael and Ann Gertrude; b. Feb. 16, bap. March 4.
Cath. Eliz. Kutzner, d. Michael and Regina Eliz.; b. April 12; bap. April 25.
John Jacob Sarbach, s. David and Susan; b. March 16; bap. April 12.
Ann Maria Hausser, d. Jacob and Ann Maria; b. May 2; bap. May 9.
Christian Weber, s. John and Ann Eliz.; b. May 1; bap. May. 16.
Cath. Burkhardt, d. John George and Ann Marg.; b. May 6; bap. May 16.

Births and Baptisms.

Cath. Baer, d. John and Eliz. ; b. May 7 ; bap. May 23.
Barbara Gitch, d. Jacob ; b. April 22 ; bap. May 30.
A daughter of Peter and Magdalen Kop; b. Dec. —, 1755; bap. May 30.
Isaac Hock, s. John Bartholomew and Christina ; b. Feb. 4 ; bap. June 7.
Maria Herman, d. Daniel and Eliz.; b. Aug. 30, 1750 ; bap. Jan. 23.
Maria Lay, d. Ludwig and Maria ; b. May 28 ; bap. June 13.
Maria Cath. Buch, d. Christian and Susan Marg.; b. June 21 ; bap. June 27.
John George Beiroth, s. Jacob and Rosina ; b. July 2 ; bap. July 9.
Ann Charlotte Wold, d. Bernhard and Ann Char.; b. July 7 ; bap. July 18.
John George Sheffer, s. Belsazar and Ann Marg. ; b. July 7 ; bap. July 18.
Ann Marg. Brecher, d. Jacob and Ann, b. June 26 ; bap. July 18.
John George Thom, s. Benedict and Ann Veronica ; b. July 14 ; bap. July 25.
Jacob Bausman, s. William and Eliz.; b. July 19. bap. Aug. 1.
Cath. Danner, d. John and Cath. ; b. July 27 ; bap. Aug. 1.
Eliz. LeFebre, d. John and Marg. ; b. July 13 ; bap. Aug. 15.
Mary Barbara Lybig, d. Peter and Susan ; b. July 4 ; bap. Aug. 15.
John George Fetter, s. Bernard and Gert.; b. March 19 ; bap. Aug. 15.
John Henry Herzer, s. John Philip and Eliz. ; b. May 3, bap. Aug. 22.
Mary Eliz. Hen, d. Valentine and Maria; b. May 12 ; bap. July 22.
John Henry, s. Peter, and Susan Cath. ; b. May 27 ; bap. July 22.
John Michael Drebert, s. Justus and Dorothea ; b. Aug. 15 ; bap. Aug. 22.
Mary Marg. Weiel, d. Andrew and Anna Gert.; b. Aug. 27 ; bap. Sept. 5.
George Adam Weaver, s. George and Catharine ; b. July 25 ; bap. Sept. 5.
John Jacob and Magdalen Haas (twins), s. and d. Lewis and Magd.; bap. Sept. 5.
John Reitzel, s. John George and Eve ; b. Sept. 14 ; bap. Sept. 19.
John Benedict Spitzfaden, s. Benedict and Mary Felicitas ; b. Sept. 19 ; bap. Sept. 26.
John Wild, s. Paul and Barbara ; b. July 30 ; bap. Sep. 26.
Dorothea Christina Job, d. Nich. and Dorothea ; b. Sept 20; bap. Sept. 22.
Peter Koster, s. George and Anna Marg. ; b. Aug. 16 ; bap. Oct. 10.
William Rubsamen, s. George and Eve ; b. Oct. 1 ; bap. Oct. 10.
John Daniel May, s. Leonard and Anna Christina ; b. Sept. 27 ; bap. Oct. 24.

Ann Marg. Weaver, d. Caspar and Ann Eliz.; b. Aug. 20; bap. Oct. 15.
John Sheid, s. John George; b. Sept. 5; bap. Oct. 31.
Mary Cath. Huber, d. Felix and Maria; b. Oct. 17; bap. Oct. 31.
John Lorz, s. Stephen and Anna; b. May 13; bap. July 25.
Ann Marg. Sheid, d. Conrad and Mary Cath.; b. Sept. 28; bap. Oct. 31.
John Frederic Bener, s. Peter and Mary Cath.; b. Oct. 16; bap. Nov. 15.
Daniel Hoffman, s. Daniel and Ann Maria; b. Sept. 21; bap. Oct. 2.

1757.

Susan Eliz. Groschen, d. John and Eliz.; b. Dec. 9, 1756; bap. Jan. 1.
Maria Christina Gobel, d. William and Eve; b. Jan. 15; bap. Jan. 20.
John Philip Weitzel, s. Paul and Charlotte Eliz.; b. Jan. 13; bap. Jan. 23.
Eliz. Isch., d. Peter and Philipina; b. Sept. 28, 1756; bap. Feb. 5.
John George Messenkop, s. John and Eliz.; b. Feb. 9; bap. Feb. 13.
John William Feldman, s. John and Ann Marg.; b. Jan. 27; bap. Feb. 13.
Susan Christen, d. John and Anna Susan; b. Aug. 1, 1747; bap. Feb. 20.
John Christen, s. John and Anna Susan; b. June —, 1751; bap. Feb. 20.
William Bush, s. William and Barbara; b. Feb. 14; bap. Feb. 20.
Eliz. Mukleisen, d. John and Mary Eve; b. Feb. 21; bap. Feb. 25.
Ann Eliz. Wurtz, d. Lewis and Eliz.; b. Feb. 7; bap. March 1.
Ann Cath. Eckert, d. William and Anna; b. Dec. 16, 1756; bap. March 2.
Cath. Eliz. Deg, d. Frederic and Sophia; b. Feb. 18; bap. March 6.
Christian Franciscus, s. Christopher and Marg.; b. Feb. 1; bap. March 6.
John Eckman, s. Hieronimus and Ann Barbara; b. June 16, 1746.
Ann Barbara Eckman, d. Hieronimus and Ann Barbara; b. Nov. 22, 1747.
John Martin Eckman, s. Hieronimus and Ann Barbara; Sept. 21, 1749.
John Henry Eckman, s. Hieronimus and Ann Barbara; b. Sept. 7, 1751.
John Henry Eckman, s. Hieronimus and Ann Barbara; b. May 6, 1753.
Eve Dorothea Eckman, d. Hieronimus and Ann Barbara; b. April 1, 1755.

(These children of H. Eckman were all baptized, but the mother could not remember the time of their baptism.)

John Jacob Eckman, s. of Hieronimus and Ann Maria; b. Jan. 1; bap. March 7.

Births and Baptisms.

John Nicholas Stroher, s. Adam and Maria Cath.; b. Feb. 16; bap. March 7.
Jacob Deible, s. John Jacob and Hannah; b. Feb. 19; bap. March 7.
Mary Magdalen Wentzel, d. John Adam and Eliz.; b. Jan. 23; bap. March 7.
Ann Maria Rosser, d. Kraft and Eliz.; b. March 11; bap. March 20.
John George Beck, s. Mathew and Mary Cath.; b. March 12; bap. March 20.
John Ulrich Wetz, s. Leonard and Cath.; b. March 18; bap. April 3.
Ann Marg. Marquetand, d. Lorenz and Ann Barb.; b. April 1; bap. April 9.
Eve Maria Reger, d. Conrad and Eve Maria; b. Nov. 30, 1756; bap. April 17.
Barbara Aenderle, d. Abraham and Barbara; b. March 27; bap. April 17.
Marg. Miller, d. Bergard and Sophia; b. April 16; bap. April 17.
Susan Walter, d. Jacob and Juliana; b. March 27; bap. April 17.
John George Shaffner, s. Caspar and Ann Maria; b. April 2; bap. May 1.
Daniel Peter, s. Isaac and Eliz.; b. March 28; bap. May 1.
John Jacob Danner, s. Jacob and Ursula; b. April 25; bap. May 8.
John Caspar Ganther, s. William and Cath.; b. Dec. 17, 1756; bap. May 19.
Mary Marg. Lanck, d. Henry and Mary Marg.; b. May 18; bap. May 29.
Martin Brunner, s. Martin and Ursula; b. May 18; bap. May 29.
Joseph Haugendobler, s. Nicholas and Maria; b. Dec. 20, 1756; bap. May 29.
Daniel Heberling, s. John Yost and Benetina; b. Jan. 24; bap. May 29.
Barbara Bener, d. Conrad and Eve; b. Feb. 2; bap. May 29.
John George Hausser, s. Jacob and Ann Maria; b. June 1; bap. June 5.
Jacob Bachenstoss, s. Jacob and Eliz.; b. May 27; bap. June 26.
Marg. Dedie, d. Abraham and Maria; b. May 9; bap. June 26.
William Lay, s. Ludwig and Maria; b. July 5; bap. July 24.
John Mauer, s. Henry and Ann Eliz.; b. Oct. 24, 1746.
Jacob Mauerer, s. Henry and Ann Elizabeth; b. Jan. 6, 1748.
Anna Maria Mauerer, d. Henry and Ann Elizabeth; b. Dec. 8, 1751.
John Henry Mauerer, s. Henry and Ann Elizabeth; b. Oct. 28, 1753.
John Peter Mauerer, s. Henry and Ann Elizabeth; b. Oct. 3, 1757.

"N. B.—It had been previously forgotten to record the baptism of H. Mauerer's children, and therefore they are entered here."

The Pennsylvania-German Society.

Anna Maria Graffort, d. Philip and Ann Maria ; b. July 7 ; bap. July 31.
John Daniel Müller, s. Henry and Anna ; b. May 19 ; bap. Aug. 21.
Henry Bausman, s. Henry and Cath.; b. Sept. 13 ; bap. Sept. 13.
Cath. Lindesmith, d. John Dan. and Cath.; b. Aug. 29 ; bap. Sept. 25.
Eliz. Spreng, d. John Nich. and Christina ; b. Jan. 28, bap. Oct. 2.
Christopher Duringer, s. Henry and Ann Maria, b. Nov. 24, 1756; bap. March 27.
Mary Eve Sohn, d. Michael and Cath.; b. July 11 ; bap. Nov. 6.
Henry Bucher, s. Henry and Anna ; b. Oct. 14; bap. Nov. 20.
Margaret Shiffendecker, d. Jacob and Maria Cath.; b. Oct. 13 ; bap. Nov. 23.
Eliz. Burker, d. George and Marg.; b. Nov. 2 ; bap. Nov. 27.
John Staly, s. Jacob and Eve ; b. Sept. 24 ; bap. Dec. 2.
Peter Brunner; s. Henry and Christina ; b. Nov. 5 ; bap. Dec. 25.
Eve Eliz. Haas, d. Lewis and Magdalen ; b. Sept. 2 ; bap. Dec. 28.

1758.

John George Koester, s. John Peter and Ann Dorothea ; b. Dec. 31, 1757 ; bap. Jan. 15.
Eliz. Spira, d. William and Ann Maria ; b. Dec. 17, 1757 ; bap. Jan. 15.
Henry Lind, s. Conrad and Magdalen ; b. Feb. 5 ; bap. Feb. 6.
Ann Eliz. Lind, d. John Michael and Juliana ; b. Jan. 26 ; bap. Feb. 9.
Barbara Rubsamen, d. George and Eve ; b. Feb. 20 ; bap. Feb. 26.
Magdalen Bausser, d. Hans Ulrich and Eve ; b. Feb. 15 ; bap. Feb. 26.
Mary Engel Traber, d. John and Magdalen ; b. Jan. 22 ; bap. March 5.
John George Schmeck, s. Jacob and Cath.; b. Nov. 17, 1757 ; bap. March 5.
Mary Christina Koch, d. Hartman and Mary Agnes ; b. Dec. 13, 1747 ; bap. March 8.
William Kunz, s. Jacob and Ann Marg.; b. March 1 ; bap. May 14.
John George Haselbecker, s. John Georg and Maria Susanna ; b. Feb. 5 ; bap. March 14.
John Getz, s. John and Ann Maria ; b. Dec. 24, 1757 ; bap. March 17.
John Wolf, s. Jacob and Mary Eliz.; b. Jan. 4 ; bap. March 19.
Ann Marg. Scheid, d. George and Cath.; b. Dec. 26, 1757 ; bap. March 24.
Susan and Marg. Eliz. Emer (twins), d. Philip and Barbara ; b. Dec. 11, 1757 ; bap. March 27.
Susan Etie, d. David and Catharine ; b. Jan. 2 ; bap. April 16.
Ann Maria Haberstick, d. Michael and Salome ; b. June 14, 1754; bap. April 21.

Births and Baptisms.

William Haberstick, s. Michael and Salome; b. Dec. 27, 1756; bap. April 21.
Mary Marg. Zicher, d. Martin and Ann Cath.; b. April 4; bap. April 23.
John Sweinford, s. Albrecht and Marg.; b. April 17; bap. April 23.
Mary Eliz. Henckerner, d. Christian and Mary Magd.; b. June 11, 1755; bap. April 23.
Christian Henckerner, s. Christian and Mary Magd.; b. Sept. 10, 1757; bap. April 23.
Elizabeth Conly, d. Thomas and Mary Madg.; bap. April 23.
Christina Marg. Schott, d. Lewis and Ann Barbara; b. Jan. 23; bap. May 7.
Ann Cath. Schott, d. Lewis and Ann Barbara; b. Jan. 23 : bap. May 7.
Mathew Keller, s. Rudolph and Rosina; b. April 7; bap. May 14.
Jacob Sheffer, s. Nicholas and Magdalen; b. Jan. 20; bap. May 14.
Eliz. Kiblinger, d. Philip and Appolonia; b. Dec. 26, 1757; bap. May 14.
Susan Marg. Grautler, d. John and Eliz.; b. Dec. 19, 1757; bap. May 14.
Eliz. Fissel, d. Daniel and Barbara; b. May 26; bap. May 28.
Gertrude Hartman, d. Christian and Christina; b. March 14; bap. May 28.
Eliz. Hoffman, d. Michael and Maria Dorothea; b. Dec. 7, 1757; bap. June 7.
Maria Ferre, d. Abraham and Eliz; b. July 12, 1757; bap. June 11.
Eliz. Ganther, d. William and Ann Cath.; b. April 15; bap. June 18.
Susan Cath. Ganther, d. Jacob and Mary Marg., b. May 7; bap. June 18.
Eliz. Kenner, d. Christopher and Cath.; b. April 6; bap. June 18.
Mary Magdalen Franciscus, d. Christopher and Ann Marg.; b. May 19; bap. June 25.
Mar. Barr, d. John and Eliz.; b. June 16; bap June 27.
Eliz. Manderbach, d. John and Eliz.; b. June 4; bap. July 2.
Eliz. Schweitzer, d. John Eliz.; b. March 30; bap. July 2.
Eliz. Kutzner, d. Michael and Regina Eliz.; b. June 18; bap. July 7.
Jacob Herman, s. Emanuel and Ann Maria; b. July 20; bap. July 21.
Susan Eckert, d. Michael and Barbara; b. Feb. 5; bap. July 26.
Peter Lern, s. Peter and Ann Eliz.; b. April 14; bap. Aug. 6.
John Shenkmayer, s. John and Mary Eliz.; b. July 9; bap. Aug. 6.
Peter Danner, s. Michael and Eliz. Cath.; b. Aug. 6; bap. Aug. 13.
A daughter of Bernhard and Charlotte Wolf; b. Aug. 27; bap. Sept. —.
Andrew Traeber, s. Justus and Dorothea; b Aug. 16; bap. Sept. 7.
John Jacob Bibickhoffer, s. Joseph and Ann Maria; b. Aug. 27; bap. Sept. 7.
Esther Edinger, d. Philip and Ann Maria; b. Oct. 10, 1757; bap. July 28.
Mary Eliz. Koester, d. George and Ann Marg.; b. Sept. 2; bap. Oct. 1.

The Pennsylvania-German Society.

Ann Maria Weaver, d. Jacob and Anna Martha; b. Sept. 26; bap. Oct. 1.
Cath. Marg. ———, d. Michael and Eliz.; b. Nov. 21, 1756; bap. July 28.
John Durtzenbach, s. George Adam and Mary Magd.; b. Sept. 23; bap. Oct. 8.
Abraham Dedie, s. Abraham and Maria; b. Sept. 19; bap. Oct. 8.
Ann Marg. Helmuth, d. John and Cath.; b. Oct. 2; bap. Oct. 8.
Mary Barbara Erban, d. John Michael and Mary Marg.; b. Oct. 3; bap. Oct. 8.

Rev. Wm. Stoy, Pastor.

John George May, s. Leonard and Anna Christina; b. Oct. 1; bap. Oct. 8.
John Isch, s. Peter and Philipina b. Oct. 3; bap. Oct. 8.
Eliz. Kunz, d. Francis and Maria Esther; b. Sept. 20; bap. Oct. 8.
Eliz. Zimmerman, d. David and Barbara, b. Sept. 8; bap. Oct. 8.
Ann Maria Bausman, d. Henry and Cath.; b. Oct. 16; bap. Oct. 22.
Christian Graffort, s. Philip and Ann Maria; b. Oct. 18; bap. Nov. 19.
Eliz. Hildebrand, d. Jacob and Barbara; b. Nov. 18; bap. Nov. 24.
Ann Maria Buch, d. Christian and Marg.; b. Nov. 20; bap. Nov. 26.
John Liebich, s. Peter and Susan; b. Oct. 14; bap. Nov. 28.
Jacob Graf, s. Ulrich and Magdalen; b. Oct. 1; bap. Nov. 28.
John George Fisher, s. Peter and Mary Magd.; b. Nov. 29; bap. Dec. 3.
Christopher Reitzel, s. George and Eve; b. Nov. 26; bap. Dec. 3.
John Adam Sheid, s. Conrad aud Mary Cath.; b. Oct. 31; bap. Dec. 3.
Ann Maria Roser, d. Debus and Marg.; b. Dec. 3; bap. Dec. 24.
Ann Marg. Hauser, d. Charles and Sophia; b. Oct. —; bap. Dec. 31.
Cath. Le Febre, d. John and Margaret; b. Oct. 21; bap. Dec. 31.

1759.

Juliana Fortene, d. Jacob and Juliana; b. Dec. 15, 1758; bap. Jan. 7.
Daniel Cunningham, s. Daniel and Grace; b. Dec. 31, 1758; bap. Jan. 28.
Mary Eliz. Host, d. Frederic and Cath.; b. Dec. 9, 1758; bap. Jan. 28.
Ann Marg. Deferen, d. Frederic and Mary Barb.; b. Dec. 4, 1758; bap. Jan. 28.
Caspar Eichelborner, s. Martin and Ann Marg.; b. Feb. 6; bap. Feb. 11.
Barbara Lein, d. Jacob and Cath.; b. Dec. 17-18, 1758; bap. Feb. 11.
Barbara Lind, d. Michael and Juliana; b. Feb. 8; bap. Feb. 25.
John Stricker, s. George and Cath.; b. Feb. 13; bap. Feb. 25.
Charlotte Shaffner, d. Caspar and Ann Maria; b. Jan. 13; bap. Feb. 25.
Nicholas Shafer, s. George Balthasar and Mary Barb.; b. Feb. 11 bap. March 18.

Births and Baptisms.

Magdalena Brombach, d. John and Magdalena ; b. Feb. 23 ; bap. March 25.
John Huf, s. John and Catharine; b. March 29 ; bap. April 4.
Balthasar Shaeffer, s. Balzer and Ann Margaret; b. March 14 ; bap. April 16.
Ann Maria Ulrich, d. George Jacob and Mary Eliz.; b. March 4 ; bap. April 22.
Bernhard Bush, s. William and Barbara ; b. April 26 ; bap, May 4.
Henry Axer, s. Christian and Mary Barb.; b. Nov. 24, 1758 ; bap. May 13.
John Christian Neuschwanger, s. Christian and Mary Cath.; b. Nov. 20, 1758 ; bap. Jan. 21.
Elizabeth Muhleisen, d. John and Eva ; b. May 15 ; bap. May 20.
Philipina Lecrone, d. Jacob and Dorothea ; b. Feb. 8 ; bap. May 24.
Christina Burkhard, d. George and Ann Marg. ; b. April 19 ; bap. June 3.
William Bausman, s. William and Eliz.; b. June 1 ; bap. June 3.
Eliz. Bauer, d. Peter and Mary Cath.; b. March 20 ; bap. June 4.
Henry Hartman, s. Jacob and Ann Eliz.; b. March 28 ; bap. June 4.
John George Han, s. John and Mary Eliz.; b. June 3 ; bap. June 9.
Jacob Long, s. Nicholas and Eliz.; b. May 30 ; bap. June 9.
Anna Maria Deringer, d. Henry and Ann Maria ; b. Sept. 23, 1758 ; bap. June 13.
Eliz. Seitz, d. Peter and Susan ; b. Jan. 5 ; bap. June 17.
John Henry Merck, s. Gillian and Anna Maria; b. May 20; bap. June 17.
Peter Weaver, s. Caspar and Ann Eliz.; b. March 18 ; bap. June 17.
Susan Fortene, d. Michael and Ann Marg.; b. June — ; bap. July 8.
George Frederic Hoffman, s. John and Ann Eliz.; b. June 13 ; bap. July 8.
Mary Cath. Gorner, d. Paul and Christina ; b. July 14 ; bap. July 22.
Mary Cath. Gobre, d. William and Eve Cath.; b. July 20; bap. July 22.
Mary Eve Reinhard, d. Abraham and Eve Maria; b. Aug. 2; bap. Aug. 5.
William Margand, s. Lorenz and Barbara; b. July 28 ; bap. Aug. 5.
Andrew Harnish, s. Martin and Cath.; b. Aug. 1 ; bap. Aug. 5.
John George Kler, s. George and Ursula; b. Aug. 4, 1758; bap. Aug. 5.
George Henry Weyel, s. Andrew and Ann Gert.; b. July 11 ; bap. Aug. 12.
Leonard Stieberling, s. John Yost and Ann Marg.; bap. Sept. 2.
Abraham Peter, s. Isaac and Eliz.; b. Aug. 6 ; bap. Sept. 9.
Mary Marg. Baer, d. John and Eliz.; b. Sept. 9 ; bap. Sept. 14.
John George Brua, s. Yost and Magdalen ; b. Aug. 28 ; bap. Sept. 15.
Reinhard Hauser, s. Jacob and Ann Maria ; b. Sept. 10 ; bap. Sept. 16.
Ann Marg. König, d. Michael and Marg.; b. Aug. 20 ; bap. Sept. 16.

Barbara Gander, d. William and Cath.; b. July 2 ; bap. Sept. 23.
Anna Maria Shiffendecker, d. Jacob and Cath. ; b. Aug. 28 ; bap. Sept. 28.
Elizabeth Weaver, d. Jacob and Ann Martha; b. Oct. 5; bap. Oct. 14.
Cath. Rommel, d. Valentine and Louisa; b. Sept. 14, 1758; bap. Oct. 21.
Herman Luck, s. Henry and Juliana ; b. May 20 ; bap. Oct. 24.
Daniel Höning, s. Jacob and Eliz.; b. Jan. 10, 1755 ; bap. Nov. 4.
John Hönig, s. Jacob and Ann Maria ; b. Oct. 21 ; bap. Nov. 4.
David Fisher, s. John Jacob and Cath. Barbara ; b. Sept. 22 ; bap. Nov. 11.
Cath. Getz, d. John and Anna Maria ; b. Sept. 1 ; bap. Nov. 14.
John Gelbach, s. Frederic and Ann ; b. Oct. 28 ; bap. Nov. 18.
John Gern, s. Jacob and Mary Magdalen ; b. Oct. 8 ; bap. Nov. 25.
John Gamber, s. Wilbert and Mary Eliz. ; b. Dec. 9 ; bap. Dec. 12.
Mary Marg. Bressler, d. John and Eve Emilia; b. Dec. 9; bap. Dec. 16.
Henry Shweitzer, s. John and Eliz. ; b. Nov. 13 ; bap. Dec. 23.
Susan Margaret Brown, d. Joseph and Magdalen ; bap. Dec. 25.

1760.

Ann Maria Caupat, d. Abraham and Magdalen, b. Dec. 17, 1759 ; bap. Jan. 1.
Christopher Meyer, s. John and Barbara; b. Dec. 15, 1759; bap. Jan. 6.
John Michael Riem, s. Christopher and Cath.; b. Jan. 4; bap. Jan. 14.
John May, s. Francis Peter and Ann Maria ; b. Jan. 6 ; bap. Jan. 20.
John Geyer, s. Jacob and Ann Cath. ; b. Jan. 21 ; bap. Jan. 27.
Ann Maria Geringer, d. Henry and Rosina ; b. Jan. 25 ; bap. Feb. 3.
John Jacob Geringer, s. David and Ann Maria ; b. Feb. 2 ; bap. Feb. 7.
John Caspar Troeber, s. John and Magdalen ; b. Jan. 8 ; bap. Feb. 10.
Abraham de Dieu, s. Abraham and Ann ; b. Jan. 21 ; bap. Feb. 10.
Maria Wild, d. Paul and Barbara ; b. Dec. 27, 1759 ; bap. Feb. 12.
Eliz. Barb. Kuster, d. John and Barb.; b. Dec. 17, 1759; bap. Feb. 17.
Juliana Christina Saarbach, d. David and Susan ; b. Feb. 19 ; bap. Feb. 24.
John Michael Straer, s. Nicholas and Cath.; b. Dec. 24, 1759 ; bap. Feb. 24.
Mary Barbara Albrecht, d. David and Joanna ; b. March 6 ; bap. March 16.
John Henry Erfurt, s. Andrew and Ann Maria ; b. Dec. 19, 1759 ; bap. March 16.
John George Huff, s. John and Cath.; b. March 19 ; bap. March 30.
John Delancy, s. Francois and Maria ; b. March 24; bap. March 30.
Elizabeth Hager, d. Charles and Ann ; b. March 1 ; bap. March 30.

Births and Baptisms.

John Michael Haberstick, s. Michael and Mary Salome ; b. Oct. 27, 1758; bap. April 3.
Mary Eliz. Shenkmeyer, d. John and Mary Eliz.; b. March 23 ; bap. April 6.
Mary Magdalen Roeser, d. Kraft and Eliz.; b. Feb. 27; bap. April 6.
Cath. Grub, d. John and Cath.; b. Nov. 6, 1759 ; bap. April 6.
Cath. Eliz. Lind, d. Conrad and Ann Maria ; b. April 7; bap. April 13.
Barbara Heckitswyler, d. John and Eliz.; b. April 20; bap. April 26.
John Henry Weaver, s. George and Ann Cath.; b. Sept. 16, 1759 ; bap. April 27.
Ann Regina Decker, d. Valentine and Ann Marg.; b. March 1 ; bap. May 4.
George Krebs, s. George and Cath.; b. Oct. 2, 1759 ; bap. May 5.
Mary Magdalen Franciscus, d. Christopher and Ann Marg.; b. April 22 ; bap. May 11.
Magdalen Brunner, d. Caspar and Ursula ; b. April 28 ; bap. May 11.
John Graf, s. Ulrich and Magdalen ; b. March 1 ; bap. May 11.
Mary Marg. Gander, d. Jacob and Mary Marg.; b. Feb. 17; bap. May 18.
John Anthony Manderbach, s. John and Eliz.; b. Feb. 17; bap. May 18.
Eliz. Wegman, d. Conrad and Magdalen ; b. March 23 ; bap. May 18.
John Henry Schop, s. Jacob and Anna ; b. March 21 ; bap. May 24.
Rosina Petry, d. Anthon and Eliz.; b. May 30 ; bap. June 8.
Mary Barb. Zank, d. Henry and Mary Cath.; b. May 30 ; bap. June 8.
Ann Maria Müller, d. Jacob and Cath.; b. Jan. 8, 1757 ; bap. June 12.
Francis Anthony Müller, s. Jacob and Cath.; b. Jan. 1 ; bap. June 12.
John Isch, s. Peter and Philipina ; b. May 12 ; bap. June 15.
Amelia Gerlach, d. John Nicholas and Ann Sophia ; b. June 17 ; bap. June 22.
Mary Cath. Zirnan, d. Martin and Mary Cath.; b. June 2 ; bap. June 22.
Ann Eliz. Maurer, d. Henry and Ann Eliz.; b. June 14; bap. July 6.
Jacob Getz, s. Jacob and Ann Maria ; b. Nov. 23, 1758 ; bap. July 6.
Juliann Getz, d. Jacob and Ann Maria ; b. May 3 ; bap. July 6.
Juliann Hildebrand, d. Jacob and Mary Barb.; b. July 2 ; bap. July 7.
John Bott, s. Henry and Elizabeth ; b. July 4 ; bap. Aug. 3.
A daughter of John Nicholas and Magdalen Shaeffer ; b. July 21; bap. Aug. 9.
Henry Goble, s. William and Elizabeth ; b. June 6 ; bap. Aug 10.
Solomon Schmuck, s. Jacob and Cath. ; b. May 7 ; bap. Aug. 10.
Salome Stahly, d. Jacob and Cath ; b. Aug. 10; bap. Sept. 7.
Jacob Baer, s. John and Elizabeth ; b. Aug. 27, 1759 ; bap. Aug. 21.
John Ferre, s. John and Ann Maria ; bap. Sept. 21.
John Christopher Straus, s. John Fred. and Barbara ; b. Aug. 16 ; bap. Oct. 5.
Mary Eliz. Wolf, d. Jacob and Mary Eliz. ; b. Sept. 21 ; bap. Oct. 12.

The Pennsylvania-German Society.

Mary Hauendobler, d. Nich. and Mary; b. Oct. 15, 1759 ;bap. June 22.
Ann Maria Stoltz, d. Jacob and Juliana ; b. Aug. 31 ; bap. Oct. 12.
John George Kunz, s. Jacob and Ann Marg.; b. Oct. 12; bap. Oct. 12.
Mary Eliz. Grub, d. Caspar and Ann Marg. ; b. Aug. 26 ; bap. Oct. 12.
John Peter Bader, s. John George and Salome; b. Oct. 13; bap. Oct. 19.
Magdalen Bader, d. John George and Salome; b. Oct. 13; bap. Oct. 19.
Susan Stoy, d. William and Mary Eliz.; b. Oct. 8; bap. Oct. 25.
Cath. Zimerman, d. David and Barbara; b. Aug. 28; bap. Oct. 26.
John Peter Lotz, s. Stephen and Catharine ; b. Sept. 22 ; bap. Nov. 2.
John Jacob Brand, s. Frederic and Maria ; b. Aug. 25, 1759; bap. Nov 5.
Ann Maria Kuester, d. Peter and Ann Dorothea; b. Oct. 24 ; bap. Nov. 9.
John Dedemer, s. Jacob and Eliz.; b. Oct. 19; bap. Nov. 16.
Cath. Hauer, d. Nicholas and Cath. ; b. Oct. 16 ; bap. Nov. 16.
Susan Brunner, d. Henry and Christina ; b. May 3 ; bap. Nov. 16.
Anna Maria Wolf, d. Nich. and Ann Maria; b. Sept. 23 ; bap. Nov. 16
Mary Cath. Shreiber, d. John and Mary Cath.; b. Nov. 20; bap. Nov. 30.
Jacob Neuschwanger, s. Christian and Cath ; b. Oct. 26 ; bap. Dec. 14.
John David Goeringer, s. David and Ann Maria ; b. Dec. 19 ; bap. Dec. 21.
John Jacob ―――――, s. Henry David and Mary Magd ; b. Oct. 14; bap. Dec. 25.
Eliz. Bush, d. William and Barbara ; b. Dec. 16 ; bap. Dec. 26.

1761.

John George Stricker, s. George and Cath.; b. Dec. 23, 1760; bap. Jan 11.
Ann Char. Wolf, d. Bernhard and Char.; b. Jan. 9; bap. Jan. 18.
Maria Rosina Connely, d. Thomas and Mary Magd.; b. June 5, 1760; bap. Feb. 1.
Eve Christina Saarbach, d. David and Susan; b. Feb. 16; bap. Feb. 22.
Anthony Shaeffer, s. George Balthasar and Barb.; b. Dec. —, 1760; bap. Feb. 22.
John Philip Messenkop, s. John and Eliz.; b. Jan. 16; bap. March 1.
Eliz. Graffort, d. John and Cath.; b. Oct. 11, 1760; bap. March 1.
Cath. De Lancy, d. Francis and Maria; b. Feb. 28; bap. March 15.
William Gamber, s. Wilbert and Mary Eliz.; b. Feb. 7; bap. March 23.
Sophia Eliz. Feltman, d. John and Ann Marg.; b. Feb. 4; bap. March 17.
Daniel Kahn, s. Daniel and Regina; b. Feb. 19; bap. March 29.
Adam Caupat, s. Abraham and Magdalen; b. March 20; bap. March 29.
Eliz. Müller, d. Adam and Christina; b. March 28; bap. April 5.

Births and Baptisms.

Mary Cath. Renner, d. Christopher and Eve Cath.; b. Oct. 17, 1760; bap. April 5.
Salome Shaffner, d. Caspar and Ann Maria; b. March 1; bap April 7.
Jacob Kunz, s. Francis and Mary Esther; b. March 5; bap. April 19.
Peter Koster, s. George and Ann Marg.; b. March 17; bap. April 19.
Denig, b. April ——; bap April 18.
John George Burkhard, s. George and Marg.; b. March 17, bap. April 19.
Ann Maria Reitzel, d. John George and Eve; b. April 3; bap. April 19.
Ann Maria Gorner, d. Paul and Christina; b. April 13; bap. April 26.
John Meyer, s. John and Barbara; b. April 13; bap. April 26.
George Peter Gander, s. William and Ann Cath.; b. Nov. 22, 1760; bap. April 30.
Philip Schweitzer, s. John and Eliz.; b. Feb. 5; bap. April 30.
Cath. Shaeffer, d. Michael and Cath.; b. Feb. 6; bap. May 7.
John Peter Rollard, s. John Peter and Eliz.; b. April 1; bap. May 10.
Charlotte Buch, d. Christian and Susan Marg.; b. May 19; bap. June 7.
John Lind, s. Michael and Juliann; b. May 9; bap. June 7.
Mary Cath. Keyser, d. Adam and Cath. Eliz.; b. April 11; bap. June 7.
Eliz. Backenstoss, d. Jabob and Eliz.; b. May 31; bap. June 8.
Barbara Gobel, d. John and Barbara, b. Jan. 11; bap. June 12.
John Bear, s. Jacob and Elizabeth; b. June 9; bap. June 14.
John Weygand, s. John and Barbara; b. Jan. 1; bap. June 14.
Philipina Ely, d. Jacob and Susan, b. March —, 1756; bap. June 28.
Maria Eve Ely, d. Jacob and Susan; b. May 15, 1759; bap. June 28.
John Philip Riem, s. Christopher and Cath.; b. June 22; bap. July 5.
Anna Rosina Blattenberger, d. John and Marg.; b. May 17; bap. July 12.
Jacob and Eve Graf (twins), s. and d. Jacob and Anna Eve; b. Dec. —, 1760; bap. Aug. 2.
Catharine Stahly, d. Peter and Salome; b. July 10; bap. Aug. 2.
John Graf, s. Jacob and Catharine; b. June —; bap. Aug. 2.
Daniel May, s. Philip and Catharine; b. July 14; bap. Aug. 9.
Ann Eliz. Rommel, d. Peter and Cath.; b. July 9; bap. Aug. 16.
Mary Gertrude Muhleisen, d. John and Mary Eve; b. Aug. 4; bap. Aug. 30.
Christian Trebert, s. Justus and Dorothea; b. Aug. 10; bap. Aug. 30.
Henry Garf, s. Ulrich and Magdalen; b. July 12; bap. Sept. 6.
John Henry Lein, s. Jacob and Cath.; b. July 12; bap. Sept. 13.
Jacob Peter s. Jacob and Barbara; b. Feb. —; bap. Sept. 22.
Barbara Heckitswyler, d. John and Eliz.; b. June 1; bap. Sept. 27.
Peter Hann, s. John and Elizabeth; b. Sept. 14; bap. Sept. 27.
John George Gerlach, s. Nich. and Sophia; b. Oct. 10; bap. Oct. 18.
Catharine Getz, d. John and Ann Maria; b. Oct. 12; bap. Oct. 18.

Jacob Weitzel, s. Paul and Charlotte ; b. May 26, 1759 ; bap. Oct. 18.
George Weitzel, s. Paul and Charlotte ; b. Aug. 9 ; bap. Oct. 18.
Philip Bier, s. Peter and Elizabeth ; b. Oct. 6 ; bap. Oct. 25.
John Bausman, s. William and Elizabeth ; b. Oct. 19 ; bap. Oct. 25.
Jacob Weaver, s. Jacob and Ann Martha ; b. Aug. 12 ; bap. Aug. 23.
Eliz. Peter, d. Jacob and Barbara ; b Dec. 25. 1758 ; bap. Sept. 22.
Margaret Grosh, d. John and Eliz.; b. Oct. 22 ; bap. Oct. 28.
Barb. Wegman, d. Conrad and Magdalen ; b. Sept. 14 ; bap. Nov. 8.
Elizabeth Graf, d. Henry and Anna ; b. July 29 ; bap. Nov. 8.
Ann Barb. Idy, d. Sebast. and Ann Maria ; b. Sept. 28 ; bap. Nov. 8.
Henry Herman, s George and Eliz.; b. Sept. 5, 1759 ; bap. Nov. 15.
Ann Barb. Albrecht, d. David and Anna ; b. Nov. 29 ; bap. Dec. 6.
Michael Buch, s Henry and Dorothea ; b. Dec. 12 ; bap. Dec. 13.
Eliz. Fetter, d. Michael and Christina ; b. Nov. 23 ; bap. Dec. 27.

1762.

John Henry Goringer, s. Henry and Rosina ; b. Dec. 27, 1761 ; bap. Jan. 3.
Martin Zirhan, s. Martin and Ann Cath. ; b. Jan. 12 ; bap. Jan. 15.
Lewis Gobel, s. William and Eve ; b. Dec. 23, 1761 ; bap. Jan. 17.
Mary Magd. Spitler, d. John and Mary Magd. ; b. Nov. 15, 1761 ; bap. Jan. 17.
John Odenwald, s. Philip and Magdalen ; b. Jan. 29 ; bap. Jan. 31.
John Charles Koch, s. John Michael and Sophia Dorothea ; b. Jan. 21 ; bap. Feb. 7.
Frederic Klaer, s. John and Mary Eliz. ; b. Dec. 8, 1761 ; bap. Feb. 7.
Philip Jacob Hoffman, s. Jacob and Ann Eliz. ; b. Dec. 28, 1761 ; bap Feb. 7.
Abraham Steiner, s. Jacob and Marg. ; b. Feb. 22 ; bap. Feb. 28.
John Ferre, s. John and Ann Maria ; b. Jan. 22 ; bap. Feb. 28.
Lewis Gern, s. Jacob and Mary Magd. ; b. Feb. 25 ; bap. March 25.
John Michael King, s. Michael and Ann Marg.; b. Sept. 19, 1761 ; bap. March 26.
Michael Wein, s. George and Margaret ; b. March 10 ; bap. March 28.
John Fortene, s. Michael and Ann Marg ; b. Feb. 23 ; bap. March 28.
Peter Shaefer, s. Balthaser and Barbara ; bap. March 28.
Jacob Treber, s. John and Mary Magd. ; b. Feb. 3; bap. March 28.
Jacob Hauer, s. Michael and Catharine ; b. March 12 ; bap. April 4.
John Jacob Shaffner, s. John Caspar and Eliz. ; b. March 20 ; bap. April 11.
John Rost, s. Valentine and Catharine ; b. March 21 ; bap. April 11.
John Henry Neuschwanger, s. Christian and Ann Marg. ; b. Feb. 28 ; bap. April 12.
Anna Zimmerman, d. David and Barbara ; b. March 1; bap. April 18.

Births and Baptisms.

Elizabeth Pfautz, d. Jacob and Eve Eliz.; b. April 2; bap. April 18.
John Frederic Rommel, s. Valentine and Mary Louisa; b. Feb. 21; bap. April 18.
Peter Lutz, s. Stephen and Ann Cath.; b. Dec. 30, 1761; bap. April 25.
Philip Peter Laufersweiler, s. Christian and Cath.; b. Nov. 20; bap. April 25.
Adam LeRoy, s. Adam and Ann Maria; b. April 16; bap. April 25.
John Jacob Decker, s. Val. and Ann Marg.; b. Dec. 6, 1761; bap. April 25.
Ann Margaret Bott, d. Henry and Eliz.; b. Jan. 24; bap. April 25.
John Henry David, s. Henry and Mary Magd.; b. March 1; bap. April 25.
Mary Sarah Duckeyness, d. Henry and Ann Maria; b. April 9; bap. April 25.
John Huf, s. John and Catharine; b. April 21; bap. May 2.
Henry Wolf, s. Nicholas and Ann Maria; b. Feb. 19; bap. May 2.
Eliz. Hartman, d. Jacob and Eliz.; b. Nov. 10, 1761; bap. May 2.
Cath. Gelbach, d. Frederic and Anna; b. Aug. 14, 1761; bap. May 13.
Ann Barbara Geyer, d. Jacob and Cath.; b. March 23; bap. May 13.
John Klee, s. George and Ursula; b. Feb. 1; bap. May 13.
Ann Maria Klee, d. George and Ursula; b. March 15, 1760; bap. May 13.
Eliz. Messenkop, d. John and Ann Eliz.; b. May 13; bap. May 16.
Susan Shenkmeyer, d. John and Mary Eliz.; b. April 8; bap. May 16.
Fred. Jacob Müller, s. Jacob and Cath.; b. Dec. 16, 1761; bap. May 23.
Mary Christina Traub, d. Joseph and Ann Maria; b. Feb. 1; bap. May 23.
Jacob Rossler, s. John and Susan; b. April 5; bap. May 25.
Ann Maria Unruh, d. John and Mary; b. May 6; bap. May 30.
Mary Eliz. Ruebelet, d. Peter and Cath.; b. May 18; bap May 30.
John Klaer, s. Frederic and Regina; b. May 13; bap. May 30.
Barbara Gander, d. William and Cath.; b. April 8; bap. May 30.
Samuel Burns, s. Peter and Susan Cath; b. Nov. 2, 1761; bap. May 30.
Mary Magdalen Pilgram, d. Henry; bap. May 30.
Amelia Pilgram, d. Henry; bap. May 30.
Jacob Gander, s. Jacob and Marg.; b. Dec. 17, 1761; bap. May 31.
Cath. Hufnagel, d. John George and Eliz.; b. April 28; bap. May 31.
Caspar Brunner, s. Henry and Christina; b. May 6; bap. June 13.
Catharine Stahly, d. Jacob and Cath.; b. May 1; bap. June 13.
Ann Maria Dedieu, d. Abraham and Ann; b. March 24; bap. June 20.
Sophia Hoening, d. Jacob and Ann Maria; b. June 14; bap. June 27.
Jacob Beyroth, s. Jacob and Rosina; b. June 16; bap. June 27.
Jacob Decker, s. Jeremiah and Dorothea; b. June 30; bap. July 4.
Anthony Petry, s. Anthony and Eliz.; b. July 5; bap. July 17.

Eliz. Edelman, d. John Adam and Juliann ; b. July 19 ; bap. July 25.
Christina Gage, d. Jacob and Susan ; b. July 21 ; bap. July 25.
William Bergman, s. Charles and Sibilla; b. Nov. 28,1760; bap. July 27.
Philip Shaefer, s. Balthaser and Anna Marg.; b. June 28 ; bap. Aug. 1.
Christopher Graffort, s. Philip and Ann Maria; b. June 27: bap. July 31·
Eliz. Backentos, d. Jacob and Eliz.; b. Aug. 2 ; bap. Aug. 8.
Eliz. Franciscus, d. Chris. and Ann Marg.; b. July 12 ; bap. Aug. 15.
Ann Maria Becker, d. Philip and Ann Maria ; b. Aug 12 ; bap. Aug. 22.
John Gobel, s. William and Eliz.; b. Nov. 16, 1761 ; bap. Aug. 22.
Ann Marg. May, d. Philip and Cath. ; b. July 24 ; bap. Aug. 22.
Ann Maria Brand, d. Frederic and Ann Maria ; b. Aug. 25 ; ba p. Aug. 25.
Ann Maria Denig, d. Peter and Philipina ; b. Aug. 14 ; bap. Aug. 27.
John Getz, s. Jacob and Ann Maria ; b. Oct. 16. 1761 ; bap. Aug. 29.
John Henry Manderbach, s. John and Eliz.; b. May 16 ; bap Aug. 29.
Christopher Hauser, s. Jacob and Ann Maria ; b. Aug. 23 ; bap. Sept. 5.
Eliz. Weibel, d. Gast and Catharine ; b. Aug 10 ; bap. Sept. 5.
Magdalen Frey, d. Balthaser and Barbara ; b. Aug. 11 : bap Sept. 5.
Jacob Marguetand, s. Lorenz and Barbara ; b. Aug. 18 ; bap. Sept. 12.
Isaac Peter, s. Isaac and Elizabeth ; b. July 30 ; bap. Sept. 19.
John Spies, s. Jerome and Ann Barbara ; b. May 14 ; bap. Sept. 19.
Marg. Bausman, d. Lawrence and Sophia ; b. Sept. 18, 1761 ; bap. Sept. 19.
John Valentine Rommel, s. Peter and Cath.; b. June 8 ; bap. Oct. 3.
Susan Pie, d. Abraham and Eliz.; b. July 12 ; bap. Oct. 3.
Ann Maria Meyer, d. John and Barbara ; b. Aug. 14 ; bap. Oct. 17.
Maria Eve Gamber, d. Wilbert and Eliz.; b. Oct. 14 ; bap. Oct. 31.
Ann Maria Hoffman, d. Michael and Dorothea ; b. Oct. 10 ; bap. Oct. 31.
John Shaefer, s. John Nich. and Magd.; b. Sept. 11 ; bap. Nov. 21.
Elizabeth Pie, d. Jacob and Regina ; b. Nov. 26 ; bap. Nov. 21.
Elizabeth Stoy, d. William and Eliz.; b. Aug. 20 ; bap. Nov. 30.
Christina Kunz, d. Francis and Mary Esther ; b. Oct. 1 ; bap. Dec. 5.
Elizabeth Schmuck, d. Jacob and Catharine ; b. Aug. 7; bap. Dec. 12.
Christian Wolf, s. Bernard and Charlotte ; b. Dec. 6 ; bap. Dec. 19.
Susan Marg. Weaver. d. Jacob and Ann Martha ; b. Dec. 12 ; bap. Dec. 26.
John William Bausman, s. Henry and Cath. ; b. Dec. 22 ; bap. Dec. 26.

1763.
Charge vacant.

Sophia Lind, d. Conrad and Ann Maria ; b. Dec. 26, 1762 ; bap. Jan. 1.
John Richter, s. Peter and Mary Cath. ; b. Dec. 9, 1762 ; bap. Jan. 1·

Births and Baptisms.

Christian Caupat, s. Abraham and Magd.; b. Dec. 17, 1762; bap. Jan. 1.
Margaret Müller, d. Adam and Christina; b. Dec. 27, 1762 ; bap. Jan. 2.
Adam Hoffman, s. Adam and Ann Maria; b. Dec. 19, 1762; bap. Jan. 2.
Cath. Isch, d. Peter and Philipina ; b. Dec. 29, 1862 ; bap. Jan. 2.
Peter Long, s. Nicholas and Eliz. ; b. May 17, 1761 ; bap. Jan. 3.
Susan Lenherr, d. Philip and Eliz. ; b. Nov. 6, 1758 ; bap. Jan. 3.
Philip Lenherr, s. Philip and Eliz.; b. May 8, 1760 ; bap. Jan. 3.
John George Lenherr, s. Philip and Eliz.; b. Dec. 14, 1761; bap. Jan. 3.
Ann Maria Lenherr, d. Philip and Eliz ; b. Dec. 14, 1762 ; bap. Jan. 3.
John Peter Bier, s. Peter and Eliz.; b. Jan. 4 ; bap. Feb. 6.
Ann Cath Feldman, d. John and Ann Marg.; b. Jan. 24; bap. Feb. 20.
John Henry Baetter, s. Peter and Susan ; b. Jan. 13 ; bap. Feb. 20.
Elizabeth Frey, d. Henry and Eliz.; b. Feb. 16 ; bap. April 1.
John Christian Bick, s. Tobias and Cath ; b. Feb. 16 ; bap. April 3.
John Frey, s. John and Magd.; b. Nov. 12, 1762 ; bap. April 1.
Elizabeth Snyder, d. Henry and Susan ; b. Feb, 18 ; bap. April 10.
Magdalen Shaefer, d. Michael and Cath.; b. Feb. 19 ; bap. April 14.
Catharine Wild, d. Paul and Barbara ; b. Feb. 6 ; bap. May 15.
Jodocus Hartman, s. Christian and Christina ; b. March 4 ; bap. May 15.
John Henry Zanck, s. Henry and Maria Cath.; b. Feb. 19; bap. Feb. 20.
John Graff, s. Henry and Ann ; b. Nov. 8, 1762 ; bap. May 15.
Mary Barb. Dinges, d. Conrad and Ann Eliz.; b. March 5 ; bap. April 10.
Abraham Peter, s. John and Cath.; b. Sept. 7, 1762 ; bap. May 23.
Cath. Hammacher, d. John Caspar and Magd.; b. April 2; bap. May 23.
Henry Bushong, s. Philip and Eve ; b. May 18 ; bap. July 17.
John Jacob Reitzel, s. George and Eve ; b. June 9 ; bap. June 18.
William Bush, s. William and Barbara ; b. July 28 ; bap. Aug. 7.
Barbara Haugendobler, d. Nich. and Mar ; b. Jan. 7 ; bap. Aug. 7.
Susan Liebich, d. Peter and Susan ; b. June 19, 1761 ; bap. Aug. 7.
Elizabeth Buch, d. Felix and Cath.; b. Aug. 13 ; bap. Aug. 28.
Jacob Graff, s. Jacob and Catharine, bap. Aug. 28.
Magdalen Graff, d. Jacob and Eve ; b. April 24 ; bap. Aug. 28.
Andrew Weitzel, s. Paul and Char. Eliz; b. Aug. 22 ; bap. Sept. 18.
Mary Magd. Decker, d. Jere. and Dorothea ; b. Sept. 9 ; bap. Sept. 18.
Cath. Getz, d. Jacob and Ann Maria ; b. Aug. 27 ; bap. Oct 9.
Susan Burkhard, d. George and Anna Marg.; b. Sept. 24 ; bap. Oct. 9.
John Peter Brunner, s. Caspar and Ursula ; b. Sept. 17 ; bap. Oct. 9.
Christina Ann May, d. Philip and Cath.; b. Aug. 27 ; bap. Oct. 9.
John Henry Siechrist, s. Henry and Sarah ; b. Sept. 19 ; bap. Oct. 9.
Mary Gertrude Goeringer, d. Henry and Rosina ; b. Sept. 29 ; bap. Oct. 9.
John Peter Le Roy, s. Adam and Ann Maria ; b. Sept. 24 ; bap. Oct. 9.

The Pennsylvania-German Society.

Mathew Mauer, s. Henry and Ann Eliz.; b. Sept. 30; bap. Oct. 10.
Mary Eliz Koch, d. John Mich. and Sophia Dorothea; b. Nov. 19; bap. Dec. 4.
Susan Neuschwanger, d. Christian and Marg.; b. Oct. 21; bap. Dec. 4
Mary Marg. Loedy, d. Christian and Christina; b. Nov. 23; bap. Nov. 27.

1764.
Charge vacant.

Mary Eliz. Spottler, d. John and Maria; b. Dec. 19, 1763; bap. Jan. 15.
John Mumma, s. Peter and Ann Maria; b. Dec. 9, 1763; bap. Feb. 19.
John Peter Getz, s. John and Ann Maria; b. March 13; bap. April 1.
John Michael Smith, s. John and Cath.; b. Jan. 4.
Ann Marg. Hecketsweiler, d. John and Eliz.; b. March 13; bap. April 15.
John Rege, s. John Peter and Marg.; b. Jan. 22; bap. April 15.
Nicholas Diel, s. Peter and Ann Marg.; b. Feb. 4; bap. Feb. 28, 1765.
Mary Magd. Bischoff, d. Francis and Ann Eliz.; b. Dec. 10; bap. Feb. 28, 1765.
Ann Maria Stoltz, d. Peter and Marg.; b. March 10; bap. May 13.
Elizabeth Peter, d. Isaac and Eliz.; b. Dec. 15, 1763; bap. May 27.
John Henry Pfister, s. Caspar and Ann Maria; b. April 22; bap. May 27.
Magdalen Wacke, d. Christian and Eliz.; b. May 15; bap. May 27.
Mary Barbara Hoffman, d. John and Eliz.; b. April 14; bap. June 11.
John William Bausman, s. Henry and Cath.; b. May 31; bap. June 10.
Peter Fern, s. Jacob and Maria; b. Oct. 3; bap. Dec. 30.
Henry Born, s. Ernst and Amelia; b. June 12; bap. July 1.
John Jac. Becker, s. Philip and Ann Maria; b. June 17; bap. July 1.
Ann Maria Strohmenger, d. Jacob and Magd.; b. March 6; bap. Aug. 5.
Ann Justina Feldman, d. John and Marg.; b. July 16; bap. Aug. 3.
John Philip Lehr, s. Peter and Sybilla; b. Aug. 26; bap. Sept. 16.
Salome Caupat, d. Abraham and Magd.; b. Sept. 10; bap. Sept. 19.
Eliz. Kittler, d. David and Ann Marg.; b. Sept. 17; bap. Sept. 23.
John Newcomer, s. Henry and Marg.; b. June 1; bap. Sept. 23.
Elizabeth Foerch, d. John and Ann Maria; b. July 13; bap. Sept. 2.
John Jacob Pie, s. Jacob and Regina; b. Aug. 26; bap. Oct. 14.
John Wolf, s. Nicholas and Ann Maria; b. Aug. 7; bap. Oct. 28.
Regina Brown, d. Joseph and Magd.; b. Oct. 10; bap. Nov. 25.
Ann Maria Grosh, d. John and Eliz.; b. Nov. 14; bap. Nov. 26.
John Jacob Buch, s. Christian and Susan Marg.; b. Dec. 18; bap. Dec. 19.

Births and Baptisms.

1765.
Rev. Wm. Hendel, Pastor.

Mary Cath. Weaver, d. Jacob and Ann Martha ; b. Oct. 8, 1764 ; bap. Jan. 6.
John Philip Weaver, s. John Bastian and Ann Maria ; b. Jan. 12 ; bap. Jan. 17.
Ann Marg. Isch, d. Peter and Philippina, b. Jan. 7 ; bap. Feb. 3.
Ann Maria, d. Ann Marg.; b. Feb. 27 ; bap. March 4.
Char. Franciscus, d. Christopher and Ann Marg.; b. Feb. 27 ; bap. March 4.
John Weibel, s. Gast and Cath.; b. Aug. 5 ; 1754 ; bap. March 10.
Frederick and Lewis Weitzel, s. Paul and Char.; b. Feb. 3 ; bap. March 10.
Mary Eliz. Lautzenhauser, d. Jacob and Eliz.; b. Feb. 16 ; bap. Mar. 7.
Daniel Wein, s. George and Margaret ; b. March 3 ; bap. March 12.
Ann Maria Dettemer, d. Jacob and Mary Eliz.; b. March 6 ; bap. March 16.
John Adam Eberhard, s. Andrew and Cath.; b. March 10 ; bap. March 24.
Mary Eliz. Hauer, d. Nicholas and Cath.; b. March 6 ; bap. March 24.
John Phil. Lorshbach, s. Herman and Barb.; b. Jan. 10, 1764 ; bap. April 5.
Ann Marg. Lorshbach, d. Herman and Barb.; b. Feb. 26; bap. April 5.
Philip Stephen, s. David and Cath·; b. Nov. 6, 1764 ; bap. April 8.
Eve Cath. Wolf, d. Bernhard and Ann Char.; b. Feb. 2 ; bap. April 7.
George Huffnagle, s. George and Eliz.; b. Nov. 18, 1763; bap. April 21.
Fred. Betz, s. Fred. and Ann Maria ; b. Nov. 20, 1764 ; bap. April 21.
Jacob Pie, s. Abraham and Elizabeth ; b. March 15 ; bap. April 21.
Ann Marg. Stuberlin, d. Yost and Ann Marg.; b. April 15, 1761 ; bap. April 21.

(The following children were baptized the same day in Manor :)

Christina Graf, d. Jacob and Eve ; b. March 17, 1765 ; bap. April 25.
Melchior Stahely, s. Peter and Salome; b. Nov. 20, 1764 ; bap. April 25.
Maria Alter, d. John and Anna ; b. March 8 ; bap. April 25.
Barbara Gabel, d. John and Barbara ; b. Feb. 13 ; bap. April 25.
Jacob Lauman, s. Stephen and Barb.; b. Oct. 30, 1763 ; bap. April 25.
Eve Johnette Borns, d. Peter and Susan ; b Aug. 25, 1764 ; bap. April 25.
John Jacob Lochman, s. Jacob and Barb.; b. Nov. —, 1764 ; bap. April 25.
Barb. Lochman, d. Jacob and Barb.; b. Ascension day, 1761 ; bap. April 25.

John Strong, s. James and Magdalen ; b. Feb. 11 ; bap. April 25.
Helena Biets, d. Adam and Sarah ; b. Oct. 10, 1756 ; bap. April 25.
Elizabeth Biets; d. Adam and Sarah ; b. Sept. 9. 1759 ; bap. April 25.
Daniel Biets, s. Adam and Sarah ; b. Nov. 8, 1762, bap. April 25.
John Biets, s. Adam and Sarah ; b. Nov. 3, 1763 ; bap. April 25.
John Zundmacher, s. Bernhard and Cath. ; b. Aug. —, 1763 ; bap. April 25.
Margaret Seybert, d. John and Eliz. ; b. March —; bap. April 28.
John Hammacher, s. John and Magd. ; b. June 17, 1764 ; bap. May 3.
John Christina Kann, s. Daniel and Regina ; b. April 30 ; bap. May 5.
John Martin Dorwart, s. Martin and Eliz. ; b. May 4 ; bap. May 12.
Conrad Lind, s. Conrad and Ann Maria ; b. May 5 ; bap. May 16.
Valentine Rummel, s. Valentine and Louisa ; b. Oct. 2, 1764 ; bap. May 16.
Ann Barb. Heger, d. Charles and Ann Marg.; b. March 3; bap. May 26.
Philip LeRoi, s. Adam and Ann Maria ; b. April 29 ; bap. May 27.
Jacob Schleck, s. Jacob and Barbara ; b. May 9, 1764 ; bap. May 27.
John Jacob Luck, s. the father is an Indian and the mother Ann Catharine ; b. Sept. 1762 ; bap. June 2.
John George Brand, s. Simon and Eliz. ; b. Feb. — ; bap. June 3.
John Brand, s. Simon and Eliz. ; b. Dec. 25, 1759 ; bap. June 3.
Mary Eliz. Shutz, d. Christopher and Maria ; b. May 16, 1764 ; bap. June 9.
John Jacob Hildebrand, s. Jacob and Barb.; b. March 22; bap. June 16.
Philip Jacob Manderbach, s. John and Eliz. ; b. Sept. 10, 1764 ; bap. June 23.
Mary Magd. Gamber, d. Wilbert and Maria ; b. June 15; bap. July 7.
Christian Long, s. Nicholas and Eliz. ; b. June 28 ; bap. July 7.
Christian Mayer, s. John and Barbara ; b. May 25, 1764 ; bap. July 14.
Jacob Schweitzer, s. Peter ; b. July 13 ; bap. July 20.
Balthasar Shaefer and Mary Barb. ; b. July 7 ; bap. July 28.
Eliz. Reyot, d. John George and Marian ; b. June 15 ; bap. July 28.
George Jacob Erenbach, s. Henry and Ann Marg. ; b. Nov. 8, 1764 ; bap. Aug. 18.
Cath. Guty, d. Martin and Barbara ; b. Aug. 9 ; bap. Aug. 18.
Veronica Kauffman, d. Solomon and Maria ; b. May 15 ; bap. Aug. 18.
Susan Strubel, d. Nicholas and Susan; b. Feb. 4, 1763 ; bap. Aug. 18.
Christina Strubel, d. Nich. and Susan ; b. Sept. 2, 1764 ; bap. Aug. 18.
John Frederic Strubel, s. Nich and Susan ; b. April 10 ; bap. Aug. 18.
Catharine Gensemer, d. John and Cath. ; b. Aug. 14 ; bap. Aug. 18.
Eliz. Bierjun, d. Peter and Eliz.; b. Aug. 19; bap. Sept. 1.
Mary Barb. Rege, d. John Peter and Mary Marg.; b. Aug. 10; bap. Sept. 1.
Mary Magdalen, d. Peter; b. Aug. 28; bap. Sept. 1.

Births and Baptisms.

Christina Shaefer, d. Henry and Eliz.; b. Nov. 15, 1764; bap. Sept. 7
Catharine Reitzel, d. George and Eve; b. Aug. 30; bap. Sept. 8.
Eve Eliz. Stuberlin, d. Yost and Marg.; b. June 25; bap. Sept. 1.
Barb. Auer, d. Melchior and Barb.; b. March 19, 1758; bap. Sept. 13.
Susan Auer, d. Melchior and Barb.; b. May 25, 1761; bap. Sept. 13.
Magdalen Auer, d. Melchior and Barb ; b. July 4; bap. Sept. 13.
George Peter, s. Lewis and Cath.; b. Aug. 23; bap. Sept. 22.
Ann Maria Visard, d. John Henry and Anna; b. Sept. 21; bap Sept. 29.
Andrew Foltz, s. Henry and Mary; b. May 10, 1764; bap. Oct. 5.
Mary Angel. Unruh, d. John and Mary Angel.; b. Sept. 8; bap Oct. 6
Elenora Gallade, d. Jacob and Elenora; b. Feb. 27; bap. Oct 6.
Ann Maria Hartman, d. Jacob and Ann Eliz.; b. April 17; bap. Oct. 3.
Ann Eliz. Decker, d. Henry and Ann Maria; b. June 13; bap. Oct. 3.
Mary Cath. Wacker, d. Christian and Eliz,; b. Oct. 7; bap. Oct. 13
Daniel Maquinet, s. Henry and Agnes; b. Sept. 24, 1763; bap. Oct. 20.
Eliz. Maquinet, d. Henry and Agnes; b. Dec. 5, 1764; bap. Oct. 20.
Ann Maria Smith, d. George and Mary Eliz.; b. July 14; bap. Oct. 20.
Elizabeth Long, d. George and Eliz.; b. Oct 14; bap. Oct. 27.
Philip Muma, s. Peter and Ann Maria ; b. Sept. 22; bap. Nov. 10.
John Henry Metz, s. Jacob and Ann Eliz.; b. Oct. 4; bap Nov. 10.
Caspar Shaffner, s. John Peter and Esther; b. Oct. 30; bap. Nov. 17.
Elizabeth Martin, d. Stephen and Cath.; b. Oct. 31; bap. Nov. 17.
Philip Bush, s. Philip and Catharine; b. Feb. 15; bap. Nov. 17.
Elizabeth Steiner, d. Frederic and Cath.; b. Sept. 18; bap. Nov. 19.
Ann Eliz. Lerch, d. Lewis Chis. and Ann Marg.; b. Nov. 13; bap. Nov. 24.
John Peter Dunges, s. Conrad and Eliz.; b. Nov. 9.; bap. Nov. 24.
George Diffendorfer, s. Michael and Christina; b Nov. 20; bap. Dec. 1.
Eliz. Wurtz, d. Lewis and Elis. Marg.; b. Sept. 27 ; bap. Dec. 1.
Michael Britzius, s. Nich. and Magd.; b. May 3, 1761 ; bap. July 3, 1761.
Eliz. Britzius, d. Nich. and Magd.; b. Dec. 5, 1762 ; bap. Feb. 5, 1763.
Adam Schweitzer, s. John and Eliz.; b. Sept. 10 ; bap. Dec. 13.
Eliz. Miesemer, d. Peter and Martha ; b. Sept. 24 ; bap. Dec. 25.
Magd. Graffort, d. Philip and Ann Maria ; b. Dec. 1 ; bap. Dec. 21.

1766.

John Lewis Bahr, s. John and Eliz.; b. Dec. 5, 1765 ; bap. Jan. 23.
Ann Christina Bott, d. Henry and Eliz.; b. Dec. 3, 1765 ; bap. Jan. 28.
Eliz. Bott, d. Henry and Eliz.; b Nov. 30, 1763 ; bap. Jan. 28.
Frederic May, s. Philip and Cath.; b. Dec. 24, 1765 ; bap. Jan. 28.
Henry Shreiner, s. Nich. and Christina ; b. Dec. 10, 1765 ; bap. Feb. 2.
John Doll, s. John and Elizabeth ; b. Jan. 15 ; bap. Feb. 9.
Cath. Gessler, d. Henry and Ann Marg.; b. Jan. 19 ; bap. Feb. 9.

The Pennsylvania-German Society.

William and Eve Eliz. Gabel ; b. Feb. 6 ; bap. Feb. 10.
John Brown, s John and Magdalen ; b. Jan. 16 ; bap. Feb. 16.
Abraham Lind, s. Michael and Juliana ; b. Nov. 16, 1765 ; bap. Feb. 16.
Cath. Ducknes, d. Henry and Maria ; b. Feb. 3 ; bap. March 2.
Rosina Riblet, d. Peter and Mary Cath.; b. Feb. 28 ; bap. March 3.
Peter Richter, s. Peter ; b. Feb. —; bap. March 3.
Salome Goroi, d. Abraham and Cath.; b. Dec. 3, 1765 ; bap. March 9.
Jacob Wien, s. George and Marg.; b. Jan. 29 ; bap. March 9.
Ann Maria Britzius, d. Nich. and Magd.; b. Feb. 14 ; bap. March 16.
Mary Magd. Graf, d. Andrew and Cath.; b. Oct. 1, 1765 ; bap. March 16.
John George Koch, s. Michael and Sophia Dorothea ; b. March 25 ; bap. March 30.
John Jacob Gurier, s. Samuel and Maria ; b. Jan. 17 ; bap. March 30.
Jacob Sarbach, s. David and Susan ; b. Feb. 28 ; bap. March 30.
John Jacob Reinhard, s. Charles and Christina ; b. Nov. 17, 1765 ; bap. March 30.
John and Mary Magd. Treber ; bap. March 30.
Ann Maria Getz, d. Jacob and Ann Maria ; b. June 13, 1765 ; bap. March 31.
Eliz. Koester, d. George and Ann Maria ; b. Nov. 30, 1765 ; bap. March 31.
John Peter Jetter, s. Peter and Eliz.; b. March 19 ; bap. March 31.
Henry Petry, s. Anthony and Eliz.; b. March 26 ; bap. April 4.
Jacob Treppert, s. Justus and Dorothea ; b. April 10 ; bap. April 13.
Ann Maria Ehresman, d. Jacob and Magd.; b. June 17, 1765 ; bap. April 20.
John Riehm, s. Christopher and Cath.; b. April 3 ; bap. April 20.
John Snyder, s. Henry and Susan ; b. Feb. 15 ; bap. April 20.
Ann Maria Riblet, d. Abraham and Cath.; b. April 18 ; bap. April 27.
Christina Weaver, d. Christina and Eliz.; b. Feb. 2 ; bap. May 8.
Marg. Gander, d. Jacob and Marg.; b. Jan. 9 ; bap. May 8.
Frederic Grohner, s. Martin and Ann ; b. Jan. 15 ; bap. May 8.
Peter Bohlinger, s. Peter and Eliz.; b. April 20 ; bap May 11.
Magd. Wolf, d. Nich. and Ann Maria ; b. March 8 ; bap. May 11.
Jacob Frey, s. John and Marg.; b. April 8 ; bap. May 11.
Mary Eliz. Strohmenger, d. Jacob and Magd.; b. July 15, 1765 ; bap. May. 18.
Mary Cath. Hen, d. Philip and Cath.; b. Feb. 7 ; bap. June 1.
Mary Cath. Rudisil, d. Michael and Mary ; b. June 6 ; bap. June 21.
Joanna Decker, d. Jeremiah and Dorothea ; b. June 25 ; bap. June 29.
Ann Maria Heckersweiler, d. John and Eliz.; b. July 2 ; bap. July 11.
Daniel Kann, s. Daniel ; b. June — ; bap. July 13.
John Adam Fisher, s: Adam and Marg.; b. June 20 ; bap. July 16.

Births and Baptisms.

John Jacob Bortsfield, s. John and Eliz.; b. June 15; bap July 16.
Eliz. Müller, d. Henry and Christina; b. June 16; bap. July 16.
Valentine Kuhn, s. Philip and Marg.; b. May 17; bap. July 27.
Mary Cath. Frey, d. Henry and Eliz.; b. Jan. 30; bap. Aug. 10.
John Kirchenschlager, s. Michael and Helena; b. March 17; bap. Aug. 24.
John Weaver, s. Jacob and Ann Martha; b. March 10; bap. Aug. 24.
Peter Lehr, s. Peter and Sybilla; b. Aug. 8; bap. Aug. 31.
John Herrman, s. Christian and Eliz.; b. Sept. 13; bap. Sept. 28.
Thos. Wilton Atkinson, s. Wilton and Ann Maria; b. June 8; bap. Oct. 5.
George More, s. Robert and Sophia; b. Sept. 15; bap. Oct. 9.
John Henry Pie, s. Jacob and Regina; b. Sept. 12; bap. Oct. 12.
Marg. Renner, d. Christopher and Cath.; b. Sept 6; bap. Oct. 14.
Cath. Eliz. Henckel, d. John and Eliz.; b. Sept 9; bap. Oct. 16.
John Peter Rege, s. Peter and Mary Marg.; b. Oct. 5; bap. Oct. 19.
John Peter Hildebrand, s. Jacob and Barb.; b. Sept. 28; bap. Oct. 26.
Ann Cath. Bens, d. Conrad and Eliz.; b. Oct. 12; bap. Oct. 26.
John Caspar Brunner, s. Caspar and Ursula; b. Oct. 25; bap. Nov. 2.
Ann Marg. Born, d. Ernest and Amelia; b. Oct. 27; bap. Nov. 9.
William Baumberger, s. Arnold and Eliz.; b. Nov. 1; bap. Nov. 9.
Cath. Kann, d. John and Elizabeth; b. Oct. 28; bap. Nov. 16.
Eliz. Cath. Reiter, d. John and Amelia; b. Nov. 3; bap. Nov. 22.
John Philip Shaefer, s. Balthasar and Ann Marg; b. Oct. 20; bap. Nov. 23.
Mary Cath. Fern, d. Jacob and Mary Magd.; b. Nov. 1; bap. Nov. 23.
Barbara Hauer, d. Nicholas and Cath.; b. Dec. 3; bap. Dec. 14.
Peter Hoffman, s. John and Eliz.; b. Oct. 4, bap. Dec. 26.
Elizabeth Wolf, d. Bernhard and Char.; b. Dec. 11; bap. Dec. 28.

1767.

Herman Spohr, s. Henry and Cath.; b. Jan. 7; bap. Jan. 11.
Louisa Mayer, d. John and Barbara; b. Dec. 5, 1766; bap. Jan. 11.
Benedict Witmer, s. Sebastian and Marg; b. Nov. 12, 1766; bap. Feb. 4.
Ann Marg. Miller, d. Jacob and Catharine; bap. Feb. 22.
Daniel Ehresman, s. Jacob and Magd.; b. Dec. 2, 1766; bap. March 1.
Sebastian Ratholsperger, s. John and Cath.; b. Dec. 7, 1766; bap. Feb. 4.
Caspar Shaffner, s. Caspar, Jr., and Eliz.; b. Feb. 18; bap. March 8.
John and Elizabeth Messenkop; bap. March 8.
Catharine Drum, d. Caspar and Cath.; b. Feb. 3; bap. March 22.
Mary Marg. Kopf, d. George and Cath; b. Jan. 25; bap. March 28.
Ann Maria Bush, d. William and Barbara; bap. April 4.
George Shaefer, s. Geo. Balt. and Barb.; b. March 7; bap. April 5.

Elizabeth Ehrhard, d. Daniel and Marg. ; b. Jan. 2; bap. April 5.
Ann Maria Shup, d. Christ. and Maria ; b. Oct. 12, 1766 ; bap. April 12.
Magdalen Rohrer, d. Caspar and Marg.; b. April 1 ; bap. April 18.
Anna Betz, d. Frederic and Ann Maria ; bap. April 19.
Juliann Shlick, d. Jacob and Barb.; b. Aug. 19, 1766 ; bap. May 24.
Catharine Shaffner, d. Henry and Anna ; b. May 8; bap. May 31.
Mary Madg. Getz, d. John and Ann Maria ; b. April 23 ; bap. May 31.
Christopher De Lancy, s. Francis and Marian ; bap. May 31.
Veronica Bahr, d. John and Elizabeth ; b. May 2 ; bap. May 17.
Mary Salome Gardner, d. Val. and Magd.; b. May 19 ; bap. June 8.
Susan Backentoss, d. Jacob and Eliz.; b. June 8 ; bap. June 14.
Joseph Brown, s. Joseph and Madg.; b. May 24 ; bap. June 14.
Barb. Lorshbach, d. Herman and Barb.; b. June 20 ; bap. June 21.
Peter Hufnagel, s. George and Eliz.; b. May 27 ; bap. June 28.
John Henry Russing, s. Bernhard and Susan; b. April 28; bap. June 28.
Margaret Hartman, d. Christian and Christina ; b. March 22 ; bap. June 28.
Conrad Strubel, s. Nicholas and Susan ; b. March 3 ; bap. July 1.
Jacob Isch, s. Peter and Philippina ; b. April 9 ; bap. April 26.
Ann Maria Hendel, d. William and Eliz.; b. June 30 ; bap. July 12.
Susan Buch, d. Christian and Susan ; b. July 19 ; bap. July 21.
Ann Maria Reuss, d. Christian and Eliz.; b. May 31 ; bap. July 27.
Juliana Peter, d. Lewis and Cath.; b. July 24 ; bap. Aug. 2.
Christopher Kurtz, s. Christian and Eve ; b. Aug. 1 ; bap. Aug. 5.
Christina Klein, d. Peter and Marg.; b. June 28 ; bap. Aug. 12.
Elizabeth Voisin, d. John and Eliz.; b. June 19 ; bap. Aug. 12.
Maria Agatha Kopf, d. Peter and Mary Magd.; b. Feb. 8; bap. Aug. 12.
John Frey, s. Jacob and Catharine ; b. Aug. 23 ; bap. Aug. 30.
John Adam Hay, s. Philip and Barbara ; b. Aug. 2 ; bap. Aug. 30.
Eliz. Shaffner, d. Peter and Esther ; b. Aug. 18 ; bap. Sept. 6.
Mary Eliz. Deredinger, d. John and Marg.; b. June 12 ; bap. Sept. 9.
John Gorner, s. John and Elizabeth ; b. Sept. 1 ; bap. Sept. 23.
Jacob Jantz, s. Conrad and Marg.; b. July 31 ; bap. Sept. 27.
Mary Magd. Getz, d. Jacob and Anna Maria; b. Feb. 14; bap. Sept. 27.
John Caspar Weaver, s. Caspar and Ann Eliz.; b. Sept. 6; bap. Oct. 7.
Bernhard Henry Bott, s. Henry and Eliz.; b. Aug. 17; bap. Oct. 7.
Frederic Martin Long, s. Nich. and Eliz.; b. Aug. 24 ; bap. Oct. 11.
Elizabeth Bader, d. Peter and Susan ; b. Sept. 1 ; bap. Oct. 11.
——— Long, -. George and Marg.; b. Sept. 9 ; bap. Oct. 11.
John Shreiner, s. Nicholas and Christina ; b. Aug. 27; bap. Oct. 18.
Lewis Steinweg, s. John and Veronica ; b. May 13 ; bap. Oct. 20.
John Wuntsh, s. Ulrich and Eliz.; b. Aug. 24 ; bap. Nov. 1.
Joseph Nagely, s. George and Marg.; b. Oct. 5, 1766; bap. Nov. 14.
Elizabeth Gudy, d. Martin and Barb.; b. Nov. 22 ; bap. Nov. 29.

Births and Baptisms.

Elizabeth Hatz, d. John and Anna Maria; b. Nov. 26; bap. Dec. 6.
Cath. Franciscus, d. Christopher and Ann Marg.; b. Sept. 7; bap. Dec. 6.
Jacob Weidler, s. Michael and Magd.; b. Sept. 15; bap. Dec. 6.
Eve Christina Frohner, d. James and Eve; b. Nov. 21; bap. Dec. 20.
Cath. Graffort, d. Philip and Anna Maria; b. Nov. 9; bap. Dec. 26.
Eliz. Seyb, d. Peter and Marg.; b. Nov. 13; bap. Dec. 27.

1768.

David Hall, s. Charles and Salome; b. Nov. 17, 1767; bap. Jan. 1.
Ann Marg. Gardner, d. Michael and Cath.; b. Dec. 9, 1767; bap. Jan. 3.
Henry Miller, s. Henry and Christina; b. Nov. 16, 1767; bap. Jan. 8.
Cath. Martin, d. Bernhard and Barbara; b. Dec. —, 1767; bap Jan. 10.
Ann Eliz. Eiteneyer, d. Jacob and Ann Maria; b. Jan. 2; bap. Feb. 7.
Eliz. Gessler, d. Henry and Marg.; b. Dec. 10, 1767; bap. Feb. 14.
Margaret Copat, d. Abraham and Magd.; b, Jan. 18; bap. Feb. 21.
Charles Bensel, s. John and Dorothea; b. Jan. 2; bap. Feb. 26.
Henry Decker, s. Henry and Ann Maria; b. July 10, 1767; bap. March 12.
Jacob Hartman, s. Jacob and Eliz.; b. Aug. 26, 1767; bap. March 12.
Salome Shob, d. Bernhard and Helena; b. Aug. 12, 1767; bap. March 12.
John Unruh, s. John and Mary Angelica; b. Jan. 25; bap. March 13.
Jacob Schwob, s. Christian and Magd.; b. March 16; bap. April 1.
Eliz. Romel, d. Valentine and Louisa; b. Oct. 19, 1767; bap. April 4.
Joseph Doll, s. John and Elizabeth; b. March 13; bap. May 1.
John Jacob Edy, s. Bastian and Ann Maria; b. March 22; bap. May 3.
George Henry Hamer, s. Frederic and Eliz.; b. March 5; bap. May 6.
Charles Marquetand, s. Lorenz and Barb.; b. April 11; bap. May 7.
Cath. Le Fevre, d. Adam and Ann Eliz.; b. Dec. 15, 1767; bap. May 8.
William Wurtz, s. Lewis and Eliz. Marg.; b. Dec. 7, 1767; bap. May 8.
Marg. and Eliz. (twins), d. Juliana Shantz and Paul Weitzel, b. March 27; bap. May 14.
Elizabeth Bohlinger, d. Peter and Eliz.; b. April 23; bap. May 15.
Philip Bushong; bap. May 20.
Christina Hillegas, d. Conrad and Cath.; b. May 4; bap. May 21.
Barbara Schweitzer, d. John and Eliz.; b. April 1; bap. May 23.
Eliz. Herman, d. Christian and Eliz.; b. Oct. 9, 1767; bap. June 12.
John Reinhard, s. Charles and Christina; b. Aug. 26, 1767; bap. June 14.
Ann Maria Cooper, d. William and Cath.; b. June 19; bap. June 26.
Elizabeth Zanck, d. Henry and Cath.; b. June 27; bap. July 3.
Ann Maria Getz, d. Jacob and Ann Maria; b. April 7; bap. July 3.
Felix Beck, s. George and Cath.; b. May 27; bap. July 4.
Henry Christen, s. Henry and Eliz.; b. Oct. 30, 1767; bap. July 17.
Catharine Gensemer, d. John and Cath.; b. July 14; bap. July 24.

Mary Barbara Snyder, d. Henry and Cath.; b. June 21; bap. July 24.
Catharine Müller, d. Daniel and Julianna; b. Aug. 7; bap. Aug. 14.
Barbara Metz, d. Jacob and Cath.; b. May 3; bap. Aug. 21.
Cath., d. Mary Cath. Garff and George Metzger; b. July 25; bap. Aug. 21.
Francis Henry Strong, s. James and Magd.; b. Jan. 11; bap. Aug. 9.
Eliz., d. Henry Hobel and Eliz. Martin; b. May 2, 1767; bap. Aug. 9.
Peter Hufnagel, s. William and Magd. ; b. Aug. 23; bap. Sept. 4.
Magd. Visard, d. Henry and Anna; b. May 23 ; bap. Sept. 18.
Jacob Lutz, s. Jacob and Catharine ; b. May 13 ; bap. Sept. 21.
George Lutz, s. George and Cath. ; b. June 7 ; bap. Sept. 21.
Jacob Alter, s. John and Anna ; b. Aug. 18 ; bap. Sept. 21.
John Kohler, s. Michael and Elizabeth; b. Aug. 3 ; bap. Sept. 21.
Ann Maria Wurmle, d. John and Eliz. ; b. July 2 ; bap. Sept. 21.
John Peter, s. Lewis and Catharine ; b. Sept. 18 ; bap Oct. 2.
Susan Neucomer, d. Henry and Ann Maria ; b. Aug. 5 ; bap. Oct. 2.
Eliz. Staufer, d. Vincent and Veronica ; b. Sept. 30 ; bap. Oct. 2.
Augustus Weis, s. William ; bap. Oct. 9.
Lewis Fred. Freysager, s. Lewis and Eliz. ; b. July 20 ; bap. Oct. 16.
William Hendel, s. William and Eliz. ; b. Oct. 15 ; bap. Oct. 23.
Eliz. Henneberger, d. Melchior and Eliz.; b. Aug. 7, 1749; bap. Oct. 23.
William Riehm, s. Christopher ; b. Oct. — ; bap. Oct. 23.
Jacob Geyer, s. Jacob and Catharine ; b. Dec. 11, 1766 ; bap. Oct. 28.
Conrad Frey, s. John and Magdalen ; b. Sept. 29 ; bap. Oct. 29.
John Weigel, s. Daniel and Anna ; b. Oct. 19 ; bap. Nov. 8.
Cath. Luettig, d. Nicholas and Rosina ; b. Oct. 18 ; bap. Nov. 13.
Ann Maria Walter, d. Rupert and Ann Maria; b. Sept. 2; bap. Nov. 13.
Mathew Pottsfield, s. John and Eliz. ; b. Oct. 7 ; bap. Nov. 16.
Eliz. Decker, d. Jeremiah and Dorothea ; b. Oct. 29 ; bap. Nov. 20.
John Spohr, s. Henry and Catharine ; b. Nov. 20 ; bap. Dec. 11.
Carharine Spohr, d. Herman and Cath. ; b. Nov. 13 ; bap. Dec. 25.

1769.

John Caspar Richter, s. Peter and Cath.; b. Dec. 19, 1768 ; bap. Jan. 1.
Daniel Pie, s. Jacob and Regina ; b. Dec. 28, 1768 ; bap. Jan. 1.
Marg. Petry, d. Anthony and Eliz.; b. Dec. 24, 1768 ; bap. Jan. 8.
Jacob Spring, s. Nich. and Christina ; b. Dec. 6, 1768 ; bap. Jan. 11.
Magdalen Rahm, d. Jacob ; b. Jan. 11 ; bap. Jan. 15.
Charlotte Griesinger, d. George and Mary Eliz.; b. Dec. 31, 1768 ; bap. Feb. 5.
Eliz. Gerlach, d. Nich. and Sophia ; b. Nov. 17, 1768 ; bap. Feb. 5.
Caspar Grub, s. Caspar and Ann Marg.; b. Dec. 10, 1768 ; bap. Feb. 12.

(*To be continued.*)

BIRTHS AND BAPTISMAL REGISTER
— OF —
FIRST REFORMED CHURCH,
LANCASTER, PA.

[CONTINUED.]

1769.

John Georg Seybert, s. John and Eliz. ; b. Jan. 14 ; bap. Feb. 19.
Henry Rung, s. Henry and Anna ; b. Feb. 11 ; bap. Feb. 19.
John Kreider, s. George and Susan ; b. Feb. 4 ; bap. Feb. 26.
John Georg Wolf, s. Bernard and Charlotte ; b. Feb. 12 ; bap. March 8.
Jacob Gander, s. William and Margaret ; b. Sept. 10, 1768 ; bap. March 9.
William Gander, s. William and Margaret ; b. March 20, 1767 ; bap. not known.
Eleonora Gander, d. William and Margaret ; b. Dec. 5, 1765 ; bap. not known.
Ann Margaret Spohr, d. Peter and Christina ; b. Jan. 26 ; bap. March 19.
George Peter Beitig, s. Peter and Susan ; b. Oct. 26, 1768 ; bap. March 27.
Barbara Knapp, d. Michael and Cath. ; b. Jan. 7 ; bap. March 27.
Barbara Smith, d. Philip and Maria ; b. Dec. 3, 1768 ; bap. March 27.
Ann Maria May, d. Philip and Catharine ; b. Feb. 23 ; bap. March 27.
Ann Margaret Halm, d. Philip and Cath. b. March 23 ; bap. April 9.
Christian Lehr, s. Peter and Sybilla ; b. Nov. 9, 1768, bap. April 9.
Jacob Born, s. Ernest and Amelia ; b. April 15 ; bap. April 23.
Ann Maria Reiter, d. John and Amelia ; b. Nov. 30, 1768 ; bap. April 23.
Ann Margaret Geringer, d. Henry and Rosina ; b. Jan. 17 ; bap. April 23.
John Adam Pfeifer, s Adam and Cath. ; b. Feb. 8 ; bap. March 26,

The Pennsylvania-German Society.

John Gudy, s. Peter and Christina ; b. April 23 ; bap. April 30.
Philip Stuberlin, s. Peter and Christina ; b. Feb. 5 ; bap. April 30.
Ann Maria Hall, d. Charles and Salome ; b. April 30 ; bap. June 4.
Ann Maria Betz, d. Frederick and Ann Maria ; b. Jan. 6 ; bap. June 11.
Elizabeth Martin, d Stephen and Catharine ; b. July 6 ; bap. July 25.
Margaret Brunner, d. Caspar and Ursula ; b. June 13 ; bap. July 25.
John Gamber, s. Rudolph and Elizabeth ; b. June 24 ; bap. July 2.
Elizabeth Buch, d. Felix and Cath. ; b. July 9 ; bap. Aug. 1.
Maria Salome Shlick, d. Jacob and ———; b. Dec 20, 1768 ; bap. August 6.
John Martin Lorshbach, s. Herman and Barbara ; b. June 18 ; bap. August 20.
Barbara Kann, d. Daniel and Regina ; b. August 12 ; bap. August 20.
Ann Elis. Rusing, d. Bernhard and Susan ; b. June —; bap. August 20.
Barbara Muller, d. Henry and Christina ; b. Aug. 3 ; bap. August 26.
Jacob Weaver, s. Jacob and Martha ; b. July 21 ; bap. August 28.
Cath. Barbara Hellman, d. Jacob and Cath. ; b. August 12 ; bap. Sept. 3.
Elizabeth Hufnagel, d. Peter and Charlotte ; bap. Sept. 3.
Adam Strong, s. James and Magdalen ; b. Sept. 13 ; bap. Sept. 28.
John Renner, s. Christopher and Cath. ; b. August 27 ; bap. Oct. 1.
Henry Frey, s. Henry and Elisabeth ; b. July 1 ; bap. Oct. 3.
Elizabeth Kunz, d. John and Margaret ; b. Oct. 4 ; bap. Oct. 18.
Jacob Wolf, s. Nicholas and Ann Maria ; b. August 16 ; bap. Oct. 15.
William Manderbach, s. John and Eliz. ; b. Sept. 24 ; bap. Oct. 15.
John Ulrich Bott, s. Henry and Elisabeth ; b. Sept. 25 ; bap. Oct. 22.
John Peter Hufnagel, s. George and Eliz. ; b. Oct. 12 ; bap. Nov. 5.
John Hamer, s. Frederic and Elizabeth, b. Sept. 6.

1770.
(Vacant).

Elizabeth Loewig, d. Jacob and Eliz. ; b. Nov. 23, 1769 ; bap. Jan. 7.
John Shaffner, s. Peter and Esther ; b. Jan. 4 ; bap. Jan. 7.
Maria Salome Manderbach, d. Henry and Ann Maria ; b. Dec. 16, 1769 ; bap. Jan. 14.
Eliz. Wein, d. George and Margaret ; b. Dec. 21, 1769 ; bap. Jan. 14.
John Jacob Frey, s. Jacob and Catharina ; b. March 28 ; bap. April 22.
Elizabeth Weygel, d. Daniel and Ann ; b. Nov. 19, 1769 ; bap. April 22.
Arnold Snyder, s. Henry and Susan ; b. Jan. 25 ; bap. April 22.
Ann Eliz. Weibel, d. Gast and Cath. ; b. Nov. 1, 1769 ; bap. April 22.
Christian Herman, s. Solomon and Susan ; b. Jan. 22 ; bap. April 22.
Christian Dommens, s. Mich. and Maria ; b. June 9, 1753 ; bap. April 25.

Births and Baptisms.

John Dubois, s. Conrad and Eliz. ; b. July —, 1750 ; bap. April 25.
Ann Dorothea Shoebel, d. John and Susanna ; b. Feb. 27 ; bap. April 28.
Eliz and Mary Magd. Eckman, (twins), d. Henry and Esther ; b. March 9 ; bap. April 28.
Magdalena Kaufman, d. Christian and Regina ; b. Oct. 28, 1769 ; bap. April 28
John Koenig, s. Adam and Ann Maria ; b July 22, 1769 ; bap. April 29.
John Martin Fisher, s. Abraham and Cath. ; b March 6 ; bap. April 29.
Catharine Eideneier, d. Jacob and Ann Maria ; b. Feb. 7 ; bap. April 29.
Daniel Herchelroth, s. Henry and Mary Cath. ; b. Dec 18, 1769 ; bap. April 29.
Ann Maria Long, d. Nicholas and Elizabeth ; b ———; bap. April 27
Ann Margaret Mayer, d. John and Barbara ; b. Oct. 12 ; bap. Oct. 31.
John Adam Decker, s Henry and Ann Maria ; b. August 27, 1769 ; bap. Oct 31.
John Jacob Shaeffer, s. George Balt. and Mary ; b July 10 ; bap. Oct. 31.
Susan Maria Reigert, d Henry and Ann Maria ; b. August 31 ; bap Oct. 31
John Conrad Hillegas, s Conrad and Catharine ; b. Oct 1 ; bap Oct. 31.
John Jacob Getz, s. John and Ann Maria ; b. July 11 ; bap. Oct. 31
John Peter Getz, s. Jacob and Ann Maria ; b. April 24 ; bap. Oct. 31.
Susan Catharine Spitzer, d. Andrew and Catharina ; b. Oct. 2 ; bap. Nov. 17.
Ann Maria Wolf, d. Bernard and Charlotte ; b. Nov. 15 ; bap. Nov. 18.
Abraham Hirsch, s Henry, b July 11 ; bap. Dec. 23.

1771.
Rev Charles Lewis Boehme.

Jonas Dorwart, s. Martin and Marian ; b. Feb. 14 ; bap. Feb. 24.
Christina Weaver, d. Jacob and Ann Martha ; b. March 2 ; bap. March 17.
John Gessler, s. Henry and Margaret ; b. Feb. 9 ; bap. March 24.
Elizabeth Goebel, d John and Barbara ; b. Dec. 24, 1769 ; bap. April 6.
William Krebs, s. Michael and Margaret ; b April 1 ; bap. April 7.
John Lehr, s. Peter and Sybilla ; b. Jan. 12 ; bap. April 14.
Christian Shaefer, s. Jacob and Barbara ; b April 11 ; bap. April 14.
George Kraft, s. Jacob and Catharine ; b. ———; bap. April 21
Ann Margaret Kurck, d. John and Rebecca ; b. ———; bap. April 21.
Ann Margaret Grubb, d. Caspar and Ann Margaret ; b. March 7 ; bap. April 28.
Henry Smith, s William and Ann ; b Nov 10, 1770 ; bap Feb. 24.
Regina Magdalena Beyroth, d. Michael and Ann Margareta ; b. Nov. 3, 1769 ; bap. May 4.

The Pennsylvania-German Society.

John Charles Reinhart, s Charles and Christina ; b. July 1, 1770 ; bap. May 9
Susan Gabel, d William and Barbara ; b. Feb. 2 ; bap. May 12.
Michael Danner, s. Michael ; b. Dec. 26, 1754 ; bap. May 16.
Anna Danner, d. Michael ; b. Dec. 26, 1757 ; bap. May 16.
Elizabeth Pie, d. Abraham and Elizabeth ; b. March 8 ; bap. May 19.
Elizabeth Wingert, d. Lorenz and Barbara ; b. May 27 ; bap. June 3.
Margaret Nagel, d. Christopher and Margaret ; b. May 25 ; bap. June 9.
William Fortene, s. Jacob and Margaret ; b. Nov. 20, 1770 ; bap. June 13.
Charles Lewis Hoffman, s. John and Elizabeth ; b. June 14 ; bap. June 24.
Peter Mumma, s. Peter and Ann Maria ; b. March 29 ; bap. June 4.
Ann Elizabeth Waller, d. Robert and Ann Maria ; b. March 17, 1770 ; bap. June 14.
Magdalena Rublet, d. Peter and Catharine ; b. July 22 ; bap. July 23.
Agnes Marfe, d Isaac and Ann ; b. April 27 ; bap. July 28.
Peter Born, s. Peter and Susan ; b. June 2 ; bap. July 28.
John Schopp, s. Bernhard and Eleonora ; b. ——; bap. August 15
John Cauhich, s. Patricius ; b. ——; bap. August 15.
John George Kreiss, s. Philip and Elizabeth ; b. July 31 ; bap. August 18.
Ann Maria Nieb, d. Gottlieb and Christina ; b. August 17 ; bap. August 18.
Elizabeth Brand, d. Joseph and Magdalen ; b. July 28 ; bap. August 25.
N. B.—This child was baptised in the French language previous to the sermon, which was preached in the same language.
Barbara Frey, d. Henry and Elizabeth ; b. July 3 ; bap. Sept. 15.
Ann Maria Hamer, d. Frederic and Susan Eliz. ; b. August 7 ; bap. August 22.
Catharine Dedie, d. John and Ann Maria ; b. July 25 ; bap. Sept. 22.
Ann Maria Kneiss, d. Henry and Elizabeth ; b. August 14 ; bap. Sept. 22.
Elizabeth Manderbach, d. Henry and ——; b. ——; bap. Sept. 22.
Michael Deredinger, s. John and Margaret ; b. middle of April ; bap. Sept. 22.
Margaret Beitz, d. George and Margaret ; b. Oct 13, 1770 ; bap. Oct. 8, 1771.
William Gamber, s. Rudolph and Elizabeth ; b. Sept. 24 ; bap. Sept. 29.
Henry Marty, s. Nicholas and Barbara ; b. Sept 24 ; bap. Sept 27.
Michael Hufnagel, s George and Elizabeth ; b Sept. 12 ; bap. Oct. 6.
Philip Lewig, s. Philip and Appolonia ; b. August 7 ; bap. Oct. 6.
Mary Magdalena Guedy, d Martin and Barbara ; b. Oct 3 ; bap Oct. 13.
John George Treber, s. John and Margaret ; b. Feb 14 ; bap. Oct. 13.
Catharine Kress, d. John and Ann Maria ; b. Oct. 11 ; bap. Oct. 20.
Ann Magdalena Renner, d Christopher and Catharine ; b. August 30 bap. Oct. 27.

Births and Baptisms.

John Jacob Brunner, s. Caspar and Ursula ; b. Oct 25 ; bap. Oct 27.
Barbara Wilhelm, d Jacob and Elizabeth ; b Oct. 6 ; bap. Nov. 3.
George Weidler, s. Michael and Magdalen ; b. March 21 ; bap. Oct. 29.
Ann Elizabeth Weidler, d. Jacob and Anna ; b. Jan 1 ; bap. Oct. 29.
Catharine Zorn, d. Chistian and Elizabeth ; b. Oct. 28 ; bap. Nov. 10.
John Henry Stauffer, s. Vincent and Veronica ; b. August 26 ; bap. Nov 17.
John Long, s. Matthew and Catharine ; b. ———; bap. Nov. 24.
John Peter Reitzel, s. Peter and Mary Barbara ; b Nov. 7 ; bap. Nov 24.
Elizabeth Barbara Dippel, d. Matthew and Catharine ; b. August 17 ; bap August 19.
Catharine Martin, d. Stephen and Catharine ; b. Nov. 11 ; bap. Dec. 1.
John George Riehm, s. Christopher and Catharine ; b. Nov. 29 ; bap. Dec. 4.
John Anthony Brown, s. William and Elizabeth ; b about Sept 1 ; bap. Dec 5.
Aaron Wein, s. Robert and Maria ; b. the close of '69 or beginning of '70 ; bap. Dec. 5.
Elizabeth Wien, d. Robert and Maria ; b. Nov 25 ; bap. Dec. 5
Anna Maria Weichel, d. Daniel and Anna ; b. Dec. 8 ; bap. Dec. 16.
Anna Margaret Hellman, d. Jacob and ———; b. ———; bap. Dec 1.

1772.

John George Meyer, s Peter and Ann Maria ; b. Feb 4 ; bap. Feb. 9.
Jacob and William Krebs (twins), s. Michael and Margaret ; b. Feb. 16 ; bap Feb. 22.
Anna Christina King, d. Conrad and Catharine : b. Feb. 15 ; bap. Feb. 23.
Mary Catharine Zanck, d. Henry and Catharine ; b. Feb 10 ; bap. Feb. 23
Maria Bell, d. William and Margaret ; b Feb. 28 ; bap. Feb. 28.
John Jacob Shaffner, s. Caspar and Elizabeth ; b. March 11 ; bap. March 18.
Christian Meister, s. John and Catharine : b. ———; bap. March 21.
John Jacob Wagner, s. William and Juliann ; b. March 15 ; bap. March 22.
Mary Elizabeth Erfort, d. Theobald and Magdalena ; b. Dec. 10, 1771 ; bap. March 26.
Jacob Bigler, s. Jacob and Veronica : b. ———: bap. March 26.
John Peter Borg, s. Jacob and Mary Margaret ; b. March 3 ; bap. March 29.
Margaret Grafl, d. Andrew and Catharine ; b. March 16 ; bap. April 5.
Susan Shaefer, d. George Baltzer and Mary Barbara ; bap. April 20.

Mary Catharine Hildebrand, d. Jacob and Margaret ; b. March 27 ; bap. April 20.
Mary Madgalena Macker, d. Samuel and Mary Magdalena ; b. April 6 ; bap. April 24.
Salome Feder, d. John and Ann Maria ; b. April 13, 1771 ; bap. April 28.
Susan Elizabeth Wurtz, d. Lewis and Elizabeth ; b. Dec. 26, 1771 ; bap. May 3
Catharine Elizabeth, (illegitimate), d. Barbara Klanninger and John Shunk, b. July, 1771 ; bap. May 3, 1772.
John Jacob Bott, s. Henry and Elizabeth ; b. Nov. 23, 1771 ; bap. May 3.
John William Ernst, b. April 24 ; bap. May 10. The mother was an English woman who died shortly after the child was born. She presented the child to John Ernst, who promised to raise it and have it religiously educated.
Ann Maria Kahn, d. John and Ann Elizabeth ; b. April 20 ; bap. Map 13.
Ann Maria Shaffner, d. Peter and Esther ; b. ——; bap. May 17.
Valentine Snyder, s. Henry and Susan ; b. Jan. 1 ; bap. May 24.
John Melck, s. Henry Michael and Ann Maria ; b. Feb. 4 ; bap. May 25.
John Ledig, s. Nicholas and Rosina ; b. April 17 ; bap. May 28.
John Miller, s. Henry and Catharine ; b. August 8, 1771 ; bap. June 6.
Catharine Kauftman, d. Solomon and Ann Maria ; b. ——; bap. June 8.
Anna Margaret Getz, d. Jacob and Ann Maria ; b. Oct. 22, 1771 ; bap. June 14
Elizabeth Krieder, d. George and Susan ; b. ——; bap. June 28.
Henry LeFevre, s. Adam and Elizabeth ; b. April 11 ; bap. June 28.
Catharine Hufnagel, d. Peter and Charlotte ; b.——; bap. June 28.
Ann Margaret Weibel, d. Gast and Catharine ; b. Dec. 15, 1771 ; bap. June 29.
William More, s. Robert and Sophia ; b. June 23 ; bap. June 27.
John Peter Gydi, s. Peter and Christina ; b. ——; bap. July 19.
Mary Magdalena Roth, d. Theobald and Mary Magdalena ; b. June 14 ; bap. July 19.
Susan Smith, d. Peter and Susan ; b. August 20, 1771 ; bap. July 19.
Ann Maria Christ, d. Henry and Elizabeth ; b. June 17 ; bap. July 26.
David Geyer, s. George and Margaret ; b. March 4 ; bap. July 26.
John and Elizabeth Gensemer, (twins), s. and d. John aud Catharina ; b. July 26 ; bap. July 26.
Jacob Hauendobler, s. John and Catharine ; b. July 2 ; bap. July 31.
Catharine Waller, d. Robert and Anna Maria ; b. Sept. 30, 1771 ; bap. August 2.
John Peter LeRou, s. John and Ann ; b. April 18 ; bap. August 2.
Margaret Magdalena Frey, d. Jacob and Catharine ; b. May 29 ; bap. June 7.

Births and Baptisms.

Ann Maria Bernhard, d. Joseph and Catharine; b. ——; bap. August 4.
John Reiter, s. John and Amelia; b. Sept. 3, 1771; bap. August 5.
Mary Magdalena May, d. Philip and Catharine; b. June 7; bap. August 6.
John Peter Gabel, s. John and Barbara; b. July 12; bap. August 6.
Susan Smith, d. Peter and Catharine; b. Oct. 1, 1771; bap. August 6.
Catharine Christina May, d. John and Philipina; b. Dec. 14, 1771; bap. August 6.
Elizabeth Weaver, d. Richard and Catharine; b. June 19; bap. August 6.
David Hundel, s. Samuel and Dorothea; b. June 24; bap. August 6.
Peter and John Williams, (illegitimate twins), s. Sarah; a mulatto of the Reformed church.
Elizabeth Spohr, d. Herman and Catharine; b. July 21; bap. August 16.
Lewis Peter, s. Lewis and Catharine; b. August 5; bap August 23.
Christina Smith, d. Henry and Ann Maria; b. August 21; bap. August 23.
Joseph Becht, s. Joseph; b. ——; bap. August 31.
Mary Elizabeth Krug, d. John and Rebecca; b. August 17; bap. Sept. 12.
John Martin, s. Nicholas and Barbara; b. Sept. 8; bap. Sept. 15.
Susan Lewig, d. Jacob and Elizabeth; b. Sept. 12; bap. Sept. 18.
William Cooper, s. William and Catharine; b. Sept. 17; bap. Sept. 27.
Conrad Spitzer, s. Andrew and Cathar.; b. August 26; bap. Sept. 29.
Ann Cath. Dedie, d. John and Ann Maria; b. Sept. 3; bap. Oct. 11.
Ann Margaret Napp, d John and Catharine; b August 3; bap. Oct. 17.
Mary Elizabeth Halm, d. Peter and Maria; b Oct. 4; bap. Oct 17.
Mary Elizabeth Grob, d. Israel and Mary Elizabeth; b. Sept. 19; bap. Oct. 18.
John Hargelroth. s. Lorenz and Elizabeth; b Oct. 3; bap. Oct. 25.
John Hatz, s. John and Ann Maria; b. Oct. 26; bap. Nov. 1.
John Peter Frey, s. John and Magdalen; b. Sept. 22; bap. Nov. 1.
Mary Magdalena Rummel, d. Valentine and Louisa: b. August 12; bap. Nov. 1.
Elisabeth Feldman, d. John and Anna; b. Oct. 18; bap. Nov. 15.
Mary Christina Gerlach, d. Nicholas and Ann Sophia; b. Oct. 3; bap. Oct. 22.
John Bentzel, s. John and Dorothea; b Nov. 19; bap. Dec. 3.
John Graffort, s. Philip and Margaret; b. Oct. 22; bap. Dec. 13.
Ann Maria Huffnagel, d George and Elizabeth; b. Nov. 23; bap. Dec. 16.
Elizabeth Smith, d. William and Ann; b. Nov. 25; bap. Dec. 17.
John Dorwart, s. Martin and Mary Ann; b. Dec. 13; bap. Dec. 20.
Philipina Kleis, d. Philip and Elizabeth; b. Nov. 17; bap. Dec. 26.
John Kuhns, s. John and Margaret; b. Dec 14; bap. Dec. 26.
Ann Barbara Martin, d. Bernhard and Barbara; b. Nov. 16; bap. Dec. 27.

1773.

Susan Catharine Shoeppel, d. John George and Susan Maria; b. Dec. 1, 1772; bap. Jan. 1, 1773
Maria Benkel, d. John and Elizabeth; b. about 3 months ago; bap. Jan. 2.
John Christian Dippel, s. Matthew and Catharine; b. Dec. 27, 1772; bap. Jan. 3, 1773.
Adam Martin, s George and Anna; b. Nov. 5, 1772; bap Jan. 10.
Margaret Christina Wien, d George and Margaret; b. Dec. 26, 1772; bap. Jan. 10
Jacob Shell, s. Lewis and Margaret; b. Jan 5: bap Jan 7.
Jacob Marguetand, s. Lorenz; b Jan. 23; bap. Jan 24
John Kneiss, s Henry and Elizabeth; b. Nov. 27, 1772; bap. Jan. 31
John Wingert, s. Lorenz; b. Feb. 14; bap. Feb. 19.
Ann Maria Wolf, d. Bernhard and Ann Charlotte; b. Feb. 1; bap. Feb. 26.
Ann Margaret Lambert, d. Francis and Ann Maria; b. Feb. 13; bap Feb 28.
Anna Hoffman. d. Jacob and Margaret; b Dec. 28, 1772; bap March 9.
Maria Eve Huber, d. George and Ann Maria; b Feb 7; bap March 14.
John Bernhard Rudy, s. Jacob and Susan; b. March 29; bap April 12.
John Geriere, s. Samuel and Maria; b. Dec. 30. 1772; bap April 12
John Jacob Von Kenner, s. Balthasar and Cath.; b. Feb. 4; bap. April 15.
Elizabeth Weidler, d. Michael and Mary Magdalena; b. June 20, 1772; bap. April 15.
Ann Carharine Weidler, d Jacob and Anna; b. Feb. 23; bap. April 15.
Michael Schnutz, s John and Ann Maria; b. Oct. 2, 1772; bap. April 15.
Thomas Hilgert, an adult, 23 years of age, bap. April 5.
Mary Catharine Frey, d. Henry and Elisabeth; b. Oct. 12, 1772; bap. April 25
Susan Catharine Hillegas, d. Conrad and Catharine; b. Feb 5; bap. May 16.
John Peter Grub, s. Casper and Ann Margaret; b. April 19; bap. May 17.
Margaret Lorshbach, d. Herman and Barbara; b. Dec. 16, 1772; bap. May 20.
Ann Maria Weaver, d. Jacob and Ann Martha; b. May 30. bap. June 3.
Moses Heslet, s. Jean and Anna; b May 19, 1761; bap. June 19, 1773.
Anna Heslet, d. Jean and Anna; b. March 28; bap. June 19.
Johnnette Hood, d. Christian and Jonette; b. Nov. 13, 1772; bap. June 19.
Christian Lewig, s. Peter and Appolonia; b. May 12; bap. June 24.
Veronica Kaufman, d. Christian and Regina; b. Sept. 24, 1772; bap. July 4

Births and Baptisms.

William, (illegitimate), s. Mary Elizabeth Door, the father Wiiliam Fleming ; b. March 29 ; bap. July 12.
Maria Salome Eideneier, d. Jacob and Ann Maria ; b. April 17 ; bap. July 18.
Christian Buch, s. Christian ; b ——; bap. July 21.
John Henry Riehm, s. Christopher and Catharine ; b. June 23 ; bap. July 25.
Ann Maria Srauffer, d. Vincent and Veronica ; b. May 14 ; bap. August 2.
Adam Smith, s. Adam and Elizabeth ; b. June 26 ; bap August 14.
Sybila Maaser, d. Samuel and Catharine ; b. Jan. 1 ; bap. August 15.
Theobald Merkle, s. Mathew and Magdalena ; b. Jan. 12 ; bap. August 15.
Ann Maria Weichel, d. Daniel and Anna ; b. March 30 ; bap. August 22.
Sophia Boehme, d. Charles Louis, pastor of the church, and Carharine ; b. August 24 ; bap. August 24.
Benjamin Brand, s. Joseph and Magdalen ; b. June 29 ; bap. Sept. 5.
Stephen Kahn, s. Daniel and Rachel ; b. ——; bap. Sept. 12.
Elizabeth Trumb ; b. ——; bap. Sept. 12.
Ann Alter, d. John and Ann ; b. Dec. 16, 1772 ; bap. Oct. 13.
Ann Maria Hauenobler, d. John and Catharine ; b. August 22 ; bap. Oct. 13.
John Hauendobler, s. Nicholas and Elizabeth ; b. Feb. 10 ; bap. Oct. 13.
Margaretta Shaefer, d. Jacob ; b. Oct. 1 ; bap. Oct. 19.
Daniel Shopp, s. Bernard and Petronella ; b. May 31 ; bap. Oct. 22.
David Reinhard, s. Charles and Christina ; b. July 13 ; bap. Nov. 3.
—— Shaffner, Peter and Esther ; b. Oct. 1 ; bap Nov 4.
John Kalkloeser, s. Daniel and Maria ; b. July 6 ; bap. Nov. 7.
Daniel Deredinger, s. John and Margaret ; b. June 14 ; bap. Nov. 7.
Elizabeth Gamber, d. Rudolph and Elizabeth ; b. Oct. 20 ; bap. Nov. 7.
William May, s. Philip and Catharine ; b. July 12 ; bap. Nov. 11.
Susan Miller, d. Henry aud Christina ; b. July 2 ; bap. Nov. 11.
Christian Ganther, s. William and Margaret ; b. Nov. 30, 1771 ; bap. Nov. 11, 1773.
John Fred. Fisher, s Lewis and Catharine ; b. Jan 9, 1772 ; bap. Nov. 11, 1773.
Hannah Winter, d Peter and Rebecca ; b. June 31 ; bap. Nov 11.
Elizabeth Brunner, d Caspar and Ursula ; b. Nov. 15 ; bap Nov 20.
Daniel Germ, s. Jacob and Mary Magdalena ; b. Nov. 26 ; bap. Dec. 10.
John Long, s Nicholas ; b Oct. 23, 1772 ; bap Dec. 12, 1773.
Magdalen Dedie, d. Jean and Ann Maria ; b. Oct 23 ; bap. Dec. 13.

1774.

John Huetter, s. George and Catharine ; b. ——; bap Jan 2.
Ann Margaret Hatz, d. John and Ann Maria ; b. Jan. 16 ; bap. Jan. 30.

Andrew Shople, s John and Eve ; b. Dec. 18, 1773 ; bap. Feb. 6.
Ann Margaret Martin, d . Stephen and Catharine ; b. Jan. 30 ; bap. Feb 13.
Nicholas Dieflenderfer, (died).s. Michael ; bap. Feb. 15.
Elizabeth Muma, d. Peter and Anna Maria ; b. Jan. 8 ; bap. Feb. 17.
Esther Ehresman, d. Jacob and Magdalen ; b. Jan. 11 ; bap. March 10.
John Fred Hammer, s. Fred. and Susan Elizabeth ; b. Feb. 9 ; bap. March 10.
Michael Becht, s. Joseph and Christina ; b Feb. 10 ; bap. March 15.
James Mecomre, s. David and Anna ; b. Jan. 31 ; bap. March 15.
Catharine Weber, d. Reinhard and Catharine ; b. Dec. 27, 1773 ; bap. March 15.
Charlotte Hufnagel, d. Peter and Charlotte ; b. March 4 ; bap March 20.
John Mose, s. Christian and Catharine ; in his 14th year ; bap. March 24.
Christ Mose, s. Christian and Catharine ; in his 16th year ; bap March 24.
Ann Maria Mose, d. Christian and Catharine ; in her 11th year ; bap. March 24.
Nancy ——, the father is Benjamin Taylor, the mother Polly Cauich ; b. Oct. 1, 1773 ; bap. March 24.
Lawrence Behsler, s. Christian and Mary Barbara ; b. Oct. 13. 1773 ; bap. April 19.
Jacob Herman, s. Solomon and Susan ; b. end of Nov. 1773 ; bap. Apr. 10.
John Jesler, s. John and Elizabeth ; b. April 15 ; bap. April 17.
Daniel Grist, s. Henry and Elizabeth ; b. Jan. 31 ; bap. April 27.
John George Bott, s. Henry and Elizabeth ; b. March 28 ; bap. May 12.
John George Schell, s. Lewis and Margaret ; b. May 1 ; bap. May 12.
John George Mellinger, s. Fred. and Anna ; b. April 25 ; bap. May 19.
——, —. Jacob Frey, bap. May 24.
John Pritz, s. George and Margaret ; b. March 11, 1773 ; bap. May 24, 1774.
George Fred. Debler, s. Christian and Ann Maria ; b. May 19 ; bap. June 2.
——, John Feldman and Anna ; b. May 7 ; bap. June 5,
——, John Glatz and —— ; b. May 4 ; bap. June 5.
Elizabeth Deringer, d. Henry and Ann Maria ; b. Nov. 5, 1773 ; bap. June 19
Ann Maria Burkhard, d. George and Margaret ; bap. July 24.
Valentine Kuhns, s. John and Margaret ; b. July 17 ; bap. July 25.
Charlotte Boehme, d. Charles Lewis, pastor of the church, and Catharine ; b. July 16 ; bap. July 31.
John Jacob Smith, s. William and Ann Barbara ; b. ——; bap. July 13.

Births and Baptisms.

John Fred. Snith, s. William and Ann Barbara; bap. July 31.
John George Weaver, s Jacob and Ann Martha; bap. August 7.
Catharine Graff, d. Andrew and Catharine; bap. August 14.
Christian Shaeffer, d. John and Juliann; b. ———; bap August 14.
Jacob Kreider, s. George and Susan Maria; b. July 28; bap. August 21
Jacob and George Gayde (twins), s George and Elizabeth; b. Feb. 20; bap. August 18.
John George Eichholz, s. George and Catharine; b. Sept. 1; bap. Sept. 14.
Mary Catharine Gerlach, d. Nicholas and Anna; b. July 31; bap. Sept. 18.
John Adam Borck, s. James and Margaret; b. May 8; bap. Sept. 18.
John Denig, s. Peter and Elizabeth; b. July 3; bap. Aug 15.
Ann Margaret Getz, d. Jacob and Ann Maria; b. May 6; bap. Sept. 25.
Jacob Peters, s. Henry and Catharine; b Oct. 5; bap. Oct. 6.
Jacob Walter, s. John and Elizabeth; b. Oct. 9; bap. Oct. 9.
Henry George, s. Henry and Ann Maria; b. Sept. 29; bap. Oct. 9.
Catharine Margaret Ehringer, d. Daniel and Magdalene; b. Oct. 14; bap. Oct. 23.
Thomas Burns, s. Patrick and Hannah; b. April 15, 1773; bap. Nov. 3, 1774.
William McGaunt. s. John and Barbara; b. Oct. 28; bap. Nov. 3.
Sarah Mitchel, d John and Christina; b. Dec 31, 1773; bap Nov. 3, 1774
Ann Catharine Hauck, d. George and Catharine; b. May ———; bap Nov. 6.
John Weibel, s. Gast and Catharine; b. May 22; bap. Nov. 6.
Mary Catharine Stoemer, d. George and Catharine; b. August 11; bap Nov. 20
Philip Graflort, s. Philip and Margaret; b. Nov. 7; bap. Nov. 20.
George Grob, s. Peter and Philipina; b. Nov. 12; bap. Nov. 20.
Catharine Shaeffer, d. Fred and Margaret; b. Nov 12; bap. Nov. 20.
Ann Maria Steinweck, d. Thomas and Eve; b. Nov. 5; bap. Nov. 26.
Elizabeth Hook, d Henry and Maria; b. Nov. 18; bap. Nov. 27.
Mary Magdalene Frey, d John and Mary Magdalene; b. Oct. 1; bap. Dec. 4.
John Kleis, s. Philip and Elizabeth; bap. Dec. 4
Jacob Shaefler, s. Nicholas and Elizabeth; b. Nov. 18; bap. Dec. 1.
John Henry Frankfurter, s. Henry and Elizabeth; b. March 22; bap. Dec. 8.
Ann Maria Wilhelm, the child of English parents and adopted by Adam Wilhelm and wife; b. Feb. 20, 1769; bap. Dec. 9, 1774.

John George Huber, s. George, deceased, and Anna Maria; b. Nov. 15. bap. Dec. 18.
John Fisher, s. Adam and Margaret; b. Oct. 14; bap. Dec. 13.
Henry Schnutz, s. John and Ann Maria; b. Jan. 30; bap. Nov. 28.

1775.

John George Giete, s. Peter and Christina; b. Dec. 16, 1774; bap. Jan. 1.
Ann Barbara Wingert, d. Lawrence and Anna Barbara; b. Jan. 12; bap. Jan. 13.
John William Wagner, s. William and Juliann; b. Dec. 5, 1774; bap. Jan. 15.
Anna Smith, s. William and Ann Maria; bap. Jan. 26.
Catharine Hillegas, d. Conrad and Catharine; b. Jan. 15; bap. March 17.
Melchoir Grob, s. Henry and Margaret; b. March 22, 1774; bap. March 19, 1775.
Ann Elizabeth Flick, d. William and Elizabeth Catharine; b. March 19; bap. March 21.
Andrew Spitzer. s. Henry and Margaret; b. Feb. 16; bap. March 26.
Catharine Becht, d. Jacob and Christina; b. Jan. 4; bap. April 2.
William McManemy, s. William and Mary; b. Oct. 27, 1774; bap. April 4, 1775.
Maria Eve McKennen, d. Balt. and Maria Eve, bap. April 4.
Jacob Weidler, s. Jacob and Anna; b. Jan. 24; bap. April 4.
Ann Maria Weidler, d. Jacob and Anna; b. Oct. 13, 1774; bap. April 4.
Michael Weidler, s. Michael; b. May 20, 1774; bap. April 4, 1775.
Abraham Freytag, s. Jacob and Salome; b. Jan. 6; bap. April 7.
Elizabeth Gessler, d. John and Elizabeth; b. March 28; bap. April 11.
Adam Dorwart, s. Martin and Maria Ann; b. April 19; bap. April 21.
Mary Magdalen Pie, d. Abraham and Elizabeth; b. Jan. 3.
Bernhard May, s. Philip; bap. April 14.
Child of Jacob Heleman; no dates given.
Jacob Spoor, s. Herman and Catharine; b. June 3; bap. July 2.
Mary Elizabeth Wilhelm, d. Jacob and Elizabeth; b. June 9; bap. July 23.
Elizabeth Deys, d. Andrew and Maria; b. March 22.
Matthias Zahneisen; s. Mathias and Ann Maria; b. July 14, 1774; bap. July 24, 1775.

1776.

Rev. Albert Heffenstein.

Ann Maria Shaeffer, d. Fred. and Margaret; b. Jan. 3; bap. Jan. 28.
John Lefevre, s. Adam and Elizabeth; b. Dec. 12, 1775; bap. Feb. 4.

Births and Baptisms.

John Lambert, s. Franciscus and Ann Maria; b. Dec. 23, 1775; bap. Feb. 11.
Bernhard Buch, s. Christ. and Susanna Margaret; b. Nov. 26, 1775; bap. Feb. 11.
Henry Wien, s. George and Margaret; b. August 25, 1775; bap Feb. 11.
Elizabeth Getz, d. Jacob and Ann Maria; b. Feb. 1; bap. Feb. 12.
Susan Gidi (died), d. Martin and Barbara; b. Feb. 6; bap. Feb. 13.
John Nicholas Strauss, s. John Nicholas Strauss and Elizabeth Hardman (Illegitimate); b. July 23, 1775; bap. Feb. 16, 1776.
Ann Elizabeth Fox, d. Philip and Elizabeth; b. Sept. 10, 1775; bap. March 3.
John Jacob Graff, s. Jacob and Catharine; b. Feb. 3; bap. March 3.
Magdalen (illegitimate), d. John Ebli and Ann Flubacher; b. Jan. 8; bap. March 3.
John Henry Getz, s. Fred. and Ann Maria; b. July 18, 1775; bap. March 5.
John Christ and Charles William Siegel, s. Adam and Maria Magdalena; b. Feb. 18; bap. March 13.
John Delo, s. Nicholas and Catharine; b. Feb. 4, 1773; bap. Feb. 18, 1776.
Henry Delo, s. Nicholas and Catharine; b. Feb. 14, 1774; bap. Feb. 18.
Catharine Delo, d. Nicholas and Catharine; b. August 28; bap. Feb. 18.
George Kuns, s. John and Margaret; b. Feb. 23; bap. Feb 28.
Mary Magdalena Leer, d. Peter and Sabina; b. Dec. 29, 1775; bap. March 24.
Melchior Grob, s. Henry and Margaret; b. Dec. 18, 1775; bap. March 24.
Catharine Hauendubler, d. John and Catharine; b. Nov. 12, 1775; bap. April 7.
John Shuman, s. Peter and Rebecca; b. Dec. 11, 1775; bap. April 7.
Mary Barbara Shaefer, d. John and Juliana; b. March 20; bap. April 7
John Jacob Gamber, s. Rudolph and Elizabeth; b. March 8; bap. April 7.
Dorothea Wagner, d. William and Juliana; b. March 29; bap. April 7.
Catharine Frey, d. Jacob and Catharine; b. Feb. 22; bap. April 7.
John Shafner, s. Peter and Esther; b. March 20; bap. April 14.
John Walter, s. John and Elizabeth; b ———; bap. April 14.
Daniel Lewis Paul, s John and Catharine; b. Jan. 26; bap. April 27.
Elizabeth Fisher, d. Adam and Margaret; b. Feb. 5; bap. April 30.
John Henry Gleim, s. Henry and Elizabeth; b. Feb. 23; bap April 30.
Mary Elizabeth Lewig, d. Philip and Appolonia; b. March 24; bap. May 5.
Catharine Lewig, d. Jacob and Elizabeth; b. April 2; bap. May 5.
John Hottenstein, s. Jacob and Barbara; b. May 16, 1775; bap. May 16, 1776.

The Pennsylvania-German Society.

Magdalen Bushong, d. Philip and Eve ; b. April 25 ; bap. May 21.
John George Martin, s. Bernard and Barbara ; b. March 7 ; bap. May 26.
Christina Worfel, d. John and Barbara ; b. August 18, 1774 ; bap. May 26.
John Schutz, s. Adam and Ann Maria ; b April 6 ; bap. June 2.
John Geo.ge Brunner, s. Caspar and Ursula ; b. May 29 ; bap. June 2.
Susan Zimer, d. Michael and Catharine ; b. May 31, 1775 ; bap. June 11.
John Becker, s Christ. and Catharine ; b. April 21 ; bap. June 13.
Elizabeth Oster, d. Henry and Louisa ; b. June 14 ; bap. June 23.
Ann Maria Shafer, d. Jacob and Barbara ; b. June 15 ; bap. June 30.
Elizabeth Christen, d. Henry and Elizabeth ; b. May 2 ; bap. July 5.
John Jacob Lidi, s. Nicholas and Rosina ; b. May 13 ; bap. July 7.
Charlotte Snyder, d. Simon and Catharine ; b. May 20 ; bap July 24.
Frederic Fenstermacher, s. Frederic and Ann Margaret ; b. May 30 ; bap. July 27.
Ann Maria Gessler, d. John and Elizabeth ; b. May 14 ; bap. August 4.
Margaret Borck, d. James and Margaret ; b. August 3 ; bap. August 11.
Anna Bott, d Henry and Elizabeth ; b. June 18 ; bap. Sept. 22.
Magdalen Waller, d. Robert and Ann Mary ; b. July 6 ; bap. Oct. 20.
Ann Mary Elizabeth Shorflee, d. John and Eve ; b. Sept. 10 ; bap. Nov. 6.
Ann Maria Link, d. Adam and Maria ; b. Nov. 26, 1770 ; bap. Nov. 7, 1776.
Henry Link, s. Adam and Maria ; b. March 29, 1772 ; bap. Nov. 7.
Adam Link, s. Adam and Maria ; b. May 15, 1774 ; bap. Nov. 7, 1776.
John Link, s. Adam and Maria ; b. August 30, 1775 ; bap. Nov. 7.
John Smith, s. William and Anna ; b Sept. 9 ; bap. Nov. 16.
Elizabeth Haugendubler, d. Nicholas and Elizabeth ; b. Oct. 26 ; bap. Nov. 12.
John George Stermer, s. John George and Catharine ; b. Oct. 26 ; bap Nov. 12.
Jacob Wingert, s. Lawrence and Barbara ; b. Nov. 6 ; bap. Nov. 17.
Jacob Eckman, s. Henry and Esther ; b. Oct. 14 ; bap. Nov. 25.
Elizabeth Eichholz, d Jacob and Maria ; b. ———; bap. Dec. 3.

1777.

John George Hund, s. John George and Ann Gertrude ; b. ———; bap. Jan. 17. The father and mother are of the Hessians captured at Trenton.
John Nicholas Willener, s. John Rein. and Barbara Elizabeth ; b. Feb. 1 ; bap. Feb. 5.
John Philip Heffenstein, s. Albert and Catharine ; b. Jan. 12 ; bap. Feb. 16.
William Buch, s. Peter and Catharine ; b. Jan. 26 ; bap. Feb. 23.

Births and Baptisms.

John George, s. Henry and Ann Maria ; b. Feb. 13 ; bap. Feb. 24.
John Denig, s. Peter and Elizabeth ; b. Feb. 10 ; bap. March 14.
Elizabeth Maier, d. William and Ann Maria ; b. March 15 ; bap. March 23.
John Henry Niess, s. Henry and Elizabeth ; b. Feb. 6 ; bap. April 2.
Catharine Hillegas, d. Conrad and Catherine ; b. Feb. 15 ; bap. April 6·
John George King, s. David and Charlotte ; b. April 16 ; bap April 26.
Ann Maria Labensweiler, d. Christ. and Susan ; b. Dec. 14, 1776 ; bap. April 27.
John George Theis, s. Andrew and Maria ; b. Feb. 15 ; bap. May 3.
John Jacob Becht, s. Jacob and Christina ; b. March 8 ; bap. May 4.
Catharine Litzberger, d. Adam and Catharine ; b. Dec. 23, 1776 ; bap. May 5.
Elizabeth Zimmer, d. Michael and Catharine ; b. Dec. 28, 1776 ; bap. May. 13.
Catharine Freytag, d. Jacob and Salome ; b. March 7 ; bap. May 18.
John George Frey, s. John and Magdalena ; b. Sept. 8, 1776 ; bap. May 18.
Elizabeth Shaefer, d. Conrad and Maria ; b March 2, 1776 ; bap. May 18.
John Martin Galatin, s. Daniel and Elizabeth ; b. Oct. 20, 1776 ; bap. May 26.
Jacob Billmaier, s. Andrew and Veronica ; b. Dec. 23, 1776 ; bap. May 26, 1777.
Elizabeth Hess, d. Philip and Ann Maria ; b. Feb. 10 ; bap. May 26.
Christian Betz, s Fred and Ann Maria ; b. March 17 ; bap. June 13.
John Daniel Wolf, s. Daniel and Catharine ; b. April 11 ; bap. June 13.
Susan Roeser, d. Peter and Catharine ; b. June 6 ; bap. June 15.
Catharine Markle, d. Matthew and Magdalena ; b. Oct. 21, 1776 ; bap. June 15.
John George LeFebre, s. Adam and Elizabeth ; b. March 23 ; bap. June 15.
Jacob Grob, s. Peter and Philipina ; b. Jan. 21 ; bap. July 20.
Charles William Keck, s. Charles William and Appolonia ; b. August 10, 1776 ; bap. August 10, 1777.
Catharine Schnutz, d John and Ann Maria ; b. Oct. 7, 1775 ; bap. August 13.
John Werfel, s. John and Barbara ; b. July 16 ; bap. August 31.
Michael Zahneisen, s. Matthew and Ann Maria ; b. Sept. 20 ; bap. Oct. 7.
Daniel Getz. s. John and Ann Maria ; b. June 22 ; bap. Oct. 20.
John Minnich, s. Jacob and Elizabeth ; b. August 1 ; bap. Oct. 20.
Adam Hirshberger, s. Adam and Catharine ; b. Nov. 20 ; bap. Dec. 7.
Andrew Bausman, s. Jacob and Elizabeth ; b. Nov. 5, 1776 ; bap. Sept. 14.
Child of David Graff and Barbara Danner ; b. May 31, 1773 ; bap. Dec. 26.
Child of John and Catharine Gensemer ; b. Dec. 2 ; bap. Dec. 26.

1778.

Child of Henry and Louisa Oster ; b. Dec. 25, 1777 ; bap Jan. 1.
Catharine Shaefer, d. John and Juliana ; b. Dec. 9, 1777 ; bap. Jan. 4.
Christian Isch, s. Christ. and Catharine ; b. Jan. 5 ; bap. Jan. 15.
Ann Margaret Kreider, d. Bernhard and Ann Margaret ; b. Jan. 31 ; bap. Feb. 15.
Johanna Frederica Smith, d. John and Ann Catharine ; b. Feb. 9 ; bap. Feb. 20.
Margaret Grob, d. Henry and Margaret ; b. Feb. 19 ; bap. March 1.
Margaret Shaefer, d. George and Magdalena ; b. Feb. 14 ; bap. March 1.
Abraham Trauchsel, s. John and Elizabeth ; b. Nov. 4, 1777 ; bap. March 16.
Ann Margaret Eydmayer, d. Jacob and Ann Maria ; b. Dec. 27, 1777 ; bap. April 2.
Ann Margaret Flick, d. Philip and Catharine ; b. Feb. 3 ; bap. April 2.
Frederic Shaefer, s. Frederic and Margaret ; b. March 27 ; bap. April 19.
Mary Barbara Snyder, d. John and Mary Barbara ; b. Feb. 28 ; bap. April 22.
Hannah Caldwell, d. Thomas and Margaret ; b. Oct. 15, 1777 ; bap. April 29.
Christopher Frankforter, s. Henry and Mary Elizabeth ; b. Dec 14, 1777 ; bap. May 3, 1778.
Margaret Fisher, d. Adam and Margaret : b. Jan. 16 ; bap. May 5.
Abraham Bott, s. Henry and Elizabeth ; b. April 3 ; bap. May 5.
Elizabeth Muselman, d. Christ. and Magdalena ; b. Sept. 3, 1777 ; bap. May 9.
Elizabeth Kuns, d. John and Margaret ; b. April 18 ; bap. May 10.
John Collins, s. Robert and Anna Margaret ; b. Dec. 16, 1777 ; bap. May 17.
Barbara Halter, d. John and Anna ; b. Dec. 15, 1776 ; bap. May 24
Maria Deredinger, d. John and Margaret ; b. Sept. 21, 1777 ; bap. May 24.
Henry Weaver, s. John and Sarah ; b. Oct. 8, 1777 ; bap. May 28.
Abraham Pie, s. Jacob and Rachael ; b. Feb. 8 ; bap. June 14.
John Baer, s. Henry and Maria ; b. March 3 ; bap. June 14.
Jacob Karcher, s. Samuel and Maria ; b. March 5 ; bap. June 14.
Sarah Pie, d. Abraham and Elizabeth ; b. March 11 ; bap. June 14.
Elizabeth Lambert, d. Franciscus and Ann Maria ; b. June 25 ; bap. July 19.
Esther Waller, d. Peter and Ann Maria ; b. Feb. 20 ; bap. June 26.
John Frederic Miller, s. George and Margaret ; b. Feb. 21 ; bap. June 26.
Anna Haubendubler, d. John and Catharine ; b. June 7 ; bap. June 26.

Births and Baptisms.

Christian Hartman, s. Henry and Barbara ; b. May 24 ; bap. June 30.
Elizabeth Bushong, d. Philip and Eve ; b. June 3 ; bap. June 30.
Elizabeth Shuman, d. Peter and Rebecca ; b. Nov. 7, 1777 ; bap. August 2.
Susan Hoebel, d. John and Maria ; b. June 20 ; bap. July 2.
Mary Elizabeth Edder, d. Henry and Catharine ; b. June 7 ; bap. August 9.
Elizabeth Anspach, d. Fred. and Elizabeth ; b. June 14 ; bap. July 9.
Peter Smith, s. John and Susan ; b Sept. 23, 1777 ; bap. July 10.
Ann Maria Bletz, d. John and Elizabeth ; b. May 22 ; bap. August 30.
Jacob Trayer, s. Andrew and Elizabeth ; b. July 18 ; bap. August 30.
John Mathew Merkel, s. Mathew and Magdalena ; b. March 19 ; bap. Sept. 13.
John Adam Schutz, s. Adam and Ann Maria ; b. July 10 ; bap. Sept. 13.
Elizabeth Grob, d Jacob and Margaret ; b. August 20 ; bap. Sept. 13.
John Graff, s. Jacob and Catharine ; b August 22 ; bap. Sept. 15.
Andrew Heck, s. Barth. and Sophia ; b Sept. 11 ; bap. Sept. 16.
Elizabeth Buch, d. Peter and Catharine ; b. Sept 12 ; bap. Sept 16.
John Mundel, s. Valentine and Maria ; b. August 9 ; bap. Sept. 19.
Mary Catharine Locher, d. Henry and Elizabeth ; b. August 25 ; bap. Sept. 20.
Dorothea Nagel, d. Christ and Margaret ; b. Sept. 14 ; bap. Sept 27.
Daniel Weichel, s. Daniel and Anna ; b. May 21 ; bap. Oct. 2.
John Christ, s. Valentine and Ann Maria ; b. July 17, 1777 ; bap. June 7.
John Liederson, s. Charles and Elizabeth ; b. Sept 29 ; bap Oct. 4
Ann Martha Wentzler, d. Jacob and Juliann ; b. July 7 ; bap. Oct. 7.
Mary Elizabeth Buch, d. George and Ann Maria ; b August 6, 1777 ; bap. Oct. 10
John Miller, s. Henry and Magdalena ; b. April 17 ; bap. Oct. 18.
George Dorwart, s. Martin and Mary Ann ; b. August 20 ; bap. Oct. 19.
Barbara Mayer, d. Lewis and Barbara ; b. May 4 ; bap. Oct. 22.
Jacob Gessler, s. John and Elizabeth ; b. August 4 ; bap. Oct. 29.
Elizabeth (Illegitimate), d James Reid and Ann Maria Roeser ; b. April 23, bap Oct. 29.
Jonathan Heffenstein, s. Albert and Catharine ; b. Oct. 9 ; bap. Nov. 1.
Ann Maria Weaver, d. Jacob and Ann Martha ; b Nov. 6, 1777 ; bap. Dec. 26.
Mary Barbara Shubert, d. Henry and Ann Margaret ; b. Nov. 17 ; bap. Dec. 28.

1779.

Joseph Bernhard, s. Joseph and Mary Catharine ; b. Dec. 21, 1778 ; bap. Jan. 10.

Mary Magdalena Messenkop, d. Adam and Mary Magdalena ; b. Jan. 2 ; bap Jan. 10.
Elizabeth Fisher, d. John and Catharine ; b. Dec. 25, 1778 ; bap. Jan. 17.
Catharine Seltzer, d. Charles and Magdalena ; b. Dec. 23, 1778 ; bap. Jan. 24.
John Sullivan, s. John and Ann Maria ; b Nov. 29, 1778 ; bap. Feb. 10.
John Henry Quast, s. John and Susan ; b. Jan. 9 ; bap. Feb. 15.
John Christ. Ider, s. John and Elizabeth ; b. Feb. 9. bap. Fep 21.
Elizabeth Alspach, d. John and Barbara ; b. Feb. 25 ; bap. March 7.
John Roeser, s. Peter and Catharine ; b. March 15 ; bap. March 28.
Salome Shafner, d. Peter and Esther ; b. April 2 ; bap. April 12.
Dorothea Peter, d. Henry and Catharine ; b. Dec. 26, 1778 ; bap. April 4.
Catharine Mescel, d. Lawrence and Ann Maria ; b. Dec. 20, 1778 ; bap. April 4.
George Gamber, s. Rudolph and Elizabeth ; b. March 1 ; bap. April 4.
Michael Hufnagel, s. George and Magdalena ; b. March 24 ; bap. April 4.
Ann Catharine Smith, d. William and Ann Catharine ; b. Sept. 16, 1778 ; bap. April 6.
Ann Maria Munnich, d. Jacob and Elizabeth ; b. Jan. 29 ; bap. April 19.
Elizabeth Spitzer, d. Andrew and Catharine ; b. April 24, 1778 ; bap. April 25, 1779.
John Shaefer, s. John and Juliann ; b April 31 ; bap. May 10.
Juliana Stormer, d. George and Catharine ; b. April 23 ; bap. May 16.
Catharine Haubendobler, d. Nicholas and Elizabeth ; b. March 8 ; bap. May 16.
Mary Margaret Beshler, d. Christ. and Mary Barbara ; b. April 3 ; bap. June 12.
John Shafner, s. Jacob and Margaret ; b. Jan. 13 ; bap. June 20.
Susan Ehresman, d. George and Susan ; b. March 20 ; bap June 20.
Catharine Elizabeth Gennet, d. John and Martha ; b. May 1 ; bap. June 20.
Elizabeth Barbara Kreider, d. Bernhard and Ann Margaret ; b. June 20 ; bap. July 4.
Mary Magdalena Wolf, d. Daniel and Catharine ; b. June 11 ; bap. July 11.
Jacob Backenstoss, s. Jacob and Catharine ; b. May 16 ; bap. May 23.
Jacob Shafner, s. Jacob and Elizabeth Barbara ; b. June 16 ; bap. July 11.
John Meck, s. Philip and Catharine ; b. April 1 ; bap. July 18.
Mary Magdalena Dietrich, d. Henry and Sophia ; b. July 23, 1778 ; bap. July 18.
John Martin Bard, s. Martin and Susan ; b. June 5 ; bap. July 18.
Eve Leveringshauser, d. John and Sarah ; b. Feb. 23 ; bap. July 18.

Births and Baptisms.

Rev. John Theobald Faber, Pastor.

John Haugendobler, s. John and Catharine ; b. July 31 ; bap. Sept. 12.
Joseph Haugendobler, s. Isaac and Elizabeth ; b. August 1 ; bap Sept. 12.
Margaret Wilson, d. Robert and Sophia ; b Sept. 11 ; bap. Sept. 19.
Ann Maria Bitner, d. Adam and Christina ; b. June 28 ; bap. Sept. 17.
Jacob Hillegas, s. Conrad and Catharine ; b. July 14 ; bap. Sept. 17.
George Hatz, s. John and Ann Maria ; b August 21 ; bap. Sept. 17.
John Martin Snyder, s. Felix and Magdalena ; b. July 30 ; bap. Sept. 17.
Henry Ries, s. James and Elizabeth ; b. Sept. 23 ; bap Nov. 14.
Catharine Menser, d. Fred. and Catharine ; b. Oct 5 ; bap. Nov. 14.
John Russing, s Bernhard and Susan ; b. August 31 ; bap. Nov. 14.
Peter Buch, s. Peter and wife ; b. Nov. 7 ; bap. Nov. 14.
Philip Henry Ebi, s. George and Rosina ; b. July 4 ; bap. Nov. 19.
Catharine Keller, d. John and Elizabeth ; b. Oct. 22 ; bap. Nov. 21.
Elizabeth Gensinger, d John and wife ; b. August 15 ; bap. Nov. 21.
John Guthard, s. Henry and Catharine ; b. August 21 ; bap. Nov. 25.
Magdalen Lehr, d. Peter and Sabina ; b. Oct 5 ; bap. Nov. 28.
Elizabeth Eitelberger, d George and Elizabeth ; b. Nov. 3 ; bap. Nov. 28.
Ann Maria Blattenberger, d. John and Ann Maria ; b. Oct. 27 ; bap. Nov 28.
John Isch, s. Christian and Catharine ; b. Oct. 7 ; bap Nov. 29.
Catharine Kautz, d. Thomas and Gertrude ; b. Oct. 30 ; bap. Dec. 5.
Eve Reitz, d. Jacob and Catharine ; b. Oct. 1 ; bap Dec. 12.
Maria Roth, d. John and Barbara ; b. Dec. 1 ; bap. Dec. 12.
Philip Henry Oster, s. Henry and Louisa ; b. Nov. 21 ; bap. Dec. 12.
Caspar Fortene, s. John Caspar and wife ; b. Dec 5 ; bap. Dec. 19.
Magdalen Leih, d. Peter and Margaret ; b Nov. 1 ; bap. Dec. 25.
Elizabeth Fahringer, d. Jacob and Barbara ; b. Oct. 13 ; bap. Dec 26
Catharine Farnwald, d. John and Eve ; b. Oct. 21 ; bap. Dec. 26.
Barbara Nai, d. John and Mary Magdalena ; b. Oct 17 ; bap. Dec 26.
Elizabeth Ferree, d. Conrad and Barbara ; b. Nov 27 ; bap. Dec. 26.
Elizabeth Shaefer, d. George and Catharine ; b. Dec. 26 ; bap. Jan. 2, 1780.
John Jacob Weaver, s. John Jacob ; b. Jan. 6, 1780 ; bap. Jan. 7.
Elizabeth Messersmith, d. George and Elizabeth ; b. Jan. 1, 1780 ; bap. Jan. 16.
Catharine App, d. Michael and Sophia ; b. Dec. 26, 1778 ; bap. Jan. 16, 1780.

1780.

Henry Medert, s Jacob and Ann Maria ; b. Dec. 31, 1779 ; bap. Jan. 19.
John Zahneisen, s. Mathew and Ann Maria ; b. Jan. 3 ; bap. Jan. 23.

Elizabeth Frank, d. Daniel and Anna Margaret; b. Jan. 28; bap Feb. 6.
Margaret Treppert, d. Michael and Eve Margaret; b. Jan 8; bap. Feb. 13.
Bernard Miller, s Jacob and Susan; b. Feb. 2; bap. Feb. 13.
Elizabeth Eckel, d. Adam and Elizabeth; b. Jan. 7; bap. Feb. 20.
Jacobus Etter, s. Henry and Catharine; b. Jan 28; bap. Feb. 20.
John Schutz, s. Conrad and wife; b. March 8; bap. March 19.
Ann Maria Mayer, d. William and wife; b. March 11; bap. March 19.
Jacob Messenkop, s. John and wife; b. March 11; bap. March 19.
John Adam Dellet, s. Henry and wife; b. March 24; bap. March 27.
Mary Margaret Grob, d. Jacob; b. March 11; bap. March 26.
John Herman, s. Solomon and wife; b. Feb. 14; bap. March 26.
Susan Maria Heiss, d. Frederic; b March 9; bap. March 26.
John Messenkop, s. George; b March 3; bap March 25.
Catharine Faber, d. John Theobald; b March 9; bap. March 27.
Ann Maria Wenger, d. Jacob; b. March 19; bap. April 2.
Henry Schell. s. Lewis; b. Sept. 9, 1775; bap. April 3, 1780.
Catharine Schell, d. Lewis; b. Nov. 10, 1776; bap. April 3
Margaret Schell, d. Lewis; b. Nov. 20, 1778; bap. April 3.
Lewis Schell, s. Lewis; b. April 2; bap. April 3.
Mary Barbara Getz, d. Jacob; b. August 31, 1779; bap. April 19.
William Graffort, s. Michael; b. February 13; bap. April 19.
Susan Eideneyer, d. Jacob; b. Feb. 18; bap. April 21.
Charles Peter, s. John; b. March 24; bap. April 23.
Catharine Getz, d. John; b. March 13; bap. April 30.
William Fisher, s. Adam; b. Jan. 27; bap. May 1.
John Alspach, s. John; b. April 22; bap. April 30.
John Bletz, s John; b. Dec. 16, 1779; bap. May 14, 1780.
Maria Leib, d. Peter; b. Oct. 21, 1779; bap. May 14.
John Henry Dickhofer, s. Henry; b. Jan. 28; bap. May 14.
Catharine Martin, d. George; b. Jan. 26; bap. May 13.
Ann Barbara Fackler, d. George; b. March 28; bap. May 18.
Elizabeth Peter, d. Abraham; b. Nov 24, 1779; bap. May 17.
Elizabeth Schop, d. Bernhard; b. June 15, 1775; bap. May 27.
Anna Schop, d. Bernhard; b. Sept. 30, 1777; bap. May 27.
Bernhard Schop, s Bernhard; b. Feb. 15, 1779; bap. May 27.
Catharine Kaufman, d. Christian; b. June 17, 1779; bap. May 28.
Eva Catharine Huk, d. Henry; b. Jan. 6; bap. May 28.
John Ming, s. Jacob; b. April 9; bap. June 14.
Susan Grasmeter, d. Adam. b. June 19; bap. June 19
Henry Shreiner, s. Mathew; b. Feb. 12; bap. July 9.
John George Ament, s Henry and wife; b. May 6; bap. July 9.
John Frederic Jacob King, s. David; b. July 1; bap. July 9.
Catharine Kleis, d. John Philip; b. July 9; bap. July 23.

Births and Baptisms.

John Peter Frankforter, s. Henry ; b. May 4 ; bap. July 23.
John Reitzel, s. John Peter ; b. July 20 ; bap. July 30.
Elizabeth Kohler, d. Jacob ; b August 2 ; bap. August 13.
John Jacob Roeser, s. Peter ; b August 19 ; bap. August 24.
John Mathiot, s. Christian ; b. August 13 ; bap. August 24.
John George Becker ; s. John ; b April 27, 1779 ; bap. Sept. 9.
Simeon, s. ———; b. July 13 ; bap. Sept. 10.
Frederic Anspach, s. Frederic ; b. Sept. 30 ; bap. Oct. 4.
Jacob Shafer, s. Frederic ; b. Sept. 19 ; bap Oct. 8.
Valentine Kunz, s. John ; b. Sept. 29 ; bap. Oct. 8.
John Henry Kehler, s John ; b. July 30 ; bap. Oct. 8.
John George Bender, s. David ; b June 12 ; bap. Oct. 8
Maria Lentz, d. Daniel ; bap. Oct. 26.
Mary Catharine Flager, d. Christian ; b. Oct. 23 ; bap. Oct 29
John Winterheim, s. Christopher ; b. Sept. 16, 1779 ; bap. Oct 8.
Jacob Lembert, s. Francis ; bap. Oct. 14.
Ann Maria Dieter, d. John George ; b Nov. 1 ; bap. Nov. 16.
Christian Daxe, s. Samuel ; b. May 13, 1776.
Elisabeth Daxe, d. Samuel ; b. May 4, 1778
John Jacob Jenser, s. John ; b. Oct. 28 ; bap. Nov. 16.
Jacob Frey, s. Jacob ; b. Sept 20 ; bap. Sept 26.
Elizabeth Locher, d. Henry ; b. July 24 ; bap. Nov. 19.
Sophia Frau, d John ; b. Nov. 5 ; bap. Nov. 19.
Ann Maria Schneble, d. John ; b. June 2, 1779 ; bap. Sept. 26.
Christina, d. ———; b. August 9 ; bap. Sept. 21.
Catharine Hartman, d Philip ; b. Oct. 23 ; bap. Nov. 23.
Barbara Libi, d. Peter ; b. Oct. 6 ; bap. Nov 26.
John Weaver, s. John ; b. Sept. 24 ; bap. Nov. 26.
John Jacob Shreiner, s Nicholas ; b. Nov. 15 ; bap. Dec. 31.
Rebecca Hufnagel, d. Peter ; b. July 15. bap. Dec. 30.
Catharine Buch, d. Peter ; b. Dec. 16 ; bap. Dec. 31.
John George Dock, s Jacob ; b. Dec. 11 ; bap. Dec. 31.

1781.

John Bortsh, s. ———; b. Jan. 13, 1779 ; bap. Jan. 10.
Jacob Bortsh, s. John ; b. Nov, 11, 1780 ; bap. Jan. 10.
Christina Brown, d. Martin ; b Nov. 25, 1780 ; bap. Jan. 10.
Philipina Cooper, d. Martin ; b. Dec. 18, 1780 ; bap. Jan. 13.
Susan Weigel, d. Daniel ; b. July 17, 1780 ; bap. Jan. 25.
Elizabeth Grob, d. Michael ; b. Jan. 15 ; bap. Jan. 28.
John Aar, s. John ; b. March 3, 1779 ; bap Feb. 3. 1781.
Joseph Graft, s. Jacob ; b. Nov. 7, 1780 ; bap. Feb. 4.

Elizabeth Harris, d. John ; b. July 5, 1780 ; bap. Feb. 15.
Ann Maria Reitz, d. Jacob ; b. Jan. 4 ; bap. Jan. 19.
Michael Meck, s. Michael ; b. Jan. 3.
Sophia Rathemacher, d. ———; b. Jan. 19 ; bap. ———.
Margaret Flick, d. William ; b. March 6 ; bap. March 18.
Elizabeth Lawre, d. John ; b. Feb. 16 ; bap. March 20.
Esther Hunter, d. Samuel ; b. Sept. 4, 1775 ; bap. Jan. 10.
John May, s. Lewis ; b. March 30, 1780 ; bap. March 22.
Elizabeth Maurer, d. Peter ; b. March 8 ; bap. March 22.
Thomas Griffith, s. David ; b. Sept. 2, 1780 ; bap. April 5.
Magdalen Fisler, d. Ulrich ; b. August 31, 1780 ; bap. April 10.
Catharine Fisler, d Ulrich ; b. Jan. 6 ; bap. April 10.
John Frederic Lorer, s. Conrad ; b. April 5 ; bap. April 7.
Johnette Shafer, d John ; b. April 4 ; bap. April 8.
Susan Sheierman, d. Daniel ; b. Jan. 24 ; bap. April 15.
Ann Catharine Berllitzer, d. William ; b. Nov. 27, 1780 ; bap. April 15.
Henry Seltzer, s. Charles ; b. March 3 ; bap. April 15.
John Kroter, s. John ; b. March 28 ; bap. April 22.
Catharine Meck, d. Nicholas ; b. Nov. 22, 1780 ; bap. April 22.
Jacob Brown, s. William ; b. March 7 ; bap. April 22.
Anna Bartholomew, d. Bernhard ; b. July 16, 1780 ; bap. April 22.
Elizabeth Rote, d. Theobald ; b. Nov. 24, 1780 ; bap. April 23.
John Waller, s. Robert ; b. Jan. 8 ; bap. April 29.
Ann Maria Stephen, d. William ; b. April 6 ; bap. April 29.
John Isch, s. Christian ; b. April 14 ; bap. May 8.
Jacob Dietrich, s. Henry ; b. Feb. 5 ; bap. April 19.
Ann Maria Wingert, d. Lawrence ; b. April 13 ; bap. May 20.
Catharine Mackert, d. Samuel ; b. Jan. 25 ; bap. May 23.
Susan Werkel, d. Mathew ; b. March 20 ; bap. May 27.
Elizabeth Shroder, d. John and wife ; b. April 12 ; bap. June 11.
Ann Maria Dunkel, d. Mathew ; b. Feb. 21 ; bap. June 12.
Jacob Shook, s. Thomas ; b. Dec. 18, 1780 ; bap. June 17.
Elizabeth Bushong, d John ; b. Feb. 13, 1780 ; bap. June 17.
John George Wien, s. John ; b. June 4 ; bap. July 1.
John Pen, s. John ; b. Sept. 15, 1780 ; bap. July 2.
Elizabeth Printzel, d. Leonard ; b. Nov. 2, 1780 ; bap. July 2.
Susan Catharine Gen, d. John and wife ; b. May 3 ; bap. July 15.
Veronica Maxel, d. Andrew ; b. May 8 ; bap. July 15.
Magdalen Musselman, d. Christian ; b. Dec. 13, 1780 ; bap. July 29.
Martin Billmyer, s. Andrew ; b. April 26 ; bap. August 8
Catharine Hess, d. Philip ; b. July 30 ; bap. August 8.
Catharine Elizabeth Weil, d. Frederic ; b. July 3 ; bap. August 12.
Susan Gamber, d Rudolph ; b. August 3 ; bap. Sept. 2.

Births and Baptisms.

Margaret Messenkop, d. Adam ; b. August 28 ; bap. Sept. 2.
Michael Fortene, s. Caspar ; b. August 24 ; bap. Sept. 9.
Jacob Deredinger, s. John ; b. Jan. 23, 1779 ; bap Sept. 10.
Jacob Shutz, s. Adam ; b. Dec 8, 1780 ; bap. Sept. 10.
Jacob Axer, s Christopher ; b. Jan 31 ; bap. Sept. 27.
John Hennelberger, s. John ; b. Sept. 8 ; bap. Sept. 29.
Susan Catharine Kreider, d. Bernhard ; b. Sept. 17 ; bap. Sept. 30.
John Smith, s. John ; b. Sept. 4 ; bap. Oct. 3.
Elizabeth Ming, d. George ; b. Oct. 7 ; bap Oct. 30.
Adam Hosstetter, s. Adam ; b. August 24 ; bap. Oct. 7.
John Adam Marty, s. Adam ; b. May 24 ; bap. Oct. 7.
John George Axer, s. George ; b. August 30 ; bap. Oct. 28,
Magdalen Oster, d. Henry ; b. Oct. 6 ; bap. Oct. 28.
John Hershberger, s Adam ; b. July 18 ; bap. Nov 1.
Ann Maria Rote, d. John ; b. Oct. 5 ; bap. Nov. 5.
John Simon Snyder, s. Simon ; b. Oct. 2 ; bap Nov. 4.
Susan Catharine Eideneyer, d. Jacob ; b. June 11 ; bap. Nov. 5.
Anna Catharine Wolf, d. Henry ; b. Oct. 16 ; bap. Nov. 18.
George Shafner, s. Peter ; b. Oct. 23 ; bap. Nov. 22.
Barbara Grub, d. Henry ; b. Nov. 5 ; bap Nov. 22.
Henry Weller, s. John ; b. Sept 17 ; bap. Nov. 23.
Maria Gertel, d. Adam ; b. April 8 ; bap. Nov. 23.
John Liberingshausen, s. Christian ; b. Oct. 19 ; bap. Nov. 25.
Ann Charlotte Miller, d. Jacob ; b. Nov 7 ; bap. Nov. 25.
Michael Hufnagel, s. George ; b. Nov. 22 ; bap. Dec. 2.
John Henry Shucker, s. Henry ; b. Nov. 11 ; bap. Dec. 15.
Ann Catharine Miller, d. Henry ; b. Oct. 23 ; bap. Dec. 5.

1782.

Margaret Grub, d. Jacob and wife ; b. Dec. 22, 1781 ; bap. Jan. 2.
Henry Dorwart, s Martin ; b Nov. 16, 1781 ; bap. Jan. 2.
John Messenkop, s. John ; b. Jan 1 ; bap. Jan. 13.
Jacob Mayer, s. William ; b. Jan. 3 ; bap. Jan. 13.
Magdalena Denig, d. Lewis ; b. Jan. 11 ; bap. Jan. 16.
George Kreider, s. George ; b. Jan. 21 ; bap. Jan. 25.
Daniel Ming, s. Jacob ; b. Jan. 1 ; bap. Jan. 28.
John Peter Getz, s. Jacob ; b. May 27, 1781 ; bap. Jan 28.
John Getz, s. John ; b. Jan. 7 ; bap. Jan 28.
Ann Margaret Kunz, d. Michael ; b. Feb. 2 ; bap. Feb. 9.
Jacob Frey, s. Jacob ; b. Jan. 18 ; bap. Feb. 24.
Melchior Fortene, s. Jacob ; b. Oct. 20, 1781 ; bap. March 3.
Catharine Roeser, d. Peter ; b. Jan. 13 ; bap. March 3.

The Pennsylvania-German Society.

Catharine Alspach ; d. John ; b. Feb. 14 ; bap. March 3.
Thomas Hillegas, s. Conrad ; b Jan 11 ; bap. March 10.
Ann Margaret Weaver, d. Jacob ; b. Jan. 12 ; bap. March 10
Elizabeth Reitz, d. Jacob ; b. Feb. 16 ; bap. March 17.
Katy, d. George (a negro) ; bap. March 22.
Ann Margaret Walter, d. John ; b. Feb. 19 ; bap. March 24.
John Jacob Wilhelm, s. John ; b. Jan 20 ; bap. April 7.
Christian Cooper, s. Martin ; b. Jan. 24 ; bap. April 7
Mary Catharine Spier, d Jui ; b. Sept 14, 1781 ; bap. April 8.
John Ras, s. Doriel ; b. April 9 ; bap. April 13.
Maria Jackson, wife of Jacob ; bap. April 13.
Also their five children:
Cassius ; b. April 29, 1773 ; bap April 13.
James ; b. August 7, 1775 ; bap. April 13.
Maria ; b. August 10, 1777 ; bap April 13.
George ; b. March 23, 1780 ; bap. April 13.
Elizabeth, b. Feb. 16, 1782 ; bap. April 13.
John King, s. Conrad ; b. April 2 ; bap. April 14.
Mary Elizabeth Leer, d. Peter ; b March 17 ; bap April 21.
Ann Maria Dock, d Jacob ; b. April 1 ; bap. April 28.
Lewis Schall, s Lewis ; b April 19 ; bap May 5.
Daniel Smith, s William ; b. Feb. 15 ; bap. May 14.
Elizabeth Dunkel, d. Mathew ; b. May 1 ; bap. May 19
Joseph Frey, s. John ; b. Nov. 27, 1781 ; bap. May 19
Andrew Ehresman, s. George ; b. May 2 ; bap. May 24.
Adam Grasmer, s. Adam ; b. Nov. 12, 1781 ; bap May 26.
Jacob Trebert, s. Michael ; b. Feb. 23 ; bap May 26.
John Getz, s. John ; b. April 15 ; bap. June 1.
Catharine Getz, d. John ; b. April 15 ; bap. June 1.
John Abraham, s. Peter ; b. March 1 ; hap June 5.
John Gesler, s. John ; b Oct 27, 1780 ; bap. June 5.
Joseph Franck, s. Daniel ; b. May 27 ; bap June 9.
Ann Catharine Holtz, d. Michael ; b. March 6 ; bap. June 10.
Maria Nes, d Bastian ; b. August 20, 1781 ; bap. June 10.
Rebecca Beth, d. Joseph ; b May 16 ; bap. June 10.
John Murphy, s. John ; b May 4 ; bap June 10.
Anna Miller, d. Peter ; b. April 27 ; bap. June 10.
Ann Maria, d. Catharine ; b August 19, 1781 ; bap. June 10.
Valentine Zahneisen, s. Matthew ; b. May 12 ; bap. June 16.
Maria Magdalen Messenkop, d. Philip ; b. June 15 ; bap. June 20.
Joseph Houendobler, s. John ; b. March 3 ; bap. June 23.
Joseph Haubendobler, s. Nicholas ; b. Dec. 2, 1781 ; bap. June 23.
John Henry Hartman, s. Christian ; b. May 5 ; bap. June 30.

Births and Baptisms.

Henry Hartman, s. Henry; b. Nov. 1, 1780; bap. July 1.
Susan Locher, d. Henry; b. June 11; bap. July 1.
Elizabeth Faber, d John Theobald; b. June 20; bap. June 30.
John Sheple, s. John; b. May 26; bap. July 4.
Frederic Getz, s. John; b. March 13, 1781; bap. July 8.

Rev. William Hendel, Pastor.

John Michael, s. John and Elizabeth; b. April 5; bap. Sept —.
Ann Maria Wolf, d. Daniel and Catharine; b. August 17; bap. Oct. 3.
Susan Barbara Lamber, d. Francis and Ann Maria; b. Sept. 21; bap. Oct. 3.
Christian Flick, s. William; b. Nov. 20; bap. Dec. 8.
John George Wagner, s. Michael and Maria Barbara; b. Nov. 22; bap. Dec. 15.
Anna Gutherr, d. Henry and Catharine; b. July 3; bap. Dec. 15.
Martha Billmayer, d. Andrew and Veronica; b. August 9; bap. Dec. 15.
Child of Jacob Backenstos; bap. Dec. 15.
Jacob Lind, s. Conrad; b. Dec. 22; bap. Dec. 29.

1783.

George Shaefer, s. Frederic and Margaret; b. Dec. 21, 1782; bap. Jan. 1.
Elizabeth Kreiter, d. John and Eve; b. Jan. 25; bap. Jan. 26.
Jacob Wien, s. John and Eve; b. Dec 16, 1782; bap. Feb. 2.
John Pfluger, s. Christ. and M. Elizabeth; b. Jan. 9; bap. Feb. 9.
Catharine Grimes, wife of John; b. Nov. 1763; bap. March 12, 1783.
Christ Smith, s. Fred. and Elizabeth; b. Sept. 9, 1782; bap. March 14.
Susan Barbara Hendel, d. William and Elizabeth; b. March 20; bap. March 23.
Elizabeth Schreiber, d. Fred. and Susan; b. Feb. 23; bap. March 23.
John George Meck, s. Philip and Catharine; b. Oct. 29, 1782; bap. March 27.
Daniel Lefevre, s. Adam and Elizabeth; b. Feb. 3, 1782; bap. March 27.
Susan Margaret Graffert, d. Michael and Ann Maria; b. July 2, 1782; bap. April 13.
Ann Maria Kraft, d. Jacob; bap. April 13.
Fred. Hoffman, s. Fred. and Margaret; b. Dec. 28, 1782; bap. April 21.
Henry Meichsel, s. Andrew and Elizabeth; b. Jan. 8; bap. May 4.
Jacob Hatz, s. John and Ann Maria; b. April 27; bap. May 11.
Jacob Fisher, s. Adam and Ann Margaret; b. April 16; bap. May 18.
Mary Margaret Peter, d. Francis and Margaret; b. April 28; bap. May 18.
Anna Weigel, d. Daniel and Anna; b. July 18, 1782; bap. May 24.
Ann Maria Maurer, d John and Elizabeth; b. Sept. 3, 1782; bap. May 25.
Margaret Frey, d. Christ. and Ann Regina; b. Dec. 28, 1782; bap. May 25.

Jacob Musselman, s. Jacob and Magdalena; b. Oct. 19, 1782; bap. May 25.
Elizabeth Miller, d. Philip and Elizabeth; b. August 19, 1782; bap. May. 29.
Maria Brucker, d. David and Margaret; b May 25, 1782; bap May 31, 1783.
Abraham Pie, s. Abraham and Elizabeth; b. Sept 16, 1782; bap. June 1.
John Weiler, s. Fred and Catharine; b. Sept 17, 1782; bap. June 1.
John George Steinweg, s. John and Eve; b. March 27; bap. June 13.
John Henry Gessler, s. John and Elizabeth; b Oct. 13, 1782; bap. June 13.
Elizabeth Buch, d. John and Elizabeth; b. June 12; bap. June 15.
John Martin, s. George and Anna; b. Oct. 7, 1882; bap. June 29.
Abraham Kuns, s. John and Margaret; b. June 18; bap. July 5.
Salome Alt, d. Michael and Barbara; b. August —, 1782; bap. July 19.
Elizabeth Shaefer, d. John and juliann; b. July 8; bap. July 20.
Elizabeth Wolf, d. Henry and Anna; b. July 7; bap. July 27
Susan Barbara Kreider, d. Barn. and Ann Margaret; b. August 5; bap. August 7.
Elizabeth Messenkop, d. George and Ann Maria; b. July 23; bap. August 9.
John Walter, s. Melchior and Barbara; b. June 11; bap. August 16.
John Ries, s. Henry and Margaret; b. May 28, 1782; bap August 17.
Magdalena Hartman, d. Philip and Elizabeth; b Jan. 8; bap. August 30.
Anna Thoner, d. John and Elizabeth; b. July 17; bap. Sept. 7.
Elizabeth Bauert, d. John and Magdalena; b. August 17; bap. Sept. 14.
Jacob Shaefer, s. George and Catharine; b. August 5; bap. August 17.
Catharine Reiiz, d. Jacob and Catharine; b. Sept. 2; bap. Sept. 28.
Ann Magdalena Minnich, d. Jacob and Elizabeth; b. August 8; bap. Sept. 30.
Barbara Hauendobler, d. Isaac and Elizabeth; b. Dec. 15, 1782; bap. Oct 5.
Henry Peter, s. Henry and Catharine; b. Sept 23; bap. Oct. 17.
Catharine Oster, d. Henry and Louisa; b. Sept. 20; bap. Oct. 19.
Maria Lowry, d. John and Elizabeth; b. Nov. 27, 1782; bap. Oct. 25.
M. Magdalena Messenkop, d. Adam and M. Magdalena; b. Oct. 23; bap. Oct. 26.
Catharine Shaefer, d. Jacob and Barbara; b. Sept. 25; bap. Oct. 26.
Jacob Ehbreit, s. John and Catharine; b. Sept. 20; bap. Nov. 8.
George Denig, s Lewis; b. Oct. 26; bap. Nov. 9.
Jacob Dorwart, s. Martin and Maria; b. Sept. 16; bap. Nov. 12.
Jacob Shob, s. Bernhard and Helena; b. Jan. 23, 1781; bap. Nov. 26.
Samuel Shob, s. Barnhard and Helena; b. March 6; bap. Nov. 26.

Births and Baptisms.

Margaret Steffen, d. William and Margaret ; b. Oct. 7 ; bap. Nov. 26.
A. Maria Smith, d. Peter and Susan ; b. Jan. 21 ; bap. Nov. 26.
Elizabeth Heneberger, d. John and Mary ; b. Nov. 10 ; bap. Nov. 30
Jacob Seltzer, s. Charles and Magdalena ; b. Dec. 9 ; bap. Dec. 21.
John Snyder, s. Simon and Catharine ; b. Oct. 9 ; bap. Dec. 28.

1784.

Elizabeth Lind, d. Conrad and Elizabeth ; b. Dec 14, 1783 ; bap. Jan. 4.
Child of Philip Messenkop ; b. Jan, 9 ; bap. Jan. 14.
Margaret Roth, d. John and Barbara ; b. Jan. 24 ; bap. Feb. 1.
A. Margaret Wien, d. Michael and Elizabeth ; b. Jan. 19 ; bap. Feb. 8.
Frederick Stumpf, s. Fred. and Margaret ; b. April 29, 1782 ; bap. Feb. 10.
Elizabeth Miller, d Jacob and Susan ; b. Feb 4 ; bap. Feb. 22.
George Fortine, s. Caspar and Elizabeth ; b. Feb 4 ; bap Feb. 22.
Anna Maria Grub, d. Michael and Barbara ; b. Jan. 26 ; bap. March 27.
John Weitzel, s. Philip and Catharine ; b. Jan. 24 ; bap. March 27.
Jacob Roser, s. Peter and Catharine ; b. Jan. 24 ; bap. March 28.
J. Jacob Barth. s. William and Charlotta ; b. Feb. 24 ; bap. April 4.
Catharine Resh, d. John and Margaret ; b Sept 14, 1783 ; bap. April 9.
Christina Shreiner, d. Nicholas and Christina ; b. March 3 ; bap. May 2.
John Peter, s. John and Ann Maria ; b. April 11 ; bap. May 2.
Child of Peter and Catharine Dieler ; b. Oct. 27, 1783 ; bap. May 9.
Margaret Rieger, d Jacob and Anna ; b. Feb. 8, 1782 ; bap. May 9.
Maria Rieger, d. Jacob and Anna ; b. June 8, 1783 ; bap May 9.
Joseph Herman, s. Christian and Elizabeth ; b. August 16, 1783 ; bap May 16.
John Derrick, s. Henry and Eve ; b. May 7 ; bap. May 16.
Dorothea Lorentz, d Francis Peter and Margaret ; b. April 22 ; bap. May 30.
Elizabeth Bahr, d. Benjaman and Catharine ; b. April 4 ; bap. May 29.
Susan Gensemer, d. John and Eve ; b. Dec. 17, 1783 ; bap. May 30.
George Mayer, s. William and Ann Maria ; b. May 8 ; bap. May 30.
Margaret Lind, d. John and Susan ; b. May 5 ; bap. May 30.
Charlotte Hufnagel, d. George and Magdalena ; b. June 4 ; bap. June 9.
William Bausman Hiester, s Gabriel and Elizabeth ; b. May 8 ; bap. June 12.
John George Michael, s. John and Elizabeth ; b. Dec. 16, 1783 ; bap. May 31.
Catharine King, d. David and Charlotte ; b. June 15 ; bap. June 22.
Sarah Hufnagel, d. Peter and Charlotte ; b. March 21 ; bap. June 22.
John Kann, d. Peter and Elizabeth ; b. June 10 ; bap. June 26.

David Smith, s. John and Catharine; b. Oct. 26, 1783; bap. June 26.
Johnette Gros, s. Michael and Catharine; b. June 15; bap June 27.
J. Michael Rademacher, s Michael and Christina; b. June 24; bap. July 2
Jacob Forch, s. Conrad and Barbara; b. June 28; bap. July 5.
Jacob Goodman, s. Peter and Catharine; b. July 6; bap. July 18.
Henry Dinteman, s. Henry and Elizabeth; b. Feb. 1, 1783; bap. July 18.
Elizabeth Berlitz, d. William and Mary; b April 7, 1783; bap. July 18.
George Fred. Shup, s. Egidius and Elizabeth; b. Dec. 22, 1783; bap. July 31.
Margaret Shadner, d. Peter and Esther; b. June 12; bap. August 8.
Ann Margaret Anspach, d. Fred. and Elizabeth; b. July 31; bap. August 15.
George Herman, s. Solomon and Susan; b. Jan. 13; bap. August 22.
Christian Musselman (married), b. Sept. 8, 1751; bap. August 23.
Daniel Fortine, s. Jacob and Margaret; b. August 18; bap. Sept. 9.
A. Maria Ampad, d. Henry and A. Maria; b. August 20; bap. Sept. 26.
John Frankfurter, s. Philip and Elizabeth; b. Feb. 28; bap. Oct. 10.
John Becker, s. John and Maria; b. Sept. 25; bap. Oct. 17.
A. Maria Shreiber, d. Fred. and Susan; b. Sept. 14; bap. Oct. 24.
John Dunkel, s. John and Susan; b. Sept. 1; bap. Nov. 4.
Jacob Kroter, s. John and Eve; b. Oct. 26; bap. Nov. 7.
Child of Rudolph Gamber; bap. Nov. 14.
Jacob Bringolf, s. John and Anna; b. Sept. 28; bap. Nov. 20.
Elizabeth Lautersweiler, d. Jacob and Catharine; b August 31, 1783; bap. Nov. 28.
A Maria Burker, d. George and Catharine; b Oct. 17; bap. Nov. 28.
John Helsher, s. Henry and Magdalena; b. Nov. 12; bap. Dec. 8.
Child of Henry Smith; b. Jan. 1; bap. Dec. 10.
John Locher, s. Henry and Elizabeth; b. Sept. 25; bap. Dec. 11.
Eve Susan Hendel, d. William and Elizabeth; b. Dec. 6; bap. Dec. 12.
Susan Grimes, d. John and Catharine; b Nov. 20; bap. Dec. 18.
Michael Lambert, s. Francis and A. Margaret; b. Dec. 1; bap. Dec. 19.
Jacob Gemberling, s. Jacob and Susan; b. Sept. —, 1780; bap. Dec. 26.

1785.

John Trebert, s. Michael and Margaret; b. Sept. 15, 1784; bap. Jan. 23.
Joseph King, s Conrad and Catharine; b. Jan 13; bap. Jan. 23.
Jacob Pfluger, s Christian and M. Elizabeth; b. Jan. 17; bap Jan. 30.
Susan Zahneisen, d. Matthew and Ann Maria; b. Jan. 21; bap. Feb. 20.
John Spengler, s John and Catharine; b. Feb. 3; bap. March 6.

Births and Baptisms.

Charlotte Franck, d. Daniel and Margaret ; b. March 2 ; bap. March 13.
Charlotte Buch, d. Peter and Catharine ; b. Jan. 26 ; bap. March 18.
Barbara Wingert, d. Lorentz and Barbara ; b. Jan. 2 ; bap. March 19.
John Derflinger (adult), b. April 3, 1759 ; bap. March 25.
Joanna Salome Derflinger, d. John and Elizabeth ; b. Nov. 12, 1784 ;. bap. March 25.
John Resch, s. John and Margaret ; b. Jan. 5 ; bap. April 4.
Ann Maria Bauert, d. John and M. Magdalena ; b. Jan. 29 ; bap. April 9,
Jacob Grub, s Caspar and Elizabeth ; b. Sept. 20, 1784 ; bap. April 17..
John Jenser, s. John ; bap. April 18.
John Collins, s. Robert ; bap. April 18.
Magdalena Billmyer, d. Andrew and Veronica ; b. March 8 ; bap. April 29.
Susan Grob, d. Michael and Barbara ; b. March 24 ; bap. May 6.
J. George Fred. Ehl, s. Henry and A. Maria ; b. Dec. 4, 1784 ; bap. May 9.
Sophia Krider, d. Bernhard and A. Margaret ; b. April 28 ; bap. May 7.
Jacob Lieberingshaus, s. Christ. and Sarah ; b. May 2 ; bap. May 15.
Eve Margaret Kuns, d. John and Margaret ; b. April 21 ; bap. May 20.
Catharine Peter, d. Abraham and Catharine ; b. August 31, 1784 ;. bap. May 28
Michael Thoner, s John and Elizabeth ; b. March 20 ; bap. May 29..
Elizabeth Schell, d. Lewis and Margaret ; b. May 16 ; bap. June 5.
Henry Ries, s. Henry and Margaret ; b. Oct. 22, 1784 ; bap. June 5.
Peter Shuman, s. Peter and Rebecca ; b. April 24 ; bap. June 5.
Catharine Mayer, d. John and Maria ; b. April 7 ; bap. June 5.
Abraham Maurer, s. John and Elizabeth ; b. Jan. 21, 1784 ; bap. June 11.
Elizabeth Munch, d. Jacob and M. Elizabeth ; b. March 6 ; bap. June 14.
Elizabeth Wolf, d. Daniel and Catharine ; b. Feb. 6 ; bap. June 14.
John Shafer, s. George and Catharine ; b. July 8 ; bap. July 13.
Daniel Galladin, s. Daniel and Elizabeth ; b. Oct. 8, 1784 ; bap. July 23.
Catharine Nagel, d. Christ. and Margaret ; b. April 12 ; bap. July 24.
John Moser Funk, s. cob and Elizabeth ; b. Dec. 9, 1782 ; bap. July 25.
Henry Funk, s. Jacob nd Elizabeth ; b. May 8 ; bap. July 25.
George Bletz, s. William and Elizabeth ; b. July 23, 1783 ; bap. July 31.
John Bletz, s. William and Elizabeth ; b. Feb. 1 ; bap. July 31.
Margaret Frey, d. John and Magdalen ; b May 1 ; bap. August 14.
Elizabeth Axer, d. Christ. and Catharine ; b. July 13 ; bap. August 17.
Susan Kleis, d. Philip and Elizabeth ; bap. August 17.
Anna Trager, d. Jacob and Maria ; b. May 17 ; bap. August 25.
Elizabeth Trager, d. Jacob and Maria ; b. Oct. 12, 1779 ; bap. August 25.
Maria Trager, d. Jacob and Maria ; b. Oct. 29, 1781 ; bap. August 25,

The above two children were baptized by a Lutheran Minister, and by request of the parents here recorded.
John Wien, s John and Eve; b. July 24; bap. August 28.
Peter Brunner, s. Peter; b Sept. 9; bap. Sept. 9.
Grace Rieger, d. Jacob and Anna; b. Jan. 20; bap. Sept 11.
Catharine Treyer, d. Andrew and Elizabeth; born Sept. 24; bap. Oct. 2.
John Lautersweiler, s. Christ and Susan; b. June 23; bap. Oct. 2.
Juliana Shaefer, d. John and Juliana; b Oct 7; bap. Oct. 23.
Henry Wolf, s. Henry and Ann Catharine; b. Oct. 3; bap. Oct 30.
John Neuman, s. Jacob and Barbara; b. March 27; bap. Nov. 13.
Peter Mayer, s. Jacob; b. Sept. 8, 1783; bap. Dec. 4.
Elizabeth Mayer, d. Jacob; b. August 7; bap. Dec. 4
George Denig, s Lewis; b. Nov 20; bap. Dec. 11.
Child of John and Eve Bushong; bap. Dec. 16.
A. Maria Cooper, d. Martin; ap. Dec 19
Samuel Ries, s. John and Catharine; b. Feb. 25; bap. Dec. 25.
M Magdalena Wien, d. Michael and Elizabeth; b. Dec. 9; bap. Dec. 25.
John and Susan Grub (twins); s. and d Jacob and Margaret; b Dec 25; bap. 26.

1786.

Rebecca Maurer, d. Peter and Elizabeth; b. Nov. 20, 1785; bap. Jan. 1.
Anna Martin, d George and Anna; b. Feb. 13, 1785; bap. Jan. 3.
Susan Oster, d. Henry and Louisa; b. Jan. 9; bap. Jan. 9.
John Gern, s. Lewis; bap. Jan. 19.
Jacob Long, s. Jacob and Maria, b. Dec. 10, 1785; bap. Jan. 22.
M Elizabeth Dock, d. Jacob and Elizabeth; b. Dec. 27, 1785; bap. Jan. 29.
Catharine Shart, d. Thomas and Catharine; b. Jan. 19; bap. Jan. 29.
John Buch, s. John and Elizabeth; b. Jan. 9; bap. Feb. 12.
Maria Wicht, d. Charles; bap. Feb. 12.
Child of John and Maria Diflenderfer; bap. March 14.
Edward Hufnagel, s. Peter and Charlotte; b. Dec. 19, 1785; bap. March 15.
Elizabeth Lenher, d. Christian and Catharine; b. Oct. 6, 1781; bap. March 15.
Charlotte Lenher, d. Christian and Catharine; b. March 14, 1784; bap. March 15.
Margaret Lenher, d. Christian and Catharine; b. August 18, 1785; bap. March 15.
Elizabeth Straub, d. Fred. and Barbara; b. Feb. 21; bap. March 21.
George Fisher, s. John and Catharine; b. Feb. 25; bap. April 13.

B rths and Baptisms.

Catharine Shreiber, d. Frederick and Susan ; b. April 2 ; bap. April 30.
George Steinweg, s. Thomas and Eve ; b. Oct 7, 1785 ; bap. May 3.
William Backenstos, s. Jacob and Catharine ; bap. May 8.
Paul Ackerman, s. Paul and A. Maria ; b Oct. 18, 1785 ; bap. June 4.
A. Margaret Michel, d. John and Elizabeth ; b. Feb. 4 ; bap. June 4.
John Kunkel, s. William and Elizabeth ; b. Dec 19, 1785 ; bap. June 6.
John Kunkel, s George and Esther ; b. Jan. 30 ; bap. June 6.
John Meck, s Philip and Catharine ; b. Nov. 11, 1785 ; bap. June 18.
Christian Rudy, s. Jacob and Susan ; b. May 12 ; bap. June 25.
A. Maria Snyder, d. Simon ; bap. June 25.
Child of Conrad Kahr ; bap. June 30.
Catharine Schlamilch, d. Henry and Barbara ; b. Oct. 6, 1785 ; bap. July 5
Jacob Smith, s. John and Catharine ; b. Feb. 1 ; bap. July 14.
Elizabeth Manderbach, d. Jacob and Eve ; b. May 1 ; bap. July 22.
Joseph Getz, s. John and Magdalena ; b. Jan. 18 ; bap. July 22.
Leonard Lewis Shell, s. Lewis and Margaret ; b. July 16 ; bap. August 6.
Jacob Dickhofer, s. Henry and Barbara ; b. August 26, 1785 ; bap. August 6.
Margaret Bentz, d. John and Catharine ; b. May 28 ; bap. August 6.
M. Catharine Wilhelm, d. Phil. Jacob and Elizabeth ; b. April 26, 1785 ; bap. August 13.
Joseph Eckman, s. Henry and Elizabeth ; b. August 18, 1785 ; bap. August 13.
Sophia Riehm, d. Andrew and Barbara ; b. March 22 ; bap. August 20.
Frederick Shaffer, s. Frederick and Margaret ; b. August 14 ; bap. August 20.
Michael Haberstick, s. Rudolph and Elizabeth ; b. August 20 ; bap. August 27.
John Long, s. John and Catharine ; b August 26 ; bap. Sept. 5.
Elizabeth Flory, d. Peter and Gertrude ; b. May 29 ; bap. Sept. 10.
Elizabeth Bausman, d. William and Elizabeth ; b. Sept. 5 ; bap. Sept. 20.
John Reitz, s. Jacob and Catharine ; b. August 16 ; bap Oct. 1.
A. Maria Ludwig, d. Jacob, Jr., and Magdalena ; b. Feb. 15, 1778 ; bap. Sept 28.
George Frey, s. Jacob and Catharine ; b. Oct. 4 ; bap. Oct. 14.
Catharine Kraft, d. Jacob and Catharine ; b April 29, 1785 ; bap. Oct. 14.
Jacob Miller, s. Jacob and Susan ; b. March 17 ; bap. Oct. 15.
A. Maria Henneberger, d. John and Maria ; b. July 7 ; bap. Oct. 22.
George Roser, s Peter and Catharine ; b. Oct. 4 ; bap. Oct. 22.
Barbara Ehresman, d. George and Susan ; b. August 22 ; bap. Oct. 22.
Christian Thoner, s. John and Elizabeth ; b. July 25 ; bap. Nov 5.

Jacob Martin, s. Adam and Dorothea ; b. Sept. 21 ; bap. Nov. 5.
Elizabeth Hoffman, d. Valentine and Susan ; b. March 25 ; bap. Nov. 5.
Philip Dorwart, s. Martin and Marian ; b. Feb. 6 ; bap. Nov. 9.
Rebecca Lambert, d Francis and A. Maria ; b. Nov. 1 ; bap. Nov. 19.
A. Maria Blattenberger, d. Daniel and Margaret ; b. Oct. 13, 1776 ; bap. Nov. 19.
Margaret Blattenberger, d. Daniel and Margaret ; b. Sept. 25, 1780 ; bap. Nov. 19.
Catharine Blattenberger, d. Daniel and Margaret ; b. May 3, 1783 ; bap. Nov. 19.
Daniel Blattenberger, s. Daniel and Margaret ; b. May 7, 1786 ; bap. Nov. 19.
John Bernhard Hendel, s. William and Elizabeth ; b. Dec. 7 ; bap. Dec. 10.
George Alspach, s. John and Barbara ; b. Oct. 4 ; bap. Dec. 19.
Child of George and Christina Brenner ; b. Oct. 8 ; bap. Dec. 22.
Susan Seltzer, d. Charles and M. Catharine ; b. August 21 ; bap. Dec. 25.

1787.

John Wilhelm, s Henry and Elizabeth ; b. Dec. 15, 1786 ; bap. Jan. 1.
John Lutz, s. Peter and Barbara ; b. Dec. 5, 1786 ; bap. Jan. 7.
Susan Wolf, d. Henry and Ann Catharine ; b. Jan. 9 ; bap. Jan. 12.
Michael Grob, s. Michael and Barbara ; b. Jan. 9 ; bap. Jan. 16.
Margaret Brunner, d Peter and Barbara ; b. Dec. 31, 1786 ; bap. Jan 21.
M. Christina Peter, d. John and A. Maria ; b. Dec. 29, 1786 ; bap. Jan. 21.
Susan Spengler, d John and Catharine ; b. Jan. 27 ; bap. Feb. 11.
Susan Shafler, d. Peter and Susan ; b. Jan. 17 ; bap. Feb. 18.
Philip Hoffman, s. Philip and Susan ; b. Feb. 1 ; bap. Feb. 25.
Daniel Bart, s. Martin and Susan Margaret ; b. Oct. 14, 1786 ; bap. March 3.
Anthony Seiffert, s. Anthony and Catharine ; b. August 1, 1768 ; bap. March 4.
Elizabeth Kohler, d. Jacob and Elizabeth ; b. March 2 ; bap. March 11.
John Treuer, s. Andrew and Elizabeth ; b. March 1 ; bap. March 11.
Christian Hartman, s. Christian and Susan ; b. Dec. 25, 1786 ; bap. March 19.
Ann Maria Pfluger, d. Christian and A. Maria ; b. Feb. 28 ; bap. March 25.
John Lehnker, s. Philip and Elizabeth ; b. March 7, 1771 ; b. April 1.
Joseph Weller, s. John and Maria ; b. Sept. 30, 1785 ; bap. April 6.
John Clark, bap. April 6. His parents were English Presbyterians.
Barbara Rohrer, bap. April 6 (maiden name Zeller) ; her parents are separated.

Births and Baptisms.

Jacob Locher, s. Henry and Elizabeth ; b. Jan. 31 ; bap. April 7.
Johnette Shafter, d. John and Juliana ; b. Dec. 24, 1786 ; bap. April 8.
David Huter. s. George and Catharine ; b. March 15 ; bap. April 12
George Dietrich, s. Henry and Sophia ; b. Oct. 7, 1786 ; bap. April 21.
John Kissel, s. Frederick and Elizabeth ; b Dec. 23, 1786 ; bap. April 21.
Rosina Merck, d. Henry and Rosina ; b. Oct. 26, 1786 ; bap April 23.
A. Maria Wolf, d. John and Christina ; b. April 2 ; bap. April 24.
Daniel Reinhard, s. Charles and Christina ; b. Feb. 17, 1779 ; bap. April 28
Elizabeth Reinhard, d. Charles and Christina ; b. June 24, 1780 ; bap. April 28.
Michael Reinhard, s. Charles and Christina ; b. Nov. 20, 1783 ; bap. April 28.
John Conrad Mantel, s. Christ. and Catharine ; b. Jan. 26 ; bap. April 29.
Peter Jorlitz, s. John and A. Maria ; b. Nov. 6, 1786 ; bap. April 30.
Catharine Heinckel, d. Jost and Catharine ; b. Nov. 23, 1786 ; bap. April 30.
Jacob Messenkop, s. Philip and Anna ; b. April 30 ; bap. May 4.
Christian, (illegitimate), s. Conrad Luther and Elizabeth Bart ; b. April 11 ; bap. May 11.
Adam Huck, s. Henry and Magdalen ; b. March 27 ; bap. May 20.
Daniel Dresslinger, s. John and Elizabeth ; b. March 23 ; bap. May 27.
John Klare, s. Fredrick and Elizabeth ; b. Oct. 27, 1786 ; bap. May 28.
William Oster, s. Henry and Louisa ; b. May 8 ; bap. June 17.
Jacob Zahneisen, s. Mathew and A. Maria ; b. April 26 ; bap. June 21.
Michael King, s. Conrad and Catharine ; b. June 10 ; bap. June 24
Sophia Elizabeth Shaffer, d. Jacob and Barbara ; b. May 23 ; bap. June 24.
John Jacob Getz, s. Jacob and Catharine ; b. April 18 ; bap. June 30.
Henry Getz, s. John and Magdalena ; b. May 9 ; bap. June 30.
Margaret Mayer, d. John and A. Maria ; b. June 8 ; bap. July 8.
Elizabeth Shaffer, d. Philip and A. Maria ; b. June 15 ; bap July 11.
David Kunz, s. John and Margaret ; b. Feb 23 ; bap. July 17.
Catharine Dorothea, (illegitimate), d. Lewis Hard and A. Margaret Kuper ; b. June 30 ; bap. July 22.
Susan Kress, d. Valentine and Elizabeth ; b. May 24 ; bap. July 22.
Michael Gossler, s John and Elizabeth ; b May 20, 1786 ; bap. July 30.
Anna Peter, d. Abraham and Catharine ; b. Feb. 17 ; bap. July 30.
John Fosig, s. Philip and Elizabeth ; b. July 12 ; bap. ——.
Catharine Mayer, d. William and A. Maria ; b. June 23 ; bap August 5.
Jacob ——, s. Andrew ; b. March 27 ; bap. August 7.
John George Kunz, s. Conrad and A. Margaret ; b. April 4 ; bap. August 12.

The Pennsylvania-German Society.

A. Maria Snyder, d Philip and Christina ; b. June 8 ; bap. August 23.
Christina Eberlein, d. John and Anna ; b. Sept. 30, 1786 ; bap August 23.
George Shug, s. Egidius and Elizabeth ; b. Dec. 19, 1786 ; bap August 23.
Elizabeth Hauendupler, d. John and Catharine ; b. Dec 15, 1786 ; bap. August 23.
Susan Shob, d. Bernhard and Helena ; b. March 25, 1784 ; bap. August 23.
Helena Shob, d. Bernhard and Helena ; b. June 20 ; bap August 23.
John Pflug, s. Henry and Margaret ; b. June 8 ; bap. August 23
Jacob Hauendupler, s. Isaac and Elizabeth ; b. Nov. 22, 1786; bap August 23.
Joseph Cochran, s. Samuel and Barbara ; b. March 28 ; bap. August 23.
John Reily, s. Patrick and Margaret ; b. Oct. 23, 1786 ; bap. August 23.
Peter Brown, s. William and Elizabeth ; b. Feb. 6 ; bap. August 23.
John Wien, s. Michael and Elizabeth ; b. August 1 ; bap. August 26.
Eliz. Grimes, d. John and Catharine ; b. June 10 ; bap. Sept. 9.
Susan Hildebrand, d. Jacob and Susan ; b Sept. 1 ; bap. Sept. 23.
Samuel Armitshon, s. John and Magdalen ; b. April 23 ; bap. Oct. 7
Jonas Michael Ehbreit, s. John and Catharine ; b. March 2 ; bap. Oct. 7.
John Mayer, s. Jacob and A Maria ; b. Sept. 8 ; bap. Oct. 7.
Child of Thomas Shard, bap. Oct. 7.
Salome Lein, d. John and Sarah ; b. July 22 ; bap Oct. 11.
Jacob Clark, s. John and Elizabeth ; b. Oct. 4 ; bap. Oct. 16.
Christian Stibgen, s. Christian and Sabina ; b. Nov. 1764 ; bap. Oct. 25.
Simon Minich, s. Jacob and Maria Elizabeth ; b. July 26 ; bap. Nov. 7.
Jacob Dunkel, s. John and Susan ; b. Sept. 23 ; bap. Nov. 7.
Christian Hartman, s. Jacob and Catharine ; b. Sept. 30 ; bap. Nov. 11.
Elizabeth Shertz, d. John and Elizabeth ; b. Sept. 25 ; bap. Nov. 18.
Child of Peter and Charlotte Hufnagle, b. Sept. 10 ; bap. Nov. 16.
Child of David and Charlotte King ; b. Nov. 30 ; bap. Dec. 2.
Philip Fordene, s Jacob and Margaret ; b. Oct 14 ; bap Dec. 2.
Michael Wien, s. John ; b Oct 14 ; bap. Dec. 5.
George Reitzel, s. Christian and Elizabeth ; b. Nov. 28 ; bap. Dec. 9.
Elizabeth (illegitimate), d Henry Gram and Barbara Smith ; b. Dec. 4 ; bap. Dec 15.
Christina Howel, d. John and Maria ; b. Jan. 13.

1788.

Henry Helsher, s. Henry and Magdalen ; b. Dec. 23, 1787 ; bap. Jan. 12.
John Christian (illegitimate), s. John Bausman and Catharine Bens ; b. Oct. 30, 1787 ; bap. Jan. 14.

Births and Baptisms.

Jacob Lind, s. Michael, Jr. and Elizabeth ; b. March 12, 1786 ; bap. Jan 14.
Abraham Lind, s. Michael and Elizabeth ; b. Sept. 3, 1787 ; bap. Jan. 30.
George Roth, s. George and Susan ; b Jan. 12 ; bap. Feb. 18.
Catharine Bott, d. John and Catharine ; b. Dec. 7, 1787 ; bap. March 7.
Elizabeth Chaplain, d. Samuel and Barbara ; b Feb. 29 ; bap. March 8.
Philip Gleis, s. Philip ; b. Dec. 15, 1787 ; bap. March 5.
Peter Lang, s. Jacob ; b. Dec. 14, 1787 ; bap. March 14.
John Shlichter, s. Daniel and Mary ; b. Oct. 10. 1787 ; bap. March 15.
Jacob Shreiber, s Fred. and Susan ; b. Feb. 8 ; bap. March 16.
Samuel Fordene, s. Casper and Elizabeth ; b. Feb. 16 ; bap. March 16.
Catharine Haberstick, d. Jacob and Maria ; b August 2, 1786 ; bap. March 22.
Rudolph Fosh, s. John Rudolph ; b. Jan. 1 ; bap. April 3.
Esther LeFevre, d. Adam and Elizabeth ; b. Dec. 6, 1784 ; bap. April 2.
Samuel LeFevre, s. Adam and Elizabeth ; b. Feb. 26, 1786 ; bap. April 2
Magdalena Eckman, d. Martin and Christina ; b. Dec. 15, 1783 ; bap. April 2.
John Eckman, s Martin and Christina ; b. Dec 10, 1784 ; bap. April 2.
Elizabeth Eckman, d. Martin and Christina ; b. Nov. 9, 1786 ; bap. April 2.
Daniel Eckman, s. Martin and Christina ; b. Nov. 8, 1787 ; bap. April 2.
Salome Reitz, d Jacob and Catharine ; b. March 14 ; bap. April 13.
John Miller, s. Philip and Elizabeth ; b. Sept. 12, 1786 ; bap. April 16.
Elizabeth Miller, d. Jacob and Sophia ; b. Dec. 16, 1787 ; bap. April 20.
Louisa Kautz, d. Christian and Elizabeth ; b. Feb 25, bap. April 27.
George, (illegitimate), s. Charles McGowen and Barbara Schwartz ; b. April 9 ; bap. May 1.
A. Maria Gloninger, d. Philip and Catharine ; b. April 29 ; bap. May 11.
Jacob Sagmiller, s. Philip Frederick and Elizabeth ; b. March 8 ; bap. May 25
Christina Kunkel, d. Peter and Esther ; b Oct. 17. 1787 ; bap. June 1.
John Flory, s. Peter and Gertrude ; b. Feb 13 ; bap June 15.
John Good, s Samuel and Margaret ; b. March 7 ; bap. July 5.
John Sensel, s John and Barbara ; b June 28 ; bap. July 6.
Valentine Rumel, s. Peter and Elizabeth ; b. Jan. 28 ; bap. July 13.
Martin Eckman, s Martin and Elizabeth ; b. Oct. 16, 1787 ; bap August 5.
George Reichard Steeg, s. Christ. and Catharine ; b. April 27 ; bap. August 10.
John Miller, s. John and Hannah ; b. June 20 ; bap. August. 10.

M. Elizabeth Shweiker, d. John and Margaret ; b. Nov. 6, 1787 ; bap August 17.
Rosina Snyder, d. Simon and Catharine ; b. July 4 ; bap. August 17.
Elizabeth Steefe, d. William and Margaret ; b. Jan. 18 ; bap. August 17.
William Wicht, s. Charles and Salome ; b. July 26 ; bap. August 17.
John Harrison, s. John and Elizabeth ; b. August 20 ; bap. Sept. 14.
John Battel, s. Michael and Catharine ; b. Jan. 1787 ; bap. Sept 25.
M. Magdalena Rudy, d. Jacob and Susan ; b. July 26 ; bap. Sept. 28.
Elizabeth Thoner, d. John and Elizabeth ; b. June 1 ; bap. Oct. 5.
Catharine Messenkop, d. John and Elizabeth ; b. Sept. 20 ; bap. Oct. 5.
Catharine Henneberger, d. John and Maria ; b Sept 1 ; bap. Oct. 12.
Catharine Smith, d. John and Catharine ; b. Nov. 4, 1787 ; bap. Oct. 9.
Maria Robusky, d. Andrew and Catharine ; b. Feb. 10 ; bap. Oct. 9.
John Kramer, s. Peter and A. Maria ; b. Nov. 6, 1784 ; bap. Oct. 9.
A. Maria Kramer, d. Peter and A. Maria ; b. Feb. 18, 1787 ; bap. Oct. 9.
Salome Gordner, d. J. George and Margaret ; b. Feb. 20 ; bap. Oct. 9.
Susan Seabrook, d. William and A Margaret ; b. Feb. 12, 1781; bap. Oct 9.
Elizabeth Seabrook, d. William and A. Margaret ; b. Jan. 20, 1782 ; bap. Oct. 9.
Maria Seabrook, d. William and A Margaret ; b. Jan. 18, 1786 ; bap. Oct. 9.
Child of Daniel and Margaret Blattenberger ; b. Sept. 14 ; bap. Oct. 19.
George Diffendorfer, s. John and A. Maria ; b Nov. 5, 1787 ; bap. Oct. 19.
John Brown, s. John and Elizabeth ; b. Sept 14 ; bap. Nov. 5.
Thomas Steinweg, s. Thomas and Eve ; b. Sept. 2 ; bap. Nov. 5.
Elizabeth Keller, d. Henry and Christina ; b. August 26 ; bap. Nov. 9.
Catharine Hubert, d. Jacob and Dorothea ; b. Oct. 1 ; bap. Nov 23.
A. Maria Bausman, d. William and Elizabeth ; b. Nov. 7 ; bap. Nov. 30.
Jacob Stauffer, (a married man) ; b. June 12, 1761 ; bap. Dec. 24.
John Maurer, s Peter and Elizabeth ; b. May 3 ; bap. Dec. 26.
Catharine Hirsh, (nee Hamilton), wife of Henry Hirsh ; b. Nov. 25, 1764 ; bap. Dec. 24.
Elizabeth Alspach, d John and Barbara ; b August 1 ; bap Dec. 27.

1789.

Abraham Gonder, s. William and Margaret ; b. Nov. 15. 1780 ; bap. Jan. 1.
Susan Gemberling, d. Jacob and Susan ; b. 1778 ; bap Jan. 1.
A. Maria Hellman, d. Jacob and Catharine ; b. August 10, 1777 ; bap. Jan. 1.
Jacob Spengler, s. John and Catharine ; b. Jan. 5 ; bap. Jan. 6.
Maria Peter, d Abraham and Catharine ; b Nov 18, 1788 ; bap. Jan. 9.

Births and Baptisms.

John Metzger, s. Philip and Margaret ; b. Dec. 27, 1788 ; bap. Jan. 11.
John Dietz, s. Jacob and Barbara ; b. Dec. 29, 1788 ; bap. Jan. 19.
Elizabeth Wolf, d. Tobias and Rosina ; b. Oct. 18, 1788 ; bap. Feb. 8.
Magdalena King, d. Conrad and Catharine ; b. Jan. 27 ; bap. Feb. 15.
A. Maria Treyer, d. Andrew and Elizabeth ; b. Feb. 7 ; bap. Feb. 15.
Adam Wilhelm, s. Jacob and Elizabeth ; b. Jan. 25 ; bap. Feb. 17.
Elizabeth Bier, d. Peter Jr., and Catharine ; b. Feb. 19 ; bap. March 1.
Sarah Clark, d. John and Elizabeth ; b. Feb. 15 ; bap. March 1.
Elizabeth Kann, d. Peter and Elizabeth ; b. Feb. 16 ; bap. March 10.
Henry Wolf, s. Henry and A Catharine ; b. Feb. 28 ; bap. March 15.
Casper Brunner, s. Peter ; b. March 14 ; bap. March 14.
Elizabeth Borck, d. Jacob and Margaret ; b Dec. 27, 1781 ; bap. March 19.
J. William Zahneisen, s. Mathew and A. Maria ; b. Jan. 21 ; bap. March 21.
Jacob Christ. Becker, s. Christ. Ludwig, V. D. M. and Adelaide ; b. Jan. 6 ; bap. Jan. 7 ; baptized in Germany.
Elizabeth Gerlach, d. John and Elizabeth ; b. Jan. 18 ; bap. March 30.
Jacob Buchsler, (a married man); b. July 1761 ; bap. April 10.
Abraham Henneberger, (single); bap. April 10.
Catharine Grob, d. Michael and Barbara ; b. March 12 ; bap. April 10.
Jacob Keller, s. Jacob and Susan; b. March 14, 1786 ; bap. April 12.
John Keller, s. Jacob and Susan ; b. August 16, 1788 ; bap April 12.
Jacob Krote, s Jacob and Elizabeth ; b. Jan 25 ; bap. April 12.
Barbara Wilhelm, d. Henry and Elizabeth ; b. Jan. 31 ; bap. April 13.
Jacob Christ. Shafer, s. Jacob and Barbara ; b. March 17 ; bap. April 14.
George Locher, s. Henry and Elizabeth ; b. March 17 ; bap. April 14.
Catharine Stech, d. Philip and Sabina ; b. Feb. 26 ; bap. April 19.
A. Maria Kopf, d. Lewis and A. Maria ; b. Feb. 5 ; bap April 19.
Jacob Stroh, s. Charles and Catharine ; bap. April 19.
Fred. Gottlieb Shaffer, s Fred. and Margaret ; b. March 24 ; bap. May 3.
Charlotte Bush, d. John and Elizabeth ; b. March 1 ; bap. May 3.
David Backenstoss, s. Jacob and Catharine ; b. Dec. 31, 1788 ; bap. May 10.
Abraham Hoffman, s. Valentine and Susan ; b. May 16, 1788 ; bap. May 10.
John Stam, s. John and Elizabeth ; b. March 5 ; bap. May 17.
Catharine Nagle, d. Christ. and Margaret ; b. April 15, bap. May 17.
Jacob Klare, s. Fred. and Elizabeth ; b. Nov 14, 1788 ; bap May 21.
George Ehresman, s. George and Susan ; b. March 15 ; bap. May 21.
Maria Lambert, d. Francis and A. Maria ; b. Dec 2, 1788 ; bap. Feb. 17.
John Manderbach, s. John and Eve, b Sept. 29, 1788 ; bap. May 21.
A. Catharine Rissel, d. Fred. and Elizabeth ; b. Jan. 1 ; bap. May 24.
Child of George and Susan Roth ; b April 23 ; bap. May 24.

The Pennsylvania-German Society.

Elizabeth Miller, d. Jacob and Elizabeth ; b. April 17 ; bap. May 30.
Enoch Hermes, s Jacob and Maria ; b. May 29, 1783 ; bap. June 2.
Israel Hermes, s. Jacob and Maria ; b Dec. 25, 1784 ; bap. June 2.
Susan Hermes, d Jacob and Maria ; b. April 3 ; bap. June 2.
Catharine Linkefus, d Isaac and Christina ; b. Jan. 18 ; bap. June 14.
Susan Lutz, d. Peter and Barbara ; b. May 17 ; bap. June 23.
Catharine Diffenbach, d. Henry and Elizabeth ; b. May 29 ; bap. June 28.
Mary Magdalena Hendel, d. William and Elizabeth ; b. June 26 ; bap. June 28.
John Oster, s. Henry and Louisa ; b. June 11 ; bap. July 5.
Jacob Laubersweiler, s. Christ. and Susan ; b. Oct. 1788 ; bap. July 5
John Thomas Wentel, s. Christ. and Catharine ; b. June 11 ; bap. July 5.
Jacob Frankfurter, s. Philip and Elizabeth ; b Feb. 23 ; bap. July 12.
Abraham Stauffer, s. Jacob and Catharine ; b. April 24, 1784 ; bap. July 12.
Jacob Stauffer, s. Jacob and Catharine ; b. Sept. 18. 1785 ; bap. July 12.
John Stauffer, s. Jacob and Catharine ; b. March 14, 1787 ; bap. July 12.
George Reitz. s. Jacob and Catharine ; b. June 20 ; bap. July 26.
Maria Eckman, d Peter and Maria ; b. March 28 ; bap. July 29.
M. Catharine Buch, d. John and Elizabeth ; b March 4 ; bap. August 4.
Daniel Weaver, s. Fred. and Catharine ; b. July 19 ; bap. August 9.
Elizabeth Wolf, d. Henry and Catharine ; b. Dec. 27, 1788 ; bap. August 12.
Samuel Leonard Gartner, s. Samuel and Elizabeth ; b. July 23 ; bap. August 23.
A. Maria Getz, d. John, Jr. and Barbara ; b Jan. 22, 1788 ; bap. August 24.
George Getz, s. Peter and Catharine ; b. July 18 ; bap. August 24.
George Grimes, s. John and Catharine ; b. August 5 ; bap. August 29.
Susan Musselman, d. Christ. and Magdalena ; b Nov. 22, 1788 ; bap. August 30.
Susan Flick, d. William and Catharine ; b. July 25 ; bap August 30.
Jacob Hartman, s. Jacob and Catharine ; b. July 9 ; bap. Sept 1.
George Roth, s John and Magdalena ; b. Sept 6 ; bap. Sept. 13.
Elizabeth Armitshon, d. Mathew and Gertrude ; b. July 17 ; bap Sept. 20.
Susan Martin, d. Henry and Susan ; b. Dec. 11, 1787 ; bap. Sept. 27.
Catharine Shard, d. Thomas and Catharine ; b. Sept. 23 ; bap. Oct. 11.
John Copeiner, s. Thomas and Catharine ; b June 13 ; bap. Oct. 11.
Michael Dorwart, s. Martin and Marian ; b March 16 ; bap. Oct. 18.
Michael Haberstick, s. Michael Jr. and Eve ; b. July 20 ; bap. Oct. 22.
Catharine Miles, d. George and Margaret ; b. May 13 ; bap. Oct. 24.
Philip Mayer, s Jacob and Anna ; b. Oct. 7 ; bap. Oct. 25.
Dorothea Dierg, d. Philip and Elizabeth ; bap. Oct. 25.

Births and Baptisms.

A. Maria Miller, d. Frederick and Elizabeth ; b. Oct. 10, 1788 ; bap. Oct. 25.
Elizabeth Lehr. d. Philip and Magdalena ; b. Sept. 13 ; bap. Nov. 7.
Jacob Wien, s. John and Eve ; b. Oct. 10 ; bap. Nov. 8.
A. Maria Martin, (posthuma), d. George and Anna ; b. Sept. 18 ; bap. Dec 2.
Catharine Chapman, d. Samuel and Barbara ; b Oct 14 ; bap. Dec. 6.
Dorothea Shriber, d. Frederick and Susan ; b. Nov 27 ; bap. Dec. 4.
Child of John Gensemer, b. Oct. 4, 1788 ; bap. Dec. 7.
Bartara Ackerman, d Paul and A. Margaret ; b. June 13 ; bap. Dec. 8.
A. Maria Lind, d. John and Susan ; b. Nov. 15 ; bap. Dec. 20.
Henry Knieriemen, s. Jacob and Margaret ; b. March 10, 1784 ; bap Dec 18.
John Knieriemen, s. Jacob and Margaret ; b March 20, 1785 ; bap. Dec 18.
Maria, wife of Peter Eckman, d. Peter and Catharine LeFevre ; b. May 12, 1763 ; bap. Dec. 24.
Elizabeth Rassman, d Henry and Catharine ; b. Sept. 16 ; bap. Dec. 25.

1790.

Gerhard Bubach, s. Gerhard and A. Maria ; b. Dec. 17, 1789 ; bap Jan. 3.
Susan Catharine Huber, d. John and Elizabeth ; b. Nov 1, 1789 ; bap. Jan. 3.
John Hildebrand, s. Jacob and Susan ; b Nov. 22, 1789 ; bap. Jan 3.
Sophia Margaret Shafter, d. Peter and Susan ; b. March 4, 1789 ; bap. Jan. 3.
John Hess, s. Peter and Susan ; b. Dec. 27, 1786 ; bap Jan. 4.
Child of John LeFevre ; bap. Jan. 7.
William Von der Au, s. Adam and Margaret ; b. Sept. 23, 1789 ; bap. Jan. 20.
William Dickhofer, s. Henry and Barbara ; b. Dec 15, 1789 ; bap. Jan. 20.
Salome Good, d. Samuel and Margaret ; b. Dec. 17, 1789 ; bap. Jan. 20.
Elizabeth Korsch, d. Valentine ; b. Nov. 5, 1789 ; bap. Jan. 20.
Henry Wingert, s. Lawrence and Elizabeth ; b. Jan. 16 ; bap. Jan. 24.
Veronica Frey, d Jacob and Catharine ; bap. Feb. 2.
Susan Shaffner, d. Peter and Margaret ; b Dec 31, 1789 ; bap. Feb. 5.
Elizabeth Kautz, d. Frederick and A. Maria ; b. Oct. 25, 1787 ; bap. Feb. 12.
Child of Jacob and Margaret Fordine ; b. Jan. 5 ; bap. Feb. 14.
Michael Wien, s. Jacob and Elizabeth ; b. Feb. 10 ; bap. Feb. 24.

The Pennsylvania-German Society.

John, (illegitimate), s. John Frey and Nancy McGuire ; b. Jan. 23 ; bap. Feb. 25.
Jacob Lutz, s Stephen, Jr. and Catharine ; b. Jan. 22 ; bap. Feb. 28
Jacob Smith, s. William and Barbara ; b. August. 3, 1789 ; bap. March 25.
George Dunkel, s. John and Susan ; b. Dec. 1 ; bap. March 25.
Ann Maria Buchsler, d. Jacob and Elizabeth ; b. Jan. 13 ; bap. April 2.
George Hauser, s. George and Catharine ; b. Jan. 17 ; bap. April 5.
Michael Dietrich, s Henry and Sophia ; b. August 18, 1789 ; bap. April 5.
Casper Brunner, s. Peter and Barbara ; b. March 17 ; bap. April 4.
Samuel Carlisle, s. Thomas and Ruth ; b. Sept. 4, 1789 ; bap. May 9.
Henry Buch, s. Henry and A. Maria ; b. Oct. 8, 1788 ; bap. May 9.
Barbara Smith, (nee Stubchen); bap. May 22.
Susan Reinhart, d. Jacob and Ann ; b. Dec. 13, 1789 ; bap. May 23.
Jacob Volk, s. George and Maria ; b April 11 ; bap. May 23.
Magdalena Grob, d. Jacob and Margaret ; b. Feb. 14, 1788; bap. May 23
Salome Grob, d. Jacob and Margaret ; b. Jan. 5 ; bap. May 23.
Christina Flory, d. Peter and Gertrude ; b. March 30 ; bap. July 10.
A. Maria Long, d. Jacob and Magdalena ; b. Feb. 13 ; bap. July 25.
Henry Grob, s. Henry and Barbara ; b. May 6 ; bap. July 26.
Catharine Surerus, d. Andrew and Catharine ; b. Feb. 26 ; bap. August 15.
Catharine Axer, d. Christ. and Catharine ; b. Nov. 8, 1785 ; bap. August 19.
Susan Axer, d. Christ. and Catharine ; b. Sept. 29, 1788 ; bap. August 19
Elizabeth Krote, d. Jacob and Elizabeth ; b. July 22 ; bap. Sept. 12.
John Reitzel, s Christopher and Elizabeth ; bap. Sept 14
Elizabeth Diffenbach, d. Henry and Elizabeth ; b. August 22 ; bap. Sept 16.
Peter Kopf, s. Lewis and A. Maria ; b. June 18 ; bap. Sept. 5,
M. Catharina Roh, d. Charles and Catharine ; b. March 31 ; bap. Sept. 5.
John Luther, s. Conrad and Elizabeth ; b. August 29 ; bap. Oct. 3.
Jacob Dock, s. Jacob and Elizabeth ; b. Jan. 31 ; bap. Oct 3.
John (illegitimate), s. John McGeis and Catharine ; b. July 5, 1781 ; bap. Oct. 17.
A. Margaret Fisher, d. Adam, Jr. and Catharine ; b. August 15 ; bap. Oct 11.
John Clark, s. John and Elizabeth ; bap. Oct. 20.
Elizabeth Hager ; d. John and Magdalen ; b March 25 ; bap Oct. 23
A. Maria Messersmith, d. Jacob and Susan ; b May 30 ; bap. Oct. 25.
Joseph Brown, s. John and Elizabeth ; b. August 26 ; bap. Nov. 7.
Jacob Reitz, s. Jacob and Catharine ; b. Oct. 21 ; bap. Dec 5.
Child of Simon Snyder ; b. Nov. 25 ; bap. Dec 7.
Henry Shlamilk, s Henry and Barbara ; b July 5 ; bap. Oct. 5.

Births and Baptisms.

1791.

Margaret Shaffer, d. Frederick and Margaret; b. Dec. 16, 1790, bap. Jan. 1.
Barbara Peter, d. John and A. Maria ; b. Oct. 21, 1789 ; bap. Jan. 1.
Jacob Boss, s. Henry and Maria ; b. Nov. 3, 1790 ; bap. Jan. 1.
Henry Hubert, s Jacob and Dorothea ; bap. Jan. 2.
Philip Metzger, s. John and Chrisa ; b. Dec. 17, 1790 ; bap. Jan. 9.
Elizabeth Sarah Flick ; d. William and Catharine ; b. Sept. 30, 1790 ; bap. Jan. 9.
Samuel Augustus Shepperd, s. Robert and Maria ; b. Oct. 27, 1790 ; bap. Jan. 12.
A. Maria Brunner, d. Cas. and A. Maria ; b. Dec 18, 1790 ; bap. Jan. 16.
Elizabeth Shertz, d. Jacob and Catharine ; b. Jan. 8 ; bap. Jan 18.
Peter Bier, s. Peter, Jr. and Catharine ; b. Nov. 27, 1790 ; bap. Jan. 30.
A. Maria Michael, d. John and Elizabeth ; b. Jan. 8 ; bap. Feb. 13.
Charlotte Gloninger, d. Philip and Catharine ; b. Jan. 30 ; bap. Feb. 13.
Christ. Kleis, s. Philip and A. Maria ; b. Nov. 10, 1790 ; bap. Feb. 18.
Elizabeth Long, d. Christ. and A. Maria ; b. Feb. 6 ; bap. Feb. 20.
George Buch, s. John and Elizabeth ; b. Jan. 15. bap. Feb. 22.
William Bausman, s. William and Elizabeth ; b. Feb. 20 ; bap. Feb. 28.
Val. Rummel, s. Valentine and Elizabeth ; b. Nov. 30, 1790 ; bap. March 5.
Catharine Gerlach, d. John and Elizabeth ; b. Nov. 27, 1790 ; bap. March 7.
Salome Huck, d. Henry and M. Magdalen ; b. Dec. 19, 1790 ; bap. March 7.
A. Maria, (illegitimate), d. Sebastian Graff, Jr. and Catharine Gensemer ; b. Feb. 25 ; bap. March 7.
Elizabeth LeFevre, d. John and Magdalen ; b. Jan. 19 ; bap. March 10.
Henry Maurer, s. Peter and Elizabeth ; b. April 5, 1790 ; bap. March 20.
A. Magdalen Minnich, d. Jacob and Maria Elizabeth ; b. Feb. 23 ; bap. March 18.
Catharine Wolf, d. Daniel and Catharine ; b. February 24 ; bap. March 18.
Jacob Roth, s. George and Susan ; b. Jan. 5 ; bap. March 27.
Peter Shaffner, s. Peter and Margaret ; b. March 18 ; bap. March 29.
Magdalena Oster, d. Henry and Louisa ; b. March 31 ; bap. April 10.
John Wolf, s. John and Christina ; b. Dec. 22, 1790 ; bap. April 10.
Esther Eckman, d. Peter and Maria ; b. April 1 ; bap. April 16.
Margaret Shaum, d. Benjamin and Maria ; b. March 21 ; bap. April 18.
John Meck, s. John and Catharine ; b. Feb. 25 ; bap. May 1.
George Mayer, s. John and Maria ; b. April 3 ; bap. May 8.
Catharine Hauser, d. George and Catharine ; b March 23 ; bap. May 8.

The Pennsylvania-German Society.

George Treppert, s. Michael and Margaret ; b. Feb. 4, 1787 ; bap. May 15.
Elizabeth Wilhelm, d. Henry and Elizabeth ; b. April 24 ; bap. June 5.
John Getz, s. Jacob, Jr and Barbara ; b. June 19, 1790 ; bap. June 5.
Elizabeth Lutz, d. Peter and Barbara ; b. Jan 19 ; bap. June 12.
Peter Frankfurter, s. Philip and Elizabeth ; b. Jan. 24 ; bap. June 12.
Henry Rassman, s. Henry and Catharine ; b. Oct. 18, 1790 ; bap. June 12.
Child of Jacob Haverstick ; no dates given.
Elizabeth Shlichter, d. David and Catharine ; b. April 24 ; bap. June 12.
Child of Paul Ackerman ; bap. June 23.
Daniel Staufler, s. Jacob and Catharine ; bap. June 26.
Gottlieb Wolf, bap July 9.
Margaret Locher, d. Henry and Elizabeth ; b. April 15 ; bap. July 11.
Maria Eckman, d. Henry and Maria ; b. April 18, 1784 ; bap. June 16.
Henry Eckman, s. Henry and Maria ; b. Feb. 9, 1786 ; bap. June 16
Susan Eckman, d. Henry and Maria ; b. Oct 29, 1787 ; bap June 16.
Elizabeth Eckman, d. Henry and Maria ; b. May 21, 1790 ; bap. June 16.
M. Elizabeth Gartner, d. Samuel and Elizabeth ; b. Feb. 12 ; bap. August 5.
Philip Mumma, s. Philip and Maria ; b June 25 ; bap. August 7.
George Reid, s. Peter and Catharine ; b. July 14 ; bap. August 7.
Salome Axer, d. Christopher and Catharine ; b. Feb. 17 ; bap. August 9.
Peter Bringolf, s. John and Anna ; b. May 8 ; bap. August 10.
Jacob Bushong, s. John and Eve ; b. June 7, 1789 ; bap. August 24.
Catharine Goody, d. John and A. Maria ; b. August 4 ; bap. Sept. 6.
Henry Miller, s. Frederick and Elizabeth ; b. June 9 ; bap Sept. 7.
Susan Biery, d. Philip and Elizabeth ; b. July 2 ; bap. Sept. 7.
Susan Heisinger, d. John and Catharine ; b. March 5 ; bap. Sept. 7.
A. Maria Linn, d. Christian and Margaret ; b. July 10 ; bap. Sept. 7.
A Maria Miller, d. Jacob and Anna ; b. Sept. 8, 1789 ; bap. Sept. 7.
Catharine Miller, d. Jacob and Anna ; b. May 1 ; bap. Sept. 7.
Daniel Bixler, s. Jacob and Elizabeth ; b. April 6 ; bap. Sept. 24.
Jacob Smeltz, s. John and Elizabeth ; b. June 5 ; bap. Oct. 2.
Elizabeth Dorwart, d Martin and Margaret ; b. Sept. 9 ; bap. Oct. 2.
Jacob Ruble, s. Frederick and Margaret ; b. August 18 ; bap. Oct. 31.
George Rieber, s. Peter and Catharine ; b July 26 ; bap. Nov. 6.
Catharine Copeiner, d. Thomas and Catharine ; b March 8 ; bap. Nov. 9.
Christina Linkerfus, d. Isaac and Christina ; b. Oct. 1 ; bap Nov. 20.
John Strenge, s. Christian and M. Eve ; b. Sept. 30 ; bap. Nov. 20.
J. Henry Krote, s. Jacob and Elizabeth ; b. Sept. 30 ; bap. Nov. 20.
Margaret Kissel, d. Frederic and Elizabeth ; b. July 25 ; bap. Nov. 20.
Maria Weller, d. John and Maria ; b Oct. 10 ; bap. Dec. 2.
Catharine Springer, d. Jacob and Barbara ; b. Oct. 3 ; bap. Dec. 2.
Margaret Lacker, d. John and Elizabeth ; b. July 15, 1790 ; bap Dec. 2.

Births and Baptisms.

Hannah Lacker, d. Charles and Maria ; b April 6 ; bap. Dec. 2.
Child of John and A. Maria Sohn ; b. Sept. 14 ; bap. Dec. 2.
Anna Alfert, d. John and Mary ; b. Jan. 11, 1785 ; bap. Dec. 2.
Helena Burn, d. James and Elizabeth ; b. Oct. 11 ; bap. Dec. 2
John Waitz, s. James and Hannah ; b. Sept. 3 ; bap. Dec. 2.
Jacob Mayer, s Jacob and Anna ; b. Nov. 11 ; bap. Dec 4.
Elizabeth Rummel, d Peter and Elizabeth ; b. Oct. 11 ; bap. Dec. 9.
Jonas Kohler, s. Michael and Elizabeth ; b May 6 ; bap. Dec. 9.
John Robseon, s. John and Rachael ; b. Oct. 15 ; bap. Dec. 9.
William Bausman, s. John and Elizabeth ; b. Nov. 28 ; bap. Dec. 11.
John Diffenbach, s. Henry and Elizabeth ; b. Nov 10 ; bap. Dec. 11.
Margaret Wien, d. John and Eve ; b Dec. 3 ; bap. Dec. 26.
John Wolf, s. Henry and A. Catharine ; b. Nov. 19 ; bap. Dec. 26.

1792.

J. Jacob Peter, s. John and A. Maria ; b. August 24, 1791 ; bap. Jan. 1
Isaac Getz, s. John and Magdalen ; b Sept. 13, 1791 ; bap. Jan. 7.
John Conrad Herr, s. Christ. and A. Ursula ; b. Nov. 26 ; bap. Jan. 8.
George Saegmiller, s Fred. and Elizabeth ; b. Sept. 20, 1789 ; bap. Jan. 18.
Frederick Saegmiller, s. Frederick and Elizabeth ; b. April 15, 1791 ; bap. Jan. 18.
Henry Gutherr, s. Henry and A. Catharine ; b. Dec. 3, 1791 ; bap. Jan. 18.
Henry Ehbrecht, s. John and Catharine ; b Ma ch 10, 1791 ; bap. Jan. 18
Elizabeth Weis, d. Andrew and Margaret ; b. Sept. 27, 1791 ; bap. Jan. 18.
Nicholas Hauendobler, s. John and Eve ; b. Dec. 10, 1791 ; bap. Jan. 20.
Anna Hauendobler, d. Joseph and Anna ; b. Dec. 26, 1791 ; bap. Jan. 20.
Susan Shmick, d. John and Anna ; b. Nov. 29, 1791 ; bap. Jan. 20.
Abraham Peter, s. Abraham and Catharine ; b. August 29, 1791 ; bap. Jan. 25.
Child of John and Eve Gensemer ; b. Nov 6, 1791 ; bap. Jan. 30.
Catharine Miller, d. John and Hannah ; b. Nov. 11, 1791 ; bap. Feb. 5.
Henry Steger, s. Philip and Regina ; b. Jan. 17 ; bap. Feb. 5.
George Grub, s. Christ. and Catharine ; b. Dec. 20, 1791 ; bap. Feb. 15.
George Shafer, s. Peter and Susan ; b. Jan. 1 ; bap. Feb. 19.
Elizabeth Eckman, d. Henry and Catharine ; b. Jan 7 ; bap. Feb. 19
Anna Hunsecker, d. George and Magdalena ; bap. March 12.
Jacob Hunsecker, s. George and Magdalena ; bap. March 12.
M. Elizabeth Kline, d. Herman and Christina ; b. March 5 ; bap. March 18.
John Shertz, s. Jacob and Catharine ; b. March 19 ; bap. March 20.

The Pennsylvania-German Society.

A. Maria Wien, d. Jacob and Elizabeth ; b. Jan. 20 ; bap. March 30.
Margaret Hubert, d. Jacob and Dorothea ; b. Feb. 20 ; bap April 2.
Elizabeth Reinhard, d. Jacob and Anna ; b Oct. 11, 1791 ; bap. April 8.
Susan Bott, d. John and Catharine ; b. Dec 1, 1791 ; bap. April 22.
John Amend, s. John and A. Maria ; b. Dec. 18, 1791 ; bap. April 22.
Christina Bohoman, d. Conrad and Elizabeth ; b. Dec. 18, 1791 ; bap. April 25.
John Carlisle, s. Thomas and Ruth ; b. Nov 29, 1791 ; bap. May 18.
Maria von Kennen, d. Michael ; b. Jan. 22, 1783 ; bap. May 18.
Elizabeth von Kennen, d. Michael ; b. Oct. 7, 1784 ; bap. May 18.
Catharine von Kennen, d. Michael ; b. March 14, 1788 ; bap May 18.
Michael von Kennen, s Michael ; b. August 27, 1790 ; bap. May 18.
M. Magdalena Fordene, d. Casper and Elizabeth ; b. May 6 ; bap. May 20.
A Maria Gerlach, d. Henry and Eve ; b. May 3 ; bap. May 20
Elizabeth Diffendorfer, d John and Maria ; b. Jan. 1 ; bap. May 20.
Barbara Lehr, d. Philip and Magdalen ; b. Feb 17 ; bap. May 27.
Susan Amend, d. Adam and Christina ; b. Feb. 13 ; bap May 27.
Elizabeth Manderbach, d. Martin and Margaret ; b. Nov. 2, 1791 ; bap. May 27.
Michael Diffendorfer, s. George and Maria ; b. May 9 ; bap. May 27.
John George Rassman, s. Henry and Catharine ; b. Feb. 5 ; bap. May 28.
Elizabeth Manderbach, d. Henry and Catharine ; b March 11 ; bap. June 3.
George Lind, s. John and Susan ; b April 22 ; bap. June 3.
Maria Shard, d. Thomas and Catharine ; b. May 16 ; bap. June 10.
A. Maria Debutts, d. Hugh and Christina.; b. March 19 ; bap. June 12.
Jacob Hoffman, s. Frederic and Margaret ; b. Jan 16 ; bap. June 16.
Susan Dock, d. Jacob and Elizabeth ; b. Jan 29 ; bap. June 17.
Dasy Hayes, d.John and Mary ; b. Dec. 3, 1791 ; bap. June 18.
Elizabeth Philips, d. Henry and A. Maria ; b. July 28, 1788 ; bap. June 29.
Susan Philips, d. Henry and A. Maria ; b. Jan. 1, 1791 ; bap. June 29.
John Grimes, s. John and Catharine ; b. May 1 ; bap. July 12
Anna Schenck d. Michael and Susan ; b. Dec. 17, 1789 ; bap. July 21.
Anna Smith, d. William and Barbara ; b. March 7 ; bap. July 21.
A. Maria Smeltz, d Andrew and A. Maria ; b. March 7 ; bap. July 22.
Margaret Mohry, d. George and Eve ; b. Jnly 16 ; bap. July 22
Jacob Dietz, s. Jacob and M. Barbara ; b. June 20 ; bap. July 30.
Magdalena Steffe, d. William and A. Margaret ; b. March 15 ; bap. August 1.
A. Maria Mumma, d. Peter and Anna ; b. May 6 ; bap. August 1.
Catharine Klare, d. Frederick and Elizabeth ; b. March 4 ; bap. August 1.
Jacob Kellerman, s. Frederick and Margaret ; b. Dec. 10, 1791 ; bap August 1.

Births and Baptisms.

David Bahr, s. Bens and Catharine ; b. Jan. 3 ; bap. August 1
George Luther. s. Conrad and Elizabeth ; b. July 4 ; bap. August 5.
Catharine Bubach, d. Gerhard and A. Maria ; b. July 20 ; bap. August 12.
John Henry Spengler, s. John and Catharine ; b. August 5 ; bap. August 12.
Elizabeth Bixler, d. Jacob and Elizabeth ; b. June 8 ; bap. August 25.
Susan Byerly, d. Adam and Elizabeth ; b. March 17 ; bap. August 27.
Jacob Kautz, s. Frederic and A Maria ; b. May 28 ; bap. August 27.
Salome Michael, d. John and Elizabeth ; b August 17 ; bap. Sept. 9.
John Tegan, s. George and A. Maria : b. July 29 ; bap. Sept. 9.
Elizabeth Riblet, d. Daniel and Christina ; b. Dec. 27, 1790 ; bap. Sept. 14.
Daniel Riblet, s. Daniel and Christina ; b. August 3 ; bap. Sept. 14.
John George Wolf, s. Henry and Catharine ; b. May 31 ; bap. Sept. 16.
Child of Andrew and Elizabeth Tryer ; b. Sept. 15 ; bap. Sept. 23.
Susan Hauendubler, d. John and Maria ; b. April 16 ; bap. Sept. 25.
Caspar Brunner, s. Caspar and Maria ; b. Sept. —— ; bap. Sept. 30.
Elizabeth Hinkel, d. Yost and Catharine ; b. August 1 ; bap. Oct 7.
Sophia Schenk, d Anthony and Sophia ; b. August 6, 1791 ; bap. Oct. 6.
Catharine Bausman, d. William and Elizabeth ; b. Sept. 26 ; bap. Oct. 14.
Elizabeth Boss, d Henry and A. Maria ; b. Sept. 18 ; bap. Oct. 21.
John Diehl, s. Frederic and Elizabeth ; b. August 17 ; bap Oct 21.
Elizabeth Maurer, d. Peter and Elizabeth ; b. Sept. 16 ; bap. Oct 21.
Catharine Stech, d. Philip and Sabina ; b. Sept 12, 1791 ; bap. Oct. 24.
Elizabeth Mile, d. George and Margaret ; b. May 26 ; bap. Oct. 30.
John Jacob Brunner, s. Peter and Barbara ; b. Sept. 29 ; bap. Nov. 1.
John Fred. Shreiber, s. Fred. and Susan ; b Oct. 12, 1791 ; bap. Nov. 2.
George Grob, s. Henry and Barbara ; b. August 29 ; bap Nov. 3.
John Bier, s. Peter, jr., and Catharine ; b. Oct. 18 ; bap. Nov. 4.
A Margaret von der Au, d. Adam and A. Margaret ; b. Sept. 28 ; bap. Nov. 13.
Catharine Clark, d. John and Elizabeth ; b. Oct. 16 ; bap. Nov. 14.
Jacob Grub, s. Jacob and Catharine ; b. Oct. 18 ; bap. Nov. 19.
Salomina Kortes, d. Francis and Eve ; b. Nov. 21 ; bap. Nov. 29.
Catharine Kohler, d. Jacob and Elizabeth ; b. Nov. 6 ; bap. Dec. 2.
Daniel Weigel, s. John and Barbara ; b Nov. 29 ; bap. Dec. 3.
Elizabeth Fisher, d. Adam, jr., and Catharine ; b. Oct. 30 ; bap. Dec. 3.
John Shaefer, s. John and Elizabeth ; b. Sept. 5 ; bap. Dec. 21.
Elizabeth Ernst, d. Henry and Elizabeth ; b. Oct. 25 ; bap. Dec. 26.

The Pennsylvania-German Society.

1793.

Fred. Rummel, s Val. jr. and Elizabeth ; b. Dec 10, 1792 ; bap. Jan. 3.
George Folk, s. George and Maria ; b. Dec. 20, 1792 ; bap. Jan. 6.
John Deredinger, s. Michael and Margaret ; b. Oct. 28, 1792 ; bap. Jan. 6.
Catharine Shucker, d. John and Elizabeth ; b. Dec. 2, 1792 ; bap. Jan 12.
A. Margaret Peter, d. George and Catharine ; b. Jan 3 ; bap. Jan. 13.
Catharine Reitzel, d. Christ. and Elizabeth ; b. Jan. 6 ; bap. Jan. 20.
Henry Wilhelm, s. Henry and Elizabeth ; b Jan. 10 ; bap Jan. 20.
Catharine Imhof, d. Charles and Sarah ; b. Jan. 13 ; bap. Jan. 27.
Magdalena Lutz, d. Peter and Barbara ; b. Jan. 11 ; bap. March 3.
Andrew Fisher, s Henry and A. Maria ; b. Jan. 24 ; bap. March 8.
Elizabeth Messenkop, d. Philip and Ann ; b. Feb 14 ; bap March 10.
Salome Long, d. Jacob and Magdalena ; b June 9, 1792 ; bap. March 11.
Jacob Grub, s. Christian and Catharine ; b Dec. 19, 1792 ; bap. March 13.
Henry Pastor, s. Peter and Christina ; b. Jan. 5 ; bap. March 17.
John Christian Strenge, s. John Christian and M. Eve ; b. Feb. 9 ; bap. March 17.
Maria Mayer, d. George and Catharine ; b. Feb 17 ; bap. March 18.
Elizabeth Hubert, d. John and Elizabeth ; b. Nov. 13, 1792 ; bap. March 24.
John Shaefer, s. Michael and Rosina ; b. July 8, 1792 ; bap. March 25.
Emanuel Shaefer, s. Philip and Maria ; b. Feb. 27 ; bap March 31.
Jacob Haberstick, s. John and Elizabeth ; b. Jan. 10 ; bap. April 13.
Stephen Hornberger, s. Stephen and Susan ; b. Jan. 23 ; bap. April 10.
Christian Long, s. Christian and A. Mary ; b. April 10 ; bap April 16.
Catharine May, d. Jacob and Catharine ; b. Jan. 4 ; bap. April 17.
Catharine Leibele, d. Jacob and Catharine ; b. Sept. 29, 1792 ; bap. April 17.
John Eberle, s. John and Anna ; b. Oct. 16, 1792 ; bap. April 17.
John Brand, s. Jacob and Magdalen ; b. Jan. 13 ; bap. April 19.
Catharine Eckman, d. Henry and Catharine ; b. March 8 ; bap. April 21.
Susan Winter, d. Christopher ; b. Nov, 21, 1782 ; bap. April 24.
Simon Winter, s. Christopher ; b. Jan. 8, 1785 ; bap. April 24.
Joseph Winter, s. Christopher ; b. Jan. 7, 1787 ; bap. April 24.
Maria Winter, d. Christopher ; b May 17, 1790 ; bap. April 24.
Christopher Winter, s. Christopher ; b. Feb. 28, 1792 ; bap. April 24.
Jacob Fisher, s. George and Maria ; b. April 23 ; bap. April 29.
Jacob Neuman, s. Jacob and Susan ; b. Jan. 25 ; bap. April 30.
Jacob Frey, s. Jacob and Catharine ; b. April 16 ; bap. May 6.
Salome Gartner, d. Michael and Catharine ; bap. May 8.
A. Maria Gartner, d. Michael and Catharine ; b. May 25, 1792 ; bap. May 8.

Births and Baptisms.

M. Margaret Axer, d. Christopher and Catharine; b March 17; bap. May 15.
Susan Christy, d Henry and Catharine; b. Oct. 30, 1792; bap. June 9.
Jacob Hubert, s. Jacob and Dorothea; b. April 19; bap. June 9
Anna Siechrist, d. George and Rebecca; b. May 14; bap. June 11.
Catharine Miller, d. John and Catharine; b. May 14; bap. June 13.
Ann Maria Brunner, d. Peter and A. Maria; b. March 24; bap. June 22.
John Shertz, s. Jacob and Catharine; b June 13; bap. June 29
Jacob Sperry, s Nicholas: bap. June 29.
Maria Wolf, d. Tobias and Rosina; b. Jan. 9; bap. July 10.
Child of Henry Wolf; b. July 10; bap. July 13.
Elizabeth Kopf, d. Lewis and A. Maria; b May 12; bap. July 21.
Jacob (illegitimate), s. Jacob Schlaugh and Catharine Gensemer; b. May 31; bap July 22.
Maria Philips, d. Henry and A. Maria; b. April 25; bap. July 22.
M. Magdalena Jacquet, d. Nicholas and Magdalena; b. Dec. 11, 1791; bap. July 22.
M Elizabeth Frankforter, d. Philip and Elizabeth; b. May 13; bap. July 28.
A. Magdalena Krote, d. Jacob and Elizabeth; b. Feb. 1; bap. July 28.
Catharine Steinweg, d. Thomas and Eve; b. March 31; bap. August 3.
Samuel Hackenberger, s Jacob and Margaret; b. April 3, 1789; bap. August 4
Rebecca Hackenberger, d. Jacob and Margaret; b. July 10, 1792; bap. August 4.
Child of Jacob Pottsfield; bap. August 10.
William Lambert, s. Francis and A. Maria; b March 18; bap. August 16.
Henry Flick, s William and Catharine; b. June 17; bap. August 7.
Michael Lutz, s. Stephen, Jr. and Catharine; b. June 30; bap. August 22.
George Haberstick, s. Michael and Eve; b. May 17; bap August 24.
A Maria Fetter, d. Peter and Margaret; b. June 22; bap. August 27.
Catharine Rung, d. Jacob and Catharine; b. July 17; bap. Sept. 1
A. Maria Mayer, d. John and A Maria; b. July 26; bap. Sept 1.
A. Catharine Michel, d. John and Elizabeth; b. Nov. 22, 1791; bap. Sept. 5.
Maria Kunckler, d Samuel and Barbara; b. June 13; bap. Sept. 6.
Elizabeth Klare, d. Henry and Maria; b. July 13; bap. Sept. 6.
Jacob Hildebrand, s. Jacob and Susan; b. July 30; bap. Sept. 7.
Jacob Roth, s. John and Barbara; b Sept. 2; bap. Sept. 8.
Salome Shreiber, d. Fred. and Susan; b. August 19; bap. Sept. 14.
Jacob Kuhns, s. George and Susan; b. August 30; bap. Sept. 15.
Elizabeth Dietrich, d. Henry and Sophia; b. Feb. 15; bap. Sept. 15.
Philip Amend, s. John and A. Maria; b. July 28; bap. Sept 22.

The Pennsylvania-German Society.

Maria Frey, d. Conrad and Elizabeth ; b. June 4 ; bap. Oct 4.
Jacob Wolf, s. John and Christina ; b. July 29 ; bap. Oct. 4.
Michael Peter, s. John and A Maria ; b. Sept. 23. bap. Oct. 20.
Sophia Gerlach, s. John and Elizabeth ; b. April 12 ; bap. Oct. 27.
Catharine Mossy, d. Christ and Helena ; b. April 3 ; bap. Oct. 30.
Child of Christian Repert ; b. Oct. 29 ; bap. Oct 31.
John Imhof, s. Jacob and Margaret ; b. August 30 ; bap. Nov. 3
Child of Martin, jr and Margaret Dorwart, b. Nov. 1: ; bap. Nov. 14.
Catharine Buch, d. John and Elizabeth ; b. Nov 7 ; bap. Nov. 17.
John Kortes, s. Francis and Eve ; b. Oct 12 ; bap. Nov. 24.
George Gerlach, s. George and Magdalena ; b. Sept. 9 ; bap. Nov. 24.
George Saltzman, s. John and Catharine ; b. Sept. 20 ; bap. Dec. 1
Maria Mayer, d. Jacob and Anna ; b. Nov 14 ; bap. Dec. 22.
Lorentz Herbert Bausman, s. John and Elizabeth ; b. Nov. 30 ; bap. Dec. 22.
A. Elizabeth Goodhart, d. Henry and Catharine ; b. Nov. 19 ; bap. Dec. 24.
Anna Weigel, d. John and Barbara ; b. Nov. 2 ; bap. Dec. 29.

1794.

Joseph Tryer, s. Conrad and Barbara ; b. Oct. 26, 1793 ; bap. Jan. 20.
Elizabeth Schenck, d. Anthony and Hannah ; b. July 5, 1793 ; bap. Jan. 26.
A Maria Kopeiner, d. Thomas and Catharine ; b. Jan. 3 ; bap. Jan. 26.
Jacob Grob, s. Jacob and Margaret ; b. Oct. 22, 1791 ; bap. Jan. 31.
Jacob Bixler, s Jacob and Elizabeth ; b Sept 14, 1793 ; bap. Feb. 1.
George Ehbrecht, s. John and Catharine ; b. Sept. 23, 1793 ; bap. Feb. 1.
Sophia Bier, d. Peter and Catharine ; b. Jan. 31 ; bap. Feb. 2.
John Chapman, s. Samuel and Barbara ; b. Sept. 10, 1793 ; bap. Feb. 2.
Michael Lind, s Michael and Elizabeth ; b. Jan. 20 ; bap. Feb. 2.
Child of Charles and Catharine Roe ; bap. June 21.
John Fred. Deal, s Fred. and Elizabeth ; b Jan. 29 ; bap. June 22.
George Tegan, s. George and A. Maria ; b. March 4 ; bap. June 22.
A. Maria Manderbach, d. Jacob and Eve ; b. Dec. 23, 1793 ; bap. June 22.
Magdalen Manderbach, d. William and Margaret ; b. Nov. 5, 1793 ; bap. June 22.
Margaret Bott, d. John and Catharine ; b. Nov. 15, 1793 ; bap. June 22.
Catharine Smeltz, d. Andrew and A. Maria ; b. March 1 ; bap. June 22.
John Michael, s. John and Elizabeth ; b. Feb. 19 ; bap. June 22.
Adam Fisher, s. Henry and A. Maria ; b. Feb. 24 ; bap. June 22.
Elizabeth Ried, d. Peter and Catharine ; b April 8 ; bap. April 29.
Henry Klare, s. Frederic and Elizabeth ; b. April 14 ; bap. June 22.

Births and Baptisms.

Eve Catharine Gloninger, b. April 28 ; bap. May 16.
John Adam Messenkop, s. Adam ; b. July 15 ; bap. August 3.
Susan Munch, d. Jacob and Susan ; b. June 8 ; bap. Sept. 6.
Maria Metzger, d. Philip and Margaret ; b. Feb. 13 ; bap. March 2.
Christina Wien, d. John and Eve ; b. July 28 ; bap. August 17.
Margaret Kaeler, d. Jacob and Elizabeth ; b. Sept. 24 ; bap Nov. 9.
Charlotte Bausman, d. William ; b. Sept. 17 ; bap. October —.
John Bushong, s. John and Eve ; b. Feb. 9 ; bap. June 22.
John George Bomberger, s. John and A. Maria ; b. Dec. 13 ; bap. Jan. 1, 1795.
Rebecca Drayer, d And. and Elizabeth. b. Dec. 24 ; bap. Jan. 7, 1795.
Jacob Lind, s. John and Susan ; b. Sept. 30 ; bap. Feb. 12, 1795.

1795.

The following children were baptized by the Rev. Christian Lewis Becker, D D., Pastor of the Reformed Church, Lancaster.

Phillip Miller, s Fred. and Elizabeth ; b. Dec. 26, 1794 ; bap. March 24.
Jacob Hoffman, s. Jacob and A. Margaret ; b. May 14, 1794 ; bap. April 4.
Sarah Haberstick, d. Mathew and Elizabeth ; b. Feb. 21 ; bap. April 5.
Mathew Mayer, s. George and Catharine ; b. Feb. 2 ; bap. April 6.
Thomas Wilhelm, s. Henry and Elizabeth ; b. Jan. 25 ; bap. April 6.
Nancy Riblet, d. Daniel and Christina ; b. March 27 ; bap. April 6.
John Long, s Jacob and A. Maria ; b. Sept. 14, 1794 ; bap. March 30.
A. Margaret Neff, d. Jacob and Catharine ; b. Jan. 28, 1794 ; bap. April 11.
Henry Diffenbach, s. Henry and Elizabeth ; b. Feb. 11 ; bap. April 12.
Mary Deredinger, d. Michael and Elizabeth ; b. Oct. 30, 1794 ; bap. April 12.
John Gimper, s. George and Margaret ; b Jan. 3 ; bap. April 24.
Margaret Barbara Shaefer, d. Philip and Maria ; b. March 14 ; bap. April 26.
Jacob Peter, s. Abraham and Catharine ; b. June 7, 1794 ; bap. May 8.
Elizabeth Shaefer, d. Michael and Rosina ; b. Sept. 5, 1794 ; bap. May 9.
Christian Haberstick, s. John and Elizabeth ; b. Feb. 7 ; bap. May 16.
Jacob Imhof, s. Jacob and Margaret ; b. Dec. 25, 1794 ; bap. May 17.
Jacob Meck, s. Philip and Catharine ; b. Feb. 1 ; bap. May 17.
John Krete, s. Jacob and Elizabeth ; b Dec. 24, 1794 ; bap May 24.
Henry Manderbach, s. Martin and Margaret ; b March 18, 1794 ; bap. May 24.
Samuel Dickhafer, s. Henry and Barbara ; b. March 13 ; bap. May 24.
John Imhof, s. Charles and Sarah ; b. May 26 ; bap. June 5.

The Pennsylvania-German Society.

Ann Maria Dunkel, d. Peter and A. Maria ; b. Feb. 7, 1794 ; bap. June 7.
Adam Heisinger, s. John and Catharine ; b. Nov. 10, 1793 ; bap. June 8.
Charles Miller, s. Jacob and Nancy ; b. June 5, 1794 ; bap. June 8.
Jacob von der Au, s. Adam and Margaret ; b. Jan 24 ; bap June 13.
Maria Eckert, d. Jerome and Catharine ; b. Jan. 21 ; bap. July 16
Ann Maria Clark, d. John and Elizabeth ; b. April 26 ; bap. July 24.
Sarah Smith, d. John and Catharine ; b. July 11, 1793 ; bap. July 25.
Magdalena Brunner, d. Peter and Barbara ; b. Dec 17, 1794 ; bap. July 28.
Margaret Shaefer, d. George and Catharine ; b. March 1, 1794 ; bap. August 2.
Frederick Shriber, s. Frederick and Susan ; b. August 31, 1794 ; bap. August 5.
Elizabeth Layer, d. Fred. and Elizabeth ; b. July 31 ; bap. August 28.
George Diflendorfer, s. Mr. and Susanna Margaret ; b. August 16 ; bap. Sept. 1.
Christina Elizabeth Dieffenderfer, d. Lewis and A. Maria ; b. July 24 ; bap. August 9.
Elizabeth Kuhns, d. George and Susan ; b. Sept. 3 ; bap. Sept. 27.
Rebecca Wolf, d. Henry and Ann Catharine ; b. July 31 ; bap. Sept. 27.
Barbara Weigel, d. John and Barbara ; b. July 11 ; bap. Oct 4.
John Falk, s. George and Maria ; b. Feb. 27 ; bap. August 9.
Anna Bixler; d. Jacob and Elizabeth ; b. August 11 ; bap. Oct 4.
Ann Maria Fisher, d. Henry and A. Maria ; b. Jan. 30 ; bap. Oct. 9.
Maria Armenshon, d. Frederic and Maria ; b. August 19, 1794 ; bap Oct. 18.
Juliana Haverstick, d. William and Maria ; b. Sept. 27 ; bap. Oct. 18.
Elizabeth Sheirig, d. Mathew and Catharine ; b. May 26 ; bap Oct. 22.
Catharine Ament, d. John and A. Maria ; b. August 15 ; bap Oct. 25.
John Geety, s. Peter and Margaret ; b. August 15 ; bap Oct. 25.
Peter Hackenberger, s. Jacob and Margaret ; b. Dec. 20, 1794 ; bap. Oct. 27.
Susan Meily, d. George and Margaret ; b. May 23 ; bap. Oct. 29.
Ann Margaret Neuman, d. Henry and Margaret ; b. Oct. 5 ; bap. Nov. 4.
Catharine Simson. d. James and Maria ; b. April 7 ; bap. Nov. 14.
Eve Margaret Ranck, d. Jacob and Catharine ; b. July 9 ; bap. Nov. 23.
Elizabeth Neff, d. Jacob and Catharine ; b. August 12, 1791 ; bap. Nov. 23.
Jacob Neff, s. Jacob and Catharine ; b. March 28, 1793 ; bap. Nov. 23.
Jacob Brown, s. Abraham and Magdalena ; b. Dec. 13, 1789 ; bap. Nov. 23.
Ann Maria Frankforter, d. Philip and Ellzabeth ; b. April 7 ; bap. Nov. 24.
Mary Magdalena Eckman, d. Henry and Catharine ; b. Nov. 3 ; bap. Nov. 26.

Births and Baptisms.

Benjamin Michael, s. Moses and Elizabeth ; b Nov. 6 ; bap Nov. 29.
Henry Miller, s. Ulrick and Susan ; b April 13 ; bap Dec. 5.
Anna Reinhard, d. Jacob and Anna ; b. Feb. 21 ; bap. Dec. 6.
John George Gensimer, s John and Eve ; b. June 10 ; bap. Dec. 8.
Salome Myer, d Jacob and Ann Maria ; b Nov. 24 ; bap. Dec. 13.
Henry Gerlach, s. John and Elizabeth ; b June 1 ; bap. Dec. 25.
Samuel (illegitimate), s. Elizabeth Shuler and Jacob Heiser ; b. Oct. 20 ; bap Dec. 25.
John Axer, s. Christopher and Catharine ; b. August 28 ; bap. Dec. 26.
Elizabeth Roth, d. John and Barbara ; b. Dec. 6 ; bap. Dec. 13.

1796.

Elizabeth Brand, d. Jacob and Magdalena ; b. Nov. 15, 1794 ; bap. Jan. 2.
John Carey, s. Peter and Elizabeth ; b. Dec 17, 1795 ; bap. Jan. 17.
A. Maria Magdalena Hufnagel, d. Peter and Elizabeth ; b. Jan. 6 ; bap. Jan 23.
Jacob Beil, s. Henry and Salome ; b. Nov. 18, 1795 ; bap. Jan. 31.
Catharine Moory, d. George and Eve Catharine ; b Dec. 27, 1795 ; bap. Feb. 4.
Philip Reitsel, s. Christian and Elizabeth ; b. Jan. 20 ; bap. Feb. 7.
Salome Maurer. d. Peter and Elizabeth ; b. Jan 20 ; bap. Feb. 7.
Philippina Flick, b. Nov 2, 1795 ; bap. Feb. 15
William Michael, s. William and Catharine ; b. Feb. 4 ; bap. Feb 24.
Elizabeth Bradley, d William and Elizabeth ; b. Feb. 22 ; bap March 7.
Elizabeth Krug, d. Christian and Catharine ; b. Sept 28, 1795 ; bap. March 14.
Andrew Schenk, b. Feb. —— ; bap. March 18.
Elizabeth Lindenberger, d. John and Catharine ; b. March 8 ; bap. March 20.
Joseph Backenstoss, s. Jacob and Catharine ; b. March 9 ; bap. March 21.
Lydia Snyder, d. Philip and Salome ; b. Feb. 19 ; bap. March 27.
Ann Catharine Goodhart, d. Henry and Catharine ; b. Feb. 23 ; bap. March 28.
Salome Henneberger, d. John and Maria ; b. Feb. 10, 1795 ; bap April 1.
Anna Messenkop, d. Philip and Anna ; b April 2 ; bap. April 2.
Rebecca Hoffman, d Jacob and Maria ; b. Jan. 3 ; bap. April 3.
Catharine Shertz, d Jacob and Catharine ; b March 21 ; bap. April 5.
Michael Kuhns, s. Fred. and A. Maria ; b April 1 ; bap. April 10.
A. Maria Wolf, d Henry and Catharine ; b. Nov. 21, 1795 ; bap. April 24.
Michael Shuker, s. John and Elizabeth ; b. Nov. 15, 1795 ; bap. April 24.
John Burman, s. Conrad and Elizabeth ; b. Oct. 6, 1795 ; bap. April 29.

The Pennsylvania-German Society.

John Andrew Bausman, s. John and Elizabeth ; b April 9 ; bap. May 1.
William Rote, s George and Susan ; b. May 12 ; bap. May 12.
John Smeltz, s. Andrew and A. Maria ; b. Jan. 25 ; bap. May 14.
Barbara Kissel, d. Fred. and Elizabeth ; b. Oct. 17, 1795 ; bap. May 15.
Mary Catharine Streng, d. Christ. and Mary Eve ; b. Nov. 9, 1795 ; bap. May 15.
Catharine Kurtz, d. Francis and Eve ; b. Feb. 24 ; bap. May 15.
John Burk, s. Peter and Christina ; b. Jan 7, 1795 ; bap. May 16.
Maria Boehm, d. Christ. and Catharine ; b. Dec. 22, 1795 ; bap. May 16.
Michael Peter, s. John and A. Maria ; b. April 9 ; bap May 17.
Ann Maria Baerens, d. Henry and Caroline ; b. May 16 ; bap. May 29.
Margaret Kreitel, d. John and Lou. ; b. Oct 15, 1795 ; bap. June 13.
Christina Ament, d. Adam and Christina ; b Dec. 1, 1794 ; bap. June 19.
Maria Latter, d. Conrad and Elizabeth ; b. April 10 ; bap. June 19.
John Dorwart, s. Martin and Margaret ; b. June 2 ; bap. June 19.
Catharine Line, d. Jacob and Barbara ; b. Dec. 12, 1795 ; bap. June 20.
Magdalena Kob, d. Lewis and A. Maria ; b. Sept. 24, 1795 ; bap. June 26.
Maria Kebel, d John and Maria ; b Sept. 24, 1795 ; bap. June 26.
A. Maria Millan, d. Michael and Regina ; b. Sept. 28, 1794 ; bap. May 1.
Sarah Imhof, d Charles and Sarah ; b. June 11 ; bap. June 30.
Elizabeth Small, d. Andrew and Barbara ; b. June 3 ; bap. July 10
Margaret Fordene, d Jacob and Elizabeth ; b. June 14 ; bap. July 24.
Maria Hewerstick, d. Michael and Eve ; b. Dec. 9, 1795 ; bap. July 30.
Abraham Smith, s. William and Barbara ; b. August 11, 1794 ; bap. August 6.
John Frey, s. Conrad and Elizabeth ; b August 31, 1794 ; bap. August 12.
Maria Magdalen Huber, b. August 1 ; bap August 12.
Susan Robison, d John and Regina ; b. Nov. 14, 1795 ; bap. August 22.
Elizabeth Halbbrunner, d. Paul and Elizabeth ; b. Sept. 15, 1792 ; bap. August 23.
Catharine Halbbrunner, d. Paul and Elizabeth ; b. Sept 13, 1794 ; bap. August 23.
John Manderbach, s William and Margaret ; b. Feb. 28 ; bap. August 26.
Joseph Shaefer, s. George and Catharine ; b. April 21 ; bap. Sept. 23
John Renner, s. Conrad and Barbara ; b. Feb. 20 ; bap. Sept. 25.
Catharine Deredinger, d. Daniel and Catharine ; b. Sept. 1 ; bap. Sept. 30.
John Mayer, s. John and A. Maria ; b Sept 25 ; bap. Oct. 1.
John Tise, s. George and Maria ; b. August 12 ; bap. Oct. 2
Adam Fisher, s. Adam, Jr. and Catharine ; b. Sept. 21 ; bap. Oct. 5.
Elizabeth Pott, d Ulrich and Barbara ; b. June 30 ; bap. Oct. 5.
Ann Maria Pott, d. John and Catharine ; b. Jan. 19 ; bap. Oct. 5.

Births and Baptisms.

Elizabeth Grabing, d Henry and Ann ; b. August 3 ; bap. Sept. 8.
Christian Zinn, s. Christ. and A. Margaret ; b. April 18 ; bap. Sept. 8.
Catharine Michael, d. John and Elizabeth ; b Sept. 27 ; bap. Oct. 16.
George Wolf, s John and Christina ; b. March 14 ; bap. Oct. 28.
Catharine Wilhelm, d Henry and Elizabeth ; b. Oct. 8 ; bap. Oct. 30.
Philip Metzger, s Philip and Margaret ; b Sept. 27 ; bap. Nov. 6.
Ann Maria Brand, d. Jacob and Magdalen ; b. Nov. 4 ; bap. Nov. 15.
Catharine Dreier, d Andrew and Elizabeth ; b. Nov. 3 ; bap. Nov. 20.
Jacob Shaefer, s. Michael and Rosina ; b August 13 ; bap. Dec. 2.
Barbara Deal, d. Frederic and Elizabeth ; b. Oct. 6 ; bap. Dec. 4.
John Ernst, s Henry and Elizabeth ; b. Nov 11 ; bap. Dec 11.
John Reitzel, s. Jacob ; b. Dec. 7 ; bap Dec. 16.
John George Reitzel, s. Jacob ; b. Dec. 7 ; bap. Dec. 16.
Elizabeth Frey, d. Conrad and Elizabeth ; b Oct. 22 ; bap. Dec. 16 ; bap. by Mr. Muhlenberg.

1797.

Elizabeth Kreider, d. John and Catharine ; b. Dec. 8, 1796 ; bap. Jan. 1.
A. Maria Shaefer, d. Philip and Maria ; b Nov. 21, 1796 ; bap. Jan. 10.
Salome Kaehler, d. Jacob and Elizabeth ; b. Dec. 6, 1796 ; bap. Jan. 27.
Samuel Kolbesser, s. David and Maria ; b. Nov. 22, 1796 ; bap. Feb. 11.
Barbara Bos, d. Henry and Polly ; b. Feb. 2 ; bap. Feb. 12.
Mary Magdalen Brunner, d. Peter and Barbara ; b. Jan. 5 ; bap. Feb. 12.
Sarah Smith (colored), d. Thomas and Johnetta ; b. Feb. 8 ; bap. Feb. 13.
Elizabeth Brunner, d Casper and Maria ; b. Dec. 21, 1796 ; bap Feb. 19.
Maria Diefenderfer, d. Lewis and Maria ; b. Dec. 27, 1796 ; bap. Feb. 26.
Jacob Riblet, s. Daniel and Christina ; b Jan. 24 ; bap. Feb. 26.
Ann Maria Burns, d. Robert and Catharine ; b. Oct. 7, 1796 ; bap. Feb. 26
John Getz, s. Peter and Catharine ; b. Sept. 11, 1791 ; bap. Feb. 26.
David Getz, s. Peter and Catharine ; b. Feb. 1 ; bap Feb. 26.
John George and John Henry Getz, (twins), s. Jacob and Barbara ; b. Jan. 11 ; bap. Feb. 7.
A. Maria Spier, d. William and Juliann ; b. Oct. 1789 ; bap. Feb. 7.
Margaret Spier ; d William and Juliann ; b. Dec. 9, 1794 ; bap. Feb. 7.
Elizabeth Kautz, d. Christ. and Elizabeth ; b Feb 23, 1790 ; bap. March 4.
A. Maria Kautz, d. Christ. and Elizabeth ; b. May 17, 1792 ; bap. March 4.
Sarah Kautz, d. Christ and Elizabeth ; b Sept. 12, 1792 ; bap. March 4
Henry Geety, s. Peter and Margaret ; b. Oct 2, 1796 ; bap. March 5.
Elizabeth Weis, d. John and Barbara ; b. Nov. 2, 1796 ; bap. March 5.
Jacob Michael, s John and Elizabeth ; b. Sept. 7, 1796 ; bap. March 7.

The Pennsylvania-German Society.

Elizabeth Murray, d. Daniel and Elizabeth; b. Nov. 17, 1791; bap. March 7.
Henry and George Dietz, (twins); s. Jacob and Eve; b. Feb. 26; bap. March 21.
Thomas Murray, s. Daniel and Elizabeth; b. March 11, 1795; bap. March 7.
John Reed, s. Peter and Catharine; b. March 7; bap. April 2.
William Hiester Bausman, s. William and Elizabeth; b. March 14; bap. April 9.
Catharine Long, d. Jacob and A. Maria; b. Jan. 29, 1796; bap. April 2.
John Bondel, s. George and A. Elizabeth; b. March 8; bap. April 17.
John Bomberger, s. John and A Maria; b. April 3; bap. April 17.
Magdalena Weitzel, d. John and Barbara; b. Jan. 23; bap. April 20.
Jacob Hauser, s. ―― and Catharine; b Dec. 14, 1796; bap. April 24.
Jacob Bernhard, s Henry and Catharine; b. April 3; bap. April 24.
Catharine Rummel, d. Peter and Elizabeth; b. Jan. 10; bap. May 6.
Maria Magdalena Diffenbach, d. Henry and Elizabeth; b. Feb. 23; bap. May 7.
Martha Ree, d. Martin and Rebecca; b. April 20; bap. May 7.
George Peter, s. Abraham and Catharine; b Nov. 24, 1796; bap. May 9.
Jacob Manderbach, s. Jacob and Eve; b. Dec. 8; 1796; bap. May 19.
Isaac Hauendobler, s. John and Catharine; b. Oct. 16, 1795; bap. May 19.
Andrew Hauendobler, s. Joseph and Eve; b Nov. 2 1796; bap. May 19.
Abraham Hauendobler, s. Isaac and Elizabeth; b. April 6; bap May 19.
Christ. Klare, s. Frederic and Elizabeth; b. Oct. 11, 1795; bap. May 19
Elizabeth Hamilton, d. William and Elizabeth; b Nov. 12, 1796; bap. May 20.
Elizabeth Gerlacher, d. George and Magdalena; b. March 14; bap. May 20.
Andrew Metzger, s. Frederic and Catharina, (Lutheran); b. April 5; bap. May 21.
John Tobias, s Paul and Elizabeth; b. May 5, 1796; bap. May 25.
Jacob Rummell, s. Valentine and Elizabeth; b. Nov. 4, 1796; bap. May 21.
Elizabeth Hild. d. Henry and Susan; b. Feb. 17; bap. May 25.
Daniel Imhof, s. Jacob and Margaret; b. March 17; bap. May 25.
Jacob Buch, s. John and Elizabeth; b Dec. 14, 1796; bap. May 26.
George Geety, s. John and A. Maria; b. March 12, 1795; bap. May 28.
Catharine Eckert, d. Jonas and Catharine; b. May 1; bap. June 4.
Magdalena Manderbach, d. Martin and Margaret; b. Oct. 4, 1796; bap. June 4.
Henry Amend, s. Adam and Christina; b. Jan. 27; bap. June 4.

Births and Baptisms.

Elizabeth, (illegitimate), d. David Lippert and Barbara Markworth ; b. May 30 ; bap. June 10.
Catharine Frankfurter, d. Philip and Elizabeth ; b. Feb. 20 ; bap. June 11.
Rebecca Mansen, d. Jacob and Elizabeth ; b Feb. 3 ; bap. June 12.
Barbara Rebert, d. Christ and Margaret ; b. June 11 ; bap. June 12.
Ann Maria Locher, d Henry and Elizabeth ; b. April 15 ; bap. June 13.
Rebecca Bueon, d. Mark and Jane ; b. Jan. 25 ; bap. June 15.
Jane Bering, d. John and Anna ; b. Aprll 2 ; bap June 15.
Jacob Hatz, s. John and Ann Maria ; b. June 5 ; bap. June 25.
John Layman, s. Jacob and Susan ; b. Oct. 30, 1796 ; bap. July 11.
George Chambers, s. John and Catharine ; b. April 23 ; bap. July 5.
Susan Lind, d. John and Susan ; b. May 28 ; bap. July 8.
John Stauter, s. Henry and Elizabeth ; b. Jan. 16 ; bap July 8.
Sarah Odenwald, d. Christ. and Sarah ; b. Feb. 1 ; bap. July 11
John Hutnagel, s. Peter and Elizabeth ; b. June 7 ; bap. July 14
Maria Dorwart, d. Adam and Dorothea ; b. June 30 ; bap. July 16.
Jacob Lind. s. Michael and Elizabeth ; b. Oct. 15, 1796 ; bap. July 16.
Margaret Cotte, d. Francis and Eve Margaret ; b. June 9 ; bap. July 17.
Margaret Grob, d. Henry and Barbara ; b. June 5 ; bap. July 19.
Barbara Reinhard, d. Jacob and Anna ; b. June 3 ; bap July 22.
John Miller, s. Ulrich and Susan ; b. Dec. 30, 1796 ; bap. July 22.
Sophia Huber, d. Jacob and Dorothea ; b. June 25 ; bap. July 27
George Clark, s. John and Elizabeth ; b. June 16 ; bap. July 27.
John Roth, s. John and Barbara ; b July 26 ; bap. August 6.
Casper Grub, s. Christian and Catharine ; b. March 30 ; bap. August 8.
Catharine Forry, d. Jacob and Susan, b. August 26 ; bap. August 8.
Magdalena Hoffman, d. Frederic and Margaret ; b. Sept. 28, 1796 ; bap. August 20.
Susan Kann, d. Henry and Elizabeth ; b. August 18 ; bap. Sept. 10.
Christian Jentzer, s. John and Maria ; b. July 26 ; bap. Sept. 10.
Maria Peter, d. George and Catharine ; b. August 28, bap. Sept. 17.
Maria Weed, d. Daniel and Elizabeth ; b. August 21 ; bap. Sept. 17.
Charlotte Lambert, d. Francis and Maria ; b. Jan. 10 ; bap. Sept. 20.
George Myer, s. George and Catharine ; b. Sept. 2 ; bap. Oct. 1.
Maria Roth, d George and Susan ; b. August 25 ; bap. Oct. 1.
Maria Catharine Grub, d. Jacob and Catharine ; b. July 19 ; bap. Oct. 8.
George Kraty, s. Jacob and Elizabeth ; b. August 11 ; bap. Oct. 10.
Abraham Backenstoss, s. Jacob and Catharine ; b. Feb. 27 ; bap. Oct. 10.
Elizabeth Gloninger, d. Philip and Catharine ; b. Oct. 11 ; bap. Oct 15.
David Musselman, s. Christ. and Magdalena ; b. Jan. 22 ; bap. Oct. 25.
Catharine Lutz, d. John and Catharine ; b. July 6, 1796 ; bap Oct. 3.
Catharine Andres, d. John and Catharine ; b. March 27, 1796 ; bap. Oct. 6.

The Pennsylvania-German Society.

John Andres, s. John and Catharine (Lutheran) ; b. Sept. 23 ; bap. Oct. 6.
Elizabeth and Abbella, (twins), d. Robert and Catharine ; b. Nov. 1 ; bap. Nov. 7.
A. Maria Lindsay, d. Robert and Margaret ; b. Nov. 3 ; bap. Nov. 13.
Maria King, d. John and Catharine ; b. Oct. 20 ; bap. Nov. 16.
Ann Maria Kuhns, d. George and Susan ; b. Oct. 27 ; bap. Dec. 3.
Margaret Bubach, d. Gerhard ; b. Nov. 30 ; bap. Dec. 5.
Peter Bier, s. Peter and Catharine ; b. Nov. 8 ; bap. Dec. 10.
Conrad Wolf, s. Henry and Catharine ; b. Dec. 8 ; bap. Dec. 11.
Elizabeth Wentzel, d. Alexander and Susan ; b. Dec. 12 ; bap. Dec. 21.
Jacob Runck, s. Jacob and Catharine ; b. Sept. 16 ; bap. Dec 25.
Ann Maria Gerlach, d. John and Elizabeth ; b. Oct. 3 ; bap. Dec. 27.
Elizabeth Maria Michael, d. William and Catharine ; b. Dec. 4 ; bap. Dec. 31.

1798.

A. Maria, (illegitimate), d. John Fordene, and Susan Smith ; b. Dec. 16, 1797 ; bap. Jan. 3.
John Shuker, s. John and Elizabeth ; b. Sept. 30, 1797 ; bap Feb. 2.
John Reed, s. William and Mary ; b. May 29, 1796 ; bap. Feb. 7.
James Oliver, s. William and Filnse ; b. Jan. 26 ; bap. March 6.
Henry Reitzel, s. Christ and Elizabeth ; b. Feb. 21 ; bap. March 6.
Amelia Christina Bausman, d. John and Elizabeth ; b. Feb. 28 ; bap. March 6.
John Henry, s. Robert and Elizabeth ; b. Jan. 14 ; bap. March 18.
Salome Dreyer, d. Andrew and Elizabeth ; b. March 11 ; bap. March 18.
Elizabeth Michael, d. John and Elizabeth ; b. Feb 28 ; bap. March 29.
Elizabeth Beck, d. George and Catharine ; b Jan. 20 ; bap. April 1.
Anna Schmol, d. Andrew and Barbara ; b. Nov. 6, 1797 ; bap April 7.
Henry Wolf, s. Christian and Maria ; b. March 27 ; bap. April 8.
Ann Maria Ernst, d Henry and Elizabeth ; b. March 28 ; bap. April 9
Andrew Smeltz, s. And. and A. Maria ; b. Nov. 24, 1797 ; bap. April 9.
Susan Klaer, d. Henry and Maria ; b. Dec. 2, 1797 ; bap. April 16.
John Shultz, s Daniel and Barbara (Lutheran); b. July 29, 1796 ; bap. April 16.
David Shultz, s Daniel and Barbara (Lutheran); b. March 19; bap. April 16.
Joseph Hauendobler, s. John and Christina; b. Feb 17, 1797; bap April 16
Elizabeth May, d. Jacob and Elizabeth; b. Nov. 14, 1797; bap. April 16.
Anna Konkly, d. Samuel and Barbara ; b. April 3, 1797 ; bap April 16.

Births and Baptisms.

A. Maria Dickhofer, d. Henry and Barbara; b. Jan. 28, 1797; bap. April 18.
John Philips, s. Henry and A. Maria; b. Dec. 9, 1795; bap. April 18.
George (illegitimate), s. Jacob Shlauch and Catharine Gensimer; b. March 25, 1796; bap. April 18
Margaret Philips, d. Henry and A. Margaret; b. Dec. 18, 1797; bap. April 18.
Magdalena Kaehler, d. Michael and Elizabeth; b. Jan. 15; bap. April 21.
Catharine Kob, d. Lewis; b. Oct. 15, 1797; bap Apr. 22.
Elizabeth Deredinger, d. Daniel and Elizabeth; b. Jan. 9; bap. April 24.
John Gunfacker, s. Michael and Barbara; b. April 5; bap. Apr. 24.
John Kolbesser, s. David and Maria; b. Jan 23; bap. April 25.
Jacob Ament, s. John and A. Maria; b. Nov. 26, 1797; bap. April. 25.
Conrad Shertz, s. Jacob and Catharine; b. March 31; bap. April 25.
Susan Burman, d. Dewalt and Anna; b. May 19, 1797; bap. Apr 27.
Elizabeth Graul, d. John and Gertrude; b March 13; bap. April 27.
John Jacob Fesig, s. Philip and Elizabeth; b. Feb. 28; bap. Apr. 28.
Elizabeth Grub, d. Casper and Catharine; b. Jan. 2; bap. Apr. 28.
A. Maria Ehresman, d. George and Susan; b. Jan. 17; bap. April 29.
John Geety, s. John and Ann Maria; b. Feb. 28; bap May 6.
Maria Bard, d. John and Elizabeth; b. Sept. 15, 1797; bap. May 6.
John Lewis Messenkop, s. Philip and Elizabeth; b. April 23; bap. May 7.
Elizabeth Hagenberger, d. Jacob and Margaret; b. Dec. 28, 1797; bap. May 13.
Salome Axer, d. Christopher and Catharine; b. Apr. 2; bap. May 17.
David Stineford, s. Alexander; b. 1797; bap. May 17.
William Smith, s. William and Barbara; b. July 1, 1797; bap. May 27.
Anna Getz, d. John and Magdalena; b. Nov. 27, 1797; bap. June 2.
John Hoffman, s. Jacob and Maria; b. March 28; bap June 3.
Susan Goodher, d. Henry and Catharine; b. May 5; bap. June 12.
William Miller Shaefer, s. Philip and Maria; b. May 3; bap. June 17.
A. Maria Jentzer, d. Jacob and Barbara; b Nov. 11, 1797; bap. June 17.
Maria Bondel, d. Michael and Catharine; b. June 8; bap. July 1.
Ann Charlotte Dieffenderfer, d. George and A. Maria; b. June 23; bap. July 8.
Johnson Baxter, s. John and Jane; b. June 12; bap. July 12.
Joanna Shenk, d. Anthony and Joanna; b. March 10; bap. July 15.
John Mayer, s. John and A. Maria; b. June 7; bap. July 22.
George Eberlein, s. John and Anna; b. Dec. 28, 1797; bap. July 26.
Isaac Hindel, s. John and Catharine; b. March 15; bap. July 26.
Elizabeth Newman, b. Henry and Margaret; b. Dec. 21, 1797; bap. August 13.
Rebecca Frey, d. John; b. August 1; bap. August 19.

The Pennsylvania-German Society.

Christian Smith, s. Christ. and Elizabeth ; b. July 21 ; bap. August 29.
John Martin Dorwart, s Adam and Dorothea ; b. August 13 ; bap. Sept. 2.
Elizabeth Bartel, d. George and Elizabeth ; b July 23 ; bap. Sept. 16.
Samuel Tobias, s. Paul and Elizabeth ; b. Sept. 1 ; bap. Sept 19.
William Rumel, s Valentine and Elizabeth ; b. August 18 ; bap. Sept. 23.
Catharine Fox, d William and Regina ; b. Sept. 23 ; bap. Sept 28.
Margaret Dorwart, d. Martin and Margaret ; b. Sept. 14 ; bap. Sept. 30.
John Huth, s. John and Susan ; b. March 12 ; bap. Oct. 7.
Jacob Geety, s. Peter and Margaret ; b. March 20 ; bap. Oct 7.
Marian Nauman, d. George and Sarah ; b. Sept. 20 ; bap. Oct. 7.
Elizabeth Rudolph, d Herman and Catharine ; b Oct. 9 ; bap. Oct. 11.
Abraham Hafken, s. Sebastian and M. Magdalena ; b. Jan. 1 ; bap. Oct. 14.
Augustus Riblet, s. Daniel and Christina ; b Sept. 27 ; bap. Oct 14.
Catharine Burns, d. Robert and Catharine ; b. July 11 ; bap. Oct. 14.
Catharine Fordene, d Jacob, Jr. and Elizabeth ; b. Sept. 21 ; bap Oct. 28.
Emanuel Kreider, s. John and Louisa ; b. Jan. 28 ; bap. Nov. 10.
John Michael, s. John and Elizabeth ; b. Oct. 13 ; bap Nov. 11.
Jacob Frey, s. Conrad and Elizabeth ; b. Feb. 13 ; bap. Nov. 15.
George Bradburn, s John and Marian ; b. Nov. 2 ; bap Nov. 25.
John Bradburn, s. John and Marian ; b. Nov. 2 ; bap. Nov. 25.
Joseph Folk, s. George and M. Magdalena ; b Nov. 22 ; bap. Nov. 28.
Catharine Haverstick, d. William and Maria ; b. Nov. 21 ; bap. Dec. 16.
George Brunner, (dead), s. Casper and Maria ; b. Oct. 30 ; bap. Dec. 21.
Henry Gerlach, s. George and Magdalena ; b. Nov. 14 ; bap. Dec. 25
Juliana Wilhelm, d Henry and Elizabeth ; b. Oct. 22 ; bap. Dec. 26.

1799.

Margaret Deredinger, d. Michael and Margaret ; b. Oct. 11, 1797 ; bap. Jan. 2.
Jonathan Reitzel, s. Jacob and Barbara ; b. Nov. 30, 1798 ; bap. Jan. 6.
Elizabeth Kenny, d. William and Catharine ; b. Sept. 2. 1798 ; bap Jan. 7.
Margaret Metzger, d. Philip and Margaret ; b. Dec. 26, 1798 ; bap. Jan. 20.
Catharine Lorentz, d. Jacob and Elizabeth ; b. Dec. 12, 1798 ; bap. Jan. 21.
Abraham, (illegitimate), s. Abraham Witmer and Elizabeth Brand ; b. Dec. 25, 1798 ; bap. Jan. 30.
Daniel Gensimer, s. John and Eve ; b. Jan. 20 ; bap Feb. 6.
Margaret Gensimer, d. John and Eve ; b. Jan. 20 ; bap. Feb. 6.
Elizabeth Haberstick, d. Mathew and Elizabeth ; b. Dec. 29, 1798 ; bap. Feb. 6.

Births and Baptisms.

Catharine Tallman, d Charles and Maria ; b. Jan. 11 ; bap. Feb. 8
Philip Weitzel, s. Philip and Catharine ; b. Jan. 1, 1798 ; bap. Feb. 8.
John, (Illegitimate), s John Hambright and Polly Martin ; b. March 5 . bap. March 8.
William Carey, s. Peter Wilh. and Elizabeth ; b. Dec. 21, 1798 ; bap. March 25.
Elizabeth Huber, d. George and Elizabeth ; b Jan. 26 ; bap. March 31.
Ann Maria Kreider, d. John and Catharine ; b. Feb. 23 ; bap. March 31.
J. Jacob Hubert, s. Jacob and Dorothea ; b. Feb. 24 ; bap. April 2.
Catharine Hatz, d. John and Maria ; b. Feb. 28 ; bap. April 8.
Henry Cortes, s. Francis and Eve ; b. April 2 ; bap. April 9.
Peter Weller, s. John and Maria ; b. Sept. 29, 1798 ; bap. April 11.
Joanna Ficker, d. Nicholas and Christina ; b. Nov. 1791 ; bap. April 16.
Michael Ranck, s Jacob and Catharine ; b. Jan. 20 ; bap. April 28.
Jonathan Suesholtz, s. George and Catharine ; b July 22, 1798 ; bap. May 25
Catharine Minich, d. Jacob and Barbara ; b. Aug. 17, 1798 ; bap. May 11.
Manuel Peter, (died May 11), s. Abram and Catharine ; b. April 30 ; bap. May 10.
Elizabeth Reinhard, d. David and Barbara ; b. March 13 ; bap. May 13.
Ann Barbara Baerens, d. Henry and Caroline ; b. April 29 ; bap. May 13.
Daniel Wolf, s. John and Christina ; b. Sept. 6, 1798 ; bap. May 18.
Catharine Eckert, d. Jonas and Catharine ; b May 12 ; bap. May 19.
Ann Imhof, d. Jacob and Margareth ; b. Nov. 7, 1798 ; bap. May 29.
Elizabeth Nice, d. John and Margaret ; b. March 19 ; bap. May 29
John Frey, s. Peter and Magdalena ; b. Aug. 27, 1798 ; bap. May 30.
John Pott, s. Ulrich and Barbara ; b. March 25 ; bap. May 30.
Catharine von der Au, d Adam and Margaret; b. March 19; bap. May 30.
Catharine Maria Steeg, d. Christian and Catharine ; b. Nov. 18, 1797 ; bap. May 30.
Elizabeth Atty, d. Daniel and Joanna ; b. April 13 ; bap. May 30.
John Hubert, s. John and Elizabeth ; b. Nov. 30, 1798 ; bap. June 1.
Elizabeth Halebach, d. Peter and Gertrude ; b. March 19 ; bap. June 2.
Ann Margaret Hoffman, d. Philip and Elizabeth ; b. Jan. 2 ; bap. June 12.
Andrew Kaeler, s. Michael and Elizabeth ; b. April 28 ; bap. June 12.
Christian Kautz, s Christ. and A. Maria ; b. March 6 ; bap. June 13.
Fred. Diehl, s. Fred. and Elizabeth ; b. Dec. 24, 1798 ; bap. June 16.
Bartly Bueon, s. Mart and Jane ; b. July 1, 1798 ; bap. June 22.
Barnhard Grady, s. Jacob and Elizabeth ; b. April 27 ; bap. June 23.
Joanna Michael, d. Philip and A. Maria ; b. April 31 ; bap. June 24.
Samuel Saegmiller, s Fred. and Elizabeth ; b. Jan. 6, 1793 ; bap. June 26.
Elizabeth Saegmiller, s. Fred. and Elizabeth ; b. April 5, 1794 ; bap. June 26.

The Pennsylvania-German Society.

John Saegmiller, s. Fred. and Elizabeth ; b. Sept. 10, 1795 ; bap. June 26.
Henry Saegmiller, s. Fred. and Catharine ; b. August 22, 1797 ; bap. June 26
Daniel Saegmiller, s. Fred. and Elizabeth ; b. May 12 ; bap June 26.
A. Maria Shaefer, d. Philip and Maria ; b April 18 ; bap. July 6.
Joanna Hine, d. John and Maria ; b. July 3 ; bap. July 7
Maria Bradley, d. William and Catharine ; b. June 11 ; bap. July 7.
David Hauser, s. George and Catharine ; b. May 3 ; bap. July 7.
Henry L. Bomberger, s. John and A. Maria ; b. June 22 ; bap July 8.
John Marshall, s. William and Mary ; b. Nov. 1, 1796 ; bap. July 17.
Luciana Marshall, d. William and Mary; b. Feb. 5; bap. July 17.
Henry Hippel, s Joseph and Maria ; b. July 18, 1797 ; bap. July 14.
Elizabeth Bollman, d. Conrad and Elizabeth ; b March 25 ; bap. July 23.
Esther Eckman, d. Peter and Elizabeth ; b. July 14, 1796 ; bap. July 26.
Henry Eckman, s. Peter and Elizabeth ; b. July 28, 1798 ; bap. July 26.
Jacob Manderbach, s. Henry and Catharine ; b April 5, 1798 ; bap. July 26
George and Adam Ament (twins), s. Adam and Christina ; b July 15 ; bap July 26.
Andrew Schmoll, s Andrew and Elizabeth ; b. June 31 ; bap. July 28.
Susan Laiman, d. Jacob and Susan ; b. Dec. 17, 1798 ; bap. July 28.
Christian Martin Leidy, s. Christian and Maria, (Lutheran); b. Jan. 4, 1797 ; bap. July 28
Catharine Mayer, d. George and Catharine ; b. June 24 ; bap Aug. 4.
Maria Line, d Jacob and Barbara ; b March 26 ; bap. Aug. 6.
Caroline Biegel, d. Bernhard and M. Elizabeth ; b. July 19 ; bap. Aug. 16.
Bernard Wolf, s. Henry and Catharine ; b. Aug. 3 ; bap Aug. 18.
Jacob Strenge, s Christian and Mary Eve ; b. July 14, 1798 ; bap. Aug. 21.
Maria Weiland, d John and Maria ; b June 20, 1789 ; bap. Aug 21.
Henry Long, s Jacob and Ann Maria ; b. Aug 20 ; bap. Aug 26
Henry Michael Leonard, s John and Margaret ; b. Aug. 15 ; bap. Sept. 12.
Maria Lutz, d Stephan and Catharine ; b. Sept. 17, 1798 ; bap. Sept 22.
Catharine Helman, d. Peter and Susan ; b. Feb 27 ; bap. Sept. 22.
George Mathiot, s John and Catharine ; b Feb. 6 ; bap. Sept. 23.
Abraham Hetz, s. Benjamin and Gertrude ; b Aug. 18 ; bap. Sept. 29.
James Ferguson, s. John and Susan ; b. July 28 ; bap. Sept. 29.
A. Maria Fisher, d. Anthony and Elizabeth ; b. Oct. 8 ; bap Oct 13.
Henrietta Bausman, d. William and Elizabeth ; b. Aug. 29 ; bap. Oct. 13.
Susan Grub, d. Casper and Catharine ; b. August 5 ; bap. Oct 19.
Louisa Laiman, d. William and Catharine ; b Nov 6, 1798 ; bap. Oct 27.

Births and Baptisms.

Ann Ree, d. Martin and Rebecca ; b. Oct. 7 ; bap. Nov. 2.
Sarah Rote, d John and Barbara ; b. Oct. 26 ; I ap. Nov. 3.
Susan Forre, d. Jacob and Susan ; b. Feb. 5 ; bap Nov. 9.
Elizabeth Shuler, d. Samuel and Elizabeth ; b. Oct 4 ; bap. Nov. 10.
Michael and Henry Shaefer (twins), s. Michael and Rosina ; b August 13, 1798; bap. Nov. 23.
Elizabeth Shuker, d. John and Elizabeth ; b. August 15 ; bap. Nov. 23.
Maria Boss, d. Henry and Maria ; b. Oct. 21 ; bap. Nov. 24.
Elizabe h Manderbach, d. William and Magdalen ; b. Sept. 25, 1798 ; bap. Dec. 4.
John Baxter, s. John and Jane ; b. Nov. 17 ; bap. Dec. 10.
Henrietta Dieffenbach, d. Henry and Elizabeth ; b. Nov. 18 ; bap. Dec. 22.
Catharine Ernst, d. Henry ; b. June 26 ; bap. July 2.
Henry Weiland, s. John and Maria ; b. Nov. 5, 1791 ; bap. August 21.

1800.

Catharine Lind, d. Michael and Elizabeth ; b. March 6, 1799 ; bap. Jan. 1.
Sarah Kan (died Jan 10), d. Henry and Elizabeth ; b. Dec. 28, 1799; bap. Jan. 6.
Elizabeth Gabel, d. Henry and Susan ; b. Jan. 1 ; bap. Jan. 24.
John Kuhns, s. George and Susan ; b. Dec 11, 1799; bap. Jan. 26.
Catharine Wolf, d. Christ. and Maria; b. Jan. 12; bap. Jan. 26.
John Deredinger, s. Daniel and Elizabeth; b. Dec. 27, 1799; bap. Jan. 27.
Veronica Hess, d. Philip and Elizabeth; b. Jan. 7; bap. Feb. 8.
Eve Bushong, d. John and Eve; b. Nov. 13, 1796; bap. Feb. 13.
Jacob Peter (died March 2), s. George and Catharine; b. Feb. 24 ; bap March 1.
Elizabeth Weidler, d. Michael and Elizabeth ; b. Jan. 5 ; bap. March 3.
Catharine Lind, d. John and Susan ; b. Feb. 11 ; bap March 23.
Catharine Heltzel, d. Joseph and Susan ; b. Feb. 24 ; bap. March 23.
Jacob Fisher, s. Adam and Margaret ; b. Jan. 26 ; bap. March 30.
Maria Margaret Bier, d. Peter, Jr. and Catharine ; b. March 22 ; bap. April 6.
Daniel Frank, s. Jacob and Magdalen ; b. Feb. 28 ; bap April 6.
John Manderbach, s. Martin and Margaret; b. Feb. 27, 1799; bap. April 13.
Magdalen Frey, d. Jacob and Elizabeth ; b. Nov. 30, 1799 ; bap. April 13.
John Grub, s. Christian and Catharine ; b. Jan. 5 ; bap. April 26.
A. Maria (illegitimate), d. David Shaefer and A. Maria Frankfurter, b. March 8, 1799 ; bap. April 26.

The Pennsylvania-German Society.

Maria Hendel, d. Casper and Catharine : b. Feb. 27 ; bap. April 27.
Susan (illegitimate), d. Susan U.nner and William King ; b. April 19 ; bap. April 29.
Elizabeth Grier, d. James and Rebecca (Presbyterian) ; b Jan. 21, 1799 ; bap May 4
Ann Maria Almer, d. Jacob and Barbara ; b April 26 : bap May 4
Sarah Robison, d Robert and Elizabeth ; b. Dec. 1, 1798 ; bap May 4.
Anna Haverstick, d. Michael and Eve ; b. Oct. 22, 1793 ; bap. May 5.
Mary Catharine Backenstos, d. Jacob and M. Catharine ; b. June 27, 1799 ; bap. May 5
Andrew Anderson, s. Robert and Sarah ; b. April 21 ; bap May 5.
Daniel Laiman, s. Daniel and Maria ; b. April 26 ; bap. May 6.
Philip Kleis Brenneman, s. Doctor and Elizabeth ; b. August 6, 1799 ; bap. May 14
Philip Kleis, s. John and Rebecca ; b. April 23 ; bap. May 14.
Joseph Scott Dienst, s. George and Eliza eth ; b. April 11 ; bap. May 17.
William Von der Au, s. William and Elizabeth ; b. Feb. 19 ; bap. June 1.
Anna Hofman, d. Jacob and A. Maria ; b. March 30 ; bap. June 2
Christian Dreyer, s. Andrew and Elizabeth ; b. April 23 ; bap. June 2.
William Tallman, s. Charles and Maria ; b April 27 ; bap. June 3.
Philip Kob, s Lewis and A. Maria : b. Feb. 6 ; bap. June 8
William Diefenderfer, s. George and Maria ; b May 15 ; bap. June 8.
Maria Bartel, d George ; b. April 20 ; bap June 8.
Jacob Brunner, s. Casper ; b. Oct. 22, 1759 ; bap. June 8.
A. Maria Kreidler, d. John and Louisa ; b. Oct. 8, 1799 ; bap. June 12.
Maria Baxter, d Samuel and Maria ; b Oct. 2, 1799 ; bap. June 14.
Maria Foltz, d George and Maria ; b. May 5 ; bap. June 16.
Charles Bausman, s. John and Elizabeth ; b. May 30 ; bap June 29.
Susan Reinhard, d. Daniel and Elizabeth ; b. Feb. 13 ; bap. July 3.
Elizabeth Reinhard, d. Charles and Maria ; b. August 28, 1757 ; bap. July 3
Susan Reinhard, d. Charles and Maria ; b. Oct. 2, 1799 ; bap. July 3.
Jacob Dunkel, s. Peter and A. Maria ; b. Oct. 31, 1798, bap. July 5.
Elizabeth Walls, d. Valentine and Sarah ; b. May 31 ; bap. July 10.
William Hindel, s. William and A. Maria ; b. Dec 16, 1759 ; bap. July 13.
Peter Reed, s. Peter and Catharine ; b June 20 ; bap July 13.
Henry Wolf, s. Henry and Catharine ; b. Jan 18, 1798 ; bap. July 14.
Catharine Wolf, d Daniel and Catharine ; b. June 19 ; bap. July 14.
Ann Catharine Getz, d. Peter and Catharine ; b June 24 ; bap. July 27.
Jacob Blechert, s. William and Maria ; b. Feb. 15 ; bap. July 27.
John Dehmer, s. George and A. Maria ; b. June 21 ; bap. July 28.
Anthony LeFebre, s. Anthony and Maria ; b. June 26 ; bap. August 3.

Births and Baptisms.

Margaret LeFebre, d. Jacob and Rebecca ; b. Jan. 6, 1799 ; bap. August 3.
Julianna Shertz, d. Jacob and Catharine ; b. July 19 ; bap. August 3.
George Gerlach, s. John and Elizabeth ; b. July 16 ; bap. August 3.
David Kolbesser, s. David and Maria ; b. June 2, 1799 ; bap. August 4.
Jacob and Elizabeth De' is, (twins), s. and d. Paul and Elizabeth ; b. August 9 ; bap. August 9.
Melchoir Grob, s. Henry and Barbara ; b. June 13 ; bap. August 11.
John Peter Kl mer, s. Herm. and Chrisa ; b. Feb 3, 1796 ; bap. August 16.
Anna Karrer, d. Conrad and Catharine ; b. Nov 19, 1799 ; bap. August 20.
Jacob Hackenberger, s. Jacob and Margaret ; b. March 8 ; bap. August 24
Catharine Deredinger, d. Michael and Margaret ; b. Sept. 9, 1799 ; bap. August 31.
Elizabeth, d. Jacob Schlauch and Catharine Gensimer ; b. May 11 ; bap. Sept. 4.
Elizabeth Henry, d. Robert and Elizabeth ; b. June 17 ; bap. Sept. 7.
John Dellet, s. Adam and Maria · b. Sept. 5 : bap. Sept. 11.
Elizabeth Winter, d. Christ. and Elizabeth ; b. June 22, 1796 ; bap. Sept 14.
Jacob Keller, s. John and Elizabeth ; b. Dec. 12, 1796 ; bap. Sept. 15.
John Keller, s. John and Elizabeth ; b. Jan. 9, 1799 ; bap. Sept. 15.
Jacob Bondel, s. Michael and Catharine ; b. August 29 ; bap. Sept. 21.
John Bader, s Conrad and Elizabeth : b May 14 ; bap. Sept. 28.
Sarah De is, d Isa c and Eve ; b. Nov. 23, 1793 ; bap. Sept. 29.
John Debis, s Isaac and Eve ; b. Oct. 22, 1799 ; bap. Sept. 29.
Samuel Chapman s Samuel and Barbara ; b. July 1 ; bap. Sept. 30.
Joanna Rac , d William and Elenora ; b. July 16 ; bap. Oct. 9.
Elizabeth Kankel, d. Samuel and Barbara ; b Jan 17 ; bap. Oct. 14.
Jacob Fordene, s. William and Rachel : b. May 15 ; bap. Oct. 20.
Maria Magdalen Danner, d. Ulrich and Elizabeth ; b July 19 ; bap. Oct 27.
Christ. William Miller, s. Jacob and Maria ; b. Oct. 6 ; bap. Oct. 27.
Sarah Dunkel, d George and Barbara ; b. August 27 ; bap Oct 28.
Eve Robb, d George and Maria ; b. Feb. 27, 1798 ; bap. Oct. 28.
Andrew Morris, s. John ; b. April 30 ; bap Oct 23
Catharine Margaret Gonter, d. Michael and Catharine ; b. April 16 ; bap. Oct. 29.
Elizabeth Heck, d. John and Catharine ; b. Dec. 9, 1799 ; bap. Nov 4.
Sarah Herman, d. Henry and Ruth ; b. July 9, 1799 ; bap. Nov. 12.
Anna Peter, d. Abraham and Catharine ; b. Sept. 2 ; bap. Dec. 5

Elizabeth Slemtz, d. Andrew and A. Maria ; b. Feb. 16 ; bap. Dec. 25.
Jacob D. Deredinger, s. Jacob and Sarah ; b. August 22 ; bap. Dec. 25.
John Rester, s. Philip and Catharine ; b. Oct. 23 ; bap Dec. 25

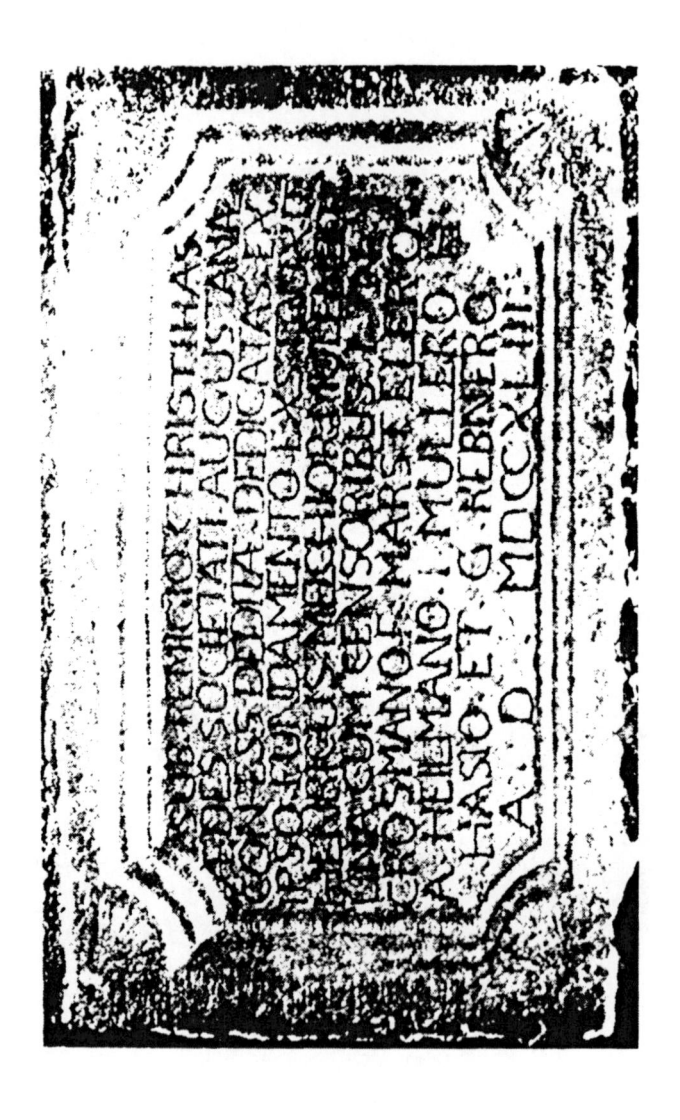

TABLET OVER MAIN ENTRANCE OF THE AUGUSTUS EV. LUTH. CHURCH, TRAPPE, PENNA.

FROM TELE-PHOTO NEGATIVE BY J. F. SACHSE

KIRCHEN—MATRICUL:

DER EVANGELISCH LUTHERISCHEN GEMEINDE
IN NEU PROVIDENZ, PENNSYLVANIA.

(AUGUSTUS EV. LUTH. CONGREGATION, TRAPPE, PA.)

TRANSLATED, COLLATED AND ARRANGED BY
JULIUS FRIEDRICH SACHSE.

For years it has been the cherished hope with many persons interested in our early history, that some systematic effort should be made for the preservation of the extant records of the various old congregations which date their existence from the early days of the Province. Further, that such records should be carefully deciphered, copied, and, if possible, published.

Upon the other hand, the utility of such an effort has been questioned, owing to the unavoidable expenditure of money, time and labor, necessarily involved in an undertaking of such magnitude. Then again it has been argued, that, at best, such records are but dry reading, being mere lists of names and dates, records of persons in humble life, unknown to fame or history, and long since dead and forgotten, —an opinion shared by the ignorant and the large class of our population who know of no ancestry beyond the preceding generation, and perhaps for obvious reasons prefer that the past be lost in oblivion.

To the intelligent student and the person in whose veins courses the blood of some of our early pioneers, or of such as helped to wrest this great country from the grasp of the British crown, these pages are anything but uninteresting matter. To the genealogist, the historian, the antiquary and the student of the development of the various localities and of the State at large, records of this kind prove of inestimable value, and like the noted Rosetta stone serve to decipher enigmas that otherwise would remain more unintelligible than the Runic inscriptions of old.

Frequently these lists contain information of interest to the present generation—scions of a sturdy race who came to these wilds, not for mere mercenary motives, but to found a home for themselves and posterity, and who at the same time never failed to erect here in the western wilderness the altar of their faith. This fact is proven by the existence of these very records, which also tell the story of the widely extended labors of the devout clergymen who ministered here among the pioneers without stipend or pay. They also bear a glowing tribute to the industrious German yeomen, so far from their native environment, and who almost without exception strove to

The Trappe Records.

comply with the ordinances, sacraments and requirements of the various denominations to which they owed fealty.

No public records will be of greater value to the historian, a century hence than these same old sere and yellow, ofttimes musty, church registers. To future generations our transcripts will become the basis of their investigations, and their fervent thanks will without doubt be showered upon the memory of such as were instrumental in preserving the records while it was yet a possibility.

No amount of time, labor or money expended in either their preservation or publication is misspent. This is a fact now well recognized in nearly all of the original thirteen States of the Union. Historical, genealogical and hereditary patriotic Societies have been formed, and vie with each other in fostering this and similar work—a laudable undertaking in which the Pennsylvania-German Society stands well to the front.

Among the church registers thus far brought to public notice, none surpass in historic interest and value the one now presented in part (note—the remaining part will appear in the next volume of our proceedings) to this society in the current volume of our proceedings.

The Congregation forming the Evangelical Lutheran Augustus Church at Trappe, New Providence Township, Montgomery County, is one of the oldest in Pennsylvania, dating back to the earliest years of the eighteenth century, for it was a part of the

The Pennsylvania-German Society.

identical congregation formed at the commencement of that age by Daniel Falkner and his brother Justus, in the tract still known as " Falkner Swamp " (note— for an extended account of the Falkner brothers and their ministrations, vide " The German Pietists of Provincial Pennsylvania." Philadelphia, 1895.)

The earliest records known of the " Old Trappe " congregation is the register under discussion. It was commenced by Pastor Johann Caspar Stoever*

---

* Pastor Johann Caspar Stoever the elder, was a relative of the celebrated Count Diaconus Joh. Phil. Fresenius. He arrived in this country in the year September 11, 1728, and forthwith proceeded to minister to the various congregations and scattered Lutherans throughout the Province, organizing congregations, administering the various ordinances of the Church, and commencing regular congregational registers. The earliest Lutheran records in Pennsylvania are all in the handwriting of the two Stoevers, a fac-simile of the first entry in the Trappe register appears in the above reprint. Pastor Stoever's career in Pennsylvania was one of ceaseless activity, and in the year 1732 after the arrival of Pastor Schultz in the Province, he transferred his labors to Virginia, where he ministered to the many Germans who had settled in the vicinity of Spottsylvania, but for many years had lived without any spiritual guidance. After placing the congregation upon a firm basis, he went to Germany to solicit funds for church purposes, and during his sojourn in the fatherland, he published in 1737, a pamphlet setting forth the condition of the German Lutherans in Virginia. A copy of this rare quarto is in the collection of the Historical Society of Pennsylvania. He died on board the vessel, on his attempted return to America.

The presumption that it was the elder Stoever, who first ministered to the three congregations is based upon the fact that J. C. Stoever, the younger, was not ordained until 1733. Nor is there any mention made in his personal records, as lately transcribed and published under the supervision of Rev. F. J. F. Schantz, one of the Vice Presidents of the Pennsylvania-German Society, of the acts recorded in either of the earliest record books of the Providence (Trappe) or Philadelphia congregations.

For further information about Rev. Johann Caspar Stoever, the younger, the reader is referred to Dr. Schantz's Pamphlet, and Hallische Nachrichten, new Ed. p. 563.

The Trappe Records.

in 1730, who served the congregation for several years. The entries of his time, however, are but few and irregular. They are followed by the orderly records of Pastor Heinrich Melchior Muhlenberg, usually known as the "Patriarch" of the Lutheran Church in America.

Here in Providence was his home; here his sons were born, who were destined to become such important factors in the formation of this great nation; here, upon the pages of this old church register, are recorded the birth and baptism of Major General Peter Muhlenberg of Revolutionary fame, whose marble statue graces the halls of the Capitol as one of the two greatest representative Pennsylvanians. Here also is found the record of Frederick Augustus Muhlenberg, statesman, and Speaker of the first House of Representatives, and of Heinrich Ernst Muhlenberg, known far and wide as both scientist and theologian.

Under the time-worn pages are also recorded many of the official acts of Pastor Muhlenberg, performed during his travels or temporary sojourn at distant places whither he went to organize new congregations, or to extend the olive branch where differences existed.

Here are to be found entries hitherto searched for in vain; information as to residence and locality also frequently appears, as well as notes on the religious and mental contition of the postulants and chief characters.

Unfortunately the "Matricul" is not nearly so complete as might be wished, though nominally covering the period from 1729 to 1777: many data are lacking. Perhaps some of the missing *Notitiae Parochiales* may be recorded in the registers of some sister congregations, a fact that can only be established by a careful comparison with such others as are still within reach. Even this very book was missing for many years, and was located only after much trouble. The succeeding one, covering the years from 1777 to 1812, has thus far unfortunately failed to appear notwithstanding persistent search.

In presenting these lists in the present concise shape the translator will say that neither pains nor care have been spared to make them reliable and complete.

THE AUGUSTUS CHURCH.

Early Efforts to Obtain Pecuniary Aid.

The congregation forming the Evangelical Lutheran Augustus Church at Trappe, New Providence Township, Montgomery County, is one of the oldest in Pennsylvania, dating back to the earliest years of the eighteenth century; for it was a part of the identical congregation formed at the commencement of that age by Daniel Falkner and his brother Justus, in the tract still known as " Falkner Swamp."* In the year 1733 while Rev. Johann Christian Schultz† ministered to the congregations at Philadel-

---

* For an extended account of the Falkner brothers and their ministrations, vide " The German Pietists of Pennsylvania, Philadelphia, 1895."

† Pastor Johann Christian Schultz (Schulz) one of the earliest clergymen to serve the Trappe congregation, was born June 11, 1701, at Schainbach, Oberamt Gerabronn, in the former Margravate of Anspach, Germany. He was the oldest son of Pastor Johann Valentin Schultz, the local incumbent and his wife Anna Julianna. He studied for the ministry and arrived in America on the ship " Loyal Judith," September 25, 1732, and almost immediately succeeded Pastor Stoever in the charge of the three congregations at Philadelphia, New Hanover and Providence. He did not remain long in America, but returned to Europe with two companions during the following year, with the avowed purpose of collecting funds for the three congregations in Pennsylvania.

He seems to have abused the confidence reposed in him, and applied to his own uses the funds collected by him under the above quoted authority. So notorious and disgraceful did his conduct become, that at last he was arrested at Augsburg in March, 1736, and deprived of his

phia, New Hanover and Providence, a joint effort was made by the three congregations, to collect funds at home and abroad, to obtain pastors, and erect substantial churches and schoolhouses for the respective congregations.

For this purpose Pastor Schultze with two laymen, Daniel Weisiger and Johan Daniel Schöner were sent to Europe to solicit the necessary means. Subscription books were provided them, containing an address to the benevolent, certified with a Latin endorsement by Hon. Patrick Gordon, Governor of the Province.

Each of the three delegates was supplied with one of these books, as were also the respective congregations in Pennsylvania. The "Providence" or "Trappe" book was still in possession of the congregation when Pastor Mühlenberg assumed charge in 1743, and is now in the archives of the Lutheran Seminary at Mount Airy.

This appeal to the faithful with the accompanying certificate of authority, on account of its quaintness and historic value, is here reproduced verbatim:

---

credentials and license to collect money. He however seems to have secured his discharge and the return of the "Collection Buch," as some months later he was again arrested, this time at Nuremberg, where the book was taken from him, and he was compelled to surrender the money still in his possession, which amounted to 520 Gulden. In addition he was sentenced to a term of imprisonment, after which nothing whatever was heard of him. According to another authority (*Sammlung auserlasener Materien zum Bau des Reiches Gottes.* xxiv, p. 973) Schultze eventually lost his eyesight and was thus prevented from returning to America.

The Trappe Records.

COLLECTEN-BUCH
von denen drey
Evangelische-Lutherischen Gemeinden
zu
Philadelphia, Neü Hanover und Providence Township; mitgegeben an den Ehrw. Herrn Johann Christian Schultzen, and denen zweyen, ihme zugefügten Reise Gefährten, Daniel Weisiger und Johann Daniel Schöner, und unterzeichnet mit dem namen der Eldesten der obgesagten Gemeinen, wie auf der andere seite folget.
Eldeste der Gemeinde zu Philadelphia:
Johann Backer;–Hannes George Heiger
Eldeste der Gemeinde zu Neü Hanover
Adam Herman;–George Hollebach
Eldeste der Gemeinde in Providence Township.
Johann Niclaus Crössmann,–Jacob Schrak.

Kund und zu wissen sey jedermännlich dem solches angehet, dass wir Endesunterschriebene sind übereingekommen mit unseren Herrn Pfarrer Johann Christian Schultzen, und seiner ihm beigefugugten Reise Gefahrten Daniel Weisiger und Johann Daniel Schöner, dass sie zusammen den dritten Theil von allen zu erhebenden Collecten-Gelder vor ihre Zehung und Mühwaltung wie auch zu ersetzung aller ihre Reise Unkosten, welche sie von England, und wo sie die Vorsehung Gottes hinführen mogte, und von da wieder zurück biss nach England thun müssen, für sich behalten sollen, und im Fall eines von ihnen wahrend der reise mit Tod abgehen sollte, soll das ihm hiemit zugestandene Antheil von dem dritten Theil der Collecten Gelder an seine Erben, die rechtmässig dazu befugt seyen treulich abgefolget werden. Die Fracht aber für obbenandte drey Personen, von hier biss nach England und von England wieder zurück nach Philadelphia soll von den übrigen zwey Theilen der Collecten Gelder bezahlet werden. Geschen in Philadelphia den zweiten May, 1733.

Johann Backer,
Hannes George Heiger,
Adam Herman,
George Holleback,
Johan Nickloss Crössman,
Jacob Schrak.

Kobey des mitgegebenen Batdents* von unss drey vorbemeldete Gemeinden ausgewörkt bey unserem Kobernor,† pt: Gordon.

Es ist Welt Kindig das seydem etlicher zwansig Jahren her viele protesdandische Familien, die in Deutzlant wegen ihrer religion verfolket oter sonsten von Kadollischer Oberrig Keit, sehr gedrängt, worden, und sich hir her, in diese provins von pensilvania, in america, under die Krone von England gehörig, begeben, derer anzahl nummerro schon, auf etliche dausent, belaufent, von welchen die meisten von allen mitdeln entblösset, hier angekommen und

---
* Letters patent.
† Governor Patrick Gordon.

The Trappe Records.

sich hin und her zerstreuet, in der wiltnüss nieder gesetzt haben und folglich leiden, biss herro, one Kirche, und einen rechtmässigen ordinirten Pretiger, mithin auch onne bedingung [bedienung] der heiligen Sacramenten alss verrirede Schaffe gewesen sint, biss es endlich der Guten allwissen Vorsehung gefallen, uns einen Dieners seynes Worts, nemlich den Ehrwd. Herrn Johan Christgan Schultzen aus Schumbach, in der marg Grafschaft, anspach, gebirtig, welcher auch nach allem Vermögen gesuchet, uns durch die predigt, des Göttlichen worts, und atministirung der heilige Sacraments, auss der Finsterniss und unwiessenheit, in welcher wir durch er manglung dess lichts, des Efan Jeligo, und desselben reiner Lehre geraten, herauss zu reissen, und under anderen uns der Efan Jelischen Lutherischen religion zugedan, und an dreyen verschiedenen orden, nemlich zu Philadelfia, ney Hanover, und providence sich befindente Ein woner, aufzuwecken, und uns in in den dreyen Gemeinten in unserm allerheiligsten Glauben, aufs neue zu verbinded, und zu Verfinisgen woulen nun zur Feststellung, des Gott esdienste, und Güderortnung alls auch zur Christlicher auferziehung, der Jugent, Unumgenglich nötig ist, dass öffentliche Kirchen und Schuhlhauser gebauth und die da zu genotigden Prediger, und Schuhlmeister, gehöriger massen, besorget, und underhalten werten, wihr abernicht im stante sint, dieses werk auf unsere Kosten auszufiren, dieweil wihr in Einem Lante wohnen da das Geld sehr rahr ist, und darin jeter genug, mit sich selbst zu dun hat, seyen unterhalt durch seyner Hende arbeit, under Gottes segen zu erwerben, und aber bey underlassung, Einer so guten zu Gottes Ehren, und zur forth Pflanszung, und ausbreytung, der wahren Christlichen Religion, gerreichenden werckes aller verhoffte nutzen, ausbleiben wörte, und unsere Kinder, und nach Kommen entlich, gar zum Heytendum Verfallen mächten, also sint wir ob bemelte drey Gemeinden, raths worten diesen unseren gegenwärtigen seelensorger Herrn Johan Christian Schultzen, nebst zwey im zugefigten reiss Geferten. Daniel Weisinger und Johann Daniel Schöner, zu andern unserer, Glaubens Genossen nach Englanth, Hollanth, und Deutzlanth, zusenden, damit sie unserre noth, und anliegen, an dieselben, ferner, weit mintlich möchten forstellen, und dieselben um der leibe Christi, willen ersuchen, uns derren Hilffe und beystant, durch eine mildätige Coleckte, zor erbauung, derrer in diesem Lande so hoch be nöthigten, Kirchen und Schulen, angedeyen zu lassen, zu welchen Ende wir Ein Kolecktenbuch mit unseren namen gezeygnet, mit gegeben, darinnen die namen unserer wohldäther aufzuzeugnen, und derer liebesgaben, auch haben wihr unsern Herrn Gobennor Gebätten dieser unserer anzuchungsschreiben, mit dem sigel der Provins zu be Kräftigen, und dasselbige zu attestiren, wihr zweifeln nicht es werde ein jeder nach standes Gebir, zu welchem dieses gelangen mächte, und dem die ausbreitung, und Vermehrung des reichs Christi, in diesen entfernden orten angelegen ist, seinen Glauben, auch in der liebe dätig sein

The Trappe Records.

lassen, und sein schärflein, zor beforderrung, der Ehre Gottes und der Efan Jelishen Lehre, mit willigem Hertzen ein Jeder nach seynem Ver Mägen [vermögen] zu dieser Koleckte, mitbeytragen, zumahlen da von die seeligkeit so fieler armen seelen dependirt, welche aus Mangel der mittel sich entweder zu anderen seckten, deren fihl in diesem lande sint, begeben, oter gahr one einnigen Gottesdinst, in den dag hin nein leben misten. Nicht allein wihr, sondern auch, unsere nach Kommen, werden solcher, mit unterdänig und gebürrendem Danckbarkeit erkennen, und Gott dem obersten Gäber alles guten, onne underlass anrufen, das er unserre Respective wohldäthe mit allerley geistlichem sägen in himmelischen Gütern reichlich iberschitden wolle, die wihr uns in derro mitleiden anbefehlet alle Zeit Verharren. Unserer Nachstandes Gebihr Hoch und wohlgerugte Günner pen Silvania.

Underdanigst Ergebene Vorsteher und Eldeste obbemelten drey Gemeinden

JOHN BACKER,
HANS GORG HEIGER,
ADAM HERMAN,
GORG HOLLEBACH,
JOHAN NICKLOSS KROSSMAN,
JACOB SCHRACK.

Patricius Gorden Armiger provincial pen Sylvanae in america praefectus omnibus ad quos hae pervenerint salutem, Hasce literas in hac provincia Germaniae conscriptas mihi ostensas fuise a D. Johanne Christiano Schultz ministro Evangelico cuius curae nec non Johannis Danielis Schoener et Danielis Weisinger itineris Comitum sunt commissae rogatus testor sigillo provinsciali minore affixe Dabam Philadelphia primo die Maji Anno Dom. mille Simo Septingente Simo trigesimo tertio.

P. GORDON.

Ex mandatis Honorabilis praefecti proedicti
ROG. CHARLES
Seevetavius.

[TRANSLATION]

Know all men whom it may concern, by these presents.—That we, the undersigned have come to an agreement with our Herr Pastor Johan Christian Schultz and his two travelling companions Daniel Weisiger and Johan Daniel Schöner, so that collectively they may retain one third part of all funds that may be collected, for their sustenance and labor, as well as to re-imburse them for the travelling incurred from England, to wherever the providence of God may lead them, and from thence back again to England. In case that one of them is removed during the journey by death. His share of this third part of the collected funds, shall be well and truly paid to his legal heirs.

The passage money however to and from England for these three persons shall be paid out of the remaining two-third parts of the collected funds.

Done in Philadelphia
the second day of May, 1733.

JOHAN BACKER,
HANNES GEORGE HEIGER,
ADAM HERMAN,
GEORGE HOLLEBACK,
JOHAN NICKLOSS CROSSMANN,
JACOB SCHRAK.

The Trappe Records.

Copy of the enclosed patent, obtained by us for the three congregations from our Governor Ptk. Gordon.

It is known to the world, that during the past twenty odd years, many protestant families, who in Germany were persecuted for their religion's sake, or were otherwise oppressed by the Catholic authorities, betook themselves here, to the province of Pennsylvania in America, subject to the crown of England. This number already amounts to many thousands, many of whom arrived here devoid of all means, and became scattered and separated, settled in the wilderness, and consequently suffered until now, without either church or any regular ordained minister, consequently without any administration of the Holy Sacraments. Like unto stray sheep, until it pleased good omniscient providence to relieve us through a servant of his word: viz.—the Rev. Herr Johan Christian Schultz from Schumbach in the Margraviate Anspach, who also according to his full ability, sought by preaching the word of God, and administering the Holy Sacraments to lead us out of the darkness and ignorance, in which we had fallen, from want of the light of the Gospel, and its orthodox teachings, and to awaken us the residents who were favorable to the Evangelical Lutheran Doctrine at three different places; viz.—Philadelphia, New Hanover and Providence, again unite us the three congregations in our holy faith, so that the necessary means may be provided for the maintaining of regular services, as well as for tne christian education of the youth. That public churches and schoolhouses be built and the necessary pastors and schoolmasters be procured and properly supported.

This we are not able to do at our own expense, as we live in a country where money is scarce, and everyone has enough to do, to support himself with God's blessing by his own handiwork. A neglect of this work for God's glory, and failure to introduce and extend the true christian faith, may cause our children and descendants eventually to revert to heathenism.

Consequently, we, the three above named Congregations have decided to send our present curate Johan Christian Schultz together with two of our number, Daniel Weisinger and Johan Daniel Schöner to our fellow christians in England, Holland and Germany, so that they may learn of our necessity and desire. Further that they can by word of mouth present our dire situation, and entreat them for Christ's sake to grant us their aid and assistance, by liberal subscriptions, for the building in this country of the much needed churches and schools.

For which purpose we have furnished them with subscription books, signed with our own names, so that the names of our benefactors may be recorded therein, with their charitable contributions.

The Pennsylvania-German Society.

We have also prayed our Governor, to certify this our solicitation with the seal of the province, and to attest the same. We doubt not but that every one, according to his standing, to whom these presents may extend, and who is concerned for the extension and spreading of the kingdom of Christ in these far distant places, will show his faith and be charitable, and give his mite, for the advancement of the Glory of God and the Evangelical truth, with a willing heart.—Every one according to his means, and contribute to this fund, especially as the salvation of so many poor souls depends thereon, who from a lack of opportunity have betaken themselves to other sects, of whom there are many in this land, or else to abstain from all religious worship.

Not alone we, but our successors, will with humble and proper thankfulness acknowledge, and without intermission, pray to God the giver of all good and perfect gifts, that he may richly remunerate our respective benefactors with his diverse spiritual blessing of heavenly gifts.

This shall be our constant prayer for the honorable patrons of Pennsylvania.

The humble and devoted Vorsteher and Eldeste of the above three Congregations.

JOHN BACKER,
HANS GORG HEIGER,
ADAM HERMAN,
GEORG HOLLEBACH,
JOHAN NICKLOSS CROESSMAN,
JACOB SHRACK.

Patrick Gordon, Knight, Governor of the Province of Pennsylvania in America, unto all to whom these (presents) may come—Greeting.— Upon request I attest, with the lesser provincial Seal affixed, that this letter, composed in the German language, in this Province was shown to me by D(ominie) John Christian Schultz, Evangelical Minister, to whose care, and also to that of John Daniel Schoener, and Daniel Weisinger, his travelling companions, the letter has been instrusted.

Given at Philadelphia, on the first day of May, in the year of the Lord, one thousand seven hundred and thirty-three.

P. GORDON.

[L. S.]
By order of the Honorable Governor aforesaid.

ROG. CHARLES,
Secretary.

The Trappe Records.

AUGUSTUS CHURCH RECORDS.

Fly Leaf—(a)

A° 1745 Dom III post Epiphanias habe ich Peter Brunnholz orderlich von dem Ev. hofprediger Ziegenhagen in London berufener, ordinirter und gesanter zweiter predyer der Evangelisch: Lutherischen gemeinen in Philadelphia, Germantown, New Providence und New Hannover und Collega dis Wohlehrb: H. Heinrich Melchior Mühlenberg's, meine auzugs Predicht über dass gewöhnlig Sontags Evangelium in hiesiger Providencer gemeine gehalten.

Fly Leaf.

Schrack, Johannes Joseph, s. Johann Jacob and Eva Rosina; b. October 9, 1712.
" Philip, b. January 21, 1714.
" Eva Barbara, dr. b. May 1, 1716.
The above were baptised in Germany.
" Maria, dr. b. Oct. 26, 1717, on the high sea; bap. in Swedish Church in Philadelphia, Jan. 12, 1718.
" Johann Jacob, s. b. April 8, 1724.
" Catherina, dr. b. July 17, 1726.
" Christian, s. b. October 4, 1727.
" Elizabeth, dr. b. April 13, 1729.
" Johann Nicolaus, s. b. June 23, 1730.
The above named five children were all born and baptised in Pennsylvania.

FAC SIMILE OF EARLIEST ENTRIES IN THE CHURCH REGISTER, MARCH 8, 1730.

BIRTHS AND BAPTISMS.

Verzeichnis Derer getauften Kinder in der Evangelischen-Lutherischen gemeinde in the Township of Providence.

(Rev. Johann Caspar Stoever.)

Marstaller, Amelia Elizabeth, dr. Johann Georg and Anna Margaretha:
b. August 31, 1729; bap. March 8, 1730;
sp. Amalia Elisabeth, Stevhan Hinrichs Hausfrau.
" Johann Georg,
b. June 14, 1731; bap. July 4, 1731;
sp. Joh. Georg Krössmann Senior.
" Anna Margaretha,
b. Feb. 9, 1733; bap. March 1, 1733;
sp. Ana Margaretha Marstellerin Senior.
" Catherina,
b. Feb. 1, 1735; bap. March 23, 1735;
sp. Catherina Weberin.
Seiler, George Leonhardt, s. Johann Georg and ———
b. June 14, 1730; bap. July 12, 1730;
sp. Georg Leonhardt, Juckhardt and Anna Margaretha Wostin.
Marstaller, Johnn Heinrich, s. Friedrich and ———
b. July 31, 1730; bap. August 31, 1730;
sp. Joh. Heinrich Berghofer.
" Anna Margaretha,
b. Jan. 6, 1732; bap. Jan. 13, 1732;
sp. Joh. Georg Marsteller and wife Anna Margaretha.
" Joh. Daniel,
b. Feb. 6, 1733; bap. Feb. 11, 1733;
sp. Joh. Daniel Warlich.
" Friedrich,
b. August 5, 1734; bap. August 11, 1734;
sp. Joh. Friedrich Weber.
" Georg,
b. May 24, 1736; bap. June 1, 1736;
sp. Johan Georg Crösman.
" Valentine,
b. Dec. 26, 1738; bap. Dec. 28, 1738;
sp. Valentin Marchsteller.

The Pennsylvania-German Society.

Marstaller, Philippus,
    b. Jan. 1, 1742; bap. Jan. 6, 1742;
    sp. Philipp Crässman.
Krässmann, Antonius, s. Johannes and Catharina:
    b. May 6, 1730; bap. June 27, 1730;
    sp. Antonius Heylmann.
Crässmann, Johan Nickolaus, s. Johan George and ——
    b. Sept. 17, 1730; bap. Oct. 4, 1730;
    sp. Joh. Nicolaus Crössman and wife Anna Maria.
" Johannes,
    b. July 29, 1734; bap. August 11, 1734;
Weidert, Anna Margaretha, dr. Johan Georg and ——
    b. March 19, 1730; bap. June 6, 1731;
    sp. Anna Catherina, wife of Christian Merckling.
" Joh. Georg,
    b. April 23, 1734; bap. June 4, 1734;
    sp. Joh. Morgenstern, Joh. Georg Kuntz and wife.
Weber, Georg, s. Friederick and ——
    b. April 4, 1731; bap. April 8, 1731;
    sp. Joh. Georg Marstaller.
" Friederich,
    b. Jan. 24, 1734; bap. Feb. 10, 1734;
    sp. Friedrich Marsteller.
Merckling, Johann Caspar, s. Christian and ——
    b. Sep. 16, 1730; bap. Oct. 10, 1730;
    sp. Johann Caspar Stöver Evangelisch-Lutherischer Pfarrherr.
Kühler, Joh. Heinrich, s. Valentin and ——
    b: Feb. 1731; bap. Oct. 24, 1731;
    sp. Sebastian Müller and wife.
Heim, Joh. Christian, s. Wilhelm;
    b. Oct. 1, 1731; bap. ——
    sp. Joh. Caspar Schunk.
" Joh. Caspar.
    b. May 17, 1734; bap. ——
    sp. Joh. Caspar Schunk.
Ramsauer, Johannes, s. Dietrich and ——
    b. May 29, 1728; bap. by Pfarrer Hinkel;
    sp. Johannes Buhler and wife Anna Marria.
" Kadarina,
    b. March 31, 1742; bap. by Pfar. Muhlenberg, May 7, 174–;
    sp. Anna Margerta, Henrich Ramsauger's wife.

The Trappe Records.

Ramsauger, Jacob, s. Joh. Dieterich and ———
b. Feb. 11, 1731; bap. July 17, ———
sp. John Jacob Müller and his wife Anna Maria Apolonia.
" Davit,
b. Sep. 23, 1733; bap. by Rev. Muhlenberg ———
sp. the father.
" Johan Heinrich,
b. July 9, 1736; bap. by Rev. Muhlenberg ———
sp. the father.
" Anna Marria,
b. Jan. 7, 1738; bap. by Rev. Muhlenberg ———
sp. the parents.
Josis, Joh. Friederich, s. Joh. Martin and ———
b. July 26, 1731; bap. August, 1731;
sp. Johannes Morgenstern and wife.
Setzler, Anna Johanna, dr. Johanna Philipp;
b. Jan. 10, 1731; bap. Jan. —, 1731;
sp. Johann Martin Josis and wife Anna Johanna.
Berton, Elisabeth, dr. Johannes and ———
b. May 10, 1730; bap. ———
sp. Andreas Paul and wife.
Paul. Abraham, s. Andreas and ———
b. July 28, 1730; bap. ———
sp. Abraham Paul and wife.
Christmann, Elizabeth, dr. Daniel ———
b. ——— 1733; bap. Jan. 4, 1734;
sp. Heinrich Huber and wife.
Franck, Sebastian, s. Johann Phillipp and ———
b. March 23, 1735; bap. March 23, 1735;
sp. Sebastian Miller.
" Johann Jacob,
b. ——— 1742; bap. Oct. 17, 1742;
sp. Jacob Nuss.
Bender, Joh. Adam, s. Joh. Georg;
b. ——— 173-; bap. Jan. 4, 1734;
sp. Heinrich Huber's wife.
Blasser, Juliana Catherina Margaretha, dr. Christian and ———
b. ——— 173-; bap. Jan. 20, 1734;
sp. Joh. Georg Kuntz, Juliana Catherina Morgensternin and Anna Margaretha Gerhardtin.
Kolmar, Magdalena, dr. Daniel and ———
b. March —, 1733; bap. August 14, 1733;
sp. Friederich Marsteller's wife Barbara.

Bernhausel, Susanna Catherina, dr. Valentin,
b. May 22, 1733; bap. —— 1733;
sp. Andreas Bayer and wife Susanna.
Morgenstern, Ana Juliana Elisabeth, dr. Johannes and ——
b. July 2, 1733; bap. Sept. 15, 1733;
sp. Joh. Georg Kuntz, Anna Juliana Ungefehrin and Maria Barbara Weickertin.
Lisser, Abraham, s. Johannes and ——
b. Dec. 11, 1732; bap. Feb. 1, 1733;
sp. the parents.
Froschan, Johannes, s. Joh. Georg, and ——
b. Dec. 16, 1732; bap. Feb. —, 1733;
sp. Johannes Morgenstern and wife.
Rauff, Maria Agatha, dr. Daniel and ——
b. March 6, 1731; bap. April —, 1733;
sp. Johann Georg, Crossmann's wife Maria Agatha.
" Johannes,
b. Feb. 16, 1733; bap. August —, 1733;
sp. Johannes Viepl(?)
Frey, Maria Margaretha, dr. Johannes and ——
b. —— 26; 1734; bap. May 21, 1734;
sp. Heinrich Schnäbele and wife Appolonia.
Engelardt, Anna Catherina, dr. Christoph and ——
b. ——, 1735; bap. June 4, 1735;
sp. Valentin Perstel (?) and Anna Catherina Schmidtin.
Müller, Anna Maria Appolonia, dr. Sebastian and ——
b. March 14, 1734; bap. May 23, 1734;
sp. Jacob Müller and wife Anna Maria Appolonia.
Amborn, Anna Margaretha, dr. Christoph and ——
b. —— 2, 1735; bap. March 23, 1735;
sp. Joh. Georg Klaner and wife Anna Margaretha.
Sänger, Joh. Christian, s. Johannes and ——
b. —— 20, 173-; bap. Dec. 1734;
sp. Joh. Christian Schmidt.
Krebs, Christina Margaretha, dr. Heinrich and ——
b. August, 173-; bap. April 20, 1735;
sp. Eva Maria Sebastianin.
Gerhardt, Joh. Georg, s. Martin and ——
b. August, 173-; bap. August 12, 1733;
sp. Joh. Georg Kuntz and wife.
Gebert, Johannes, s. Michael and ——
b. Nov. —, 173-; bap. Jan. 10, 1735;
sp. Joh. Martin Heylmann, Christoph Engelardt.

The Trappe Records.

Geelwichs, Joh. Friedrich, s. Friedrich and ——
  b. Nov. 1, 1733; bap. Feb. 10, 1734;
  sp. Friederich Weber and wife Catherina.
Carl, Elisabeth, dr. Jacob and ——
  b. Jan. 28, 1735; bap. April 19, 1735;
  sp. Melchoir and wife Elisabeth.
Haass, Anna Maria, dr. Cunradt and Barbara;
  b. Feb. 1, 1734; bap. Feb. 10, 1734.
  sp. Heinrich Michael and wife Anna Maria.
" Conrad,
  b. Oct. 10, 1742; bap. Nov. 9, 1742;
  sp. parents.
Steinbach, Joh. Michael, s. Christian and ——
  b. Feb. 10, 1734; bap. April 14, 1734;
  sp. Michael Baumgartner.
Fuhrmann, Cunradt, s. Andreas and ——
  b. April 26, 1730; bap. Sept. 26, 1731;
  sp. Cunradt Berghofer and wife.
Rastior, Maria Appolonia, dr. Cunradt and ——
  b. March 9, 1735; bap. March 23, 1735;
  sp. Heinrich Schnäbele and wife Maria Appolonia.

(BY REV. JOHANN ENEBERG OR REV. GABRIEL FALK.)

Gebert, Michael, s. Michael and Anna Sabina,
  b. Nov. 23, 1735; bap. Nov. 29, 1735;
  sp. Martin Heylmann, Christoph Engelardt.
Sprecher, Johann Jacob, s. Christoph and Ernestina;
  b. Dec. 27, 1735; bap. April 11, 1736.
  sp. Catherina Schweitzerin, Catherina Schmidtin.
Schnebeli, Elisabeth, dr. Heinrich and Maria Appollonia;
  b. Jan. 16, 1736; bap. April 11, 1736.
  sp. Edward Niclaus and wife Elisabeth.
Heilmann, Johannes Baltes, s. Johannes and Magdalena;
  b. March 21, 1736; bap. April 11, 1736;
  sp. Johann Georg Riser, Maria Sybella Weinbergerin.
Marchstaller, (Marsteller) Vallentin, s. Freidrich and Barbara;
  b. Dec. 26, 1738; bap. Dec. 28, 1738;
  sp. Christian Borgen in place of Vallentin Marchsteller.

(BY REV. JOHANN DYLANDER.)

Warlich, Daniel, s. Daniel and Maria Margaretha;
  b. Sept. 13, 1738; bap. ——, 1739;
  sp. Fredrich Marchsteller, his son Daniel and Anna Barbara Marsteller.

Schrack, Jacob, s. Philip and Maria;
b. Nov. 29, 1740; bap. Dec. 11, 1740;
sp. Jacob Schrack and wife Eva Rosina.
Haas, Johan Valentin, s. Henrich and Anna Elisabeth;
b. Sept. 6, 1740; bap. Dec. 9, —
sp. Valentin Steinmetz, Hieronymus Haas.
" Johann Henrich,
b. Nov. 7, 1741; bap. Nov. 11, 1741;
sp. Balthaser Sählor.

(BY VALENTIN KRAFT.)

Eschenfelder, Johann Thomas, s. Philips Jacob and Anna Margaretha;
b. Sept. 14, 1742; bap. Oct. 3, 1742;
sp. Thomas Schneider and wife Anna Maria.
Krässmann, Johannis, s. Johann Georg, the saddler, and Anna Margretha;
b. Sept. 26, 1742; bap. Oct. 13, 1742;
sp. Johannes Schnauber.
" ——— s.
b. April 3, 1744; bap. April 15, 1744;
sp. Johann Valles (?).
Hohwärter, Johan Adam, s. Valentine and Anna Christina;
b. Sept. 3, 1742; bap. Oct. 3, 1742;
sp. Johan Adam Kunzel, Ana Dorothea Widrigin.
Schönhauser, Catharina, dr. Johannes and Elisabeth;
b. August 16, 1742; bap. Oct. 3, 1742;
sp. Johann Wendel Ernst and wife Catharina.
Herlemann, Johann Conrad, s. Sebastian and Maria Magdalena;
b. Sept. 29, 1742; bap. Oct. 17, 1742;
sp. Johann Conrad Schrimer and wife Anna Maria.
Dräutel, Maria Elisabeth, dr. Michael and Elisabeth;
b. Oct. 6, 1742; bap. Oct. 17, 1742;
sp. Johan Nicolas Crässman and wife Anna Maria.
Beck, Elisabeth, dr. Jacob and Katarina;
b. Nov. 12, 1742; bap. May 2, 1743;
sp. Anna Markreda Breninger.
Brunn, Anna Catharine, dr. Peter and Elisabeth Catharina;
b. Oct. 27, 1742; bap. Nov. 9, 1742;;
sp. Jacob Moltz and wife Anna Catherina.
Heilmann, Antonius (?), s. Johannes and Anna Maria;
b. Sept. 25, 1737; bap. Oct. 11, 1737;
sp. Antonius Heilmann and wife Marri Salmen.
" Anna Katarina,
b. August 7, 1739; bap. Aug. 31, 1739;
sp. Johannes Crössman and wife Anna Katarina.

The Trappe Records.

Heilmann, Marri Salmm,
    b. Feb. 23, 1741; bap. March 15, 1741;
    sp. Andon Heilman and wife Marri Salmm.
" Johannes,
    b. Sept. 27, 1742; bap. Jan. 6, 1743;
    sp. Frithrig Mahrsteller and wife Anna Barbara.
" Lisa Margreda,
    b. Jan. 24, 1744; bap. Feb. 4, 1744;
    sp. Andon Heilmann and wife Marri Salm.

Am 12ten December 1742 bin ich Heinrich Melchior Mühlenberg als Prediger und Seelsorger bey hiesiger Amtspflichten und habe die Antritts Predigt über das Evangelium Matth. xi. Wie im III Advents Sonntag Handbuch festgesetzt, gnaden gethan.

FAC SIMILE OF AUTOGRAPH ENTRY BY REV. H. M. MUHLENBERG UPON ASSUMING THE PASTORATE, DEC. 12, 1742.

The Trappe Records.

(Pastor Heinrich Melchior Muhlenberg.)

Den 12 ten December 1742, bin ich Heinrich Melchior Muhlenberg als berufener, und Verordentner Prediger hier ans amt getroten und habe die aufangs Predigt uber das Evangelium Matth XI als am III advents Sontage vor der hiesigen gemeine gethan.

Heilmann, Anthonius, s. Heinrich and Anna Maria;
b. Nov. 8, 1742; bap. in presence of congregation, Dec. 19;
sp. Anthoni Heilman.
" Heinrich,
b. March 24, 1745; bap. April 14, 1745;
sp. Anthonius Heilmann.
Döringer, Anna Sarah, dr. Johan Adam and Anna Catherina;
age 10 weeks on Jan. 13; bap. Jan. 16, 1743;
sp. the mother, the father is Reformed religion.
Müller, Johan Petter, s. Petter and Lisa Kada;
b. March 6, 1743; bap. March 28, 1743;
sp. Johan Petter Spitz and wife.
" Johan Jacob,
b. Sept. 11, 1744; bap. Dec. 26, 1744;
sp. Jacob Koch and wife.
Nol, Johan Jacob, s. Michel and ———
b. Sept. 20, 1742; bap. March 28, 1743;
sp. Jacob Spritzer.
Weyant, Johann Petter, s. Johan Görg and Katarina;
b. March 9, 1743; bap. March 10, 1743;
sp. Johann Petter Spitz and wife Lisa Kada.
Hardestein, Jo. Hannes, s. Luthwig and Catarina;
b. August 22, 1743; bap. Sept. 4, 1743;
sp. Balzer Saller.
Haas, Johan Gorg, s. Henrig and Anna Lisabetta;
b. August 6, 1743; bap. Sept. 4, 1743;
sp. Jo. Han Gorg Bassel.
" Elisabeth Margretha,
b. April 3, 1745; bap. April 14, 1745;
sp. Elisabeth Margretha Kristlerin.

Ernst, Johan Nes (Johannes), s. Johan Wendel and Anna Katarina;
b. and bap. Sept. 25, 1743;
sp. parents.
Heilman, Eslissabetda (Elisabeth), dr. Johan Michel and Anna Maria;
b. Dec. 3, 1742; bap. April 21, 1743;
sp. Johan Wendel Ernst and wife Anna Katarina.
Gebel, William,
" Abraham,
" Susanna,
adult children of Richard and ——
baptized anno 1743.
Klobbinger, Johannes, s. Johann Jörg and Anna Margretda;
b. August 1, 1743; bap. August 12;
sp. Johannes Hallman.
Which child was the first baptised in our church.
Wolfskehl, Annar Ginna (Anna Regina), dr. Johannes and Anna Maria;
b. Dec. 11, 1743; bap. Jan. 14, 1744;
sp. Henrich Hüber and his dr. Anna Regina.
Becker, Lisa Barbara (Elisabeth Barbara),dr. Petter and Marrilisabetta
b. May 2, 1743; bap. May 22;
sp. Görg Guth and wife Lisabarbara.
Birgen, Anna Marria, dr. Christoff and Margreda;
b. Jan. 8; bap. Feb. 14, 1744;
sp. Henrig Heilman and wife Anna Marria.
Eberle, Maria Catharina, dr. Johannes and Margretha;
b. Jan. 13, 1743; bap. Dom. 17 post Trinitatis;
sp. parents.
Reutter, Margreda, dr. Johann and Margreda;
b. Sept. 8, 1743; bap. Feb. 14, 1744;
sp. Johannes Braun and wife Katarina.
Stahl, Johannes, s. Kasber and Christdiena;
b. Oct. 1743; bap. Feb. 6, 1744;
sp. Johannes Schrack.
Gross, —— (?), s. Karl and Marri Katda;
b. Jan. 18; bap. Feb. 20, 1744;
sp. Vallendin Nungester.
Hutzol, Kadarina, dr. Luthwig and Hanna;
b. Feb. 23, ——; bap. March 4, 1744;
sp. Johannes Withman and wife Katarina.
Guth, Plipp (Phillip), s. Görg and Lisabarbara;
b. Oct. 23, 1743; bap. Jan. 14, 1744;
sp. Phillip Guth.

The Trappe Records.

Schrack, Heinrich, s. Phillip and Maria;
b. Feb. 5, 1744; bapt. March 5, 1744 (Rev. H. M. Muhlenberg).
sp. father and grandmother widow Eva Rosina Schrackin.
" Jacob, s. Phillip and Maria;
b. Nov. 29, 1740; bap. Dec. 11, 1740, by Rev. Dylander.
sp. grandparents Jacob and Eva Rosina Schrack.
" Johannes, s. Phillip and Maria;
b. May 31, 1742; bap. June 27, by Rev. William Currie, of Radnor Mission.
sp. Phillip Schrack and widow Eva Rosina.
Hofer, Anna Margretta, dr. of Peter and Elizabeth;
b. March 20, 1744; bap. April 7, 1744;
sp. wife of Johann Adam Benters.
Hambrecht, Anna Maria, dr. Johannes and Elizabeth;
b. Feb. 13, 1744; bap. March 15, 1744;
sp. Christian and Anna Maria Schneider.
[*Baptized beyond the Schuylkill.*]
Schunk, Franz, s. of Franz and ——
b. Dec. 13, 1743; bap. May, 1744;
sp. father and mother.
Schwaller, Dorothea Elizabeth, dr. Johannes and Margretha;
b. Nov. 4, 1743; bap. May, 1744;
sp. Carl Kramb and wife.
Heilman, Johann Peter, s. Johannes and ——
b. April, 1744; bap. May, 1744;
sp. parents.
Stein, Johann Adam, s. Johan Adam and ——
b. March, 1744; bap. May, 1744;
sp. Johann Adam Moses.
Hodderling, Anna Elisabeth, dr. Wilhelm and ——
b. Jan. 1, 1744; bap. May, 1744;
sp. Heinrich Müller.
Denys, Johann Phillip, s. Michael and ——
b. April, 1744; bap. May, 1744;
sp. parents.
Noll, Johann Carl, s. Michael and ——
b. April, 1744; bap. May, 1744;
sp. parents.
(The above seven children all baptized on the same day.)
Wagner, Elizabetha, dr. Bastian and Sybilla;
b. April 11, 1744; bap. August 1, 1744.

The Pennsylvania-German Society.

Witman, Catherina Elisabeth, dr. Johannes and Catherina;
b. August 20, 1744; bap. Aug. 24, 1744;
sp. Phillip Reinhardt's wife.
Fuchs, Elisabetha Catharina, dr. Mathias and Anna Magdalena;
b. Nov. 1, 1744; bap. Nov. 11, 1744;
sp. Paul Bauer and wife Elisabeth Catharina.
Buhl, Maria Dorothea, dr. Peter and ——
b. Nov. 5, 1744; bap. Nov. 20, 1744;
sp. Johannes and Maria Dorothea Heiser.
Essig, Anna Maria, dr. of Wilhelm and Anna Appollonia;
b. Sept. 2, 1744; bap. Sept. 29, 1744;
sp. Johannes Wolfskehl and wife Anna.
Christ, Maria Barbara, dr. Ulrich and ——
b. Sept. 18, 1744; bap. Sept. 29, 1744;
sp. Friedrich Marsteller and wife Anna Barbara and Maria Juliana Basler.
Brunner, Anna Barbara, dr. Paul and Gertraut;
b. August 18, 1744; bap. October 18, 1744;
sp. Friedrich Marsteller and wife Anna Barbara.
Simon, Jürg. Benjamin, s. of Johann and Maria Magdalena;
b. August 6, 1744; bap. Oct. 18, 1744;
sp. Johann Jürg Croesman and wife.
Heinrichs, Johann Bernhard, s. Johann and Magdalena;
b. Sept. 25, 1744; bap. Oct. 18, 1744;
sp. Johann Bernhard Kepner and wife.
Heiter, Johann Wilhelm, s. Melchior and ——
b. May 16, 1744; bap. Oct. 30, 1744;
sp. Johann Wilhelm Hodderling and wife.
Rohrbach, Johann Christian, s. Christian and ——
b. Sep. 14, 1744; bap. Oct. 30, 1744.
Marsteller, Anna Elisabeth, dr. Peter and ——
b. Sept. 22, 1744; bap. Oct. 30, 1744;
sp. Andreas Heckman and wife Anna Christiana.
Mosis, Anna Catharina, dr. Adam and Maria Catharina;
b. Nov. —, 1744; bap. Dec. 6, 1744;
sp. Adam Stahn and wife Annie Catharina.
Benter, Susannah Margretha, dr. Peter and Elisabeth;
b. Oct. 22, 1744; bap. Nov. 22, 1744;
sp. Johann Nicolas Schwing and Susannah Margretha Molsin.
Drury, Mary, dr. Edward and Sarah;
b. Sept. 19, 1748; bap. Oct. 20, 1748;
sp. Mr. William Maugridge.

The Trappe Records.

Drury, William, s. Edward and Sarah;
b. July 24, 1750; bap. Nov. 7, 1750;
Godfather, Mr. William Maugridge.
" John, s. Edward and Sara;
b. Jan. 3, 1756; bap. Jan. 14, 1756;
Godfather and mother William Maugridge and his espouse.
" Edward, s. of Edward and Sarah;
b. May 13, 1758; bap. August 21, 1758;
Godfather and mother, William Maugridge, Esq., and his espouse.
The above four baptisms were administered in *Berks County*.
Köster, Nicolaus (adult), bap. Feb. 12, 1745, in New Providence.
Witness his wife, mother-in-law, Anna Elisabeth Hoppin, and wife's sister Johanna Christina Hoppin.
" Christian, s. Nicolaus and Susannah Margretha;
b. August 21, 1734.
" Johannes, s. Nicolaus and Susannah Margretha;
b. July 18, 1736.
" Elisabeth, dr. Nicolaus and Susannah Margretha;
b. August 20, 1739.
" George, s. Nicolaus and Susannah Margretha;
b. August 21, 1741.
" Samuel, s. Nicolaus and Susannah Margretha;
b. Nov. 27, 1744.
" Paulus, s. Nicolaus and Susannah Margretha;
b. Sept. 7, 1746; bap. Oct. 17, 1746.
sp. same as above.
" Susannah, dr. Nicolaus and Susannah Margretha;
b. Dec. 2, 1749; bap. Feb. 4, 1750;
sp. Anna Elisabeth Hoppin and widow Sprögelin.
" Emanuel, s. Nicolaus and Susannah Margretha;
b. Sept. 29, 1754, bap. Oct. 28, 1754;
sp. parents and grandmother Hoppin.
Vogel, Johannes, s. Johann and Margretha;
b. March 31, 1745; bap. April 14, 1745;
sp. Johann Heinrich and wife Magdalena.
Seidel. Anna Elisabeth, dr. Johan Nicolaus and Barbara;
b. April 14, 1745; bap. May 19, 1745, Dom. Rogate;
sp. Antoni Geiger and Anna Elisabeth Seidel.
Geres, Elisabeth, dr. Carl and Anna Catharina;
b. April 26, 1745; bap. Dom. Rogate May 19, 1745;
sp. the parents.

The Pennsylvania-German Society.

Haub, Anna Sophia, dr. Nicolas and Magdalena Margretha;
bap. June 2, 1745;
sp. Heinrich Kind and wife Anna Sophia.
Kleppinger, Johann Jurg, s. Johann Jürg and Anna Margretha, of North Wales township;
bap. June 2, 1745, then 7 weeks old.
sp. Johann Jürg Crossman and wife Barbara.
Mund, Anna Margretha, dr. Andreas Mund and Elizabeth Catharina Haberman;
b. March 7, bap. June 2, 1745;
sp. Jürg Kleppinger and wife Anna Margretha.
Heinrich, Maria Barbara, dr. George and ——
bap. April 16, 1745, age 5 weeks;
sp. Wettrich's daughter.
Knauer, Maria Catherina, dr. Christoph and ——
bap. April 16, 1745, age 4 months;
sp. Johan Frölig and wife.
Sprug, Johan Adam, s. Andreas and ——
bap. May 12, 1745, age 22 weeks.
sp. Adam Gerber.
Schmidt, Johann Jacob, s. Friedrich and Anna Maria;
bap. June 3, 1745, age 8 weeks;
sp. Phillip Jacob Eschenfeldt (Reformed).
The above four persons were baptized by the schoolmaster or helper.
—— Maria, wife of the Feld Scherer in *Matetcha*, aged –8 years.
—— Andreas, a youth from Matetcha, 22 years.
—— Christian, a youth 20 years old, his brother.
The above mother with her two children, were baptized publicly before the congregation on June 16, Dom. 1 post Trinitatis, 1745.
Hambrecht, Margeretha, dr. Johannes and Elisabetha;
b. May 30, 1745; bap. July 28, 1745;
sp. Margretha Bittelsin, Nicolaus Bittles dr.
Hartenstein, Johann Jacob, s. Ludewig and Catherina;
b. August 21; bap. Sept. 15, 1745;
sp. Johann Peter Mühlhern and dr. Maria Elisabeth.
Pawling, Johannes,
" Jacob,
" Thomas,
bap. Oct. 6, 1745, on the day of the dedication of the church. They were three negro slaves of Mr. Pawling sent for the occasion. sp. Pastors Brunholtz, Wagner, Newberger.

The Trappe Records.

Noll, Johannes, s. Michael and ——
b. March 2, 1745; bap. Aug. 15;
sp. parents.
Heilmann, Johannes, s. Jurg Adam and Elisabeth;
b. July 2, 1745; bap. August 15;
sp. Wendel Ernst.
Schönfolzer, —— Johannes and ——
b. July 11; bap. Nov. 30, 1745;
sp. Johannes Carl and wife.
Heiter, Elisabeth, dr. Melchior and ——
b. Sept. 27; bap. Dec. 3, 1745;
sp. Wilhelm Hedderling and wife.
Meyer, Jacob, s. Johan and Chronica (Reformed).
b. July 22; bap. Nov. 21, 1745;
sp. Joh. Jurg. Kleppinger and wife Anna Margaretha.
Schnall, Anna Marcreta, dr. Nicolas and Maria;
b. Sept. 27; bap. Nov. 21, 1745;
sp. Joh. Jurg. Kleppinger and Anna Margaretha.
Specker, Joh. Peter, s. Joh. Peter and Maria Margareta;
b. Oct. 24; bap. Nov. 21, 1745;
sp. Joh. Seydel and parents.
Eberhard, Johann George, s. Paul and Margaretha (both Reformed).
b. Sept. 29; bap. Oct. 29, 1745;
sp. Jurg Kroserman and wife Margaretha.
Stahl, Anna Margaretha, dr. Caspar and wife;
b. Jan. 7, 1746; bap. Jan. 19;
—— sp. Heinrich Ramsauer's wife Anna Margaretha.
Heckman, Anna Maria, dr. Andreas and Christina;
b. July 26, 1745; bap. March 7, 1746;
sp. Simon Schenck and wife Magdal.
Whitman, Pfilip Balthaser, s. Johannes and Catharina;
b. March 8; bap. March 31, 1746;
sp. Balthaser Croesman and Felicitas.
Moses, Johan Jacob, s. Johan Adam and Catharina;
b. Jan. 22; bap. Feb. 19, 1746;
sp. Johan Jacob Kittelmann.
Bühl, Heinrich, s. Peter and Elisabeth;
b. March 16; bap. March 31, 1746;
sp. Heinrich Haas and wife Anna Elisabeth.
Sähler, Rahel, dr. Abraham and Elisabeth;
b. Jan. 20; bap. May 2, 1746;
sp. parents.

Stein, Johan Jacob, s. Johan Adam and wife;
b. March 29; bap. May 12, 1746;
sp. Joh. Jacob Kittelmann.
Heilmann, Joh. Stephanus, s. Johannes and Elisabeth;
b. April 15; bap. May 12, 1746.
sp. father.
Lack, Catherina Elisabeth, dr. Abraham and wife;
b. April 14; bap. May 12, 1746;
sp. Maria Elisabeth Sauerin and Catherina Marcreta Raufeldin.
Löwer, Johann Jacob, s. Pfilip and Anna Marcreta (she is Reformed);
b. April 23; bap. May 18, 1746;
sp. Joh. Jacob Gräf and wife Anna Margareta.
Nungaster, Johannes, s. Valendin and Elisabeth Catharina;
b. April 24; bap. May 30, 1746;
sp. Reiber and wife Maria.
Müller, Maria Catharina, dr. Peter and Elisabeth Catharina;
b. May 26; bap. June 28, 1746;
sp. Johann Friedrich Croesman, Jurg Croesmann's son, and Maria Catharina Setzlerin, Philip Setzler's daughter.
Missinger, Johan Balthaser, s. Johan Ludewig and Catharina;
b. April 28; bap. May 27, 1746;
sp. Balthaser Sähler and wife.
Böf, Johan Michael, s. Conrad and Maria Magdalena;
bap. July 6, 1746, aged 6 months;
sp. Michael Gebhard and wife.
Schopf, Anna Catharina, dr. Jacob and Anna Catharina;
bap. July 14, 1746, aged 14 months;
sp. Michael Gebhart and wife.
Croesmann, Johann Jacob, s. Johann Georg and Anna Eva;
b. June 28; bap. August 10, 1746, at *Indian Field;*
sp. Johan Jacob Schrack.
Sherer, Gertraut, dr. Valentin and Maria;
b. July 23; bap. August 17, 1746;
sp. parents.
Amborn, Anna Maria, dr. Christoph and Susannah;
b. March 16; bap. Sept. 2, 1746;
sp. Melchior Heiter and wife Anna Maria.
Rieser, Michael, s. Friedrich and Catharina;
b. August 8; bap. Sept. 2, 1746.
Heilmann, Maria Margretha, dr. Michael and Maria;
b. August 9; bap. Sept. 2, 1746;
sp. Melchior Heiter.

The Trappe Records.

Ritter, Margretha, wife of Adam, aged 20 years;
bap. Sept. 20, 1746;
Her father was Christian Graf an Anabaptist.
" Catherina, dr. Adam and Margretha;
bap. Sept. 20, 1746; 4 years old next November.
sp. Catherina du Frenin.
" Elisabeth, dr. Adam and Margretha;
b. Oct. 18; bap. Nov. 21, 1746;
sp. Michael Heilman and Elisabeth.
Geres, Johannes, s. Carl and Catherina;
b. Sept. 7; bap. Sept. 21, 1746;
sp. Johannes Hambrecht and wife Elisabeth.
Mühlenberg, Johann Peter Gabriel, s. Heinrich Melchior and Anna Maria;
b. Oct. 1, at night between 11 and 12 o'clock;
bap. Oct. 14, 1746;
sp. Rev. Pastors Peter Brumholtz, Gabriel Nasmann, Johann Nicolaus Kurtz and Johann Friedrich Vigera.
Rohrbach, Laurentz, s. Christian and Maria Catharina (Reformed).
b. Oct. 16; bap. Nov. 21, 1746;
sp. Laurentz Kuhes (Reformed).
Schunck, Johan Conrad, s. Simon and Magdalena;
b. March 21, 1744; bap. March 28, 1744;
sp. Johannes Carl and wife Elisabeth.
Becker, Anna Maria, dr. Peter and Maria Elisabeth;
b. Dec., 1746; bap. Jan. 6, 1747;
sp. Johannes Wolfskehl and wife Anna Maria.
Heinrich, Magdalena, dr. Johan and Magdalena;
b. Jan. 17, 1747; bap. Feb. 15, 1747;
sp. Peter Sähler and wife Magdalena.
Haas, Maria, dr. Heinrich and Anna Elisabeth;
b. Dec. 25, 1746; bap. Feb. 25, 1747;
sp. Maria Schmidin, Peter Reinhard.
Fuchs, Maria Elisabeth, dr. Matthias and Anna Magdalena;
b. Dec. 14, 1746; bap. Feb. 1, 1747;
sp. Maria Elisabeth Mühlhannin, Jurg Michael Bastian.
Beitler, Heinrich, s. Johannes and Eva;
b. Feb. 25; bap. March 1, 1747;
sp. Rev. Heinrich Melchior Muhlenberg and wife Anna Maria.
Haupt, Anna Maria, dr. Johan Nicolaus and Helena Margretha;
b. Dec. 23, 1746; bap. March 14, 1747;
sp. Ludewig Pickel, Anna Maria Köhlerin.

The Pennsylvania-German Society.

Alt, Conrad, s. Valentin and Catherina;
b. Dec. 18, 1746; bap. March 14, 1747;
sp. Conrad Acker and wife Catharina.
Wagner, Maria, dr. Bastian and Sibylla;
b. Sept. 13, 1746; bap. March 16, 1747;
sp. parents.
Carl, Elisabeth, dr. Johannes and Catherina Elisabeth;
b. Dec. 5, 1746; bap. March 16, 1747;
sp. parents.
Braun, Johan Jacob, s. Johannes and Catherina;
b. end of Sept. 1746; bap. early in Nov. 1746;
sp. Johann Jacob Meissenheimer and wife Margretha.
Kress, Johannes, s. Johann Jacob and Luwisa;
b. Feb. 26, 1747; bap. March 20;
sp. Johannes Braun and wife Catharina.
Wolfskehl, Johann Nicol, s. Johannes and Anna Maria;
b. March 18; bap. March 20, 1747;
sp. Johann Nicolaus Seydel.
Knauer, Anna Maria, dr. Christoph and Catherina Elisabeth;
b. Feb. 16; bap. March 31, 1747;
sp. Johann Georg Fröhlich and wife Anna Maria.
Herleman, Maria Elisabeth, dr. Bastian and Maria Magdalena;
b. March 5; bap. March 31, 1747;
sp. Jürg Sauer and wife Maria Elisabeth.
Aledinger, Johann Heinrich, s. Johann and Anna Margretha;
b. Jan. 10, bap. April 10, 1747;
sp. Heinrich Heilmann.
Kilian, Johan Jacob, s. Matthias and Anna Elisabeth;
b. April 22, 1742; bap. June, 1742;
sp. Jacob Hollinger and wife Margretha.
" Abraham,
b. Oct. 3, 1743; bap. November;
sp. Abraham Dannhauster, Margretha Nordtin.
" Johann Michael,
b. Jan. 18, 1747; bap. in February;
sp. Johann Nicol Schwing and wife Anna Barbara.
Spring, Johann Friedrich, s. Andreas and Maria Margretha;
b. Jan. 31; bap. April 12, 1747;
sp. Johann Adam Gerber, Maria Margretha Schleicherin.
(Both single.)
Ramsauer, Susanna Margretha, dr. Adam and Maria Margretha;
b. March 2; bap. April 20, 1747;
sp. Henrich and Margretha Ramsauer, grandparents.

The Trappe Records.

Penter, Anna Margretha, dr. Peter and Elisabeth;
b. March 16; bap. April 21, 1747;
sp. Johan Philip Günter and wife Anna Margretha.
Keiter, Anna Maria, dr. Johannes and Anna Maria;
b. Sept. 26, 1746; bap. April 21, 1747;
sp. mother.
Essig, Anna Elisabeth, dr. Wilhelm and Anna Appolonia;
b. March 21; bap. April 21, 1747;
sp. Carl Essig.
Specker, Johan Benjamin, s. Peter and Maria Margretha;
b. March 16; bap. April 21, 1747;
sp. Johann Benjamin Specker.
Essig, Anna Maria, dr. Michael and Christina;
b. Feb. 22; bap. May 3, 1747;
sp. Anna Maria Muhlenberg.
Berger, Catherina Elisabeth, dr. Christoph and Maria Margretha;
b. March 27; bap. May 17, 1747;
sp. Philip Engert and wife Catharina Elisabeth.
Merckel, Anna Barbara, dr. Jacob and ——
b. Oct. 6, 1746; bap. March 29, 1747;
sp. Abraham Merckel and wife.
" Isaac, s. Abraham and ——
b. Oct. 21, 1746; bap. March 29, 1747;
sp. parents.
Filby, Maria Elisabeth, dr. William and Elisabeth;
b. March 31, 1746; bap. May 17, 1747;
sp. Jacob Koch and wife and Peter Miller.
Schneider, Johann Simon, s. Valentin and Catherina;
b. Feb. 14; bap. May 30, 1747;
sp. Simon Wehr and wife Catherina.
Noll, Johann Wilhelm, s. Michael and Elisabeth;
bap. May 26, 1747; aged three months;
sp. Johann Wilhelm Heim.
Heiter, Anna Barbara, dr. Melchior and Anna Maria;
b. April 7; bap. May 26, 1747;
sp. Jacob Schneider and wife Anna Barbara.
Pfeister, Catharina Elisabeth, dr. Heinrich and Catherina;
b. Jan. 28; bap. May 26, 1747;
sp. Christoph Knauer and wife Catherina Elisabeth.
Gutbrodt, Sarah, aged 3 years;
" Anna Elsa, aged 6 years;

Gutbrodt, Maria Magdalena, aged 7 years; daughters of Ludewig and Christina Barbara; bap. May 26, 1747;
sp. Melchior Heiter and wife, Jacob Schneider and wife.
Gaugler, Johan Jürg, s. Kilian and Anna Margretha;
b. August 4; bap. August 30, 1747;
sp. Johann Jürg Croesman and wife Catharina;
Moses, Johannes, s. Johan Adam and Maria Catharina;
b. August 18; bap. Sept. 1, 1747;
sp. Johannes Schönholtzer and wife Elisabeth.
Hedderling, Johann Jacob, s. Wilhelm and Susannah;
b. June 26; bap. Sept. 1, 1747;
sp. Christopher Amborn and wife Susannah.
Meissenheimer, Johannes, s. Johann Jacob and Anna Margretha;
b. August 21; bap. Sept. 2, 1747;
sp. Johannes Braun and wife Catharina.
Heilmann, Anna Maria, dr. Heinrich and Anna Maria;
b. August 15, bap. Sept. 27, 1747;
sp. Johannes Heilmann's wife Anna Maria.
Ernst, Anna Maria, dr. Johann Wendel and Margretha;
b. May 12; bap. Sept. 20, 1747;
sp. Michael Heilman's wife Anna Maria.
Hagh, Johannes, s. Johann Michel and Barbara Magdalena;
b. Oct. 2; bap. Oct. 5, 1747;
sp. the father.
Becker, Andreas, s. Adam and ——
bap. Oct. 16, 1747, age 7 weeks;
sp. Andreas Heiser, son of Johannis.
Seidel, Johannes, s. Johan. Nicol and Barbara;
b. Oct. 7; bap. Oct. 29, 1747;
sp. Johan Seidel's wife Elisabeth.
Heilmann, Margretha, dr. Michael and Anna Maria;
b. Oct. 11; bap. Dec. 1, 1747;
sp. Johan Wendel Ernst and wife Margretha.
Heilmann, Johannes, s. Johannes and Anna Maria;
b. Nov. 12; bap. Dec. 2, 1747;
sp. Nicolaus Moritz wife Catherina.
Illegitimate, Eva Elizabeth, dr. of C—— G—— and Margretha Wagnerin, "ein Hure."
b. June 1; bap. Dec. 2, 1747;
sp. Eva Elisabeth Gauerin, Maria Elisabeth Haasin.

The Trappe Records.

Buhl, Johannes, s. Peter and Elisabeth;
b. Dec. 4; bap. Dec. 25, 1747;
sp. Johannes Herpel's wife Anna Maria.
Friemann, Catharina Elisabeth, dr. Jacob and Elisabeth;
b. Dec. 8, 1746; bap. Jan. 26, 1748;
sp. Johannes Carl's wife Elisabeth.
Luckenheid, Johannes s. Tileman and Anna Margretha;
b. Sep. 10, 1747; bap. Jan. 27, 1748;
sp. Johannes Reiter's wife Anna Maria.
Mühlenberg, Eva Elisabeth, dr. Heinrich Melchior and Anna Maria;
b. Jan. 29; bap. Feb. 10, 1748;
sp. the grandmother Eva Weiserin and Elizabeth Schleydornin.
Jokin, Hanna, dr. John and Margretha;
bap. March 7, 1748; born this day seven weeks.
sp. parents and grandparents.
Pfluger, Anna Elisabeth, dr. Johannes and Anna Maria;
b. Jan. 26; bap. March 9, 1748;
sp. Balthasar Sähler and wife Anna Elisabeth.
Johnson, Heinrich, s. Edward and Margretha;
b. Jan. 25; bap. March 9, 1748;
sp. Heinrich Marsteller's single son.
Baumann, Anna Maria, dr. Jacob and Margretha;
b. Sept. 20, 1747; bap. March 20, 1748;
sp. Johannes Böhner, Anna Maria Schmidin, Sigimundus Schmid's daughter.
Wittmann, Johann Christoph, s. Johannes and Maria Catharina;
b. March 1; bap. April 3, 1748;
sp. Christoph Berger and wife Margretha.
Schrack, Maria, dr. Philip and Maria;
b. ———; bap. April 17, 1748;
sp. Cathrina Schrackin.
Kebner, Johan David, s. Johan Jürg and Elisabeth;
b. March 21; bap. May 1, 1748;
sp. Johan David Kebner and Valentin Ruhl's daughter.
Krauss, Anna Maria, dr. Nicalous and Eva Caterina;
b. April 6, 1747; bap. May 29, 1748;
sp. Anna Maria Schmidin, Jurg Krauss.
Fuchs, Anna Magdalena, dr. Christoph and Rosina Elisabeth;
b. April 25; bap. May 29, 1748.
sp. Matthias Fuchs and wife Anna Magdalena.

The Pennsylvania-German Society.

Schönfolzer, Johannes, s. Johannes and Elisabeth;
    b. March 11; bap. May 29, 1748;
    sp. Johannes Carl wife Elisabeth.
Himmelreich, Heinrich, s. Simon and Margretha;
    b. Feb. 16; bap. May 25, 1748;
    sp. Herman Bayli.
Stein,   Johann Peter,
"   Johann Christoph,
    twin sons of Adam and Catharina;
    b. March 25; bap. May 25, 1748;
    sp. Johann Peter Stauer, Joh. Christoph Knauer.
Du frene, Elisabeth, dr. Johannes and Catharina;
    b. April 28; bap. May 25, 1748;
    sp. Adam Ritter and wife Maria Margretha.
Ritter,   Magdalena, dr. Adam and Margretha;
    b. Dec. 31, 1747; bap. May 25;
    sp. Johannes Du frene and wife Catharine.
Knopp,   Elisabeth Catherina Friedrica, dr. of widow Margretha Knoppin;
    bap. May 25, age 8 months;
    sp. Jürg Reiser and wife Elisabeth Catherina Friedrica.
Durr,   Maria Levering, wife of Joshua Durr, age 24 years,
    bap. June 20, 1748;
    sp. Abraham Sahler and wife Elisabeth.
Hopkin, Susanna, an orphan, aged 19 years;
    bap. May 31, 1748;
    sp. her brother and sister-in-law.
Boon (e), Esther,
"   Mary,
    adult daughters of William Boon and wife, Quakers;
    bap. June 19, 1748;
    sp. Mr. Maugridge, Caspar Stahl and wife.
Wombold, Anna Maria, dr. Friedrich and Eva Elisabeth;
    b. Jan. 15; bap. June 26, 1748;
    sp. Jacob Nuss and wife Anna Maria.
Haupt,   Johann Nicolaus, s. Johan Nicolaus and Helen Margretha;
    b. July 19; bap. Aug. 25, 1748;
    sp. parents.
Noll,   Johann Wilhelm, s. Michael and Elisabeth;
    b. March 2; bap. August 29, 1748.
    SWEDISH CHURCH (*Gloria Dei*) *Philadelphia.*
Hopkin, William (single man).
Johns,   Ruth, wife of Peter Johns.

The Trappe Records.

Hanton, Hannah (single woman).
Allison, Amy, a married woman.
All baptized Sept. 4, 1748.

Müller, Anna Margretha, dr. Peter and Anna Elisabeth;
b. Sept. 9; bap. Sept. 25, 1748;
sp. Anna Margretha Beckerin, Christian Hörner.
Heilmann, Michael, s. Jurg Adam and Elisabeth;
b. June 18; bap. Oct. 1, 1748;
sp. Michael Heilmann and wife.
Reiser, Anna Maria Elisabeth, dr. Friedrich and Catharina;
b. April 16; bap. Oct. 1, 1748;
sp. Melchior Huber's wife Anna Maria.
Schud, Susannah Elisabeth, dr. Jurg and Elisabeth;
b. July 10; bap. Oct. 1, 1748;
sp. Christoph Knauer's wife Catherine Elisabeth.
Kuntzelmann, Friedrich Ludewig, s. Jürg and Catherina;
b. Oct. 8; bap. Oct. 13, 1748;
sp. Friedrich Ludewig Marsteller and wife Barbara.
Schronk, Elisabeth, dr. Nicolaus and Barbara;
b. Oct. 24; bap. Nov. 25, 1748;
sp. Johann Peter Benter and wife Elisabeth.
de Wese, Elisabeth, dr. Cornelius and Margretha;
b. July 1; bap. Nov. 27, 1748;
sp. parents.
Lewis, Maria, dr. of Walther Lewis' widow;
bap. Nov. 28, 1748;
sp. widow Hoppin, widow Sprögelin.
Hefelbauer, Christina, dr. Philip and Barbara;
b. Nov. 10; bap. Dec. 1, 1748;
sp. Philip Munzer's wife Margretha.
Haas, Anna Elisabeth, dr. Henrich and Anna Elisabeth;
b. Oct. 20; bap. Dec. 11, 1748;
sp. Anna Elisabeth Buhlin, Peter Buhl's wife.
Lawk, Samuel. s. Abraham and Maria;
b. March 15; bap. Dec. 27, 1748;
sp. Melchior Heiter and wife Anna Maria.
Carl, Catharina, dr. Johannes and Catharina;
b. Sept. 25; bap. Dec. 27, 1748;
sp. parents.
Becker, Johan Peter, s. Peter and Maria Elisabeth;
b. Sept. 25, 1748; bap. Jan. 14, 1749;
sp. parents.

The Pennsylvania-German Society.

Gebel, Anna, dr. Richard and Catharina;
bap. Jan. 22, 1749. Somewhat old.
sp. John Gebel's wife Margretha.
Wills, Elisabeth, dr. Patrick Wills and Abigail gonner (Connor);
bap. Jan. 22, 1749, aged 3 months;
sp. Robert Corler, Elisabeth Scott.
Jüngling, Johannes, s. Christian and Susannah;
b. Nov. 28, 1749; bap. Feb. 19, 1749;
sp. parents.
Scherrer, Margretha, dr. Valentin and Maria;
b. Feb. 14; bap. Feb. 24, 1749;
sp. parents.
Weiss, Catharina, dr. Johann Carl Weis and Eva Gerberin;
b. Dec. 15, 1748; bap. March 27, 1749;
sp. Magdalena and Johannes Gerber.
Kleppinger, Friedrich, s. Johan Jurg and Anna Margretha;
b. Feb. 4, ——; bap. March 23, 1749;
sp. Friedrich Wambold.
Brunner, Anna Elisabeth, dr. Paul and Gertraut;
b. Dec. 23, 1748; bap. March 23, 1749;
sp. Michael Bauer's wife Anna Elisabeth.
Wolfskehl, Anna Maria, dr. Johannes and Anna Maria;
b. Feb. 10; bap. March 28, 1749;
sp. Rudolph Sorber's wife Anna Maria;
Schmall, Johann Nicolaus, s. Nicholaus and Maria Johannetta;
b. Feb. 10; bap, March 23, 1749;
sp. Johan Nicolaus Seidel.
Meitzer, Johann Conrad, s. Johan Peter and Anna Elisabeth;
b. Jan. 31; bap. March 28, 1749;
sp. Conrad Claus' wife Maria Sibylla.
Carl, Clara, dr. Esaias and Catherina;
b. Feb. 12; bap. March 28, 1749;
sp. Catharina Carlin.
Hippel, Anna Maria, dr. Johannes and Maria Catherina;
b. Feb. 5; bap. March 28, 1749;
sp. Anna Maria Schmidtin.
Amborn, Catherina, dr. Christoph and Susannah;
b. Jan. 5; bap. April 2, 1749;
sp. Catherina Penterin, Jurg Penters dr.
Gmelin, Matthias, s. Christian and Christina;
b. ——; bap. March 27, 1749;
sp. Mr. Rudolf (reform).

The Trappe Records.

Spring, Maria Elisabeth, dr. Andreas and Maria Margretha; bap. March 19, 1749, aged 4 weeks and 3 days; sp. Albertus Koch and wife Maria Elisabeth.

Fuchs, Anna Maria, dr. Matthias and Anna Magdalena; b. March 6; bap. April 21, 1749; sp. Johan Georg Kebner's wife Elisabeth.

Runckel, Heinrich Jacob, s. Just and Maria Sara; b. Feb. 28; bap. April 21, 1749; sp. Conrad Pracht and wife Sophia Margretha.

Binder, Maria Elisabeth, dr. Peter and Elisabeth; b. March 1; bap. April 21, 1749; sp. Johann Nicol Gauer's wife Maria Elisabeth.

Schunck, Anna Margretha, dr. Simon and Anna Magdalena; b. April 2; bap. May 1, 1749; sp. Conrad Schrumer's wife Anna Margretha.

Vogel, Jürg Dietrich, s. Johannes and Anna Margretha; b. March 23, ——; bap. May 14, 1749; sp. Johann Dietrich Held.

Heinrich, Elisabeth, dr. Johann and Magdalena; b. April 10; bap. May 14, 1749; sp. Lorentz Reinhard's dr. Catherina and Michael Sähler.

Loos, Anna Maria dr. Christoph and Dorothea; b. March 11; bap. May 14, 1749; sp. Barbara Wetterichin.

Kräuter, Catherina, dr. Michael and Catherina; b. April 27; bap. June 16, 1749; sp. parents, in Indian Field.

Knopf, Susannah, dr. Leonard and Anna Maria; b. May 27; bap. June 16, 1749; sp. Susannah wife Leopold Hillegas.

Spyker, Anna Elisabeth, dr. Peter and Maria Margretha; b. May 18; bap. June 27, 1749; sp. Anna Elisabeth Kurtzin, Herr Kurtz's wife.

Richter, Anna Margretha, dr. Jürg and Elisabeth; b. May 12; bap. July 22, 1749; sp. Anna Margretha Schambonarin.

Preiss, Daniel, s. Daniel and Johanna; b. ——; bap. July 23, 1749; sp. Jürg Weichard, junior.

Moses, Heinrich, s. Adam and Maria Catherina; b. April 28; bap. July 1, 1749; sp. Heinrich Ramsauer.

The Pennsylvania-German Society.

Muntz, Anna Magdalena, dr. Johann Philip and Anna Margretha;
b. April 14; bap. July 1, 1749;
sp. Anna Magdalena Heilmannin (widow).
Essig, Eva Cathrina, dr. Michael and Justina;
b. July 18; bap. August 13, 1749;
sp. Pastor Mühlenberg's wife Anna Maria, and Jürg Cressmann's wife Catherina.
Cressmann, Jurg Philip, s. George and Anna Margretha;
b. July 12; bap. July 30, 1749;
sp. Jürg Philip Stein and Jürg Emmerich.
Beck, Johann Jürg, s. Jürg Burchard and Anna Maria;
b. Dec. 25, 1747; bap. July 31, 1749;
sp. Jürg Reiser wife Elisabeth.
Klauer, Johann Jacob, s. Johannes and Anna Maria;
b. August 2, 1748; bap. July 31, 1749;
sp. Johannes du Frene.
Rohrbach, Johann Heinrich, s. Christian and Maria Catharina;
b. April 20; bap. July 31, 1749;
sp. Heinrich Müller.
Schopf, Johann Christoph, s. Jacob and Anna Catharina;
b. March 3, 1748; bap. July 31, 1749;
sp. Christoph Knauer.
Berger, Jürg Dietrich, s. Christoph and Margretha;
b. October 1, 1749, age 9 weeks;
sp. Jürg Dietrich Held.
Gauer, Johann Peter, s. Johann Nicol and Maria Elisabeth;
b. Oct. 11; bap. Oct. 30, 1749;
sp. Johann Peter Haas, Eva Elisabeth Gauerin.
Ebert, Maria Margretha, dr. Johannes and Maria Catherina;
bap. Nov. 29, 1749, age 7 weeks;
sp. Jurg Leonhard Wacker and wife.
Gaugler, Johann Michael, s. Johan Kilian and Anna Margretha;
b. Oct. 9, 1749; bap. Jan. 2, 1750;
sp. Johann Michael Reuter and Anná Catherina.
Hufen, Jacob, an adult Englishman, s. Henry and ———
bap. Jan. 27, 1750;
sp. Heinrich Hufen, Henrich Becker.
Runckel, Jacob, s. Nicolaus and Elisabeth;
bap. Jan. 29, 1750, aged 2 years;
sp. Jacob Runckel (reform).
Runckel, Elisabeth, dr. Jacob Runckel, senior and wife Anna Elisabeth;
b. March 6, 1749; bap. Jan. 29, 1750;
sp. Nicolaus Runckel and wife Elisabeth.

The Trappe Records.

Runckel, Nicolaus, s. Johannes and Anna Maria;
b. Jan. 3; bap. Jan. 29, 1750;
sp. Nicolaus Runckel.
Eder, Johann Georg, s. Caspar and Wendelina;
b. Jan. 2; bap. Jan. 29, 1750;
sp. Johann Jurg Ernst and wife Catherina.
Köster, Susannah, dr. Johann and Susannah Margretha;
b. Dec., 1749; bap. Feb. 4, 1750;
sp. Anna Elisabeth Hoppin, Wittwe Johanna Christina Sprogelin.
Mühlenberg, Friederich August Conrad, s. Rev. Heinrich Melchior and Anna Maria;
b. Jan. 2; bap. Jan. 15, 1750;
sp. Conrad Weiser, Friederich Marsteller, Ew. Hofprediger Ziegenhagen and Herr Professor Franck.
Du Frene, Johann Jacob, s. Johannes and Catharina;
bap. March 1, 1750, aged ten weeks.
sp. Adam Ritter.
Röthel, Johann Peter, s. Dominicus and Anna Margretha;
bap. March 1, 1750, age 6 months;
sp. parents.
Julius, Maria Barbara, dr. Philip Jacob and Catharina;
b. July 26, 1749; bap. March 1, 1750;
sp. Maria Barbara Wetrichin.
Heilmann, Catharina, dr. Michael and Maria;
b. Dec. 24, 1749; bap. March 1, 1750;
sp. parents.
Geiger, Johann Dietrich, s. Paul and Anna Maria;
b. Feb. 10; bap. March 2, 1750;
sp. Johann Dietrich Wölcker.
Koch, Anna Margretha, dr. Johann Thomas and Eva;
b. Dec. 18, 1749; bap. March 2, 1750;
sp. Johann Koch, Anna Margretha Schmidtin.
Seidel, Anna Catherina, dr. Johann Nicol. and Anna Barbara;
b. Dec. 26, 1749; bap. March 2, 1750;
sp. Johann Jürg Zimmermann and wife Anna Catharina.
Schwenck, Johann Jürg, s. Johann Nicol and Anna Barbara;
b. Feb. 15; bap. March 2, 1750;
sp. Johann Jürg Schwenk, Susannah Molzin.
Hartenstein, Johannes Heinrich, s. Ludewig and Catharina;
b. Nov. 6, 1749; bap. March 22, 1750;
sp. parents.

Jüngling, Maria, dr. Christian and Susannah;
b. Feb. 3; bap. April 1, 1750;
sp. parents.
Schrack, Philip, s. Philip and Maria;
b. Nov. 3, 1749; bap. April 1, 1750;
sp. Pastor Heinrich Melchior Muhlenberg, and wife Anna Maria.
Hörer, Christian, s. Philip and Anna Maria;
b. Dec. 31, 1749; bap. April 1, 1750;
sp. parents. (Servants across the Schuylkill.)
Knauer, Maria Barbara, dr. Christian and Catherina Elisabeth;
b. Feb. 6; bap. April 2, 1750;
sp. Valentine Wentz and wife Maria Barbara.
Himmelreich, Maria Elisabeth, dr. Samuel and Anna Margretha;
b. Dec. 2, 1749; bap. April 2, 1750;
sp. Maria Elisabeth Bernerin.
Sily, John Nicolaus, s. Samuel and Mary;
b. Feb. 14, 1749; bap. April 15, 1750;
sp. John Nicolaus Croesmann.
Heiser, Samuel, s. Valentin and Anna;
b. Oct. 25, 1749; bap. March 23, 1750;
sp. parents.
Müller, Anna Elisabeth, dr. Johan Adam and Anna Maria;
b. Feb. 24; bap. April 15, 1750;
sp. Anna Barbara Haasin, Conrad's wife.
Brach, Johann Caspar, s. Caspar and Sophia Margretha;
b. April 18; bap. May 13, 1750;
sp. Caspar Rahn, Jeremias Runckel.
Becker, Maria Magdalena, dr. Peter and Elisabeth;
b. April 18; bap. May 13, 1750;
sp. Daniel Marsteller and Ulrich Hardt's dr.
Hambrecht, Johannes, s. Johann and Elisabeth;
b. August 21, 1749; bap. May 3, 1750;
sp. John Cathberg's wife Magdalena.
Fisher, Johann Philip, s. Jurg Adam and Anna Margretha;
b. April 4; bap. May 6, 1750;
sp. Johan Philip Janson.
Kelly, John, s. Lawrence and Jane;
b. Jan. 2; bap. May 27, 1750;
sp. John Commons.
Heilmann, Anna Maria, dr. Johannes and Anna Maria;
b. April 8; bap. May 28, 1750;
sp. Heinrich Heilman's wife Anna Maria.

The Trappe Records.

Johnson,	Johannes, s. Edward and Margretha; b. March 22; bap. May 28, 1750; sp. Johannes Heilman.
Sperr,	Leonhard, s. Philip and Dorothea; b. April 11; bap. May 28, 1750; sp. Leonhard Sperr.
Wagner,	Elisabeth, dr. George Martin and ——— b. March 15; bap. April 14, 1750; sp. Hans Jürg Wagner's wife.
Heister,	Johan Christoph, s. Melchior and Anna Maria; b. April 7; bap. June 1, 1750; sp. Johann Christoph Knauer and wife Catharine Elisabeth.
Klein,	Maria Salomae, dr. Johannes and Maria Elisabeth; b. Jan. 31; bap. June 4, 1750; sp. Benedict Kebner and wife Salomae.
Rambow,	Anna, dr. Peter and Maria; b. Dec. 16, 1749; bap. June 12, 1750; sp. Anna Magdalena Bauerin.
Giebler,	Margretha, dr. Jurg Michael and Elisabeth Margretha; b. June 7; bap. July 8, 1750; sp. Andreas Spring and wife Margretha.
Hinton,	George, an Englishman, born in this country; bap. July 2, 1750, at Molston Church.
Gebel,	John, s. Richard and Catharina; b. Feb. 28; bap. July 19, 1750;
"	William; b. Dec. 29, 1738; bap. 1743.
"	Abraham; b. March 31, 1740; bap. 1743.
"	Susannah; b. April 15, 1742; bap. 1743.
"	Anna; b. July 16, 1744; bap. 1749. sp. parents.
Ritter,	Johann Jacob, s. Adam and Margretha; b. Jan. 24; bap. August 1, 1750; sp. Johannes Ritter.
Ernst,	Catharina Barbara, dr. Joh. Wendel and Margretha; b. July 8; bap. August 1, 1750; sp. parents.
Noll,	Johann Michael, s. Michael and Elisabeth; b. Jan. 7, bap. August 1, 1750; sp. Johann Michael Däny.
Wachter,	Johannes, s. Martin and Barbara (both servants); b. Sept. 9; bap. Oct. 14, 1750; sp. Simon Grossman.

Reiss, Christoph, s. Friederich and Catharina;
b. August 7; bap. Oct. 14, 1750;
sp. Christoph Amborn.
Reiter, Johannes, s. Johannes and Anna Maria;
b. April 3; bap. Oct. 28, 1750;
sp. parents.
Schub, Anna Barbara, dr. Adam and Catharina;
b. July 18; bap. July 28, 1750;
sp. Anna Barbara Kurtzin.
Müller, Johann Jacob, s. Andreas and Anna Maria;
b. Sept. 23; bap. Oct. 28, 1750;
sp. Johann Nicolaus Schriegel's wife Anna Margretha.
Wohlfahrt, Abraham, s. Nicolaus and Catherina;
b. Oct. 12; bap. Oct. 28, 1750;
sp. Abraham Wohlfahrt, Anna Zipperle.
Hartly, William, s. William (deceased) and Hannah (now Jonas Selius' wife);
b. July 27; bap. Nov. 13, 1750;
sp. Caspar Stahl and Hannah Selius (the mother).
Seiler, Johann Conrad, s. Johan Peter and Catharina;
b. Nov. 4; bap. Dec. 16, 1750;
sp. Johann Conrad Müller and wife Maria Margretha.
Haas, Hieronymus, s. Heinrich and Elisabeth;
b. Oct. 27; bap. December 31, 1750;
sp. Hieronymus Haas' wife Christiana.
Mohr, Anna Barbara, dr. Andreas and Catherina;
in Goshohoppen, b. Nov. 16, 1750; bap. Jan. 3, 1751;
sp. Anna Catherina Bachmanin, Anna Barbara Wachardtin.
Spitznagel, Johann Mathias, s. Balthaser and Maria Ursala;
b. Oct. 23, 1750; bap. Jan. 19, 1751;
sp. Johann Matthias Fuchs' wife Anna Magdalena;
Maurer, Anna Margretha, dr. Michael and Anna Elisabeth;
b. July 25, 1750; bap. Jan. 19, 1751;
sp. Philip Kresler's wife Anna Maria.
Füller, Johann Michael, s. Balthaser and Anna;
b. Jan. 1; bap. Jan. 19, 1751;
sp. Johann Michael Bastian's wife Eva Maria.
Petri, Maria Henrietta, dr. Valentin and Juliana;
b. Jan. 2; bap. Jan. 27, 1751;
sp. Maria Henrietta, Jacob Wirth's dr.
Wirth, Hindrance, wife of Jacob, 32 years old, and of English Quaker parentage; bap. Feb. 4, 1751;
sp. Johann Georg Gilbert and wife.

The Trappe Records.

Wirth, Sarah, dr. Jacob and Hindrance;
b. April 1, 1740; bap. Feb. 4, 1751;
sp. John George Gilbert and wife.
" Johann Jacob,
b. March 26, 1744; bap. Feb. 4, 1751;
sp. Philip Jacob Bechtold.
" Johann Georg,
b. Sept. 12, 1746; bap. Feb. 4, 1751;
sp. John George Gilbert.
" Thomas,
b. Jan. 12, 1749; bap. Feb. 4, 1751;
sp. Thomas Mayer from Philadelphia.
Fiedler, Anna Catherina, dr. Valentin and Catharina;
bap. Feb. 1, 1751, aged 4 weeks and 2 days.
sp. Adam Moses and his wife.
This was the first baptism in the new school house.
Heilman, Catharina, dr. Adam and Elisabeth;
b. Sept. 25, 1750; bap. Feb. 1, 1751;
sp. parents.
Spring, Albertus, s. Andreas and Anna Margretha;
b. Nov. 22, 1750; bap. Feb. 10, 1751;
sp. Johannes Heilman and wife Anna Maria.
Croesman, Johann Georg, s. Johann Jurg and Eva Barbara;
b. Jan. 9; bap. Feb. 11, 1751, in Indian Field;
sp. Johannes Heilman and wife Anna Maria.
Hoeck, Anna Margretha, dr. Andreas and Anna;
b. Jan. 22; bap. Feb. 21, 1751;
sp. Johann Philip Gabel's wife Anna Elisabeth.
Schleufer, Johann Adam, s. Hieronymus and Eva Barbara;
bap. March 1, 1751, aged 3 weeks;
sp. Johann Adam Stein and wife.
Protzman, Maria Magdalena, dr. Adam and Martha;
b. Jan. 13; bap. Feb. 11, 1751;
sp. Maria Magdalena, Peter Sähler's wife.
Schrack, Johann Peter, s. Jacob and Maria Elisabeth;
b. Jan. 31; bap. Feb. 24, 1751;
sp. Johann Peter Mühlsam.
Fritz, Anna Maria, dr. Johann Martin and Anna Maria;
b. March 3; bap. March 28, 1751;
sp. Johann Jurg Fritz and wife Anna Catharina.
Haas, Johann Friederich, s. Johannes and Anna Regina;
b. Feb. 13, 1750; bap. March 28, 1751;
sp. Friedrich Haas.

The Pennsylvania-German Society.

Hogley, Hannah, dr. Elias and Catherina;
b. August 2, 1750; bap. March 28, 1751;
sp. James Waring and Hannah his wife.
Schrenk, Anna Maria, dr. Adam and Eva;
b. Dec. 25, 1750; bap. May 1, 1751;
sp. Anna Maria Fröhligin, Jurg Christoph Müller.
Hauch, Anna Maria, dr. Friedrich and Anna Sarah;
b. Jan. 8; bap. May 1, 1751;
sp. Melchior Heiter and wife Anna Maria.
Schunck, Simon, s. Simon and Magdalena;
b. April 6; bap. May 1, 1751;
sp. parents.
Simon, Benjamin, s. John and Elisabeth;
b. Sept. 18; bap. May 5, ——;
sp. parents.
Comens, Edward, s. John and Mary;
b. March 22; bap. May 5, 1751;
sp. Edward in Heven.
Daran, Maria Gertraut, dr. Peter and Elisabeth;
b. March 17; bap. April 16, 1751 (on the Tohecka).
sp. Johannes Heinrich's wife Maria Magdalena.
Weisel, Jürg Michael, s. Michael and Magdalena;
bap. April 16, 1751, aged 6 months (on the Tohecka).
sp. Jürg Michael Weisel.
Sauer, Elisabeth, dr. Friederich and Anna Margretha (Reformed).
b. Feb. 20; bap. May 19, 1751;
sp. Elisabeth Schmidtin (Luth.) mother-in-law.
Müller, Anna Maria, dr. Lorenz (Ref.) and Maria Ursula (Luth.);
bap. May 19, 1751, aged 11 weeks;
sp. Anna Catherina Benderin (spinster).
Braun, Catharina, dr. Jacob (Ref.) and Margretha;
b. June 2; bap. June 16, 1751;
sp. parents.
Hörner, Johannes Peter, s. Christian and Barbara;
b. April 28; bap. June 16, 1751;
sp. Peter Müller and wife.
Reyer, Johannes, s. Carl and Elisabeth;
b. May 16; bap. July 16, 1751;
sp. Nicolas and wife.
Schrack, Anna Margretha, dr. Philipp and Maria;
b. May ——; bap. July 28, 1751;
sp. Jacob Schrack and wife Maria Elisabeth.

The Trappe Records.

Ohle, Rudolph, s. Frantz and Apollonia (both Catholic);
b. Feb. 18, 1750; bap. July 28, 1751;
sp. Antoni Heylmann, a widow.
" Margratha,
b. June 1; bap. July 28, 1751;
sp. Margretha Newhausin.
Müller, Anna Maria, dr. Henrich (Luth.) and Susanna Margartha (Ref.) both of Providence;
b. Jan. 27; bap. August 18, 1751;
sp. Anna Maria, dr. of Valentin Kily (Ref.).
Paalin (Pawling), Benjamin, s. Joseph and Elisabeth;
b. Dec. 25, 1750; bap. August 25, 1751;
sp. John Behner, Margretha ———
Fuchs, Heinrich Balthaser, s. Matthias and Anna Magdalena;
b. August 4, bap. Sept. 1, 1751;
sp. Balthasar Spitznagel and wife.
Muhlenberg, Margretha Henrietta, dr. Rev. Heinrich Melchoir and Anna Maria;
b. Sept. 17, one o'clock a. m.; bap. Oct. 1, 1751;
sp. Margretha Weiserin, Henrich Schleydorn, Henrich Franckin.
Pfänner, Elisabeth Barbara, dr. Heinrich and Margretha;
b. Oct. 2; bap. Oct. 8, 1751;
sp. Philip Stein's wife Elisabeth.
Johnson, Anna Barbara, dr. Edward and Margretha;
b. Sept. 3; bap. Oct. 8, 1751;
sp. Friedrich Marsteller and wife Barbara.
Schwing, Anna Magdalena, dr. Joh. Nicol and Anna Barbara;
b. Sept. 12; bap. Oct. 8, 1751;
sp. Matthias Hüttwohl's wife Anna Magdalena.
Koch, Dorothea, dr. Joh. Thomas and Eva;
b. Sept. 27; bap. Oct. 8, 1751;
sp. Jacob Pfaad wife Dorothea.
Kloppinger, Maria Catharina, dr. Joh. Georg and Anna Margretha;
b. August 22; bap. Oct. 8, 1751;
sp. Johannes Heilman and wife.
Van der Sluis, Anton; bap. Oct. 30, 1751.
Nord, Magdalena, dr. Jurg and Maria Margretha;
b. Oct. 5; bap. Nov. 17, 1751;
sp. Maria Magdalena Heinrichin.
Schmid, Elisabeth; dr. Wilhelm and ———
b. Sept. 27; bap. Dec. 1, 1751.

Dürren, Anna Regina, dr. Andreas and ———
         b. August 18; bap. Dec. 1, 1751.
De la Plain, Maria, wife of Josua de la Plain, an English Quaker, aged
         33 years;
         bap. Dec. 28, 1751, while upon her dying bed, after making
         a public profession of her faith.
"   "   "   Josua, son of Josua and Maria, aged 12 years.
"   "   "   John, aged 10 years.
"   "   "   Joseph, aged 7 years.
"   "   "   Hannah, aged 1 year, 8 months.
         All baptized Dec. 28, 1751.
         sp. Gottfried Casebier, Robert Daughty, Sarah Casebier.
How(e), Thomas, s. William and Hannah;
         b. March 24, 1751; bap. Jan. 9, 1752;
         sp. parents.
Heilman, Johann Jacob, s. Johannes and Anna Maria;
         b. Nov. 27, 1751; bap. Jan. 28, 1752;
         sp. Johann Jürg Croesmann, of Indianfield.
Merckel, Benjamin, s. Abraham and Anna Barbara;
         b. June 11, 1751; bap. Jan. 28, 1752;
         sp. parents.
Gmelin, Anna Barbara, dr. Christian and Christiana;
         b. Nov. 1, 1751; bap. Jan. 28, 1752;
         sp. Friedrich Marsteller's wife Anna Barbara.
Van der Sluisen, Catharina, dr. of the late Anthon.
"   "   "   Eva.
"   "   "   Anthon.
         Were all baptized Feb. 2, 1752, after previous instruction;
         sp. many members of the congregation and neighbours who
         were present.
Kuntzelmann, Johann Jacob, s. Jürg and Catharina;
         b. Jan. 3; bap. April 20, 1752;
         sp. Johann Jacob Bunn and wife Maria Elisabeth.
Müller, Johann Ludewig, s. Andreas and Anna Maria;
         b. Feb. 20; bap. April 22, 1752;
         sp. Ludewig Ehwald.
Croesman, Johann Jürg, s. Friederich and Susannah;
         b. March 25; bap. April 26, 1752;
         sp. Johann Jürg Croesman's wife.
Klohr.   Gottfried, s. Christoph and ———
         b. Dec. 27, 1751; bap. April 26, 1752;
         sp. Gottfried Gruber, Christina Gerberin.

The Trappe Records.

Spring, Andreas, s. Johann Caspar and ———
b. March 25; bap. April 26, 1752;
sp. Andreas Spring and wife.
Buhl, Johann Nicolaus, s. Peter and ———
b. Dec. 2, 1751; bap. Feb. 16, 1752;
sp. Johann Nicolaus Schneider and wife Anna Maria.
Becker, Friederick, s. Peter and Maria Elisabeth;
b. April 1; bap. May 17, 1752;
sp. Friederich Marsteller and wife.
Brach, Johann Georg, s. Caspar and Sophia Marg;
b. April 7; bap. May 17, 1752;
sp. Johann Georg, Cathrina Elisabeth Donen.
Jung, Anna Barbara, dr. Wendel and Anna Barbara;
b. May 22; bap. May 25, 1752;
sp. Friedrich Marsteller and wife Anna Barbara.
Rotlere, Conrad, s. Johannes and Rosina;
bap. May 24, 1752, age 14 weeks (across the Schuylkil);
sp. Conrad Scheucher and wife Anna Margretha.
Heilmann, Johann Henrich, s. Henrich and ———
b. June 20; bap. June 21, 1752;
sp. Anthon Heilmann.
Reckers, Elisabeth, dr. Just and Sarah;
b. Dec. 22, 1751; bap. Jan. 7, 1752;
sp. Elisabeth Kieferin.
Seidel, Anthonius, s. Joh. Nicol. and Maria Barbara;
b. June 20; bap. June 25, 1752;
sp. Johann Anthon Geiger and wife.
Rambow, ——— (?) Peter and Mary;
b. July 12; bap. August 2, 1752;
sp. Johann Jacob Schrack and wife Maria Elisabeth.
Schering, Johannes, s. Jurg and Veronica;
b. April 24; bap. August 16, 1752;
sp. Johann Nicolaus Schering and wife Anna Barbara.
Hörner, Christian, s. Christian and Barbara;
b. Oct. 11; bap. Nov. 5, 1752;
sp. Christian Schrack and wife Margretha.
N. B.—FROM HERE THE DATES ACCORDING TO THE NEW STYLE.
Weichel, Johann Jacob, s. Johann Christoph and Catharina;
b. Nov. 14; bap. Nov. 22, 1752;
sp. Jacob Geiger and Michael Weichel's wife Elisabeth.
Eder, Elisabeth, dr. Caspar and Wendelina;
b. Oct. 1, 1751; bap. Nov. 20, 1752;
sp. parents.

The Pennsylvania-German Society.

Grossmann, Maria Margretha, dr. Simon and Magdalena;
b. Oct. 17; bap. Dec. 24, 1752;
sp. Johannes Palm and Christoph Berger's wife Maria Margretha.
Schrack, David, s. Johannes and Sarah;
b. ———; bap. Dec. 24, 1752;
sp. parents.
Protzman, Jacob,
" Johannes, twin sons of Adam and Hanna;
b. Oct. 23; bap. Dec. 10, 1752;
sp. Jacob Schrack, Johan Heinrich and wife Magdalena.

ANNO 1753.

Mittelberger, Johann Christoph, s. Samson Friedrich and Elisabeth Dorothea;
b. Jan. 6; bap. Jan. 21, 1753;
sp. Johannes Heinrich and wife.
Schrack, Johann Jacob, s. Jacob and Maria Elisabeth;
b. Jan. 27; bap. Feb. 2, 1753;
sp. Johann Jacob Müller.
Spring, Agnes, dr. Andreas and Margretha;
b. Jan. 9; bap. March 4, 1753;
sp. Johannes Bängle's wife Agnes.
Jüngling, Elisabeth, dr. Christian and Susannah;
b. Jan. 1; bap. Feb. 22, 1753;
sp. parents.
Gülde, Andreas, s. Gallus and Anna Maria;
b. Feb. 11; bap. Feb. 22, 1753;
sp. Andreas Klein, Barbara Boltin.
Essig, Catharina, dr. Wilhelm and Anna Appolonia;
bap. Oct. 1, 1752, age 7 weeks;
sp. Bernhard Rap and wife Catharina.
Keuler, Anna Catharina, dr. Johannes and Eva;
b. Dec. 14, 1752; bap. May 27, 1753;
sp. Daniel Keuler, Anna Catherina Meyer (both single).
Bahrt, Anna Margretha, dr. Michael and Christina;
b. March 6; bap. June 10, 1753;
sp. Jürg Vögeler and wife Anna Margretha.
Nagel, Rudolph, s. Anna Nagelin, widow;
b. April 2; bap. June 13, 1753;
sp. Rudolph Bonner and wife Ursula.
Jost, Henrich, s. Conrad and Maria;
b. June 3; bap. July 2, 1753;
sp. Rev. H. M. Muhlenberg, Mr. Mitteberger.

The Trappe Records.

Reichenbacher, Johannes, s. Philip Jacob and Maria Magdalena, servants in Salisbury township;
bap. July 21, age 10 month;
sp. Joh. Christoph Rose.
Kebner, Johann Jacob, s. Johan Jürg and Elisabeth;
b. March 2; bap. June 10, 1753;
sp. Johann Jacob Heckman and wife Anna Barbara.
Schering, Maria Catharina, dr. Nicholaus and Anna Barbara;
b. May 31, bap. July 22, 1753;
sp. Michael Schering and wife Anna Maria Elisabeth.
Müller, Philip, s. Andreas and Anna Maria;
b. July 10; bap. August 17, 1753;
sp. parents.
Ramster, Friederich, s. Johann Jürg and Margretha;
b. July 9; bap. July 18, 1753.
Stoonman (Stoneman), George, s. Mr. and Elisabeth;
b. Feb. 16; bap. July 22, 1753, at Neshamony;
sp. parents.
Lüegle, Augustinus, s. Andreas and Catharina;
b. August 7; bap. August 19, 1753, at Neshamony;
sp. parents.
Van Horn, Antje, —— of Gerhard and Maria;
b. Jan. 7; bap. July 22, 1753, at Neshamony;
sp. parents.
Holl, Maria Catherina, dr. Heinrich and Margretha;
b. March 4; bap. April 25, 1753;
sp. Maria Catharina Runckelin.
Van Horn, Hanna, dr. Benjamin and Rachel;
bap. August 19, 1753, at Neshamony, aged 2 yrs., 9 mos. 6 ds.
" " Johannes, s.
b. Jan. 1; bap. August 19, at Neshamony;
sp. parents.
Maurer, Johann Heinrich, s. Peter and Anna Sophia;
b. June 19; bap. Sept. 20, 1753;
sp. Johann Heinrich Conrad and wife.
Müller, Johann Heinrich, s. Heinrich and Susanna Margretha;
b. August 16; bap. Sept. 30, 1753;
sp. Valentin Schellig and Magdalena Reinarin.
Schilling, Johann Conrad, Johannes and Anna Maria;
b. August 6; bap. Oct. 14, 1753;
sp. Johann Conrad Clem.

The Pennsylvania-German Society.

Heiser, Maria, dr. Valentin (deceased) and Anna;
b. Dec. 26, 1742; bap. Oct. 14, 1743;
sp. Heinrich Melchior Mühlenberg and wife Anna Maria; Nani Haurin.

Lazarus, Christian Martha, dr. Jacob and Christian;
bap. Oct. 28, 1753;
sp. Hans Jürg Gansle and wife Martha.

Bayer, Philip, s. Philip and Anna Elisabeth;
bap. Oct. 28, 1753;
sp. Philip Haubert and Margretha Eshardin (both single).

Silber, Jürg,
" Elisabeth, twins Johann Jürg and Elisabeth;
bap. Oct. 28, 1753;
sp. Jacob Schmid (single) Elisabeth Rumetpfen.

Seidel, Maria Barbara, dr. John Nicolaus and Maria Barbara;
b. Nov. 19; bap. Nov. 27, 1753;
sp. Anna Barbara Geigerin, dr. of Valentine.

Strauss, Johann Heinrich, s. Joh. Jacob and Barbara;
b. Oct. 30; bap. Nov. 27, 1753;
sp. Johan Heinrich Hartman, Maria Magdal. Conradin (both single).

Voss, Barbara, dr. Adam and wife;
b. April 7, 1731; bap. Nov. 28, 1753, after previous instruction;
sp. Hans Jürg Boger and wife Barbara, Anna Maria Mühlenberg and Margretha Weiser.

Muhlenberg, Gotthilf Heinrich Ernst, s. Henry Melchior and Anna Maria;
b. Nov. 17; bap. Dec. 4, 1753;
sp. Heinrich Keple, Herr Heinzelman.

Reiser, Johan Georg, s. Friedrich and Catharina;
b. Oct. 28; bap. Dec. 23, 1753;
sp. Michael Essig and wife Justina Catharina.

Braun, Johan Peter, s. Jacob and Margretha;
b. Dec. 19; bap. Dec. 24, 1753;
sp. Peter Hardt and wife Anna Maria.

Anno 1754.

Rehkopf, Heinrich, s. Friedrich and wife;
b. Dec. 4, 1753; bap. Feb. 7, 1754;
sp. Heinrich Pieterman (Ref.) and wife Maria Anna.

Carl, Catharina, dr. Johannes and late Catherina Elisabeth;
b. Jan. 27; bap. Feb. 10, 1754;
sp. N—— Carl and wife;

The Trappe Records.

Jung Catharina, dr Joh. Peter and Maria Magdalena;
  bap. Feb. 19, 1754, age 9 weeks;
  sp. Joh. Nicol Strauch, Catharina and Margretha Fadin.
Ohmacht, Friedrich, s. Friedrich and Catharina Sophia;
  b. Dec. 29, 1753; bap. Feb. 19, 1754;
  sp. Friedrich Staud and wife Christina;
Heilmann, Johann Heinrich, s. Johannes and Anna Maria;
  b. Jan. 20; bap. Feb. 19, 1754;
  sp. Heinrich Heilman and wife Anna Maria.
Croesman, Anna Margretha, dr. Johan and Anna Margretha;
  b. Feb. 5; bap. March 17, 1754;
  sp. Christina Muhlhanin.
Becker, Catharina, dr. Peter and Elisabeth;
  b. Jan. 1; bap. March 17, 1754;
  sp. mother.
Buch, Anna Margretha, dr. Johan Nicol and Anna Maria;
  b. Oct. 3, 1753; bap. March 17, 1754;
  sp. Maria Mühlenbergin.
Hart, Johann Michael, s. Peter and Anna Maria;
  b. May 5; bap. May 26, 1754;
  sp. Johann Michael Reyer, Junior, and Anna Margretha Müllerin.
Blöcklin, Johann David, s. Martin and Catherina;
  b. Jan. 19; bap. June 26, 1754;
  sp. Johan David Scheyhing and wife Cather. Elisab.
Heilman, Sarah and Anna, twins Henrich and Anna Maria;
  b. May 4; bap. May 28, 1754;
  sp. Anna Burkin neé Hanin.
Clauser, Johann Jürg, s. Jurg and Susannah;
  b. Feb. 21; bap. May 28, 1754;
  sp. Johannes Berend and wife Maria (both Ref.).
Sauer, Catharina, dr. Friedrich and Anna Margretha;
  b. March 24; bap. June 9, 1754;
  sp. Elisabetha Schmidtin and parents.
Angel, Johannes, s. Philip and Anna Maria;
  b. March 24; bap. August 3, 1754;
  sp. parents, as witness Michael Walther.
Hommel, Johan Peter, s. Heinrich and Ursula;
  b. Sept. 11; bap. Sept. 14, 1754;
  sp. Heinrich Balthaser Spitznagel and wife Maria Ursula.
Hartenstein, Maria Elisabeth, dr. Ludwig and Catherina;
  b. June 6; bap. Sept. 14, 1754;
  sp. parents.

The Pennsylvania-German Society.

Custer, Immanuel, s. Nicolaus and Susanna Margretha;
b. Sept. 29; bap. Oct. 28, 1754;
sp. parents and gr. mother widow Hoppin.
Marsteller, Friedrich, s. Henrich and Barbara;
b. Nov. 12; bap. Dec. 9, 1754;
sp. Friedrich Croesman and wife Susannah.
Davis, Elisabeth, dr. Simon and Margretha;
b. Oct. 6; bap. Dec. 9, 1754;
sp. Barbara, widow Marstellerin.
Conrad, Maria Elesabeth, dr. Henrich and Magdalena;
b. Nov. 22, bap. Dec. 17, 1754;
sp. Maria Elisabeth Conradin.
Kress, Friedrich, s. Jacob and Magdalena;
b. Oct. 27; bap. Dec. 17, 1754;
sp. Friedrich Staut and wife Christina.
Heineman, Catharina Margretha, dr. Heinrich and Barbara;
b. Nov. 7; bap. Dec. 17, 1754;
sp. Friedrich Zehrfass and wife Barbara.
Allman, Johann Nicolaus, s. Henrich and Engel Catharina;
bap. Dec. 17, 1754, age 4 weeks, 3 days;
sp. Johan Nicol Schmoll and wife.
Hofman, Philip, s. Adam and Christina;
b. Oct. 11; bap. Dec. 17, 1754;
sp. Philip Wentz and wife.
Ickes, Anna Maria, dr. Johannes and Christina;
b. Oct. 2; bap. Dec. 17, 1754.

ANNO 1755.

Martini, Johan Friedrich, s. Christian Friedrich and Rosina Barbara;
b. Nov. 25, 1754; bap. Jan. 2, 1755;
sp. Rev. Jacob Friedrich Schertel (Schertlin) V. D. M. and wife Christina, Henrich M. Mühlenberg and wife Anna Maria.
[Note—Maertens (Martini) a Son-in-law of Rev. Schertlin.]
Becker, Anna Christina, da. Peter and Elisabeth;
b. Feb. 8; bap. Feb. 16, 1755;
sp. Jacob Müller and wife Christina.
Channel, Joseph, s. Jeremias and Anna;
b. Dec. 15, 1754; bap. Feb. 11, 1755;
sp. Mr. John Campbel and wife.
Beck, Heinrich Balthaser, s. Johan Thomas and Anna Margretha;
b. Feb. 10; bap. March 12, 1755;
sp. Henrich Balthaser Spitznagel and wife Maria Ursula.

The Trappe Records.

Bauer,   Elisabeth, dr. Adam and Maria Catherina;
b. Feb. 4; bap. March 14, 1755;
sp. Lorentz Reinar's wife Elisabeth.
Setzler,   Margretha, dr. Friedrich and Elisabeth;
b. March 20; bap. April 10, 1755;
sp. parents and gr. father Philip Setzler.
Peterman, Jacob, s. Jacob and Maria Anna;
b. St. Thomas day, 1754; bap. April 13, 1755;
sp. Michael Noll and wife Barbara.
Müller,   Jacob, s. Anthon and Catharina;
b. Jan. 22; bap. March 22, 1755;
sp. Joh. Jacob Krug and Anna Maria Wirthin (both single).
Schmid,   Gertraut, dr. Jacob and Anna Maria;
b. Dec. 27, 1754; bap. March 22, 1755;
sp. Gertraut Spitznagelin, dr. Balthaser.
Syly,   Sarah, dr. Samuel and Mary;
bap. April 23, 1755, age 13 months;
sp. Abraham de Haven and wife.
Jost,   Friedrich, s. Conrad and Anna Maria;
b. April 6; bap. April 21, 1755;
sp. Friedrich Martini Med. Doc. and wife.
Schrack,   Johann Georg, s. Jacob and Maria Elisabeth;
b. April 25; bap. May 1, 1755;
sp. Johan George Croesman and wife, in Indian field.
Wacker,   Anna Maria, dr. Georg Leonhard and Maria Margretha;
b. Sep. 23, 1754; bap. May 11, 1755;
sp. Anna Maria Schmidin.
Fetzer,   Rahel, wife of Friedrich;
bap. at Neshaminy after examination May 11, 1755,
witness, Jost, Van Buschkerk, Jacobus Van Buschkerk.
"   Susannah, dr. Friedrich and Rahel;
bap. at Neshaminy, May 11, 1755, age 13 months;
sp. parents.
Kaiser,   Anna Maria, dr. Joh. Leonhard and Catherina;
b. Feb. 26; bap. May 11, 1755, at Neshaminy;
sp. Johann Philip Reinhard and wife Anna Maria.
Ebele,   Johan Leonhard, s. Christian and Wilhelmina;
b. March 22; bap. May 11, 1755, at Neshaminy;
sp. Joh. Leonhard Keiser and wife Catherina.
Sperr,   Anna Christina, dr. Johanna Philip and Dorothea;
bap. May 20, 1755, at Shippach, age 4 mos. 12 d.
sp. Benedict Gerber, Christina Heilmanin (both single).

The Pennsylvania-German Society.

Neubecker, Johann Philip, s. Martin and Margretha;
b. March 4; bap. May 20, 1755, at Shippach;
sp. Philip Sperr and wife Dorothea.
———— Maria Barbara, dr. Bernhard and Catherina;
b. March 10; bap. May 20, 1755, at Shippach;
sp. Johann Nicolaus Seidel and wife Barbara.

Gassinger, Susanna, dr. Hans Jürg and Gertraut;
b. April 24; bap. May 20, 1755, at Shippach;
sp. Nicolaus Smell and wife.

Guldy, Jacob, s. Gallus and Anna Maria;
b. Feb. 5; bap. May 20, 1755, at Shippach;
sp. Andreas Klein and wife Barbara.

Horner, Elisabeth, dr. Christian and Barbara;
b. May 9; bap. June 8, 1755;
sp. Maria Magdalina Krebsin.

Müller, Johann Jacob, s. Jacob and Christina;
b. May 23; bap. June 8, 1755;
sp. Johann Jacob Ottenbach, Anna Margretha Müllerin.

Rahl, Maria Catherina, dr. Caspar and Jane;
b. Jan. 9, 1754; bap. June 16, 1755;
sp. Henrich Mühlenberg and wife Ann Maria, also the mother.

Illegitimate, Mary, dr. Archibald Steward and Elesabeth Rahl, Caspar's single dr.;
b. Jan. 8, 1753; bap. June 16, 1755;
sp. Robert Smith the Schoolmaster and Mary Evans.

Koiler, Johannes, s. Johannes and Eva;
b. Dec. 18, 1754; bap. June 19, 1755;
sp. Daniel Koiler and Cath. Meyerin (both single).

Schrack, Johan George, s. Jacob and Maria Elesabeth;
b. April 25; bap. May 1, 1755;
sp. Johann Georg Crossman and wife Eva, in Indian field.

Hostant, Daniel, s. Christian;
b. March 10; bap. June 22, 1755;
sp. Daniel Leebring.

Hellyer, Barnard, s. Stoanman and Alice;
b. Oct. 23, 1754; bap. May 11, 1755;
sp. parents, both servants, at Neshaminy.

Rose, Abraham, s. Arnd and Hedewig;
b. June 11; bap. June 22, 1755;
sp. Abraham Merckel and wife.

The Trappe Records.

Leesman, Maria, dr. Johannes and Elesabeth;
b. Sept. 24, 1754; bap. June 25, 1755, at Neshaminy;
sp. Henrich Sump and wife.
Van Horn, Elisabeth, dr. Benjamin and Rachel;
b. March 8; bap. June 22, 1755;
sp. parents.
Tharp, Elisabeth, dr. Moses and Margret;
bap. June 22, 1755, age 18 months;
sp. Andreas Hitzer and wife Elisabeth.
Rose, Johannes, s. Christoph and Martha;
b. Nov. 16, 1754; bap. June 22, 1755;
sp. parents.
Sommer, Maria Catharina, dr. Johan Jurg and Anna Barbara;
b. April 28; bap. June 22, 1755;
sp. Anna Maria Mastin, widow.
Spitznagel, Catharina Barbara, dr. Balthaser and Maria Ursula;
b. Sept. 15; bap. Dec. 10, 1755.

ANNO 1756.

Krieger, Anna Catharina, dr Caspar and Catharina (both Catholic)
b. Sept. 7, 1755; bap. Jan. 18, 1756;
sp. Conrad Josts wife Anna Maria.
Hofman, Hanna Catharina, dr. Jacob and Anna Maria;
b. Feb. 7; bap. Feb. 15, 1756;
sp. Hanna Sezlerin.
Flohr, Christoph, s. Johan Georg and Maria Catharina;
b. Feb. 4; bap. Feb. 14, 1756;
sp. Christoph Rabe and wife.
Rüger, Wilhelm, s. Jacob and Anna Elisabeth;
b. Feb. 12; bap. Feb. 14, 1756;
sp. Wilhelm Rüger and wife.
Kasebier, Esther, dr. Gottfried and Agnes;
b. April 14, 1754; bap. Feb. 24, 1756.
Kasebier, David;
b. Jan. 7; bap. Feb. 24, 1756;
sp. Daniel Hummelsdorf and wife Elisabeth.
Croesman, Daniel, s. George and Anna Margretha;
b. Feb. 11; bap. Feb. 29, 1756;
sp. Daniel Marsteller.
Ohemacht, Susanna, dr. Friedrich and Catharina;
b. Feb. 10; bap. March 1, 1756;
sp. Heinrich Müller and wife.

The Pennsylvania-German Society.

Croesman, Johannes, s. Joh. Nicol and Elisabeth (a Menonite).
bap. March 17, 1756, aged 8 months;
sp. Hans Jürg Croesman and wife (grandparents).
Bauman, Johan Jacob, s. Jacob and Anna Margretha;
b. Jan. 1; bap. April 11, 1756;
sp. Jacob Kalb and father Martin.
Kebner, Anna Elisabeth, dr. Joh. Jürg and Elisabeth;
b. Dec. 26, 1755; bap. April 11, 1756;
sp. Elisabeth Haasin.
Bush, Christina, dr. Nicholaus and Anna Maria;
b. March 7; bap. April 11, 1756;
sp. Michael Bahrts' wife Christina.
Leonhard, Magdalena, dr. Joh. Michael and Elisabeth;
b. Feb. 29; bap. April 11, 1756;
sp. Jürg Michael Bastian and wife Magdalena.
Rupp, Johannes, s. Martin and Anna;
b. Feb. 27; bap. April 19, 1756;
sp. Jacob Roller and wife Margretha.
Bastian, Christina, dr. Jürg Michael and Maria Magdalena;
b. March 4; bap. April 9, 1756;
sp. Christoph Herpel and Christina Krebsin (both single).
Heilman, Margretha, dr. Henrich and Anna Maria;
b. March 1; bap. April 25, 1756;
sp. Johannes Schmied, Margretha Parsin (both single).
Beyer, Andreas, s. Phillip and Anna Elisabeth;
b. Dec. 17, 1755; bap. June 9, 1756;
sp. Andreas Kratz, Maria Cath. Beyerin.
Schraut, Juliana Catherina, dr. Johannes and Anna Gertraut;
b. Oct. 10, 1755; bap. May 9, 1756;
sp. Jacob Kassler, Juliana Catherina Schmellin.
Sauer, Johannes, s. Friedrich and Anna Margretha;
b. April 27; bap. June 6, 1756;
sp. parents.
Zimmer, Johan Georg, s. Conrad and Anna Elisabeth;
b. June 18; bap. July 4, 1756;
sp. Hans Jurg Croesman and wife Eleonora.
Marsteller, Johannes, s. Henrich and Barbara;
b. June 12; bap. July 4, 1756;
sp. Johannes Heilmann and wife.
Seidel, Friderica Dorothea, dr. Joh. Nicolaus and Maria Barbara;
b. July 7; bap. July 7, 1756;
sp. Phillip Sperr's wife Dorothea.

The Trappe Records.

Zehrfass, Dorothea, dr. Friedrich and Margretha;
b. May 23; bap. July 7, 1756;
sp. Jacob Pfad and wife Dorothea.
Horner, Magdalena, dr. Christian and Barbara;
b. June 29; bap. Aug. 1, 1756;
sp. Johannes Marle and wife Catharina.
Schüttler, Maria Elesabeth, dr. Ludewig and Maria Barbara;
b. July 13; bap. Aug. 22, 1756;
sp. Martin Kalb wife Maria Elisabeth.
Strauch, Engel Catharina, dr. Joh. Nicol and Elisabeth;
b. April 4; bap. August 29, 1756;
sp. Charlotte Alleman, Frantz Klein.
Becker, Susanna, dr. Peter and Elisabeth;
b. Sept. 1; bap. Sept. 7, 1756;
sp. Susanna Hermanin, Jurg Croesman and wife.
Gassinger, Johan Philip, s. George and Gertraut;
b. June 18; bap. Aug. 29, 1756;
sp. Johan Philip Schmell.
Müller, Catharina, dr. Georg and Christina;
b. July 27; bap. Sept. 12, 1756;
sp. Catharina Steinin, Adam's dr.
Stein, Johan Adam, dr. Adam and Catharina;
b. August 12; bap. September 12, 1756;
sp. Conrad Müller and wife.
Kruber, Johan Nicolaus, s. Johannes and Eva;
b. Sept. 10; bap. Oct. 13, 1756;
sp. Johan Nicolus Seidel and wife Barbara.
Merckel, Maria, wife of Philip;
bap. Oct. 24, age 31 years;
witness, Jacob Merckel, Philip Merckel, Michael Walter the Schoolmaster and wife.
Keemer, Elisabeth Ann, dr. James and Elisabeth;
b. July 19; bap. Nov. 11, 1756, at Readingtown;
sp. parents.
Moser, Christian, s. Christian and Magdalena;
b. August 4; bap. Nov. 24, 1756;
sp. parents.
Merckel, Jacob, s. Philip and Maria, age 9 years.
" Elisabeth, dr. age 7 years.
" Daniel, age 1 year;
bap. Nov. 24, 1756, in presence of Congregation;
sp. parents.

The Pennsylvania-German Society.

Merckel, Maria Barbara, dr. Abraham and Barbara;
bap. Nov. 24, 1756, age 10 weeks;
sp. Maria Barbara Heiserin.
" Georg, s. Isaac and Sarah;
bap. Nov. 24, 1756, aged 1 year;
sp. parents.
Müller, Johannes, s. Anthon and Catharina;
bap. Dec. 13, 1756, age 10 weeks;
sp. Johannes Kalb. Maria Elisabeth Nollin.
Fuchs, Anna Magdalena, dr. Mathias and Magdalena;
b. Sept. 7; bap. Oct. 24;
sp. Balthaser Fuller and wife Anna.
Joachim, Maria Elisabeth, dr. Jacob and Maria Christina;
b. Oct. 30; bap. Nov. 23, 1756;
sp. Jacob Schrack and wife Maria Elisabeth.

ANNO 1757.

Heilman, Friedrich, s. Michael and Anna Maria;
b. Nov. 6, 1756; bap. Jan. 1, 1757;
sp. parents.
du-Frene, Anna Catharina, dr. Peter and Eva;
b. Aug. 6, 1756; bap. Jan. 1, 1757;
sp. parents.
Pawling, Maria Elisabeth, dr. Joseph and Elisabeth;
b. Oct. 5, 1756; bap. Jan. 5, 1757;
sp. Anna Maria Muhlenberg and parents.
Lutz, Johannes, s. Johannes and Anna Catharina;
bap. Jan. 16, 1757, age 16 weeks 4 days;
sp. Johannes Kessler and wife.
Renn, Maria Catharina, dr. Michael and Salome;
b. Dec. 23, 1756; bap. Jan. 24, 1757;
sp. Catharina Krausin and Christina Peltzin.
Conrad, Catharina, dr. Henrich and Magdalena;
b. Dec. 31, 1756; bap. Feb. 9, 1757;
sp. Philip Wentz and wife.
Matthies, Johann Friedrich, s. Christian and Magdalena;
b. Dec. 8, 1756; bap. Feb. 9, 1757;
sp. Friedrich Zehrfass and wife.
Zoll, Anna Elesabeth, dr. Henrich and Margretha;
b. Jan. 4; bap. Feb. 9, 1757;
sp. Anna Elisabeth Seidel.

The Trappe Records.

Steil,	Johannes, s. Jacob and Catharina;
	b. Nov. 24, 1756; bap. Feb. 9, 1757;
	sp. Johannes Bunner.
Zoll,	Johan Jacob, s. Peter and Anna Elisabeth;
	b. Dec. 28, 1756; bap. Feb. 9, 1757;
	sp. Jacob Zumbrodt and wife.
Hofman,	Anna Elisabeth, dr. Adam and Christina;
	b. Nov. 8, 1756; bap. Feb. 9, 1757;
	sp. Anna Elisabeth Netterin.
Strauss,	Elisabeth, dr. Jacob and Barbara;
	b. Jan. 18; bap. Feb. 9, 1757;
	sp. Anna Elisabeth Seidel and Anthony Heilman, jun.
Setzler,	Hannah, dr. Friedrich and Elisabeth;
	b. Feb. 8; bap. Feb. 13, 1757;
	sp. Hannah Setzlerin, sister to Mr. Friedrich Setzler.
Hertle,	Christian Friedrich, s. Jacob and Elisabeth;
	bap. April 13, 1757, age 2 months;
	sp. Christian Friedrich Martin, Med. pract.
Hartenstein,	Susanna, dr. X. Ludewig and Catharina;
	b. Jan. 11; bap. May 22, 1757;
	sp. Hanna Catharina Henrichin.
Dürr,	Elisabeth, dr. Andreas and Magdalena;
	b. April 18; bap. May 22, 1757;
	sp. William Schneider's wife Maria Elisabeth.
Jungling,	Valentin, s. Christian and Susanna;
	bap. May 30, 1757, age 8 weeks this day;
	sp. Valentin Scherer and parents.
Martin,	Catharina Elesabeth, dr. Christian Frederick (M. D.) and Rosina Barbara;
	b. April 19; bap. June 5, 1757.;
	sp. Herr Apothecar Schneider's wife Elesabeth and the Maiden Catharina Schertlin.
Rapp,	Eva Catharina, dr. Bernhard and Catharina (both Reformed);
	b. April 13; bap. June 12, 1757;
	sp. Peter Knorr's wife Eve Catharina.
Schneider,	Benjamin, s. Nicolaus and Magdalena;
	b. May 10, bap. June 5, 1757;
	sp. Adam Protzman and wife.
David,	Esaia, s. John and Maria;
	sp. Oct. 18, 1756; bap. August 9, 1757;
	sp. parents.

Umstadt,	wife of Herman, dr. of Anthon and Margretha Van-der-Sluis; b. August 18, 1757; witness, Widow Van-der-Sluis, Johan Pannebecker's wife etc. etc.
Heim,	Elisabeth, dr. Valentin and Jane; b. June 29, 1756; bap. August 14, 1757; sp. parents and wife's mother N. Rees.
Stamp,	Margretha, dr. Jurg and Maria Agnes; b. March 20; bap. August 28, 1757; sp. Johan Georg Kastemier and Margretha Müllerin (both single).
Essig,	Anna Catharina, dr. Anna Catharina and ——— b. August 6; bap. Sept. 11, 1757; sp. George Essig's wife Anna Maria and parents.
Geeler,	Eva Maria, dr. Michael and Anna Margretha; b. Sept. 12; bap. Sept. 18, 1757; witness, Nicolaus Muller and wife Eva Maria.
Jung,	Catharina, dr. Christoph and Eva; b. August 18; bap. Sept. 25, 1757; sp. Catharina Jungin.
Dietz,	Peter, s. Peter and Elenora; b. Jan. 9; bap. Sept. 25, 1757; sp. Peter Zoll and wife Elezabeth.

BAPTISMS IN NEW JERSEY AT MUSQUENICKUNG AND RARITAN.

Bock,	Maria Magdalena, dr. Hans Jürg and Christina; b. March 15; bap. Sept. 28, 1757; sp. Jacob Metzger and wife Maria Anna Apollonia.
Brown,	Anna, dr. of William (deceased) and Submit; b. May 23; bap. Oct. 4, 1757; sp. mother.
Hof,	Esther, dr. Joseph (deceased) and Charity; b. May 10; bap. Oct. 4, 1757; . sp. William Horn.
Catem,	Elisabeth, dr. William and Anna Margretha; b. Jan. 1, 1754; bap. Oct. 4, 1757; sp. parents.
Meisinger,	Anna, dr. Dietrich and Elizabeth; b. Oct. 4, 1757; bap. last April; sp. Jacob Street and wife Anna.
Klotter,	Wilhelm, s. Paul and Margretha; b. Nov. 26, 1756; bap. Oct. 4, 1757; sp. Hans Jürg Haas and wife Elesabeth Rose.

The Trappe Records.

Penter, Elesabeth, dr. Johan and Johanna;
b. Dec. 13, 1756; bap. Oct. 6, 1757;
sp. parents.
Schertz, Johannes, s. Jost and Johanna;
b. Sept. 27; bap. Oct. 5, 1757;
sp. Johannes Schertz and wife Margretha.

NEW PROVIDENCE.

Bahrt, Eva Margretha, dr. Peter and Catharina;
b. Sept. 28; bap. Oct. 9, 1757;
sp. Johannes Fleischer and wife Eva Margretha.
Hart, Susannah, dr. Bernhard and Magdalena;
b. August 21; bap. Oct. 9, 1757;
sp. Susannah Jost, dr. Conrad.
Evans, neé Kendal, wife of George Evans;
bap. Nov. 10, 1757; aged 40-50 years;
witness George Evans and family.
Evans, Mary, dr. Enoch and Mary;
b. July 12; bap. Nov. 10, 1757;
sp. parents and grandfather George Evans.
Hoeck, Catharina, dr. Andreas and wife Anna (Kline);
b. June 28; bap. Nov. 20, 1757;
sp. Conrad Gauss and wife Catherina.
Barth, Johan Jacob, s. Michael and Christina;
b. Oct. 5; bap. Nov. 29 (Noth-Taufe), 1757;
sp. Joh. Nicolaus Bush, his brother-in-law.
Landgraf, Johan Friedrich, s. Johannes and Regina;
bap. Dec. 4, 1757, age 2 months, 3 days;
sp. Friedrich Peuster, Anna Marg. Bauerin.
Bühl, Johan Thomas, s. Peter and Elesabeth;
b. July 16; bap. Dec. 4, 1757;
sp. Thomas Döhm and wife Anna.
Jost, Daniel, s. Conrad and Maria;
b. Nov. 4; bap. Dec. 9, 1757;
sp. Daniel Mertz and the Virgin Catherina Schertlin.

ANNO 1758.

Croesman, Anna Magdalena, dr. Balthasar and Anna Maria;
b. Nov. 11, 1757; bap. Feb. 2, 1758;
sp. parents and gr. parents.
Rose, Henrich Christopher, s. Arnd and Dorothea Hedwig;
b. Sept. 30, 1757; bap. Feb. 4, 1758;
sp. Henrich (Rev.) Muhlenberg and Christoph Rabe.

The Pennsylvania-German Society.

Obelman, Georg Adam, s. Henrich and Magdalina;
b. Oct. 28, 1757; bap. Feb. 5, 1758;
sp. Georg Adam Heilman and wife Elisabeth.
Fenner, Johan Henrich, s. Felix and Maria Eva;
b. Feb. 13; bap. March 1, 1758;
sp. Joh. Henrich Fenner and wife Margretha.
Van Horn, Bernhard, s. Richard and Elisabeth;
b. Jan. 11; bap. March 5, 1758;
sp. parents at Neshaminy.
Van Doern, Wilhelmina, dr. Godfried and Charity;
b. July 23; bap. at Neshaminy, March 5, 1758;
sp. Bernhard Van Horn and Wilhelmina Van Horn.
Van Horn, Samuel, s. Benjamin and Rachel;
b. May 21; bap. at Neshaminy, March 5, 1758;
sp. parents.
Bastian, Anna Maria, dr. Jürg Michael and Magdalena;
b. Nov. 27, 1757; bap. March 12, 1758;
sp. Jürg Nicolaus Wehner, wife Anna Maria.
Croesman, Johan Adam, s. Johan Georg and Anna Margretha;
b. Feb. 16; bap. March 12, 1758;
sp. Herr Johannes Fleischer and wife Eva Margretha.
Gmelin, Abraham, s. Christian and Christina;
b. Dec. 5, 1757; bap. March 26, 1758;
sp. Abraham DeHaven and wife Rebecca.
Schreier, Johan Jacob, s. Leonhard and Catharina;
b. Feb. 26; bap. April 9, 1758;
sp. Joh. Jacob Schmit and wife Eva.
Hörner, Anna Barbara, dr. Christian and Barbara;
b. March 17; bap. April 15, 1758;
sp. parents.
Rabanus, Eva Maria, dr. Joh. Balthasar and Elizabeth;
b. March 31; bap. April 13, 1758;
sp. Christophel Miller and Eva Maria Müllerin.
Münch, Margreta, dr. Melchior and Catharina;
bap. April 13, 1758; b. January 24, 1757;
sp. Joh. Peter Durstmeier, Margretha Müllerin.
Butterwerck, Johannes, s. Johannes and Anna Sophia;
b. August 25, 1755; bap. March 29, 1758;
" Joseph, s. b. May 19, 1757; bap. March 29;
sp. parents.
Kläckner, Jacobina Margretha, dr. Johannes and Anna Elisabeth;
bap. April 17, 1758, age 7 weeks;
sp. Jacob Wagner and wife Anna Margretha;

The Trappe Records

Flauer, Anna Margreth, dr. Johan Jürg and Maria Catharina; bap. April 17, 1758, age 7 weeks. sp. Christoph Rabens and wife Anna Margretha.
Bechel, Anna Maria, dr. Jacob and Maria Catherina; b. March 17; bap. April 17, 1758; sp. Philip Hirsh and wife Anna Maria.
Rahn, Johannes, s. Caspar and Barbara; b. March 29; bap. May 21, 1758; sp. parents.

BAPTIZED JUNE 17, 1758, IN NEW JERSEY, IN THE CHURCH ON THE RARITAN, AFTER PREVIOUS INSTRUCTION:

Hendershut, Priscilla, dr. of William Philips, wife of Peter Hendershut; bap. June 17, 1758, age 24 years.
Philips, Elisabeth, dr. William and ———; bap. June 17, 1758, aged 19 years.
Smith, Christina, dr. Jabez and ———; bap. June 17, 1758, age 21 years.
Towardton, Catharina, dr. James and ———; bap. June 17, 1758, age 20 years.
Smith, Helena, dr. Jabez and ———; wife of N. Bauman; bap. June 17, 1758.

"NEW PROVIDENCE."

Schlätz, Johan Adam, s. Friedrich and Rosina; b. April 25; bap. August 26, 1758; sp. Anna Magdalena Fürstnerin and parents.
Ganser, Johannes, s. Johannes and Christina; b. Dec. 28, 1757; bap. Sept. 1, 1758; sp. parents.
Bredo, Catharina Dorothea, dr. Martin and Dorothea; b. May 7; bap. June 18, 1758; sp. Leonhard Schreyer and wife Catharina.
Haupt, Anna Maria, dr. Sebastian and Catharina; b. April 26; bap. July 30, 1758; sp. Lorentz Hippel and wife Anna Maria.
Keiler, Maria Dorothea, dr. Johannes and Eva; b. May 6; bap. July 30, 1758; sp. Maria Dorothea Keilerin.
Hörner, Elizabeth, dr. Michael and Maria; b. June 4; bap. August 13, 1758; sp. Michael Schwartz and wife Elisabeth.

Bunn, Johan Jacob, s. Johannes and Euphronia;
b. July 14; bap. August 27, 1758;
sp. Jacob Conrad and Margretha Henrichin.
Marsteller, Catharina, dr. Henrich and Barbara;
b. August 12; bap. August 27, 1758;
sp. Catharina Heilmanin, Johannes (single dr.).
Mühlenberg, Johan Enoch Samuel, s. Rev. H. Melchior and Anna Maria;
b. August 21; bap. Sept. 7, 1758;
sp. Rev. Johan Helfreich Schaum, Enoch Müller, Weighard's son, Michael Weichel, Sam. Weiser.
Kelly, Anna, dr. Laurentz and Jane;
b. March 10; bap. Sept. 16, 1758;
sp. parents.
Klauser, Susanna, wife of Jürg;
bap. Sept. 24, 1758, age 26 years;
witness, Anna Maria Mühlenberg.
" Johan Edward, s. Jürg and Susanna;
b. May 25; bap. Sept. 24, 1758;
sp. parents.
Sauer, —— Friedrich and Anna Margretha;
(no dates) sp. Elisabet, widow Schmidin.
Ludewig, Johan Heinrich, s. Johan Wilhelm and Maria Eva;
bap. Sept. 24, 1758;
sp. Johan Heinrich Moses and wife Philippina.
Zingler, Maria Elisabeth, dr. Zacharias and Anna Maria;
b. March 21; bap. April 2, 1758;
sp. Salomon Westle and wife Maria Elisabeth.
Dressler, Friedrich, s. Jürg and Catharina;
bap. Oct. 22, 1758;
sp. Friedrich Marsteller.
Ickes, Abraham, s. Johannes and Christina;
b. August 30; bap. Oct. 22, 1758;
sp. Abraham Merckel and wife.
Kessler, Susanna, dr. Johannes and Dorothea;
b. Sept. 9; bap. Oct. 22, 1758;
sp. Susanna Jüngling.
Schaum, Johann Melchior, s. Rev. Johan Helfreich and ——
b. Oct. 16; bap. October 29, 1758;
sp. Henrich Melchior Muhlenberg and wife Anna Maria.
Reichard, Anna Maria, illegitimate child of Wilhelmina Christina Ottermanin and —— Reichard of Lancaster;
bap. Dec. 2, 1758, age 9 months; [Appelin.
witness Wilhelm Bausman's wife and Maria Catharina

The Trappe Records.

Scherer, Johannes, s. Valentin and Maria;
b. Oct. 11; bap. Nov. 5, 1758;
sp. parents.
Kitler, Catharina, dr. Johannes and Elisabeth;
b. July 6; bap. Dec. 17, 1758, on occasion of the dedication of the school house at Berny (Barren?) Hill;
sp. Michael Selig (schoolmaster) and wife Johanna.

ANNO 1759.

Getter, Christina, dr. Carl and Catharina;
b. June 17, 1758; bap. Jan. 28, 1759;
sp. Christian Gmalin wife Christina.
Linderman, Conrad, s. Martin and Christina;
b. Jan. 12; bap. Feb. 18, 1759;
sp. Conrad Maurer (single) and Agnes Maurerin.
Stein, Catharina, dr. Adam and Catharina;
b. Jan. 5; bap. March 15, 1759;
sp. Adam Mosis and wife Catharina.
Borts, Sarah, dr. Thomas and Sara;
b. April 2, 1757; bap. March 15, 1759;
sp. Conrad Zölner and wife.
Weichard, Elisabeth, dr. George and Magdalena;
b. Sept. 22, 1757; bap. Nov. 18, 1757;
sp. Elisabeth Reinhardin, Barbara Wickardin.
" Anna Barbara;
b. Feb. 10; bap. March 25, 1759;
sp. Anna Barbara Wickhardin.
Leonhard, Anna Barbara, dr. Michael and Elisabeth;
b. Feb. 16; bap. March 25, 1759;
sp. Anna Barbara Wickhardtin.
Marks, Robert, s. Robert and Anna (John Pawlings' niger);
b. Dec. 1, 1758; bap. April 8, 1759;
sp. parents.
Schilling, Johann Willhelm, s. Johannis and Anna Maria;
b. Feb. 20; bap. April 22, 1759;
sp. Maria Hannetta Willhelmina Bohmin.
Miesemer, Catharina, dr. Jacob and Anna Margretha;
b. Feb. 2; bap. May 6, 1759;
sp. Johannes Sieler and wife Catharina.
Jüngling, Susanna, dr. Christian and Susanna;
b. Oct. 18, 1758; bap. May 6, 1759;
sp. Johannes Kessler and wife Dorothea.

The Pennsylvania-German Society.

Busch, Johan Jacob, s. Johan Nicolaus and Anna Maria;
b. Feb. 21; bap. May 6, 1759;
sp. Jacob Schrack and wife Maria Elisabeth.
Lehr, Catharina, dr. Nicolaus and Anna Maria;
b. Feb. 26; bap. May 6, 1759;
sp. Johannes Lutz's wife Catharina.
Gerber, Johan Heinrich, s. Benedict and Dorothea;
b. Feb. 3; bap. May 6, 1759;
sp. Johannes Boyer.
Frankenberger, Johan George, s. Conrad and Catharina;
b. April 8; bap. May 6, 1759;
sp. Johan Philip Weichel and Jürg Kugler's dr
Geis, Jacob, s. Johan Nicol and Elisabeth;
b. Feb. 14; bap. at New Hanover, April 15, 1759;
sp. Jacob Dürr.
Schwartz, Johan Michael, s. Michael and Elisabeth;
b. March 6; bap. March 11, 1759;
sp. Michael Hörner and wife Maria.
Jung, Anna Elisabeth, dr. Carl and Elisabeth;
b. Jan. 29; bap. May 20, 1759;
sp. Thomas Thim and wife Anna.
Fenchel, Anna Cunigunda, dr. Simon and Apollonia;
b. April 15; bap. May 20, 1759;
sp. Anna Cunigunda, widow Franckin.
Dietz, Thomas, s. Thomas and Clara;
b. Feb. 28; bap. May 20, 1759;
sp. Frantz Harbach, Elisabeth Kühlthavin.
Fritz, Sarah, wife of Johannes Fritz and dr. of Thomas Wilberham and Mary (dec.);
bap. May 20, 1759, aged 22 years;
witness, her husband and Mary Muhlenberg.
Jung, Georg, s. Christophorus and Eva;
b. May 4; bap. June 17, 1759;
sp. Georg Essig and wife Anna Maria.
Matthies, Christian, s. Christian and Magdalena;
b. Dec. 8, 1758; bap. June 3, 1759;
sp. Christoph Essig and Barbara Zillingen.
Schieb, Johan Jacob, s. Adam and Catharina;
b. Nov. 9, 1758; bap. June 3, 1759;
sp. Johan Jacob Burgk.
Zimmerman, Johannes, s. Peter and Anna Maria;
b. Dec. 13, 1758; bap. June 3, 1759;
sp. Johannes Fleisher and wife Margretha.

The Trappe Records.

Fleischer, Maria Elisabeth, dr. Johannes and Eva Margretha; b. May 18; bap. June 3, 1759; sp. Eva Elisabeth Mühlin.
Fuchs, Anna Margretha, dr. Matthias and Anna Magdalena; b. May 20; bap. August 5, 1759; sp. Christoph Geist and wife Anna Margretha.
Rieser, Maria, dr. Friedrich and Catharina; b. May 20; bap. August 26, 1759; sp. Thomas Geringer and wife Catharina.
Mohr, Thomas, s. Andreas and Anna Catharina; b. August 25; bap. Oct. 7, 1759; sp. Thomas Theim and wife ———
Bastian, Johann Michael, s. Georg Michael and Maria Magdalena; b. August 13; bap. Oct. 7, 1759; sp. Michael Bastian and wife.
Schneider, Johannes, s. Jacob and Christina; b. Feb. 30 [sic], bap. Oct. 7, 1759; sp. Johannes Heilman and wife.
Schrack, Henrich Israel, s. Jacob and Maria Elisabeth; b. August 23; bap. Oct. 7, 1759; sp. Rev. Henrich Mühlenberg and wife Anna Maria.
Martins, Wilhelmina Friderica Barbara, dr. Herr Friedrich and wife Rosina Barbara; b. Sept. 12; bap. Oct. 9, 1759; sp. Herr Wm. Graaf's wife Barbara.
Voss, Johan Hartman, s. Johan Heinrich and Elisabeth; b. Sept. 21; bap. Nov. 4, 1759; sp. John Hartman Haas and wife.
Landgraf, Catharina Elisabeth, dr. Johannes and Regina; b. Oct. 6; bap. Dec. 2, 1759; sp. Elisabeth Reinarin.
Schrack, Johan Abraham, s. Christian and Maria Margretha; b. Oct. 26; bap. Dec. 26, 1759; sp. Johannes Fleisher and wife Eva Margaret.

Anno 1760.

Essig, Johannes, s. Georg and Anna Maria; b. Dec. 23, 1759; bap. Feb. 24, 1760; sp. parents.
Blöckle, Elisabeth, dr. Martin and Catharina; b. Nov. 28, 1759; bap. March 9, 1760; sp. Phillip Seinaar, wife Elisabeth.

Getterer, Jacob, s. Carl and Catharina;
b. Jan. 29; bap. March 23, 1760;
sp. Jacob Gut.
Obelman, Jacob, s. Henrich and Magdalena;
b. Feb. 16; bap. April 6, 1760;
sp. Jacob Gut, Margretha Jungin.
Croesman, Friedrich, s. George and Anna Margretha;
b. April 8; bap. May 28, 1760;
sp. Friedrich Setzler and wife.
Harkenstein, Elias;
" Christina, twins of Ludewig and Catharina;
sp. Christina, step dr. of Hieronymus Haas and parents.
Keiler, Johan Caspar, s. Daniel and Elisabeth;
b. Feb. 29; bap. May 26, 1760;
sp. Caspar Grastner and wife Catharina.
Conrad, Jacob, s. Jacob and Margretha;
b. Jan. 3; bap. June 15, 1760;
sp. parents.
Rahn, Elisabetha, dr. Caspar and Barbara;
b. March 11; bap. June 29, 1760;
sp. Friedrich Setzler and wife Elisabetha.
Epler, Ehrhard, s. Ehrhard and Elisabeth;
b. May 11; bap. July 13, 1760;
sp. Michael Zeller.
Gmelin, Christian, s. Christian and Christina;
b. March 28; bap. June 1, 1760;
sp. Johan Christian Mey.
Zimmerman, Eva Catharina, dr. Peter and Maria;
b. March 3; bap. June 15, 1760;
sp. Herr Schulmeister Johannes Fleisher and wife.
Krug, Johan Michael, s. Michael and Dina;
b. July 6; bap. August 10, 1760;
sp. Michael Hertlein and wife Eva.
Protzman, Johan Friedrich, s. Adam and Anna;
b. April 24; bap. August 10, 1760;
sp. Nicolaus Schneider and wife Magdalena.
Brandt, Elisabeth, dr. Michael and Johanetta;
b. Sept. 25; bap. Oct. 27, 1760;
sp. widow Elisabeth Brandtin.
Merckel, Hanna, dr. Philip and Maria;
b. Oct. 30, 1759; bap. August 10, 1760;
sp. parents.

The Trappe Records.

Dressler, Johannes, s. George and Catharina;
b. May 24; bap. August 24, 1760;
sp. Johannes Schill —— and wife Anna Maria.
Diesman, —— wife of Henrich;
bap. towards the end of July at her urgent request on her dying bed; she had Quaker parents and has children.
Blackington, Brichard (Bridget), an English girl, aged 23 years old, raised by Mr. Diesman;
bap. August 24, 1760.
Gebel, Richard;
" Catharina, his wife, both aged;
bap. Oct. 14, 1760, at their urgent request.
" William, s. Richard and Catharina;
b. Oct. 2; bap. Oct. 14, 1760;
sp. Carl Rayer and wife Maria Elisabeth.
Gerstenmeyer, Johan Christoph, s. Johan Georg and Anna Margretha;
b. August 10; bap. Oct. 5, 1760;
sp. Johan Christoph and wife Margretha.
Brandt, Magdalena, dr. Jacob and Hanna;
b. August 2; bap. Oct. 5, 1760;
sp. Nicolaus Sch —— and wife Magdalena.
Haarbach, Johannes, s. Frantz and Elisabeth;
b. August 14; bap. Oct. 19, 1760;
sp. Johan Schloss.
Eitel, Maria, dr. Johannes and Agnes;
b. March 24; bap. Oct. 19, 1760;
sp. Gallers Guld ——
Hofman, Barbara, dr. Adam and Christina;
b. Sept. 4; bap. Nov. 2, 1760;
sp. Nicolaus Hofman and wife Barbara.
Butterweck, Elisabeth, dr. Johannes and Anna Sophia;
b. Sept. 13; bap. Nov. 11, 1760;
sp. parents.
Mühlenberg, Johan Carl, s. Rev. Henrich and Anna Maria;
b. Nov. 18; bap. during the night of Nov. 20, 1760; died Nov. 24, 1 o'clock a. m.;
Intended sponsor His Reverence Provost Wrangel de Saga.
Cuningam (Cuningham?), Elisabeth, dr. Robert and Hannah;
b. Oct. 14; bap. Dec. 6, 1760;
sp. Friedrich Setzler wife Elisabeth;
Witmeyer, Elisabeth, wife of Friedrich;
bap. Dec. 14, 1760, age 22 years;
was raised by Conrad Stamm.

The Pennsylvania-German Society.

Schilling, Maria Catharina, dr. Johannes and Anna Maria;
b. Oct. 17; bap. Dec. 14, 1760;
sp. Jürg Dressler and Anna Catharina;
Ickes, Anna Martha, dr. Johannes and Christina;
b. Nov. 11; bap. Dec. 25, 1760;
sp. Adam Protzman and wife Anna Martha.
Bun, Elisabeth, dr. Johannes and Euphrosina;
bap. Dec. 26, 1760, age 5 weeks;
sp. Laurentz Reinard's wife Elisabeth.
Polich, Johann Peter, s. —— and Judith;
b. Nov. 23, 1759; bap. Dec. 26, 1760;
sp. Peter Müller and wife.
Joachim, Daniel, s. —— and Christina;
b. Dec. 10, 1760; bap. Jan. 1, 1761;
sp. Daniel Marsteller, Maria Wagelsin.
" Catharina, dr. ——
b. Oct. 8, 1758; bap. Nov. 1758.

ANNO 1761.

Umstadt, Anna, wife of Nicolaus (illegible).
bap. Jan. 20, 1761.
Davies, Roger, s. Elisha and Sarah;
b. August 13, 1760; bap. March 22, 1761;
sp. parents and David Davies.
Peterman, Johannes, s. Jacob and Maria Anna;
b. March 27; bap. April 3, 1761;
sp. Jürg Essig, Carl Rayer's wife Elisabeth.
Fohs, Johan Simon, s. Henrich and Elisabeth;
b. Dec. 7, 1760; bap. April 5, 1761;
sp. Johan Simon Fenchel and wife Apollonia.
Helm, Anna, wife of Jacob, neé Curbanin;
bap. April 7, 1761, age 20 years.
Scherer, Susanna;
" Barbara, twins of Valintin and Maria;
b. April 3; bap. April 12, 1761;
sp. parents and many witnesses.
Ehr, Rebecca, dr. Jacob and Maria;
b. March 18; bap. April 19, 1761;
sp. Michael Siller, Margretha Herman.
Robison, Jonathan, s. David and Eleonora;
b. Sept. 29, 1760; bap. April 19, 1761;
sp. parents.

412

The Trappe Records.

Kessler, Johannes, s. Johannes and Dorothea;
b. Feb. 9; bap. April 19, 1761;
sp. parents.
Kelly, William, s. Laurentz and Jane;
b. Sept. 17, 1760; bap. April 25, 1761;
sp. parents.
Hörner, Michael, s. Christian and Barbara;
b. April 27; bap. in Upper Dublin, April 30, 1761;
sp. parents.
Bastian, Philip Jacob, s. Jürg Michael and Maria Magdalena;
b. May 1; bap. May 11, 1761;
sp. Michael Bastian and wife Eva Maria (grandparents).
Busch, Anna Margretha, dr. Nicolaus and Anna Marg.;
b. March 23; bap. May 3, 1761;
sp. widow Anna Margretha Newhaus.
Setzler, Elisabeth, dr. Friedrich and Elisabeth;
b. June 24; bap. July 12, 1761;
sp. parents.
Winzenheller, Susanna, dr. Nicolaus and Anna Margretha;
b. June 29; bap. August 9, 1761;
sp. John Adam Stock wife Susannah.
Helm, Elisabeth, dr. Jacob and Anna;
b. June 6; bap. August 9, 1761;
sp. Carl Rayer and wife Elisabeth.
Pawling, Hannah, dr. Josua and Elisabeth;
b. —— 19; bap. August 9, 1761;
sp. Mary and Elisabeth Mühlenberg.
Rahn, George, s. Caspar and Barbara;
b. April 28; bap. August 9, 1761;
sp. parents.
Schwenck, Daniel, s. George and Veronica;
b. May 9; bap. August 9, 1761;
sp. parents.
Dismant, Benjamin, s. Henry and Elisabeth;
b. August 29, 1747; bap. Aug. 23, 1761.
" Margret; b. Nov. 29, 1749.
" John; b. April 28, 1752.
" Elisabeth; b. Sept. 18, 1755.
All bap. August 23, 1761.
sp. parents, Peter Miller and wife Catharina Elisabeth and Bridgard (Bridget) Blackington.

The Pennsylvania-German Society.

Hesser, Johannes, s. Friedrich and Catharina;
b. August 10; bap. Sept. 6, 1761;
sp. parents.
Meissenheimer, Abraham, s. Jacob and Margretha;
b. July 10; bap. Sept. 20, 1761;
sp. Johannes Sahler's wife.
Witmeyer, Valentin, s. Friedrich and Elisabeth;
b. July 17; bap. Sept. 20, 1761;
sp. Valentin Wangert, single, and Elisabeth Hartenstein.
Gerber, Jacob, s. Benedict and Dorothea;
b. July 3; bap. Sept. 20, 1761;
sp. parents.
Marks, Margreth, dr. Robert and Anna (John Pawling's niger);
b. August 28; bap. Sept. 20, 1761;
sp. parents and other witness.
Bergenthaler, Johanna Elisabeth, dr. Johannas and Susanna Elisabeth;
b. August 30; bap. Sept. 30, 1761;
sp. Mr. Christoph Jacobi and wife Johanna Elisabeth.
Unstatt, Mary, dr. Nicolaus and Anna;
b. Jan. 6; bap. Oct. 4, 1761;
sp. Enoch Davies, Esq. and wife Catherine.
Evans, Elisabeth, dr. Enoch and Mary;
b. March 27; bap. Oct. 4, 1761;
sp. parents.
Howe, Levy, s. William and Hannah;
b. August 11; bap. Oct. 24, 1761;
sp. parents.
Straus, Johan Jacob, s. Jacob and Barbara;
b. Sept. 25; bap. Oct. 27, 1761;
sp. Jacob Sumbrau wife Margretha.
Ponitom, Elisabeth, dr. Henrich and Catherina;
b. Oct. 14; bap. Oct. 27, 1761;
sp. Peter Zoll wife Susannah.
Eters, Anna Margretha, dr. Jacob and Magdalena;
b. Oct. 18; bap. Oct. 27, 1761;
sp. parents.
Sinner, Johannes, s. Henrich and Maria;
b. Sept. 27; bap. Oct. 27, 1761;
sp. Johannes Angst wife Euphronica.
Matthies, Johan Peter, s. Christian and Magdalena;
b. July 15; bap. Oct. 27, 1761;
sp. Peter Schuk wife Catharina.

The Trappe Records.

Timanus, Henrich, s. Jacobus and Elisabeth;
b. Sept. 19; bap. Oct. 27, 1761;
sp. Henrich Mühlenberg, Helfrich Schaum, Jacobus Van Buskirk, Elisabeth Mühlenberg.

Podaschwa, Elisabeth, dr. Wendel and Margretha;
b. Oct. 4; bap. Nov. 15, 1761;
sp. Michael Hartlein's dr. Elizabeth.

Concerning the interim, I, Henrich Mühlenberg, was in Philadelphia. Pastor Hartwick served here.

ANNO 1762

Stahl, Magdalena, dr. Andreas and Magdalena;
b. March 31; bap. May 6, 1762, at Germantown;
sp. parents.

Becker, Johannes, s. Johannes and Catharina Maria;
b. April 1; bap. May 6, 1762 (Germantown).
sp. Johannes Adolph and wife Margretha.

Dressler, Johan Jacob, s. Jürg and Catharina;
b. March 31; bap. May 16, 1762;
sp. parents.

Conrad, Joseph, s. Jacob and Margretha;
b. Nov. 15, 1761; bap. May 16, 1762;
sp. Martin Conrad, Andreas Müller dr. Maria.

Keiler, Jacob, s. Daniel and Elisabeth;
b. Feb. 10; bap. May 16, 1762;
sp. Jacob Wein and wife.

Schwartz, Friedrich, s. Michael and Elisabeth;
b. May 5; bap. May 16, 1762;
sp. Friedrich Freund and wife.

Guth, Jacob, s. George and Margretha;
b. Jan. 20; bap. May 16, 1762;
sp. parents.

Gerhard, Christina, dr. Peter and Margretha;
b. Jan. —— bap. May 16, 1762;
sp. widow Christina Petzin, Samuel Runckel.

Ketterer, Jacob, s. Carl and Catherina;
b. Feb. 19; bap. May 16, 1762;
sp. Jacob Peterman and wife Maria Anna.

Essig, Anna Maria, dr. Georg and Maria;
b. Feb. 11; bap. June 27, 1762;
sp. parents.

The Pennsylvania-German Society.

Illegitimate, David, s. David Müller and Wench Margretha;
b. Dec. 15, 1761; bap. June 27, 1762;
sp. Michael Krug and wife Jacobina.
Bogner, Catharina, dr. Tobias and Cornelia (Nelly);
b. April 28; bap. June 27, 1762;
sp. Paulus Brenner and wife Elisabeth.
Martini, Christian Friedrich, s. Herr Christian Friedrich and Rosina Barbara;
b. June 22; bap. July 23, 1762;
sp. parents;
witness, Mr. Jacoby Buskerk, Ludewig Herpel and wife.
Müller, David, s. Andreas and Anna Maria;
b. June 1; bap. July 25, 1762;
sp. mother; witness, Nicolaus Schneider.
Schrack, Daniel, s. Christian and Margretha;
b. May 28; bap. July 25, 1762;
sp. Daniel Marsteller and parents.
Leber, Anna Maria, dr. Philip and Anna Margretha;
b. July 15; bap. August 8, 1762;
sp. Laurentz Müller and wife Anna Maria.
Steitle, Friedrich, s. Jacob and Catharina;
b. April 21; bap. August 8, 1762;
sp. Friedrich Witman wife Elisabeth.
Croesman, Abraham, s. Johan Georg and Anna Margretha;
b. August 12; bap. August 14, 1762;
sp. parents.
Becker, Johannes, s. Peter and Elisabeth;
b. August 2; bap. Oct. 3, 1762;
sp. Johannes Becker from Philadelphia.
Jungling, Christian, s. Christian and Susanna;
b. August 20; bap. Oct. 3, 1762;
sp. Christian Schrack and wife.
Fengel, Johann Martin, s. Simon and Apolonia;
b. August 22; bap. Sept. 19, 1762;
sp. Martin Blöckle and wife Catharina.
Kugler, Johan Jacob, s. Michael and Anna Maria;
b. Sept. 10; bap. Oct. 17, 1762;
sp. Carl Rayer wife Maria Elisabeth.
Heilman, Johannes, s. Henrich and Anna Maria;
b. August 8; bap. Nov. 14, 1762;
sp. Johannes Heilman wife Anna Maria.

The Trappe Records.

Krug, Johann Michael, s. Matthaeus and Susanna;
b. August 1; bap. Nov. 21, 1762;
sp. Michael Noll and wife Barbara.
" Catharina, dr. Jacob and Anna Clara;
b. July 4; bap. Nov. 21, 1762;
sp. Wendel Noll and wife Anna Maria.
Stierle, Philip, s. Jacob and Christina;
b. Oct. 14; bap. Nov. 28, 1762;
sp. Philip Roth and wife Anna Maria.
Ickes, Johannes, s. Johannes and Christina;
b. Dec. 11; bap. Dec. 25, 1762.
Busch, Marie Elisabeth, dr. Johann and Anna Maria;
b. July 5; bap. August 8, 1762;
sp. parents.
Phaling (Pawling), Anna, dr. Joseph and Anna;
b. June 6; bap. August 9, 1762;
sp. parents.
Gerber, Johan Carl, s. Benedict and Dorothea;
b. July 12; bap. August 8, 1762;
sp. Carl Rayer and wife.

Anno 1763.

Stock, Anna Margretha, dr. Adam and Susanna;
b. Jan. 19; bap. June 5, 1763;
sp. Henrich Paser, Mathe Kepler, s. Johann.
Kepler, Rayel (Rachel), dr. Tobias and Barbara;
bap. August 21, 1763; b. 14 days before Christmas, 1762
sp. parents.
Weigert, Johan Georg, s. Georg and Magdalena;
b. June 25; bap. August 21, 1763;
sp. Johannes Neiss wife Anna Maria.
Schreier, Magdalena, dr. Leonhard and Catharina;
b. June 3; bap. August 21, 1763;
sp. Georg Weigert's wife Magdalena.
Witmeier, Margreta, dr. Fried and Elisabeth;
b. June 23; bap. August 22, 1763;
sp. Bernard Hirte and wife Magdalena.
Marsteller, Elisabeth, dr. Henrich and Barbara;
b. Oct. 8; bap. Nov. 27, 1763;
sp. Georg Marsteller and wife Elisabeth.
Roth, Johan, s. Philip and Anna Maria;
b. Sept. 4; bap. Oct. 16, 1763;
sp. parents.

The Pennsylvania-German Society.

Becker, Jacob, s. Peter and Elisabeth;
b. and bap. in October, 1760;
sp. Jacob Peterman and Maria Anna.
Rahn, Samuel, s. Caspar and Barbara;
b. August 26, 1763; bap. August 13, 1764;
sp. parents.
Martini, Jacob Fried. Samuel, s. Christian Friedrich and Rosina Barbara;
b. Sept. 21; bap. Oct. 17, 1764;
sp. Magister Jacob Friedrich Schertlin and wife Christina.
Schrack, Anna Maria, dr. Jacob and Maria Elisabeth;
b. Feb. 17; bap. and died March 19, 1764;
Müller, Benjamin, s. Andreas and Maria;
b. August 30; bap. Sept. 1764;
sp. parents.

ANNO 1765.

Haas, Elisabeth, dr. Valentin and Catharina;
b. Nov. 19, 1764; bap. March 17, 1765;
sp. Henrich Pannebecker and wife Susanna.
Obelmann, Johannes, s. Henrich and Magdalena;
b. April 4, 1764; bap. May 12, 1765;
sp. parents.
Ruder, Susanna, dr. George and Margretha;
b. April 1, 1764; bap. May 12, 1765;
sp. Jacob Kötzelmann and wife.
Schrack, Adam, s. Christian and Margretha;
baptised May 12, 1765;
sp. parents.
Eckbredt, Magdalena, dr. Daniel and Catharina;
b. June 7; bap. June 23, 1765;
sp. Nicolaus Schneider and wife.
Mercklin, Johannes, s. Philip and Maria;
b. Dec. 8, 1764; bap. June 23, 1765;
sp. parents.
Fengel, Maria Margretha, dr. Simon and Abelona;
b. Sept. 6; bap. Nov. 3, 1765;
sp. Maria Margretha Fengelin.
Mayer, Peter, s. Michael and Elisabeth;
b. Feb. 18; bap. Nov. 3, 1765;
sp. Valentin Kurtz and wife Anna.
Essig, Michael, s. George and Anna Maria;
b. August 3; bap. Nov. 3, 1765;
sp. parents.

The Trappe Records.

Rahn, Jacob, s. Caspar and Barbara;
b. March 6; bap. Nov. 3, 1765;
sp. parents.

Stock, Elisabeth, dr. Adam and Susanna;
b. Oct. 8; bap. Nov. 3, 1765;
sp. Elisabeth Reinin.

Schrack, Johan Joseph, s. Jacob and Maria Elisabeth;
b. Oct. 13; bap. Nov. 3, 1765;
sp. Adam Bauer and wife Maria Dorothea.

Gerber, Catarina, dr. Benedeck and Dorothea;
b. July 4, 1765; bap. ——
sp. Philip Sperr and wife Dorothea.

Setzler, Maria, dr. Friedrich and Elisabeth;
b. April 19; bap. in May, 1765;
sp. parents.

Anno 1766.

Steck, Catharina, dr. Friedrich and Elisabeth;
bap. Jan. 26, 1766;
sp. parents.

Roth, Philipp, s. Philipp and Maria;
b. Jan. 5; bap. Feb. 23, 1766;
sp. parents.

Heiser, Rahel, dr. Andreas and Sara;
b. Nov. 1, 1765; bap. Feb. 23, 1766;
sp. Peter Reimer and wife Rahel.

Humel, George, s. Henrich and Ursula;
b. Feb. 10; bap. Feb. 23, 1766;
sp. George Veichard and wife Magdalena.

Zimmerman, Friedrich, s. Johannes and Anna;
b. August 24, 1765; bap. March 23, 1766;
sp. Friedrich Freund and wife.

Umstatt, Margretha, dr. Nicolaus and Anna;
b. —— 26, 1765; bap. March —, 1766;
sp. parents.

Herpel, Susanna Margretha, dr. Ludewig and Catharina;
b. Feb. 28; bap. March 23, 1766.

Bender, Johan Jacob, s. Ludewig and Eva Maria;
b. Jan. 1; bap. March 23, 1766.

Pawlin, Rahel, dr. John and Elisabeth;
b. July 10, 1765; bap. March 31, 1766;
sp. parents.

Sahler, Hanna, dr. Valentin and Catharina;
b. August 13, 1765; bap. March 31, 1766;
sp. Adam Protzman wife Hanna.
Pots, Clara, dr. Percyes and Nanny;
b. March, 1765; bap. April 21, 1766;
sp. parents. (Mulattoes.)
Haas, Johan Hartman, s. Hartman and Maria Barbara;
b. Jan. 22; bap. April 29, 1766;
sp. Adam Bauer and wife.
Köhler, Friedrich, s. Friedrich and Catharina;
b. March 7; bap. May 18, 1766;
sp. Herr Doctor Martini and wife.
Schörer, Elisabeth, dr. Conrad and Eva;
b. Feb. 27; bap. May 18, 1766;
sp. Carl Reyer's dr.
Bannert, Margretha, dr. Valentin and Elisabeth;
b. March 26; bap. June 15, 1766;
sp. mother Margretha and stepfather George Essig.
Marsteller, Margretha, dr. Daniel and Elisabeth;
b. March 17; bap. June 15, 1766;
sp. Christian Schrack and wife.
Marsteller, Magdalena, dr. Henrich and Anna Barbara;
b. April 14; bap. June 15, 1766;
sp. Valentin Marsteller and wife.
Bauer, Elisabeta, dr. Nicolaus and wife;
b. March 16; bap. June 15, 1766;
sp. Georg Bisbing wife Elisabeth.
Scharf, Johan George, s. George and wife;
b. Nov. 1764; bap. June 13, 1766;
sp. Johann Frey.
" Magdalena, dr.
b. June 16, 1763; bap. June 13, 1766;
sp. Johan Frey's wife Barbara.
Keiser, Johan Peter, s. Johannes and Elisabeth;
b. July 8, 1765; bap. June 13, 1766;
sp. Johan Peter Marsteller and wife Catharina.
Guth, Isaac, s. George and Margretha;
b. June 1; bap. Sept. 7, 1766;
sp. parents.
Buttern, Johan Carl, s. Johan (dec.) and wife;
b. Nov. 18; bap. Nov. 26, 1766;
sp. mother.

The Trappe Records.

Marstaller, Rebecca, dr. Friedrich and wife;
bap. Nov. 30, 1766;
sp. parents.
Reyer, Johan Carl, s. Michael and Rosina;
b. Dec. 8; bap. Dec. 25, 1766;
sp. grandparents.
Göther, ——— Carl and Sara;
sp. Henrich Hobelman and wife Magdalena

ANNO 1767.

Müller, Joseph, s. Am. and Maria;
b. Dec. 10, 1766; bap. Jan. 25, 1767;
sp. parents.
Bauer, Johannes, s. Carl and Elisabeth;
b. Dec. 14, 1766; bap. April 5, 1767;
sp. parents.
Härt, Catharina, dr. Bernhard and Catharina;
b. April 4; bap. May 3, 1767;
sp. parents.
Bodaschwa, Catharina, dr. Wendel and Margretha;
b. May 15, 1766; bap. May 3, 1767;
sp. parents.
Kreen, Mary, dr. Lewis and Louisa;
bap. May 3, 1767;
sp. parents.
Lesch, Zacharias, s. Henrich and Catharina;
b. Jan. 23; bap. May 17, 1767;
sp. Zacharias Lesch and Christina Bleoytin (?).
Hoffmann, Johannes, s. Henrich and Barbara;
b. Nov. 29, 1766; bap. May 17, 1767;
sp. Johannes Eilig.
Werzeler, Johannes, s. Herrman and Catharina;
b. May 5; bap. June 6, 1767;
sp. Daniel Eckbret and wife Catharina.
Dismann, Daniel, s. Henrich and Elisabeth;
bap. Jan. 8, 1767;
sp. Friedrich Setzler and wife.
Hummel, Johannes, s. Jacob and Eva;
b. June 9; bap. July 26, 1767;
sp. parents.
Gottwald, Johan George, s. Peter and Sophia;
b. March 11; bap. August 23, 1767;
sp. Joh. Georg Imrich and wife.

The Pennsylvania-German Society.

Mayer, Maria Magdalena, dr. Michael and Elisabeth;
b. Feb. 16; bap. Sept. 20, 1767;
sp. Maria Magdalena de Heven.
Gerber, Johannes, s. Benedict and Dorothea;
b. July 4; bap. Sept. 20, 1767;
sp. parents.
Bauer, Michael, s. Michael and Catherina;
b. Feb. 10; bap. Oct. 4, 1767;
sp. parents.
Keyser, Michael, s. Johannes and Elisabeth;
b. Dec. 13, 1766; bap. Oct. 2, 1767;
sp. Grandmother Catherina Marstellerin.
Acker, Jacob, s. Conrad and Barbara;
b. Oct. 19; bap. Nov. 1, 1767;
sp. Jacob Schmid and wife Eva.
Brotzman, Anna Elisabeth, dr. Conrad and Barbara;
b. August 26, 1767; bap. March 31, 1768;
sp. parents.
Seiler, Elisabeth, dr. Valentin and wife ——
b. Sept. 17, 1756.
" Maria, dr. b. Oct. 2, 1758.
" Johann Peter, s. b. August 27, 1760.
" Barbara, dr. b. May 1, 1764
" Hanna, dr. b. August 13, 1765.
" Jonannes, s. b. Jan. 10, 1768.
Schrack, Daniel, s. Christian and Margretha;
b. May 10, 1770; bap. several months later by Rev. Voigt.
Wagenseil, Maria Margretha, dr. Johannes and ——
b. June 2, 1772; bap. Nov. 1, 1772;
sp. Peter Lauge and wife Maria Margretha.
Hummel, Margretha, dr. Heinrich and Ursula;
b. June 2; bap. Nov. 1, 1772;
sp. parents.

ANNO 1773.

Becker, Elisabeth, dr. Peter (Junior) and Elisabeth;
b. Jan. 12; bap. Jan. 16, 1773;
sp. Carl Reier and wife Elisabeth.
Marsteller, Anna Margretha, dr. Heinrich and Barbara;
b. Sept. 12, 1770; bap. Jan. 22, 1773.
" Heinrich, s.
b. Dec. 10, 1772; bap. Jan. 22, 1773;
sp. parents.

The Trappe Records.

Vetterrolf, Elisabeth, dr. Philip and Christina;
b. April 13; bap. May 9, 1773;
sp. Wilhelm Vetterrolf, Elisabeth Reichardin.
Puff, Catharina, dr. Valentin and wife;
b. Feb. 28; bap. May 9, 1773;
sp. Nicolaus Pittel.
Rose, Friedrich, s. Heinrich and Catharina;
b. June 9; bap. July 4, 1773;
sp. parents.
Zimmerman, Catharina, dr. Friedrich and Barbara;
b. April 20; bap. July 4, 1773;
sp. parents.
Bohner, Hanna, dr. Tobias and Amalia;
b. May 4, 1771; bap. July 4, 1773;
sp. parents.
Finckenbeiner, Maria Catharina, dr. Conrad and Maria;
b. Nov. 11; bap. Dec. 19, 1773;
sp. Hennrith Kiele, Catharina Herpeln.

ANNO 1774.

Becker, Joseph, s. Peter (Junior) and Elisabeth;
b. Jan. 3; bap. Jan. 16, 1774;
sp. Carl Reier wife Elisabeth.
Kebler, Maria, dr. Johannes and Maria Magdalena;
b. Feb. 7; bap. March 13, 1774;
sp. Maria Kleiner.
Bender, Isaac, s. Ludewig and Eva Maria;
bap. March 13, 1774;
sp. parents.
Setzler, Maria, dr. Friederich and Elisabeth;
b. Jan. 7; bap. March 13, 1774;
sp. Rudolph Essig and Maria.
Schnell, Jacob, s. George and Anna Dorothea;
b. Dec. 23, 1773; bap. March 13, 1774;
sp. parents.
Beck, Elisabeth, dr. Nicolaus and Sophia;
b. Feb. 5; bap. April 4, 1774;
sp. Ludewig Herpel wife Anna Catharina.
Heppler, Anna Margaretha, dr. George and Maria;
b. Feb. 9; bap. April 4, 1774;
sp. Philipp Gabel wife Margaretha.
Marsteller, Rebecca, dr. George and Elisabeth;
bap. April 4, 1774, age 4 years.

The Pennsylvania-German Society.

Marsteller, Johannes, s.
    b. Feb. 16, 1773; bap. April 4, 1774;
    sp. parents.
Kugler, Maria Elisabeth, dr. Matthias and Elisabeth;
    b. Oct. 26, 1773; bap. April 4, 1774;
    sp. Elisabeth Reiern.
Mercklin, Phillip, s. Jacob and Maria;
    b. Nov. 10, 1773; bap. April 10, 1774;
    sp. Philipp Mercklin and wife Maria.
Boletheen, Valentin, s. Jonathan and Elisabeth;
    b. March 18; bap. April 10, 1774;
    sp. Valentin Scherer wife Maria Catharina.
Brotzmann, Joseph, s. Jacob and wife ——
    b. April 10, 1774; bap. May 8, 1774;
    sp. parents.
Schrack, Susannah, dr. Christian and wife ——
    b. March 5; bap. April 11, 1774;
    sp. parents.
Roos, Elisabeth, dr. Heinrich and Catharina;
    b. Jan. 3; bap. May 17, 1774;
    sp. parents.
Wagner, Jacob, s. Lebrecht and Diana;
    b. May 5; bap. June 5, 1774;
    sp. Jacob Klein wife ——
Beyer, Isaac, s. Conrad and Elisabeth;
    b. June 10; bap. July 31, 1774;
    sp. Valendin Beyer, Anna Catharina Seydelin.
Brotzmann, Johann Peter, s. Conrad and Barbara;
    b. Feb. 22, 1771; bap. Sept. 25, 1774;
    sp. Peter Marsteller, Anna Maria.
Rohrmann, Johannes, s. Conrad and Elisabeth;
    b. Sept. 4; bap. Sept. 25, 1774;
    sp. Georg Adam Ekolf wife Elisabeth.
Lesch, Catharina, dr. Heinrich and Catharina;
    b. August 3; bap. Sept. 25, 1774;
    sp. Martin Bleckle wife Catharina.
Febinger, Johannes, s. Adam and Elisabeth;
    b. Sept. 17; bap. Oct. 23, 1774;
    sp. Adam Febinger and Catharina.
Reier, Elisabeth, dr. Johannes and Catharina;
    b. June 9, 1772.
" Anna Maria, dr. b. Oct. 22, 1773.

The Trappe Records.

Reier, Catharina, dr.
b. Nov. 13; bap. Dec. 18, 1774.
" Maria, dr.
bap. Sept. 21, 1777;
witness, Maria Kuglerin; sp. parents.
Finckbeiner, Johan Valentin, s. Jacob and Maria Magdalena;
b. Sept. 10; bap. Dec. 18, 1774.

ANNO 1775.

März, Margretha, dr. Daniel and Susanna;
b. Sept. 10, 1774; bap. Jan. 1, 1775;
sp. Abraham Kern, Catharina Bleckte.
Fost, Maria Elisabeth, dr. Henrich and Susanna;
b. July 29, 1774; bap. Jan. 1, 1775;
sp. Daniel März and Susanna.
Brotzmann, Sara, dr. Jacob and Hanna;
b. October 12, 1774; bap. March 12, 1775;
sp. Adam Brotzmann wife ———
Leimann, Heinrich, s. Jacob and Anna Margretha;
bap. Sept. 24, 1775, age 9 months;
sp. Jacob Klein wife Anna Maria.
Rose, Anna Maria, dr. Heinrich and Catharina;
b. Oct. 6; bap. Nov. 19, 1775;
sp. Johannes Herpel, Maria Kleinen.

ANNO 1776.

Miller, Elisabeth, dr. Ehrhard and Margaretha;
b. Jan. 18; bap. March 7, 1776;
sp. parents.
Brotzmann, Johan Michael, s. Conrad and Barbara;
b. March 6, 1773; bap. March 7, 1776;
sp. parents.
Fincbeiner, Jacob, s. Phil. Jacob and Maria Magdalina;
b. Feb. 9; bap. March 4, 1776;
sp. Jacob Rieser wife Margaretha.
Diel, Jacob, s. Jacob and Elesabeth;
b. Feb. 24; bap. April 7, 1776;
sp. George Heppler wife Maria.
Heppler, George, s. George and Maria;
b. March 18; bap. April 7, 1776;
sp. Jacob Diel and wife Elesabeth.
Poleton, David, s. Jonathan and Elesabeth;
b. March 17; bap. April 7, 1776;
sp. parents.

The Pennsylvania-German Society.

Heilig, Johann Georg, s. Johannes and Elesabeth;
b. Sept. 1, 1775; bap. May 5, 1776;
sp. parents.

ANNO 1777.

Brotzmann, Conrad, s. Conrad and Barbara;
b. Oct. 14, 1776; bap. May 26, 1777;
sp. parents.

Kalb, Christina, dr. Johannes and Elisabeth;
b. March 21; bap. May 26, 1777;
sp. Catharina Neuman.

Brion, Johan Martin, s. John and Christina;
b. Dec. 31, 1776; bap. June 13, 1777;
sp. Martin Bleckle wife Catharina.

Seiler, Valentin, s. Valentin and Catharina;
b. March 13; bap. July 13, 1777;
sp. Hieronimus Seiler wife Maria.

Finckbeiner, Jacob, s. Jacob and Maria Magdalena;
b. August 12; bap. Nov. 16, 1777;
sp. Michael Schellig, Susanna Finckbeinerin.

Raboteau, Carles Cornelius Henry Melchoir, first born son of Charles Cornelius and Mary Elisabeth;
b. Oct. 15, 12 o'clock at night, 1756; bap. Oct. 23;
God-fathers Henry Melchior Muhlenberg and the father.

Raboteau, Elias John Melchisedech, a second son;
b. Dec. 27, 1758, about 7 o'clock in the evening; bap. Jan. 4, 1759;
God-fathers, Elias Melchisedech Raboteau and John Nicolaus Klein.

Roth, John Jacob, s. Jacob (deceased) and widow Mary Ann;
b. Oct. 14, 1765; bap. six weeks later at New Hanover by Rev. Buskerk.
sp. Jacob Pittel.

HISTORIC VESSELS OF THE EV. LUTH. AUGUSTUS CONGREGATION.

CHALICE. FLAGON (INSCRIPTION G. F.)
COMMUNION PLATE. COMMUNION PLATE.
CHALICE. ORIGINAL PULPIT BIBLE. FLAGON (INSCRIPTION AD. H. M.)
ANCIENT MINUTE BOOK. BAPTISMAL LAVER. COMMUNION PLATES.

(FROM SESQUI-CENTENNIAL MEMORIAL.)

AUGUSTUS EV. LUTHERAN CHURCH
TRAPPE, PA.

RECORD OF
MARRIAGES
CONFIRMATIONS
AND
BURIALS
WITH A LIST OF THE
CONTRIBUTORS TO PASTOR'S SALARY
NOV. 27, 1760.

MARRIAGES.
(REV. JOHANN CASPAR STOEVER.)

March 18, 1730.
    Raush, Daniel
    Opdografsin, Elisabeth

April 27, 1730.
    Sebastia, Andreas
    Krausin, Elisabeth

October 20, 1730.
    Bergheimer, Johan Caspar
    Hauserin, Elisabeth Catharina

February 12, 1731.
    Müller, Johan Jacob
    Hartmannin, Anna Maria Appolonia

April 10, 1733.
    Geelwichs, Friedrich Heinrich
    Bulerin, Maria Dorothea

July 1, ——?
    Beyer, Andreas
    Bergheimerin, Susanna Catharina

January 8, 1734.
    Kohl, Johan Georg
    Beerin, Barbara

May 21, 1734.
    Amborn, Christoph
    Klauerin, Susanna

December 3, 1734.
    Corper, Nicolaus
    Marstellerin, Anna Margretha

December 29, 1734.
    Wertz, Jacob
    Hofin,(?) Anna Barbara

January 10, 1735.
    Bien, David
    Tabernien, Elisabetha

    Crösmann, John George
    Schrakken, Eva Barbara
        eldest dr. Hans Jacob and Euphrosina

October 9, 1735.   [REV. FALK OR ENEBERG.]
    Kun, Johan Adam Simon
    Schrackin, Anna Maria Sarina
        youngest dr. Hans Jacob Euphrosina

December 11, 1740.   [Probably by DYLANDER.]

The Pennsylvania-German Society.

            Unterkofner, Johan Jacob
            Schmiedin, Maria Eva, from Goshoppen
              living in Friederich Township
——————, 1744.
            Leber, Philipp (Lutheran)
            Mullerin, Anna Margretha (Reformed)
March 12, 1745. living on the Schippach, [Pastor BRUNHOLTZ.]

            (REV. MUHLENBERG.)
            Schoimer, Conrad (widower)
            Nussin, Anna Margretha (widow)
February —, 1745.
            Heilman, Jurg Adam
            Dufrene, Elisabeth
              beyond the Schuylkill
March —, 1745.
            Appele, George
            Manzerin, Maria Juliana
March —, 1745. (in Philadelphia)
            Stambach, Johann Philip
            Kuhezin, Maria Christina
——————, 1745. (In the Oley Mountains)
            Kuhez, Johan Bernhard
            Eberhardin, Catharina Elisabeth
——————, 1745. (In the Oley Mountains)
            Reiter, Johannes (widower)
            Carlin, Anna Maria
December 31, 1745.
            Gaugler, Johannes Kilian
            Bittelin, Anna Margretha
November 19, 1745.
            Campbell, John
            Ball, Anna
              (In Philadelphia Co.) By license dated April 4, 1744.
            Israel, Michael
            Lamplugh, Mary
              By license d. February 22, 1745-6.
            Merckel, Abraham
            Ickesin, Anna Barbara
September — 1745.
            Götthy (?) Beatus
            Jürgerin, Catharina Elisabeth
March 6, 1746.

The Trappe Records.

    Wagner, Johannes
    Dürrin, Anna Barbara
———— 1746 (?)
    Büchle, Christian
    Friedrichsen, Catharina
———— 1746. (?)
    Nagel, Conrad
    Peterman, Margretha (widow)
April 17, 1746,   on the Schippach.
    Preiss, Daniel
    Weychhardin, Johanna
May 22, 1746.
    Scheibele, Johan Jacob
    Schäfer, Anna Catharina (widow Ludewig.)
July 6, 1746.
    Denk, (?) Johan Simon (widower)
    Schulzin, Catharina Dorothea
July 8, 1746.
    Nunemacher, Johannes
    Müllerin, Maria
July 20, 1746.   living in Indian field
    Ernst, Johan Wendel (widower)
    Davidsin, Maria (widow)
August 5, 1746,   beyond the Schuylkill.
    Meissenheimer, Johan Jacob
    Reiterin, Anna Margretha
November 16, 1746.
    Wagner, Jürg Adam, s. Hanes Jürg
    Schmiedin, Anna Catharina, dr. Hans Jürg
January 8, 1747,   at Goshoppen.
    Müller, Andreas
    Ehewaldin, Anna Maria, dr. Ludewig
February 5, 1747,   m. publicly.
    Schiring, Johann Nicol
    Molzin, the virgin dr. Schoolmaster Molzen
March 12, 1747,   at Matecha.
    Kittelman, Johann Peter (widower)
    Hitzbergerin, Anna Juliana
May 10, 1747,   beyond the Schuylkill.
    Lindeman, Johan Heinrich s. Justus.
    Uhlin, Anna Margretha
May 26, 1747,   both Reformed rel.

The Pennsylvania-German Society.

May 4, 1747.
    Heiser, Valentin
    Howin, Anna

    Moritz, Wilhelm
    Heiselin, Anna Maria

July 21, 1747.
    Wambold, Adam (widower)
    Dannhauserin, Ottilia

August 16, 1747.
    Pab, Johann Conrad (widower)
    Lehrin, Margretha

August 16, 1747.
    Vogle, Johan Jürg
    Sämin, Maria Catharina

September 22, 1747, at Goshoppen.
    Müntz, Benedict (widower)
    Reilin, Schön: Elisabeth (widow)

September 30, 1747, in Colebrookdale twp.
    Vetter Michael (from Elsass)
    Schmiedin, Maria Catharina step dr. Simon Pelzen

November 24, 1747.
    Koch, Heinrich s. Johannes
    Beierin, Anna Maria dr. Jacob

December 15, 1747, live in New Hanover twp.
    Gmelin, Christian
    Heiserin, Christina

December 29, 1747, at Matetcha.
    Linck, Adam
    Müllerin, Elisabeth

January 31, 1748.
    Gerber, Johann Adam
    Schleucherin, Anna Maria

February 15, 1748, in Limbourg twp.
    Jäger, Johannes
    Schneiderin, Eva Elisabeth

April 12, 1748, in New Hanover twp.
    Rambow, Peter
    Peters, Mary dr. Peter

April 13, 1748, in Providence twp.
    Wolffer, Simon
    Baumanin, Maria Margretha

April 14, 1748, in the Swedes church Philadelphia.

The Trappe Records.

April 26, 1748.
    Weichel, Johan Christoph
    Hillin, Catharina
        at New Hanover.

May 31, 1748.
    Matthes, Mathias
    Davis, Mary

June 15, 1748.
    Loos, Christoph (widower)
    Heinrichin, Dorothea (widow)

July 31, 1748,
    Streil, Leonhard
    Reimerin, (widow)
        by License at Raritan (N. J)

August 17, 1748.
    Früh, Jacob (widower)
    Roserin, Maria Dorothea

August 31, 1748,
    Griffith, Abraham (widower)
    Harris, Sarah
        living in Chester Co.

September 11, 1748.
    Wentz, Valentin
    Jenneweinin, Anna Barbara

September 11, 1748.
    Theus, John Henry
    Johnson, Anna Mary (widow)

September 20, 1748.
    Hippel, Johannes
    Hässin, Maria Catharina

November 14, 1748, at Comerytown.
    Hatten, John
    Evans, Esther

November 20, 1748.
    Stepelton, Robert
    Richardtin, Catharina (widow)

November 20, 1748, at Oley.
    Bostert, Samuel
    Engelin, Catharina

Nevember 24, 1748, at New Hanover.
    Angel, Philip
    Schmiedin, Anna Maria

December 11, 1748.
    Schuler, Lamburtus (widower)
    Larichin, Maria Ursula

The Pennsylvania-German Society.

ANNO 1749.

  MaCochly, Cornelius
  Parker, Johanna (widow Stephen Müller)
January 16, 1749.
  Renn, Bernhard (widower)
  Riegelin, widow Sibitta
January 19, 1749.
  Brachen, Caspar (widower)
  Lauterin, Sophia Margretha (widow Philip)
February 14, 1749.
  Hopkin, William
  Mory, Christina (widow)
April 2, 1749.
  Fried, Philip
  Benerin, Regina
April 13, 1749. at New Hanover township by license dated April 10.
  Megrawh, Francis
  Cavenahnoh, Susannah (widow)
May 1, 1749.
  Wambold, Adam (widower)
  Petzin, Eva Catharina
June 18, 1749.
  Johns, Daniel
  Morgan, (widow of James)
July 3, 1749, in Lancaster county.
  Gutman, Christoph
  Rügnerin, Catharina
July 24, 1749, in Upper Milford.
  Huber, Michael
  Lahrin, Barbara
August 22, 1749, at New Goshoppen.
  Becker, Johan Dieterich (widower)
  Muthhardtin, Anna Barbara (widow)
September 5, 1749.
  Jürger, Veit
  Rennin, Sybilla (widow)
November 20, 1749.
  Schmied, Peter
  Krausin, Maria
November 28, 1749.
  Simon, John
  Scot, Elisabeth
December 25, 1749, in Providence township.

The Trappe Records.

MacRay, William
Edmondson, Margreth
December 25, 1749, in Providence township.

ANNO 1750.

Liebegut, John Adam
Gansertin, Christina
January 4, 1750,   in New Hanover township.
Fetter, Johan Philip
Schumannin, Anna Margretha
February 19, 1750,   in Vincent township, (Chester county).
Zing, Michael
Ryel, Mary
February 20, 1750,   in Coventry township, (Chester county).
Hoven, Jacob
Buckerin, Margretha
March 8, 1750.
Hörner, Christian
Krebsin, Barbara
March 22, 1750.
Schrack, Johan Jacob
Mühlhanin, Elisabeth
March 22, 1750.
Protzman, Jurg Adam
Sühlerin, Anna Martha
March 22, 1750.
Loag, Samuel
Handly, Mary
April 2, 1750,   both of Chester county.
Sauer, Friedrich
Schmiedin, Anna Margretha
April 3, 1750,   live at Schippach.
Gatter, Martin
Schäferin, Maria Catharina
April 8, 1750,   live in Philadelphia.
Blair, John
Johns, Elisabeth (widow of John)
May 28, 1750,   in Worchester township.
Wolfgang, Johan Nicolaus (widower)
Weberin, Catharina (widow)
June 1, 1750.
Cooper, James
Simmons, Mary
June 16, 1750,   of Providence township.

The Pennsylvania-German Society.

	Hofman, Joh : Michael (widower)
	Schedlerin. Engel
July 2, 1750,	in New Hanover township.
	Schmell, Adam
	Rielin, Catharina Barbara
July 31, 1750.	
	Reinhard, John Peter
	Sieden, Maria Clara (servant maid of Val. Steinmetz.)
August 7, 1750.	
	Schädler, Johan Jurg (widower)
	Bechtelin, Anna Maria wid. Jurg.
August 7, 1750.	
	Schmied, Walter (widower)
	Scheidin, Anna Maria (widow)
August 12, 1750,	in Coventry township.
	Schmied, Adam, from New Hanover township.
	Behnerin, Gertraut
October 9, 1750,	by license.
	Müller, Heinrich
	Kleinin, Susannah Margretha
October 16, 1750,	in Providence.
	Schnauber, Johann Heinrich from Menissing, [sic] N J.
	Hillbartin, Anna Maria, dr. Jürg Adam
October 29, 1750.	
	König, Michael (widower)
	Kachlerin, Eva
December 2, 1850,	m. across the Schuylkill, in Muhlenberg's name by Pastor Johan Philip Leidich.
	Croesman, Friedrich
	Stagerin, Susannah
December 6, 1750.	

ANNO 1751.

	Mäurer, Johan Jacob (wid)
	Weitzelin, Margretha
January 2, 1751,	over the Schuylkill.
	Wirth, Johan Martin
	Grabilerin, Anna Maria
January 21, 1751,	at New Hanover.
	Schnell, Johann Jacob, schoolmaster at Schippach.
	Schlottin, Anna Margretha (widow)
January 31, 1751.	
	Hausler, Andreas (widower)
	Zinckin, Maria
February 5, 1751,	live in Whitpain township, on the Schippach.

The Trappe Records.

February 24, 1751,
    Jaxtheimer, Johann Philip
    Adams, Catharine
    Carl Rayer's servants m. with consent of the Master for necessity.

March 21, 1751,
    Schooling, Francis
    Powel, Elisabeth
    in Providence township.

March 31, 1751,
    Schäfer, Philip Jacob
    Jungin, Anna Margretha
    live Across the Schuylkil.

April 11, 1751,
    Sahler, Johann Michael s. Peter
    Engelin, Elisabeth
    in Providence.

April 22, 1751.
    Heilman, Heinrich (widower)
    Bersons, Anna Maria dr. Heinrich

April 25, 1751.
    Rehkopf, Friedrich
    Schambachin, Elisabeth

April 25, 1751.
    Bahrt, Johan Peter
    Linckin, Catharina dr. Jacob (dec)

April 28, 1751,
    Croesman, Balthasar (widower)
    Fuchsin, Anna Maria
    at Molatton.

April 30, 1751.
    Schwenck, George
    Merckelin, Veronica dr. Jacob

November 17, 1751.
    Corker, Robert
    Farrel, Helena

November 19, 1751.
    Meisheimer, Casimir (Lutheran)
    Brandtin, Margretha (Reformed)

December 10, 1751,
    Beck, Christian Heinrich (servant)
    Fröhlichin, ———
    m. with consent of John Potts.

ANNO 1752.

January 5, 1752,
    Osterman, Bartholomaeus
    Jagerin, Dorothea
    beyond the Schuylkill. [This was the first marriage by Rev. Pastor (Friedrich) Schultz.]

The Pennsylvania-German Society.

      Schlanacker, Michael (widower)
      Wustin, Eva Filicitas (widow Caspar)
January 19, 1752, in New Hanover.
      Schilling, Johannes
      Glimmin, Anna Maria
February 2, 1752, former servants of Rev. H. M. Muhlenberg.
      Hawk, John
      Johnson, Mary
February — 1752, Former servants of Mr. Rochard Nord in Providence township.
      Scheumer, Friedrich
      Bachin, Magdalena
February 7, 1752, live beyond the Schuylkill.
      Haag, Jacob (widower)
      Eberhardtin, Catharina (servant girl to Rev. Muhlen-
February 16, 1752. berg.)
      Silber, Jürg
      Schmiedin, Margretha (widow)
February 18, 1752.
      Schnerr, Wendel
      Lohrin, Eva
February 23, 1752, Former servants of Theobald Endt, now live in Pikestown, (Chester county.)
      Eble, Johan Adam, stepson Jürg Beck
      Gmelin, Maria Sophia, dr. Matthias
March 31, 1752.
      Rothermel, Leonhard
      Joakims, Mary, dr. Jonas
March 31, 1752.
      Zoll, Johann Heinrich
      Runckelin, Margretha
March 31, 1752, at Schippach.
      Jans. Philip
      Detweilerin, ——
April 28, 1762, live at Schippach.
      Wohlfarth, Adam
      Wiegelin, Anna Maria
April 28, 1752, live at the Iron works beyond the Schuylkill (Chester county).
      Williams, John
      Rose, Nanny
August 2, 1752, m. in the church of Providence; they live over the Schuylkill (Chester county)

The Trappe Records.

Schweinhard, Jürg, from New Hanover
Schmiedin, Anna Maria, Ackers step-dr. from Limerick township, m. Providence church.

(*Here Commences the New Stylus.*)

Beyer, Philip
Gratzin, Elizabeth (widow)
October 24, 1752,　in Providence church, both were former servants, but now free.
Busch, Johan Nicol (widower)
Fuchsin, Anna Maria
November 23, 1752, formerly servants in Chester county, but now free according to Indenture.
Heim, Valentin
Rees, Jane
November 23, 1752. both born at Pikestown, Chester county.
Moser, Christian
Graberin, Magdalena
December 21, 1752. both from Schippach.

ANNO 1753.

Schmid, Heinrich
Franzin, Anna Maria
January 2, 1753,　beyond the Schuylkill.
Schleyter, Friederich
Giessin, Catharina, dr. Nicolaus
January 2, 1753,　beyond the Schuylkill.
Bauer, Adam
Kollerin, Dorothea, Mr. Marstellar's former servant.
January 25, 1753.
Rav, Robert, an Irishman
Pfeisterin, Catharina
February 18, 1753.
Jung, Johan Peter, s. David
Fahdin, Anna Magdalena, dr. Jacob.
February 20, 1753.
Davis, John, from Wales
Langin, Anna
February 22, 1753.
Unstatt, Herman (widower)
Adams, Abigail (single)
March 6, 1753.

The Pennsylvania-German Society.

	Magens, Heinrich (widower)
	Weydin, Catharina
June 11, 1753.	
	Priess, Heinrich
	Burchardtin, Margretha, step-dr. Theobald Lange.
June 11, 1753.	
	Walter, Robert
	Chambers, Elisabeth
June 19, 1753,	living in Vincent township, Chester county.
	Staud, Friedrich
	Gerberin, Christina
June 25, 1753.	
	Stostlet, Johan Michel
	Engelin, Elesabeth
July 1, 1753,	at New Hanover
	Bradford, Hugh
	Schrack, Catharina dr. of widow Eva Rosina
June 20, 1753.	
	Rauss, Lucas (Reverend pastor)
	Gemlingin, Anna Sophia youngest dr. Emrici
August 7, 1753.	
	Spannagle, Johan Ludwig
	Ludewig, Anna Maria, dr. Johann Philip
September 2, 1753,	living in Chester county
	Ickes, Johann
	Müllerin, Christina dr. Johannes from New Hanover
September 4, 1753.	
	Simon, Anthon (widower)
	Waldin, Euphronica, widow Caspar
September 20, 1753,	at Schippach.
	Klinger, Johannes b Odewald
	Fussin, Christina dr. Johan Nicolaus
October 25, 1753,	at New Hanover.
	Rau, Johannes s. Friedrieh
	Heldin, Catharina dr. Hans Peter
October 25, 1753,	at New Hanover
	Held, Johan Ludewig s. Hans Peter
	Rauin, Maria Magdalena dr. Friedrich
October 25, 1753,	at New Hanover.
	Vogler, Andreas
	Barthin, Catharina
November 11, 1753.	

The Trappe Records.

    Bechtold, Philip Jacob
    Mackelin, Anna Maria dr. Christoph
November 20, 1753.
    Du-frene, Peter
    Schewerin, Eva
November 20, 1753.
    Croesmann, Johan Nicolaus, s. Hans Jurg
    Langenückerin, Elisabeth
November 27, 1753, by license dated November 20, 1753.
    Langler, Jacob
    Köhlerin, Catharina, dr. Heinrich
October 16, 1753, at New Hanover.
    Henkenius, Bernhard (widower)
    Eirichs, Margretha (widow)
December 2, 1753, at New Hanover.
    Heible, Christoph
    Schuppin, Sophia Catharina
December 9, 1753, m. in Augustus church.
    Marstellar, Heinrich, s. Friedrich
    Vossin, Barbara, dr. Adam
December 13, 1753.
    Fröhlich, Nicolaus, s. Johannes
    Wartmannin, Christina, dr. Adam
December 18, 1753, at New Hanover.
    Burk, William
    How, Anna, widow of Valentin Heiser.
December 20, 1753, by license dated Dec. 18.
    Stoner, Frideric
    Op de Graf, Debora.
        Servants of Mr. Brooks in New Hanover, who had previously transgressed the 6th Commandment.
        m. in presence of Mr. George Jürger, Andreas Kebner, Jürg Beck, Heinrich Krebs and Mr. Brooks.

Anno 1754.

    Evans, Benjamin, s. Justice Evans
    Rees, Hanna
January 10, 1754, before evidences in church.
    Pears, Lewis
    Hammer, Mary
January 17, 1754, after publication in Providence township.

The Pennsylvania-German Society.

	Robison, Thomas
	Simons, Jane
January 20, 1754,	in Providence township.
	Von Campe, Frantz Carl [widower]
	Hoppenheimerin, Margretha [widow]
January 29, 1754,	at New Hanover.
	Davis, Simon
	Reuterin, Margretha [widow]
January 31, 1754,	after publication.
	Petz, William, stepson John Frölich
	Butler, Mary, dr. Richard
February 4, 1754,	in Chester county after publication.
	Hummel, Johan Heinrich [widower]
	Marstellerin, Ursula, dr. Peter
February 5, 1754,	m. in church.
	Pietermann, Heinrich [Reformed]
	Essigin, Maria Anna
February 7, 1754,	proxy for Pastor Leydig
	Hofman, Adam
	Vetterin, Anna Christina
February 19, 1754,	at Schippach.
	Gross, Jacob (as widower)
	Schuberin, Maria Magdalena (widow)
February 19 1754,	at Schippach.
	Jürger, Johannes
	Kleinin, Sybilla, dr. Isaac
March 7, 1754.	
	Lightcape, Solomon
	How, Mary, dr. Thomas
April — 1754.	
	Hörner, John Michael
	Krebsin, Anna Maria, dr. Simon
March 12, 1754.	
	Diel, Christian
	Krebsin, Regina, dr. Henrich
May 6, 1754,	m publicly in New Hanover.
	Schultz, Friederich (wohl Ehrwürdiger Herr Pfarrer)
	Lochmanin, Maria Catharina
May 8, 1754,	properly married in Lutheran (Trappe) church.
	Wolfenger, Peter
	Wagnerin, Sophia
May 14, 1754,	m. in Parsonage, both from Chester county.

The Trappe Records.

	Carl, Johannes (widower)
	McEntire, Catharina
May 31, 1754,	m. publicly, both living in Pikestown.
	Raup, Michael, s. Peter
	Meyerin, Maria Elisabeth, step-dr Christoph Büttebinder
June 11, 1754,	from Williams township.
	Matthies, Christina
	Conradin, Maria Magdalena
August 3, 1754,	by another pastor after bans were read three times, both from Matetscha.
	Gassänger, Johan Georg
	Brunner, —— [widow Paul]
August 3, 1754,	by Justice Rowland Evans after banns were called three times.
	Beck, Andreas
	Bucherin, Catharina
July 30, 1754,	by Pastor Heinzelman.
	Setzler, Friedrich, s. Philip
	Borgerin, Elisabeth, dr. Christian
August 5, 1754,	m. in Augustus church.
	Behringer, Heinrich, s. Jacob
	Rupin, Anna Maria, dr. Martin
August 19, 1754,	in the church.
	Krieger, Caspar, (formerly Mbg's servant)
	Von Burg, Catharina (widow)
October 1, 1754.	
	Ziegler, Christian (widower)
	Stauch, Rosina, Joh. Schrack's servant girl
October 22, 1754,	m. in Chester county
	Vogler, Jurg (widower)
	Isen, Dorothea Elisabeth, widow Caspar
October 24, 1754,	in Providence.
	Breysach, Michael
	Fischerin, Barbara, dr. Peter.
November 10, 1754.	
	Oberdorf, Johan Adam (widower
	Schlauferin, Anna Maria
November 11, 1754,	in New Hanover.
	Zehrfass, Friedrich
	Fadin, Margretha
December 17, 1754,	at Matetcha.

The Pennsylvania-German Society.

ANNO 1755.

    Müller, Andreas
    Kieferin, Elisabeth
February 13, 1755, at Schippach.
    Rehkoff, John Nicolaus (widower)
    Manhardt, Margretha Gertraut (widow)
March 2, 1755, in the chnrch.
    Leonhard, Hans Michael [Roman Catholic]
    Numerichin, Elisabeth Catharina
April 8, 1755, in Jürg Weichardt's house.
    König, Johannes
    Schmiedin, Margretha, dr. Jost
April 10, 1755, in the church.
    Jung, Christoph, s Wendel
    Matherin Eva, Robert White's servant girl
April 10, 1755.
    Kirchner, Friedrich
    Arendsen, Anna Barbara, dr. Peter
April 13, 1755.
    Wiesler, Johan Michael (widower)
    Schreierin, Eleonora (widow Jürg)
April 13, 1755.
    Tappe, Jost Heinrich (widower)
    Schneiderwin, Anna Maria
April 22, 1755, living in New Hanover.
    Zimmerman, Peter
    Mackesin, Anna Maria, Peter Schrack's former servant.
May 1, 1755.
    Heil, Jacob
    Müllerin, Anna
May 11, 1755, both servants of Michael Rodabach, with his consent at the ' cricked Bille" (Crooked Billet)
    Stumpf, Johan Peter (widower)
    Pflantzin, Anna Catharina (widow)
May 27, 1755, in New Hanover.
    Strobel, Johan Michael
    Mutschler, Anna Barbara (widow Johannes)
June 29, 1755, at New Hanover.
    Krug, Joh. Jacob
    Nollin, Clara, dr. Michael
August 17, 1755.
    Frohäuser, Johan Kraft, as a widower
    Weltin, Christina, as a widow
September 7, 1755, in New Hanover.

The Trappe Records.

  Croesman, Hans Jürg (widower)
  Hermanin, Eleonora (widow)
September 9, 1755.
  Collaghan, John
  Russel, Mary
September 16, 1755, after three times publishing in Providence township.
  Acker, Anthon
  Schmiedin, Anna Maria
October 9, 1755, properly in Providence church, live in Vincent township, Chester county.
  Schüttler, Johan Ludewig
  Kalbin, Maria Barbara, dr. Martin
October 28, 1755, properly in Providence church.
  Fuchs, Johannes
  Schilligin, Catharina, dr. Philip
October 28, 1755, in the church.
  Hartman, Johan Jürg (widower)
  Edelmannin, Maria Barbara
November 30, 1755, at Colebrookdale.
  Cullagan, Thomas
  Horstin, Anna Catherina
December 2, 1755, in Providence in presence of witness, formerly servants to William Butt.
  Stauch, Nicolaus
  Allemannin, Elisabeth
December 21, 1755, from Tomenson township.
  Gilbert, Jurg
  Marolsin, Margretha
December 30, 1755, at New Hanover.
  Joachim, Jacob
  Mühlhaus, Maria Christina, dr. Peter, (dec'd)
December 30, 1755, at Providence.

ANNO 1756.

  Goeler, Johan Michael
  Müllerin, Anna Margretha, dr. Nicolaus
February 29, 1756.
  Richardson, William
  Robison, Elizabeth
March 3, 1756, in Providence township.

The Pennsylvania-German Society.

	Schneider, Nicolaus
	Heinrichs, Magdalena, (w. Johan)
March 4, 1756.	
	Campbel, George
	Mercil, Grace, widow of Dennis Bryan
March 5, 1756,	after three times publishing.
	Schlätzer, Johan Jacob
	Spring, Susannah widow Caspar
March 7, 1756,	live in Limbrick [sic] township.
	Davis, Isaac
	North, Sophia
March 1?, 1756.	
	Jones, Mounce
	Jocum, Margreth dr. Jonas
March 25, 1756,	in Douglas township.
	Kautz, Joh, Jürg, Thomas Belfield's servant
	———— [his Wench]
March 25, 1756,	from Necessity.
	Schmied, Johan David
	Rollerin, Jacobina dr. Jacob
April 8, 1756,	at New Hanover.
	Zoller, Peter [widower]
	Hertlein, ——— [widow]
May 12, 1756,	at Schippach
	Gebhard, Jacob (widower)
	Althausin, Anna Maria
June 8, 1756,	beyond the Schuylkill.
	Boulton, Thomas
	Robison, Mary
June 15, 1756,	in Providence, after three times publishing.
	Stäudle, Jacob
	Hufin, Catharina
June 24, 1756,	in the church, live in Matetcha.
	Dressler, Jürg
	Klemmin, Catharina
July 4, 1756,	in Augustus church.
	Bredo, Martin
	Rothin, Maria Dorothea, [widow]
July 5, 1756,	after three Sunday Proclamations.
	Griesle, Jurg (widower)
	Jagesin, Catherina (widow)
August 8, 1756,	in New Hanover. (not paid)

The Trappe Records.

              Kop, Jacob
              Behrens, Catharina
August 15, 1756,   from New Hanover.
              Schuler, Christian
              Zauterin, Juliana
August 23, 1756,   in Molotton church.
              Köhler, Henrich
              Heldin, Anna Margretha
September 5, 1756,   in New Hanover.
              Stein, Johannes, s. Adam
              Wollertin, Elisabeth
September 13, 1756,   in Chester county.
              Dannefaltzer, Jacob
              Heinrichs, Anna Barbara, dr. Wendel
September 13, 1756,   both from Pikestown.
              Schleuter, Peter
              Heilmannin, Magdalena, dr. Johannes
September 13, 1756,   at Pikestown.
              Ward, Joseph
              Reece, Elisabeth
October 5, 1756,   by authority of license dated October 2, both from Philadelphia county.
              Weichard, Georg
              Reinarin, Maria Magdalena, dr. Lorentz
October 7, 1756,   in Augustus church.
              Reece, Abel
              Davies, Catharine
October 7, 1756,   by virtue of license dated Sept. 25, both of Providence township.
              Essig, Johan Georg, s. Michael
              Jungin, Anna Maria
October 21, 1756,   in Augustus church.
              Hirster, Andreas
              Marstellerin, Anna Maria dr. Peter
December 16, 1756,   at John Koplin's house.

ANNO 1757.

              Evans, Enoch
              Evans, Mary
January 2, 1757,   by virtue of license dated January 1, both single, from Limerick township.

The Pennsylvania-German Society.

                Wuchter, Sebastian
                Penterin, Elisabeth
January 4, 1757,   in Richard North's house after due proclamation.
                Giess, Johan Nicol
                Schlägelin,
January 12, 1757,   in New Hanover.
                Kop, Ludewig, from Schippach
                Eschbachin, Maria
February 1, 1757.
                Koppelberger, Christian
                Sanftlebin, Anna Elisabeth
February 8, 1757,   at New Hanover.
                Anderson, William
                Mac Daniel, Hanna
February 8, 1757,   in Charlestown, Chester co. after due proclamation.
                Stichter, Valentin
                Schweinhardtin, Eva Barbara
February 15, 1757,   at New Hanover.
                Schott, Johan Georg
                Lauin, Anna Barbara
March 10, 1757,   at Matetcha
                Heilman, Conrad
                Carlin, Elisabeth, dr. Johannes
March 25, 1757,   at Vincent beyond the Schuylkill.
                Schlätzer, Jacob (widower)
                Keplerin, Philippina (widow)
April 13, 1757,   in Conrad Jost's house.
                Haunshield, Johan Caspar
                Messerschmiedin, Christina
April 2, 1757,   from Westtown township, Chester county.
                Baker, John
                Treebe, Mary
April 14, 1757,   after three times publishing, living in Vincent township, Chester county.
                Jager, Valentin
                Dockenwadlerin, Maria Magdalena (the deserted wife
April 17, 1757.   of Hans Jürg Ramsberger)
                Gilbert, Johan Conrad
                Stöltzin, Elisabeth, dr. Christian
April 19, 1757,   at New Hanover.
                Wells, Isaac
                Frey, Hanna, dr. John
May 19, 1757,   at Indianfield after due proclamation.

The Trappe Records.

	Emrich, Johan Georg Haasin, Anna Elisabeth
May 26, 1757,	in Vincent township, by Pastor Hartwich.
	Hülsebeck, Friedrich Pärsin, Catharina
May 30, 1757,	in Augustus church.
	Ernst, Johan Jacob Spannagelin, Anna Maria
June 14, 1757,	at White Horse, (Chester county) by Pastor Kurtz.
	King, Sebastian Been, Rebecca
June 14, 1757,	at Providence.
	Köhler, Johan Jacob Fisher, Catharina
June 22, 1757,	from Towamensing township.
	Bean, Thomas Evans, Sarah (widow)
June 30, 1757,	after three times publishing.
	Schleuer, Henrich Dirlin, Magdalena, dr. Christian
June 23, 1757,	in Charlestown, Chester county.
	Brenneman, Christian Merkelin, Catharina, dr. Jacob
July 3, 1757.	
	Kalb, Johannes Müllerin, Maria Elisabeth
July 18, 1757,	at Limerick, in presence of Johannes Ickes and Herman Neuman.
	Bedman, John Owens, Anna
August 2, 1757,	at East Nantmeal township, Chester county, in presence of Abraham Hammer [Providence] and James Allison.
	Acker, Johan Jürg Klotzin, Susanna
August 8, 1757,	at New Hanover, in Mr. Campbel's house.
	Hofman, Philip [Randal Malin's servant] Spahaver, Hannah
August 14, 1757,	at the church at White Horse sign [St. Peter's Great Valley] after thrice publication, and by written consent of Randal Malin.

449

Spring, Jacob [widower] from Modde Creek
Schmied, Anna Maria, [widow Johannis]
August 15, 1757, at parsonage after thrice publishing and waiting six weeks.
Bunn, Johannes
Conrad, Euphronica, dr. Peter
August 18, 1757, in Augustus church.
Kenney, Peter
Schipman, Elisabeth, dr. Jacob
September 22, 1757, at Raritan [New Jersey] by license.
Schwartz, Friedrich
Schleicherin, ——
September 29, 1757, at Raritan [New Jersey.]
Gründler, Paulus
Baschin, Catharina Elisabeth
October 15, 1757, at Providence, both from Goshen township, Chester county.
Läncker, [Lämker?] Joh. Michael
Jäcklerin, Catharina
September 11, 1757, at Providence by Rev. Kurtz, jun., after public notice, both from Chester county.
Albrecht, Adam
Friedlin, Eva Barbara
October 16, 1757, at New Hanover.
Emmert, Jürg
Weicselin, Elisabeth, dr. Michael
October 18, 1757, at New Hanover.
Biegel, Jacob
Mullerin, Anna Maria, dr. Matthias
November 5, 1757, in New Hanover township.
Robison, David
Hinton, Eleanora, (widow Jos.)
November 14, 1757.
Bieler, Christoph Friedrich
Lupoldin, Maria Agnes
November 28, 1757, at New Hanover, both live with John Potts, Esq., in Douglass township
Ernst, Adam, from Bedman township.
Hillebartin, Eva Catharina, dr. Adam
December 6, 1757.
Schäfer, Philip Jacob (widower)
Heinrichin, Anna Catharina
December 8, 1757, beyond the Schuylkill.

The Trappe Records.

  Scot, Josua
  Jones, Rachel dr. David
December 22, 1757, in the township of Providence and New Hanover.

Anno 1758.

  Kebler, Simon
  Bullingerin, Elisabeth
January 8, 1758, at New Hanover.
  Wagner, Mattheus (widower)
  Baumannin, Eva, widow Martin
January 15, 1758, in Douglas township.
  Rupert, Valentin
  Degen, Catharina, widow of late Henrich
January 22, 1758, at New Hanover, by Rev. Kurtz.
  Schmied, Jacob from Lemerick
  Münnichinger, Anna Margretha dr. Andreas
January 29, 1758.
  Böhm, Adam
  Stein, Elisabeth dr. Adam
February 5, 1758, at Pikestown.
  Müller, Jacob
  Ludewig, Sybilla
February 26, 1758, at Pikestown Schoolhouse
  Würtenberger, Hans Jürg
  Benedict, Anna Maria
February 26, 1758, at Pikestown Schoolhouse
  Breder, Wendel
  Ducken, Elisabeth dr. Philip.
January 10, 1758, in Augustus church.
  Peck, John s. Jeremiah
  Mecklin, Anna Margretha dr. Christoph
March 7, 1758, in Chester county.
  Lange, Daniel
  Bussmannin, Maria Catharina
March 19, 1758, at New Hanover (both from Hanover, Germany).
  Bleyer, John Adam
  Schrabin, Anna Margretha dr. Johan
March 28, 1758, in Providence.
  Schweinhard, Johan Jürg
  Schmiedin, Anna Maria dr. widow Schmied
April 4, 1758, at New Hanover.

	Gerstemeier, Johan Jürg
	Müllerin, Margretha dr. Christoph
April 4, 1758,	at Schippach.
	Leimbach, Friedrich
	Ritter, Catharine
April 9, 1758,	in Colebrookdale township, by license dated April 1.
	Murry, Garret (widower)
	Morris, Elisabeth
April 13, 1758,	after three times publishing.
	Schneider, Jacob
	Heilman, Christian dr. Heinrich
May 16, 1758,	in Providence church (both from Schippach)
	Frey, Jacob
	Wells, Jemima
May 23, 1758,	at Indianfield after thrice publication.
	Bartle, Peter
	Jacobs, Catharine dr. Peter
June —, 1758.	
	Bahrt, Michael (widower)
	Sprögel, Susanna dr. late Johan Heinrich Sprögel
August 1, 1758.	
	Sachse, Johan Georg
	Kuntzman, Elisabeth dr. Heinrich
August 1, 1758.	
	Conningham, Robert
	Setzler, Hannah dr. Philip
September 12, 1758,	in Augustus church.
	Krumrein, Stephan
	Roth, Catharina dr. Conrad
October 3, 1758,	live in New Hanover.
	Mayberry, Sylvanus (widower)
	Hall, Rosina (widow)
October 9, 1758,	after three times publishing.
	Luther, George
	Dean, Mary, widow William
October 10, 1758,	in Charlestown, Chester county.
	Frey, Samuel
	Wells, Diana
October 12, 1758,	at Indianfield, after three times publishing.
	Spahard, Johannes
	Schneiderin, Catharina
October 15, 1758,	in Pikestown Schoolhouse

The Trappe Records.

                Keller, Friedrich
                Jung, Catharina dr. Wendel
October 19, 1758.
                Fenchel, Simon
                Sulier, Apollonia
October 22, 1758,   by consent of his Master, Wm. Conerly, after due proclamation.
                Frieman, Abraham, widower
                Trietschin, Maria Margretha
October 22, 1758,   in Vincent township, Chester county.
                Wieseler, John Wolfgang
                Jungblut, Maria Martha step dr. Christian Rehkopf
October 24, 1758.
                Fuchs, Heinrich (single)
                Schäferin, Elisabeth (spinster)
November 7, 1758,   by order of Justice Keplin in presence of the Constables.
                Gerber, Benedict
                Loreth, Dorothea
November 12, 1758, in presence of Johannes Loreth and Philip Sperr.
                Scherstig, Caspar
                Heilmanin, Magdalena, (widow Peter Schleuter)
December 14, 1758.
                Bracher, Johann Georg
                Wuchterin, Catharina
December 19, 1758,   living in Charlestown township, Chester county.
                Stauch, Gottfried
                Kesslerin, Anna Charlotta
December 26, 1758,   at Vincent, Chester county.

ANNO 1759.

                Boltner, Philip
                Halbin, Anna Catharina
January 2, 1759,   at New Hanover.
                Oxlein, Jürg
                Krausin, Maria Catharina
January 2, 1759,   at New Hanover.
                Heinkel, Johan Christoph
                Sieger, Maria Eva, dr. Caspar
January 23, 1759,   at New Hanover.
                Rutter, Thomas
                Potts, Martha (Ms)
February 20, 1759,   by authority of license at Pott's Grove.

The Pennsylvania-German Society.

                Frey, Johan George
                Hechlerin, Elisabeth
February 23, 1759,   at Pikestown school house, with consent of their master.
                Fuchs, Matthias (widower)
                Meir, Anna Maria, dr. Johannis
March 6, 1759,   at New Hanover, by Pastor Schaum.
                Blocher, Matthias
                Schwabin, Barbara
May 15, 1759,   in the church, both from Vincent township.
                Bostick, William
                Lum, Mary
April 2, 1759,   at New Hanover, by Pastor Schaum.
                Graaf, William
                Heiserin, Barbara
May 8, 1759.
                Fuchs, Jürg, s. Jacob
                Schieligin, Catharine Elisabeth, dr. Philip.
April 10, 1759.
                Frack, Jacob
                Krebs, Christina, dr. Henrich
May 22, 1759.
                Davis, Elisha
                North, Sarah, dr. Rochar
October 11, 1759.   by authority of license.
                Scheidel, Martin
                Kreulin, Christina
October 11, 1759,   by authority of license.

                        ANNO 1760.

                Schweinhard, Johannes
                Reichard, Johanna, dr. Caspar
February 17, 1760,   at New Hanover
                Lloyd, William
                Jordan, Rachel
March 5, 1760,   by authority of license. Both from Limerick township.
                Priest, Absalom
                Hare, Catharine
March 25, 1760,   after thrice publishing, both from Upper Merion township. Witness: Henry Priest and Jeremia Rambow.

The Trappe Records.

                Theus, Matthias, s. Cornelius
                Heilman, Catharina, dr. Johannis.
March 20, 1760,   in Worcester township.
                Schlanecker, Georg s. Michael
                Burchard, Anna Catha : Elisabeth
July 6, 1760.
                Penter, Ludewig
                Seiberin, Eva Catharina
September 2, 1760.
                Benson, John
                Vanfesson, Anna
September 23, 1760, upon certificate of Rev. Provost de Wrangel, that they were published three several Sundays in the church at Wicacoa, witness: Daniel Reif and Vandersluise.
                Vögeler, Jurg (widower)
                Rennin, Catharina (widow)
September 30, 1760.
                Friess, Michael
                Nied, Catharina dr. late Jurg
October 28, 1760,   at New Hanover.
                Heilman, Anthon s. Johannes
                Thomas, Sarah
November 27, 1760.
                Kuntzman, Martin
                Ebelin, Margretha
December 14, 1760.
                Klein, John Peter
                Eulin, Anna Margretha
December 17, 1760, at New Hanover.
                Barlow, John
                Savage, Hannah
December 31, 1760, in Limerick by license dated December 17, 1760.
                Sander, Peter
                Gerhardin, Sara dr. Leonhard
December 31, 1760, at Norrington, before Mr. Casselberger, Leonhard, Gerhard, etc.

Anno 1761.

                —— [a German miller]
                Kolben, —— dr. Ludewig
January 6, 1761,   in Christoph Raben's house after proper proclamation by Rev. Bryzelius, in Whitemarsh township.

The Pennsylvania-German Society

	Trump, Johannes
	Jürg, Margretha, dr. Wendel
February 10, 1761,	in Augustus church.
	Weisel, Ludewig [widower]
	Schmiedin, Anna Maria, *nee* Heiser [widow]
February 12, 1761,	in Providence.
	Haas, Johannes
	Christmannin, Elisabeth, dr. Daniel
March 12, 1761,	in Vincent township.
	Kepner, Bernhard
	Zieber, Rebecca, dr. late Johannis
March 3. 1761,	in the church.
	Fuss, Nicolaus
	Stein, Anna Maria, dr. late Adam
March 25, 1761,	in Vincent township.
	Custer, Johannes
	Hauser, Elisabeth
March 31, 1761,	at Barren Hill, proper proclamation having been made in the Swedish church at Wicacoa.
	Bisbing, Henrich, from Goschehoppen,
	Kugler, Elisabeth, dr. Michael
April 12, 1761,	in New Hanover.
	Barthman, Johan Adam
	Kurtz, Anna Barbara, dr. Michael
April 12, 1761,	in New Hanover.
	Müller, Peter
	Pugh, Margreth
April 16, 1761,	in Vincent township, Chester county.
	Becker, Johannis, s. Frantz
	Lahr, Maria
April 19, 1761,	at Providence, *ex necessitate*.
	Müller, Martin, s. Matthias
	Wambold, Anna Maria, dr. Adam
April 21, 1761,	in New Hanover.
	Meyer, Michael
	Müller, Eva, dr. Matthias
April 21, 1761,	in New Hanover.
	Maurer, Balthaser (widower)
	Rupertin, Eva
April 27, 1761,	at Providence.
	Hausile, Johan Friederich
	Hechlerin, Barbara
May 5, 1761,	beyond the Schuylkill, by Rev. B(oskerck)

The Trappe Records.

May 5, 1761.
    Stock, Johan Adam
    Diem, Susanna, dr. Thomas

May 7, 1761,
    May, Thomas
    Holland, Sarah
        by authority of license.
    Berger, Johan Jost
    Woltz, Anna Margretha, dr. widow Woltzin.

June 14, 1761.
    Schlerr, Johan Jacob
    Schmid, Elisabeth, (widow Johannis)

June 15, 1761,
        in Vincent township.
    Schlätzer, Georg
    Beck, Catharina (widow)

May 10, 1761.
    Marsteller, Johan Georg
    Küster, Elisabeth, dr. Nicolaus

June 25, 1761,
        in Augustus church.
    Haas, N ——— from Oley
    Müller, ——— dr Isaac

July 7, 1761,
        in Limerick.
    Kercher, Johan Nicol
    Hardmannin, Maria Elisabeth

August 9, 1761,
        from dire necessity, in Pike township, Chester county.
    Hannes, Wendel
    Fiedlerin, Philippina

August 20, 1761,
        in Providence, both from Pike township.
    Schädler, Henrich (widower)
    Hofman, Michael

August 23, 1761.
    Bauer, Michael
    Löbin, Catharina

September 20, 1761, in Augustus church after proclamation.
    Dörolf, Andreas
    Fertig, Catharina dr. late Peter

October 18, 1761,   in Augustus church.
    Ickes, Johannes s. Nicolai from Limerick township
    Frey, Margretha dr late Jacob

November 1, 1761, in Providence
    Krug, Mattheus
    Hartlein, Susanna dr. Michael

November 8, 1761.

ANNO 1762

May 9, 1762,	Schick, Ludewig Friedrich, Anna Maria dr. Jürg Michael in New Hanover.
June 7, 1762,	Shelves, John Davies, Margreth by Mr. B[runholtz] after thrice proclamation.
August 15, 1762,	Wealthy, Jacob Lehrin, Anna Maria at New Hanover, after proclamation.
August 15, 1762,	Fertig, Johann Adam Bauer, Elisabeth at New Hanover, after proclamation.
September 12, 1762,	Sell, Anthon Kurtz, Elisabeth, dr. Michael at New Hanover.
October 24, 1762,	Fertig, Johannes Diemin, Elisabeth at New Hanover, by Mr. B [oskerk]
November 1, 1762,	Wageman, Martin Schwabin, Maria Margretha (widow) beyond the Schuylkill, by Mr. B [oskerk]
November 30, 1762,	Kelchner, Matthias Krohnin, Maria in Augustus church, by Mr. B [oskerk]

ANNO 1763.

January 27, 1763,	Keyser, Johannis Marstellerin, Elisabeth, dr. Peter in Limerick.
April 10, 1763,	Ickes, Michael Keplin, Alice at New Hanover, by license dated March 30.
March 22, 1763.	Hebbenheimer, Georg Kargin, Catharina at New Hanover, after due publication
April 10, 1763,	Bender, Christian (widower) Hermannin, Anna Maria at New Hanover, after due publication.
April 18, 1763,	Pfliman, Johann König, Maria Elisabeth, dr. Michael beyond the Schuylkill, after due proclamation.

The Trappe Records.

April 24, 1763,
    Maurer, Conrad, s. Baltzer
    Lendin, Margreth
    at New Hanover, after due proclamation.

ANNO 1764.

August 9, 1764,
    Weidner, Adam
    Walker, Mary
    at New Hanover, by license dated August 1.

ANNO 1765.

May 19, 1765,
    Brand, George s. Philipp
    Reinert, Susanna dr. Philipp
    after due proclamation.

ANNO 1766.

January 26, 1766,
    Lesch, Henrich s. late Martin
    Bliczli, Catharina dr. Martin
    after due proclamation.

May 22, 1766,
    Marsteller, Valentin
    Hennrichin, Magdalena
    in Augustus church after due proclamation.

June 10, 1766.
    Minz, Jacob
    Schumannin, Maria Margretha

ANNO 1767.

January 27, 1767
    Kebner, Benedict
    Reierin, Maria Elisabeth

February 10, 1767.
    Schumann, Peter
    Schönholzen, Elisabeth

March 8, 1767.
    Hartmann, Philipp
    Maureren, Anna Elisabeth

March 10, 1767.
    Essig, Rudolph
    Bergeren, Maria

The Pennsylvania-German Society.

April 19, 1767.
    Gerber, Philipp
    Marxen, Margretha

October 3, 1767.
    Weber, Wilhelm
    Bornen, Agnesa

October 29, 1767.
    Hausan, Anton
    Beckeren, Elisabeth

November 29, 1767.
    Haas, Hennrich
    Pannebeckern, Elisabeth

December 1, 1767.
    Küster, Nicolaus
    Schracken, Catharina

ANNO 1768.

    Martini, Friedrich
    Miller, Mary
January 10, 1768,   by license dated September 29, 1767.
    Schrack, Hennrich
    Beckerin, Maria Magdalena

March 1, 1768.
    Moore, Tobias
    Pannebeckern, Elisabeth

March 6, 1768.
    Pannebecker, Samuel
    Gilberten, Hanna

May 15, 1768.
    Ritter, Matthias
    Heillemann, Anna Maria

October 30, 1768.
    Rettenbach, Hennrich
    Osterlein, Margretha

October 30, 1768.

ANNO 1773

    Bolich, Johan Valentin
    Fewlnger, Maria Elisabeth

May 23, 1773.
    Conner, Barnabas
    Fischern, Elisabeth

July 4, 1773.

The Trappe Records.

ANNO 1774.

May 29, 1774.
Rieser, Michael
Pannebeckern, Hanna
Fuchs, Baltzer
Fenchel, Mary
December 26, 1774, by license dated December 20.

CONFIRMATIONS.

Register of such as are Confirmed in the Christian religion and were admitted for the first time to the holy Sacrament of the body and blood of Jesus Christ.

ANNO 1745, JUNE 15.

Stahl, Caspar, and his lawful wife were confirmed after a previous confessional service and examination.

1745, JUNE 16. *Dom. 1, Post Trin.*

The following were after proper instruction by us, the pastors, in open congregation, examined, confirmed and admitted to the Lord's Supper:

Schmieden, Anna Maria, age 15 years, Conrad Acker's Reformed stepdr. Had a fair conception
Setzlerin, Anna Johanna, age 15 years,
Maria Catharina, age 12 years,
drs. Philip Jacob and Maria Rosina, both born in this country, and have some knowledge of salvation; the youngest was baptized Whit Sunday, 1743.
Heiser, Andreas, s. Johannes,
has only limited knowledge, intends to continue at school.
Marsteller, Johann Heinrich, s. Friedrich, age 15 years.
Has a good conception.
Wolfinger, Christina, 22 years old;
from Koschehoben (Conshehocken?) father Catholic, mother Lutheran. Her knowledge was bad, could not read, but has promised to learn.

The Pennsylvania-German Society.

ANNO 1746, APRIL 13

Were Examined and Confirmed in presence of the Congregation.

Sähler,	Johann Michael, age 18 years, s. Peter.
Sähler,	Valentine Michael, age 16 years, s. Peter.
Weber,	Jacob (from Sacum), age 19 years, s. Friedrich.
Schmid,	Johann Melchior, age 18 years, s. Hans Jürg.
Schmid,	Heinrich, age 17 years, s. Hans Jürg.
Ramsauer,	Johannes, age 17 years. s. Dietrich.
Rahn,	Johann Caspar, age 15 years. step-son Balthaser Sähler.
Bastian,	Jürg Michael, age 14 years, s. Michael.
Kilian,	Johann Nicol, age 15 years, s. Matthias.
Haas,	Peter, age 15 years ,s. Bastian (from Surin)
Sählerin,	Anna Martha, age 15 years, dr. Peter.
Gauerin,	Eva Elisabeth, age 15 years, dr. widow Gauerin.
Weberin,	Catharina, age 16 years, dr. Friedrich.
Lerrin,	Christina, age 15 years, dr. Heinrich.

ANNO 1747, MAY 7.

After previous instruction and public examination following were confirmed in the Christian faith.

Heilman, Johannes, 18 years, s. Johannes, beyond the Schuylkiil.
Was neglected in his youth, knows little, but has a good disposition.

Heilman, Elisabeth, *nee* du Frenin wife Jürg Adam from beyond the Schuylkill, age 19 years.
Neglected from her youth, but has a desire for good.

Scherer, Maria, *nee* Jüngling, wife Valentin, age 20 years.
Was duly examined and baptised before the Congregation June 16, 1745, and is now confirmed. She has a fine conception of sanctity and endeavors to put it in practice.

Sprögelin, Elisabeth, age 16 years, dr. widow Srögel.
Can read English well, has also acquired a good conception of salvation which gives good ground for hope,

Essigin, Maria Anna, age 21 years, dr. Jürg.
Has gotten around among all kinds of people who care nothing about Christ. God led her here through all her tribulations. Has a good conception.

Heiserin, Salomae, age 16 years, dr. Johannis.
Reads fairly, knows the catechism. and has the intention to seek the truth of salvation diligently, but at same time is fickle.

The Trappe Records.

Koppin, Christina, aged 18 years, Johannes Heiser's servant girl.
Can read a little, and comprehends the order of salvation. God grant her true faith.
Kömmlingin, Sophia, Gaugler's servant girl.
A bad reader, cannot comprehend and is weak in understanding I was urged to admit her as she was a scullion, and had little time and no opportunities.
Giessin, Catharina, dr. Nicolai, Heinrich Ramsauer's servant girl, age 17 years.
Could read, learned the catechism, and had a fair knowledge of the information.
Hertleinin, Anna Margretha, aged 16 years, from the Oley Mountains.
Could read a little, had also embraced a fair conception.
Lindermannin, Susannah Elisabeth, dr. Justus, age 13 years.
The father hurried her confirmation, as he wanted her to be of his *perswasion*. She was very weak in her knowledge.

ANNO 1748, MAY 29.

Klein, Gabriel, s. Isaac, age 17 years, 9 months.
Moderate knowledge and faith.
Marsteller, Daniel, s. Friedrich, age 13 years.
Fair conception and tractable nature.
Leer, Andreas, s. Heinrich, age 13 years.
Moderate understanding and flighty temperament.
du Frene, Jacob s. of Reformed parents, age 18 years.
Neglected in his youth, can read a little but cannot comprehend.
Ziegenfuss, Johann Jürg s. Jacob, age 15 years.
Cannot read through lack of opportunity. Tractable and studious.
Hornbergerin, Anna Maria dr. Bartholomaei, age 15 years.
Can read and knows the catechism by heart
Dillingerin, Anna Maria, dr Heinrich Wilhelm, age 16 years.
Can read and knows the catechism.
Dörflingerin, Anna Maria, dr. Friedrich, age 14 years.
Can read and knows the catechism

ANNO 1751, APRIL 7.

Confirmed in Providence.

Marsteller, Friedrich, s. Friedrich.
Can read and knows most of catechism.

Kiefer,	Christian, s. Conrad, from Goschoppen, age 21 years. Neglected in his youth.
Gabel,	Friedrich, s. Friedrich of Goschoppen, age 16 years. Can read a little.
Stein,	Johannes, s Johann Adam, from beyond the Schuylkill, age 19 years. Was neglected in his early youth.
Haas,	Johannes, s. Conrad, age 15 years. Cannot read.
Sohl,	Johannes, s. Johan Dietherich, age 14 years. Can read fairly.
Maurer,	Conrad, s. Balthaser, age 18 years. Can read.
Wohlfarth,	Gottfried, a widow's son, age 14 years. Can read and repeat the catechism by heart
Wirthin,	Maria Barbara, dr. Jacob, age 14 years. Can read a little.
Zipperlin,	Anna, dr. Friedrich, from Rheinbeck, about 16 years. Can read, and knows the little catechism.
Newhauss,	Francisca, dr. Johannis, age 18 years. Can read in English.
Kärcherin,	Susannah, dr. Phillip, age 16 years. Can read but little, knows nothing about the catechism. Her parents live in the Blue Mountains.
Sählerin,	Elisabeth, dr. Peter, age 15 years. Can read a little and knows the catechism.
Heldin,	Anna Margretha, dr. widow Heldin, age 14 years. Knows how to read catechism tolerable.
Gerberin,	Christina, dr. widow Gerberin, age 20 years. Lived at service in the past and was neglected.
Gabelin,	Elisabeth, dr. Friedrich, age 18 years. Can read and knows the catechism.
Hauchin,	Anna Maria, dr. Jacob, age 18 years. Served with Quakers and was neglected.
Braachin,	Susannah, dr. Caspar, about 15 years Can read.
Frohligin,	Anna Maria, dr. Johannis, age 20 years. Was neglected but is of a tractable nature
Haasin,	Elisabeth, dr. Conrad, age 13 years. Knows the catechism
Bastian,	Catharina, dr. Andreas, age 19 years. Was neglected.

The Trappe Records.

Merckelin, Veronica, dr. Jacob, age 19 years.
Can read a little.

ANNO 1752, APRIL 12.

Confirmed by Rev. Schultz in Augustus church.

Voltz, Jürg, stepson Christoph Berger, age 19 years.
Rayer, Michael, s. Carl, age 14 years.
Heilman, Anthon, s. Johannis, age 14 years.
Marsteller, George, s. Friedrich, age 15 years.
Beyer, Heinrich, an orphan, age 16 years.
Serving with Johan Nicol Seidel.
Borgerin, Elisabeth, dr. Christian, a Mennonite, aged 19 years.
Marstellerin, Anna Maria, dr. Peter, age 14 years.
Weigelin, Anna Maria, dr. Joseph, age 20 years.
Krebsin, Anna Maria, dr. Simon, age 19 years.
Muntzin, Margretha, dr. Philip, age 15 years.
Essigin, Anna Catharina, dr. Michael, age 14 years.
Heilmannin, Anna Catharina, dr. Heinrich, age 13 years.
Heilmannin, Anna Catharina, dr. Johann, age 13 years.
Spitznagelin, Gertraut, dr. Balthaser, age 14 years.
Fadin, Anna Christina, dr Jacob, age 14 years.

ANNO 1753, MAY 13.

Confirmed in presence of the Congregation.

Essig, Michael, s Michael, age 19 years.
Hoppach, Andreas, s. Michael, age 16 years.
Numerigin, Elisabeth Catharina, dr. Joh. Nicol, age 17 years.
From Darmstadt [Germany].
Bartholomaein, Eva Margretha, dr. Phillip, age 18 years.
Hausamin, Susannah, dr. Jürg (dec), step-dr. Melchior Heiter, age 15 years.
Heinrichin, Catharina Barbara, dr. Jürg, age 16 years.
Hoppachin, Elisabeth, dr. Michael, age 13 years.
Sprögel, Susannah.

NOVEMBER 13, 1753.

Mäckelin, Anna Maria, dr. Christoph, age 17 years.
Instructed and Confirmed.

The Pennsylvania-German Society.

ANNO 1754, APRIL 14, NS.

In presence of the Congregation at Providence.

Krause,	Christian, s. Nicolaus, age 20 years. Cannot read fluently.
Heilmann,	Johan Balthaser, s. Johannis, age 18 years. Serves with his step-brother Michael Heilmann, neglected in his youth.
Kalb,	Adam, s. Martin, age 15 years. Reads fairly.
Müntz,	Johan Jacob, s. Philip, age 15 years. Reads badly.
Heilman,	Conrad, s. Johannis, age 20 years. Can read a little.
Rambow,	Mary, wife of Peter.
Custer,	Elisabeth, dr. Nicolaus, age 14 years. Can read.
Kohl,	Catharina Elisabeth, age 22 years, wife of Schoolmaster Scheyhing. Knows how to read.
Krausin,	Catharina, dr. Nicolaus, grand dr. Hieronymus Haas, age 18 years. Reads fairly well.
Heinrichin,	Anna Barbara, dr. Jürg, age 16 years. Reads fairly well.
Jungin,	Maria Catharina, dr. Wendel, age 15 years. Can read.
Heilmannin,	Magdalena, dr. Johannis, age 16 years. Serves with her brother Michael, beyond the Schuylkill. Can read a little.

ANNO 1755, MARCH 30.

Koch,	Henrich, s. Jacob, age 20 years.
Sproegel,	John, s. John Henry, age 15 years.
Heinrich,	Johan Peter, s. Johan, age 16 years.
Kebner,	Tobias, s. John, age 19 years.
Kebner,	Bernhard, s. John, age 16 years.
Schuman,	Johan Peter, s. Ludewig, age 18 years.
Müller,	Philip, s. Nicolaus, age 13 years. At service with Jacob Miller.
Koch,	William, s. Alburtus, age 14 years. At service with Christoph Rahn.

The Trappe Records.

Botener, Elias, s. Ludewig, age 15 years.
    At service with Croesmann the saddler.
Marsteller, Valentin, s. Friedrich.
Haas, Heinrich, s. Heinrich, age 14 years.
Haas, Valentin, s. Heinrich. age 15 years.
Held, Martin, s. Dieterich, age 14 years.
Kuntzman, Daniel, s. Heinrich, age 16 years.
    Lives in the Blue Mountains.
Gerber, Wendel, age 23 years.
    Heretofore kept himself with the Mennonites.
Vögler, Johan Adam, s. Jürg, age 15 years.
    Service with Ludewig Ehewald.
Heinrichin, Anna Catharina, dr. Johann, age 14 years.
Heinrichin, Eva Elisabeth, dr. Johann, age 13 years.
Scheckin, Rosina Elisabeth, dr. Erhard, age 15 years.
Scheckin, Sophia, dr. Erhard, age 13 years.
    Service with Adam Protzman.
Heilmannin, Anna Christina, dr. Heinrich, age 14 years.
Steinin, Catharina, dr. Adam, age 18 years.
Schleuterin, Maria Elisabeth, dr, Hieronymus, age 14 years.
Schumannin, Anna Margretha, dr. Ludewig, age 15 years.
Mullerin, Dorothea, age 15 years, dr. Conrad.
Mullerin, Esther, age 13 years, dr. Conrad.
Kuntzmannin, Elisabeth, dr. Heinrich, age 14 years.
Franckenbergerin, Maria, dr. Conrad.
    At service with Henry Muhlenberg.
Vossin, Barbara, wife of Heinrich Marsteller.
Op de Grave, Margretha, widow Thomas How, age 63 years.
Schelligin, Catharina, dr. Philip, (Reformed) age 17 years.
    Confirmed October 26, married October 28, [to Johannes Fuchs.]

ANNO 1756. JUNE 6.

Confirmed in presence of the congregation and admitted to the Holy Sacrament.

Cüster, Christian, s. Nicolaus, age 22 years.
Müller, Johan Nicolaus, s. Nicolaus, age 18 years.
Hartenstein, Peter, s. Ludewig, age 25 years.
Herman, Michael, s. late Gottlob, step-son Jürg Croesman, age 17 years.
Hofman, Nicolaus, s. late Philip, age 21 years.
Maurer, Ludewig, s. Peter, aged 15 years.

Pfad, Bernhard, s. Jacob, age 15 years.
Schubert, Herman, step-son Jacob Kressen, age 17 years.
Becker, Jürg, s. Peter, age 15 years.
Essig, Rudolph, s. Michael, age 15 years.
Hermannin, Susannah, step-dr. Jürg Croesmann, age 15 years.
Schmellin, Julianna Catharina, dr. Nicolaus, age 15 years.
Weichardtin, Anna Barbara, dr late Jürg. age 15 years.
Schultzin, Maria Anna, dr. Nicolaus.
    At service with Herman Umstad.
Wackerin, Gertraut, dr. Leonhard, age 13 years.
Heilmannin, Maria, dr. Johannis, age 15 years.
Heiserin, Barbara, dr. widow Heiser.
Beckerin, Elisabeth, dr. Peter, age 13 years.

ANNO 1757, JUNE 18.

Schauber, Maria Philippina, dr. Johannis, from New Jersey, age 16 years, 6 months.

ANNO 1756. JUNE 26.

In presence of the congregation at Pikestown, Chester county, were Confirmed in the Christian religion after due instruction.

Müntz, George Christoph, s. Philip, age 15 years.
Schleuter, Valentin, s. Hieronymus, age 14 years.
Ernst, Johannes, s. Joh. Wendel, age 14 years.
—— —— Valentin, step-son Adam Stein, age 15 years.
Heinrichin, Rosina, dr. Wendel, age 14 years.
Heilmannin, Elisabeth, dr. Michael, age 14 years.
Heilmannin, Elisabeth, nee Carlin, wife Conrad, age 16 years.
Steinin, Anna Maria, dr Adam, age 17 years.
Müllerin, Maria Apollonia, dr. Conrad, age 12 years.
Moses, Catharina, dr. Hans Adam, age 13 years.
Königin, Maria Elisabeth, dr. Michael, age 16 years.
Hartmannin, Maria Apollonia, dr. Johannis, age 15 years.
Ludewigin, Maria Sybella, dr. Philip, age 15 years.

ANNO 1758, MARCH 26.

Easter Sunday in presence of the Providence congregation.

Pohlman, Daniel, about 16 years.
Müller, Valentin, s. Nicolaus, age 14 years.
Rieser, Melchior, s. Friederich, age 18 years.
Rieser, Jacob, s. Friedrich, age 16 years.

The Trappe Records.

Croesman,	Johannis, s. Johan Georg, age 18 years.
Croesman,	Valentin, s. Johan Georg, age 15 years.
Haupt,	Heinrich, s. Bastian, age 14 years.
Krohn,	Jacob Lorentz, step-son Hieronymus Haas, age 21 years.
Kebner,	Benedict, s. John, age 18 years.
Schönlein,	Andreas, s. Michael, age 15 years.
Gutin,	Anna Maria, dr. widow Gut, age 15 years
Fiederlin,	Maria, dr Vitus, age 16 years.
Burgerin,	Maria Margretha, age 19 years.
Krohnin,	Susannah Christina, dr. late Martin, step dr. Hieronymus Haas, age 19 years.
Jostin,	Elisabeth, dr. Conrad, age 17 years.
Hauptin,	Elisabeth, dr. Bastian, age 16 years.
Marsteller,	Eva, dr. late Jürg, age 15 years.
Seidelin,	Anna Elisabeth, dr. Johan Michel, age 13 years.
Wolfskehlin,	Regina, dr. Johannis, age 15 years.
Spitznagelin,	Elisabeth, dr. Balthasar, age 16 years.
Schmellin,	Susannah Catharina, dr. late Nicolaus, age 15 years.
Dick,	Elisabeth, wife of Wendel Breder.

ANNO 1758, APRIL 9.

Young persons Confirmed in the Oley Mountains.

Meyer,	Martin, s. Friedrich, age 16 years.
Klem,	Johannes, s. Michael, age 15 years.
Muthhard,	Adam, step-son Dieterich Becker, age 19 years.
Koppelberger,	Johan Nicolaus, s. Heinrich, age 18 years.
Wilson,	Thomas, s. Thomas, age 18 years.
Brachin,	Anna Christina, dr. Caspar, age 21 years.
Imbotin,	Anna Maria, age 16 years, of a Reformed father.
Rothin,	Anna Catharina, dr. Matthias, age 15 years.
Rothin,	Maria Barbara, dr. Matthias, age 14 years.
Petri,	Elisabeth, dr. Johan Peter, age 14 years.
Koppelbergerin,	Catharina, dr. Heinrich, age 16 years.
Muthhardtin,	Anna Catharina, step-dr. Dieterich Becker, age 17 years.
Muthhardtin,	Maria Barbara, step-dr. Dieterich Becker, age 15 years.
Wilson,	Anna Catharina, dr. Thomas, age 16 years.

ANNO 1758, JUNE 17.

In the New Germantown church in New Jersey, following persons were Confirmed in the Christian faith:

Hendershut,	Priscilla, dr. William Philips, wife of Peter, age 24 years.
Philips,	Elisabeth, dr. William, age 19 years.

The Pennsylvania-German Society.

Towardton, Catharine. dr. James, age 20 years.
Bauman, N. age 23 years.
Hendershut, —— wife of Johannis, *nee* du Boteins, age about 30 years.
Hofman, Anna Elisabeth, dr. Jürg, age 18 years.
　　　　　Her father is a Catholic.
Schnaufer, Margretha, dr. Johan Jürg, age 15 years.

ANNO 1759, MAY 6.

At New Providence :

Kalb, Jacob, s. Martin, age 15 years.
Fleischer, Johan Georg, s. Johannis, age 15 years
Fuchs, Christoph, s. Matthias, age 18 years.
Haupt, Bastian, s. Joh. Nicol, age 14 years.
Hartman, Philip, age 18 years.
　　　　　Servant to Joh. Brutler.
Kebner, Matthias, s John, age 18 years.
Muller, Peter, s. Peter.
　　　　Servant to Jürg Croesman, age 16 years.
Becker, Philip, s. Peter, age 16 years.
　　　　Apprenticed to John Ickes.
Essig, Margreth, dr. Michael, age 15 years.
Heilman, Elizabeth, dr. Johannes, age 16 years.
　　　　　Lives in North Wales.
Blöckler, Catharina, dr. Martin, age 19 years.
Fuchs, Elizabeth, dr. Matthias, age 15 years.
Fuchs, Maria Elizabeth, dr. Matthias, age 13 years.
Hartenstein, Elisabeth, dr. Ludewig, age 17 years.
Haas, Elisabeth Margretha, dr. late Henrich, age 16 years.
Becker, Maria, dr. Peter, age 13 years.
Bastian, Regina, dr. Michael, age 12 years.
Müller, Maria, Justina, dr. Christoph, age 14 years.
Haupt, Dorothea, dr. Joh. Nicol, age 22 years.

ANNO 1760, JUNE 1.

Guldy, Gallus, s. Gallus, age 22 years.
Berger, Friedrich, s. Hans Jürg, age 20 years.
Wangert, Valentin, s. late Herman and widow Neuhaus, age 21 years.
Schrack, Jacob, s. Philip, age 20 years.
Merckle, Abraham, s. Abraham, age 16 years.
Dürr, Josua, s. Andreas, age 15 years.
Reiser, Michael, s. Friedrich, age 15 years.
Welty, Jacob, s. late Johannis, age 20 years.

The Trappe Records.

Lindeman, Justus, s. Justus, age 17 years.
Herd, Elisabeth, dr. Jacob, age 23 years.
Müller, Hanna, dr. Wykard, age 16 years.
Merckle, Nella, dr. Jacob, age 16 years.
Woltzin, Margretha dr. widow Elisabeth, age 20 years.
Jost, Susannah, dr. late Conrad, age 17 years.
Diem, Susannah. dr. Thomas, age 18 years.
Seibert, Rosina, dr. Balthasar, age 16 years.
Marsteller, Elisabeth, dr. Peter, age 15 years.
Sontag, Anna Maria, dr Johannis, age 18 years.
Bergerin, Christina, dr. Hans Jürg, age 18 years.
Woltzen, Elisabeth, dr. widow Elisabeth, age 15 years.
Marsteller, Catharina, dr. Peter, age 13 years.
Uuderkofner, Eva Maria, dr. Jacob, age 14 years.
Hochwerterin, Elisabeth, dr. widow Christina, age 13 years.

ANNO 1761, FEBRUARY 25.

de Haven, Jacob, upon his dying bed, at his own request received the Holy sacrament for the first time.

ANNO 1761, MARCH 29. *Dom Quasimodegeniti.*

Confirmed in presence of the Congregation :

Mühlenberg, Johann Peter, s. Rev. Heinrich Melchior, age 15 years.
Kuntzman, Henrich, s. Henrich, age 15 years.
Kuntzman, Christoph, s. Henrich, age 13 years.
Schrack, Johannes, s. Philip, age 19 years.
Hartenstein, Jacob, s. Ludewig, age 14 years.
Steinhauer, Michael, s. Wilhelm, age 13 years.
Schönlein, Leonhard, s. Michael, age 15 years.
Münnichinger, Josua, s. Andreas, age 16 years.
Mohr, (Moore) Tobias, s. William, age 16 years.
Mühlenberg, Eva Elisabeth, dr. Rev. Heinrich Melchior, age 14 years.
Müller, Catharina, dr. Peter, age 15 years.
Scherer, Gertraut, dr. Valentin, age 15 years.
Flenner, Margretha, dr. Johannes, age 15 years.
Kugler, Magdalena, dr. Jürg, age 14 years.
Rayer, Elisabeth, dr. Carl, age 14 years.
Croesman, Elisabeth, dr. Joh. Georg, age 14 years.
Schönlein, Catharina, dr. Michael, age 15 years.
Mohr, Magdalena, dr. William, age 14 years.
Kohler, Maria, dr. Mr. Johannis, age 15 years.

Winzenheller, Maria, dr Nicolai, age 18 years.
Haupt, Maria, dr. Bastian.
Brenner, ——— dr. Paul, step-dr. Georg Gassinger.
Brenner, ——— dr. Paul, step-dr. Georg Gassinger.
Schmellin, Maria, dr. widow Schmell.

ANNO 1765, MAY 19. *Dom. Exaudi.*

Confirmed in presence of the Providence Congregation :

Heilmann, Johannes, s. Johannes.
Freund, Georg, s. Friedrich.
Steck, Friedrich, s Adam.
Mercklin, Isaac, s. Abraham.
Seidelin, Catharina. dr. Nicolaus.
Heilmannin, Maria, dr. Johann.
Müllerin, Margretha, dr. Peter.
Marsteller, Elisabeth, *nee* Umstatin wife Daniel.
Freund, Julianna, dr Friedrich.
Moorin, Barbara, dr. Andreas.
Mercklin, Elisabeth, dr. Abraham.
Rieserin, Elisabeth, dr. Johann.
Breitenfeldin, Maria.
Blecklin, Christina.
Heftmann, Margretha.
Borgberin, Maria.

ANNO 1766, MAY 18.

Confirmed in Augustus Church.

Croesmann, Phillip, s. Johann.
Croesmann, Carl Ludewig.
Steck, Friedrich George, s. Friedrich.
Marsteller, Michael, s. Peter.
Schrack, Johann, s. Jacob.
Dannehauer, Johannes, s. Abraham.
Hummel, Jacob, s. Henrich.
Hummel, Christian.
Schärer, Margretha, dr. Valentine.
Schärerin, Elisabeth.
Heinrich, Magdalena, dr. late Johann.
Hennrichin, Elisabeth.
Haas, Maria, dr. Henrich.
Mercklin, Barbara, dr. Jacob.

The Trappe Records.

Held, Catharina, dr. Adam.
Klein, Maria Catharina, dr. Jacob.
Goshinger, Elisabeth, dr. George.
Goshinger, Maria.
Dannehauerin, Elisabeth.

ANNO 1767, *Mense Junii Confirmati Sunt.*

Kebner, David, s Johann, aged 16 years.
Kebner, Johannes, s. Johann.
Haas, Hieronymus, s. late Heinrich, aged 16 years.
Becker, Johann, s. Peter age 17 years.
Rieser, Christoph, s. late Friedrich, age 16 years.
Reyer, Johannes, s. Carl, age 16 years.
Becker, Anna Magdalena, dr. Peter, age 16 years.
Johnsen, Barbara, dr. Wendel, age 15 years.
Kebner, Catharina, dr. Johannis, age 15 years.
Blecklen, Catharina, age 16 years.
Hartmann, Anna Elisabeth, wife Philip
Maurern, Elisabeth, dr. Jacob, age 15 years.

Anno qui numeratur MDCCLXX Post Saluatorem Natum, Catechumeni Sequentes Confirmati Sunt.

Miller, Conrad, s. Philip, age 16 years.
Hauf, Andreas, s. Peter, age 18 years.
Schrack, Jacob, s. Jacob, age 17 years.
Schrack, Philip, s. Philip, age 21 years.
Steck, Philip Michael, s. Friedrich, age 15 years.
Mercklin, Jacob, s. Philipp.
Becker, Friedrich, s. Peter.
Kebnern, Elisabeth, dr. Johann, age 15 years
Pawlin, Rahel, dr. Joseph, age 20 years.
Mercklin, Hanna, dr. Jacob age 18 years.
Schrack, Margretha, dr. Philip, age 19 years
Kressmann, Margretha, dr. late George, age 16 years.
Schrack, Margretha, dr. Christian, age 16 years.
Polichen, Maria Barbara, dr. J. George, age 15 years.
Buschen, Anna, dr. Johannes, age 17 years.
Haasen, Elisabeth, dr Johannes, age 18 years.
Scherern, Catharina, dr Valentin, age 17 years.
Mercklin, Elisabeth, dr. Philip
Heilmann, ———- dr. Henrich.

The Pennsylvania-German Society.

ANNO 1772, MAY 20.

Bolich,	George, s. George
Bolich,	Valentin, s. George
Petri,	Valentin, s. Andrew.
Finckbein,	Phillip Jacob, s. Tobias.
Klein,	Jacob, s. Jacob.
Miller,	Jacob, s. late Jacob.
Brotzmann,	Jacob, s. Adam.
Mercklin,	Jacob, s. Abraham.
Marsteller,	Friedrich, s. Heinrich.
———	——— a so-called foundling adopted and raised by the township. Was baptized at same time at his earnest request.
Fischer,	Elisabeth, dr. late Friedrich.
Klein,	Anna Barbara, dr. Jacob
Klein,	Anna Maria, dr. Jacob.
Becker,	Susannah. dr Peter.
Becker,	Christina, dr. Peter.
Steck,	Elisabeth, dr. Friedrich.
Kuchlet,	Anna Maria, dr. Michael.
Hinder,	Elisabeth, dr. Adam.
Schärer,	Maria, dr. Valentin.
Setzler,	Anna. dr. Friedrich.
Setzler,	Margretha, dr. Friedrich.
Seiler,	Elisabeth, dr. Valentine.
Seiler,	Margretha, dr. Valentine.
Mercklin,	Barbara, dr. Abraham.
Piettermann,	Elisabeth, dr. Jacob.
Fenchel,	Anna Juliunda, dr. Simon.

ANNO 1774, *dies 5 Junii praegressa eruditione ius civitatis in Ecclesia sic dicta Lutherana acceperunt.*

Wacker,	Leonhard, age 17 years.
Schärer,	Johannes, s. Valentine, age 16 years.
Miller,	Philip, s. Peter, age 20 years.
Jung,	Carl, s. late Christian, age 19 years.
Sauer,	Johannes, s. Friedrich, age 18 years.
Heilmann,	Paul, s. Johannes, age 18 years.
Buschen,	Christina. dr. Nicolaus, age 19 years.
Setzler,	Catharina, dr. Friedrich, age 16 years
Sauren,	Catharina, dr. Friedrich, age 16 years.
Bleckle,	Elisabeth, dr. Martin, age 16 years.

The Trappe Records.

Jung,	Catharina, dr. Christian, age 17 years.
Miller,	Catharina, dr. Lorentz, age 24 years.
Miller,	Elisabeth, dr. Lorentz, age 19 years.
Miller,	Sophia, dr. Lorentz, age 17 years.
Miller,	Susanna, dr Lorentz, age 16 years
Leitzlen.	Catharina, dr. Wolfgang, age 26 years.
Kugler,	Catharina, dr. Michael, age 15 years.

Anno 1776, May 5

Busch,	Johannes, s. Nicolaus, age 17 years.
Brotzmann,	Friedrich, s. Adam, age 15 years.
Jung,	George, s. Christoph, age 17 years.
Heinrich,	Adam, s. late Johannis, age 22 years.
Gresmann,	Adam, s. late George age 17 years
Finckbeiner,	Johannes, s. late Tobias, age 19 years.
Bolich,	Johannes, s. Peter. age 18 years.
Schneider,	Benjamin, s. Nicolaus.
Finckbeiner,	Susannah, dr. late Tobias, age 18 years.
Heppler,	Christina, dr. Christina, age 17 years.
Brotzmann,	——— dr. Adam, age 13 years
Schärer,	Elisabeth, Gemini Valentin, age 15 years.
Schärer,	Susanna, Gemini Valentin, age 15 years.
Bender,	Catharina, dr. Ludewig, age 15 years.
Miller,	Rosina, dr. Benedict, age 16 years.

Anno 1778, June 21.

Confirmed.

Herpel,	Johannis, s. Ludewig.
Hepler,	Kilian, s. Christian
Diemer,	George, s. Michael.
Essig,	Johannes, s. George.
Schrack,	Abraham, s. Christian.
Zink,	George, s. Gottlieb.
Herpel,	Sophia, dr. Ludewig.
Herpel,	Catharina, dr. Ludewig.
Keiser,	Anna. dr. Jacob.
Miller,	Amalia, dr. Lorenz.
Scherer,	Magdalena, dr. Valentin

BURIALS.

1745.

May 20,	Keim, Hans Michael, b. July 31, 1678, at Oberroth, Hohenlohe. Came here 16 years ago. d. May 19. b. on his plantation. Leaves a widow and two drs.
August 26,	Köster, Samuel, s. Nicolaus, bap. a few months ago.
August 29,	Reiter, Johannis, wife and child, b. in one grave in Mennonite ground. (She was Reformed.)
September 26,	Heilman, Maria Salome, w. Anthon, age 73 years
Ssptember 29,	Heilman, ——— s. Heinrich, age 3 years, — months.
October 2,	Heiser, Rebecca, dr Johannis, aged 6 years.
October 17,	Toppelius, Johan Jacob age 83 years An old Reformed neighbour.
July —	Wagner, ——— dr. Bastian.
———	Wagner, ——— dr. Bastian. (Reformed,) both b. beyond the Schuylkill.
November 30,	Berg, Caspar, (single) age 30 years

1746.

July 6,	Dürrbehr, Peter, age 72 years. An old Reformed man who lived with Hieronymus Haas.
May 31,	Spyker, Johann Peter, s. Peter, at Schippach, age 1 year, - - weeks; drowned in a spring.
July 17,	Wishan, Johannes, s. Johannes, age 3 years, 10 months, 14 days
July 25,	Croesman, Esther, dr. Johannes, of Indianfield, age 1 year, — weeks.
August 16,	Wintermuthin, widow Elisabeth.
October 7,	Haag, Maria Barbara Magdalena, nee Krumreinin, wife Michael, age 31 years.

1748.

January 7,	Weichard, Anna Margretha, dr. Hans Jürg.
February 7,	Heinrich, Jürg, b. beyond the Schuylkill.
March 1,	Heinrich, Bernhard, s. Johann.
March 7,	Dromb, Philip Tobias.
October 11,	Heilman, Johannes, b. beyond the Schuylkill.

1749.

February 6,	Heiser Johannes, b. in Mennonite ground.
April 19,	Renn Bernhard.

The Trappe Records.

1750.

January 16,	Gansert, Jürg, in New Hanover.
February 9,	Held, Dietherich, age 48 years.
May 27,	Dissman, ——— s. Daniel.
June 3,	Dissman, Daniel (himself).

1751.

January 27,	Gehringer, Anna Margretha, *nee* Meytzinger w. Thomas.
January 30,	Haass, Johan Heinrich.
February 8,	Dober, Regina, w. Thomas, age 82 years
November —,	Vander Sluis, Anthon.
December 5,	Dismann, ——— widow Daniel.
December 8,	Sähler, Peter.

1752.

February 1,	Dober, Thomas.
October 30,	Müller, Anna Maria w. Jacob.
November,	Custer, ——— dr. Nicolaus, age 9 days.
December 22,	Haas, ———w. Hieronymus.

1753.

January 3,	Bauerin, Magdalena, single, age 45 years.
January 5,	Setzler, ——— wife Philip.
January 8,	Reif, ——— mother of Jacob, an old widow, age 90 years, 8 months, b. in Mennonite ground.
January 23,	Protzmann, Johannes, s. Adam, age 3 months.
March 26,	Koch, ——— wife Jacob.
April 1,	How, Thomas, our neighbour, age 72 years less 14 days.
August 17,	Amborn Christopher, a former member of the Congregation
October 17,	Marstellar, Friedrich Ludewig, who died in the night 14-15 October. Pastor Brunholtz had the German Sermon and I. Mühlenberg preached in English.
November 27,	Kressen, ——— w. Jacob, (Reformed) at Schippach.
August 7,	Heiser Valentine, b. in Mennonite ground at Schippach.

1754.

January 4,	Spring, Andreas, age 34 years — months.
February 9,	Muhlan, Johan Peter, age 63 years.

The Pennsylvania-German Society.

Octobe, 12,	Haas, Conrad, age 71 years, b. beyond the Schuylkill.
October 27,	Rühl, Maria Elisabeth, dr. Michael, age 17 years.
November 9,	Croesman, Catharina w. Hans Jürg, age 56 years, d. November 7.
November 16,	Klem, Johan Conrad, age 76 years, a native of Ottlingen.

1755.

February 14,	Bussmann, Heinrich, a native of Hanover.
April 13,	Heinrich, Johan, age 50 years, (Reformed).
April 25,	Sily. Sarah, dr. Samuel, age 13 months.
May 16,	Weichard, Jürg. over 70 years old.
September 1,	Rinselsdorfer, Johannes, b. New Hanover.
October 25,	Hörnerin, widow Catherina, who died with apoplexy.
October 26,	Sauer,——— dr. Friedrich, age 1½ years.
October 30,	Roth, John Ludewig, age 53 years.
November 4,	Leber,——— ch. Erasmus, age 1 year, 6 months.
November 26,	Müller, Johan Jacob, from Heuchelheim, b. January 10, 1706, d. November 24, 1755.
December 10,	Peters, Peter jun. who fled from Virginia to escape the Indians.
December 23,	Comens,——— wife John, formerly widow of John Simons, b. on Manor Land in Providence.

1756.

March 18,	Reichard, Maria, widow Johan Friedrich, age 71 years, who proved herself a true widow, b. in New Hanover.
April 12,	Bolton, Henry, an English churchman, b. in James Brooks' grave-yard.
June 1,	Bradfort, Hugh, brother-in-law to John Schrack b. in Augustus ground.
June 22,	Heilman ——— dr. Heinrich, age 4 months, b. in Mennonite ground.
August 24,	Neuhaus, Anthon, age 96 years, b. in Augustus ground
October 21,	Schrack, Euphrosina, widow Johan Jacob, age 68 years, 6 months, born in Ulm, married 31 years, and a widow 14 years.
December 10,	Bukel, Christoph, father of Ludewig, b. Massebach, November 27, 1682. Married 1715, came to Pennsylvania 1732 with 5 children, who were baptized there by Pastor Koenig.

The Trappe Records.

November 24,	Petz, Agatha, widow, b. at New Hanover. By the schoolmaster, a pious soul
December 13,	Seidel, Maria Barbara, dr. Johan Nicolai, age 3 years, 3 weeks.
December 14,	Hollebach, widow Maria Catharina, age 72 years, 1 month, from Würtemberg, was 20 years a widow and 39 years in Penna.
December 22,	Schaller, ——— only dr. Jürg, age 1 year, 6 months.
December 23,	de Haven, Mary, dr. Abraham, age 3 years.

1757.

January 10,	Fleischer, Eleonora, dr. Johannis, schoolmaster of the congregation, age 5 years.
February 8,	Sühler, Peter, age 78 years, from Barsillai.
January 26,	Bühl, ——— w. Peter.
February 14,	Jochum, John, age 41 years, b. Molotton.
February 28,	Henrichs, ——— dr. late Johan, step-dr Johann Nicol Schneider, age 19 months, 9 days.
April 4,	Hulen, Marcus, a Swede, age 70 years, at Molotton, was converted at Jochum's funeral, *vide supra*.
April 5,	Straub, ——— deserted wife of Heinrich, age between 50 and 60 years, b at New Hanover, she made her home with Michael Weichel and received the sacrament half an hour before her death.
July 2,	Randel, Joseph, thrown out of a wagon and killed.
July 7,	Brunnholtz, d. in Philadelphia, July 5, 4 a. m. b. July 7.
July 15,	Disman, Daniel (single).
July 31,	Becker, ——— youngest son Jost, b. in Disman's graveyard.
September 30,	Klein, Anna Helena widow Christian, b. New Germantown in Jersey.
November 3,	Staut, Christina *nee* Gerber, w. Friedrich, b. at Schippach.

1758.

March 20,	Neuhauss, Catharina, age 22 years, b. in Providence.
———————	Barth, ——— wife Michael.

1759.

January 23,	Schunck, Magdalena, wife Simon, age 36 years.
January 23,	Schunck, ——— s. Simon, age 3 hours.

The Pennsylvania-German Society.

January —	Reifschneider. Dorothea, widow John, b. New Hanover.
February 8,	Hartlein, Eva Catharina, dr. Michael, age 21 years.
March 15,	Nährmann, Elisabeth, an old spinster from Hanover.
July 16,	Heilman, Anthon, church warden of this Congregation, age 88 years.
August 21,	Schmidt, Elisabeth, w. Wilhelm, age 66 years.
October 11,	Bastian,——— s. Jurg Michel, age 8 weeks.
October 11,	Pannebecker, wife Adolph.
August —	Essig, Michael, b Providence. By pastor Schaum.

1760.

January 31,	Essig,——— w. Jürg, sen., age 70 years, b. a Roman Catholic, received in the Evangelic church, 2 years ago, a pious soul.
January 31,	Rayer, Jürg Adam, s. Carl, b. April 16, 1745. Killed January 29 by falling under a loaded wagon on a trip to Philadelphia
March 2,	Campbel, Mr. John, b. New Hanover.
February 24,	Protzmann, Elisabeth, dr. Adam.
February 19,	Protzmann, William, s. Adam.
January 20,	Diems,———'s. Andreas, age 21 years.
March 22,	Jost, Conrad. Remarbable in life, blessed in death.
July 15,	Weiser, Conrad, my father-in-law, b. Heidelberg. By Pastor Kurtz.
November 12,	Schweinhard, George Michael, Church Warden at New Hanover. Born Jungholtzhausen, district Hohenlohe. 28 years in Penn. and a true Member of the Congregation, d. November 10, p. m., age 64 years.
November 24,	Mey,——— mother Jürg, age 79 years, 5 months, b. Providence.
November 25,	Mühlenberg, Johan Carl, s. Rev. Heinrich Melchoir and Anna Maria. age 5½ days.
December 22,	Hoppin, Anna Elisabeth nee Sprögel, age 75 years.
December 31,	Dreher, Helena Maria, w. Jurg dr. Johannis Schimmel, age 20 years, b. New Hanover.

1761.

January 23,	Schrack, Nicolaus, s. Jacob, age 3 years, 3 months.
February 14,	Franckenberger, Conrad, age 46 years.
September 18,	Steinhauer, William, age 70 years.

The Trappe Records.

September 18, Van der Sluis —— widow, age 61 years, 3 months.
October 25. Schädlerin, Anna Margretha (widow) age 63 years, b. New Hanover.

1762.

June 27. Teussen, Catharina, dr. Matthias, age 1 year, 8 months. b. Mennonite ground at Schippach. By Mr. B. [uskerk]
July 21, Haasenmeyer —— wife Hartman, d. from a deadly wound.
September 11, Marstellar, Henrich, s. Henrich, age 1 year, 5 months, 1 week. Accidentally scalded.
September 28, Koplin, - —— dr. Esq., b. Nov. 16, 1742, b. Augustus ground.
October 5, Moserin, —— widow, b. Eckersweiler in Rothenburgischen, 1685, a pious and true widow, b. New Hanover. By Mr. Buskerck.
December 31, Dures, —— w. Andreas.

1763.

January 6, Becker, Peter, s. Georg.
April 11, Westlis, Maria Elisabeth, w. Solomon, b. Molotton.

1766.

January 21, Löber, Barbara, dr. Erasmus and Catharina.
February 22, Löber, Catharina, dr. Philip and Anna Margretha, age 6 years, 2 weeks.
March 22, Marstaller, Elisabeth, dr. Heinrich and Barbara, age 2 years, 5 months, 1 week, 3 days.
May 29, Setzler, Elisabeth, dr. Friedrich and Elisabeth, age 5 years, 11 months, 3 days.
September 23, Schrack, Maria, w. Philip, age 51 years.

1773.

January 21, Guth, Adam, s. George and Margretha, age 1 year, 5 months, 6 days.
February 11, Bayer, Valentine, s. Conrad and Elisabeth, age 12 days, b. on family ground.
February 17, Hessler, Jacob, s. Friedrich and Catharina, age 6 months, 2 weeks, 4 days.

February 18,	Aschenfeldern, Maria Catharina, 23 years, 10 months.
February 20,	Gerber, Joseph, s. Benedict and Dorothea, age 11 months, 3 weeks, 3 days.
February 24,	Bender, Samuel. s. Ludewig and Eva, age 1 year, 1 month, 1 week, 3 days.
March 20,	Kebner, Catharina, dr. John and Maria Magdalena, age 2 years, 9 months, 3 weeks.
March 30,	Adam, s. John and Maria Magdalena, age 1 year, 1 month, 3 weeks, 1 day.
April 1,	Roos, Elisabeth, dr. Heinrich and Catharina, age 1 year, 8 months, 3 weeks, 3 days.
August 10,	Mercklin, Isaac, age 26 years, 9 months, 2 weeks, 4 days.

1774.

November 20,	Haas, Elisabeth, dr. Heinrich and Elisabeth, age 3 years, 6 months, 1 week, 5 days.

1775.

December 27,	Reyer, Anna Maria, dr. Johannes and Catharina, age 2 years, 2 months, 4 days.

1776.

March 7,	Schrack, Susanna, dr. Johannes and Gertraut, age 1 year, 8 months, 7 days.

1777.

May 26,	Jung, Wendel, age 72 years.
June 8,	Haas, Hartmann, s. Hartman and Maria Barbara, age 11 years, 4 months, 2 weeks, 2 days.
November 9,	Marstellar, Anna Maria, w. Peter, age 70 years, 2 weeks.

The Trappe Records.

The undersigned members and friends of the Evangelical Congregation at New Providence promise to Contribute yearly towards the Salary or Stipend of our Reverend pastor Mühlenberg, as follows: Witness our own hand and Signature, November 27, 1760.

	£.	s.	d.
Scherer, Valentin		15	
Risser, Friedrich		15	
Hardenstein, Ludewic		15	
Müller, Peter		10	
Müller, Andreas		10	
Bockener, Tobias		5	
Helm, Jacob		4	
Kesler, Johannes		5	
Bohlich, Johan Georg		5	
Setzler, Freidrich		15	
Hodtebach, Jacob		7	6
Hodtebach, Peter		5	
Hoffmann, Jacob		6	
Sauer, Friedrich		10	
Leber, Erasmus		6	
Rayer, Carl	1	0	0
Haas, Hartmann		7	6
Jörg, Cresman		15	
Pleckle, Martin		7	6
Fengel, Simon		7	6
Jung, Wendel		5	
Beiger, Philip		5	
Schrack, John	1	10	0
Schrack, Jacob		15	
Schrack, Christian		12	
Obelman, Henrich		7	6
Cresman, Johan Georg		12	
Bredo, Martin (removed)		6	
Martini, Friedrich	1	2	6
Rawn, Caspar		7	6
Steinauer, Wilhelm (deceased)		3	
Voss, Johann Henrich		4	
Preisser Johannes		7	6

The Pennsylvania-German Society.

Müller, Johan Nicolaus	3	
Güth, Jacob	1	6
Scherer, Conrad	7	6
Guth, George	7	6
Bodaschwa, Wendel	5	
Bauer, Adam	5	
Essig, George	7	6
Custer, Christian	8	
Barth, Michael	7	6
Petermann, Jacob	7	6
Essig, George (the old)	4	
Herman, Michael	5	
Mohr, Wilhelm	3	
Lutz, Johannes	3	
Eiler, Wilhelm	7	6
Dick, Philip	5	
Schneider, Nicolaus	15	
Custer, Nicolaus	15	
Berger, Jost	5	
Beyer, Johannes	7	6
Geisler, Jacob	7	6
Sehler, Valentin	5	
Gerber, Benedict	10	
Joachim Jacob	10	
Heiser, Andreas	1 10	
Petri, Andreas	5	
Knap, Jacob	5	
Bastian, Michael	15	
Bastian, Jürg Michael	5	
Schwenk, George	7	6
Pawling, Joseph	1 0	0
Dürr, Andreas	8	
Thim, Thomas	8	
Fuchs, Matthias	4	
Weicker, George	10	
Marsteller, Heinrich	1 10	
Croesman, Friedrich (Matetcha)	5	
Kepner, John	15	
Seidel, Johan Nicolaus	15	
Heilman, Johannis (North Wales)	15	
Heilman, Henrich (Schippach)	10	
Merckle, Jacob	15	
Merckle, Abraham	10	

The Trappe Records.

Merckle, Philip	10
Protzman, Adam	5
Conrad, Jacob (beyond the Schuylkill)	10
Kruler, Daniel (at Hopson's)	5
Berger, Friedrich	5
Steg, Friedrich (on Abraham Sähler's place)	5
Herpel, Jeremias (lives with Joh. Nicol. Seidel)	5